北京市人民代表大会
文献资料汇编

2008—2012

北京市人大常委会办公厅　编

中国民主法制出版社

图书在版编目(CIP)数据

北京市人民代表大会文献资料汇编.2008～2012/北京市人大常委会办公厅编.—北京:中国民主法制出版社,2014.6

ISBN 978-7-5162-0533-4

Ⅰ.①北… Ⅱ.①北… Ⅲ.①地方各级人民代表大会—文献—汇编—北京市—2008～2012 Ⅳ.①D624.1

中国版本图书馆 CIP 数据核字(2014)第 105348 号

责任编辑:杨 柳　　**封面设计**:聂 强

书名/北京市人民代表大会文献资料汇编 2008—2012
BEIJINGSHIRENMINDAIBIAODAHUIWENXIANZILIAOHUIBIAN 2008—2012

作者/北京市人大常委会办公厅 编

出版·发行/中国民主法制出版社

地址/北京市丰台区玉林里 7 号(100069)

电话/63055259(总编室) 63057714(发行部)

传真/63055259

http://www.npcpub.com

E-mail:mzfz@npcpub.com

经销/新华书店

开本/16 开 787 毫米×1092 毫米

印张/33.25 **字数**/721 千字

版本/2014 年 6 月第 1 版 2014 年 6 月第 1 次印刷

印刷/河北省永清县金鑫印刷有限公司

书号/ISBN978-7-5162-0533-4

定价/168.00 元

北京市第十三届人民代表大会第一次会议会场

北京市第十三届人民代表大会第一次会议当选的市人大常委会主任、副主任、秘书长
（左起：李昭玲、柳纪纲、刘晓晨、杜德印、赵凤山、吴世雄、刘新成、唐龙）

北京市人大常委会主任杜德印在北京市第十三届人民代表大会第二次会议上作工作报告

北京市第十三届人民代表大会第四次会议新闻发布会现场

编委会名单

编辑说明

为进一步完善人民代表大会制度，保存和利用北京市人民代表大会历史资料，继《北京市人民代表大会文献资料汇编》（1949—1993）、（1993—2003）、（2004—2008）三部出版之后，现编辑出版《北京市人民代表大会文献资料汇编（2008—2012）》第四部。

本书收录的资料包括北京市第十三届人民代表大会历次会议的会议决议，政府工作报告，国民经济和社会发展计划执行情况与国民经济和社会发展计划草案的报告，财政预算执行情况和预算草案的报告，市人大常委会工作报告，市高级人民法院和市人民检察院工作报告，代表议案的审查报告，会议议案目录，北京市市长、副市长名单及简历，北京市出席全国人民代表大会代表名单，市人大常委会组成人员名单，市人大常委会主任、副主任简历，代表大会各项名单和大事记等，同时还收录了部分历史照片。

为方便读者查阅，本书于正文后还设置了“文献资料分类索引”。

本书资料来源于北京市人大常委会保存的档案资料。

2014 年 6 月

目　　录

北京市第十三届人民代表大会第一次会议

北京市第十三届人民代表大会第二次会议

北京市第十三届人民代表大会第三次会议

北京市第十三届人民代表大会第四次会议

北京市第十三届人民代表大会第五次会议

北京市第十三届人民代表大会

第一次会议

在北京市第十三届人民代表大会第一次会议闭幕式上的讲话

（2008年1月26日）

中共中央政治局委员、北京市委书记　刘　淇

各位代表、同志们：

北京市第十三届人民代表大会第一次会议，在全体代表的共同努力下，顺利完成了预定的各项任务，胜利闭幕了。会议期间，代表们以高度的政治责任感和认真负责的态度，审议并批准了政府工作报告、国民经济和社会发展计划报告、财政预算报告，以及市人大常委会、市高级人民法院、市人民检察院的工作报告，提出了许多好的意见和建议；选举产生了新一届市人大常委会主任、副主任、秘书长和委员，市人民政府市长、副市长，市高级人民法院院长和市人民检察院检察长；选举出了北京市第十一届全国人大代表，通过了市十三届人大各专门委员会主任委员、副主任委员和委员人选。会议开得很好，很成功，是一次民主团结、求真务实的大会，是一次继往开来、催人奋进的大会。认真贯彻落实会议通过的各项决议，对于进一步团结和动员全市各族人民，成功举办一届有特色、高水平的奥运会，建设繁荣、文明、和谐、宜居的首善之区，必将起到重要的推动作用。我代表中共北京市委对大会的圆满成功表示热烈的祝贺！对新当选的市人大、市政府、市“两院”领导同志表示热烈的祝贺！向为开好会议付出心血和智慧的全体代表和工作人员表示衷心的感谢！

过去五年里，市人大及其常委会认真履行宪法、法律赋予的职责，在立法、监督、重大问题决策、重要人事任免等方面创造了新的经验，在加强代表工作方面迈出了新的步伐，在搞好人大常委会自身建设方面取得了新的进展，为坚持和完善人民代表大会制度做了大量卓有成效的工作，为推进首都经济建设、政治建设、文化建设和社会建设发挥了重要作用，作出了积极贡献。这些成绩是各级人大及其常委会和广大代表共同努力的结果，是大家心血和智慧的结晶。当前，首都改革开放和现代化建设事业正处在一个关键时期。全面落实党的十七大精神，办一届有特色、高水平的奥运会，努力建设繁荣、文明、和谐、宜居的首善之区，任务十分繁重，迫切需要进一步加强和完善人民代表大会制度，发挥好人民代表大会制度的重要作用。

一是希望市人大及其常委会全面贯彻落实党的十七大精神，高举中国特色社会主义伟大旗帜，以邓小平理论和“三个代表”重要思想为指导，深入贯彻落实科学发展观，把党的领导、人民当家作主和依法治国有机统一于各项工作之中，紧紧围绕首都工作大局，不断提高履行职责的能力和水平，为圆满完成2008年奥运会、残奥会的任务，为建设繁荣、文明、和谐、宜居的首善之区作出新的贡献。

二是要充分发挥市人大在推进首都民主政治建设中的重要作用，围绕着人民当家作主这个根本，健全民主制度，丰富民主形式，

拓宽民主渠道，扩大公众有序政治参与。坚持依法治国方略，树立法治理念，加强地方立法工作，为深入贯彻落实科学发展观，推进科学发展，促进社会和谐，保障民生，办好奥运会营造良好的法治环境。

三是要充分发挥人大的监督职能，不断强化监督主体意识，完善监督机制，提高监督实效，加强对权力的监督和制约，确保宪法和法律在首都得到有效实施，确保行政权和司法权得到正确行使，确保公民、法人和其他组织的合法权益得到尊重和维护。特别是要加强对“绿色奥运、科技奥运、人文奥运”三大理念以及“节俭办奥运、廉洁办奥运”方针贯彻落实情况的监督，使奥运会的筹办过程成为提高首都各项工作水平的过程，成为人民群众共建美好家园、共享筹办工作成果的过程。

四是要充分发挥全市各级人大代表的重要作用，继续贯彻落实好加强人大代表工作的若干意见，加强代表履职服务体系建设，拓宽代表发挥作用的途径，密切代表同人民群众的联系，全面提高代表综合素质和履职能力，保证代表知情知政，真正代表人民的意愿，维护好群众的利益。

五是要不断提高常委会工作水平，大力创新思想观念、工作机制、工作制度和工作方法，进一步推动人大工作的制度化、规范化和程序化，优化组成人员的知识结构和年龄结构，健全组织制度和运行机制，完善议事规则和工作程序，切实加强各级人大机关干部队伍的思想、组织和作风建设，使人大工作更加充分地体现时代性、把握规律性、富于创造性。

各级党委都要进一步深化对人民代表大会制度重要性的认识，高度重视人大工作，积极关心、支持人大工作，切实把坚持和完善人民代表大会制度作为发展社会主义民主、落实依法治国方略、加快社会主义法治建设、加强党的执政能力建设的重要任务。各级政府及“两院”都要主动接受同级人大的监督，积极支持配合人大做好工作。各级党委政府都要高度重视人大代表工作，主动地做好为代表服务的工作，保障人大代表依法行使职权，充分发挥人大代表的重要作用。要通过保障代表的知情权进一步推动政府职能的转变，推动政务公开；通过办理代表的议案和建议进一步改进政府工作，提高工作质量和水平；通过组织好代表活动，广泛深入听取群众的呼声，进一步加强党的群众工作。

同志们，全面贯彻落实党的十七大精神，营造良好的环境，办好 2008 年奥运会、残奥会是今年全市工作的重中之重。在 2008 年北京奥运会即将到来的重要关头，面对这一神圣的历史使命，全市人民都要积极行动起来，万众一心，众志成城，以我们的汗水、心血和奉献，圆中华民族百年奥运之梦。

完成这一伟大的事业，必须要牢牢树立社会主义核心价值取向，巩固全市人民团结奋斗的共同思想基础，保持奋发有为、昂扬向上的精神状态。要大力弘扬为国争光的爱国精神。爱国主义是民族精神的核心。我们这一代人有机会亲身参与奥运会的筹办工作，既是我们的无上光荣，又是千钧历史重担。筹办奥运会的伟大历史任务把每一个人与国家的形象、中华民族的振兴紧密地连在一起。要时刻牢记崇高使命，不忘神圣职责，以更加高昂的工作热情和忘我的精神状态投入到奥运筹办工作中去，以对党和人民的无限忠诚，以强烈的爱国情怀，聚精会神、全力以赴地搞好奥运筹办工作，为国争光，为奥运添彩。

要大力弘扬艰苦奋斗的奉献精神。艰苦奋斗是我们民族的传统美德。我们的事业之所以能发展、我们的民族之所以生生不息，靠的就是艰苦奋斗的奉献精神。有了这种精神，我们就能够特别能吃苦、特别能战斗、特别能攻关；就能够在关键的时候，迎难而上，敢打必胜；就能够恪尽职守，兢兢业业、扎扎实实地做好工作，忠诚地履行职责。

要大力弘扬精益求精的敬业精神。奥运筹办工作是一项科学的系统工程，要保持严谨的工作态度，精益求精地做好各项工作。必须求真务实，在全部工作中高度重视应急意识和应急方案，强调各项工作的落实；必须兢兢业业，一丝不苟，以可能达到的最高标准完成各项筹办任务；必须注重细节，不放过工作中任何一个细小的环节，不遗漏任何一个细微的问题，把一切工作上的隐患和事故苗头消除在萌芽状态。

要大力弘扬勇攀高峰的创新精神。改革创新是时代精神的核心。创新就要积极进取，有直面矛盾、破解难题的勇气，有解放思想、实事求是、与时俱进的精神，有牢记使命、抓住机遇、争创一流的责任意识。有了这种精神，才能使“绿色奥运、科技奥运、人文奥运”的理念得以创造性的落实，才能实现办一届有特色、高水平奥运会的要求。

要大力弘扬团结协作的团队精神。做好奥运筹办工作，始终保持团结协作、密切配合的工作氛围至关重要。要顾全大局、严守纪律，心往一处想，劲往一处使，一切服从奥运，一切服务奥运，形成筹办奥运的一盘棋。要加强协调，整合资源，集成优势，形成合力，把各方面的积极性、主动性和创造性引导到奥运筹办工作上来。

百年奥运，中华圆梦。办一届有特色、高水平的奥运会，是全党、全国、全民族的大事，必须充分发挥我们国家集中力量办大事的制度优势，全社会动员，全市人民参与，依靠人民办好奥运。要坚持以人为本，努力使奥运成果惠及人民，使群众享受到参与奥运的快乐。要努力实现“五无”目标，即无零就业家庭，无城镇危房户，无重大重复上访户，无社会救助盲点，无拖欠工资现象。努力解决群众最关心、最直接、最现实的利益问题，坚持科学发展，促进社会和谐，以良好的社会环境、城市环境、人文环境保证奥运会、残奥会的成功。

要充分发挥人民代表大会制度的巨大优越性，在保证国家机关协调高效运转的基础上，推动各个方面更好地整合资源，分工负责，协调一致开展工作，齐心协力完成筹办奥运的伟大历史使命。在保障人民当家作主的基础上，动员广大人民群众以主人翁的精神投身奥运、服务奥运、奉献奥运，团结一心，艰苦奋斗，圆满完成奥运会的各项筹办任务。

要充分发挥人大代表的作用。每一位人大代表都要在参与奥运、奉献奥运的实践中发挥影响力和号召力，在积极参与“迎奥运、讲文明、树新风——我参与、我奉献、我快乐”的活动中，展示讲文明、重礼仪、团结友善的良好形象。要通过密切联系群众，广泛动员社会各界群众投身奥运筹办工作的伟大事业，形成人人争当表率模范，人人尽心出力，人人在各自的岗位上为奥运做贡献的氛围。

各位代表、同志们，让我们紧密团结在以胡锦涛同志为总书记的党中央周围，全面贯彻落实党的十七大精神，高举中国特色社会主义伟大旗帜，以邓小平理论和“三个代表”重要思想为指导，深入贯彻落实科学发展观，锐意进取，扎实工作，为成功举办一届有特色、高水平的奥运会、残奥会，建设繁荣、文明、和谐、宜居的首善之区作出新的更大的贡献！

新春佳节就要到了。借此机会，向各位代表、同志们致以新春的祝贺，祝大家身体健康、阖家欢乐、万事如意！

北京市第十三届人民代表大会第一次会议议程

（2008 年 1 月 20 日至 26 日）

（2008 年 1 月 19 日北京市第十三届人民代表大会第一次会议预备会议通过）

一、听取和审议北京市人民政府工作报告

二、审议北京市 2007 年国民经济和社会发展计划执行情况与 2008 年国民经济和社会发展计划草案的书面报告

审查和批准北京市 2007 年国民经济和社会发展计划执行情况的报告与 2008 年国民经济和社会发展计划

三、审议北京市 2007 年预算执行情况和 2008 年预算草案的书面报告

审查和批准北京市 2007 年预算执行情况的报告和 2008 年预算

四、听取和审议北京市人民代表大常务委员会工作报告

五、听取和审议北京市高级人民法院工作报告

六、听取和审议北京市人民检察院工作报告

七、审议《北京市第十三届人民代表大会第一次会议关于设立北京市第十三届人民代表大会专门委员会的决定（草案）》

八、选举北京市出席第十一届全国人民代表大会代表，北京市第十三届人大常委会主任、副主任、秘书长、委员，北京市人民政府市长、副市长，北京市高级人民法院院长，北京市人民检察院检察长；通过北京市第十三届人民代表大会专门委员会主任委员、副主任委员、委员的人选。

北京市第十三届人民代表大会第一次会议关于政府工作报告的决议

（2008 年 1 月 26 日北京市第十三届人民代表大会第一次会议通过）

北京市第十三届人民代表大会第一次会议听取和审议了郭金龙代市长所作的政府工作报告。决定批准这个报告。

会议认为，过去五年，在中共北京市委的领导下，全市人民紧紧围绕实现“新北京、新奥运”战略构想，抓住机遇，求真务实，锐意进取，“十五”计划胜利完成，“十一五”规划进展顺利，首都改革开放和现代化建设取得新的重大成就。

会议指出，今后五年，是首都全面建设小康社会的关键时期。一定要高举中国特色社会主义伟大旗帜，圆满完成“十一五”规划，全面实现中共北京市第十次代表大会确定的各项目标和任务。

会议强调，2008 年是贯彻落实中国共产党第十七次全国代表大会精神的第一年，是北京

奥运之年，我们将迎来改革开放30周年。要举全市之力，努力营造经济发展、社会祥和的良好局面，精心组织、全力以赴做好奥运会、残奥会的各项筹办和服务保障工作，在新的起点上实现首都经济社会又好又快发展。

会议要求，新一届市人民政府及其工作人员，要认真学习实践科学发展观，着力提高领导科学发展的能力，切实转变政府职能，坚持依法行政、勤政廉政，大力加强作风建设，加快建设服务型政府，努力完成本次大会确定的各项任务。

会议号召，全市各族人民要紧密团结在以胡锦涛同志为总书记的党中央周围，高举中国特色社会主义伟大旗帜，以邓小平理论和“三个代表”重要思想为指导，深入贯彻落实科学发展观，在中共北京市委的领导下，成功举办有特色、高水平的奥运会、残奥会，顺利实现“新北京、新奥运”战略构想，为把北京建设成为繁荣、文明、和谐、宜居的首善之区而努力奋斗。

政府工作报告

——2008年1月20日在北京市第十三届人民代表大会第一次会议上

北京市代市长　郭金龙

各位代表：

现在，我代表北京市人民政府向大会作政府工作报告，请予审议，并请市政协各位委员提出意见。

一、五年工作的回顾

北京市第十二届人民代表大会第一次会议以来，全市人民在中共北京市委的领导下，坚持以邓小平理论和“三个代表”重要思想为指导，深入贯彻落实科学发展观，紧紧围绕实现“新北京、新奥运”战略构想，抓住机遇，求真务实，锐意进取，首都改革开放和现代化建设取得新的重大成就。“十五”计划胜利完成，“十一五”规划进展顺利。

——首都经济迈上新台阶。初步统计，地区生产总值由2002年的4330.4亿元增长到2007年的9006.2亿元，年均增长12%以上，人均地区生产总值突破7000美元。地方财政收入由534亿元增长到1492.6亿元，增长1.8倍。地区生产总值能耗、水耗以及化学需氧量、二氧化硫排放量逐年下降，节能减排走在全国前列。

——改革开放更加深入。农村、国有企业和投资、金融、财税、科技等领域改革取得重大进展，非公有制经济进一步发展。累计实际利用外资183.6亿美元，是前五年的1.8倍；2007年地区进出口总额1929.5亿美元，是2002年的3.7倍。

——城乡面貌日新月异。交通建设跨越式发展，公交出行比例达到34.5%，比2002年提高6.5个百分点。市区空气质量二级以上天数达到67.4%，比2002年提高11.8个百分点；城八区和郊区污水处理率分别达到92%和47%，生活垃圾无害化处理率分别达到99%和76%；全市林木绿化率达到51.6%。

——奥运筹备顺利推进。26个比赛场馆、44个独立训练场馆竣工。“好运北京”系列赛事成功举办，各项保障工作有序展开。城市环境质量和市民文明素质不断提高。

——社会建设开创新局面。教育事业全

面进步，科技创新能力明显增强。覆盖城乡居民的社会保障制度框架初步形成。首都公共卫生、社区卫生服务体系基本建立。文化更加繁荣，体育蓬勃发展。

——人民生活显著改善。城镇居民人均可支配收入、农民人均纯收入分别达到21,989元和9559元，年均实际增长11.5%和9.1%。五年全市增加就业263万人，登记失业率始终控制在2.3%以内。城镇居民人均住房使用面积超过20平方米。

五年来，本届政府以科学发展观为指导，重点做了以下几方面工作。

（一）着力转变经济发展方式，促进首都经济又好又快发展

认真落实中央宏观调控政策措施，投资结构不断优化，城乡居民消费能力逐步增强，全社会固定资产投资、社会消费品零售额分别增长了2.2倍和1.9倍，投资、消费拉动趋于协调。严格清理固定资产投资项目，全面清理整顿各类开发区。完成第一次经济普查和第二次农业普查，摸清了全市二、三产业和“三农”的基本情况。确立高端产业发展战略，加快发展生产性服务业、文化创意产业、高技术产业和现代制造业，重点推进六大高端产业功能区建设。服务型经济主导地位进一步巩固，第三产业比重达到71%以上。制定实施循环经济发展规划，强化节能、节水、节地、节材各项措施，推动大型公建节能和非节能建筑改造，下大力气调整退出高耗能、高排放企业，稳步推进首钢等企业搬迁，坚决关闭小煤矿、非煤矿山和砂石生产企业，重点支持石化、建材、电力等行业开展清洁生产，工业节能降耗成效明显。首都经济发展呈现速度较快、结构趋优、消耗降低、效益提高的良好态势。

（二）统筹城乡发展，扎实推进社会主义新农村建设

2007年市政府对“三农”投入130.6亿元，是2002年的5.2倍。建立了“部门联动、政策集成、资金聚焦、资源整合”的新农村建设工作机制，各部门工作重点向农村延伸。实施“221行动计划”，加强农业服务体系建设，大力发展农民专业合作组织，建立农业政策性保险制度，率先实施农业生态服务补贴，促进都市型现代农业发展。加快村庄规划编制，加强基础设施建设，实施“农村亮起来、农民暖起来、农业资源循环起来”工程，所有行政村铺通了柏油路，广播电视实现“村村通”，3万多农户搬出泥石流易发区和采空区，农民安全饮水达标率由36%提高到79%，农村生产生活条件有了很大改善。全面落实国家各项惠农政策。完成土地承包经营权确权工作，规范建设征地补偿办法，完善被征地农民的社会保障政策，提高生态林建设占地补偿和养护补助标准。建立山区生态林补偿机制和农村管水员、乡村公路养护员制度，市级财政累计投入5.7亿元，帮助6万多农民在公益性岗位稳定就业。不断加大新型农民培养力度，实行村级经费补贴制度，全面发展农村社会事业。这五年，是制定实施“三农”政策最多、力度最大、农民得实惠最多的五年。

（三）加强城乡规划建设管理，大力提升城市承载能力和服务水平

在首都规划委员会的指导下，完成城市总体规划修编，确立了“国家首都、国际城市、文化名城、宜居城市”的功能定位和“两轴—两带—多中心”的城市空间结构。制定区县功能定位及评价指标体系，统筹协调发展的格局逐步形成。高度重视古都风貌保护，完成一批重要文物建筑的修复，探索实施政府主导的旧城保护修缮和有机更新模式。完善城乡路网结构，实施市区交通疏堵工程，路网通行能力有效提高。五年新增城市道路669公里、高速公路162公里，改造提级公路8770公里，建成全国首条大容量快速公交线

路。轨道交通新增运营里程66.6公里，总里程达到142公里，网络化运营格局初步形成。坚持公共交通公益性定位，实行低票价政策，优化公交线路，全面推行市政交通一卡通，公交整体发展水平显著提升。国家大剧院、首都博物馆等一批标志性建筑先后建成。基本完成南水北调北京段主体工程。坚持不懈地治理大气污染，实施控制大气污染第九至十三阶段措施，运用综合手段改善市区空气质量。建成12座污水处理厂和一批农村污水处理设施，完成城市骨干河道治理，水环境得到有效保护。城区基本实现生活垃圾无害化处理，农村垃圾“村收集、镇运输、区处理”新机制全面推行。危险废物无害化处置设施不断完善，建成放射性废物库。实施废弃矿山生态修复，营造防风固沙林7万多公顷，三道绿色生态屏障基本建成，城乡绿化美化取得显著成效。发挥市民主体作用，创新管理方式，建设网格化管理平台，提升信息化水平，城市服务管理能力大幅提高，在烟花爆竹“禁改限”、中非合作论坛服务保障等工作中得到体现。

（四）高标准做好各项筹备工作，为成功举办2008年奥运会、残奥会奠定坚实基础

坚决贯彻落实中央指示精神，全面践行“绿色奥运、科技奥运、人文奥运”三大理念，不断提高各项筹备工作水平。优化奥运场馆规划设计，确立“安全、质量、工期、功能、成本”五统一原则，奥运工程建设顺利进行。突出环保、节能要求，广泛采用新技术、新工艺、新设备，在钢结构、膜结构等领域取得多项自主创新成果，谱写了中国建筑史上的新篇章。城市交通、公共安全、水电气热供应、无障碍设施、住宿餐饮、商业服务、社会秩序等各项保障工作有序推进，场馆运行、外围保障和城市运行无缝衔接的体制机制基本建立。全面开展城乡环境综合整治，市容市貌大为改观。广泛开展“迎奥运、讲文明、树新风”活动，实施“五大文明行动”，创建公共文明示范地区，推进窗口行业单位奥运培训，举办全民健身与奥运同行、市民讲外语等群众文体活动，全社会参与奥运、奉献奥运、共享奥运的氛围日渐浓厚。

（五）注重提高自主创新能力，加快建设创新型城市

深化科技体制改革，实施科技主题计划，组织了210个重大科技项目，科技支撑首都发展的能力明显增强。设立高成长企业自主创新专项资金，支持搭建科技条件平台，促进企业技术中心建设，企业创新主体地位得到强化。专利申请量稳步增长，发明专利比重超过50%。加快技术转移和交易体系建设，2007年全市技术合同成交额达882.6亿元。推动自主创新与实施品牌战略相结合，涌现出了一批中国名牌产品。优化高等教育和职业教育专业结构，鼓励开展多种形式的产学研合作，支持大学科技园和孵化器建设。完善鼓励留学人员归国创业的政策措施，形成吸引人才的有效机制，首都创新型人才更加聚集。出台了建设创新型城市的实施意见及配套措施，自主创新环境不断优化。

贯彻落实国务院关于做强中关村科技园区的重要决策，“五年上台阶”各项任务顺利完成。开展非上市公司代办股份转让等试点，以信用为基础、多渠道融资的投融资体系初步建立。整合创新资源，启动百家创新型企业试点，推动建立“闪联”等23个产业技术联盟，企业协同创新能力不断提升，涌现出一批新技术、新产品和新标准。加强基础设施和公共服务设施建设，国家级产业基地及专业园区建设进展顺利，创新集群正在形成。

（六）深入推进改革开放，不断优化发展环境

对市与区县财政管理体制进行了调整，预算管理、国库管理等制度得到完善，公共

支出占财政支出比重由2002年的81.8%提高到2007年的90.5%。加快投融资体制改革，试行政府投资项目储备、公益性项目代建、重大项目公示等制度。强化国有资产监督管理，完成国有资产清产核资，探索建立国有资本经营预算制度，推进国有企业“调改剥退”，国有经济布局结构逐步优化。通过实施重组、引进战略投资者等改革举措，有效化解金融风险，市属金融企业实力显著增强。贯彻落实《中华人民共和国行政许可法》，精简行政审批、收费和企业年检事项，规范审批行为和程序。推广“一站式”办公和全程办事代理制，完善行政投诉工作机制。成立市政府对外联络办公室，积极做好为中央在京企事业单位的服务工作。整顿和规范市场秩序，出台了商业企业促销行为规范和供货商、零售商交易行为规范，认真开展治理商业贿赂专项工作，严厉打击侵权盗版和商业欺诈行为，信用体系建设进一步推进。清理限制性规定，搭建融资服务平台，鼓励支持非公经济发展。开展专业化、区域针对性强的投资促进活动，建立外商投资项目审批绿色通道。努力推进“大通关”，促进加工贸易转型升级和自主知识产权产品、自主品牌产品出口，大力发展服务贸易。2007年接待海外旅游者435.5万人次，旅游外汇收入达到45.8亿美元。拓展对外交流，国际友好城市达到41个，科博会、文博会、京港洽谈会、京台科技论坛、诺贝尔奖获得者北京论坛等大型活动越办越好。对口支援、京津冀区域协作迈出了新的步伐。

（七）切实解决民生问题，加快发展社会事业

完善各项促进就业政策，着力帮扶城乡就业困难群体，基本消除城乡零就业家庭。深入推行劳动合同和集体合同制度，较好地解决了农民工工资拖欠问题。实施农村社会养老保险、新型农村合作医疗和农村最低生活保障制度，农村社会保障体系逐步建立。全市城镇基本养老、基本医疗、失业保险覆盖率达到92%以上，建立生育保险、城镇居民“一老一小”大病医疗保险制度，农民工参加工伤和大病医疗保险人数分别达到190万和166万。稳步提高城乡居民社会保障相关待遇标准，城乡社会救助体系基本建立，社会福利事业、慈善事业加快发展。加大住房保障力度，累计建成经济适用住房1400万平方米，通过实物配租和发放租房补贴，解决了2.6万户最低收入家庭的住房困难。

建立和完善义务教育经费保障机制，提高公用经费定额标准，落实“两免一补”政策并扩大覆盖范围，完善家庭经济困难学生资助政策体系。采取多种有效措施，保障流动人口子女受教育权利。加快中小学规范化、标准化建设，开展城乡对口支援，改善农村学校、薄弱学校办学条件。高等教育率先进入普及化阶段，学习型城市建设稳步推进。加强文化活动基础设施建设，广泛举办群众喜闻乐见的文化活动，基本建成了覆盖城乡的公共文化服务体系。重点培育北京国际音乐节、新年音乐会、国际戏剧舞蹈音乐演出季等文化品牌。积极开展非物质文化遗产保护工作。大力推动文化体制改革，加快新闻出版、广播影视、文学艺术、哲学社会科学等各项事业发展。

在中央的正确领导下，依靠首都和部队医务人员舍生忘死的工作、广大市民的共同奋斗和全国人民的大力支持，取得抗击非典的重大胜利。加强艾滋病等重大疾病预防与控制，有效防控高致病性禽流感疫情。积极推广中医药服务。加快城乡社区卫生服务体系建设，建成167个标准化社区卫生服务中心和2137个社区卫生服务站，完成规划设置的70%。实行社区卫生服务机构收支两条线管理，对312个品种常用药采取集中采购、统一配送和零差率销售，社区药品平均价格下降30%。

（八）大力抓好安全工作，坚决维护首都安全稳定

牢固树立安全责任重于泰山的意识，建立和完善社会公共安全、生产安全、食品药品安全和公共卫生安全监控责任体系，积极探索建立安全工作长效机制。组建市区两级应急管理机构，制定突发公共事件各级各类应急预案，加强各类设施和专业化应急队伍建设，普及公共安全知识，基本建成应急管理体系，及时妥善处置了各类突发事件。建立健全安全隐患排查整改工作机制，累计消除市级安全隐患 1587 项。加强安全生产法制和制度建设，出台了人员密集场所安全管理的政府规章和多领域安全管理规范，全面落实行业监管、综合监管和属地监管责任及生产经营单位主体责任，加强对煤矿、非煤矿山、危险物品、人员密集场所的监管，安全生产形势总体稳定。建立全市统一的食品安全监控和追溯体系，有效控制了突发食品安全事件。加强药品全过程监管，建立生产经营单位退出机制，坚决治理虚假广告，保证了群众用药安全。加强矛盾纠纷排查化解，做好人民来信来访和行政复议工作，注重人民调解、行政调解和司法调解相衔接。不断完善社会治安防控体系，深入开展基层安全创建和平安建设活动，全面推进科技创安工程，严厉打击各类违法犯罪活动，积极开展社区矫正试点工作。坚决开展同“法轮功”等邪教组织的斗争，严密防范国内外敌对势力的破坏活动，首都社会秩序保持平稳。

（九）不断加强政府自身建设，努力提高服务管理水平

完成政府机构改革工作，调整了交通、水务、园林绿化等 7 个部门的管理体制，行政执法体系不断完善，乡镇和街道管理体制改革稳步推进，事业单位行政许可职能逐步剥离，支持行业协会等社会中介组织加快发展。深入贯彻国务院全面推进依法行政实施纲要，切实加强政府法制建设，五年共提请市人大常委会审议通过地方性法规 41 项，制定、修改和废止政府规章 260 项。认真贯彻监督法，全面执行人大及其常委会的决议，坚持重大事项报告制度，做好向人大常委会专项工作报告。主动加强与人民政协的联系，积极听取各民主党派、工商联、无党派人士和人民团体的意见。坚持与人大代表、政协委员的联系制度，五年共办复全国和市人大代表议案、建议 9257 件，政协委员建议案、提案 6713 件。完善重大决策的规则和程序，不断提高决策的科学化、民主化水平。加快推进政务公开和电子政务建设。压缩政府部门经常性项目支出资金，全面规范公务员收入。扎实开展先进性教育活动，加强领导干部作风建设，切实树立“八个方面”的良好风气。认真落实党风廉政建设责任制，坚决查处违纪违法案件，积极配合中纪委严肃查处了刘志华严重违纪问题。严格实施公务员法，提出“职责清、情况明、数字准、作风正、效率高”的要求，狠抓基层基础工作，努力为基层、企业和群众提供优质服务。

五年来，社会主义民主法制和精神文明建设成效显著。基层民主进一步扩大，村民自治、社区自治和村务、厂务公开逐步推行。普法宣传教育活动更加深入，市民的法制观念不断增强。广泛开展社会主义荣辱观教育，不断提升精神文明创建活动水平，未成年人思想道德建设和大学生思想政治工作进一步加强。民族、宗教、侨务和对台工作取得新成绩。人口和计划生育工作扎实推进。妇女儿童、老龄、残疾人事业健康发展。国防教育和国防后备力量建设得到加强，双拥共建工作深入扎实，同呼吸、共命运、心连心的军政军民关系进一步巩固。

过去的五年，是全市人民按照科学发展观的要求，抓住奥运机遇，创新体制、调整结构、优化环境、全面发展的五年；是扎实

推进社会主义和谐社会建设，着力解决民生问题，广大人民群众普遍受益的五年；是万众一心，奥运筹备工作按计划推进，成果显著的五年；是城乡面貌发生巨大变化，城市服务功能日益增强，现代化水平和文明程度不断提高的五年。这些成绩的取得，是党中央、国务院正确指引，市委坚强领导的结果，是全市人民团结奋斗、不懈努力的结果。在这里，我代表市政府，向全市各族人民，向人大代表、政协委员，向各民主党派、各人民团体、社会各界人士，向中央各部门、兄弟省市区和驻京部队，向来自全国各地的劳动者，向所有关心支持首都建设的香港与澳门特别行政区同胞、台湾同胞、海外侨胞和国际友人，表示崇高的敬意和衷心的感谢！

各位代表，经过五年的实践，我们对推进首都改革开放和现代化建设的认识不断加深：

一是必须坚决与党中央保持高度一致，全面贯彻落实中央的各项大政方针和对北京工作的一系列指示精神，讲政治、顾大局，在任何时候、任何情况下，都要自觉维护中央权威，确保中央政令在北京畅通。

二是必须坚持解放思想、实事求是、与时俱进，从首都城市性质和功能出发，不断深化对首都经济规律、社会规律、自然规律的认识和把握，集中各方面的力量和智慧，全面履行好“四个服务”职能。

三是必须深入贯彻落实科学发展观，坚持首都经济的发展方向，不断丰富首都经济内涵，紧紧抓住奥运机遇，提高自主创新能力，切实转变经济发展方式，加快产业结构调整，着力化解人口资源环境矛盾，促进首都经济又好又快发展。

四是必须坚持立党为公、执政为民，把实现好、维护好、发展好人民群众的根本利益作为一切工作的出发点和落脚点，更加注重社会建设，着力保障和改善民生，使广大人民群众共享改革发展成果，努力构建社会主义和谐社会首善之区。

五是必须坚持社会主义市场经济发展方向，坚定不移地加快改革开放，充分发挥市场在资源配置中的基础作用，着力优化发展环境，为实现科学发展提供体制机制保障，使首都的资源优势持续不断地转化为发展优势。

六是必须加快服务型政府建设，努力探索城市政府履行职能的具体方式，统筹做好“规划、发展、建设、运行、服务、管理”六个方面工作，不断提升城市服务管理水平。

在总结成绩和经验的同时，我们也清醒地看到，目前首都经济社会发展中还存在一些突出的困难和问题，主要表现在：人口资源环境矛盾尚未得到缓解，治理环境污染、交通拥堵的任务仍很艰巨；公共服务能力亟须增强，城市管理水平亟待提高；经济发展方式需要进一步转变，城乡、区域差距较大，经济社会发展不平衡；住房市场结构不合理，价格上涨过快，违法违规用地时有发生；劳动就业、社会保障、收入分配、教育卫生、安全生产等方面关系群众切身利益的问题需要加快解决；政府职能转变还不到位，服务意识、工作作风、工作效率等方面还有明显差距，极少数干部以权谋私、贪污受贿等腐败现象依然存在。对于上述问题，必须高度重视，继续认真地加以解决。

二、今后五年奋斗目标和2008年工作任务的建议

党的十七大高举中国特色社会主义伟大旗帜，对继续推进改革开放和社会主义现代化建设、实现全面建设小康社会的宏伟目标作出了全面部署，为做好首都工作指明了道路和方向。今后五年，北京将处于城市化、信息化、市场化、国际化的加速期。机遇前所未有，挑战也前所未有，机遇大于挑战。

我们要在成功举办一届有特色、高水平奥运会的基础上，全面实现“十一五”规划，建设繁荣、文明、和谐、宜居的首善之区。根据市第十次党代会的部署，今后五年全市经济社会发展的奋斗目标和主要任务是：

——努力实现首都经济又好又快发展。完善现代市场体系，更好地发挥市场在资源配置中的基础性作用，建立健全充满活力、富有效率、更加开放的体制机制。切实转变发展方式，进一步优化产业结构，第三产业比重达到74%以上，提升现代制造业整体素质和竞争力，大力发展都市型现代农业，资源能源节约走在全国前列。显著增强自主创新能力，基本建成创新型城市。加快城市南部、西部地区建设，加强生态涵养发展区建设，全面推进新农村和新城建设，形成城乡经济社会发展一体化新格局。地区生产总值年均增长9%左右，人均地区生产总值达到10,000美元以上。

——不断提高城市文明程度。大力发展社会主义先进文化，覆盖城乡的公共文化服务体系更加完善，妥善保护古都风貌，文化中心的功能不断加强。全面推进义务教育均衡发展，不断提高教育发展质量，基本实现教育现代化，建设学习型城市。深入落实依法治国基本方略，进一步增强全社会法制观念，推进法治政府建设，健全基层民主制度。不断完善精神文明建设的长效机制，使城市文明程度和市民文明素质明显提高。

——全面推进和谐社会首善之区建设。实现劳动者比较充分的就业，基本建立覆盖城乡的社会保障体系。实现基本公共服务均等化。收入分配秩序进一步规范，城乡居民家庭财产普遍增加。人民群众利益表达渠道更加畅通，基层化解社会矛盾的体制机制更加健全，首都社会更加安定有序。

——加快建设现代宜居城市。积极探索有效调控人口规模的政策、途径和方法，努力提高人口素质。大力推进生态文明建设，努力形成符合可持续发展要求的产业结构、增长方式、消费模式。增强基础设施承载能力，建设现代化的综合交通、能源供应、水资源供给体系。加强生态保护与环境治理，逐步建立起现代化的垃圾、污水处理体系，城市环境质量基本达到国家标准。

2008年是贯彻落实党的十七大精神的第一年，是北京奥运之年，我们将迎来改革开放30周年。做好今年政府工作，责任十分重大。现在距离奥运会开幕只有201天，各项筹备和服务保障工作到了最关键的时候，决胜在即，时不我待，务必夺取奥运攻坚战的全面胜利。我们一定要切实增强紧迫感、责任感、使命感，充分发挥各方面的积极性、主动性、创造性，确保一届有特色、高水平的奥运会圆满成功！我们一定要保持经济社会的良好发展势头，不断巩固文明建设成果，努力营造经济发展、社会祥和的良好局面，让“新北京、新奥运”战略构想胜利实现！

今年政府工作总的要求是：全面贯彻落实党的十七大精神，高举中国特色社会主义伟大旗帜，以邓小平理论和“三个代表”重要思想为指导，深入贯彻落实科学发展观，全力办好有特色、高水平的奥运会、残奥会，深化改革开放，推进自主创新，着力优化经济结构和提高经济增长质量，切实加强节能减排和生态环境保护，不断提升城市现代化建设与服务管理水平，更加重视改善民生和促进社会和谐，在新的起点上推动首都经济社会又好又快发展。

全市经济社会发展主要目标是：万元地区生产总值能耗、水耗分别下降5%和4%，化学需氧量和二氧化硫排放量分别下降4%和10%，市区空气质量二级以上天数力争达到70%；城镇登记失业率控制在2.3%以内；居民消费价格指数低于全国平均水平，力争调控在103.5%左右；地方财政收入增长15%；城乡居民收入实际增长7%；地区生产总值增长9%，人均地区生产总值超过8000美元。

（一）高质量、高水平做好奥运筹办和服务保障工作

办好2008年奥运会、残奥会，是国家的大事，是全国人民的大事，是中华民族的大事，倍受世界瞩目。要坚决落实党的十七大和中央关于办好2008年奥运会、残奥会的指示精神，深入实践“绿色奥运、科技奥运、人文奥运”理念，大力弘扬在奥运筹办过程中形成的为国争光的爱国精神、艰苦奋斗的奉献精神、精益求精的敬业精神、勇攀高峰的创新精神和团结协作的团队精神，全面完成各项筹办任务，全力以赴做好各项服务保障工作。

精心打造一流的奥运工程。深入落实“五统一”要求，确保国家体育场按时竣工和测试赛成功举行，抓好国家会议中心、奥运村、媒体村、多功能演播塔及奥林匹克森林公园等相关设施的建设和交付使用。对全部场馆和设施进行反复测试，排查可能出现的故障点、风险点，逐项整改完善。督促业主单位与施工单位、设备供应商、服务提供商签订责任状，组建奥运期间的工程保障团队。完成首都国际机场扩建、北京南站改扩建和地铁10号线一期（含奥运支线）、机场线及奥运场馆周边道路建设任务。建成机场二通道等6条高速公路和安立路大容量快速公交线路。建成太阳宫、郑常庄燃气热电厂，完成奥运场馆及周边热力管线和输变电工程，确保奥运会能源供应的安全可靠。加快无障碍设施建设，满足举办残奥会的需要。

切实搞好城市环境建设。实施第十四阶段控制大气污染措施，执行最严格的污染物排放标准，加大夜间机动车污染专项整治力度，加强施工扬尘管理，取消城乡结合部地区的原煤散烧，完成油气回收治理改造、城区平房区5万户“煤改电”任务。认真落实《第29届奥运会北京空气质量保障措施》，密切与周边省市的环境合作，采取更加严格的控制手段，加强对环境质量的监控和预报，实现我们对国际社会的承诺。做好供水系统改造和城市水系骨干河道维护管理，改善城市水环境，确保用水安全。落实奥运城市环境景观规划，实施好2008添彩工程。继续抓好五大秩序专项治理，完成重点地区的环境综合整治工作。建立城市环境秩序监测和评价体系，完善长效管理机制，营造干净整洁、文明优美的城市环境。

高标准保障城市运行。有条不紊地推进奥运会筹备向举办转轨，在“2008环境建设指挥部”基础上组建城市运行指挥中心，建设城市运行指挥平台，建立高效的工作机制，实现各部门、各区县与奥组委工作的全面对接。积极配合奥组委安排好各项赛事，精心组织好奥运火炬传递和奥运会、残奥会开闭幕式等大型活动。全力做好奥运会、残奥会期间对外宣传、交通通信、住宿餐饮、水电气热供应、环境卫生、医疗卫生、志愿者队伍等工作。强化属地管理，健全场馆外围保障与场馆运行的协调机制，确保场馆运行和城市运行的无缝衔接。完善各类应急预案，加强实战演练，实施风险控制和动态管理，有效预防和处理各类突发事件。全面开展城市排水系统的排查和疏通改造，提高应对极端天气影响的快速反应能力。进一步完善奥运交通保障方案，科学组织、合理实施交通管理措施，加大公共交通服务供给，实现赛事交通与社会交通和谐运转。

确保首都安全稳定。全面落实奥运安保的总体方案和各项措施，建立高效畅通的指挥决策机制，加强安保合作和队伍建设，提高实战能力和服务水平。深入开展安全隐患排查整改，加强各类人员密集场所的安全检查，加大安全生产管理监督和源头治理力度，

防范遏制重特大事故。做好信息安全工作。强化食品药品安全监管体系建设，健全食品药品可追溯系统，巩固产品质量和食品安全专项整治行动成果。健全以属地管理为主的维护稳定工作体制，逐级签订安全稳定责任书。强化社会治安综合治理，创新群防群治工作机制，有效预防、依法严厉打击各类违法犯罪活动，净化社会治安环境，确保实现“平安奥运”的目标。

努力营造热情友好的奥运氛围。深入开展“迎奥运、讲文明、树新风”活动，扎实推进人文奥运行动计划。实施文明礼仪示范工程，突出抓好公共卫生、公共秩序、公共交往等领域文明行为规范，着力提高窗口行业单位的业务技能和服务水平。强化赛场文明建设。尊重、关爱残疾人，在全社会形成扶残助残的良好风尚。加强首都公共文明示范地区建设，深入开展群众性精神文明创建活动。广泛动员全市人民行动起来，当好东道主，弘扬奥林匹克精神，展示优秀传统文化，展示市民文明素质，展示首都文明形象，共建共享奥运成果。

（二）保持首都经济又好又快发展

做好今年的经济工作，对于成功举办奥运会，保持首都经济又好又快发展，着力改善民生、促进社会和谐稳定，具有特殊重要的意义。要认真贯彻落实中央宏观调控的决策、部署和措施，坚持好字优先、稳中求进，立足于实现全面协调可持续发展，加快经济发展方式转变，进一步增强发展的协调性，不断提高首都经济的综合实力。

合理调控固定资产规模和结构。初步测算，今年全社会固定资产投资总规模将达到4300亿元，增长11%左右。市政府固定资产投资拟安排264.5亿元，增幅与去年持平。按照区别对待、有保有压的要求，发挥政府投资和规划的引导作用，在保证举办奥运等重大投资需求的基础上，继续加大对重点基础设施、重点产业以及关系民生的重点领域的投入，引导资金投向生态涵养发展区、城市南部、西部地区，支持新农村和以通州、顺义、亦庄为重点的新城建设。严格执行能耗和环保标准，加强和规范新开工项目管理。从严控制新增建设用地，强化监督检查，严肃查处违法违规用地。按照“建设一批、落地一批、储备一批”的思路，认真做好统筹协调和服务工作，切实抓好重点工程建设。

努力扩大消费需求。初步测算，今年社会消费品零售额将接近4300亿元，增长13%左右。继续提高城乡居民收入水平，着力解决农民、企业职工及退休人员、城镇低收入群体的增收和社会保障问题，落实好相关政策措施，稳定居民消费预期，提高居民消费能力。全面落实商业服务业迎奥运三年行动计划，促进重点综合商业街、特色街区改造。支持银行卡工程，提高消费便利程度。加快农村现代流通体系和商业网点建设，改善郊区休闲旅游环境，进一步扩大农村消费。积极引导住房、汽车合理消费，扩大旅游、文化体育、时尚休闲的消费份额。同时，高度重视、切实做好居民基本生活必需品的价格稳定工作。加强与主要供应地的沟通与合作，搞好产运销衔接和重要商品储备，确保基本生活必需品不脱销、不断档。健全价格监测、预警和应急机制，完善防止价格异常波动预案。严格控制政府定价和政府指导价的调整，必要时对部分重要的居民基本生活必需品及服务，实行临时价格干预措施。加强市场监管，整顿和规范市场经济秩序，严惩价格违法和扰乱市场行为。采取应急救助、临时补贴等措施，确保低收入群体生活水平不下降，保障学校食堂食品供应和饭菜价格稳定。采取分类指导的办法，防止奥运会期间相关商品和服务价格出现恶性上涨。加强对经济运行的监测和调节，完善煤电油气运突发事件应急体系，做好能源和重要原材料的供需衔接，保障首都经济平稳运行。

深入推进产业结构调整。坚持以现代服务业为引领，完善产业导向政策和扶持政策，大力发展生产性服务业和文化创意产业。完善金融业扶持政策和服务体系，加快金融后台服务园区建设，积极吸引各类金融机构在京发展。推进空港综合保税港区等重点项目，促进现代物流和商务服务业发展。构筑投融资服务平台，培育骨干企业和战略投资者，搞好文化创意产业集聚区建设，壮大文化创意产业集群。紧抓奥运机遇，积极促进体育产业、会展业、旅游业加快发展。以高技术产业带动现代制造业发展，搞好项目引进和自主研发，推进第三代移动通信、数字电视、下一代互联网等关键技术的产业化应用，加快康宁玻璃基板、中芯国际增资扩产、现代汽车第二工厂、康明斯发动机等重点项目建设。支持发展生物医药、清洁技术和高端建筑建材产业。研究制定促进高端产业功能区发展的意见，加快基础设施和配套服务设施建设，提升产业集中度、竞争力和辐射力。做好搬迁后首钢原址的发展规划。健全管理服务机制、沟通协调机制和资源整合机制，为中央在京企业发展提供便利、快捷的全程服务。认真完成好第二次经济普查的各项任务。

不断提高自主创新能力。认真总结中关村科技园区 20 年发展经验，推动体制、政策、管理和组织创新，积极开展投融资、信用、协会组织、政府采购等各项改革工作，鼓励创业投资发展，深化非上市公司代办股份转让试点，推进知识产权质押贷款和信用贷款工作，进一步发挥园区的龙头带动作用。完善落实促进自主创新的各项政策，重点支持具有自主品牌的企业和项目发展，加快推进以企业为主体、市场为导向的各类新型产学研合作，努力为中央在京科研院所、高等院校的发展创造更好的条件，支持中央企业在京设立研发机构，积极促进国家重大科技创新项目落户北京。强化创新资源整合，完善首都科技条件平台运行机制，推动产业技术联盟建设，加大对引进技术的消化、吸收与再创新。加强知识产权保护，建设全国技术交易中心，支持留学人员创业园发展，促进大学科技园和孵化器与风险投资结合，探索建立促进成果转化的“种子”资金，健全科技成果产业化服务体系。抓好创新型人才培养和引进，畅通人才绿色通道，建立海外学人中心，着力解决高端人才在京住房、配偶就业、子女入学等方面问题。实施中长期科技发展规划，继续深化科技体制改革，围绕解决首都发展的难题，组织实施一批重大科技项目，争取在重点领域和关键技术上取得突破，提升首都自主创新能力。

继续做好节能减排和循环经济发展工作。建立市、区县政府节能降耗减排工作责任制，落实国家节能减排统计监测及考核实施方案和办法。继续调整退出高污染、高能耗、高水耗企业，支持首钢完成年度压产任务，推进化工二厂、有机化工厂搬迁，关停二热、三热的小火电机组。加强石化、建材、电力等重点行业的资源消耗管理、污染预防和全过程控制，完善能耗、水耗指导指标和监测平台。严格执行新增建筑节能设计标准，加强大型公建的能耗控制，推进既有建筑及供热系统节能改造，继续实施郊区新城集中供热工程。抓好清洁能源和可再生能源重点项目建设。完善用水计划、定额管理和超定额累进加价制度，发展节水灌溉 10 万亩。加快污水和再生水管网建设，对现有污水处理设施进行扩容改造。加强回收利用体系建设，积极推行垃圾分类收集和处理，推进再生资源产业化。搞好循环经济示范项目，加强产业园区生态建设。各级政府要带头树立资源节约意识，落实节能减排任务；加强宣传和引导，形成全社会节能减排的良好风尚。

加强社会主义新农村建设。坚持和完善各项强农惠农政策，推进新农村建设模式创新。今年市政府拟安排“三农”资金150.9亿元。加快都市型现代农业区域化、规模化发展，扶持一批农业产业化项目，建设一批农业主题公园，积极培育走廊经济、流域经济，形成产业集群。鼓励农民自主创业，发展壮大集体经济，积极支持小城镇建设。健全农业支持、保护与服务体系，研究制定《中华人民共和国农民专业合作社法》实施细则，加强基层农业技术推广体系建设，扩大农业政策性保险的险种和覆盖范围，加强农产品质量安全监管，提高动植物疫病防控能力。完成300个村庄规划编制任务，启动200个村庄基础设施“五项工程”建设，鼓励各区县根据实际情况加快建设步伐。完成70万农民安全饮水工程，升级广播电视“村村通”系统，加强农村消防设施建设，改造农村配电网。继续实施“亮起来、暖起来、循环起来”工程。加强农村公共服务中心建设，推进农村信息化，建立农村公共服务设施管护长效机制。大力促进生态涵养区发展，研究制定产业发展规划，提高市政府固定资产投资比重，推动一批符合功能定位的重大项目落户，支持资源型产业调整地区发展新兴产业，做好小流域综合治理、废弃矿山生态修复和新一轮山区搬迁工程等工作，探索建立区县结对帮扶、互利合作的长效机制。做好第七届中国花卉博览会各项筹备工作。

深入推进经济体制改革。完善市和区县财政管理体制，健全财政转移支付制度，提高一般性转移支付的规模和比例，推进基本公共服务均等化，促进区县功能定位的落实。全面推行非税收入收缴管理改革。开展社会领域投融资体制改革试点，完善政府投资管理模式。深化国有企业改革，支持一级企业引进战略投资者，鼓励非公资本参与二、三级企业股份制改造，加大国有资本从劣势企业退出的力度，推进企业上市和上市公司重组。继续探索国有资本经营预算管理，开展国有独资公司完善法人治理结构的综合试点。深化集体企业改革。鼓励、支持和引导非公有制经济健康发展，安排专项资金5亿元，支持中小企业发展，完善面向中小企业的融资体系，研究设立相应的再担保机构。进一步加强社会信用体系建设。积极推进供热体制改革。巩固完善生态林补偿机制，探索水源保护区、矿产资源保护区生态补偿机制。搭建农地流转信息平台，抓好集体建设用地流转试点。大力推进农村综合改革，开展城乡结合部地区综合管理体制改革试点，支持放宽农村金融机构准入政策试点工作，研究完善整建制农转居的配套政策，深化乡村集体经济产权制度改革，积极推进集体林权制度改革。

着力提高对外开放的质量和水平。建立利用外资区域与产业评估体系和质量评价指标体系。继续做好重点地区的投资促进工作，大力引导外资投向生产性服务业、文化创意产业和高端制造业，吸引国内外大企业在京设立地区总部等机构。制定促进服务贸易发展的政策措施，抓好各类服务外包基地建设，积极承接国际服务外包的高端环节。鼓励进出口交易活动，继续支持拥有自主品牌、自主知识产权的产品出口，拓展文化产品和文化服务的对外贸易，扩大先进技术设备和资源性产品进口。支持有条件的企业开展跨国经营，培育国际名牌和国际企业。认真做好第七届亚欧首脑会议等国家重大活动的外事服务工作。积极参与京津冀、环渤海区域经济分工合作，促进区域协调发展。

（三）加快推进以改善民生为重点的社会建设

着力解决民生问题，着力化解社会矛盾，着力加强社会管理，着力营造欢乐祥和的社会环境，对促进社会和谐、办好奥运会具有重要作用。要坚持以人为本，推进基本公共服务均等化，为群众办好59件重要实事，努力实现“无零就业家庭、无城镇危房户、无重大重复上访户、无社会救助盲点、无拖欠工资问题”的目标，更好地改善人民生活。

优先发展教育。加大投入力度，支持100所小学在主要项目上达到新颁办学标准，进一步改善农村学校、薄弱学校办学条件，发展农村幼儿教育，推进山区义务教育提升工程。完善农村地区学生、城市困难家庭学生、特殊教育学生的助学政策，保证来京务工人员子女接受义务教育。继续组织城镇教师和大学生到农村支教。全面加强教师队伍建设，设立40个农村中小学教师研修工作站，保证1000名农村骨干教师进站研修。提高农村特别是山区教师工资待遇水平，进一步改善山区教师工作学习条件。大力实施素质教育，稳步推进课程改革，减轻中小学生课业负担，提高教育质量。加强学校体育工作和心理健康教育，提高学生综合素质。加快职业教育基地和示范性院校建设，促进中高职教育相衔接。实施高等学校“质量工程”与“创新工程”，加快沙河、良乡高校园区建设。加强在职培训、社区辅导等继续教育。鼓励、引导和规范民办教育事业健康发展。推进学生德育实践活动基地建设，加强和改进大学生思想政治工作，完善学校、家庭、社会相结合的未成年人教育网络。

进一步扩大和促进就业。认真落实《中华人民共和国就业促进法》，健全小额贷款、创业培训等扶持政策，大力支持自主创业和自谋职业。完善“零就业家庭”就业动态帮扶机制，做到出现一户、帮扶一户、解决一户，保证有就业能力的家庭至少有一人就业，实现“无零就业家庭”目标。做好首钢等国有企业富余职工分流安置工作，引导和鼓励高校毕业生到基层和农村就业，扩大残疾人就业规模。实行农村劳动力转移就业登记动态管理制度，将促进就业政策进一步向农村延伸，实现7万名农村劳动力转移就业。以健全村级就业服务体系为重点，创建2000个充分就业社区（村）。加强高技能人才培养，重点做好面向农民、就业困难群体的职业技能培训。落实《中华人民共和国劳动合同法》和《中华人民共和国劳动争议调解仲裁法》，健全劳动关系协调机制，保障劳动者合法权益。完善企业工资支付监控、工资支付信用和工资保证金制度，坚决制止企业拖欠工资行为，努力做到“无拖欠工资问题”。

加快建立覆盖城乡的社会保障体系。今年市级财政拟安排社会保障支出62.1亿元，比上年增加8.6亿元。继续完善城镇职工基本医疗保险制度，调整职工基本医疗保险报付结构，提高门诊特别是社区用药报销比重。完善“一老一小”医保政策，解决部分门诊药费报销问题，增加大病医保种类。加大政府补贴力度，完善新型农村合作医疗统筹模式和补偿政策。出台劳动年龄内无医疗保障城镇居民参加医疗保险的政策，实现城乡医疗保障制度的全覆盖。推行医保报销“一卡通”。逐步做实基本养老保险个人账户，提高企业退休人员基本养老金水平。实施新型农村社会养老保险改革方案，落实城乡无社会保障老年居民养老保障办法，为符合条件的70万老年人每人每月发放200元福利养老金，基本实现城乡养老保障制度的全覆盖。认真研究低保边缘群体的保障问题，完善社会救助制度，健全对低收入人群的救助措施，实现社会救助全覆盖，做到“无社会救助盲点”。加强养老和福利设施建设，提高居家养老服务水平。大力发展慈善事业。

多渠道解决群众住房困难。加快健全廉租住房制度，今年市级财政筹集资金29亿元，建设收购50万平方米廉租住房，将廉租住房保障范围扩大到低收入住房困难家庭。加强经济适用住房的建设和管理，建设300

万平方米经济适用住房。增加中低价位、中小户型普通商品住房供应，重点建设450万平方米“两限”房。完善建设的协调推进机制，加快审批进度，确保项目落地、土地供应、资金投入、税费减免和工作责任落实到位，在保证质量的前提下，尽快形成实物供应。统筹旧城区风貌保护和解决群众住房困难，修缮整治40条胡同、1400个院落；安排市级财政支出5.8亿元，全力以赴解决1万户居民危房问题，落实排险修缮责任，改善居住在五类危房中群众的住房条件，努力实现“无城镇危房户”的目标。完成300个老旧小区的改造任务。进一步加强和改进房地产市场调控，调整土地供应结构，严格执行住房信贷管理政策，加快“二手房”和住房租赁市场发展，抑制房价过快上涨。

推进卫生事业改革与发展。研究落实医药卫生体制改革的具体方案和措施。完善公共卫生服务体系，增强对重大疾病的防控能力，深入推进爱国卫生运动，倡导健康生活方式，提高市民健康水平。强化社区卫生服务功能，推行社区卫生首诊制、双向转诊制和家庭医生服务模式，推广中医药服务。完善医疗服务体系，加快郊区医疗中心建设，完成所有社区卫生服务中心（站）的标准化建设和基本设备配备任务，加强社区医护人员队伍建设，推进优质医疗资源向郊区转移。改善医院服务与管理，使各项缓解群众看病就医困难的措施落到实处。完善药品供应保障体系，拟安排市级财政支出2亿元，扩大社区基本用药目录，增加品种，实现零差率药品配送覆盖城乡。解决好乡村医生基本待遇和养老保障问题。重视妇幼卫生和计划生育事业，保持稳定的低生育水平。研究制定老年医疗服务体系、精神卫生防治体系建设规划。

继续推动公交优先发展。加大公共财政的投入力度，在加快轨道交通建设的同时，推进地面公交提级改造。重点建设交通枢纽和综合驻车设施，改善换乘条件，提高运输效率。推进城乡客运一体化进程，改造乡村公路200公里，开通农村客运线路25条，实现行政村全部通公交。按照整体推进、分级负责、分步实施原则，将公交低票价政策逐步向郊区农村延伸。组织实施缓解市区交通拥堵第五阶段措施，建设好交通综合信息平台和智能交通管理系统，提高管理水平，为市民提供更快捷、方便的出行服务。

大力发展文化事业。大力弘扬社会主义核心价值，加强和谐文化建设，培育文明风尚。制定新的基层文化建设规划，建设一批街道、乡镇综合文化站和行政村文化活动室。办好“文艺演出星火工程”、“周末场演出计划”、“民族艺术进校园”等活动，精心举办系列奥运文化广场演出，培养基层文化活动带头人。继续推动益民书屋建设。加快国家话剧院、首都图书馆二期暨北京市方志馆工程、市文化中心等重要文化设施建设。加快经营性文化事业单位转企改制，培育一批文化精品，繁荣文化市场。保护民族民间优秀文化，开展文物与非物质文化遗产普查。整合首都文化资源，发挥整体优势，大力发展广播影视、新闻出版事业，繁荣哲学社会科学。加强科普工作，重点普及节能、节水、环保知识，提高公众科学素养。加强网络文化建设和管理，营造良好网络环境。广泛开展全民健身运动，所有行政村配建全民健身设施。进一步提高竞技体育综合实力，力争在奥运会、残奥会上取得优异成绩。

全面提高社会管理水平。研究制定首都社会建设总体规划，健全组织领导体系，鼓励和支持各类社会组织的发展，建立以社区为基础、社会组织为载体、社会人才队伍为保障的社会公共治理体制。着力加强基层基础工作和社区建设，探索新的社区管理体制，建立社会工作者队伍，健全社区工作者职业资格、工资增长及培育管理机制，规范社区公益事业经费使用和管理，改善社区办公和服务用房条件。完善政府购买社区公共服务政策，创新政府公共服务的提供方式。建设好信息系统，健全房屋租赁和居住证管理体系，提升流动人口服务管理水平。完善信访制度，加强基层信访工作，充分发挥社会矛盾调处中心、信访信息系统、非紧急救助服务系统等平台的作用，畅通群众利益诉求表达渠道。健全人民调解、行政调解、司法调解的衔接机制，加强行业调解、社区调解组织建设，发挥律师等社会资源的作用，提高综合化解社会矛盾的效率和效果。主动帮助群众排忧解难，依法妥善处理人民内部矛盾，重点解决重大重复上访积案，努力把各类矛盾化解在萌芽状态、化解在基层，实现“无重大重复上访户”目标。

全力维护团结和谐的大好局面。深入开展民族团结进步创建活动，加快少数民族乡村经济发展。支持爱国宗教团体自身建设，提高依法管理宗教事务的水平。进一步调动归侨侨眷和海外侨胞参与北京建设的积极性。加强对台工作，推进京台经济科技文化交流与合作。依法维护妇女儿童、残疾人的合法权益。认真落实“五五”普法规划，积极推进公益法律服务体系建设。支持工会、共青团和妇联等群众组织开展工作。充分发挥国防教育基地和大众传媒作用，深入开展丰富多彩的双拥共建活动，加强国防后备力量建设，继续做好优抚安置工作，努力解决随军家属就业和子女入学等问题，不断巩固军政军民团结。

（四）加强政府自身建设

深化行政管理体制改革，加强政府自身建设，是贯彻落实科学发展观的必然要求，是履行好政府职能、优化发展环境的关键环节，是推动科学发展、促进社会和谐的重要保障。必须进一步加强政府自身建设，努力建设服务型政府。

认真学习贯彻党的十七大精神。我们要紧密结合北京工作实际，学习好、领会好、贯彻好、落实好党的十七大精神，积极投入到学习实践科学发展观的活动中去，不断提高领导科学发展的能力。要努力把握首都经济社会发展的客观规律，努力掌握统筹兼顾的根本方法，努力提高决策的科学化和民主化水平，以改革创新精神开拓各项工作的新局面。

不断提高依法行政能力。全面执行人民代表大会及其常委会的决议，自觉接受人大监督。认真听取民主党派、工商联、无党派人士和各人民团体的意见，接受人民政协的民主监督。接受新闻舆论和社会公众监督。深入贯彻国务院全面推进依法行政实施纲要，加强行政监督，规范行政行为，完善和严格执行政府绩效管理制度和行政问责制度，加大对滥用权力和失职渎职行为的追究力度。完成年度行政立法任务，理顺行政执法体制，提高行政执法水平。

着力转变政府职能。积极推进行政管理体制改革，强化社会管理和公共服务职能，精简和规范各类议事协调机构及其办事机构，制定事业单位分类改革总体方案。深化行政审批改革，继续减少和规范行政审批和许可事项，推进政府管理机制、制度和服务方式创新，更好地为基层、企业和社会公众服务。落实国务院《政府信息公开条例》，健全政府信息公开工作机制和制度规范，增强政府工作透明度和公信力。

大力加强作风建设。深入开展调查研究，了解工作中的突出问题和群众最关心的利益问题，总结推广实践中创造的好经验好办法，使我们的各项工作更加符合客观实际，更加体现群众意愿。加强部门间的沟通协调配合，着力提高行政效率，力戒推诿扯皮。坚持求真务实，切实精简会议，减少文件，狠抓工作落实。坚持勤俭办一切事情，降低行政成本，反对铺张浪费。加强公务员队伍建设，增强公仆意识，全心全意为人民服务。

切实推进廉政建设。加强对权力运行，特别是对领导干部、人财物管理使用、关键岗位的监督和制约。规范财政转移支付、土地征用出让、政府采购、国有资产转让等公共资源权力运行。深入开展执法监察、廉政监察和效能监察，加强制度建设，积极探索从源头上预防和治理腐败的新举措。坚决纠正损害人民群众利益的不正之风，坚决查处违法违纪案件，决不姑息。

各位代表，举办一届有特色、高水平的奥运会、残奥会，把北京建设成为繁荣、文明、和谐、宜居的首善之区，是中央的重托、人民的期待、民族的愿望，是我们无比神圣的使命和义不容辞的责任。让我们紧密团结在以胡锦涛同志为总书记的党中央周围，高举中国特色社会主义伟大旗帜，以邓小平理论和“三个代表”重要思想为指导，深入贯彻落实科学发展观，在中共北京市委的领导下，大力发扬改革创新、求真务实、团结奋进的精神，扎实工作，奋力拼搏，把首都的改革开放和现代化建设不断推向前进！

北京市第十三届人民代表大会第一次会议关于北京市2007年国民经济和社会发展计划执行情况与2008年国民经济和社会发展计划的决议

（2008年1月26日北京市第十三届人民代表大会第一次会议通过）

北京市第十三届人民代表大会第一次会议经过审议，并根据国民经济、社会发展计划和财政预算审查委员会的审查报告，决定批准北京市2008年国民经济和社会发展计划及《关于北京市2007年国民经济和社会发展计划执行情况与2008年国民经济和社会发展计划草案的报告》。

关于北京市2007年国民经济和社会发展计划执行情况与2008年国民经济和社会发展计划草案的报告

——2008年1月20日在北京市第十三届人民代表大会第一次会议上

北京市发展和改革委员会

各位代表：

受市人民政府委托，现将北京市2007年国民经济和社会发展计划执行情况与2008年国民经济和社会发展计划草案的报告提请市第十三届人大第一次会议审议，并请市政协各位委员提出意见。

一、2007年国民经济和社会发展计划执行情况

2007年是奥运筹备的决战之年。在市委领导下，全市上下按照市第十次党代会和市第十二届人大第五次会议的部署，落实科学发展观，推进和谐社会建设，快节奏、高质量做好奥运筹备工作，不断提高城市建设和管理水平，全市经济社会发展进一步呈现出又好又快的态势，年度发展计划主要目标顺利完成，“十一五”规划各项任务进展顺利。

（一）经济发展质量进一步提高

经济发展平稳较快。初步统计，全年地区生产总值达到9006.2亿元，增长12.3%，连续9年保持两位数增长。投资、消费、进出口保持平稳增长。全社会固定资产投资达到3966.6亿元，增长17.6%；社会消费品零售额达到3800.2亿元，增长16%；地区进出口总额达到1929.5亿美元，增长22.1%。全市居民消费价格指数上涨2.4%。

产业结构不断优化。服务型经济主导地位进一步巩固，服务业增加值占地区生产总值的比重达到71.4%。其中，金融、信息服务、商务服务、交通运输、科技研发等生产性服务业加快发展。1—11月，文化创意产业实现收入3827.7亿元，增长19.4%。工业结构调整步伐加快。高技术制造业、现代制造业增加值分别增长22.1%和17.4%，高于工业平均增速。高耗能、高污染产业逐步退出，首钢压缩产能400万吨程序正式启动，化工二厂实现停产，有机化工厂搬迁有序推进。各类功能区初步呈现差异化、特色化发展趋势。首都功能核心区现代服务业聚集效果明显，创造了全市48.4%的国、地税收入。城市功能拓展区承载了全市50.4%的固定资产投资和62.3%的社会消费品零售额，承载能力继续增强。城市发展新区消费、投资以及工业等指标增速位居四类功能区前列，对全市经济发展的带动作用突出。生态涵养发展区的生态资源优势和富民效果开始显现。六大高端产业功能区集聚效应明显，实现增加值增长20%以上，占全市地区生产总值的比重达到40%左右。

经济效益明显提高。辖区国、地税总收入达到4460.2亿元，地方财政收入达到1492.6亿元，增长33.6%。规模以上工业企业利润增长69.3%，服务业企业利润增长2.4倍。单位能耗和污染排放进一步降低，万元地区生产总值能耗、水耗、二氧化硫和化学需氧量减排的年度计划目标能够完成。

发展活力增强。科技创新能力提高。第三代移动通信、数字电视、闪联等一批重大标准进入产业化阶段，生物芯片北京国家工程研究中心等项目通过国家验收，“十一五”时期国家12项重大科技基础设施项目已经有5项落户北京。软件产业收入突破千亿元，连续7年位居全国首位。全市专利申请量增长19.3%，技术合同成交额增长26.6%。在京央企进入新的扩张期。中信银行、中国铝业、中国神华等13家央企成功上市；中国投资公司、京沪高铁公司、中影基地等相继落户。国际高端要素流入加快。世界500强企业在京新增投资项目31个；法国兴业等7家外资银行在京设立法人金融机构；商务部在本市新认定跨国公司地区总部3家，累计达到20家；具有地区总部性质的投资性公司累计达到154家。

（二）社会发展步伐进一步加快

扩大就业和完善社保取得良好效果。就业形势总体稳定。全年新增就业岗位40.7万个，城镇登记失业率为1.84%，低于年度2.5%的计划调控目标。当年认定的零就业家庭基本实现至少有一人就业。社保“扩面提标”成效明显。养老、医疗、失业保险的覆盖率分别达到93%、92.6%、92.6%。城镇

居民"一老一小"医疗保险制度开始实施，参保人数达到146.4万人。城乡无保障老年人养老保障办法出台，将惠及70万老年人。城镇低保、最低工资、基本养老、失业保险等社会保障待遇标准分别调高20元、90元、150元和30元，增幅为近年新高。城乡居民基本生活消费品价格变动补助方案及时启动，自2007年10月起连续5个月向22.7万低保人群每人每月补贴20元。

公共服务能力不断提升。教育事业加快发展。推进义务教育均衡发展的意见出台，教育资源配置进一步向农村、基础薄弱学校和弱势群体倾斜。一批高等教育、职业教育项目在新城建设。40余万流动人口子女接受教育的权利得到保障。基本医疗服务明显改善。医保报销政策加大向社区就医倾斜，收支两条线、药品零差率销售效果明显，社区药品平均价格下降30%。"四个一批"工程全面启动，社区卫生门诊量显著增加。地坛医院迁建工程已进入收尾阶段，协和医院改扩建、积水潭医院回龙观院区等项目进展顺利。城市公交政策惠民效果显著。公交、地铁低票价政策调控引导作用突出，公交出行比例达到34.5%，同比提高4.3个百分点，超过了小汽车出行比例。"两限"房和保障性住房建设力度加大。全年300万平方米"两限"房、200万平方米经济适用房、30万平方米廉租房建设和收购任务全部得到落实；新的经济适用房和廉租房管理办法颁布实施。

城乡居民生活和安全保障水平不断提高。城乡居民收入持续增长，城镇居民人均可支配收入达到21,989元，实际增长11.2%；农民人均纯收入达到9559元，实际增长8.2%；城镇、农村居民家庭收入中的财产性收入分别增长56.2%和19.9%。消费结构不断升级，金银珠宝、家庭轿车、电脑、手机销售量继续增加。社会治安形势和安全生产情况总体良好，食品安全监测和药品安全抽验合格率分别达到97.2%和98.7%。

（三）城市建设和管理水平进一步提升

奥运场馆及相关设施建设加快推进，"好运北京"测试赛顺利进行。26个比赛场馆和44个训练场馆完工。场馆周边58条道路和4座桥梁建成。奥林匹克水上公园、北京射击馆等23个场馆已通过测试赛检验，环境、交通、气象、水电气热、食品卫生等测试方案顺利实施，为提高城市运行管理水平积累了经验。

生态环境建设和整治工作成效明显。22项"城中村"、60项城市边角地、五环路内102个行政村整治任务全面实施。完成了332万平方米拆违任务。新增城市绿化面积871公顷，万亩环城郊野公园基本建成。第十三阶段控制大气污染措施顺利实施，市区空气质量二级和好于二级天数比重达到67.4%。六环路内市属城市河湖治理基本完成。引温入潮工程建成通水，潮白河生态用水逐步恢复。积极开发利用再生水，城八区再生水利用率达到50%，同比提高6个百分点。垃圾处理经济补偿机制建立，城八区生活垃圾无害化处理率达到99%，郊区达到76%。

交通和资源保障能力不断增强。轨道交通建设加快。地铁5号线正式运营，轨道交通运营里程达到142公里。轨道交通机场线、地铁10号线一期（含奥运支线）、4号线建设进展顺利，地铁6号线一期、8号线二期、9号线、10号线二期及轨道交通亦庄线、大兴线陆续开工。高速路网不断完善，110国道、机场南线T3航站楼到机场高速段建成通车，新建成高速公路通车里程超过80公里。机场二通道、京平高速、京承高速三期建设进展顺利。城区路网不断改善，展西路、蓝靛厂南路等一批道路建成通车。南水北调北京段主体工程基本完成，市内配套工程同步实施。电力、燃气、热力供应保障能力增强，电网供电能力提升33%，六环路天然气一期工程全线完工，新增14亿立方米输气能力。太阳宫、郑常庄燃气热电厂主体工程基本完成。官厅风电场一期工程竣工，具备并网发电条件。

城市管理和服务能力进一步提高。及时总结奥运筹办经验，弘扬奥运精神，城市管理理念、管理机制不断创新和完善。城市应急管理体系逐步健全，应对突发事件的快速反应和处理能力显著增强。积极应对粮油肉蛋等生活必需品价格上涨，成立了生活必需品应急调控协调小组，加强价格监管和监测分析，开展政府储备调查摸底，适时调整政府储备品种和规模，保证了首都生活必需品的市场供应。能源与经济运行调节长效机制逐步形成，保证了煤炭、成品油、天然气等重点能源的正常供应，电力实现安全迎峰度夏。

（四）新农村建设进一步推进

农村产业结构调整深入推进。农业生产向种植园林化、管理精密化、布局规模化、产品特色化发展。新增设施农业 1.5 万亩，京承高速沿线现代农业走廊初见成效，10 万亩设施农业节水工程、10 万亩农业利用再生水工程基本完成。观光农业增势强劲，呈现出以科技旅游、农耕体验、休闲度假为特色的多元发展格局，农业观光园收入和民俗旅游接待人数分别增长 25.3%和 18.8%。

农村生产生活条件不断改善。103 项新农村建设折子工程顺利完成。全市村庄体系规划加紧编制，500 个村庄建设规划顺利完成。120 个基础设施整体推进村的道路硬化、安全饮水、污水处理、垃圾处理、农村改厕等 5 项工程加快实施。农村户厕改造完成 10 万户，43 万农民安全饮水得到解决。“农村亮起来、农民暖起来、农业资源循环起来”工程效果明显。全年累计安装近 4 万盏太阳能灯、27 万铺吊炕，建成雨洪利用工程 150 处。

郊区基础设施和公共服务设施供给能力增强。市政府对“三农”投入达到 130.6 亿元。市发展改革委负责安排的政府投资继续向郊区转移，郊区与城区比例达到 51∶49。新城建成区主干路网基本完成，拓展区路网建设加快，新城发展空间得到拓展。郊区供热资源整合工程全面推进，完成规划目标的 30%，燃气管网建设开始启动。乡镇中心区集中供水、污水和垃圾处理系统逐步建立，33 个中心镇全部实现集中供水。优质医疗、教育资源继续向郊区转移。以郊区县医院为依托的区域性医疗中心建设全面启动，大兴、房山、昌平、怀柔、密云、门头沟等区域医疗中心升级改造加紧建设。支持了 267 个郊区标准化社区卫生服务中心（站）建设。

支农惠农力度继续加大，农民得到更多实惠。农村就业、社保等公共服务体系逐步建立。生态护林员、乡村公路养护员、农村管水员制度逐步完善，农村公益性就业岗位不断增加。农民职业技能培训得到加强，9.7 万名农村劳动力实现转移就业。新型农村合作医疗筹资标准和补偿政策出台，筹资水平从人均 130 元提升到 220 元，报销比例从 26%提高到 40%，参合率达到 89%。农村养老保险覆盖率达到 36.6%，新型农村养老保险试行办法出台。中等职业学校农村户籍学生、农林类专业学生学费减免政策得到落实。乡村医生补助政策出台。政策性农业保险稳步推进，参保农户达到 4.5 万户。

（五）重点领域改革进一步深化

社会管理体制改革步伐加快。医药卫生体制改革方案措施加紧研究。流动人口和出租房屋四级管理服务体系初步建立。民政等领域行政管理体制改革稳步推进，市委社会工委（市社会建设工作办公室）成立，统筹社会发展的力度加大。国有企业资产重组和改制取得积极成效。国有二、三级企业股份制改革改制面达到 95%以上；二商集团与水产公司顺利重组，北控集团成功收购燃气公司。价格改革稳妥推进。城市公交和地铁票制票价改革顺利实施，农业水资源费、热计量价格试点等改革措施相继出台，在促进资源节约、惠民利民等方面发挥了积极作用。农村改革继续深入。乡村集体经济产权制度改革步伐加快，303个乡村集体经济组织产权制度改革完成。积极落实《中华人民共和国农民专业合作社法》，在全国率先开展农民专业合作社登记工作。

总体上讲，2007年全市经济社会发展形势良好，符合科学发展的要求，符合和谐发展的理念，符合国家宏观调控政策的取向。但在发展中仍然存在一些矛盾和问题需要高度重视。主要是：价格上涨压力不断加大，对保障部分群众生活和稳定城市供应产生较大压力。征地难度加大，拆迁成本、融资成本上升，一定程度上影响项目进度和要素流入。人口资源环境矛盾仍然突出。城乡、南北城差距依然存在。社会建设、公共服务与人民群众的新期待相比还有差距，特别是交通、住房、环境、就业、就医等一些人民群众最关心、最现实、最直接的利益问题仍需下大力气解决。这些都需要我们按照科学发展观的要求，通过发展和改革的办法着力加以解决。

二、2008年计划的初步安排

2008年是全面贯彻落实十七大精神的第一年，是实施“十一五”规划承上启下的重要一年，是改革开放30周年，更是全力办好奥运盛会之年，安排好全年国民经济和社会发展计划至关重要。

（一）发展环境与条件总体有利

从国际环境看，世界经济增长周期仍在延续，国际产业转移步伐仍在加快，美国、日本、欧盟等主要经济体仍将保持较快增长。但美国次级房贷影响还需进一步观察，国际石油、粮食等初级产品价格仍可能居高不下，全球主要资本市场波动和贸易保护主义加剧等因素值得关注，世界经济发生波动和增长放缓的可能性增加。

从国内环境看，我国工业化、城镇化、国际化进程不断加快，发展势头较好。科学发展、和谐发展的思想逐步深入人心，党的十七大为今后的发展进一步指明了方向，注入了新的动力。从国家宏观调控政策取向看，为防止经济增长由偏快转为过热、防止物价由结构性上涨演变为明显通货膨胀，国家将实施稳健的财政政策和从紧的货币政策，控总量、稳物价、调结构、促平衡。

从本市自身看，北京正处于城市化、信息化、市场化和国际化的加速期，发展空间依然很大，各方面需求依然旺盛。奥运对经济社会的带动效应更加明显，产业优势和城市活力、潜力还将进一步释放。经济实力不断增强，发展基础比较稳固，为我们解决前进和发展中的困难和问题创造了良好条件。中央支持、全国关心，为本市成功举办奥运提供了坚实后盾。但2008年全市面临的任务十分繁重，特别是举办一届有特色、高水平的奥运会、残奥会，任务重、时间紧、要求高、责任大，更需要我们把握全局、统筹兼顾，紧张、扎实、有序地做好各方面工作。

（二）发展计划安排的指导思想和主要原则

2008年本市国民经济和社会发展计划安排的指导思想是：认真贯彻落实党的十七大精神，按照市委的总体要求和部署，以科学发展观为指导，坚持服务奥运、奉献奥运，确保成功举办一届有特色、高水平的奥运会、残奥会，坚持好字优先、稳中求进，保持经济发展、社会祥和的良好局面，在新的起点上实现经济社会又好又快发展。

在计划安排上，总体把握“一个全力、六个更加注重”的原则。“一个全力”就是全力办好奥运会、残奥会。“六个更加注重”就是：更加注重发展方式转变，在产业结构优化升级、自主创新和节能减排上取得新进展；

更加注重社会建设，在改善民生、增进和谐上迈上新台阶；更加注重资源环境建设，在提升城市承载能力、建设生态文明上取得新成效；更加注重建设与管理统筹，在提升城市管理服务水平和首都国际形象上开创新局面；更加注重新农村和新城建设，加快城南和西部地区发展，在城乡区域协调发展上迈出新步伐；更加注重体制机制创新，在优化环境、完善制度、增强活力上力求新突破。

（三）2008 年经济社会发展主要目标

主要预期指标：

——地区生产总值增长 9%；人均地区生产总值增长 7%，超过 8000 美元；全社会固定资产投资增长 11%；社会消费品零售额增长 13%；地区进出口总额增长 11%。

——城镇居民人均可支配收入和农民人均纯收入实际增长 7%。

——研究与发展经费支出占地区生产总值比重在 5.5%左右；每万人专利申请量 17 件以上。

主要调控目标：

——居民消费价格指数低于全国平均水平，力争控制在 103.5%左右。

——城镇登记失业率控制在 2.3%以内。

——地方财政收入增长 15%，支出增长 13.6%。

——城镇基本养老、基本医疗、失业保险覆盖率分别达到 94%、93.6%、93.6%；农村养老保险覆盖率达到 40%。

——食品安全监测抽查合格率 96%以上；药品抽验合格率 97%以上。

——户籍人口增长率控制在 1.2%左右。

——亿元地区生产总值生产安全事故死亡率控制在 0.21 人/亿元以内。

——公共交通出行比例达到 36%。

——万元地区生产总值能耗下降 5%，水耗下降 4%。

——市区空气质量二级和好于二级天数比重力争达到 70%。化学需氧量排放总量下降 4%；二氧化硫排放总量下降 10%。

——城八区、郊区污水处理率达到 93% 和 50%；全市再生水利用率达到 56%，城八区再生水利用率达到 59%。

三、实现 2008 年经济社会发展计划的主要措施

（一）统筹奥运筹办与服务保障，全力办好奥运盛会

高标准完成奥运筹备。（1）全面完成各项奥运工程建设任务。严格按照倒排期折子工程和“安全、质量、功能、工期、成本”五统一要求，贯彻“节俭办奥运、廉洁办奥运”方针，确保奥运场馆及各项配套设施如期竣工交付使用，及时做好验收和测试、调试工作，确保高质量全面达标。（2）全面提升城市环境质量。把加强城市环境建设摆在更加突出的位置，采取更为有力的措施，促进城市环境质量全面改善和提升。继续加强大气污染防治，认真落实奥运会空气质量保障和第十四阶段控制大气污染措施，重点抓好燃煤、机动车、工地扬尘和工业污染防控。进一步强化对污染源的排查治理，针对薄弱环节和重点时段、重点区域，加大污染监管力度，特别是实施夜间机动车污染排放专项整治。率先实行机动车国 IV 排放标准，大力淘汰老旧公交车。取消城乡结合部地区的原煤散烧，完成城区 5 万户平房“煤改电”。密切与周边省市的环境合作，完善协调机制，采取协调行动，确保空气质量达标。进一步改善水环境。加强城市水系骨干河道维护管理，大幅度增加环境用水。搞好市容环境整治。重点加强奥运场馆周边环境整治和绿化美化，加快首都机场二通道、铁路沿线、航空通道等绿色交通走廊建设。继续推进城乡结合部、城市边角地的环境治理，加强户外

广告监管，解决个别地段的脏乱差问题。发挥舆论监督作用，形成环境维护的长效机制。(3) 积极营造奥运氛围。深入挖掘奥运文化内涵和古都历史文化资源。加快推进王府井、前门、大栅栏、琉璃厂、天桥、国子监、南锣鼓巷等文化特色街区建设，完成旧城内1400个重点院落和40条胡同修缮整治，加强具有地方特色的非物质文化遗产的保护和展示，彰显古都文化魅力。建设一批奥运城市景观、文化广场，为奥运添彩。精心策划和组织一批高水平有特色的文化展览、文艺演出活动，促进文化繁荣。完善798艺术区、三里屯特色街、什刹海、秀水街、"北京眼"等区域的服务环境，充分展现中华文化的开放性和包容性。深入开展奥运主题活动和文明创建活动，提高市民奥运参与意识，营造开放、热情、友好、文明、祥和的城市氛围，提升全社会文明程度和城市整体形象。(4) 完善各项工作预案。健全预案管理制度和应急协调机制，搞好实战演练，实现从筹备到赛时体制的平稳转换和顺畅衔接。

高质量做好服务保障。统筹安排好奥运会、残奥会期间赛事服务保障和城市运行管理，强化属地管理，保障赛事活动顺利举办和城市安全有序运行。加强奥运安保工作，落实好各项安保计划，确保奥运场馆、食品、卫生、交通、治安等安全工作万无一失。精心落实好交通服务，充分借鉴中非论坛等重大活动经验，积极引导社会参与，科学组织实施疏导方案，保障交通安全顺畅。搞好通信、信息、住宿、餐饮、旅游、志愿者等各项服务，坚持以人为本，更加注重细节，为各国运动员、教练员、记者、游客等提供优质高效服务。高标准做好城市能源经济运行和生活必需品市场运行两条运行线的保障工作，维护正常的生产、生活秩序。建立赛时城市运行保障指挥体系，增强快速反应能力，及时妥善地处置好各类突发事件。继续加强安全隐患排查和整改，防患于未然。深入细致地开展社会矛盾排查调处工作，增强基层化解社会矛盾的能力，营造社会和谐的良好氛围。

高起点推进奥运后发展。把奥运作为首都发展的新起点，统筹谋划奥运资源的挖掘、开发和利用，努力实现奥运效应最大化，带动首都全面发展。紧抓奥运盛会的重大机遇，加快国际合作步伐，促进体育、文化、会展、旅游等高端要素集聚，积极争取和吸引国内外重点、热点体育赛事和大型文化会展活动在京举办，加快推动文化创意、体育休闲等现代服务业发展。组织实施好城市品牌营销推广，加强整体宣传推介，巩固和提升城市良好形象。及时总结和推广奥运筹办过程中形成的好精神、好经验、好做法，并使之转化为长效机制，提高城市规划、发展、建设、运行、服务、管理水平，最大程度地造福市民。提前制定和及时落实奥林匹克中心区开发方案、奥运场馆赛后利用方案，细化功能定位和发展模式，实现从开发建设向运营管理转变，延伸和拓展奥运经济效应。

（二）深入推进发展方式转变，促进首都经济又好又快发展

继续加快产业优化升级。坚持高端化、集约化、轻型化发展方向，进一步优化发展环境，加快结构调整步伐，促进产业整体发展水平提升。(1) 全面发展服务业，促进服务业由大变强。贯彻好促进服务业发展意见，落实好各专项产业促进政策，大力发展生产性服务业，带动一、二、三产业协调发展。培育壮大文化创意产业，积极推动旅游、会展、体育等产业的发展。注重老字号资源挖掘，抓好传统服务业升级改造。(2) 扬长避短，发挥优势，有进有退，提升高技术产业和现代制造业发展水平。优先发展信息服务、生物医药等重点行业，推动第三代移动通信、数字电视、下一代互联网等关键技术和标准产业化应用，促进高技术产业规模化发展。

以发展生产性服务业为重点，延伸制造业产业链，加快产业融合，特别要抓好康宁玻璃基板、诺基亚扩能技术改造、北汽研发中心、中芯国际增资扩产、京东方液晶显示器件扩产、现代汽车第二工厂、康明斯发动机等重点项目实施，带动现代制造业加快发展。严格产业准入，搬迁、调整、退出不符合首都功能和资源禀赋的产业，实现首钢压产目标和化工二厂、有机化工厂搬迁调整。（3）大力发展总部经济。抓住中央在京企业新一轮发展和国际产业转移步伐加快的机遇，积极创造条件，促进央企总部在京发展，大力吸引跨国公司总部、研发机构和国内知名企业到京发展。（4）促进产业集聚发展。加快六大高端产业功能区建设，推动文化创意产业集聚区和金融后台服务区发展，不断增强园区的技术辐射、总部辐射、产业配套辐射、金融辐射和创新服务辐射的作用。着力完善区域基础设施、信息通信、商务服务等生产、生活配套服务体系。进一步推进园区深度开放，鼓励园区企业积极参与国际竞争和合作，提升主导产业的集中度和竞争力。重视人才引进，构筑国际人才高地，加快管理转型和服务提升。建立和完善园区领导协调机制，协调解决重大问题。

大力推进自主创新。完善促进自主创新的政策体系。鼓励企业自主创新，支持以企业为主体的技术联盟、产业联盟、标准联盟发展，支持企业与院所高校联合组建工程实验室和行业工程中心。积极争取一批“863”、“973”、国家“十一五”重大科技基础设施项目落地。重点推动航天、能源、环保、生物、电子信息等领域重大科技项目实施。推进国家工程研究中心、工程实验室等机构面向社会提供公共技术服务。发挥生产性服务业的带动促进作用，提高科技成果转化效率。推进中科院科教产业基地、密云呼叫中心基地等项目建设。促进委托研发、设计、检测、科技咨询等科技服务业发展。探索推进知识产权质押贷款、科技保险等融资服务试点，完善科技服务投融资机制。更加注重科研项目和项目领军人才的引进，研究吸引高端创新人才的机制和政策，建设海外学人中心，畅通高端创新人才绿色通道。加大知识产权保护力度，研究知识产权交易市场建设，营造鼓励创新创业的环境氛围。

进一步狠抓节能降耗减排。在继续实施“以退促降”的同时，着力依靠结构调整、技术进步、强化管理、创新机制等手段，实施“内涵促降”。政府机构带头节能，继续抓好大型公建、重点耗能企业节能，实施32家政府机构和部分宾馆、医院的节能诊断和改造。选择一些单位试行合同能源管理。落实节能减排技术推广计划，集中力量推广一批成熟适用技术。建设百所阳光校园和百座太阳能集中浴室，推广热泵供暖方式，新建50座生物质集中供气工程，进一步提高新能源占全市能源消耗总量的比重。落实节能法，建立健全激励和约束机制，继续加强新上项目节能评估和审查，从源头上加强能源管理。加快中介机构培育，加大节能执法检查和监督力度，加强社会宣传和引导，增强全民节能主动性和自觉性。加快污染企业调整搬迁步伐，对二热、三热35万千瓦小火电机组实行关停。研究制定垃圾收费政策，推进生活垃圾分类收集和处理，加快南宫、阿苏卫垃圾焚烧厂建设，促进垃圾减量化和循环利用。积极开展电子废弃物、废塑料、废旧轮胎等规范回收和处理。

扩大消费，优化投资，稳定市场。认真贯彻落实中央宏观调控政策，坚持好字优先、稳中求进，保持首都经济平稳较快发展势头。（1）进一步增强消费对经济增长的拉动作用。积极打造时尚消费中心，发展特色街区和品牌商圈，提升传统商业街功能，不断完善社区商业、休闲等设施，进一步提升城市消费水平。鼓励商业企业到郊区发展，规划建设集购物、健身、休闲、娱乐、餐饮于一体的综合性商业设施，提升新城地区的商业氛围，努力扩大新城消费。完善郊区旅游休闲环境，吸引城区居民到农村消费；继续加快农村地区连锁超市、便利店、文化娱乐设施和物流配送体系等建设，完善农村流通网络，开发适合农民特点的消费产品，积极培育农村消费。继续提高城乡居民收入，完善社会保障体系，改善消费预期，提高居民消费能力。紧抓奥运商机，全面落实商业服务业迎奥运三年行动计划，推行银行卡工程，提高便利程度，改善消费环境，努力吸引外来消费。(2) 合理调控固定资产投资规模与结构。坚持有保有压，严格控制新开工项目。加强项目能源评估，完善环保、土地、水资源、产出强度等准入标准，提高投资项目的综合效益，促进产业升级调整。发挥政府投资和规划的“风向标”作用，合理引导社会投资投向城南、新城、新农村地区。发挥好土地调控作用，完善土地招标政策，优先保障重点工程、产业功能区、公共服务和环境建设用地。继续抓好一批重大建设项目，加强薄弱环节建设，争取中央重大项目落地，统筹推动中央项目实施。规范房地产市场秩序，促进房地产市场平衡健康发展。(3) 加强价格调控。加强生活必需品市场调控，密切关注市场供求变动趋势，组织好货源调度，进一步加强和巩固与外埠农副产品供应地的战略合作，完善储备体系和应急机制，适度提高部分生活必需品的储备标准，确保市场供应。加强重要商品和服务的价格监测、预警，防止生活必需品价格上涨向更大范围传导。完善防止价格异常波动预案，必要时对部分重要生活必需品及服务实行临时价格干预措施。关注奥运会对物价变动的影响，提前做好应对措施。加强市场监管，依法打击各种价格违法行为，规范市场秩序。健全价格波动与低收入群众生活保障联动机制，切实保障低收入群众生活质量。

（三）着力改善民生，加快推进社会建设

实施积极的就业政策。坚持以创业带动就业，健全城乡就业和创业服务体系，落实好各项就业促进政策，促使城镇登记失业率继续保持在较低水平。贯彻实施《就业促进法》，适度发展符合首都特点、就业容量大的劳动密集产业和都市工业，完善城乡统一的劳动力信息系统，重点解决好一批结构调整关停企业职工的分流安置，实施好一批城乡就业困难人员的就业援助，促进一批农村富余劳动力的转移就业，支持一批劳动者自主创业。加强就业培训和指导，健全零就业家庭、“4050”人员和残疾人等困难群体就业的长效帮扶机制，做好高校毕业生等新增劳动力的就业指导和服务。贯彻落实《劳动合同法》和《劳动争议调解仲裁法》，积极规范和协调劳动关系，依法维护劳动者合法权益。继续推行集体合同制和工资集体协商制度，规范企业工资支付行为，完善企业职工工资正常增长机制和支付保障机制，努力提高居民的工资性收入和财产性收入。加强劳动力市场和用工行为监管，促进劳动关系和谐。

进一步完善多层次、广覆盖、城乡衔接的社会保障体系。落实城乡无社会保障老年居民养老保障办法，解决劳动年龄内无医疗保障城镇居民参加医疗保险问题，努力实现城乡居民养老保障制度和医疗保险制度全覆盖。适时提高最低生活保障、养老保险、最低工资等相关保障标准，特别要提高企业退休人员养老保障标准，并向退休时间早、职称高的人群合理倾斜。稳步提高新型农村合作医疗筹资标准和报销标准，落实新型农村社会养老保险试行办法，不断提高农民保障水平。提高农村低保水平，研究实现与城镇低保体系相衔接。密切关注低收入人群生活，做好应急救助和分类救助工作。大力发展社会福利和慈善事业。

扩展基本公共服务。面向农村、面向基层、面向薄弱地区，进一步优化公共资源配置，改进公共服务方式，加强公共设施建设，使公共服务更好地惠及人民。（1）继续推进义务教育均衡化发展，深化职教、高教改革，支持和规范民办教育。教育投入继续向农村倾斜，改善山区和农村中小学办学条件，提高师资水平。继续实施好名校办分校，促进优质资源共享。加强流动人口自办校管理，着力提高流动人口子女义务教育质量。大力发展职业教育，搞好实训基地建设，培养实用技能人才。继续优化高等教育布局和结构，加强学科建设，提高教学质量。（2）改善公共卫生和基本医疗服务。实施好郊区县区域医疗中心建设，改善郊区医疗服务状况。加快基层卫生服务设施建设，基本实现城乡社区卫生服务中心（站）全覆盖。建立"四个一批"工程的长效机制，为城乡居民建立健康档案，推行社区卫生首诊制和家庭医生服务模式，进一步提升社区卫生服务水平。落实好乡村医生纳入社会保障体系的政策，稳定农村医生队伍，提高从业人员素质。选择边远地区试点推出农村急救巡诊制度，完善急救服务体系。推动协和医院、阜外心血管医院、积水潭医院回龙观院区、儿童医院血液肿瘤中心、宣武医院改扩建一期等项目建设，增强优质卫生资源的服务能力。研究城区二、三级医院整合试点。完善公立医院内部运营管理，提高医疗资源利用效率。（3）加强公共文化体育服务。继续组织实施好文艺演出、电影放映等基层公益性文化服务活动。完成5座山区广播电视发射塔建设，基本实现广播电视无线覆盖。推进国家博物馆改扩建、国家话剧院、首都图书馆二期、市新少年宫、市文化中心等一批功能性文化设施建设。加强郊区露天文化体育场等农村和基层文化体育设施建设，开展丰富多彩的文化体育活动，为丰富群众精神文化生活创造良好条件。（4）进一步加大"两限"房和保障性住房建设和供应力度。促使在建廉租房、经济适用房、"两限"房尽快入市，年内再开工50万平方米廉租房、300万平方米经济适用房和450万平方米"两限"房。在巩固城市住房困难低保家庭"应保尽保"基础上，将廉租房保障范围扩大到低收入住房困难家庭。

改进社会管理和服务。采取更加有力的措施，努力推动"无零就业家庭、无城镇危房户、无重大重复上访户、无社会救助盲点、无拖欠工资问题"目标的落实。积极探索推进社区管理与服务改革，强化基层社会管理职能，拓展社区服务形式和内容，完善社区便利设施条件，促进和谐社区、和谐村镇建设。加强社会治安综合治理，提高公共安全水平。健全完善流动人口和出租房屋服务管理体系，建设好信息管理平台，提升流动人口服务管理水平。认真研究政策措施，加强养老设施建设，完善老年医疗服务体系，积极应对人口老龄化问题。规范小区物业收费管理，加强食品、药品、餐饮安全等市场监管。严格落实各项安全生产责任制，加强日常安全监督检查，遏制重特大事故发生。

（四）加强基础设施和资源环境建设，提升城市承载能力，强化发展基础

继续推进以轨道交通为骨干的公共交通体系建设。确保轨道交通机场线、10号线一期（含奥运支线）按时投入运行，年内轨道交通通车里程达到200公里。开工建设地铁7号线、14号线，全年在建规模达到11条线270公里。完成T3航站楼、北京南站和京津城际轨道交通建设，积极配合抓好京沪高铁、京石客运专线建设以及首都第二机场前期工作。建成机场二通道、机场南线、京平高速、京津二通道（北京段）、京包高速（六环路—德胜口）、西六环，开展京津三通道、京石二高速等前期工作，提前两年实现高速公路通车里程达到900公里和“区区通高速”目标。改善城市路网条件，完成奥运场馆周边和北京南站外部路网建设，建成阜石路（四环—五环），开工建设蒲黄榆路、西外大街西延等快速路。加强静态公交设施建设，建成东直门、一亩园、西客站南广场公交枢纽，集中规划建设一批停车场、停车楼。完善停车收费政策，积极疏导区域交通流量。落实智能交通规划，建成智能交通管理系统和公交调度系统，提高通行效率。继续按照“建管并重”的方针，治理基础设施安全隐患，加强基础设施建设的综合协调，加大维护、保养力度，确保安全、高效运营。

进一步增强资源保障能力。坚持节流开源并重、节约优先，提高水资源保障能力。完成南水北调北京段工程和市内配套工程建设，为接收来水创造条件。大力实施污水资源化利用，分阶段分批次推进中心城区污水处理厂的扩容和升级以及新城高品质中水厂建设，探索建立鼓励再生水利用机制，力争再生水利用量达到5亿立方米。继续提升能源基础设施承载能力。整合郊区供热资源，重点实施10个新城集中供热中心和10个重点镇的区域集中供热工程，新增集中供热面积3500万平方米左右。积极引进外埠热源，实现三河热电厂向通州供热。加强新城及重点镇天然气管网建设。建成郑常庄、太阳宫燃气热电厂，新增本地电源支撑能力130万千瓦、供热能力2200万平方米。实施电网可靠性提升工程，实现城市稳定供电。

大力提升生态环境质量。完善绿化隔离带功能，加快郊野公园建设，力争年内新增1万亩，初步形成环城郊野公园。继续实施公园绿地建设，开展五环路以内露天停车场绿化试点工作，提高城市绿化覆盖率。推进城市生态走廊建设，搞好沿高速公路和重点河道两侧的绿化美化。继续开展京津风沙源治理，加快房山、门头沟等矿区植被恢复和产业转型，增强山区生态屏障功能。继续加强饮用水源地管理和保护，建设生态清洁小流域，完成26条小流域治理。加快东部温榆河和西部永定河水系环境建设，提升水环境质量，促进人与自然协调发展。

（五）加快新农村建设步伐，促进城乡统筹和区域协调发展

以镇带村，扎实推进新农村建设。（1）着力加快农村经济发展，促进农民就业和增收。以集中连片、区域规模发展为重点，进一步完善都市型现代农业的支持政策，实施好现代农业走廊和山区流域经济开发，壮大设施农业、观光农业、精准农业等优势产业。支持10万亩高效农业节水灌溉、10万亩农业利用再生水等工程建设。大力发展优质特色农副产品，继续推进农业标准化和质量安全体系建设，促进农业生产的精品化、特色化。支持农民就业产业基地、农产品加工基地、农村龙头企业和乡镇企业建设，促进农村二三产业发展。继续加大惠农力度，巩固支持农村地区发展的长效机制。（2）继续改善农村生活条件。再启动200个基础设施整体推进村建设，实施好安全饮水、排水、道路硬化、垃圾治理、改厕等基础设施工程。继续抓好“三起来”工程，安装太阳能灯3万盏，再建设一批雨洪利用、养殖场粪污治理以及生物质气化站和沼气站等工程。完成70万农民安全饮水工程，基本解决农民安全饮水问题。继续加快村庄环境整治。完善农村基础设施和公共服务设施管护机制，促进可持续利用和发展。（3）加强重点镇建设，实施以镇带村战略。分阶段解决39个重点镇垃圾治理、集中供水、污水治理、道路、能源等基础设施建设，优先实现镇镇集中供水和垃圾密闭化管理。提升重点镇在基础教育、公共卫生、文化体育等方面服务功能，增强集聚和带动作用。（4）深化农村改革，增强发展活力。大力推进农村综合改革，积极探索扩

大农村集体建设用地流转试点，推动农村集体产权和林权制度改革。抓好乡镇机构改革试点，化解镇、村两级债务，探索建立适合农村特点的金融体系。加大对农民专业合作组织扶持力度，规范其发展。

以城带乡，分阶段推进新城建设。（1）坚持基础设施和公共服务设施先行。实施好轨道交通亦庄线、大兴线，重点建设一批新城与中心城、新城与新城、新城与乡镇之间的快速联络线，提高通行效率。实施顺义、通州、怀柔、延庆、平谷等新城集中供热工程，建设通州、顺义、大兴、房山、昌平等新城天然气骨架管网，新增管线 360 公里，增强新城能源保障能力。建设好新城区域医疗、文化、体育等公共设施，完善名校办分校、名院办分院政策机制，鼓励有影响力的学校、医院整建制外迁，引导中心城功能疏解、人口转移。（2）突出抓好新城生态环境建设和资源节约。积极推进重点新城周边温榆河、北运河和凉水河河道整治，沿新城联络线建成一批绿色生态走廊。支持通州、顺义、密云、延庆等有条件的新城各建设一片万亩以上的滨河森林公园。支持每座新城至少建成一座高品质的中水厂。推行先进的资源利用方式和技术手段，加强新能源与可再生能源利用，提高项目控制标准，使新城的节能环保水平明显高于中心城。（3）把握好区域开发时序，发挥政府投资引导作用，积极吸引社会投资，确保建设资金平衡。

促进四类功能区按照功能定位差异化协调发展。按照国家部署，根据四类区域功能定位和发展实际，编制北京市主体功能区规划，统筹考虑政府投资、财政、产业、土地供应、环境保护、人口及社会等各项政策，探索建立区域化的政策支持体系，逐步实行按区域分类调控和引导。研究建立区县“结对子”等多种形式的互助共赢、合作发展机制。发挥好政府投资引导作用，研究出台支持城市发展新区、生态涵养区发展的政策，推进主体功能建设。支持首都功能核心区加强古都风貌保护和市政设施改善，大力推进旧城区市政设施改造和四合院、平房区保护修缮，培育一批特色文化街区；支持城市功能拓展区完善绿化隔离功能和提升高端服务功能；支持新城增强承载能力；支持生态涵养发展区加强生态保护、改善基本公共服务。力争实现市发展改革委负责安排的政府投资投向首都功能核心区、城市功能拓展区、城市发展新区、生态涵养发展区的比例为 2∶3∶3∶2。统筹考虑重大产业项目、产业园区等布局安排，改进重大项目配置管理，完善考核评价指标体系，促进不同区域的差异化、特色化发展。

加快城南及西部地区发展。积极推进城南及西部地区交通道路、公共服务等基础设施建设，着力培育丰台丽泽地区、石景山首钢区域及周边地区发展高端服务业，鼓励带动性强、支撑性好的产业项目向南部和西部发展。

（六）深入推进改革开放，完善体制机制和增强发展活力

继续深化重点领域改革。（1）深化行政管理体制改革。出台推进事业单位分类改革的总体方案。落实国家医改方案，研究制定实施本市医药卫生体制改革总体方案。全面推进行业协会的脱钩和规范治理。（2）继续深化投资体制改革。研究开展社会领域投融资体制改革试点。完善有利于促进科学发展的政府投资管理模式，扩大政府投资项目公示和后评价试点，探索建立政府投资责任追究制，完善政府投资监管体系。（3）进一步完善资本市场体系。建立健全知识产权交易平台，加快建立版权交易市场。积极推动创业投资、私募股权、产权交易市场发展，完善中关村代办股份转让试点功能。设立创业投资引导基金，积极争取产业投资基金试点。加快推进企业上市和发债，提高企业直接融

资比重。(4)继续优化国有经济布局和结构。推进国有资本经营预算试点，逐步健全国有资本预算体系。发挥优势，整合资源，培育具有竞争优势的企业集团。(5)进一步优化中小企业发展环境。完善中小企业融资体系，研究设立中小企业再担保机构，加强中小企业创业基地和公共服务平台建设，启动中小企业成长计划和上市培育计划，营造适合创业发展的环境。(6)稳步推进价格改革。按照国家统一部署，认真搞好资源性产品价格调整和垃圾收费、排污收费等政策落实。按照整体推进、分级负责、分步实施原则，将公交低票价政策逐步向郊区农村延伸。

提高对外开放质量和水平。统筹考虑对内对外经济发展，进一步优化利用外资结构，更加注重引进先进管理经验、技术和智力，引导外资投向现代服务业、高技术产业、现代制造业、节能环保、研发创新等重点领域。积极承接国际服务外包转移，加快制定鼓励政策。转变外贸增长方式，促进加工贸易转型升级，鼓励服务业、高新技术和机电设备产品出口。完善支持企业“走出去”的政策服务体系，逐步培育跨国企业集团。

加强区域交流合作。继续推进与周边省市在交通基础设施、能源开发、水资源和生态环境保护等重点领域合作。完善支持和带动周边欠发达地区发展的机制。巩固周边农副产品产销对接机制，开发区域旅游产品，提升区域产业发展水平。继续搞好对口支援和对口帮扶。进一步扩大国内经济技术交流与合作。

各位代表，在改革开放30周年来临之际，我们将举办奥运盛会，机遇与挑战并存。我们要全面贯彻党的十七大精神，在市委领导下，认真落实监督法，进一步解放思想，转变观念，求真务实，勤俭节约，扎实工作，坚持不懈，乘势而上，为建设繁荣、文明、和谐、宜居的首善之区而努力奋斗。

北京市第十三届人民代表大会第一次会议国民经济、社会发展计划和财政预算审查委员会关于北京市2007年国民经济和社会发展计划执行情况与2008年国民经济和社会发展计划草案的审查报告

(2008年1月23日北京市第十三届人民代表大会第一次会议主席团第四次会议通过)

国民经济、社会发展计划和财政预算审查委员会副主任委员　高佐之

大会主席团：

本次大会国民经济、社会发展计划和财政预算审查委员会（以下简称审查委员会），根据代表的审查意见，同时参考了市第十二届人民代表大会财政经济委员会关于2008年国民经济和社会发展计划草案主要内容的初步审查意见，审查了北京市2008年国民经济和社会发展计划草案及《关于北京市2007年国民经济和社会发展计划执行情况与2008年国民经济和社会发展计划草案的报告》。现将

审查结果报告如下。

一、2007年，市人民政府及其发展和改革部门全面贯彻落实科学发展观，紧紧围绕“新北京、新奥运”战略构想，锐意进取，扎实工作，经济发展质量进一步提高，民生改善步伐显著加快，新农村建设继续深入，“十一五”规划进展顺利，经济和社会进一步呈现又好又快发展态势，全面完成了市十二届人大五次会议批准的北京市2007年国民经济和社会发展计划。审查委员会认为，2007年我市国民经济和社会发展计划执行情况是好的。

审查委员会指出，我市在2007年经济运行和社会发展中仍然存在一些矛盾和问题：转变发展方式任务依然艰巨；价格上涨压力加大，教育、医疗、住房等民生问题的解决与群众的要求还有差距；城乡区域发展仍不够协调；人口资源环境矛盾依然突出，城市运行和管理水平有待进一步提高等。对此，市人民政府要高度重视，采取措施，逐步加以解决。

二、审查委员会认为，北京市2008年国民经济和社会发展计划草案贯彻了中共十七大、中央经济工作会议和中共北京市委十届三次全会精神，符合我市实际情况，是积极可行的。

审查委员会建议本次大会批准北京市2008年国民经济和社会发展计划草案及《关于北京市2007年国民经济和社会发展计划执行情况与2008年国民经济和社会发展计划草案的报告》。

三、2008年是全面贯彻落实党的十七大精神的第一年，是北京奥运盛会举办之年，做好国民经济和社会发展工作，意义十分重大。为保证国民经济和社会发展计划的顺利实现，审查委员会提出以下意见和建议

（一）全力做好奥运筹办与服务保障工作，举办一届有特色、高水平的奥运会

按时按质全面完成奥运场馆及相关附属设施建设任务，完善各项工作方案和应急预案，扎实做好奥运筹备工作。深入开展“迎奥运、讲文明、树新风”活动，展现“新北京、新奥运”风貌。统筹安排好奥运会、残奥会赛事运行组织和服务保障工作。落实奥运安保措施，确保实现“平安奥运”目标。注重奥运场馆赛后利用，加强奥运品牌持续开发，延伸和拓展奥运经济效应，保持奥运前后经济和社会平稳健康发展。

（二）转变发展方式，促进经济又好又快发展

贯彻中央宏观调控措施，做好“十一五”规划中期评估，进一步深化改革，坚持好字优先、稳中求进，保持经济平稳较快发展势头。大力推进自主创新，发挥我市科技资源优势，着力提升产业素质和发展水平。切实加强节能减排工作，加快发展循环经济，强化激励和约束机制，坚决淘汰不适合首都城市功能的产业。落实关于加快服务业发展的政策措施，大力发展生产性服务业，培育壮大文化创意产业。完善落实促进自主创新的政策措施，抓好拥有核心技术的重大项目建设，以高技术产业带动现代制造业发展。完善中小企业创业投资引导基金运行机制，优化创业发展环境，促进中小企业发展。

（三）着力改善民生，加快推进和谐社会建设

大力支持自主创业和自谋职业，健全就业、创业服务体系，建立“零就业”家庭动态帮扶机制，积极做好高校毕业生就业指导和服务工作。贯彻落实《就业促进法》、《劳动合同法》和《劳动争议调解仲裁法》，构筑稳定和谐的劳动关系。完善城乡无社会保障老年居民养老保障制度、“一老一小”大病医疗保险制度，健全对低保人群的救助措施。大力推进义务教育均衡发展，促进优质教育资源共享。推进城乡一体的社区卫生服务，健全首都医疗服务体系。合理调整国民收入分配，提高企业退休人员养老保障标准。加

强价格调控和市场监管，抑制价格总水平过快上涨。重视价格变动对低收入群体生活的影响，做好分类救助工作。加大住房保障体系建设力度，加快廉租房建设，完善经济适用房制度，着力解决低收入家庭住房困难。

（四）统筹城乡、区域协调发展，扎实推进新农村建设

深化农村综合改革，创新农业发展方式，加快发展都市型现代农业，不断提高农业综合生产能力。强化农村基础设施建设，大力发展农村公共交通，加快村庄环境整治，继续改善农村人居环境。完善农村金融服务体系，发展农民专业合作经济组织，多渠道转移农民就业，积极促进农民增收。加大对生态涵养区产业发展的支持力度，大力发展生态友好型产业。加快城市南部、西部地区发展，健康有序推进新城开发建设，促进区域协调发展。

（五）加强城市建设与管理，提升城市运行管理水平

继续推进以轨道交通为骨干的公共交通体系建设，改善城市路网条件，完善交通管理，缓解城市交通拥堵。建立健全公共基础设施长期管护机制，保证安全运转。继续加强大气污染防治，改善水环境，全面提升城市环境质量。贯彻落实食品安全法律、法规，加强食品市场监管，保障食品安全供应。构建首都人口综合调控体系，加强对流动人口的服务与管理，控制人口规模过快增长。认真研究政策措施，积极应对人口老龄化。

以上报告，请予审议。

北京市第十三届人民代表大会第一次会议关于北京市2007年预算执行情况和2008年预算的决议

（2008年1月26日北京市第十三届人民代表大会第一次会议通过）

北京市第十三届人民代表大会第一次会议经过审议，并根据国民经济、社会发展计划和财政预算审查委员会的审查报告，决定批准北京市2008年市级预算及《关于北京市2007年预算执行情况和2008年预算草案的报告》。

关于北京市2007年预算执行情况和2008年预算草案的报告

——2008年1月20日在北京市第十三届人民代表大会第一次会议上

北京市财政局

各位代表：

受市人民政府委托，现将北京市2007年预算执行情况和2008年预算草案的报告提请市第十三届人大第一次会议审议，并请市政

协各位委员提出意见。

一、2007 年预算执行情况

2007 年，在党中央、国务院及市委的正确领导下，以邓小平理论和“三个代表”重要思想为指导，深入贯彻落实科学发展观，认真执行市第十二届人大第五次会议通过的各项决议，紧紧围绕“新北京、新奥运”战略构想，充分发挥公共财政职能作用，着力改善和解决民生，促进首都经济社会全面协调可持续发展，努力构建和谐社会首善之区。全年预算执行情况良好。

（一）2007 年财政收支情况

全市地方财政收入完成 1492.6 亿元，比上年增长 33.6%；全市地方财政支出完成 1572.8 亿元，比上年增长 27.4%。根据预算法和《北京市预算监督条例》的规定，重点报告市级预算执行情况和超收收入安排情况。

市级财政收入 847.2 亿元，完成年初预算 723.1 亿元的 117.2%，比上年增长 33.6%，加中央返还及补助、区县上解、专项政策性结转和上年结余等 284.3 亿元，收入合计 1131.5 亿元。市级财政支出 879.5 亿元，完成年初预算 753.0 亿元的 116.8%，比上年增长 29.3%，加上解中央支出、区县税收返还和转移支付、结转下年使用等 250.0 亿元，支出合计 1129.5 亿元，收支相抵，市级财政结余 2.0 亿元。

市级主要收入项目完成情况是：增值税 72.0 亿元，为预算的 98.3%，比上年增长 11.0%；营业税 307.4 亿元，为预算的 115.5%，比上年增长 30.3%；企业所得税 174.8 亿元，为预算的 123.8%，比上年增长 41.8%；个人所得税 135.2 亿元，为预算的 116.1%，比上年增长 32.2%。

市级主要支出项目完成情况是：一般公共服务 62.8 亿元，为预算的 99.7%，比上年增长 9.3%；公共安全 63.7 亿元，为预算的 108.0%，比上年增长 9.9%；教育依法支出 106.0 亿元，为预算的 115.9%，比上年增长 32.2%；科技依法支出 31.4 亿元，为预算的 115.8%，比上年增长 32.2%；文化体育与传媒 40.2 亿元，为预算的 109.2%，比上年增长 29.2%；社会保障和就业 53.5 亿元，为预算的 102.1%，比上年增长 20.7%；卫生依法支出 27.7 亿元，为预算的 116.5%，比上年增长 31.4%；环境保护 15.3 亿元，为预算的 107.8%，比上年增长 25.5%；城市环境综合整治专项资金 44.8 亿元，为预算的 149.2%，比上年增长 84.4%；农业依法支出 42.2 亿元，为预算的 116.4%，比上年增长 32.8%；工业商业金融等事务 44.4 亿元，为预算的 110.4%，比上年增长 12.6%。

市级财政收入比预算超收增加财力 126.51 亿元。根据《北京市预算监督条例》中关于“市级预算超收收入应当优先用于农业、教育、科技、社会保障等重点项目和其他必要的支出”的规定，市级财政增加的财力主要用于以下几方面：教育支出 14.51 亿元，农业支出 5.95 亿元，卫生支出 3.91 亿元，科技支出 4.3 亿元，文化支出 1.92 亿元，计划生育支出 0.28 亿元，专项收入增收相应增加专项支出 1.28 亿元。增加环境综合整治项目经费 14.77 亿元，轨道交通资本金 45.9 亿元，地面公共交通投入 15.65 亿元，道路交通管理项目经费 1.58 亿元，“一老一小”大病医疗保险改革启动经费 0.9 亿元，建立节能专项资金 1.0 亿元，增强中小企业担保能力资金 4.0 亿元，增加基本建设项目资金 1.4 亿元，高速公路建设资本金 8.53 亿元等。

需要说明的是，上述数字是按照预算执行的情况初步汇总的，在地方财政决算编成后，还会有变化。

总体看来，2007 年预算执行情况是好的。财政收入超额完成年度预算，保持平稳较快增长；财政支出保障了经济社会发展的需要，支出结构不断优化；超收收入依法安排，重点支出得到保障；财政改革进一步深化，财政管理水平稳步提高。财政收支平衡，圆满完成了全年预算任务。

（二）2007年为完成预算所做的主要工作和五年的基本回顾

1. 坚持科学发展，发挥财政调控职能，着力促进首都经济又好又快发展。科学运用财政资金和财税政策手段，大力推动首都产业结构优化升级。投入资金43.6亿元，推进中关村科技园区和经济技术开发区建设，设立专项资金支持科技型中小企业技术创新，不断提高首都自主创新能力。加大节能减排投入，鼓励企业主动退出高污染、高耗能、高耗水的生产领域，支持首钢等企业搬迁和发展替代产业，加快建设节约型城市。对采用清洁环保型原材料、工艺及设备等有利于循环发展的项目给予补助，推动经济社会可持续发展。投入专项资金10.8亿元，推动工业结构和商业结构调整，促进金融业、现代服务业等高端产业发展。分别投入专项资金5.0亿元，支持文化创意和体育产业发展，培育新的经济增长点。认真贯彻《行政许可法》，全面审核和清理行政事业性收费项目，切实推进政府职能转变，不断优化发展环境。

2. 坚持成果共享，重点解决民生问题，着力构建惠及全民的公共服务体系。进一步调整和优化财政支出结构，积极落实政府为市民办实事项目。拨付58件实事资金183.3亿元，切实解决事关群众利益的现实问题。扩大城乡医疗保险覆盖范围，加强首都公共卫生体系建设。投入资金3.5亿元，启动城镇无医疗保障老年人和学生儿童大病医疗保险改革。提高社会保障相关待遇标准，向退休早、养老金低的人员倾斜，进一步完善首都社会保障体系。启动肉禽蛋糖等生活必需品的储备机制，建立“能繁母猪”补贴制度和母猪保险制度，缓解猪肉供应紧张压力。根据物价变动情况，出台对享受低保人员和学生的物价补贴政策。投入5.8亿元，确保各项就业优惠政策的落实，特别是加大对“零就业家庭”的帮扶力度，促进实现“零就业家庭”至少一人就业的目标。建立健全低保与就业联动机制，鼓励和帮助有劳动能力的低保对象就业。累计投入4.1亿元，采取租金减免、提高租金补贴标准、实物配租等方式，确保城镇廉租住房制度有效实施，缓解市民“住房难”问题。

提高教育公用经费定额标准，重点支持中小学办学条件达标工程、师资培训、课程改革、大学生支教等工作，促进教育事业均衡发展。认真落实义务教育减免等政策，资助普通本科高校、高职和中职院校的家庭经济困难学生。加大文化投入向农村和基层的倾斜力度，推进公益电影放映和广播电视“村村通”等工程，为基层购置流动舞台演出车，开设市民互动奥运露天剧场，丰富城乡市民文化生活。支持体育事业发展，举办“全民健身与奥运同行”等群众文体活动，提高人民群众身体素质和健康水平。

3. 坚持突出重点，围绕奥运筹办，着力提升城市承载和服务能力。集中财力加快奥运场馆、定点饭店周边及途经沿线的治理和建设，确保奥运交通、卫生和安全保障等各项准备工作顺利开展。继续实施“城中村”、“城市边角地”、老旧居民小区等环境综合整治项目，市容市貌不断改善。创新环境整治资金管理模式，市、区财政和银行共同融资，借助代理银行的专业化管理，提高财政资金管理水平。拨付资金4.8亿元，继续支持对四城区内四、五类危房的解危排险工作，改善市民居住条件。

坚持不懈地治理大气污染，改善首都空气质量。投入污染防治与监测专项资金12.6亿元，开展燃煤锅炉改造、风沙源治理和老旧公交车、出租车提前淘汰更新工作，重点控制煤烟、扬尘和机动车污染。建立垃圾处理经济补偿机制，市区生活垃圾基本实现密闭化收集和运输，巩固农村垃圾“村收集、镇运输、区处理”机制。

全面实施公交优先战略，大力发展公共交通。市级安排资本金 80.0 亿元，支持地铁等轨道交通建设，实行两元单一票价，缓解地面交通压力。安排市级财政补贴 62.9 亿元，切实保障落实持卡乘公交车四折、二折的低票价政策，公交出行比例跃居第一位。大量更新地面公交车，新建改建站台，不断方便市民出行。

4. 坚持统筹兼顾，进一步加强新农村建设，着力构建以工促农、以城带乡的长效机制。投入“三农”资金 130.6 亿元，扩大公共财政覆盖农村的范围。加强农业服务支撑体系建设，大力发展农民专业合作组织，促进都市型现代农业和农村经济发展。加快实施农村改水改厕、道路硬化、安全饮水、环境治理等工作，支持“农村亮起来、农民暖起来、农业资源循环起来”等工程，农民生产生活条件明显改善。全面推行“一卡通”发放方式，扩大对种粮农民综合直补的范围，提高补贴标准。设立生态林管护员、农村管水员和乡村公路养护员等公益岗位，拓展农民就业增收新渠道。

完善农村最低生活保障制度，将农村社会养老保险基金纳入财政专户，实行区县统筹管理。提高新型农村合作医疗改革的补贴标准，参合率达到 89%。投入专项资金，引导城市人才到农村基层从事支教、支农、支医和扶贫工作，充实农村基层干部队伍。采取专项补助政策，支持社区居委会和农村公益事业发展，加快和谐社区、和谐村镇建设。巩固农村税费改革成果，增加农村税费改革转移支付，保障村级组织正常运转，不断提高基层管理水平。

5. 坚持改革创新，完善体制机制，着力构建科学的财政预算管理体系。对 7203 个部门预算项目进行评审，审减投资 48.3 亿元。除涉密单位外，市级预算单位已全部纳入国库集中收付范围，纳入非税收入集中收缴管理改革的资金占非税收入的比例达到 76.0%。政府采购规模进一步扩大，全年实现政府采购金额 161.0 亿元。积极推行市级部门集中财务管理，实现“横向到边”的动态监控，提高财务信息的准确性、及时性。搭建市与区县财政统一预算管理平台，实现“纵向到底”的全过程管理，构建市与区县协同管理项目的新机制。积极开展绩效考评工作，对涉及 41 个部门的 89 个项目进行绩效考评，考评资金总额 12.5 亿元，有力提升了部门的支出责任意识。

压缩经常性项目支出预算 10 个百分点，努力降低行政成本，将节约的 5.4 亿元资金用于解决民生问题。逐步消化财政性结余资金，增强预算管理的统筹性。狠抓财政资金支出进度，实现财政支出进度与时间进度基本同步。对行政事业单位资产实行动态管理，完善资产配置标准，防止重复建设。创新规范市级行政事业单位资产处置方式，规定范围内的国有资产均通过北京产权交易所拍卖处置。完善“政府债务专网”实时监控系统，实现对政府债务信息的动态化、系统化、规范化管理，防范和化解政府债务风险。

各位代表，在看到工作成效的同时，必须清醒地认识到在财政工作和预算执行中仍存在不少亟待解决的问题。一是随着经济社会发展进入新阶段，对社会发展薄弱环节的保障力度仍需加强，促进城乡区域协调发展的任务相当艰巨。二是预算制度和财政管理制度改革仍需深化，财政财务管理的规范化、科学化和透明度仍需不断提高。三是控制行政成本的力度和勤俭节约干事业的意识仍需加强，资金使用效益有待进一步提高。四是在收支矛盾十分突出的情况下，部分单位预算安排重“增量分配”、轻“存量调整”的现象仍然没有得到根本性转变，统筹财政性资金和资产使用的意识仍需加强。针对上述问题要进一步增强紧迫感、使命感，着力深化改革，优化支出结构，完善相关制度，加强监督检查，不断提高财政管理和服务水平。

回顾过去的五年，首都经济建设和社会发展取得了巨大成就，财政工作也取得了长足进展，财政收入迄续十三年保持20.0%以上的平均增幅，公共支出占财政支出的比重由2002年的81.8%提高到2007年的90.5%，投资评审、部门预算、政府采购、国库集中收付、绩效考评等财政改革的步伐不断加快。通过五年财政改革与发展的实践，我们更加深刻体会到：

——必须正确处理当前和长远的关系，建立可持续的财政支持机制。促进发展、改善民生既要立足现实、循序渐进，着力解决好群众最关心、最直接、最现实的问题，增强办实事的针对性和可行性；又要着眼长远、统筹规划，完善人民群众得实惠的长效机制，增强办实事的计划性和连续性。2003年抗击非典胜利后，不断完善公共卫生投入体系建设，对社区卫生服务中心（站）实行“收支两条线”管理，人员待遇由财政保证，常用药品实行零差率销售，建立起城乡一体的社区卫生服务体系。2004年我市在全国率先彻底取消农业税，并对种粮农民给予直接补贴，增加农民收入。2005年起，在保证市级投入依法增长的基础上，市级财政新增教育、卫生、文化等事业经费用于农村的比例不低于70%。2006年，全面落实义务教育经费保障机制，落实“两免一补”政策并扩大覆盖范围，建立家庭经济困难学生的资助政策体系。这些举措的实施逐步夯实了人民群众长远得实惠的体制机制。

——必须正确处理不同群体之间的关系，建立统筹兼顾的财政分配协调机制。改善民生，从根本上讲是增进公众福利，让人民普遍受益。特别是在制度设计上，要处理好城乡居民之间、各类社会保障对象之间、在职与离退休之间等的利益关系，增强改善民生的公共性、公平性和公益性。五年中，我市先后五次提高社会保障相关待遇标准，并向退休早、养老金低的人员倾斜，提高其收入水平。在全国率先启动农民工工伤和大病医疗保险以及城镇居民“一老一小”大病医疗保险改革，建立实施生育保险，不断完善工伤、失业保险制度。2004年以来，累计投入5.7亿元，相继设立生态林管护员等公益性岗位，通过政府购买服务的方式，实现6万余名农民就业。累计投入资金33.9亿元，为近11万名被征地农转工人员补缴社会保险。这些倾斜政策有力地避免了因制度之间的不衔接，引发新的矛盾和不公。

——必须正确处理政府投入与社会投入的关系，建立科学有效的财政调控机制。促进发展，要相机抉择财政政策的取向和力度，通过加强宣传、提高服务、强化管理等措施，调动各方面的积极性，形成共同参与、改善公共服务的格局。五年来，按照北京城市总体规划，不断完善市与区县财政体制，促进区县按功能定位加快发展。注重发挥财政政策和资金的导向作用，采取贴息、担保等多种形式，支持经济结构的战略性调整。为使农民病有所医、老有所养，不断提高农村新型合作医疗和农村养老保险等财政补助标准，带动区县、乡镇、村集体和农民个人也加大投入，农民参加率持续上升。积极开展银农合作，引导社会资金支持农村产业发展。试行农业政策性保险，参保农户已达4.2万户，有效降低农业生产风险。财政资金“四两拨千斤”的效应得到充分发挥。

——必须正确处理加大投入与加强管理的关系，建立规范高效的财政监管机制。在不断加大各项资金投入的同时，健全和完善资金资产等监管制度，努力打造“透明财政”、“效益财政”和“服务财政”。五年来，在筹措落实各项资金的同时，整合专项资金，压缩财政性结余资金，打破部门界限，集中财力解决群众迫切需要解决的问题。以加强部门预算项目库管理为切入点，全面推行投资评审、国库集中收付、政府采购、绩效考评等多项改革。严格执行预算法和《北京市预算监督条例》等法律、法规，认真接受市人大依法监督和市政协民主监督，完善财政监督制约机制，使财政资金的规范性、安全性和有效性不断增强。

各位代表，这些既是过去五年工作的基本经验，也是今后工作中必须始终坚持的原则。随着经济社会的不断发展，建立稳固、平衡、强大财政的任务将更加艰巨。我们将在党的十七大精神指引下，统一思想、服务大局、开拓创新、扎实工作，充分发挥财政在党和政府全面履行职能和加强宏观调控方面所承担的物质基础、政策手段和体制保障作用，奋力开拓财政工作新局面。

二、2008 年预算草案

根据《国务院关于编制 2008 年中央和地方预算的通知》精神，结合我市财政工作面临的新形势，2008 年预算草案编制的指导思想是：全面贯彻落实党的十七大精神，高举中国特色社会主义伟大旗帜，以邓小平理论和“三个代表”重要思想为指导，深入贯彻落实科学发展观，全力办好有特色、高水平的奥运会、残奥会，认真落实市委第十届第二次、三次全会对财政工作的要求，围绕提升首都现代化建设与公共服务水平，完善公共财政体系，发挥公共财政职能，坚持科学理财、民主理财、依法理财，着力改善民生和促进社会和谐，推动首都经济社会又好又快发展。根据上述指导思想，按照积极稳妥、统筹兼顾、增收节支、留有余地的原则，2008 年全市地方财政收入安排 1716.5 亿元，比上年增长 15.0%；全市地方财政支出安排 1786.4 亿元，比上年增长 13.6%。根据预算法和《北京市预算监督条例》的规定，重点报告 2008 年市级预算草案的编制情况。

市级财政收入安排 982.7 亿元，比上年增长 16.0%，加中央返还及补助、区县上解、上年专项政策性结转和上年结余等 300.5 亿元，收入合计 1283.2 亿元。市级财政支出安排 1012.0 亿元，比上年增长 15.1%，加上解中央支出、区县税收返还和转移支付等 271.2 亿元，支出合计 1283.2 亿元。市级预算安排收支平衡。

2008 年市级预算安排考虑的主要因素：

一是财政收入增长率略高于经济增长。2008 年，国内外宏观环境还是比较有利。国家宏观经济政策坚持稳中求进，保持经济平稳较快增长。首都经济好字优先，奥运对经济社会带动的作用更加明显，经济又好又快发展的内在动力增强，为财政收入的持续增长奠定了基础。但财政运行中面临的一些情况需要着重关注：新企业所得税法、提高个人所得税工资薪金减除费用标准等税费制度改革将使财政收入增长面临较大压力；落实节能减排、自主创新等产业发展的税收优惠政策也将使财政收入减收。另外，近年收入连续快速增长，基数迅速扩大，其中一次性和特殊性收入形成了 2007 年收入的较高基数。综合考虑上述收支增减因素，依据经济增长预期目标，2008 年全市地方财政收入增长率安排为 15.0%，市级地方财政收入增长率安排为 16.0%。

二是全力保障办好一届有特色、高水平的奥运会。安排资金 30.0 亿元，做好奥运场馆、定点饭店周边及途经沿线环境综合整治。安排污染防治与监测专项资金 15.0 亿元，做好污染防治工作，认真落实奥运会期间空气质量保障措施。安排预算内财筹资金 80.0 亿元，加快基础设施建设，提升城市承载能力。安排资金1.5亿元，推进历史风貌保护区文物修缮。安排资金100.0亿元，大力支持轨道交通建设，提高城市通行水平。安排偿债和处理历史遗留问题专项资金12.0亿元、公共突发事件应急专项资金2.0亿元，落实好各项应急预案，提升预防和处理各类突发事件的能力。

三是促进经济又好又快发展。科技依法投入36.5亿元，同比增长16.1%，重点完善科技服务体系，支持自主创新。安排中关村科技园区发展专项资金53.1亿元，继续推进北京经济技术开发区建设，促进高新技术产业和现代制造业发展。加大用于节能减排的资金投入，采用贴息、补助、奖励和拨款等方式，推广使用清洁能源，重点支持节能新技术和新产品推广应用。注入国有资本预算资金10.0亿元，优化国有经济布局和结构。安排文化创意产业发展资金5.0亿元，体育产业发展引导资金5.0亿元，经济结构调整资金11.5亿元，中小企业发展专项资金5.0亿元，大力发展生产性服务业，加快文化创意等重点产业的发展。

四是着力解决民生问题。教育依法投入123.0亿元，同比增长16.1%，促进义务教育均衡发展，积极发展职业教育，提高高等教育发展质量。卫生依法投入32.1亿元，同比增长16.1%，推进公共卫生体系建设，提升社区公共卫生服务能力，发展新农合等农村医疗卫生事业。文化依法投入15.2亿元，同比增长16.1%，重点用于支持公共文化服务体系建设和群众性文化活动。安排资金62.1亿元，健全覆盖城乡的社会保障体系和就业、创业政策体系。筹集资金29.0亿元，加快城镇廉租住房建设，着力解决低收入市民住房困难。安排资金5.8亿元，切实解决1万户居民危房问题。落实公交低票价等政策资金87.1亿元，方便城乡市民出行。足额安排与市民生活密切相关的液化气、供热、燃气、电力等公用事业补贴28.2亿元，保证市民以较低价格享受公共服务。

五是进一步加强社会主义新农村建设。市政府安排“三农”资金150.9亿元。其中，农业依法投入49.0亿元，同比增长16.2%，并继续安排10.0亿元新农村建设专项资金，支持农业结构调整，大力发展都市型现代农业，发展适合郊区特点的二、三产业；加强农村基础设施和环境综合整治投入力度，支持农村科技推广体系建设，加快普及农村新能源，进一步改善农民基本生产生活条件；健全财政支农长效机制，继续实施养山富民等惠农措施，进一步健全农民培训体系，引导农村劳动力向非农产业转移。安排资金28.6亿元，支持农村社会事业发展，初步形成城乡衔接的公共服务体系和社会管理体制等。加大转移支付力度，推进农村综合改革，加快基层公益事业发展。

需要说明的是，现提交市人民代表大会审议的市级预算草案，是按照预算法和《北京市预算监督条例》规定编制的。根据会前汇总初步审查和征求代表的意见，完善了《北京市2007年市级预算执行情况和2008年预算草案说明》的相应内容。同时，按照市人大财政经济委员会的要求，提交30个市级单位的部门预算作为补充材料，请各位代表一并审阅。

三、全面落实党的十七大精神，开拓创新，扎实工作，确保圆满完成2008年预算任务

2008年是贯彻落实党的十七大精神的第一年，是北京奥运之年，即将迎来改革开放30周年。做好各项财政工作意义重大。要在市委的正确领导下，振奋精神，坚定信心，紧紧抓住历史机遇和有利条件，积极应对困难和挑战，狠抓以下各项工作，确保圆满完成全年预算任务。

（一）以提升首都城市功能为出发点，进一步推进“新北京、新奥运”战略构想的实施

全力确保奥运倒排期折子工程和城市运行纲要等奥运筹办项目资金需要，严格执行《奥运专项资金使用管理暂行办法》的各项规定，努力实现廉洁办奥运的目标。认真贯彻“绿色奥运”理念，加快生态文明建设。完成重点地区的环境综合整治工作，推进老城区危旧房修缮改造，切实搞好城市绿化美化，营造干净整洁、文明优美的城市环境。安排污染防治与监测资金，继续加强大气污染治理，更加严格地控制污染物排放总量，确保奥运会、残奥会期间的环境质量。完善垃圾处理运行和补偿机制，提高城乡生活垃圾无害化处理率。巩固完善生态林补偿机制，积极探索生态涵养区、矿产资源保护区生态补偿机制。

加大对公共交通的投入力度，推进地面公交提级改造，保障以轨道交通建设为重点的公共交通体系建设，使公交公益性低票价政策逐步向郊区农村延伸。进一步优化完善路网系统，支持交通智能化建设，提高城市通行水平。加大政法投入，大力支持奥运安全保障工作，健全突发公共事件应急管理体系。加强安全生产和食品药品安全监管工作经费保障，提高重大疾病防控能力，确保实现“平安奥运”的目标。

（二）以转变经济发展方式为根本，提高首都经济发展质量和效益

积极发挥市场配置资源的基础性作用，综合运用预算、贴息、转移支付、政府采购等政策工具，增强财政政策和资金的引导功能，提高首都经济和社会事业发展的质量和效益。认真落实中央宏观调控的各项政策，深入推进经济结构调整。加大科技投入，大力支持自主创新体系建设，推动科技成果转化和产业化，落实首都人才发展战略，进一步优化创新环境。大力促进生产性服务业、文化创意产业和高新技术产业发展，支持高端产业功能区建设，吸引更多的国内大型企业和跨国公司总部以及研发中心、财务结算中心等服务机构落户北京。运用商业结构调整资金，完善便民商业服务体系建设，推进实施“振兴老字号工程”，加快流通现代化和特色商业发展。强化消费对经济发展的拉动作用，完善消费政策，努力扩大农村消费。进一步完善国有资本经营预算制度，科学运用企业发展专项资金，探索建立风险投资引导机制，促进各种所有制企业在市场中公平竞争，发展壮大。认真落实国家规范收入分配秩序的各项政策，完善工资正常增长机制，健全最低工资制度，提高社会保障待遇标准，逐步缩小贫富差距。严格执行国家税收政策，加强税收征管和有效调节。进一步提高财税部门的服务质量和工作效率，加强国家财税政策调整对财政收入影响的分析，使经济发展的成果在财政收入中得到及时反映，努力做到应收尽收。

加快建立促进节能减排新机制，大力支持循环经济发展。支持节能减排重点工程、节能减排技术创新和研发、污染减排监管体系建设。完善落后产能退出机制，继续支持首钢搬迁工作。建立矿产资源有偿使用制度，落实鼓励节能减排的各项税收优惠政策。积极促进新型能源与清洁技术产业发展，加大对再生资源回收利用的支持力度，推动节约发展、清洁发展、安全发展。

促进城乡统筹和区域协调发展，加快新农村建设步伐。支持农业结构调整和产业升级，培育走廊经济、流域经济等特色经济。大力支持村庄“五项工程”、“三起来工程”和土地整理，切实加强农村基础设施建设。探索建立农业保险、再保险制度及重大灾害风险保险体系，有效化解农业生产风险。以担保、贴息等方式，引导金融资本持续流向农村。做好动植物疫病防控工作，完善储备

粮、猪肉投放应急预案，确保农业生产和市场供给安全。不断完善粮食直补、综合补贴等惠农措施，启动新一轮山区搬迁，让农民从发展中得到更多实惠。推进农村各项社会事业发展，支持实施农民安全饮水工程和升级广播电视“村村通”系统，加大农民培训投入，多渠道促进农民创业就业。加强农村公共服务中心建设，推进农村综合改革，增强农村自主发展的活力和动力。

进一步发挥财政体制的保障和激励作用，完善市与区县财政管理体制，继续健全统一、规范、透明的财政转移支付制度，提高一般性转移支付规模和比例，深化乡镇财政管理体制改革，增强基层政府提供公共服务能力。围绕加快首都四大功能区建设，认真落实区县功能定位，引导资金投向生态涵养发展区、城市南部、西部地区，支持新农村和以通州、顺义、亦庄为重点的新城建设，切实推动区域经济社会协调发展。

（三）以增进民生福祉为核心，加快推进社会建设

完善教育经费保障机制，合理配置教育资源，积极推进学习型城市建设。推动中小学办学条件达标工程和规范化建设工程，促进义务教育均衡发展。加快职业教育示范性院校建设，实施高等学校“质量工程”和“创新工程”，培养各类优秀人才。完善“两免一补”政策，落实对困难家庭学生的资助政策，保障外来务工人员子女接受义务教育，确保学有所教。

认真落实减免税费、小额担保贷款贴息、职业培训补贴等促进就业的财税政策，健全社会保险、社会救助与促进就业的联动机制。加强对失业人员、农村困难群体职业技能培训的支持力度，提高城乡劳动者的就业能力。巩固“零就业家庭”就业动态帮扶机制，做好国有企业富余职工分流安置，引导高校毕业生到基层和农村就业。认真落实新的企业所得税法中关于支持中小企业发展、鼓励创新等优惠政策，用创业带动就业。

加快建设社会保险、社会救助、社会福利、慈善事业相衔接并覆盖城乡的社会保障体系。提高企业退休人员基本养老金待遇标准，解决城乡无社会养老保障老人的养老保障问题。完善应对市场价格波动的综合应急救助和临时救助制度，提高对低收入群体的保障水平和困难群体的救助水平。积极筹措廉租住房保障资金，落实对廉租住房建设的税费优惠政策，加快解决城市低收入家庭住房困难。

认真落实社区卫生服务机构财政保障机制和零差率药品销售工作，加大向公共卫生和农村卫生倾斜力度，完善医疗救助制度，解决乡村医生待遇和养老保障问题，建设城乡一体的公共卫生服务体系。继续加大财政对新农合的补贴力度，完善“一老一小”大病医疗保险制度，解决劳动年龄段内城镇无业居民参加大病医疗保险问题，实现城乡居民医疗保险制度全覆盖。

大力支持公共文化基础设施和基层文化服务网络建设，新建益民书屋，扩建综合文化站和文化活动室，增加京郊边少地区公益演出场次。深入开展青少年学生阳光体育运动和奥运文化广场活动，全面提升面向城乡群众的文体服务水平。推进文化创新，创作更多的文化精品，繁荣首都文化事业。保护重点文物和非物质文化遗产，打造首都文化品牌。

（四）以改革创新为手段，确保财政资金投入科学规范、安全有效

完善财政资金分配使用的决策制度，建立科学、民主、公开的财政决策程序。认真落实《政府信息公开条例》，在政府重大财政决策项目特别是为民办实事项目上，最大限度地征集和采纳人民群众和社会各界的合理意见及建议。严格执行预算法和《北京市预

算监督条例》等法律、法规，进一步完善财政预决算报告制度，依法向市人大报送预算编制、预算执行以及决算等相关资料，每月向市人大代表、市政协委员寄送《北京市财政收支预算执行情况的报告》，为人大代表依法监督和政协委员民主监督提供服务。结合金财工程、财税库银横向联网和电子政务系统的建设，建立财政咨询网站和热线电话，及时公布“透明财政”建设的各项财政信息，推进政务公开，切实保障公众的知情权和监督权。

健全财政资金运行管理制度，建设管理科学、操作规范、运行安全、使用高效的财政预算管理体系。深入推进和逐步完善以信息化建设为支撑的各项财政改革，构建包括预算编制、执行、决算以及宏观经济监测分析在内的完整的资金管理体系，不断规范理财行为，强化制度约束作用。健全财政支出绩效评价体系，加强绩效考评工作与预算管理的有效衔接，落实支出责任，确立以“结果”及“追踪问效”为导向的支出管理模式。

全面推行行政事业单位资产动态管理，实现资产管理与预算管理的有机结合。大力推进政府公物仓建设，加强行政事业单位闲置资产的管理和调拨，促进资源共享共用。积极完善政府采购制度，严格政府采购监管，加强对定点供应商的动态考核，发挥政府采购对节能产品、环保产品、自主创新产品的推广和支持作用。

加强政府债务管理，防范和化解债务风险。强化财政监督，建立一整套监督有力、评价科学、问责有效的监督考核体系。加强对企业、行政事业单位会计信息质量和会计师事务所执业质量的监督检查，强化执业人员的道德意识、质量意识、责任意识和风险意识。

各位代表，虽然近年来首都经济发展和财政收入形势越来越好，但是我们还要增强忧患意识，居安思危，清醒地认识到在促进科学发展、解决好民生问题上任务仍十分艰巨，在构建社会主义和谐社会首善之区的进程中，收支矛盾将长期存在。因此，政府部门要切实按照“两个务必”和建设节约型社会的要求，牢固树立成本效益观念，严肃财经纪律，厉行勤俭节约，坚决反对任何形式的铺张浪费，对有限的财政资金，一定要倍加珍惜，稳妥使用。严格控制党政机关办公楼等楼堂馆所维修建设，制定实施公共机构能源消耗定额标准。大力推行公务卡改革，提高财政资金支出透明度。严格按预算控制支出特别是一般性支出的增长，在 2007 年压缩经常性经费 10%的基础上，继续压缩会议、接待、差旅、水电费等公务支出，持续降低行政成本，增加民生投入，真正发挥财政资金的最大效益。

各位代表，2008 年的预算任务光荣而艰巨，让我们高举中国特色社会主义理论伟大旗帜，深入贯彻科学发展观，在市委的领导下，在市人大的监督和支持下，坚定信心，齐心协力，奋发进取，扎实工作，努力完成会议确定的各项预算任务，为北京成功举办一届有特色、高水平的奥运会、残奥会和建成繁荣、文明、和谐、宜居的首善之区作出更大贡献！

北京市第十三届人民代表大会第一次会议国民经济、社会发展计划和财政预算审查委员会关于北京市2007年预算执行情况和2008年预算草案的审查报告

（2008年1月23日北京市第十三届人民代表大会第一次会议主席团第四次会议通过）

国民经济、社会发展计划和财政预算审查委员会副主任委员　高佐之

大会主席团：

本次大会国民经济、社会发展计划和财政预算审查委员会（以下简称审查委员会），根据代表的审查意见，同时参考了市第十二届人民代表大会财政经济委员会关于2008年预算草案主要内容的初步审查意见，审查了北京市2008年总预算和市级预算草案及《关于北京市2007年预算执行情况和2008年预算草案的报告》。现将审查结果报告如下。

一、市人民政府提出的2007年预算执行情况

全市地方财政收入1492.6亿元，比上年增长33.6%。市级财政收入847.2亿元，比上年增长33.6%，加上中央返还及补助、区县上解、专项政策性结转和上年结余等284.3亿元，收入总计1131.5亿元。全市地方财政支出1572.8亿元，比上年增长27.4%。市级财政支出879.5亿元，比上年增长29.3%，加上上解中央支出、区县税收返还、转移支付和结转下年使用等250.0亿元，支出总计1129.5亿元。收支相抵，市级财政结余2.0亿元。

审查委员会认为，2007年预算执行情况是好的。市人民政府及其财政部门认真执行市十二届人大五次会议通过的2007年市级预算，财政收入保持平稳较快增长，财政支出结构不断优化，基本公共服务提供能力显著增强，各项财政改革继续深化，财政监督管理水平有新的提高，为促进首都经济和社会事业协调发展作出了积极贡献。

审查委员会指出，在2007年市级预算执行中也存在一些值得注意的问题：有的部门项目支出管理不规范，预算约束力不够；一些预算单位勤俭节约意识不强；部分财政资金使用效益不高；财政管理监督体系需要进一步健全，财政改革仍需继续深化等。对此，市人民政府要高度重视，采取措施，逐步加以解决。

二、市人民政府提出的2008年市级预算草案

全市地方财政收入安排1716.5亿元，比上年增长15.0%。市级地方财政收入安排982.7亿元，比上年增长16.0%，加上中央税收返还及补助、区县上解、专项政策性结转和上年结余等300.5亿元，收入总计1283.2亿元；市级地方财政支出安排1012.0亿元，比上年增长15.1%，加上上解中央支出、区县税收返还和转移支付等271.2亿元，支出总计1283.2亿元。市级预算安排收支平衡。

审查委员会认为，2008年市级预算草案编制贯彻了中共十七大、中央经济工作会议和中

共北京市委十届三次全会精神，符合有关法律、法规的规定。财政收入的增幅略高于地区生产总值的增幅，组织收入措施得当。预算支出安排围绕推进基本公共服务均等化和首都现代化建设，体现了公共财政和构建社会主义和谐社会的要求。总的来看，市级预算的安排符合本市实际情况，是稳妥可行的。

审查委员会建议本次大会批准北京市2008年市级预算草案及《关于北京市2007年预算执行情况和2008年预算草案的报告》。

三、为保证2008年预算的顺利实现，做好财政工作，审查委员会提出以下意见和建议

（一）深化财政管理体制改革，提升财政管理水平

按照实现基本公共服务均等化的要求，健全市与区县财政管理体制和财政转移支付制度。继续推进部门预算、政府采购、国库集中收付等各项改革，完善政府非税收入管理制度，努力提高财政改革的整体效果。加强行政事业单位资产的动态管理，逐步实现行政事业单位闲置资产的共享共用。

（二）围绕协调发展和社会和谐，完善公共财政保障制度

积极探索和完善符合我市实际情况的公共财政保障方式，进一步健全“三农”、社会保障、医疗卫生、教育、住房保障等各项投入机制。运用财税政策，做好稳定物价的工作，保障低收入群体、困难群体的基本生活。加强对财政补贴的政策研究，完善财政补贴制度。

（三）强化财政支出的管理和监督，保证财政资金使用规范、安全、有效

创新财政管理监督机制，对预算支出进行动态监控。推进信息公开，进一步增强预算的透明度和约束力。大力提倡艰苦奋斗和勤俭节约，努力降低行政成本。科学合理地安排项目资金，完善绩效评价体系，强化支出责任，提高财政资金的使用效益。

（四）科学运用财税政策手段，确保全年预算收入任务顺利完成

发挥财政资金的引导作用，努力培育财政收入新的增长点，促进首都经济又好又快发展。坚持依法治税，严格税收征管，创造良好的税收环境。及时分析研究国家税收政策调整对我市财政收入的影响，保持财政收入稳定增长。

（五）管好用好奥运专项资金，为奥运会、残奥会的顺利举办提供保障

要统筹安排奥运专项资金，确保奥运交通、卫生、环境整治、安全保障等各项支出的资金需要。加强对奥运专项资金的支出管理和审计监督，保证奥运会、残奥会的顺利举行。

以上报告，请予审议。

北京市第十三届人民代表大会第一次会议关于北京市人民代表大会常务委员会工作报告的决议

（2008年1月26日北京市第十三届人民代表大会第一次会议通过）

北京市第十三届人民代表大会第一次会议听取和审议了杜德印主任受市十二届人大常委会委托所作的工作报告。会议充分肯定了市十二届人大常委会过去五年的工作，同

意报告提出的今后五年和2008年工作建议，决定批准这个报告。

会议认为，市十二届人大常委会在中共北京市委领导下，坚持以邓小平理论和“三个代表”重要思想为指导，坚持党的领导、人民当家作主、依法治国有机统一，坚持和完善人民代表大会制度，深入贯彻落实科学发展观，依法履行各项职能，为推进首都经济、政治、文化和社会建设做了大量工作，取得了显著成绩，发挥了重要作用，积累了宝贵经验。会议对市十二届人大代表和常委会组成人员表示崇高敬意。

会议指出，报告提出的今后五年和2008年工作建议，贯彻了党的十七大精神和市委十届二次、三次全会的工作部署，立足首都改革开放和现代化建设大局，符合新时期首都人大工作实际，是切实可行的。会议要求，市十三届人大常委会要认真研究，精心安排，抓好落实，有效发挥地方国家权力机关的作用。

会议号召，全市各族人民要在中共北京市委的领导下，紧密团结在以胡锦涛同志为总书记的党中央周围，高举中国特色社会主义伟大旗帜，同心同德，奋发进取，为发展首都社会主义民主政治，成功举办一届有特色、高水平的奥运会、残奥会，夺取全面建设小康社会新胜利作出更大贡献。

北京市人民代表大会常务委员会工作报告

——2008年1月23日在北京市第十三届人民代表大会第一次会议上

北京市人大常委会主任　杜德印

各位代表：

我受北京市第十二届人民代表大会常务委员会的委托，向大会报告本届常委会五年来的主要工作，并就新一届人大常委会的工作提出建议，请予审议。

五年工作的回顾

本届市人大常委会任期的五年，是首都全面实施“新北京、新奥运”战略构想，改革开放和现代化建设取得辉煌成就的五年；也是本市积极推进社会主义民主政治建设，人大工作取得重要进展和明显成效的五年。五年来，市人大常委会在中共北京市委领导下，坚持以邓小平理论和“三个代表”重要思想为指导，深入贯彻落实科学发展观，坚持党的领导、人民当家作主和依法治国有机统一，依法履职，扎实工作，为坚持和完善人民代表大会制度，推进首都的经济建设、政治建设、文化建设和社会建设，发挥了重要作用，作出了积极贡献。

一、依法履行常委会职责，保证人民当家作主

人民民主是社会主义的生命。人民代表大会制度是人民当家作主的重要途径和最高实现形式。市人大常委会作为市人民代表大会的常设机关，认真履行宪法和法律赋予的职能，通过法定程序使党的主张成为国家意志，动员和组织全市人民依法管理国家事务和社会事务，管理经济和文化事业。

1. 召集市人民代表大会会议，审议决定全市重大问题。五年来，市人大常委会共召集

市十二届人民代表大会 5 次会议。通过会前筹备工作和会中服务工作，保障市人民代表大会依法履行职能。在历次会议主席团的主持下，市人大代表听取和审议市人大常委会、市人民政府、市高级人民法院和市人民检察院的工作报告；审查批准北京市国民经济和社会发展“十一五”规划及年度计划的报告、财政预算及执行情况的报告；选举市人大常委会组成人员、市人民政府、市高级人民法院和市人民检察院领导人员以及北京市出席第十届全国人民代表大会的代表。市人民代表大会代表人民行使国家权力，集中表达全市人民的共同意志和愿望，调动了全市人民建设首都的积极性、主动性和创造性，凝聚了推进首都改革开放和现代化建设的强大力量。

2. 坚持对市人民代表大会负责，认真执行代表大会会议决议。常委会坚持对市人民代表大会负责并报告工作，根据代表大会的决议和法定职能，制定工作计划，开展各项工作，确保大会决议的落实。五年来，共召开常委会会议 41 次，完成议题 330 多项。其中，行使立法权，制定、修订和废止地方性法规 64 项；行使监督权，听取和审议“一府两院”专项工作报告 65 项，听取和审议国民经济和社会发展计划执行情况报告、预算执行和财政决算情况报告、财政收支审计工作报告 20 项，开展法律、法规实施情况的检查 70 项；行使重大事项决定权，讨论重大事项 48 项，做出决议、决定 25 项；行使人事任免权，任免国家机关工作人员 933 人次，其中市级领导 15 人次，市人大专门委员会和常委会工作机构负责人 95 人次，市政府组成部门主要负责人 57 人次，“两院”工作人员 766 人次。

3. 健全民主参与机制，保障人大代表和人民群众参与监督常委会工作。常委会在履行职能、开展工作中，按照民主、公开的原则，不断健全民主参与和向社会公开的机制，发挥人大代表的作用，扩大公民的有序参与，接受人大代表和人民群众的监督。在立法工作中，建立了立法公示、立法听证、专家咨询和公开征集意见等多项具体制度，保证人大代表和人民群众有序地参与立法工作。在监督工作中，听取和审议专项工作报告、开展执法检查，吸收相关领域人大代表参加，进行广泛深入的调查研究，充分了解人民群众的意愿和要求。2007 年，根据监督法的规定，常委会制定并实行了行使监督职权情况向社会公开的办法，将年度监督工作计划、听取和审议“一府两院”的专项工作报告、预算执行情况和决算报告、财政收支审计工作报告及常委会的审议意见及时向市人大代表通报并向社会公布。常委会召开会议，坚持市人大代表列席和邀请市民旁听制度，五年共有 400 余名市人大代表列席会议，800 多名市民旁听了会议。这些措施，有效保障了人民群众的知情权、参与权、表达权和监督权，使常委会职权的履行能够更好地体现民意、集中民智，接受人民群众的监督。常委会把接待来信来访作为联系群众的重要渠道和接受监督的重要方式，五年共受理群众来信 29,000 多件次，接待群众来访 10,000 多人次。常委会信访工作机构在市信访工作联席会议的统一领导下，配合协调有关部门解决了一批群众反映的实际问题，促进了常委会有关工作的改进。

4. 审议人大代表议案办理情况报告和督办人大代表建议，推动解决人民群众关注的重要问题。提出议案和建议是人大代表的法定职权。常委会坚持把审议人大代表议案办理情况报告和督办人大代表建议作为保障人民民主权利的一项重要工作，不断改进工作方式，加大工作力度，提高办理实效。五年共审议人大代表议案办理情况报告 24 项。这些议案涉及首都经济发展、城市建设与管理、社会主义新农村建设、劳动就业和社会保障、义务教育和职业教育、公共安全、公共卫生等方面。通过市人大常委会和市政府的共同努力，解决了一批人民群众最关心、最直接、最现实的利益问题，促进了首都的科学发展和社会和谐。2004 年，常委会审议了市政府关于“加强公共卫生体系建设”议案办理情况的报告，提出了分解目标，完善标准，尽快制定公共卫生体系建设规划的实施计划；增加投入，促进卫生事业均衡发展；倾斜政策，改善条件，加强基层卫生建设；提高素质，培养人才，加强公共卫生队伍建设等四条意见。为推动审议意见的落实，常委会连续三年跟踪检查。经过市政府不懈的努力，目前本市公共卫生体系的框架已初步形成。2005 年，常委会在审议市政府关于“加快公共交通事业改革发展，方便市民出行”议案办理情况报告时，明确提出公共交通主要是社会性公益事业的定位，并且从落实公交优先规划、加强交通基础设施建设，完善公交科学管理等方面提出了意见。市政府认真研究办理人大代表议案和常委会审议意见，调整发展思路，完善发展规划，加大工作力度，使全市公共交通事业取得了重大进展。2006 年，常委会认真审议了市政府关于“发展循环经济，建设节约型城市”议案办理情况的报告，做出了发展循环经济、建设节约型城市的决议，有力地促进了全市资源环境和节能减排等方面工作的开展。

督办人大代表建议工作，严格执行市人大代表建议、批评和意见办理条例。坚持每年开好人大代表建议交办会议，并听取“一府两院”对代表建议办理情况的报告；对重点建议实行了常委会主任、副主任牵头，代表联络室协调，有关市人大专门委员会负责督办的机制；对承办建议数量多、任务重的单位，加强重点督促和具体指导；对办理质量不高、人大代表不满意的，坚持复查补办。这些措施，保证了人大代表建议办理工作质量和实效的不断提高，既解决了一批实际问题，又有效地推动了“一府两院”工作的改进。到 2007 年年底，共督办代表大会会议期间及闭会期间市人大代表提出的建议 9805 件，代表对其中 8579 件建议的办理结果表示满意或同意，占督办建议总数的 87.5%。常委会领导牵头督办的人大代表关于解决门头沟区部分群众吃水难、加快高安屯垃圾处理场建设、解决中低收入家庭住房困难问题、借助奥运商机促进老字号发展、解决海军军事训练大队行路难等 27 件重点建议，多数都取得了良好效果。

根据宪法、地方组织法和选举法的有关规定，在市委的统一领导下，常委会依法主持了市十三届人大代表的选举，指导了全市区县、乡镇人民代表大会代表和城乡基层群众自治组织的换届选举，保障了广大人民群众民主选举权利的行使。

二、加强地方立法工作，促进全市法治建设

常委会着眼于保证宪法和国家法律的实施，着眼于首都改革开放和现代化建设的需要，坚持以科学发展观为指导，以维护广大人民群众根本利益为出发点和归宿，以提高立法质量为着力点，不断加强和改进立法工作。五年共完成立法项目 64 项，其中制定地方性法规 32 项、修订 21 项、废止 11 项，为推进首都的科学发展和社会和谐，举办一届有特色、高水平的奥运会提供了有力的法制保障。

1. 制定国家法律实施办法，保证宪法和国家法律实施。保证国家法律在本行政区域的实施，是地方立法工作的一项重要任务。五年来，常委会制定、修订国家法律实施办法 35 项，占立法项目总数的 55%。根据国家法律的要求和本市的实际情况，先后制定了实施水法办法、实施文物保护法办法、实施

道路交通安全法办法、实施气象法办法、实施民办教育促进法办法、实施国防教育法办法、实施渔业法办法、实施代表法办法等。这些地方性法规成为中国特色社会主义法律体系的组成部分，为国家法律的有效实施提供了保障。

2. 从首都发展实际需要出发，增强立法的针对性。常委会坚持国家法制统一原则，在不同宪法、法律和行政法规相抵触的情况下，突出首都特色，适应全市改革发展稳定的实际需要，抓住经济社会生活中的突出矛盾和人民群众迫切要求解决的突出问题，注重增强立法的针对性和可操作性。2003 年，针对中小学生在校期间出现人身伤害事故以及出现事故后法律关系不清晰、权利责任不明确的问题，制定了中小学生人身伤害事故预防与处理条例；修订了未成年人保护条例。2004 年，针对一些地方和单位出现重大安全生产事故，为了保障人民群众的生命财产安全，制定了安全生产条例和大型社会活动安全管理条例；针对“非典”和禽流感疫情，为了防控疫情传播，保障人民群众生命健康和安全，制定了实施动物防疫法办法，修订了实验动物管理条例。2005 年，为妥善处理城市现代化建设与历史文化名城保护的关系，制定了历史文化名城保护条例；针对建设创新型城市，促进科技创新的需要，制定了专利保护和促进条例；为了满足人民群众在春节期间安全有序地燃放烟花爆竹的强烈愿望，制定了烟花爆竹安全管理规定。2006 年，针对本市精神疾病患病率明显上升的趋势，制定了精神卫生条例；根据宗教事务管理的实际需要，修订了宗教事务条例。2007 年，针对广大人民群众对食品安全的迫切要求，制定了食品安全条例。这些地方性法规，为解决首都经济社会发展中面临的新情况新问题提供了法制保障，维护了人民群众的根本利益，促进了各项事业的发展。

3. 推进科学立法、民主立法，提高立法工作的质量。常委会坚持把科学立法、民主立法作为提高立法质量的内在要求，贯穿于立法活动的整个过程。一是遵循正确的立法宗旨。深入贯彻落实科学发展观，坚持以人为本，切实维护人民群众的合法权益，统筹兼顾广大人民的根本利益、现阶段群众的共同利益和不同群体的特殊利益。2005 年，在制定烟花爆竹安全管理规定时，将原来的禁放修订为春节期间的限时段、限地点、限品种燃放，满足了大多数群众的文化需求，协调了不同群体的利益关系，保障了人民群众的生命财产安全，增强了法规的权威性和严肃性。二是不断完善立法工作体制。认真执行立法法和制定地方性法规条例，形成了市人大法制委员会统一审议，人大专门委员会和政府部门分工合作，人大代表积极参加，人民群众有序参与，专家顾问咨询参谋，市人大常委会审议通过的立法体制和工作机制。常委会注重发挥首都法律专家的优势，聘请了 19 位法律专家作为法制建设顾问，建立了由 170 多位专家组成的立法咨询专家库。这一体制和工作机制，增强了常委会在立法工作中的主导作用，发挥了人大专门委员会和市政府及有关部门的积极性，有利于防止和克服立法工作部门化和部门利益法制化偏向，增强了立法工作的科学性，提高了地方法规的质量。三是逐步健全立法工作的民主参与机制。建立了人大代表、人民群众参与立法工作的机制和立法公示、立法听证制度。从立法规划的制定、法规草案的起草到法规草案的审议全过程，吸收人大代表与人民群众的参与。2003 年，常委会向社会公开征求对五年立法规划草案的意见，收到群众意见 2000 多件，涉及立法项目建议 98 项，其中 36 项被采纳。在制定养犬管理规定工作中，委托抽样调查了 5000 户居民意见，并将法规草案向社会公布，7 天收到群众意见 5300 多件次。2004年，公开征求对实施道路交通安全法办法的意见，收到群众意见8855件次，并选择机动车、非机动车和行人之间发生交通事故的赔偿责任，自行车能否载人两个热点问题，举行了常委会首次立法听证会，法规充分吸收广大群众和听证会提出的合理意见，较好地体现了群众意愿。2007年，在制定食品安全条例时，组织全体市人大代表参加了讨论，为提高法规质量奠定了良好基础。

三、加强改进监督工作，促进“一府两院”依法行政、公正司法

人民代表大会及其常委会的监督工作，是代表国家和人民进行的具有法律效力的监督，监督的目的在于确保宪法和法律得到正确实施，确保行政权和司法权得到正确行使，确保公民、法人和其他组织的合法权益得到尊重和维护。五年来，常委会按照围绕中心、突出重点、依法办事、讲究实效的思路，不断加大监督工作力度，努力增强监督工作实效。

1. 认真听取和审议专项工作报告。五年来，常委会围绕推进经济体制改革、转变经济发展方式、统筹城乡协调发展、加快社会主义新农村建设、加快创新型城市建设、落实城市总体规划、保障义务教育均衡发展、完善社会保障体系、健全城市安全管理体制、加强公共卫生体系建设、推进政府依法行政、推动“两院”公正司法等一系列重要问题，听取和审议了“一府两院”65项专项工作报告。在听取和审议各项工作报告之前，常委会组织组成人员和相关领域人大代表开展专项视察和专题调研，做好充分准备。通过常委会会议集中审议，提出具有针对性、建设性的建议和意见，形成审议意见书，交由“一府两院”办理，推动有关问题的解决。2003年以来，为了推进城乡统筹协调发展，常委会连续三年听取和审议了市政府关于社会主义新农村建设、城乡一体化建设、山区建设等专项工作报告，就保障农民合法权益、加大资金投入力度、加快农村基础设施建设、增加农民收入、加强生态建设、健全农村社会保障体系等问题提出了具体建议和意见。市政府认真办理常委会审议意见，及时制定配套文件，采取有力工作措施，做了大量工作，新农村建设取得了明显成效。2007年，常委会听取审议了市政府关于推进依法行政工作情况的报告，就进一步完善行政决策机制、提高制度建设质量、贯彻落实行政许可法、理顺行政执法体制、推进政府信息公开、提高工作人员依法行政能力等问题提出了审议意见，促进了政府依法行政工作。

2. 不断加强对计划和预算的监督。一是加强基础性工作，增强计划、预算的透明度。为便于人大代表审查计划和预算报告，要求政府部门增加对关键问题、共性问题的说明，并专门编制报告的解读材料，图文并茂、通俗易懂地反映报告的主要内容。二是细化和规范计划、预算监督工作。制定了加强经济工作监督的若干规定、加强对预算超收收入使用监督的意见、部门预算监督工作规则、加强审计监督工作的若干规定等规范性文件，使计划、预算监督工作的内容、程序更加完整和系统，为以后计划、预算监督工作进一步法制化奠定了基础。三是创新监督形式，开展部门预算跟踪监督。从2004年开始，每年选择若干重点部门和重点项目预算进行跟踪监督，使预算监督工作点面结合，逐步深入。四是充分发挥预算监督顾问的作用，提高监督工作的水平。邀请顾问参加预决算的初步审查和预算执行情况的监督，组织顾问围绕预算管理的重要问题开展专题调研。五年来，通过常委会的监督，保证了本

市财政预算管理工作严格依法进行，推进了全市公共财政体制的建设和改革，促进了财政资金用于公共支出的比例和使用效益的提高。

3. 深入开展执法检查。常委会针对维护市场秩序、保证公共安全、保护资源环境、提升城市建设和管理水平、保障人民群众食品安全、推动科技进步、促进教育事业发展等问题，对有关法律、法规的实施情况进行了深入检查。对于重要的执法检查项目，由常委会副主任牵头，成立由常委会和人大专门委员会组成人员、市人大代表参加的执法检查组，采取听取“一府两院”执法情况报告、随机抽查、明查暗访、征集群众意见等方法进行深入具体的检查，形成执法检查情况报告，提交常委会审议，形成审议意见书，送交“一府两院”研究办理。2003 年以来，常委会连续三次对食品卫生与食品安全方面的法律、法规实施情况进行检查，每次都抓住不同重点，督促政府改进工作，全市食品卫生与食品安全工作取得较大进展，食品安全监管组织网络覆盖面不断扩大，食品抽检合格率达到较高水平。

在监督工作中，常委会坚持严格依法办事，不断创新工作机制。一是规范监督形式，严格监督程序。监督法颁布实施后，常委会在总结多年监督工作经验的基础上，依据监督法的有关规定，制定了听取和审议“一府两院”专项工作报告办法和执法检查办法，修订了预算监督条例，废止了监督司法工作条例，使监督工作的形式、程序符合国家法律，更加规范有序。二是多种监督形式综合运用，形成监督合力。注意把听取审议专项工作报告、执法检查、督促办理人大代表议案等方式有机结合起来，既简化了程序，降低了成本，又能够整合资源，加大力度，提高工作效率。三是抓住重点问题，连续跟踪监督。针对一些需要长期努力才能解决的重点问题，常委会抓住不放，促进政府分阶段、有步骤地改进工作，不断取得阶段性成果。四是注重加强与“一府两院”的沟通协调。共同研究确定监督工作重点，及时交换对有关问题的意见，一起商讨解决问题的办法。同时注意在监督工作中不代行行政权和司法权，使市级各国家机关在市委的统一领导下，依法独立负责地履行职责，协调一致地开展工作。

四、充分发挥常委会职能作用，积极参与奥运筹备工作

市人大及其常委会作为地方国家权力机关，在举办一届有特色、高水平奥运会中肩负着重要责任。五年来，常委会认真贯彻“新北京、新奥运”战略构想，根据市委的工作部署和要求，依法履行职能，充分发挥作用，为奥运筹备工作贡献力量。

1. 搞好专项立法，创造良好法制环境。常委会根据奥运会、残奥会筹备和举办工作的需要，将有关的立法项目纳入了五年立法规划和年度立法计划。制定无障碍设施建设和管理条例，规定了各级政府建设、改造和监管无障碍设施的责任，将无障碍设施建设纳入国民经济和社会发展计划；制定全民健身条例，强调各级政府对体育健身工作的领导、服务职能，确定了政府倡导、社会支持、全民参与的原则，将全民健身活动纳入规范化、法制化轨道；制定志愿服务促进条例，规范了志愿服务人员、志愿服务组织、志愿服务活动的权利和义务，明确了政府与社会支持和促进的责任；修订市容环境卫生条例，将农村地区的环境卫生管理纳入调整范围，加强对公共服务设施的规范和管理，加大对“小广告”、违法建设的打击力度，为开展城市环境治理工作提供法律支持。2007 年，做出了关于为顺利筹备和成功举办奥运会进一

步加强法治环境建设的决议，对市政府在国家法律范围内采取一些临时性措施做出了一定的授权，并从加强立法、严格执法、自觉守法等方面，对国家机关、法人和公民提出了明确的要求。

2. 抓好重点监督，促进奥运筹备工作。常委会围绕奥运筹备的重点工作和关键环节，主要就场馆建设、市容环境、大气治理、交通秩序等工作，依法开展监督工作。2004 年至 2006 年，连续三年听取市政府关于奥运场馆及其配套设施建设情况的报告，组织人大代表进行专题视察。2003 年、2004 年连续两年对市容环境卫生条例实施情况进行检查，推动市政府加快对奥运环境整治目标和措施的落实。2003 年、2005 年两次对大气污染、水污染防治法实施情况进行检查，促进市政府不断加大污染防治工作力度，市区空气质量不断改善，污水处理能力显著提高，污染防治工作机制趋于完善，环境监控体系初步形成。2007 年，对实施道路交通安全法办法实施情况进行检查，促进市交通管理部门进一步明确了“安全、通畅、文明、和谐”的管理目标要求，增强了严格执法、文明执法的观念。

此外，常委会还动员、组织常委会组成人员、市人大代表和机关干部积极参加“迎奥运、讲文明、树新风”活动。广大市人大代表为奥运筹备工作提出了许多有价值的建议和意见。

五、加强代表工作和健全常委会工作制度，推进人民代表大会制度不断完善

常委会认真贯彻中央 2005 年 9 号文件和市委两次人大工作会议精神，以加强代表工作和健全工作制度为重点，推进人民代表大会制度的完善，进一步支持、规范和保证人大代表依法履行职责和行使权力，使常委会更好地发挥国家权力机关、工作机关和代表机关的作用。

1. 深化代表工作认识，服务和保障人大代表依法行使职权。常委会把保证人大代表依法行使职权作为保证人民当家作主的重要途径，把代表工作作为常委会工作的基础，在代表工作方面采取了一系列措施，取得了明显的进展。一是切实保证代表知情知政权。围绕“三情两声”，加强代表信息工作，一方面通过常委会工作机构把市情、政情、社情经常提供给人大代表；另一方面，通过人大代表把代表意见和群众呼声汇集到常委会，重要情况由常委会及时转达到市委、市政府。常委会还修订了代表视察办法，为代表全面、准确地了解情况提供了保障。二是健全人大代表闭会期间行使职权和发挥作用的机制。建立了全市重要工作征询人大代表意见制度和年中组织市人大代表集中活动制度。2007 年，以选区为单位，组织市人大代表年中集中活动。市政府拟定 2008 年为人民群众办实事工作方案，由市人大常委会组织征询全体市人大代表意见，最终确定的 59 件实事，全部或部分采纳人大代表意见的占 70% 以上。三是健全人大代表履行职责的服务保障体系。形成了市人大常委会统一负责，常委会代表联络部门综合协调，人大专门委员会和常委会工作机构发挥作用，区县人大常委会为工作基础，与区县、乡镇人大代表工作机构密切协同的代表工作格局。在区县人大常委会建立了市人大代表联络处，推动区县人大常委会健全了街道层面的人大代表联络机构。四是加强代表培训工作。建立了市人大代表培训制度，引导和帮助人大代表提高思想政治素质和履行职责能力。2007 年，在总结多年代表工作经验基础上，常委会党组研究提出了关于进一步加强人大代表工作的若干意见，经市委批准转发，使代表工作取得新的进

展。这些措施和工作调动了代表的积极性，为代表行使职权、发挥作用提供了保障。五年来，共有市人大代表30,000多人次参加常委会组织的各项工作和各种活动，其中15,000人次参加了视察、调研、立法、执法检查等活动，闭会期间代表提出建议1775件，600多人次接受了培训。体育、妇女等专业代表小组也积极开展活动，发挥了较好作用。

2. 加强常委会制度建设，推动工作的制度化、程序化和规范化。一是健全人大及其常委会工作机构。新建立了内务司法、财政经济、教科文卫体、城建环保、农村、民族宗教侨务等6个人大专门委员会。规范了常委会工作机构设置及职能，健全了常委会代表联络和信访机构。二是规范常委会工作制度和程序。修订了常委会会议、主任会议议事规则，建立了人大专门委员会和常委会工作机构工作制度，制定了立法、监督、人事任免等方面的工作规程28项，其中立法工作规程16项。制定了常委会机关具体工作制度176项。

3. 加强常委会基础建设，提高组成人员和机关工作人员的素质和能力。面对新的形势和任务，常委会重视提高组成人员和机关工作人员的思想政治素质和依法履职能力，着重抓了四个方面的工作。一是加强学习。认真学习党的理论和路线方针政策，学习宪法和法律，学习现代科学文化知识。共组织5次常委会组成人员学习班，举办了20次专题讲座。二是加强调查研究。把加强调查研究作为履行职能、开展工作的基础环节和必经程序。围绕重点工作任务，进行深入的调查研究，为常委会审议和决定重要事项奠定基础。五年来共完成调研课题160多项。三是加强信息工作。健全常委会信息工作机构，建立主任会议信息通报制度，推进机关信息化建设，加强信息公开和新闻宣传工作。四是加强机关干部队伍建设。认真贯彻公务员法，积极开展社会主义荣辱观教育，推进干部人事制度改革，优化机关干部结构，健全干部培训制度，开展干部交流和挂职锻炼，加强勤政廉政建设，机关干部队伍在思想政治素质、业务能力、工作作风等方面都有了较大提高。

此外，常委会还进一步加强了对区县人大工作的指导，密切了与区县人大常委会工作的联系。举办了区县人大常委会主任学习研讨班，开展了与区县人大常委会在监督工作方面的上下联动。同时，积极开展与北京友好城市议会的交流，巩固发展了与东京、曼谷、首尔、莫斯科等首都议会的定期交流机制，宣传了我国人民代表大会制度，扩大了北京的国际影响，促进了友好城市之间的交流与合作。

各位代表，五年来，本届人大及其常委会依法履行职能，做了大量工作，发挥了重要作用，也积累了宝贵经验。实践使我们对发展社会主义民主政治，坚持和完善人民代表大会制度，做好首都的人大工作，有了更加深切的认识和体会。

必须坚持党的领导，保证人大工作正确的政治方向。在政治上，高举中国特色社会主义伟大旗帜，坚持中国特色社会主义政治发展道路，坚持党的领导、人民当家作主和依法治国的有机统一；在思想上，坚持以邓小平理论和“三个代表”重要思想为指导，深入贯彻落实科学发展观，坚持把党的基本理论、基本路线、基本纲领贯彻落实到人大及其常委会的各项工作中；在组织上，坚持党领导全局、协调各方的领导核心作用，坚持重大问题、重要事项向市委请示报告制度。同时，注重发挥常委会党组的领导核心作用，机关党组织的战斗堡垒作用，常委会组成人员和市人大代表中党员的先锋模范作用；在工作上，坚持通过法定程序把党的主张转化为国家意志，使人大及其常委会的各项工作有利于加强和改善党的领导，有利于巩固党的执政地位，有利于党的路线方针政策的贯彻落实。

必须坚持以保证人民当家作主为根本，切实维护人民群众的民主权利和根本利益。把保证人民当家作主作为人大及其常委会工作的本质和核心。通过人民代表大会、常委会和人大代表依法履行职能和行使权力，使人民群众的意志和愿望进入国家机关的决策和工作，保证人民当家作主。坚持把实现、维护、发展广大人民群众的根本利益，作为人大及其常委会工作的出发点和落脚点，使人大的各项工作顺应民心、反映民意、保障民生。

必须坚持围绕党和国家工作大局，保证常委会工作与全市中心工作协调一致。坚持服务大局，围绕市委关于首都经济、政治、文化和社会建设的目标任务、工作决策和工作部署，围绕全市改革发展稳定中的热点难点问题，围绕事关群众切身利益的重点问题，从人大工作的定位和特点出发，集中力量，突出重点，抓住关键，取得实效。坚持从全局妥善安排工作任务，把握好工作的进程和节奏，使市级国家机关的工作能够协调一致、高效运转。

必须坚持民主集中制，集体行使职权和决定问题。审议决定问题主要通过会议形式，集体行使权力、集体决定问题。组成人员在了解民意、集中民智的基础上，认真进行审议，充分发表意见，实行表决制，按多数人的意见做出决定。注重民主集中制原则的制度化、规范化、程序化，使每一项工作都于法有据，有章可循。

必须坚持不断增强做好人大工作的责任感和使命感，在提高履职能力和工作质量上下功夫。深刻认识人大及其常委会在发展社会主义民主政治，建设中国特色社会主义伟大事业中肩负的责任和使命，找准人大工作推进社会主义民主政治建设的着力点，选准人大工作促进社会主义经济、政治、文化和社会建设的结合点，不断增强做好人大工作的信心和自觉性，增强工作的目的性和实效性。通过依法履行职能，推进全市民主法制建设，保证“一府两院”依法行政和公正司法，促进首都的改革开放和现代化建设。

各位代表，本届市人大及其常委会工作的实践充分证明，社会主义民主政治建设充满旺盛的生命力，人民代表大会制度具有无比的先进性和优越性。五年来，常委会工作取得的进展和成绩，是中共北京市委正确领导，市人大代表和常委会组成人员共同努力，“一府两院”有力配合支持，广大人民群众和社会各界帮助促进的结果。在此，我代表市第十二届人大常委会，向全体市人大代表，向所有关心、支持、帮助人大工作的同志们、朋友们，表示崇高的敬意和衷心的感谢！

在肯定成绩和总结经验的同时，我们也清醒地认识到，常委会的工作同中央和市委发展社会主义民主政治的部署和要求，同宪法和法律赋予的职责，同人大代表和人民群众的期望相比还有不少的差距。主要是：坚持和完善人民代表大会制度的自觉性，做好首都人大工作的责任感需要进一步提高和增强；保障人大代表依法行使职权，密切人大代表与人民群众联系的工作还不够充分和有力；一些方面的立法工作相对滞后，有的法规的质量不是很高；监督工作的机制和方法需要进一步完善，监督工作的力度和实效需要进一步增强；常委会组成人员和机关工作人员的素质能力需要进一步提高，工作作风有待进一步改进；与区县人大常委会的工作联系需要进一步加强。

今后五年和2008年工作的建议

各位代表，党的十七大高举中国特色社会主义伟大旗帜，对夺取全面建设小康社会新胜利做出了全面部署，对发展社会主义民主政治、坚持完善人民代表大会制度提出了明确的目标、任务和要求。市委十届二次、三次全会对全市学习贯彻落实十七大精神，推进全市经济、政治、文化和社会建设做出了全面部署和安排。面对新的形势和任务，建议新一届市人大常委会今后五年工作总的要求是：在中共北京市委领导下，以学习贯彻党的十七大精神为统领，高举中国特色社会主义伟大旗帜，坚持党的领导、人民当家作主和依法治国的有机统一，以保障人民当家作主为根本，以增强党和国家活力，调动人民积极性为目标，依法履行各项职能，继续扩大人民民主，切实加强法制建设，保证权力正确行使，不断完善人民代表大会制度，推进首都社会主义民主政治建设，为举办一届有特色、高水平的奥运会、残奥会，建设繁荣、文明、和谐、宜居的首善之区作出新的贡献。

一、深入学习贯彻党的十七大精神，增强坚持和完善人民代表大会制度、做好人大工作的自觉性和责任感

把学习贯彻党的十七大精神作为常委会今后一个时期首要的政治任务。在全面理解和把握党的十七大的精神实质的基础上，深入学习党的十七大关于社会主义民主政治建设的重要论述，深刻理解社会主义民主政治的本质和核心，发展社会主义民主政治的目标要求，深化政治体制改革的正确方向，发展社会主义民主政治的工作部署。进一步明确在发展社会主义民主政治进程中坚持和完善人民代表大会制度的地位和作用，人大及其常委会的责任和使命。增强坚持和完善人民代表大会制度的自觉性和坚定性，增强做好人大工作的责任感和使命感。坚持用党的十七大精神武装头脑、指导工作、推动实践。按照市委的统一部署，深入开展学习实践科学发展观活动。

二、提高市人民代表大会会议的质量和效力，更好地保证人民当家作主

人民代表大会是党领导人民行使国家权力的机关。发展社会主义民主政治，保证人民当家作主，必须保障人民代表大会依法行使职权，不断提高人民代表大会会议的质量和效力，确保会议决议的贯彻落实。一方面是提高会议各项报告的质量，使提请会议审议、批准的各项报告，内容更加翔实，信息更加准确，重要工作、重要事项的安排更加明确具体，便于人大代表充分审议、做出决定。另一方面是组织人大代表搞好会前的视察和调研，认真倾听人民群众意愿和呼声，准确了解各方面的情况和信息，更好地代表人民行使国家权力。同时，切实维护人民代表大会会议各项决议、决定的法律效力，身体力行并监督“一府两院”认真贯彻人民代表大会的各项决议、决定。

三、加强和改进立法工作，推进依法治国方略的有效实施

立法工作坚持以科学发展观为指导，与中国特色社会主义法律体系相配套，与首都改革开放和现代化建设的需要相适应。进一步拓展立法领域，在完善首都经济发展、城市建设与管理方面地方性法规的同时，更加重视社会领域的立法，为构建社会主义和谐社会首善之区提供法制保障。在发挥地方性法规维护经济和社会秩序功能的同时，更加重视对公民、法人和其他组织合法权益的平等保护，维护社会公平正义。进一步增强立法的针对性和实效性。坚持问题引导立法，立法解决问题，抓住面临的突出矛盾和问题，

综合运用国家的有关法律，系统提出解决矛盾和问题的办法。进一步搞好科学立法、民主立法。完善立法体制，改进工作机制，增强常委会在立法工作中的主导作用，通过五年立法规划、年度立法计划、法规立项审定和法规审议表决等环节，统筹地方立法工作。健全立法的民主参与机制，更广泛地吸收人大代表、人民群众参与立法工作，发挥专家学者的作用。进一步加强宪法和法律的实施，抓好执法检查、法律监督和法制宣传教育，推动“一府两院”依法行政、公正司法，引导公民自觉守法，维护社会主义法制的统一、尊严和权威，促进全市法治建设水平的提高。

四、增强监督工作实效，促进“一府两院”依法正确行使职权

进一步明确人大常委会监督工作的性质和目的，坚持代表国家和人民进行具有法律效力的监督，坚持依照法律、法规和具有法律效力的决定进行监督，坚持以确保宪法和法律得到正确实施，确保行政权和司法权得到正确行使，确保公民和法人的合法权益得到尊重和维护为监督目的。围绕全市改革发展稳定的大局，针对突出矛盾，按照决策权、执行权、监督权既相互制约，又相互协调的要求，着力对权力的运行进行监督，保证国家机关按法定权限行使权力、履行职责，保证人民赋予的权力始终用来为人民谋利益，并通过人大常委会的监督，促进“一府两院”深化行政管理体制改革和司法体制改革。深入贯彻实施监督法，提高认识，统一思想，依法规范监督形式，严格执行监督程序，不断加大监督力度。在不违背和超越法律的情况下，创新工作机制，改进工作方法，形成监督合力，增强监督实效。

五、保障人大代表依法行使职权，密切人大代表同人民群众的联系

认真贯彻落实市委转发的关于进一步加强代表工作的若干意见，深化思想认识，把保障人大代表依法行使职权，作为保证人民当家作主的政治机制；加强信息工作，保证人大代表的知情权；改进督办和复查工作，提高人大代表议案和建议办理的质量；规范活动方式，拓宽人大代表闭会期间发挥作用的途径；完善工作格局，加强人大代表履职的服务保障工作；健全培训制度，提高人大代表的素质和能力。继续坚持和完善常委会主任、副主任接待代表日、常委会组成人员联系代表、市人大代表列席常委会会议、市人大代表联系区县人大代表等制度。认真总结经验，完善机制，搭建平台，创造条件，为密切人大代表同人民群众的联系提供服务保障。

六、加强常委会及机关自身建设，提高履职能力和工作水平

加强常委会制度建设，认真执行已建立的各项制度，健全立法工作、人大专门委员会建设、机关建设等方面的制度。加强常委会和人大专门委员会组成人员的思想、组织、作风建设，不断提高整体素质和履职能力。按照政治坚定、业务精通、务实高效、作风过硬、团结协作、勤政廉政的要求，加强人大常委会机关建设，增强服务意识，提高工作水平。进一步加强对区县人大常委会工作的指导和联系。

2008 年，是学习贯彻十七大精神的重要一年，是奥运会的举办之年，也是市十三届人大的届首之年。做好今年市人大常委会的

工作要坚持以学习贯彻十七大精神为主线，紧紧围绕全市工作大局，特别是举办奥运会、残奥会的中心任务，按照“少而精、抓重点、求实效”的原则，妥善安排常委会的工作，着力在提高工作质量和实效上下功夫，实现新一届人大工作的良好开局，为今后的工作奠定坚实基础。

办好 2008 年奥运会、残奥会是今年全市工作的重中之重。市人大常委会要紧紧围绕这件大事，继续抓好城乡规划、城乡绿化、突发事件应对处置等方面的立法工作，抓好食品卫生与食品安全、无障碍设施建设和管理、环境整治等方面的监督工作，为奥运会、残奥会进一步营造良好的法治环境、城市环境和社会环境。同时，组织动员广大代表和全市人民积极为成功举办奥运会、残奥会献计出力。在常委会议程的安排上，按照奥运会前和奥运会后两个时段划分，奥运会前主要安排涉及奥运会的有关工作。

在立法工作方面：根据成功举办奥运会、残奥会的需要，继续审议城乡规划条例，制定绿化条例和实施突发事件应对法办法；适应建设创新型城市的需要，修订中关村科技园区条例；根据推进义务教育均衡发展的需要，修订实施义务教育法办法；适应人民群众对法律援助的需求，制定法律援助条例。同时，研究制定今后五年的立法规划要点，启动 2009 年立法项目的前期调研和论证工作。通过今年的立法工作实践，探索立法体制的完善和工作机制的改进。

在监督工作方面：围绕保证奥运会、残奥会的成功举办，对食品卫生与食品安全方面法律、法规实施情况、无障碍设施建设和管理条例实施情况进行检查；听取和审议市政府关于环境整治和奥运景观布置的报告，关于优先发展公共交通情况的报告，关于节能减排工作的报告。围绕促进首都经济又好又快发展，加强对国民经济和社会发展计划执行情况、财政预算和财政收支审计工作情况的监督，审查批准财政决算；听取和审议市政府关于继续加强乡村基础设施建设、加快推进社会主义新农村建设进程的报告。围绕推进以改善民生为重点的社会建设，对义务教育法、劳动合同法实施情况进行检查；听取和审议市政府关于解决城市低收入家庭住房困难情况的报告、关于侨务工作的报告。围绕促进公正司法，听取、审议市高级人民法院关于知识产权审判工作的报告，市人民检察院关于开展诉讼监督工作的报告。另外，对 2007 年常委会各项审议意见的落实情况进行跟踪监督。

在代表工作方面：全面落实关于加强人大代表工作的若干意见，基本形成保障人大代表依法行使职权的制度规范、工作格局和服务体系；审议人大代表议案办理情况的报告，督办人大代表建议，进一步提高办理工作质量；就人大代表密切与人民群众的联系进行专题调研，提出有效的机制和办法；加强人大代表的培训工作，组织新一届人大代表认真学习党的十七大精神，学习邓小平理论、“三个代表”重要思想和科学发展观，学习中央关于发展社会主义民主政治、坚持和完善人民代表大会制度的论述，学习宪法和法律，学习人大代表行使职权的有关规定，为做好人大工作奠定思想政治基础。

在常委会及机关建设方面：加强常委会和专门委员会组成人员的思想政治建设，教育引导大家高举中国特色社会主义伟大旗帜，坚持人大工作正确的政治方向；树立正确的权力观、地位观和利益观，增强做好人大工作的自觉性和责任感；认清人民代表大会制度的优势，增强做好人大工作的信心；加强理论、法律和业务知识的学习，提高依法履职的素质和能力。加强人民代表大会制度与人大工作的理论研究，围绕人大制度和人大工作在发展社会主义民主政治中的地位和作用、人大工作深入贯彻落实科学发展观、监督法实施后的人大常委会监督工作等问题，开展深入的学习研讨。结合纪念改革开放30周年，围绕加强首都民主法制建设问题，认真总结经验，明确工作任务。加强常委会和机关的基础工作，继续抓好学习、调查研究和信息等方面的工作。加强常委会机关干部队伍建设，以增强大局意识和服务意识、提高素质能力、保持良好作风为重点，建设高素质干部队伍，创造高效率机关工作。

各位代表，北京市第十三届人大常委会即将依法选举产生。展望未来，任重道远。我们相信，新一届人大及其常委会一定能够在中共北京市委的领导下，紧密团结在以胡锦涛同志为总书记的党中央周围，全面贯彻落实党的十七大精神，求真务实，锐意进取，扎实工作，奋发有为，不断开创人大工作的新局面，为首都发展社会主义民主政治，夺取全面建设小康社会的新胜利作出新的更大贡献！

北京市第十三届人民代表大会第一次会议关于北京市高级人民法院工作报告的决议

（2008年1月26日北京市第十三届人民代表大会第一次会议通过）

北京市第十三届人民代表大会第一次会议听取和审议了北京市高级人民法院院长秦正安所作的《北京市高级人民法院工作报告》，决定批准这个报告。

北京市高级人民法院工作报告

——2008年1月24日在北京市第十三届人民代表大会第一次会议上

北京市高级人民法院院长　秦正安

各位代表：

现在，我代表北京市高级人民法院向大会报告工作，请予审议，并请各位政协委员提出意见。

五年工作的回顾

市第十二届人民代表大会以来的五年，全市法院在市委的领导、市人大及其常委会的监督和最高法院的指导下，全面贯彻党的十六大、十七大精神，以邓小平理论和“三个代表”重要思想为指导，深入贯彻落实科学发展观，坚持“公正司法，一心为民”指导方针，围绕首都工作大局，以化解社会矛盾、促进社会和谐为主线，充分发挥审判职能，为首都的和谐稳定作出了不懈的努力。五年共受理各类案件1,685,380件，审结1,680,556件，解决争议标的额3083.81亿余元，与前五年相比，分别上升58.2%、57.3%和37.2%。

一、充分发挥审判职能，努力维护首都社会和谐

随着形势的发展，全市法院受理案件的类型超过500种，涉及群众切身利益和经济社会发展方方面面。全市法院紧紧围绕首都工作大局，在继续强化打击犯罪职能的同时，不断拓展审判职能，注重平复矛盾、调节社会关系，促进社会和谐。

（一）依法打击刑事犯罪，全力维护首都稳定

首都的稳定，事关改革开放的大局。全市法院始终把维护稳定作为第一位的政治任务，依法打击刑事犯罪，全面落实宽严相济的刑事政策。五年共审结刑事案件85,420件，判处罪犯103,196人，同比分别上升34.9%和33%。

刑事犯罪危害国家和人民群众的根本利益，必须坚决依法制裁。全市法院在不断加大惩治刑事犯罪力度的同时，依法严惩煽动颠覆国家政权、间谍等危害国家安全犯罪和“法轮功”邪教组织犯罪，保持高度的政治敏锐性，防止敌对势力利用案件的处理制造事端；始终把打击的锋芒对准杀人、爆炸、抢劫、入室盗窃、毒品等严重危害人民群众生命健康和财产安全的犯罪，深入开展打黑除恶专项斗争，对胡亚东等34人黑社会性质组织案，特大机动车“碰瓷”团伙危害公共安全案等案件的审理，净化了首都治安环境，五年共审结此类案件29,514件，同比上升48.9%；严惩集资诈骗、虚开增值税发票、假冒伪劣商品等严重破坏市场经济秩序的犯罪，开展商业贿赂专项治理活动，促进了市场经济秩序的规范有序，五年共审结此类案件4447件，同比上升72.2%；依法审理了原贵州省委书记刘方仁、原国家食品药品监督管理局局长郑筱萸等一批职务犯罪大要案，加大了反腐倡廉的力度。五年来，共判处5年以上有期徒刑、无期徒刑和死刑的严重刑事罪犯15,506人。

与此同时，对轻微犯罪、未成年人犯罪，依法从轻、减轻或免予刑事处罚；对拟减刑、假释的人员实行了到监管场所就地听证、公示制度，确保减刑、假释工作的公开、公正。

（二）高度重视民商事、知识产权审判，促进和谐社会建设和首都经济社会又好又快发展

民商事、知识产权纠纷是社会矛盾在审判领域的集中体现。五年来，民商事、知识产权案件约占全部受理案件总数的70%。全市法院以案结事了为目标，以平复矛盾为重点，通过公正审理案件，全力促进社会和谐与发展。共审结民商事、知识产权案件1,106,122件，同比上升83.2%。

民事审判处理的多是涉及民生的案件，事关百姓生活和社会和谐。全市法院针对婚姻家庭案件财产争议增多的情况，加大调解力度，注重保护妇女、老人、儿童和军属的合法权益，切实维护家庭关系的和谐，五年共审结此类案件158,919件；对追索赡养费、扶养费、抚育费案件和农民工追讨工资案件，在依法快速立案、快速审理的同时，加强与执行环节的对接，确保款项的到位率，五年共追索赡养费、扶养费、抚育费和农民工工资47亿余元；稳妥审理劳动争议、物业、相邻关系等案件，努力协调各方利益，五年共审结此类案件179,502件，同比上升583.4%；及时审理环境污染类案件，推进宜居城市建设；审理旅游、餐饮、中介留学、消费欺诈等案件，维护了消费者的合法权益，五年共审结此类案件53,748件，同比上升190.5%。

依法调节社会关系，促进首都经济发展，是商事审判的重要职能。全市法院稳妥审理金融借贷、委托理财、保证保险、证券国债

等案件，依法维护金融秩序，五年共审结此类案件 92,270 件，同比上升 187.9%；审理土地出让、房地产开发、商品房买卖等案件，促进首都房地产产业政策调整，五年共审结此类案件 29,686 件，同比上升 484.1%；及时审理超市连锁、特许经营、航空物流、买卖等合同类案件，促进社会诚信，保障交易安全，五年共审结此类案件 126,207 件，同比上升 77.3%；稳妥审理企业改制、公司、破产以及涉民营企业等案件，促进首都产业结构调整和非公有制经济的健康发展，五年共审结此类案件 39,537 件，同比上升 108.1%；依法审理土地承包、加快都市型现代农业发展引发的案件，推进社会主义新农村建设，五年共审结此类案件 4776 件，同比上升 38%；审理涉外、涉侨、涉港澳台案件，正确行使司法管辖权，平等保护当事人的合法权益，优化了首都投资环境，五年共审结此类案件 6777 件，同比上升 108.7%。

知识产权是自主创新能力的重要标志，也是公民、法人和其他组织的重要权益，必须依法保护。全市法院通过审理著作权、商标权、专利权案件和涉及网络侵权、数据库、民间艺术作品保护等新类型案件，鼓励了自主创新；对制假、售假等严重侵权行为加大了处罚力度，保护了权利人的合法权益；为确保涉奥运知识产权案件的妥善处理，市高级法院加强指导，强化了涉奥运知识产权保护；为加大知识产权保护力度，在部分基层法院增设了知识产权审判庭。五年共审结知识产权案件 14,889 件，同比上升 313%。

（三）认真审理行政案件，维护行政相对人的合法权益、促进行政机关依法行政

随着政府社会管理职能和公共服务职能的加强，公共权力与公民、法人和其他组织权利的协调与平衡成为社会关注的问题。行政审判立足于妥善化解行政争议，既注重保护行政相对人的合法权益，又积极推进行政机关依法行政。妥善审理环境整治、道路改造等引发的案件，注重纠纷处理的法律效果和社会效果，共审结此类案件 7980 件，同比上升 132.7%；审理城建、社会保障、食品药品监管等关系群众生产、生活的案件，切实维护行政相对人的合法权益，共审结此类案件 5034 件，同比上升 137%；根据专属管辖的规定，审理涉 WTO 商标、专利行政案件 2794 件，树立了首都法院良好的国际形象。五年共审结行政案件 22,520 件，占行政诉讼法实施 17 年来审结行政案件总数的 60%。在审结的 2 万余件案件中，全部或部分撤销行政机关决定，以及判决行政机关履行职责的占 8.7%，经协调纠纷得以平稳解决的占 23.4%，维持行政机关决定和裁定驳回起诉的占 43.8%。

与此同时，市高级法院与中央党校、国家行政学院等单位共建教学基地，以讲座、旁听案件审理等方式，增进行政机关对行政审判工作的了解；有的法院定期向行政机关通报行政执法、行政审判等情况，促进行政机关依法行政水平的提高。

（四）加大执行工作力度，努力解决执行难

确保生效法律文书确定义务的履行，实现胜诉当事人的合法权益，是执行工作的首要任务。全市法院紧紧依靠党的领导和人大的监督，不断强化执行工作，加大了公布拒执人名单、委托调查、公告悬赏等措施的适用力度，促使一批被执行人履行了义务；对具有偿还能力但拒不履行法定义务的被执行人，依法适用司法拘留、限制出境等措施，对拒不执行法院判决裁定、情节严重、构成犯罪的，坚决依法追究刑事责任；开展集中清理未结执行案件活动，执结了涉建设领域拖欠工程款、企业改制、奥运场馆建设拆迁等一批老案、难案；为规范执行行为，实行了执行全程公开制度，努力实现执行人员、执行启动、执

行措施的公开，提高了执行工作的透明度和公信力。五年共执结案件 453,385 件，执结标的额 1596.7 亿余元，同比分别上升 52.8% 和 144.6%。

二、加强司法为民工作，切实保障当事人合法权益

为人民服务是我们党的根本宗旨，司法为民是党的根本宗旨在法院工作中的体现。全市法院注重夯实审判人员司法为民的思想基础，把践行司法为民作为在全社会实现公平正义的大事，抓实抓细。

（一）切实保护当事人的诉讼权利

诉讼权利的保护，事关当事人人身、财产权益的实现。全市法院积极采取措施保护当事人的诉讼权利。一是普遍实现了立案接待、查询诉讼流程、收结诉讼费等立案“一站式”服务；实行诉讼指南和诉讼风险提示制度，指导当事人正确行使权利，降低诉讼风险；为方便正常工作期间无法到庭的当事人，采取“假日法庭”、“周末法庭”等便民形式，利用节假日开庭。二是实行判后答疑制度，引导当事人正确理解法律规定和裁判内容，促使当事人服判息诉，一审案件的服判息诉率已达 86.3%。三是对符合条件的 5399 名刑事被告人指定律师为其辩护；严格刑事案件证明标准，确保无罪的公民不受刑事追究，五年共依法宣告被告人无罪 106 人。

（二）维护特殊群体的合法权益

在平等保护当事人合法权益的同时，注重对特殊群体的保护。一是在部分基层法院专门成立审理未成年人刑事、民事案件的综合审判庭，加强了对未成年人民事权益的保护。二是对行动不便的老年人，实行上门立案，就地开庭；对涉残疾人劳动报酬、劳动保险等案件和残疾人企业申请执行的案件，依法先予执行或优先执行。三是加大司法救助的力度，减缓免诉讼费 2.9 亿余元，努力保证经济确有困难的当事人打得起官司；市高级法院与市民政局会签《关于解决执行难案件中困难人员生活救助问题的意见》，对被执行人无力履行义务，致使申请执行人生活困难的案件，实行执行救助。

（三）努力提高审判质量

司法为民的核心在公正，过硬的审判质量是司法公正的具体体现。围绕提高审判质量，全市法院在加强审级监督、严格庭审程序、强化裁判文书说理性的同时，重点做好以下工作：一是开展案件质量评查工作。采取扩大评查案件的范围、制定案件质量评价标准等措施，既检查案件处理结果是否公正，审判程序是否合法，又注重检查审判人员的司法行为是否规范，重在整改评查中发现的问题，促进审判质量的提高。仅 2006 年，各法院就对随机抽取的 12,129 件案件进行了评查。二是针对新类型和疑难案件增多、急需加强指导的现实，市高级法院加大了指导力度。制定指导物业、知识产权等案件审理的规范性文件 102 个，编发《北京法院指导案例》350 余个，保证法律、法规和司法解释的正确适用，促进了执法尺度统一。三是认真接受检察机关的法律监督。五年共审结刑事、民事抗诉案件 489 件，依法支持检察机关的抗诉，改判、发回重审 118 件。

（四）努力做好涉诉信访工作

信访工作是坚持司法为民，维护社会稳定的重要工作。一方面，全市法院把工作重点放在切实解决问题上，对案件事实不清，适用法律错误的案件，依法提起再审；对案件处理没有问题，当事人对法律理解有偏差的，明理释法，做好平复矛盾工作，对信访人生活确有困难的案件，主动协调相关部门解决困难。另一方面，着力从源头上减少涉诉信访，注重通过涉诉信访案件，发现审判、

审判作风、队伍建设等方面的问题，以改进工作。

三、创新工作机制，努力促进司法公正

为充分发挥司法维护公平正义的作用，全市法院按照市委和最高法院的要求，不断创新工作机制，重点完善了调解、人民法庭、人民陪审员等工作机制。

全市法院注重发挥调解在解决人民内部矛盾方面的独特作用，坚持“能调则调、当判则判、调判结合、案结事了”，调解解决的案件已达全部民事案件总数的53％。一方面，将调解贯穿到审判的各个阶段、各个领域。朝阳区法院探索实行诉前调解制度，取得显著效果，两年来调处纠纷2万余件；许多法院结合辖区实际，探索了调解新方法，如东城区法院实施商事审判“双主动工作模式”，促使当事人主动接受调解或履行义务。另一方面，积极参与多元化矛盾纠纷解决机制的构建。探索委托调解和参与诉讼调解的方法，经当事人同意，将适宜调解的案件委托人民调解组织调解或邀请特邀调解员、社会团体参与调解；有的法院推出“五元一点”等纠纷解决机制，与司法所、派出所、街道办事处、人民调解组织共同协作，以巡回审判点为依托，努力将矛盾化解在立案前。

作为基层法院的派出机构，全市57个人民法庭地处基层，贴近群众，承担着基层法院近三分之一案件的审理。为方便偏远地区当事人起诉，改变了人民法庭不能直接立案的做法；将人民法庭审理案件的范围由单纯的民事案件扩大为刑事自诉、民事、商事和执行案件，努力将纠纷及时化解在基层；扩大巡回审判的范围，对婚姻家庭、涉农、人身损害赔偿和邻里纠纷等案件实行巡回审判，力求审理一案、教育一片，五年共开展巡回审判5100余次。

实行人民陪审员制度，是实现司法民主、维护司法公正的重要举措。全市法院严格按照全国人大常委会《关于完善人民陪审员制度的决定》和市人大常委会的要求，选任了高素质的人民陪审员1342名；通过集中授课、专题讲座、庭审观摩等形式，对全部人民陪审员进行了培训；为充分发挥人民陪审员的作用，扩大人民陪审员参与审判工作的范围，人民陪审员不仅参加案件审理，还参加调解，信访接待，执行等工作。五年来，人民陪审员共参加陪审案件64,756件。

四、加强队伍建设，进一步增强司法能力

政治坚定、业务精通、作风优良、清正廉洁的法官队伍，是司法公正的重要保证。全市法院始终把队伍建设作为法院工作的重中之重，努力提高队伍的司法水平。

思想政治建设是人民法院的根本建设。五年来，全市法院把社会主义法治理念教育作为队伍建设的主线，深入开展社会主义法治理念教育和“规范司法行为、促进司法公正”等专项活动，有针对性地采取多种方式，在理论和实践的结合上加强教育，对全市法院处级以上领导干部和青年法官进行了集中培训，全体审判人员统一参加了社会主义法治理念知识考试。经过教育，审判人员依法治国、执法为民、公平正义、服务大局、党的领导的理念进一步增强，司法行为进一步规范，涌现了宋鱼水、房山区法院等一批先进个人和集体。

人才培养是促进全市法院长远发展的基础性工作。针对年轻法官大量增加、高学历人员所占比例已居全国法院系统首位的情况，全市法院采取岗位交流、基层任职等措施，重点加强对年轻法官的培养，帮助他们丰富社会阅历、增强司法能力，一大批年轻法官

已成为审判工作的骨干。在实行新分配的大学毕业生到基层法院和人民法庭工作制度的基础上，实施法官遴选制度，一批优秀法官被遴选到上级法院。加大教育培训的力度，完成了全市法院基层法官、一线法官的轮训工作，五年共举办各类培训班 2710 期，培训审判人员 127,459 人次，法官综合素质、业务能力进一步增强。

廉政建设是司法公正的生命线。全市法院在自觉接受外部监督的同时，着力建立健全内部监督制约机制，努力保证司法廉洁。采取举办廉政讲座等多种方式，进一步筑牢审判人员拒腐防变的思想防线。探索建立法官廉政信用评价体系等内部监督机制，力求客观评价法官履行职责、廉洁自律等方面的行为。对易发生不廉洁问题的关键环节加强监督，市高级法院出台“六条禁令”，进一步规范法官和律师的关系；探索在拍卖、评估等领域统一确定机构的方法，由市高级法院统一公开确定拍卖、评估机构 341 次，标的总金额达 430 亿余元，没有发生廉政方面的投诉。与此同时，全市法院进一步加大了违纪违法案件的查处力度，五年共查处违纪违法案件 39 件 51 人。

五、自觉接受人大监督，不断改进工作

自觉接受人大监督，是人民法院公正司法的重要保证。全市法院高度重视人大对法院工作的监督，努力增强接受监督的实效。一是不断增强接受人大监督的自觉性。全市法院认真贯彻市委两次人大工作会议精神，特别是市委《关于进一步加强和改进人大工作的意见》实施后，市高级法院结合实际，及时制定《关于进一步加强接受人大监督工作的意见》，重在严明规范，强化落实措施，在全市法院进一步强化了自觉接受人大监督的意识。二是坚持重大事项报告制度。各级法院主动、及时向人大及其常委会报告司法为民、执行、审判工作监督、人民法庭建设等法院重要工作，并按照市人大常委会对法院工作的评议意见，认真进行整改，有力地促进了法院工作的开展。三是为人大代表监督法院工作创造条件。根据市高级法院的要求，各法院均成立了人大代表联络机构，市高级法院设立了人大代表专门工作场所，并开通短信服务平台，把法院重要工作的信息及时传递给人大代表，方便监督。为增进人大代表对法院工作的了解，主动邀请人大代表旁听案件审理 4218 人次，邀请各级人大代表视察 2618 人次，座谈 3199 人次。认真办理、答复人大代表的建议和来信，把人大代表建议、来信办理情况纳入全市法院考核评价体系，规范办理程序，明确责任；专门开发督办工作管理软件，提高了督办工作效率。

回顾五年来全市法院的发展，我们深刻体会到，法院工作必须坚持党的领导，认真贯彻中央、市委的部署，牢固树立社会主义法治理念，确保审判工作的正确政治方向。必须坚持以科学发展观为指导，找准法院工作在首都工作大局中的职能定位，努力打击犯罪、平复矛盾，为和谐社会建设和奥运会的成功举办营造良好的法治环境。必须坚持“公正司法，一心为民”，通过公正高效的审判、执行工作，保障民生。必须坚持改革创新，探索加强法院工作的新举措，努力满足新形势、新任务对审判工作的新要求。必须坚持强化监督，自觉接受人大监督，主动接受法律监督、民主监督和人民群众监督，完善法院内部监督制约机制，促进审判工作公正、高效。

各位代表，五年来，全市法院全面完成了审判任务，各项工作取得了新进展，这是各级党委、人大、政府和政协领导、监督和

支持的结果。人大代表和政协委员为解决法院工作中的问题和困难，建言献策，着力推动，极大地促进了全市法院工作的开展。在此，我代表全市法院，向所有关心、支持法院工作的人大代表、政协委员以及有关部门表示衷心的感谢！

在肯定成绩的同时，我们也清醒地认识到，全市法院工作还存在一些问题和困难：一是案多人少的矛盾仍然十分突出。与前五年相比，全市法院受理的案件增加了62万余件，审判人员人均年结案数已达162件，一些法院甚至超过280件。虽然审判人员超负荷工作，仍不能满足人民群众日益增长的对司法的需求。除适当增加编制外，如何通过提高法官素质，创新工作机制，以满足人民群众对司法的需求，仍需我们进一步努力。二是审判人员的整体素质还不能完全适应司法公正与高效的需要。随着首都经济社会的快速发展，重大、疑难案件明显增多，新类型案件不断涌现，群体性纠纷居高不下。有的法官大局意识欠缺，一些案件的处理，不能较好地实现法律效果和社会效果的有机统一。三是司法为民的意识在一些法官思想中尚未牢固树立，审判作风方面还存在不少问题；有的案件质量不高，审理期限过长，执行难的情况没有根本改变；极少数法官办关系案、人情案，极个别法官甚至违法犯罪，严重损害了法院的形象。对上述问题，全市法院将努力加强自身建设，认真加以解决。

对今后工作的建议

各位代表，2008年是全面贯彻落实党的十七大精神的第一年，是北京奥运之年。全市法院要深入贯彻落实党的十七大和市第十次党代会精神，高举中国特色社会主义伟大旗帜，以邓小平理论和“三个代表”重要思想为指导，深入贯彻落实科学发展观，充分发挥审判职能，确保首都稳定，妥善平复矛盾，维护群众利益，实现司法公正，为成功举办奥运会营造稳定祥和的社会环境。

（一）着眼于服务首都工作大局，进一步发挥审判职能

要把确保奥运会的成功举办作为各项工作的重中之重，刑事审判要在依法惩处各类犯罪的同时，继续探索落实宽严相济刑事政策的措施，真正做到“该宽则宽、当严则严、宽严相济、罚当其罪”；民事、行政审判要妥善协调各种利益关系，探索调解、和解新机制，有效化解纠纷，平等保护当事人的合法权益，保障首都经济社会又好又快发展；执行工作要进一步探索更有效的工作机制和方法，加大执行力度，努力解决执行难。通过公正高效的审判和执行工作，为奥运会的成功举办作出应有的贡献。

（二）着眼于保障当事人的合法权益，进一步推进以改善民生为重点的社会建设

全市法院要牢固树立保障民生意识，充分发挥审判职能在保障民生方面的作用。正确适用新实施的《中华人民共和国物权法》、《中华人民共和国劳动合同法》和新修订的《中华人民共和国民事诉讼法》等与人民群众利益密切相关的法律，切实维护好当事人的合法权益；高度重视涉教育、住房、就业等民生案件的审理，着力解决人民群众最关心、最直接、最现实的利益问题。进一步探索司法为民长效工作机制，为当事人诉讼提供便利；加大法制宣传的力度，努力增强群众的法律意识；增强司法建议的针对性和实效性，切实帮助被建议单位改进工作。

（三）着眼于提高司法能力，进一步加强队伍建设

深入学习十七大精神，引导审判人员充分认识社会主义司法制度的优越性；探索建立社会主义法治理念经常性教育长效机制，进一步端正审判人员审判工作正确的指导思想；进一

步加大培训力度，努力提高审判人员素质，确保司法公正；创新人才培养机制，努力为人才特别是基层急需人才的培养和脱颖而出创造条件；加强对审判权和执行权的制约和监督，规范法官的自由裁量权，推进司法民主和审判公开，进一步完善教育、制度、监督并重的惩防体系，确保司法公正、廉洁。

（四）着眼于强基固本，进一步加强基层基础建设

全市法院要进一步加强审判管理，规范司法行为，努力提高审判质量，确保司法公正和高效；加大服务基层的力度，解决基层法院和人民法庭工作中遇到的问题和困难，切实把维护人民群众权益的职能落实到基层；围绕建设公正高效权威的社会主义司法制度，认真落实中央关于司法改革的要求，依法稳妥推进司法改革，不断满足人民群众的司法需求。

（五）着眼于改进法院工作，进一步增强接受人大监督的自觉性

及时向人大报告法院工作中的重大情况，积极配合人大开展专项检查工作，主动接受监督；高度重视人大代表的意见和建议，不断提高意见、建议办理质量和效率，按照意见、建议切实改进工作；继续完善人大代表旁听庭审、视察法院工作制度，切实加强与人大代表的联系，进一步方便人大代表对法院工作的监督。

各位代表，面对新形势、新任务，全市法院要在市委的坚强领导、市人大及其常委会的有力监督下，全面落实党的十七大精神，认真履行宪法和法律赋予的职责，充分发挥审判职能，服务首都工作大局，求真务实，与时俱进，为举办一届“有特色、高水平”的奥运会，为把北京建设成繁荣、文明、和谐、宜居的首善之区作出新的贡献。

北京市第十三届人民代表大会第一次会议关于北京市人民检察院工作报告的决议

（2008 年 1 月 26 日北京市第十三届人民代表大会第一次会议通过）

北京市第十三届人民代表大会第一次会议听取和审议了北京市人民检察院检察长慕平所作的《北京市人民检察院工作报告》，决定批准这个报告。

北京市人民检察院工作报告

——2008 年 1 月 24 日在北京市第十三届人民代表大会第一次会议上

北京市人民检察院检察长　慕　平

各位代表：

现在，我代表北京市人民检察院向大会报告工作，请予审议，并请市政协各位委员提出意见。

过去五年工作的回顾

在北京市第十二届人民代表大会期间，全市检察机关在市委和最高人民检察院的领导下，在市人大及其常委会的监督下，深入学习贯彻党的十六大、十七大精神，坚持以邓小平理论和“三个代表”重要思想为指导，认真落实科学发展观，紧紧围绕首都经济社会发展大局，努力实践“强化法律监督，维护公平正义”的工作主题，全面履行宪法和法律赋予的检察职能。

一、依法惩治刑事犯罪，全力维护首都和谐稳定

认真贯彻中央、市委关于维护社会和谐稳定的重大部署，切实把服务发展作为工作中心，不断加大惩治刑事犯罪力度，为维护首都社会稳定、保障人民群众安居乐业作出了积极贡献。

依法打击各类刑事犯罪。针对首都治安总体平稳但刑事案件依然高发的态势，全市检察机关通过行使对刑事犯罪的审查逮捕、审查起诉职能，全力保护人民群众生命财产安全和社会公共利益，共批准逮捕各类刑事犯罪嫌疑人105,350人，提起公诉123,389人，同比分别上升32.8%和37.6%。重点惩治危害国家安全犯罪、严重暴力犯罪以及抢劫、抢夺、盗窃等多发性侵财犯罪，与公安、法院等部门密切配合，深入开展“打黑除恶”等专项斗争，努力增强人民群众的安全感。依法惩治破坏社会主义市场经济秩序犯罪，努力为首都经济社会发展创造良好的环境。注重提高办案质量，准确打击犯罪，适时介入重大案件的侦查，采取成立专业办案审控组等形式，严把案件事实关、证据关、法律关，成功办理了一批专业性强、案情复杂的新型疑难案件，严格做到有罪追究，无罪保护。对不符合逮捕和起诉标准的，依法不批准逮捕9627人，不起诉2514人。

正确运用宽严相济的刑事政策。坚持把执行法律与贯彻刑事政策相统一，努力为构建和谐社会服务。一方面，对各类严重刑事犯罪坚持依法严厉惩治；另一方面，对未成年人犯罪以及家庭、邻里纠纷等引发的轻微刑事犯罪，慎用逮捕措施，严格掌握起诉标准，努力做到该严则严、当宽则宽，减少社会对抗。积极探索刑事和解等新的执法方式，有效化解社会矛盾纠纷，最大限度增加和谐因素，最大限度减少不和谐因素。

围绕平安奥运建设积极参与社会治安综合治理。制定实施《关于加强涉及奥运会刑事案件管理工作的意见》，严厉打击破坏奥运筹备工作的刑事犯罪，依法办理了盗窃奥运场馆建筑材料和利用奥运品牌诈骗等案件，共批准逮捕“涉奥”刑事犯罪39人，已起诉14人。充分发挥检察机关在社会治安防控体系建设中的作用，积极开展法制宣传，配合司法行政部门做好社区矫正工作，针对办案发现的问题，及时发出检察建议，努力服务平安奥运。

二、大力查办和预防职务犯罪，推动反腐败工作不断深入

按照中央和市委关于反腐败工作的总体部署，坚持惩防并举、注重预防的方针，坚决查处职务犯罪，积极开展预防工作，努力营造公正廉洁的政务环境。

依法查办国家工作人员贪污、贿赂等犯罪。针对当前贪污贿赂犯罪在一些领域多发、人民群众对腐败问题反映强烈的实际，全市各级检察机关认真分析新形势下贪污贿赂案件的新特点，切实加强侦查谋略研究，积极采取措施，不断加大办案力度。加强与纪检、

监察等部门联系，主动拓宽案源，形成办案合力；充分发挥侦查一体化办案机制的作用，整合全系统的侦查力量，着力提升侦查破案的能力；采取“抓系统、系统抓”的有效方法，重点惩治严重损害群众利益、具有行业特点的职务犯罪。集中力量查办了一批有影响有震动的大案要案。五年来，共立案侦查贪污、贿赂案件 1627 件 1885 人。其中，百万元以上大案 270 件，县处级干部 308 人，厅局级干部 102 人，为国家挽回经济损失 15 亿元。依法查处了首都公路发展有限公司原董事长毕玉玺、黑龙江绥化市原市委书记马德、原市长王慎义等贪污、受贿案，依法审查起诉了国家食品药品监督管理局原局长郑筱萸、云南省原省长李嘉廷、国土资源部原部长田凤山等一批贪污、受贿案。同时，深化司法合作，协助其他省市查办职务犯罪 4459 件，追逃抓捕犯罪嫌疑人 214 人。

严肃查办渎职侵权犯罪。依法侦查国家机关工作人员滥用职权、玩忽职守、徇私舞弊和利用职权实施的侵犯公民人身权利、民主权利等渎职侵权犯罪。五年来，共立案侦查此类案件 175 件。针对案件线索少、发现难、查证难等实际情况，加大反渎职侵权的宣传力度，健全反渎职侵权机构设置，完善工作机制，开展了严肃查办国家机关工作人员利用职权实施的侵犯人权专项行动，依法查办刑讯逼供、非法拘禁、暴力取证等犯罪。结合“打黑除恶”专项工作，坚决查办为黑恶势力充当“保护伞”的国家机关工作人员 15 名。开展集中查办破坏社会主义市场经济秩序渎职犯罪专项工作，依法侦破了一批涉及税收征管、征地拆迁、生产安全的渎职犯罪案件。查处了原北京供电局局长赵双驹玩忽职守案、昌平区质量监督局原局长付金祥滥用职权、受贿等一批影响恶劣的案件。加大了对群众反映强烈的食品药品安全、社保资金管理、住房公积金管理等领域渎职犯罪案件的查办力度。主动与安全生产管理部门和公安机关配合，积极介入重大责任事故调查 103 起，依法查处了一批重大责任事故案件。

深入开展职务犯罪预防工作。按照中央关于建立健全教育、制度、监督并重的惩治和预防腐败体系的要求，切实加强职务犯罪预防，积极参与党委领导下检察机关发挥职能作用的社会化大预防网络建设。结合办案，分析犯罪原因，研究防范对策，不断完善个案预防、专项预防和系统预防，针对发案单位体制、管理方面存在的问题，积极发出检察建议，帮助健全机制，堵塞漏洞。面向社会开通行贿犯罪档案查询，促进市场主体诚信自律，净化发展环境。加大反腐倡廉宣传教育，结合近年来查处的典型案件，积极开展职务犯罪预防巡展，建立了北京市反腐倡廉法制教育基地，219 家单位近万名党员参观展览。加强奥运场馆建设的职务犯罪预防，积极配合纪检监察部门、工程建设方共同开展奥运“阳光工程”建设，自觉服务“新北京、新奥运”战略构想的顺利推进。

三、切实加强诉讼监督，努力维护司法公正

司法公正是社会公平正义的重要保障。全市检察机关认真履行宪法和法律赋予的法律监督职能，全面加强对侦查、审判和刑罚执行活动的监督，切实维护司法公正，努力促进公平正义。

认真开展立案监督和侦查监督。依法监督纠正侦查机关“有案不立、有案不查、不该立案而立案”等违法行为，既重视追究遗罪漏犯，又注意防止冤及无辜。加强与工商、税务、审计等机关的配合，健全行政执法与刑事司法有效衔接的工作机制。共受理立案

监督线索660件，要求侦查机关说明不立案理由505件，通知立案59件72人；集中开展清理纠正超期羁押和以纠正刑讯逼供为重点的侦查监督专项工作。对应当逮捕而未提请逮捕的，依法追捕106人，对应当起诉而未移送起诉的，依法追诉134人；对侦查过程中违反法定程序等行为，发出纠正违法通知书85份。

强化刑事和民事行政审判监督。依法加强对审判活动及生效判决、裁定的监督，积极推行检察长列席同级法院审判委员会制度。在刑事审判监督方面，强化对量刑畸轻畸重的监督，加大抗诉工作力度。在民事行政诉讼监督方面，重点办理严重损害人民群众利益的案件。共提起刑事、民事行政抗诉489件，发出刑事审判案件纠正违法通知书58件、民事行政案件再审检察建议99件。同时，对法院的正确判决、裁定，认真做好申诉人的息诉工作，努力化解矛盾，维护司法权威。

切实加强监管活动和刑罚执行监督。会同市公安局签发《加强看守所法律监督工作的意见》，实行监管场所重大事件报告制度，形成了监所网络化监控和动态监督机制。集中开展减刑、假释、保外就医等专项检察，复查案件16,979件。加强对羁押期限的监督，对违法情形发出检察建议，切实维护被监管人的合法权益。

四、综合运用检察职能，积极服务首都经济社会发展

认真落实科学发展观的要求，紧紧围绕首都经济社会发展大局和关系民生的突出问题，立足检察职能，关注群众需求，在依法惩治犯罪的同时，积极推出以保障民生为重点的各项举措。

着眼于发展大局认真开展专项工作。主动开展了“服务社会主义新农村建设”专项活动，依法打击影响农村和谐稳定、侵害农民合法权益、危害农业生产的犯罪，注重查办农村基础设施建设等领域的职务犯罪。深入173个乡镇、3500个村开展送法下乡活动，妥善处理“涉农”信访案件。围绕人民群众反映强烈的行业犯罪问题，按照最高人民检察院的统一部署，集中开展了查办医药购销、城镇建设等领域商业贿赂犯罪专项工作，共办理商业贿赂案件313件327人。围绕创新型城市建设，集中打击侵犯知识产权等犯罪，努力营造有利于自主创新的法治环境。围绕建设和谐宜居城市，依法打击破坏生态环境和自然资源的犯罪，积极促进资源节约型、环境友好型社会建设。

着眼于和谐稳定积极开展矛盾排查化解工作。把化解矛盾贯穿于执法办案的全过程，依法妥善处理群众的合理诉求。加强控告申诉检察工作，畅通信访渠道，共办结各类控告申诉案件45,192件。全面开展涉检信访矛盾排查化解工作，健全处理涉检信访长效机制，创新便民信访方式，采取检察长接待、领导包案、带案下访、公开答疑等举措，在解决实际问题、做到案结事了上下功夫，妥善处理了涉检信访案件266件。坚持实事求是、有错必纠的原则，对确有错误的案件，坚决予以纠正，对应予赔偿的，依法作出赔偿决定27件，较好地维护了赔偿请求人的合法权益。

着眼于保障人权不断深化便民维权工作。认真贯彻“国家尊重和保障人权”的宪法原则，践行“立检为公、执法为民”的检察工作宗旨，建立维护诉讼参与人合法权益工作规则69条和便民维权20条，有效维护群众的合法权益。积极开展讯问职务犯罪嫌疑人同步录音录像工作，防止刑讯逼供等侵犯人身权利的行为。推出向犯罪嫌疑人送达《听取辩解告知书》制度，完善听取律师意见制

度。深入开展青少年维权岗活动，切实预防青少年犯罪。落实司法人文关怀，对群众开设网上举报、申诉和案件查询等服务，改善接待环境，设置无障碍通道等便民设施，切实在检察工作中体现司法为民、司法护民和司法便民。

五、以公正执法为核心，全面加强自身建设

坚持以队伍建设为根本、改革创新为动力、基层检察院建设为重点，全面提升公正执法水平。

始终加强队伍思想政治建设。认真学习贯彻党的十六大、十七大精神，深入开展以“依法治国、执法为民、公平正义、服务大局、党的领导”为主要内容的社会主义法治理念教育，结合保持共产党员先进性教育活动，不断加强检察文化建设，着力提高队伍的思想政治文化素养。同时，坚持从严治检，狠抓纪律作风建设，认真落实廉政纪律，严肃查处违法违纪人员 43 名。

大力加强领导班子建设。坚持以提高领导班子的领导水平和能力为重点，切实加强领导干部的教育培养，举办检察长研修班，开展领导干部轮训。优化领导班子的年龄和知识结构，选聘 17 名法学专家挂职分院、区县院副检察长，探索领导干部上下级和跨部门交流，选派年轻干部到基层挂职锻炼。强化对领导干部的廉政教育，建立上级院巡视、派员参加下级院党组民主生活会、述职述廉等制度，努力建设为民、务实、清廉的领导班子。

深入推进队伍专业化建设。不断改善队伍结构，积极引进优秀人才。目前，全市检察机关大学本科以上人员达到 93.3%，具有博士和硕士学位的 326 人。在提高学历层次的基础上，着重加强能力建设。完善分层次、专门化的教育培训体系，不断健全队伍科学管理机制，积极开展检察官遴选，推进检察人员分类管理，深化竞争上岗、公开择优的用人机制，建立以职位说明书和绩效考核为主要内容的科学评价体系。加强高层次人才培养，注重提升年轻检察人员的岗位实践能力，积极开展选拔检察业务专家、评选优秀公诉人、侦查能手等活动。充分发挥“全国公正执法的楷模”方工同志的典型引导作用，深入推进“争先创优”活动，在全国检察机关的竞赛评比中，北京市检察机关连续三届获得“全国十佳公诉人”第一名，14 名检察官先后获得“全国侦查监督十佳检察官”、“全国检察业务专家”等荣誉称号，涌现出了“全国模范检察官”吴春妹、“全国十佳反贪局长”张京文等一批先进典型。

积极开展检察改革和规范化建设。坚持把改革作为推动工作创新发展的动力，把规范化建设作为促进公正执法的保障。从有利于促进社会和谐出发，制定实施落实宽严相济的刑事政策的相关意见，完善未成年人犯罪案件办理机制，建立认罪案件和轻微案件快速审理机制，积极探索当事人达成和解的刑事案件办理机制，促进案结事了，服务社会和谐。从有利于提高法律监督能力出发，科学整合检察资源，加强职务犯罪侦查一体化建设，实行主诉、主侦检察官办案责任制。建立对违法侦查活动的监督查处机制，健全执法过程动态监督机制，实行羁押状况通报制度，形成预防超期羁押的长效机制。从有利于检察权公正行使出发，积极推行人民监督员制度试点工作，大力加强执法规范化建设，深入开展“以案析理”活动，建立检务督察制度，逐步完善执法责任、执法监督和执法管理体系。

不断加强基层检察院建设。坚持把工作重点放在基层，实行市检察院班子成员定点联系基层检察院制度，统筹协调基层院各项

工作的发展，加大上下级检察院干部的交流力度，加强对基层检察人员办理新型案件的培训，努力构筑公正执法和法律服务的第一线平台。健全和完善考核指标，积极总结和推广基层院的先进经验。继续加强基层院信息化建设，不断提升执法办案的信息化水平。五年来，基层院队伍专业化、执法规范化和管理科学化水平不断提升，海淀、东城、朝阳、顺义区检察院先后获得“全国十佳基层检察院”、“全国先进基层检察院”的称号。

六、主动接受人大监督，确保检察权公正行使

牢固树立监督者更要自觉接受监督的观念，深入学习《各级人民代表大会常务委员会监督法》，认真落实人大工作会议精神，主动向人大报告工作，配合人大常委会开展专项评议，虚心听取意见，切实加强整改。及时办理和答复人大代表的意见、建议。进一步深化特约监督员、特约检察员、专家咨询监督员工作，搭建代表网络服务平台，拓宽接受监督的渠道。深化检务公开，开展检察开放日活动，组织代表观摩庭审，邀请代表参加检察机关的各类工作会议，增进代表对检察工作的了解。认真听取并积极采纳监督员的批评意见和建议，不断改进检察工作。

各位代表，五年来全市检察工作取得的成绩，离不开市委的正确领导，离不开人大及其常委会的有力监督，离不开政府、政协以及社会各界的大力支持和帮助。在此，我代表北京市人民检察院向各级党政领导、人大代表、政协委员和社会各界表示衷心的感谢！

面对不断发展的形势，我们也清醒地认识到，首都检察工作还存在一些不足：一是法律监督的能力与首都经济社会的发展和人民群众的期待还不适应。当前，人民群众对检察机关促进社会和谐、维护公平正义提出了新的更高的要求。打击犯罪、维护稳定、保障人权的水平有待进一步提升。查办职务犯罪大案要案的能力需要增强。强化诉讼监督，维护司法公正的能力还需提高。二是检察队伍的综合素质有待进一步提升。少数检察人员执法观念陈旧，在执法办案中处理复杂局面、化解社会矛盾的能力需要提高。业务骨干数量不足，队伍的专业化水平需要提升。个别检察人员违法违纪行为仍有发生，纪律作风建设需要继续加强。三是检察工作整体发展还不够全面协调。各区县检察院发展不均衡，业务、队伍、保障建设发展不协调，工作机制还不完全适应新形势新任务的要求，法律监督的整体效能需要进一步增强。对于以上问题，我们将认真研究，切实予以解决。

总之，过去的五年，是全市检察机关紧紧围绕改革发展稳定大局充分履职、锐意进取的五年，是首都检察事业全面推进、健康发展的五年。五年的实践使我们深深体会到，要不断开创检察工作新局面，更好地为党和国家的工作大局服务，就必须坚持以科学发展观为指导，自觉为首都经济社会发展创造良好的环境；必须坚持执法为民，依法维护人民群众的合法权益；必须坚持检察工作主题，全面履行法律监督职责；必须坚持队伍建设为根本，努力提升公正执法的能力；必须坚持深化改革，不断推动检察工作创新发展；必须坚持自觉接受监督，切实保证检察权正确行使。在今后的工作中，我们将更加自觉坚持以上经验，保证检察工作沿着正确的方向发展，不断取得新的进步。

关于今后工作的意见

各位代表，未来五年是全面建设小康社

会的关键时期，也是实现“新北京、新奥运”战略构想，建设繁荣、文明、和谐、宜居首善之区的关键时期。2008年是深入贯彻党的十七大精神的重要一年，是奥运会举办之年。我们的总体工作思路是：以党的十七大精神为指导，高举中国特色社会主义伟大旗帜，认真落实科学发展观，牢固树立社会主义法治理念，紧紧围绕成功举办一届“有特色、高水平”奥运会的中心任务，全面履行法律监督职能，努力维护社会和谐稳定，为实现首都经济社会又好又快发展创造公正高效的法治环境。

一是要深入学习贯彻党的十七大精神，以科学发展观统揽首都检察工作。要认真落实党的十七大精神，坚持中国特色社会主义检察制度，不断深化对新形势下检察工作规律的认识，切实增强为科学发展服务的自觉性和坚定性。要坚持以人为本，把维护好人民群众利益作为检察工作的根本出发点和落脚点，确保法律监督的成效真正体现在改善民生、维护民生、保障民生上。要坚持统筹兼顾的方法，正确处理好打击犯罪与保障人权、办案质量与办案数量、法律效果与社会效果等关系，促进首都检察工作全面协调健康发展。

二是要充分发挥法律监督职能，切实为首都工作大局服务。要围绕奥运会的成功举办，以高度的政治责任感，大力加强法律监督能力建设，依法履行批捕、起诉职责，全力做好奥运安保工作，为举办奥运会创造安全稳定的社会环境。认真落实宽严相济的刑事政策，进一步做好矛盾排查化解工作，妥善处理涉检上访，努力促进社会和谐。围绕党的十七大关于反腐败的新要求，在严肃查办贪污贿赂、渎职侵权等职务犯罪的同时，更加注重预防，为发展提供良好的政务环境。围绕维护社会主义法制的统一、尊严、权威，着眼于群众反应强烈的执法、司法不公问题，全面开展诉讼监督工作，重点加强民事行政审判监督，确保司法公正。

三是要努力建设高素质的检察队伍，确保严格、公正、文明执法。要以能力建设为核心，全面加强队伍的思想政治建设、领导班子建设和纪律作风建设。切实用科学发展观和社会主义法治理念武装头脑，不断提高队伍的思想政治水平。全面加强领导班子建设，着力提高领导水平和执法能力。大力加强检察队伍专业化建设，深入开展教育培训，着力培养一批高素质、专家型人才，全面提升检察队伍的整体素能。继续加强作风建设，坚持求真务实，大兴调查研究之风。切实加强检察官形象建设，以人民群众满意为标准，认真落实从严治检的方针，不断提高检察机关的公信力。始终坚持党的领导，自觉接受人大监督，确保检察工作沿着正确方向不断前进。

各位代表，2008年的北京，举国关注，举世瞩目。首都检察机关将在市委和最高人民检察院的坚强领导下，在市人大及其常委会的有力监督下，团结一心，开拓奋进，为奥运会的成功举办和首善之区的建设作出积极贡献！

附件：名词解释

附件：

名 词 解 释

1. 检察机关的性质及职能：宪法第一百二十九条明确规定：中华人民共和国人民检察院是国家的法律监督机关。依照宪法和法律有关规定，检察机关主要承担三项职能，即对刑事犯罪的批准逮捕和审查起诉职能、侦查职务犯罪职能和对诉讼活动进行监督的职能。

2. 检察工作主题：最高人民检察院基于检察机关的宪法定位和工作实践，明确提出了“强化法律监督，维护公平正义”的检察工作主题。这一主题旨在贯彻落实宪法对检察机关的职责定位，正确处理检察机关各项具体职责之间的相互关系，从而把各项具体职责统一到法律监督这个基本职能之中，体现了检察工作的内在规律和价值追求。

3. 审查逮捕：人民检察院根据宪法和刑事诉讼法的相关规定，对公安、国家安全等行使侦查权的机关提请批准逮捕和检察机关侦查部门移送决定逮捕的案件，依据事实和法律进行审查，并作出是否逮捕的决定。

4. 提起公诉：人民检察院依照法律规定对侦查终结的刑事案件进行审查核实，对案件事实清楚、证据确实充分，依法应当追究刑事责任的，作出起诉决定，并按照管辖的规定，向审判机关提起公诉。

5. 查办职务犯罪：主要指检察机关直接立案侦查国家工作人员的贪污、贿赂犯罪，国家机关工作人员的渎职犯罪和利用职权实施的非法拘禁、刑讯逼供、报复陷害、非法搜查等侵犯公民人身权利的犯罪以及侵犯公民民主权利的犯罪。

6. 诉讼监督：检察机关按照法律规定，对侦查机关的立案侦查活动是否合法、对法院的判决、裁定是否正确、审判活动是否合法以及监管活动和刑罚执行活动是否合法实行监督。

7. 抗诉：按照刑事诉讼法规定，人民检察院依法对人民法院的判决、裁定是否正确实行监督，对人民法院确有错误的判决、裁定应当依法提出抗诉。

8. 假释：指对被判处有期徒刑、无期徒刑的犯罪分子，在执行一定刑期后，因其认真遵守监规，接受教育改造，确有悔改表现，不致再危害社会，而附条件地将其予以提前释放的制度。人民检察院对假释是否合法进行监督。

9. 宽严相济的刑事政策：党的十六届六中全会提出要实施宽严相济的刑事司法政策。检察机关从构建社会主义和谐社会的高度出发，制定实施在检察工作中贯彻宽严相济刑事政策的意见，对刑事犯罪坚持全面把握、区别对待、严格依法、注重效果，依法准确把握批捕、起诉条件，慎重适用强制措施，努力做到该严则严、当宽则宽、宽严适度。

10. 社区矫正：为了不使被判决管制、宣告缓刑、暂予监外执行、裁定假释、剥夺政治权利并在社会上服刑的五类罪犯与社会隔离，更好地实施教育改造而采取的一种利用社区资源教育改造罪犯的方法，是所有在社区环境中管理教育罪犯方式的总称。检察机关对社区矫正工作是否合法进行监督。

11. 查办商业贿赂犯罪：2006年，中央开展治理商业贿赂专项工作，北京市检察机关按照最高人民检察院的统一部署，积极参与，依法立案侦查涉及国家工作人员的商业贿赂犯罪案件。重点查办了医药购销、城镇建设等重点领域的商业贿赂犯罪。

12. 行贿犯罪档案查询：检察机关对发生在建筑、金融、教育、医疗卫生和政府采购领域的行贿犯罪建立档案查询系统，向社会提供查询。该查询系统录入大量行贿犯罪案件，建立“行贿黑名单”，有利于防止单位和个人通过行贿手段进行不正当竞争，有利于建立整个社会的的信用体系。

13. 社会化大预防网络：指在党委统一领导下，有关单位、部门参加，检察机关在其中发挥职能作用，沟通灵活、上下联动的预防网络。该网络的建成，将检察机关预防职务犯罪工作纳入全社会共同预防的体系之中，纳入对腐败进行综合治理的总体格局之中。

14. 涉检信访矛盾排查化解工作：2004年8月，中央根据全国信访工作的严峻形势，部署在全国范围内开展集中处理信访突出问题及群众性事件专项工作。最高人民检察院确定检察机关集中处理的重点是不服检察机关处理决定的涉检上访。2005年6月，全国检察机关深入开展集中处理涉检信访问题专项工作，以把问题解决在当地、排查化解矛盾为主线，以落实责任制和健全工作机制为重点，以全面清理、逐案审查、依法处理、就地消化为主要环节，加大工作力度，解决实际问题。

15. 主诉（侦）检察官办案责任制：指在检察长的领导下，在公诉部门（反贪、反渎职部门）选任能够独立行使一定职权和承担相应责任的检察官为主要责任人的办案制度。其目的是在法律规定的范围内改革与完善检察机关办案机制，增强检察官责任意识，提高办案质量和效率。目前，全市检察机关有414名检察官取得主诉检察官资格，403名检察官取得主侦检察官资格。

16. 人民监督员制度：为了加强对人民检察院查办职务犯罪工作的监督，提高执法水平和办案质量，最高人民检察院于2003年10月在全国部分检察院开展人民监督员试点工作。人民监督员对人民检察院查办职务犯罪案件过程中，犯罪嫌疑人不服逮捕决定、拟撤销案件、拟不起诉三类案件进行监督。

北京市出席第十三届全国人民代表大会代表名单

（58人）

（北京市第十三届人民代表大会第一次会议2008年1月26日选出）

（按姓名笔画排列）

于均波	马文普	马宗林	王小珂（女，回族）	王天佑
王云峰	王文京	王为政	王　伟	王安顺
王蓉蓉（女）	毛桂芬（女）	方　新（女）	田　雄	冯乐平（女）
冯　坤（女）	吉　林	朱继民	刘长瑜（女）	刘忠军
刘　淇	刘新成	闫傲霜（女）	关阔山	池　强
许智宏	孙安民	牟新生	纪宝成	杜德印

李志坚	李昭玲（女）	李福成	杨德安	肖建国
吴碧霞（女）	邱苏伦（女）	宋鱼水（女）	宋贵伦	张　工
林毅夫	欧阳泽华	罗金保	图　娅（女，蒙古族）	金生官
赵久合	赵凤山	柳传志	索连生（满族）	贾庆林
高丽朴（女）	郭金龙	黄燕明	梅宁华	谢维和
慕　平	漆小瑾（女）	魏　刚		

北京市第十三届人民代表大会常务委员会主任、副主任、秘书长、委员名单

（北京市第十三届人民代表大会第一次会议2008年1月26日选出）

主　任： 杜德印

副主任： 赵凤山　刘晓晨　吴世雄（满族）　柳纪纲　刘新成　李昭玲（女）

秘书长： 唐　龙

委　员：（55人，按姓名笔画排列）

卜世成	马炳泰	马朝军（回族）	王子生	王　火
王苕生（女）	王海平	王　琳（女）	王德修	尹玲珍（女）
史际春	史绍洁	邢仲山	吕兆丰	任未多
任恩尚	刘　伟	刘牧雨	刘维林	汤维建
孙长泰	孙其信	严晓燕（女）	李大进	李小娟（女）
李有毅（女）	李先忠	李怀方	李坤成	李　昭
杨凤一（女）	肖亚平（女）	何平山	张大中	张　引
张建民	张　清	陈吉宁	陈　军（女，高山族）	陈启刚
陈　婷（女）	郑树森	赵　义	赵巨鹏	赵传民
郝如玉	胡　军	聂大华（女）	高岩辉	席文启
梁　平	董双良	韩　扬	雷德才	薛天利（回族）

北京市市长、副市长名单

（北京市第十三届人民代表大会第一次会议2008年1月26日选出）

市　长： 郭金龙

副市长： 吉　林　蔡赴朝　刘敬民　牛有成　陆　昊　赵凤桐　丁向阳　陈　刚　程　红（女）

北京市高级人民法院院长名单

（北京市第十三届人民代表大会第一次会议 2008 年 1 月 26 日选出）

池　强

北京市人民检察院检察长名单

（北京市第十三届人民代表大会第一次会议 2008 年 1 月 26 日选出）

慕　平

北京市第十三届人民代表大会第一次会议关于设立北京市第十三届人民代表大会专门委员会的决定

（2008 年 1 月 21 日北京市第十三届人民代表大会第一次会议通过）

北京市第十三届人民代表大会第一次会议根据《中华人民共和国地方各级人民代表大会和地方各级人民政府组织法》第三十条的规定，决定北京市第十三届人民代表大会设立法制委员会、内务司法委员会、财政经济委员会、教育科技文化卫生体育委员会、城市建设环境保护委员会、农村委员会、民族宗教侨务委员会。

北京市第十三届人民代表大会法制委员会主任委员、副主任委员、委员名单

（15 人）

（2008 年 1 月 26 日北京市第十三届人民代表大会第一次会议通过）

主任委员：柳纪纲

副主任委员：张　引　　郑树森　　应松年

委　　员：（按姓名笔画排列）

卜世成	王力军（女）	王江渝	王振民	王德林
史际春	任宝贵	刘朋庆	张　耘（女）	倪文驹
焦洪昌				

北京市第十三届人民代表大会内务司法委员会主任委员、副主任委员、委员名单

（15 人）

（2008 年 1 月 26 日北京市第十三届人民代表大会第一次会议通过）

主 任 委 员：李小娟（女）

副主任委员：张建民　　王德修

委　　员：（按姓名笔画排列）

马庚良	王海平	尹玲珍（女）	吕争鸣	刘　伟
汤维建	李大进	李先忠	吴　恒	张国玉
陈天立	赵志建			

北京市第十三届人民代表大会财政经济委员会主任委员、副主任委员、委员名单

（15 人）

（2008 年 1 月 26 日北京市第十三届人民代表大会第一次会议通过）

主 任 委 员：王　火

副主任委员：赵巨鹏　　李保仁　　陈　婷（女）

委　　员：（按姓名笔画排列）

邓洪波	吉胜久	刘建华	孙长泰	李友元（女）
吴德增	张大中	张书领	郝如玉	姜俊贤
黄　勇				

北京市第十三届人民代表大会教育科技文化卫生体育委员会主任委员、副主任委员、委员名单

（15 人）

（2008 年 1 月 26 日北京市第十三届人民代表大会第一次会议通过）

主任委员：梁　平

副主任委员：吕兆丰　董双良

委　　员：（按姓名笔画排列）

王小兰（女）　王莒生（女）　方李莉（女）　任未多　刘　林
刘牧雨　孙世超　周来升　姜明安　郭先英（女）
梅占山　韩　永

北京市第十三届人民代表大会城市建设环境保护委员会主任委员、副主任委员、委员名单

（15 人）

（2008 年 1 月 26 日北京市第十三届人民代表大会第一次会议通过）

主任委员：赵　义

副主任委员：孙维林　陈吉宁

委　　员：（按姓名笔画排列）

马曙光　王灿发　朱小地　刘贵堂　刘淀生
杜立群　杜瑞琴（女）　李其军　杨　斌　肖亚平（女）
张福锁　胡桂枝（女）

北京市第十三届人民代表大会农村委员会主任委员、副主任委员、委员名单

（15 人）

（2008 年 1 月 26 日北京市第十三届人民代表大会第一次会议通过）

主 任 委 员： 雷德才

副主任委员： 李怀方　　张凤福

委　　　员：（按姓名笔画排列）

王玉梅（女）　王振如　王振林　仉锁忠（回族）　石进贤　孙其信　李清云　杨　瑞　张志毅　赵济堃　黄福水　焦守田

北京市第十三届人民代表大会民族宗教侨务委员会主任委员、副主任委员、委员名单

（15 人）

（2008 年 1 月 26 日北京市第十三届人民代表大会第一次会议通过）

主 任 委 员： 席文启

副主任委员： 马朝军（回族）　陈　军（女，高山族）

委　　　员：（按姓名笔画排列）

王敏荣（女）　朱家麒　李永红（女）　李慷云　吴宝华（满族）　陈济生（女，蒙古族）　怡　学　赵建敏　胡　军　黄信阳　楚国清　薛天利（回族）

北京市第十三届人民代表大会第一次会议表决议案办法

（2008年1月19日北京市第十三届人民代表大会第一次会议主席团第一次会议通过）

根据《中华人民共和国地方各级人民代表大会和地方各级人民政府组织法》和有关法律、法规的规定，主席团决定：

北京市第十三届人民代表大会第一次会议表决各项议案，采用无记名按表决器方式，以全体代表的过半数通过。表决时，代表可以按赞成键，可以按反对键，也可以按弃权键。未按表决器的不计入表决票数。如表决器在使用中发生故障，改用举手方式表决。

北京市第十三届人民代表大会第一次会议选举办法

（2008年1月21日北京市第十三届人民代表大会第一次会议通过）

第一条 根据《中华人民共和国全国人民代表大会和地方各级人民代表大会选举法》（以下简称选举法）、《中华人民共和国地方各级人民代表大会和地方各级人民政府组织法》（以下简称地方组织法）、《第十届全国人民代表大会第五次会议关于第十一届全国人民代表大会代表名额和选举问题的决定》，结合本市实际情况，制定本办法。

第二条 北京市第十三届人民代表大会第一次会议选举下列人员：

北京市出席第十一届全国人民代表大会代表58人；

北京市第十三届人民代表大会常务委员会主任1人、副主任6人、秘书长1人、委员55人；

北京市市长1人、副市长9人；

北京市高级人民法院院长1人；

北京市人民检察院检察长1人。

第三条 北京市出席第十一届全国人民代表大会代表的候选人，中央和北京市各政党、各人民团体可以联合或者单独推荐，代表10人以上联名也可以推荐。

北京市出席第十一届全国人民代表大会代表候选人的名额，应多于应选代表名额五分之一至二分之一（即多12人至29人），进行差额选举。

第四条 市人民代表大会常务委员会主任、副主任、秘书长、委员候选人，市长、副市长候选人，市高级人民法院院长、市人民检察院检察长候选人，由主席团提名或者代表30人以上联名提名。

市人民代表大会常务委员会主任、秘书长候选人，市长候选人，市高级人民法院院长、市人民检察院检察长候选人的人数，一般应比应选人数各多1人，进行差额选举；如果提名的候选人只有1人，也可以等额选举。市人民代表大会常务委员会副主任候选人，副市长候选人的人数，应比应选人数各多 1 人，进行差额选举。市人民代表大会常务委员会委员候选人的人数，应比应选人数多十分之一（即多 6 人），进行差额选举。

市人民代表大会常务委员会主任、副主任、秘书长、委员候选人，必须从市第十三届人民代表大会代表中提名。

第五条 主席团提名的候选人人数，政党、团体推荐的候选人人数，每一代表与其他代表联合推荐、提名的候选人人数，均不得超过应选名额。

不同代表团的代表可以酝酿、联合提出候选人。

代表联名推荐、提名候选人，应当填写大会秘书处印制的候选人推荐、提名表，写明推荐、提名候选人的基本情况，说明推荐、提名理由，并在推荐、提名候选人截止时间前，送达大会秘书处。

推荐、提名的候选人，应当符合有关法律和任职资格条件的规定。

第六条 主席团应当将依法提出的全部候选人名单印发全体代表酝酿、讨论。

主席团应当向代表介绍候选人的情况。推荐者、提名者应当书面介绍候选人的情况，还可以在代表团或者代表小组会议上口头介绍候选人的情况。

第七条 提名、酝酿候选人的时间不得少于两天。

推荐、提名候选人的截止时间由主席团决定。

第八条 如果提出的候选人的人数符合本办法第三条第二款、第四条第二款规定的差额数，按照姓名笔画顺序确定正式候选人名单，经全体代表酝酿、讨论后，直接进行投票选举。

如果提出的北京市出席第十一届全国人民代表大会代表候选人的人数超过本办法第三条第二款规定的最高差额数，进行预选，根据预选时得票多少的顺序，按照比应选名额多五分之一的差额比例（即比应选名额多 12 人），确定正式候选人名单，经全体代表酝酿、讨论后，进行选举。

如果提名的市人民代表大会常务委员会主任、副主任、秘书长、委员候选人，市长、副市长候选人，市高级人民法院院长、市人民检察院检察长候选人的人数，超过本办法第四条第二款规定的差额数，进行预选，根据预选时得票多少的顺序，按照规定的差额数，确定正式候选人名单，经全体代表酝酿、讨论后，进行选举。

预选中如遇票数相等不能确定正式候选人时，由主席团决定就票数相等的候选人再次投票，或者在不超过选举法、地方组织法规定的最高差额比例或差额数的情况下，将票数相等的候选人一并列入正式候选人名单。

第九条 预选采取分代表团投票、统一计票的办法进行。预选由每个代表团各推荐预选监票人 2 人，并由主席团确定预选总监票人 2 人、监票人 38 人，对发票、投票和计票进行监督。

第十条 选举采用无记名投票方式。各项选举采取在大会上一次投票的办法进行。代表要亲自参加投票。

投票时，先由总监票人、监票人投票，随后其他代表依次在座位区前设置的票箱投票。

第十一条 选举采用计算机计票。如果计算机出现故障，采用手工计票。

第十二条 大会选举由主席团提名总监票人 2 人，每个代表团各推荐监票人 1 人，经主席团提交大会通过后，在主席团的领导下，对发票、投票和计票进行监督。

候选人不得担任监票人。

选举工作人员由大会秘书处指定。

第十三条 代表对于选票上的候选人，可以投赞成票，可以投反对票，可以另选他人，也可以弃权。表示反对的，可以另选他人，表示弃权的，不能另选他人。

第十四条　代表赞成选票上所列的某位候选人，该候选人姓名右边的两个椭圆形白圈不涂任何标记；反对某位候选人，就把该候选人姓名右边的第一个椭圆形白圈涂满黑色，两个椭圆形白圈均涂满黑色的也视为反对；对某位候选人弃权的，就把该候选人姓名右边的第二个椭圆形白圈涂满黑色。

代表如果另选他人，应当先把所反对的候选人姓名右边的第一个椭圆形白圈涂满黑色，然后，在另选人栏内写上另选人的姓名。

第十五条　必须用大会统一发的写票专用笔，按写票注意事项的要求填写选票。

第十六条　投票结束后，由监票人和选举工作人员对各项选票的投票张数加以核对，作出记录，并由总监票人签字，报告大会执行主席。

收回的选票等于或者少于发出的选票，选举有效；多于发出的选票，选举无效，应重新进行选举。

第十七条　每张选票每项选举所选的人数，等于或者少于规定应选人数的有效；多于规定应选人数的无效。

第十八条　全部填写模糊无法辨认的选票，该选票无效；部分填写模糊无法辨认的选票，该选票无法辨认的部分无效。

第十九条　候选人获得全体代表过半数的赞成票，始得当选。

获得过半数赞成票的候选人人数超过应选名额时，以得票多的当选。如遇票数相等不能确定当选人时，应当就票数相等的候选人再次投票，以得票多的当选。

第二十条　选举北京市出席第十一届全国人民代表大会代表获得过半数赞成票的当选人数少于应选名额时，不足的名额另行选举。另行选举时，根据在第一次投票时得票多少的顺序，按照多于不足名额五分之一至二分之一的差额比例，确定候选人名单。如果只选1人，候选人应为2人。

选举市人民代表大会常务委员会主任、副主任、秘书长、委员，市长、副市长，市高级人民法院院长，市人民检察院检察长，获得过半数赞成票的当选人数少于应选名额时，不足名额的另行选举，在本次还是在下一次人民代表大会会议上进行，由主席团提出意见，大会决定。

第二十一条　选举结果由总监票人向大会报告。主席团依法确定选举结果是否有效，并由大会执行主席在大会上宣布。

第二十二条　本办法由北京市第十三届人民代表大会第一次会议通过后施行。

北京市第十三届人民代表大会第一次会议通过北京市第十三届人民代表大会专门委员会组成人员人选办法

（2008年1月21日北京市第十三届人民代表大会第一次会议通过）

根据《中华人民共和国地方各级人民代表大会和地方各级人民政府组织法》的规定，北京市第十三届人民代表大会法制委员会、内务司法委员会、财政经济委员会、教育科技文化卫生体育委员会、城市建设环境保护委员会、农村委员会、民族宗教侨务委员会主任委员、副主任委员、委员的人选，由主席团在北京市第十三届人民代表大会代表中提名，大会通过。

本次会议通过北京市第十三届人民代表大会各专门委员会组成人员的人选，采用按表决器的方式，分别对每个专门委员会整个名单合并表决，由全体代表的过半数通过。如表决器在使用中发生故障，改用举手表决的方式。

北京市第十三届人民代表大会第一次会议议案审查委员会关于代表议案的审查报告

（2008年1月25日北京市第十三届人民代表大会第一次会议主席团第七次会议通过）

议案审查委员会主任委员　赵凤山

大会主席团：

到大会主席团第一次会议决定的代表提出议案截止时间，共收到议案272件（其中代表团提出的议案51件，10名以上代表联名提出的议案221件）。按照议案内容分类，属于人大及其常委会制度建设方面的3件，财政经济方面的67件，农业、农村和农民方面的34件，城乡建设和环境保护方面的85件，教育科技文化卫生体育方面的47件，内务司法方面的31件，民族宗教侨务方面的2件，其他方面的3件。

代表们认真学习贯彻党的十七大精神，以邓小平理论和“三个代表”重要思想为指导，深入贯彻落实科学发展观，认真履行宪法和法律赋予的职责，紧紧围绕举办一届有特色、高水平奥运会、残奥会，开创首都经济建设、政治建设、文化建设和社会建设新局面，建设繁荣、文明、和谐、宜居的首善之区，从多方面积极提出议案。

代表们在议案中，对于加大奥运会、残奥会宣传力度，提高市民文明素质，搞好奥运工程设施建设，确保首都安全稳定，高质量、高水平做好奥运会、残奥会筹办和服务保障工作；加强乡村基础设施建设，促进城乡统筹协调发展，加快社会主义新农村建设进程；提高自主创新能力，发挥中关村园区龙头作用，加强产业结构调整，重视南城建设，促进首都经济又好又快发展；完善区县功能定位，制定生态涵养发展区产业发展政策和发展规划，推进环境友好型城市建设；完善交通体系，加强环境整治，提升城乡管理和服务水平；加快保障性住房建设，解决中低收入群体住房困难；建立统筹城乡的就业体制，贯彻劳动合同法等法律、法规，构建和谐劳动关系；发展老年服务行业，提高社会助老服务水平，完善社会保障体系；优先发展教育事业，加强教师队伍建设，大力实施素质教育，促进义务教育均衡发展；推进卫生事业改革与发展，加强公共卫生和医疗服务体系建设；加强执法队伍建设，加大市场监管力度，提高政府依法行政能力；加强基层自治组织建设，完善人民代表大会制度，推进社会主义民主政治建设，以及人民群众普遍关心的其他问题，提出了重要的意见和建议。

议案审查委员会按照《北京市人民代表大会议事规则》的有关规定，对议案进行了认真审查，提出了审查意见，现报告如下。

一、交市人民政府办理，由市人大常委会审议的 32 件，合并为三项议案（见议案目录）

（一）加快保障性住房建设，解决中低收入群体住房困难（共 8 件：第 33、39、59、95、106、180、207、225 号）；

（二）制定生态涵养发展区产业发展政策，推进环境友好型城市建设（共 13 件：第 4、6、43、67、68、70、139、147、149、150、174、177、237 号）；

（三）加强乡村基础设施建设，加快社会主义新农村建设进程（共 11 件：第 5、16、50、55、56、62、69、82、122、171、219 号）。

二、交市人大法制委员会研究，提出处理意见，向市人大常委会报告的法规案 4 件（见议案目录）

（一）建立完善法规，促进城市地下空间开发利用（第 60 号）；

（二）关于《北京市物业管理条例》的法规案（第 85 号）；

（三）制定“北京市企业事业单位民主管理条例”（第 153 号）；

（四）制定北京市行政程序规定（第 181 号）。

三、作为建议、批评和意见的 236 件，交市有关部门研究办理并负责答复提议案代表（见议案目录）

以上审查意见，建议大会主席团予以批准。

北京市第十三届人民代表大会第一次会议主席团和秘书长名单

（2008 年 1 月 19 日北京市第十三届人民代表大会第一次会议预备会议通过）

主席团：（81 人，按姓名笔画排列）

马志鹏	马庚良	马炳泰	马振川	王力军（女）
王文京	王安顺	王莒生（女）	王振林	王敏荣（女）
王　琳（女）	尤兰田（女）	仉锁忠（回族）	尹玲珍（女）	邓洪波
石进贤	石来福	冯乐平（女）	吉　林	吉胜久
吕争鸣	吕　清（女）	吕锡文（女）	朱善璐	任月征（女）
任恩尚	刘朋庆	刘晓晨	刘　淇	刘新成
齐　清（女，蒙古族）	汤维建	孙维林	阳安江	严晓燕（女）
杜瑞琴（女）	杜德印	李士祥	李少军	李先忠
李怀方	李坤成	李昭玲（女）	李炳华	李福成
李福忠	李慷云	杨凤一（女）	杨秀奇	吴德增
何平山	张大中	张书领	张永贺	张志忠
张国玉	张建民	陈天立	陈吉宁	陈　军（女，高山族）
金生官	周来升	赵久合	赵凤山	赵玉民
赵　郁	赵淑君（女）	郝如玉	柳纪纲	钮小桦（满族）
贺慧玲（女）	索连生（满族）	钱　渊（女）	郭先英（女）	郭金龙

曹育民　梁　伟　董双良　韩　永　蔡赴朝
薛天利（回族）

秘书长： 索连生（满族）

北京市第十三届人民代表大会第一次会议主席团常务主席名单

（9人）

（2008年1月19日北京市第十三届人民代表大会第一次会议主席团第一次会议推定）

刘　淇　郭金龙　杜德印　王安顺　索连生（满族）
赵凤山　金生官　赵久合　刘晓晨

北京市第十三届人民代表大会第一次会议副秘书长名单

（10人）

（2008年1月19日北京市第十三届人民代表大会第一次会议主席团第一次会议决定）

柳纪纲　游广斌　王力丁　史绍洁　肖　培
赵传民　刘维林　唐　龙　李　伟　丁世伟

北京市人民代表大会常务委员会公告

二〇〇七年十一月二十九日

按照《中华人民共和国全国人民代表大会和地方各级人民代表大会选举法》、《中国人民解放军选举全国人民代表大会和县级以上地方各级人民代表大会代表的办法》和北京市人民代表大会常务委员会关于北京市第十三届人民代表大会代表名额和选举时间的决定，北京市第十三届人民代表大会代表已经由区、县及中国人民解放军驻京部队等19个选举单位分别选举产生。共选出北京市第十三届人民代表大会代表771名。北京市第十二届人民代表大会常务委员会第四十次会议根据代表资格审查委员会提出的审查报告，确认771名代表的代表资格全部有效。现将北京市第十三届人民代表大会代表名单予以公布。

北京市人民代表大会常务委员会公告

二〇〇七年十二月二十七日

按照《中华人民共和国全国人民代表大会和地方各级人民代表大会选举法》的有关规定，最近，西城区人民代表大会常务委员会召开会议，决定接受王岐山因工作调动提出的辞去北京市第十三届人民代表大会代表职务的请求，补选郭金龙为北京市第十三届人民代表大会代表。北京市第十二届人民代表大会常务委员会第四十一次会议审议通过代表资格审查委员会提出的关于补选郭金龙为北京市第十三届人民代表大会代表的代表资格审查报告，确认其代表资格有效。

自北京市第十二届人民代表大会第四十次会议确认北京市第十三届人民代表大会771名代表资格有效后，齐玉（海淀区）代表调离本行政区域，其代表资格自行终止。

至此，北京市第十三届人民代表大会代表现有770名。

特此公告。

北京市第十三届人民代表大会代表名单

（770名，按姓名笔画排列）

东城区（56名）

马　佳（女，回族）	马振川	马　梅（女）	王子豪	王中华
王　伟	王　红（女）	王学勤	王建明	王　曦
元　简（女）	毛　羽	毛铮铮（女）	孔　静（女）	冯俊科
冯　熙	成　平（女）	刘红宇（女）	刘朋庆	刘俊彩（女）
刘　淇	孙丹威（女）	李宗范	李　桦（回族）	杨艺文（女）
杨文华	吴　健（女）	何　维	余晓辉（女）	张　风
张锦东（女）	陈　生	陈济生（女，蒙古族）	陈瑞萍（女）	罗金保
周　群（女）	孟卫东	赵久合	赵巨鹏	胡仲元
钮小桦（满族）	信长星	费文勇	秦英瑞	徐　帆（女）
郭　鸣	梅宁华	曹兴和	曹建军（女）	曹建勋
章　毅	韩德民	曾　芳（女）	游广斌	谭　琳（女）
翟鸿祥（女）				

西城区（70名）

马小鹏	马　辛（女，回族）	王力丁	王功伟	王兆星
王岐山（2007年12月18日辞去市人大代表）			王崇恩（回族）	王维平
王　琳（女）	王毓明	艾立群	左迅生	吕争鸣

吕彩霞（女）	吕植中	吕锡文（女）	朱玉岭	朱　进
任月征（女）	刘希模	刘培昭	刘跃平	刘新成
寻寰中	李红兵（回族）	李怀方	李国平	李炳华
李　烈（女）	李海丽（女）	李维平	杨永慧（女）	时家林
吴元增	宋　毅	宋慰祖	张国玉	张建东
张思宁（女）	张慎华	陈东升	环挥武	范伯元
范勇宏	林　铎	庞秀生	怡　学	赵建敏
胡　越	柳　茹（女）	贺宏志	秦小明（女，回族）	夏尚武
原　钢	郭　友	郭金龙（2007 年 12 月 18 日补选为市人大代表）		
席修明	黄信阳	常　宇	崔君乐	章　轲
阎嗣烈	屠海令	彭家鹏	韩　平（女）	韩　永
韩永文	韩　扬	覃　珊（女）	解建军	谭仲明

崇文区（37 名）

马艳荣（女）	王安顺	王莒生（女）	王　灏	尤兰田（女）
牛青山	可立志	田　耘	吉胜久	任未多
任继明	刘贵堂	闫世铎（满族）	关阔山	孙长泰
杜文新（女）	李永红（女）	李晓光	杨金奎	吴　甡
邱淦清	张志萍（女）	张晓林	陈　军（女，高山族）	陈启刚
范承玲（女）	钟少珍（女）	段志国	秦正安	铁　伟（回族）
席　明（女）	梅　群	常　崴（女，满族）	阎晓明	臧美华（女）
滕盛萍（女）	潘石屹			

宣武区（50 名）

于鲁明	马俊潼	王　火	王　东	王　刚
王秀兰（女）	王建宗	王敏荣（女）	尹智君（女）	成秉亮
朱丽俐（女）	朱建岳	任　伟	刘敬民	齐　清（女，蒙古族）
许立仁	孙　杰（女）	孙维林	杜黎彬（回族）	杜德印
李百安	李坤成	李春英（女）	李　昭	李铁军
李爱庆	杨月欣（女）	杨凤一（女）	杨素荣（女）	沈安东
张文宏	张　衢	陈　芸（女）	陈叔平（女）	松　岩（满族）
赵志良	赵志建	赵芙蓉（女）	哈金起（回族）	姜俊贤
贾文静（女）	徐忠东	徐　槟	唐大生（满族）	唐　龙
梁　平	静云（女，满族）	潘振平	薛天利（回族）	魏　玫（女）

朝阳区（100 名）

丁同欣	于五一	于均波	卫华诚	卫停战
马炳泰	马朝军（回族）	马　璐（回族）	王力军（女）	王玉山

王利如(女)	王　秋(女,维吾尔族)	王晓霞(女)	王　健	王嘉彦
元晓梅(女)	方李莉(女)	尹玲珍(女)	邓洪波	叶　青
付秀平(满族)	吉增和	吕　莹(女)	朱家麒	任亚光
刘　民(女)	刘牧雨	刘振宇	刘晓晨	刘淀生
关天罡(女,满族)	许　强	孙步新	孙　晔	孙　敏(女)
苏　民	苏　煜(女)	李士祥	李大进	李术元
李发生	李　军(女)	李寿梅(女)	李振国	李象群(满族)
李　敬	李燕京(女)	杨晓超	杨　超	吴世民
吴景刚(回族)	何平山	沈小克	宋小红(女)	张　工
张　岩	张洪仪(女)	张　洋	张　耘(女)	张维刚
张富生	张德亮	陈文祥	陈巴黎(女)	陈　刚
陈　环(女)	郈武淳	金小军(女,满族)	金生官	周华斌
郑　刚	赵传民	赵　欣(满族)	赵增华(女)	南庆军(满族)
柯真山	姜培华	洪　波(女)	姚　飞	贺士榕(女)
贺慧玲(女)	钱　渊(女)	徐文荣	徐世虹(女)	徐贱云
高向宇	席文启	唐西兰(女)	黄　勇	闫学锋
阎锡蕴(女)	葛忠兴(赫哲族)	董京芳(女)	蒋效愚	程　红(女)
程连元	强　磊	蔡淑敏(女,回族)	潘　迎(女)	霍晨光

海淀区（99名）

卫爱民	马士起	马泽平	王小兰(女)	王文京
王玉梅(女)	王东京	王纪表	王丽方(女)	王丽梅(女)
王　岩	王建民	王振民	王铁宏	王爱平(女)
王　琪	王　蕊(女)	叶　莉(女)	田　捷	田　媛(女)
史际春	史宗恺	邝溯琳	冯志军	宁　滨
吕　清(女)	朱善璐	庄毓敏(女)	刘　林	刘宪苏(女)
刘彭芝(女)	齐　玉(2007年12月代表资格终止)		江泽平(苗族)	汤维建
孙玉芝(女)	孙其信	阳安江	严晓燕(女)	李友元(女)
李昭玲(女)	李保仁	李稻葵	李德齐	杨忠岐
吴　双(女)	吴伟庆	吴守伦	应松年	沈梦培
宋志平	宋贵伦	张风雷	张建明	张　健
张继平	张维佳	陆洪地	陈方磊	陈立群
陈吉宁	林抚生	国林跃	周来升	郑晓东
郑新蓉(女)	宛金章(回族)	孟小红(女)	郝如玉	胡　军
胡桂枝(女)	胡　敏(女,满族)	保继光(满族)	俞重远(女)	姜明安
姜耀东	贺德方(满族)	聂大华(女)	高　扬(女)	高　静(女,满族)
郭宏若	唐　荻(满族)	唐晓丽(女,蒙古族)	黄天文	黄　民
黄　强	黄慧贤(女,朝鲜族)	常大光	焦文俊	楚国清

雷　达(壮族)　路　达　蔡少青　蔡长敏(女)　臧铁军
廖晓钟(女)　谭维克　潘利群　燕　瑛(女)　薛继连
戴　卫

丰台区（66名）

干海燕(女)　马列清(女,回族)　王广华　王子生　王华强(女)
王雨生　王春兰(女)　王冠丽(女)　王梓木　王　敏
王德修　冯　蕾(女)　吕兆丰　吕跃进　朱小地
任光明　全连生(女,满族)　刘小平(女)　刘志远　闫满成
孙世超　杜瑞琴(女)　李少军　李有毅(女)　李　杜
李素丽(女)　李晓芳(女,回族)　李鸿图　李超钢　李　辉
杨玉喜　杨　华(女,蒙古族)　杨秀奇　杨　斌　杨燕新(女)
肖亚平(女)　吴世雄(满族)　吴春妹(女)　吴　恒　何　宁
佟丽华(满族)　张大力　张大中　张玉玺　张永贺
张志毅　张金钢　张宝起　张福锁　张　静(女)
陈　刚　金　莉(女,俄罗斯族)　郑树森　赵　仑
赵　平　赵　郁　郝志兰(女)　高岩辉　唐本高
崔凤鸣　梁小虹　董　敏(女)　詹成付　薛　红(女)
戴建民　戴景珠

石景山区（28名）

马志鹏　王　红(女,满族)　王金兰(女)　田　汉　朱崇君
刘亚泉　刘景旺　安丽娟(女)　李　伟　李　艳(女)
李晓强(女)　吴坚忠　汪文忠　宋世媛(女)　张国栋
张　清　陈　婷(女)　周茂非　赵玉民　荣　华(女)
南海涛(女,朝鲜族)　索连生(满族)　徐和谊(回族)　高　杰　董双良
韩大庆　程世峨(女)　廉　果

门头沟区（20名）

亓桂平(女)　邓秀琴(女)　史炳忠　邢惠芳(女)　伊欣欣
刘云广　李克峰　李　轶(女)　李信勇(回族)　李清云
李慷云　宋书丽(女)　张建民　张翠熙(女,壮族)　赵爱娟(女)
倪文驹　高海英(女)　郭光磊　蔡赴朝　蔚　飞(回族)

房山区（37名）

王振如　王晓宁(女)　王海平　王喜艳(女,满族)　王　媛(女)
王德林　仉锁忠(回族)　孔东梅(女)　叶晓明　田　雄
付合年　冯建科　刘　伟　刘建华　刘春苹(女)

刘浩军	刘　萍(女)	刘增会	祁　红	李福田
宋文月	张玉玲(女)	张立英(女)	张建国	张福平
陈丽娟(女)	苗立峰	罗炳文	周　军	线长安(满族)
郝文书	聂玉藻	贾淑宁(女)	郭先英(女)	郭艳红(女)
翟瑞元	穆希凤(女)			

通州区（29名）

于海春	马曙光	王云峰	邓乃平	石进贤
邢仲山	曲志刚	吕秀荣(女)	刘　英(女)	刘振东
杨　林(女)	何志强(回族)	邹晓美(女)	张　旭	张金英(女)
张贵林	张梅菊(女)	张　毅	陈学明	林晓华(女)
金文岭	赵凤山	赵家骐	查亿春(女)	梁　伟
董维毅	韩克非(女)	韩　丽(女)	薄立军	

顺义区（22名）

马庚良	王国丰	史绍洁	朱新礼	刘海燕
李小娟(女)	李长友	李维昌	李福成	杨培丽(女，白族)
何博远	张延昆	张志忠	张宏英(女)	杭金亮
周和平	周淑伶(女)	赵殿江	袁会文(女)	夏占义
高凤兰(女)	黎晓宏			

昌平区（25名）

王书合	王丽英(女)	王灿发	王金玉	任宝贵
刘学亮	刘学锋	关成华(满族)	池　强	杜立群
李胜利(回族)	李福忠	杨启红(女)	佟根柱	武　宁(女)
周志军	赵　义	赵凤桐	赵济堃	赵　楠(女，满族)
秦凤权(女)	高佐之	黄福水	焦洪昌	魏永德

大兴区（26名）

牛有成	甘连舫(回族)	冯乐平(女)	刘维林	江　欣(女)
许　勇	李　宁(回族)	李永贵	李建军	李　盈(女)
李爱芳(女)	杨燕秋(女)	吴茜屏(女)	沈宝昌	张书领
张立方(女，蒙古族)	张　彤	张　岭	陈　芳(女)	陈瑞福(回族)
林克庆	孟令华	赵　力(女)	贾君兰(女)	郭普金
熊大新				

平谷区（20名）

丁向阳	卜世成	王北榆(女)	王金萍(女)	王建忠

王振林	王晓玲(女)	石来福	田　禾	刘　军
刘　英(女)	吴宝华(满族)	邱水平	张凤福	张朝起
陈克永	秦　刚	贾树森	贾喜庚	熊秀华(女)

怀柔区（20名）

王江渝	王秀芹(女)	王金枝(女)	王海平	冯福华(女)
刘宝善	刘　勇	池维生	吴德增	张建彧
张崇国	季福荣	柳纪纲	党立俐(女,土家族)	徐占明
梅占山	董学军(女)	曾　灏(女)	雷德才	蔡淑敏(女)

密云县（20名）

王大林	王小明	王建中	石晓访(女,满族)	吉　林
刘福志	李立琴(女)	李其军	李和平	杨　瑞
张玉良	张艳生	陈天立	赵利亚(女)	段　强
夏　强	郭凤新	葛凤珍(女)	蒋学甫	慕　平

延庆县（20名）

于海霞(女)	王卫东	白恩厚(满族)	刘汝臣	孙文锴
李先忠	张　引	张秀云	陆　昊	武　岗
周月琴(女)	赵淑君(女)	侯君舒	侯林兴	徐红梅(女)
高桂所(满族)	郭振清	唐文杰	焦守田	霍桂兰(女)

中国人民解放军驻京部队（25名）

干　敏	马莉莉(女)	王子彦	王治民	王秋生
卢胜军	吕登高	任恩尚	刘建国	刘战勤
刘　健	刘　毅	许再华	何少剑	余小玲(女)
陈金泉	周永杉(满族)	庞　敏(女)	高小燕(女)	郭文敏
陶德平	曹育民	董尤心(女)	董　华	廖可铎

北京市第十三届人民代表大会

第二次会议

在北京市第十三届人民代表大会第二次会议闭幕式上的讲话

（2009 年 1 月 17 日）

中共中央政治局委员、北京市委书记 刘 淇

各位代表、同志们：

北京市第十三届人民代表大会第二次会议，在全体代表的共同努力下，圆满完成了预定的各项任务。会议期间，代表们以高度的政治责任感和认真负责的态度，审议并通过了政府工作报告、国民经济和社会发展计划报告、财政预算报告，以及市人大常委会、市高级人民法院、市人民检察院的工作报告，完成了选举任务，并对今后的工作提出了许多好的意见和建议。会议充分肯定了市政府的工作，完全赞同建设“人文北京、科技北京、绿色北京”以及保持首都经济平稳较快发展的目标任务和工作要求。这次会议开得很好，达到了统一思想、明确目标、鼓舞士气的目的，是一次民主团结、求真务实、催人奋进的大会。我代表中共北京市委对大会的圆满成功表示热烈的祝贺，向为开好会议付出心血和智慧的全体代表和工作人员表示衷心的感谢！

刚刚过去的一年，在党中央、国务院的坚强领导下，全市人民万众一心、团结奋斗，圆满完成了北京奥运会、残奥会的筹办任务，首都改革开放和现代化建设取得了令人瞩目的新成就。在过去的一年里，市人大及其常委会紧紧围绕举办一届有特色、高水平奥运会、残奥会的任务，依法有效履行职能，着力提高工作质量和实效，实现了新一届人大工作的良好开局，为推进首都经济建设、政治建设、文化建设、社会建设和生态文明建设作出了重要贡献。特别是在奥运筹办工作中，市人大常委会着力加强奥运立法，制定了实施突发事件应对办法等地方性法规，为奥运安全和社会稳定提供了法制保障；加大对食品卫生与安全法律、法规实施情况的检查力度，开展对无障碍设施建设情况的执法检查，保证了奥运服务保障工作依法进行；听取和审议了市政府关于环境整治和奥运景观布置、节能减排、优先发展公共交通等专项工作报告，极大地推动了相关工作。广大人大代表以满腔热情，在不同的岗位上积极参与奥运、服务奥运、奉献奥运，在奥运筹办各个方面付出了大量的心血和智慧，为奥运筹办工作作出了重要贡献。

北京奥运会、残奥会的圆满成功，标志着首都的发展进入了一个新的阶段。市委十届五次全会在科学分析新形势、新任务和人民群众新期待的基础上，明确提出了当前和今后一个时期首都贯彻落实科学发展观的目标、任务和要求。在这次人代会上，这些目标和任务得到了代表们的高度认同，并以决议的形式加以确定。当务之急就是尽快落实好这次人代会确定的各项任务。下面，我就这个问题讲几点意见。

一、全力保增长、保民生、保稳定

当前，我们在发展中遇到了国际金融危

机的影响。战胜困难，应对挑战，必须把保增长、保民生、保稳定作为重中之重，全力以赴完成好各项工作任务。要坚决落实好中央关于保增长、扩内需、调结构的决策和部署，结合首都实际细化各项政策措施，完善重大项目的指挥、实施体制，加大政府投资力度，大力促进社会投资，积极扩大消费规模，保持首都经济平稳较快发展。各区县、各部门都要共同努力，通过具体的规划、政策、措施和项目，层层分解任务，落实责任，千方百计推动发展。要着力解决好关系群众切身利益的民生问题，把人民群众的需求和期待作为各级党委政府决策的基本依据，继续巩固“五无”的成果，帮助更多群众特别是城乡低收入和困难群众解决实际困难，采取有效措施增加城乡居民收入，统筹推进城乡一体化的就业和社会保障体系建设，积极组织好一批推动科学发展、造福广大群众的民生工程，实现民生改善与经济发展的双赢。要切实落实好维护稳定这个“硬任务”和“第一责任”，真正做到思想上的弦绷得紧而又紧、对策上准备得细而又细、工作力度上强而又强，妥善处理人民内部矛盾，完善首都社会治安防控体系，以和谐、安全、稳定的社会环境迎接新中国成立60周年。

二、坚定信心，振奋精神，真抓实干

面对当前的困难和挑战，要坚定信心，振奋精神，真抓实干，逆势而上，保持首都经济平稳较快发展的势头。

坚定信心，就是要在艰巨的任务面前，始终保持清醒的头脑，冷静观察，沉着应对，按照科学发展观的要求，根据首都发展的实际，积极采取措施化危为机。面对困难与挑战，必须坚定信心。这个信心是建立在尊重规律、依靠科技、从实际出发的基础之上。要坚信人民群众的力量，按照人文北京的要求，把广大群众的积极性、主动性、创造性调动起来，万众一心、众志成城，战胜一切艰难险阻，创造新的发展业绩。要坚信科技创新的力量，按照科技北京的要求，把首都丰富的科技智力资源充分挖掘和利用起来，依靠科技创新，推动首都的科学发展。要适应人民群众的新期待，按照绿色北京的要求，把生态文明建设放在更加重要的位置，紧紧抓住当前保增长、扩内需、调结构的机遇，加大结构调整的力度，加快经济发展方式转变，统筹推动人口、资源和环境建设，使首都的发展更加可持续。

振奋精神，就是要保持昂扬向上的精神风貌，不为任何风险所惧，不被任何干扰所惑，牢牢扭住经济建设这个中心，不动摇，不懈怠，不折腾，始终坚持发展是硬道理，坚持聚精会神搞建设，一心一意谋发展，以良好的精神状态去面对当前的困难，以发展的实绩去战胜严峻的挑战。在奥运筹办期间，面对各种困难挑战和工作的高标准、高要求，人民群众在实践中创造出了北京奥运精神，即为国争光的爱国精神、艰苦奋斗的奉献精神、精益求精的敬业精神、勇攀高峰的创新精神、团结协作的团队精神。北京奥运精神鼓舞和激励我们战胜了种种困难，夺取了北京奥运会、残奥会的圆满成功。面对新的困难，我们要进一步弘扬北京奥运精神，把北京奥运精神和各种高效率的奥运模式继续贯彻到各项工作中，以昂扬向上、奋发有为的状态创造性地开展工作、迎接挑战。各级党委政府的工作人员都要特别注意加强作风建设，把良好的精神状态转化为良好的作风，密切联系群众，牢记党和人民的重托，把思想统一到干事业上，把精力集中到做实事上，把功夫下到抓落实上，以八个方面的良好风气，去应对新的挑战，完成新的任务。

真抓实干，就是要在困难面前，苦干实

干，鼓实劲、出实招，办实事、求实效。深入学习实践科学发展观，必须落实到提高实际推动发展的能力上，落实到真抓实干的业绩上。一是要深入总结和把握奥运成功经验，进一步从中汲取活力和动力，建立健全长效机制，推动各项工作迈上新的水平。二是要抓关键、抓重点，抓产业、抓项目，着力在吸引项目、发展产业、推动工作上下功夫，扎扎实实地把本部门本地区的工作部署细化为具体的工作任务。三是要加快工作节奏，加强协调配合，提高工作效率，增强服务意识，认真研究企业、基层、群众的困难和需求，真心实意地帮助他们排忧解难。四是要敢于攻坚克难，善于改革创新，勇于争创一流，在建设“人文北京、科技北京、绿色北京”过程中以更高的标准创造新的业绩。

三、充分发挥好各级人大组织和广大人大代表的作用

保持首都经济平稳较快发展，建设“人文北京、科技北京、绿色北京”，必须充分发挥好人民代表大会制度的优越性，发挥全市各级人大及其常委会和广大代表的作用，为今年工作大局提供民主法制保障。各级人大组织要深入学习实践科学发展观，完善工作机制、工作制度和工作方法，进一步推动人大工作的制度化、规范化和程序化，不断提高履行职责的能力和水平。要围绕着解决民生问题、推动自主创新、加强生态文明建设等方面继续加强立法工作，增强统筹协调和协调利益关系能力，提高立法质量和水平，为促进首都经济平稳较快发展、维护社会祥和稳定营造良好的民主法制环境。要充分发挥人大的监督职能，努力推动解决影响科学发展的体制机制问题和涉及群众切身利益的热点难点问题，着力推动保增长、保民生、保稳定的相关政策措施有效实施。要充分发挥人大代表的作用，广大代表要带头参与“人文北京、科技北京、绿色北京”建设，围绕着确保首都经济平稳较快发展，围绕着深化改革、扩大开放，围绕着保障和改善民生，发挥聪明才智，提出高质量的议案、建议，通过发挥自身的影响力和号召力组织动员群众，努力成为推动首都科学发展、促进社会和谐的表率和模范。要推动各个方面更好地整合资源、集成优势，分工负责、协调一致开展工作，把各方面的积极性、主动性和创造性引导到促进首都经济平稳较快增长上来，形成推动科学发展、应对金融危机的整体工作合力，齐心协力完成今年人代会确定的各项任务。

各级党委都要进一步深化对人民代表大会制度重要性的认识，切实把坚持和完善人民代表大会制度作为发展社会主义民主、落实依法治国方略、加强党的执政能力建设的重要任务，加强和改进对人大工作的领导，积极关心、支持人大工作。各级政府及“两院”都要主动接受同级人大的监督，积极支持配合人大做好工作。今年是地方人大设立常委会30周年，要以胡锦涛总书记在纪念党的十一届三中全会召开30周年大会上的重要讲话精神为指导，以召开第三次人大工作会议为契机，认真研究地方人大工作的特点和规律，进一步明确新形势下做好人大工作的思路和方向，通过改进工作方法，创新工作机制，不断加强和完善人大工作，为充分发挥人大及其常委会的作用创造更加有利的条件。

各位代表、同志们，让我们紧密团结在以胡锦涛同志为总书记的党中央周围，高举中国特色社会主义伟大旗帜，深入贯彻落实科学发展观，振奋精神，锐意进取，扎实工作，保持首都经济平稳较快发展，加快建设“人文北京、科技北京、绿色北京”，以优异

的成绩迎接新中国成立 60 周年。

新春佳节就要到了。借此机会，向各位代表、同志们致以新春的祝福，祝大家身体健康、阖家欢乐、万事如意！

北京市第十三届人民代表大会第二次会议议程

（2008 年 1 月 12 日至 17 日）

（2009 年 1 月 11 日北京市第十三届人民代表大会第二次会议预备会议通过）

一、听取和审议北京市人民政府工作报告

二、审议北京市 2008 年国民经济和社会发展计划执行情况与 2009 年国民经济和社会发展计划草案的书面报告

审查和批准北京市 2008 年国民经济和社会发展计划执行情况的报告与 2009 年国民经济和社会发展计划

三、审议北京市 2008 年预算执行情况和 2009 年预算草案的书面报告

审查和批准北京市 2008 年预算执行情况的报告和 2009 年预算

四、听取和审议北京市人民代表大会常务委员会工作报告

五、听取和审议北京市高级人民法院工作报告

六、听取和审议北京市人民检察院工作报告

七、选举事项

北京市第十三届人民代表大会第二次会议关于政府工作报告的决议

（2009 年 1 月 17 日北京市第十三届人民代表大会第二次会议通过）

北京市第十三届人民代表大会第二次会议听取并审议了郭金龙市长所作的《政府工作报告》。会议认为，过去的一年，在党中央、国务院和中共北京市委领导下，全市人民团结奋斗、无私奉献，营造了经济发展、社会祥和的良好局面，出色完成了举办一届有特色、高水平奥运会、残奥会的任务，胜利实现了“新北京、新奥运”战略构想。会议充分肯定市人民政府一年来的工作，同意报告提出的 2009 年经济社会发展目标任务和工作部署，决定批准这个报告。

会议指出，2009 年是新中国成立 60 周年，也是北京奥运会、残奥会成功举办后，首都发展进入新阶段的第一年。积极应对国际金融危机的严峻挑战，做好首都各项工作，保持经济平稳较快发展和社会祥和稳定，任务十分繁重，具有特殊重要意义。

会议要求，市人民政府要全面贯彻落实党的十七大和十七届二中全会、三中全会、中央经济工作会议精神，冷静分析经济形势，

充分发挥首都优势，着力优化发展环境，着力扩大内需，着力拃动自主创新，着力发展优势产业，着力深化改革开放，着力改善民生，着力转变政府职能，努力完成本次大会确定的各项任务。

会议号召，全市各族人民紧密团结在以胡锦涛同志为总书记的党中央周围，全面贯彻落实党的十七大精神，高举中国特色社会主义伟大旗帜，以邓小平理论和“三个代表”重要思想为指导，深入贯彻落实科学发展观，在中共北京市委领导下，大力弘扬奥运精神，坚定信心，锐意进取，埋头苦干，加快建设“人文北京、科技北京、绿色北京”，以建设繁荣、文明、和谐、宜居的首善之区的优异成绩，迎接新中国成立60周年!

政府工作报告

——2009年1月12日在北京市第十三届人民代表大会第二次会议上

北京市市长　郭金龙

各位代表：

现在，我代表北京市人民政府，向大会报告政府工作，请予审议，并请市政协各位委员提出意见。

一、过去一年工作回顾

2008年，是首都发展史上具有特殊重要意义的一年。在党中央、国务院和中共北京市委的领导下，全市人民认真贯彻党的十七大精神，深入贯彻落实科学发展观，紧紧围绕“营造良好局面、办好一件大事”，团结奋斗，扎实工作，无私奉献，较好完成了市十三届人大一次会议确定的各项任务，胜利实现了“新北京、新奥运”战略构想，首都改革开放和现代化建设迈入新的发展阶段。

（一）北京奥运会、残奥会筹办工作圆满完成

坚决贯彻落实中央指示精神，全面实践“绿色奥运、科技奥运、人文奥运”理念，坚持节俭办奥运、廉洁办奥运，创新筹办体制机制，促进职能整合与工作融合，实现了办一届有特色、高水平奥运会、残奥会的目标，做到了让国际社会满意、让各国运动员满意、让人民群众满意，为实现中华民族的百年梦想作出了重要贡献。

奥运建设取得新成绩。经过七年多艰苦努力，高质量建成奥运场馆及相关设施，“鸟巢”、“水立方”等成为时代精品，谱写了中国建筑史的光辉一页。地铁10号线一期、奥运支线、机场线开通运营，轨道交通运营里程达到200公里。机场二高速、京平高速等建成通车，高速公路通达每个区县。首都机场T3航站楼、京津城际客运专线和新北京南站投入运营。南水北调北京段主体工程完工，实现冀水进京。完成“0811”电力强网工程，初步构建起一流的城市电网。太阳宫、郑常庄燃气热电厂和草桥供热厂建成投产，新增集中供热能力2680万平方米。城市基础设施服务保障水平进一步提高。

城市运行井井有条。水电气热等市政设施运转良好，邮政通信和信息网络通畅安全。严格落实“双进入”体制，场馆运行内外保障无缝衔接、实现赛时“零故障”，成功实施

奥运人工消雨，确保了开闭幕式和各项赛事平稳有序进行。认真组织实施机动车单双号限行措施，赛事交通与城市交通和谐运转，全年公共交通出行比例达到 36.8%。全力保障鲜活农产品供应，消费市场繁荣稳定。全面落实"三案一室"，搭建指挥监测平台，城市运行和应急管理明显加强。

城乡环境明显改善。严格落实奥运空气质量保障措施，赛会期间空气质量天天达标，全年二级以上天数达到 74.9%。奥林匹克公园中心区交通实现"零排放"，奥运场馆生活垃圾全部分类收集、集中处理。城乡生活垃圾无害化处理水平继续提高，市区和郊区污水处理率分别达到 93%和 48%，再生水利用率达到 57%。高度重视生态建设，完成山区绿化 5267 公顷，新增城市绿地 518 公顷，人均公共绿地达到 13.6 平方米。扎实推进城乡环境建设，60 个城市"边角地"、102 个城乡结合部行政村、117 条主要大街、一批胡同及老旧小区整治取得明显成效，营造了干净整洁、优美靓丽的城市环境。

服务保障优质高效。奥运外事服务周到细致，机场抵离方便快捷。奥运村、残奥村实现"安全运行零事故、各项服务零投诉、礼宾活动零失误"，奥运大家庭饭店、签约饭店服务接待得到广泛好评。全面实施《奥运食品安全行动纲要》，强化从农田到餐桌全程监控，涉奥餐饮万无一失。加强公共卫生监控、预警和应急救援，高标准做好奥运医疗卫生保障工作，全市没有发生重大突发公共卫生事件。窗口行业服务优质文明，旅游接待热情规范。高水平完成无障碍设施建设，组织 40 万残疾人员参与残奥会活动，为残疾人朋友提供了体贴入微的服务，尊重关爱残疾人的社会氛围更加浓厚。

"平安奥运"全面实现。安保工作组织严密、措施到位，广大市民积极参与维护社会治安，未发生暴力恐怖事件、危害国家安全和社会稳定的重大政治事件以及大规模群体性事件。深入开展安全生产隐患排查治理，扎实推进百日督查专项行动，强化高危行业企业安全监管，安全生产事故数量和死亡人数为近年最低。健全食品安全监管、检测和信用体系，严格执行药品流通全过程的准入和监管标准，群众食品药品安全得到有力保障。制定《突发事件应对法》实施办法，完善各级各类应急预案，组织开展综合与专项演练，加强公共安全风险控制，全年无重大突发公共事件。

社会氛围文明和谐。深入开展"迎奥运、讲文明、树新风"活动，文明出行、排队礼让蔚然成风，市民文明素质和城市文明程度明显提高。170 万志愿者参与奥运服务，创历届奥运会和我国志愿者服务之最，为北京树立起全新的人文坐标。认真实施奥运教育计划，积极组织后备观众，赛场氛围友好热烈。高水平做好新闻宣传和媒体服务工作，营造了开放向上的奥运舆论环境。广泛开展各种文化活动，成功举办第六届奥林匹克文化节，文化广场演出、奥林匹克公园公共区文化活动丰富多彩，展现了中华文化魅力，促进了中外文化交流。

（二）经济社会保持又好又快发展

坚决贯彻中央决策部署，坚持"两手抓、两不误、两促进"，保持了经济发展、社会祥和的良好局面，发展成果惠及人民群众。

首都经济较快发展。初步预计，地区生产总值突破 1 万亿元，比上年增长 9%，人均地区生产总值超过 8000 美元。居民消费价格指数为 105.1%，低于全国平均水平。地方财政收入达到 1837.3 亿元，增长 23.1%。全社会固定资产投资完成 3900 亿元左右，接近上年水平；社会消费品零售额超过 4500 亿元，增长 20%以上，消费对经济增长的拉动作用显著增强。制定实施促进首都金融业、旅游业发展意见，加快高端产业功能区建设，现代服务业较快发展，第三产业比重达到73%左右。首钢顺利压产400万吨，化工二厂、有机化工厂全面停产，“五小”企业加快退出，各类建筑节能改造超额完成任务，万元地区生产总值能耗、水耗和化学需氧量、二氧化硫排放量等调控目标全面实现。首都经济继续保持“增长较快、结构优化、效益提高”的良好势头。

新农村建设扎实推进。市政府“三农”投入171.2亿元，比上年增加40.6亿元。全面落实和强化各项惠农政策，大幅提高种粮补贴标准，扩大生态林补偿机制覆盖范围，绿化隔离地区政策进一步完善。行政村配备大学生“村官”目标基本实现。编制完成了400个村庄规划，加强农村基础设施和公共服务设施建设，公共交通、信息网络基本实现村村通，农民安全饮水目标提前两年全面实现，平原地区村庄生活垃圾实现密闭化管理。制定集体林权制度改革意见，规范发展农民专业合作社，农村集体经济产权制度改革步伐加快。开展村镇银行、农村资金互助社和小额贷款公司试点，政策性农业保险参保农户达到16.4万户。推进现代农业服务体系建设，拓宽农村科技服务渠道，动植物疫病防控、兽医管理、农资市场监管得到加强，设施农业、观光农业、民俗旅游等取得长足进步。制定实施山区协调发展总体规划，区县合作机制初步建立，新一轮山区农户搬迁顺利进行，小流域综合治理、废弃矿山生态修复取得新成绩，生态涵养发展区建设步伐加快。

社会事业繁荣发展。市级财政对教育科技、医疗卫生、文化体育的投入达到337.6亿元，增长19.2%。扩大“两免一补”政策范围，免收义务教育阶段城市户籍学生杂费、农村地区非农户籍学生教科书费。完成100所小学标准化建设任务，改善了140所农村寄宿制学校生活条件，提高了山区中小学教师工资。基本建立起多层次的教育资助体系，对24万名困难家庭学生给予资助，外来务工人员子女接受义务教育工作继续加强。发布实施中长期科学和技术发展规划纲要，“科技奥运”取得一批重大创新成果，全市专利申请数量、技术交易额保持较快增长。社区卫生服务机构标准化建设和“收支两条线”改革全面完成。投入2.8亿元，为187个乡镇和1391个村的卫生服务机构配备标准化设备。推出了一批方便群众看病就医的新措施，政府出资为农民统一购买村级医疗卫生服务，解决了乡村医生基本待遇和养老保障问题。深化文化体制改革，推进电影公司等转企改制，组建北京演艺集团，积极培育文化品牌。加强农村、社区文化建设，建成一批公共文化服务设施，首批33家博物馆、纪念馆免费向社会开放，“周末场演出计划”和“文艺演出星火工程”顺利实施。完成了国家非物质文化遗产名录申报，广播电视、新闻出版、文学艺术和哲学社会科学繁荣发展。行政村全民健身设施建设全面完成，各类群众体育活动广泛开展，北京运动健儿勇夺15枚奥运会奖牌、19枚残奥会奖牌。

人民生活持续改善。城镇居民人均可支配收入达到24,725元，农民人均纯收入10,747元，分别实际增长7%和6.5%。大力开发就业岗位，城镇新增就业42万人，登记失业率为1.82%。健全就业援助制度，帮扶10.1万名就业困难人员实现就业、10.5万名农村劳动力转移就业，城乡“零就业家庭”基本消除。推行农民工实名制管理，建立建筑业农民工工资保障金、劳务费和工资专用账户制度，及时解决拖欠工资问题。为城乡60岁以上无社会保障居民发放养老补贴，新型农村养老保险、城镇无业居民大病医疗保险制度全面推行，城乡养老、医疗保障制度基本实现全覆盖。落实医疗保险“一降三升”惠民政策，完善“一老一小”大病医疗保险制度，提高新农合门诊报销水平，有效减轻了群众医疗费用负担。制定农村低保最低标准，提高城镇居民社会保障待遇水平，在全国率先启动了社会保障卡工程。实施老年人优待和养老服务补贴制度，社会福利、优抚安置、慈善事业、红十字工作取得新进展。800万平方米廉租房、经济适用房和限价商品房建设任务全面落实，完成4049户、12.1万平方米城镇危房解危工作，为1279户农村困难家庭翻修住房。积极探索风貌保护新模式，有序推进历史文化保护区整治，修缮旧城胡同44条、院落1954个。发布社会建设实施纲要，广泛开展和谐社区、和谐村镇、和谐社会组织创建活动，社会建设迈出新步伐。深入推进矛盾纠纷排查化解工作，开展大接访和拉网式排查，实施重信重访专项治理，化解信访积案。经过各区县、各部门、各单位的共同努力，59件重要实事全部落实，“五无”目标全面实现。

改革开放取得新进展。制定了深化行政管理体制改革的实施意见和市政府机构改革方案，事业单位改革和政府购买公共服务试点稳步推进。市与区县分税制财政管理体制改革迈出重大步伐，促进区县财力增长和事权与财权相匹配。加快“调改剥退”步伐，积极推进国有资本布局调整和国有企业改制重组，国有资本收支预算和国有资产评估管理不断规范。设立市级中小企业创业投资引导基金，成立中小企业信用再担保公司，投融资平台和要素市场建设取得新突破。继续推动中关村做优做强，以企业为主体的创新体系不断完善。积极推动“双自主”产品开拓国际市场，大力发展服务外包，地区进出口总额保持快速增长。创业投资和环保、医药领域利用外资取得重大进展，实际利用外资超过60亿美元，增长20%以上。圆满完成亚欧首脑会议服务保障工作，科博会、文博会、京港洽谈会等经贸活动取得新成效。深化“四个服务”，为中央单位和驻京部队办理重要服务事项390件。

民主法制建设得到加强。市人民政府及组成部门全面执行市人民代表大会及其常委会的决议，坚持做好向市人大常委会报告专项工作，自觉接受人大监督。认真听取各民主党派、工商联、无党派人士和人民团体的意见，积极参加市政协常委会、议政会等会议。共办理全国和市人大代表议案、建议1517件，政协常委会建议案、政协提案1175件。推进政府信息公开，完善了重大决策的规则和程序，实行公示和听证制度，强化审计监督。健全基层群众自治制度，深入推行村务、厂务公开。加强政府法制建设，共提请市人大常委会审议地方性法规5项，制定、修订政府规章8项。奥运立法和相关法规的有效实施，为奥运会成功举办创造了良好的法制环境。扎实开展普法宣传教育活动，推进公益法律服务体系建设。全面落实民族宗教政策，切实维护归侨侨眷合法权益，开展多领域对台交流与合作。依法落实计划生育奖励和优惠政策，稳定低生育水平。妇女、儿童、老龄事业健康发展。国防后备力量建设得到加强，双拥共建活动深入开展，“连连通油路”全面实现。驻京人民解放军和武警部队广大官兵为奥运筹办、为首都发展作出了重要贡献。

各位代表!

在奥运筹办的关键阶段，面对突如其来的南方部分地区严重低温雨雪冰冻灾害和汶川特大地震，首都人民积极响应党中央、国务院的号召，第一时间行动起来，广泛开展支援救灾工作，社会各界踊跃捐款捐物23.63亿元。大批消防官兵、医务工作者、各领域专家、志愿者奔赴地震灾区，参与抗震抢险和救治伤员。全市上下密切配合，妥善安置灾区来京伤员和学生，圆满完成6.66万套过渡安置房援建任务。扎实推进对口支援什邡市灾后恢复重建工作，认真落实援建工作方案和总体框架协议，累计拨付资金24.98亿元，各项援建工程进展顺利，对口支援取得重要阶段性成果。

去年10月以来，面对国际国内经济形势急剧变化的严峻挑战，我们坚决贯彻落实中央决策部署，迅速制定实施了保持首都经济平稳较快发展的29条具体措施，计划今明两年安排市区两级政府投资1400亿元左右，预计带动社会投资10,000亿元。研究部署了扩大内需的若干专项工作，出台了提高社会保险待遇标准、降低社会保险缴费率等多项政策，为“保增长、促民生”提供了有力保障。

各位代表！

通过一年来的实践，我们更加深刻地体会到，做好首都各项工作，必须深入贯彻落实科学发展观，坚决贯彻中央的大政方针和对北京市工作的指示精神，不断深化对首都经济社会发展规律和特点的认识，紧密结合实际，创造性地开展工作。同时，我们也获得了新的启迪：

第一，必须继承奥运财富，发展奥运成果。奥运筹办是科学发展观的成功实践，留下了弥足珍贵的物质精神财富，为首都长久繁荣发展提供了强大动力。我们一定要认真总结、继承巩固奥运筹办经验，倍加珍惜、大力弘扬奥运精神。特别是要继续坚持奥运三大理念，加快建设“人文北京、科技北京、绿色北京”。

第二，必须增强首都意识，拓宽国际视野。北京充分享受了首都的发展优势，要更加全面地履行好“四个服务”职责，更好地落实各方面工作走在全国前列的要求。要强化“窗口”意识，树立全球视野和战略眼光，以更加积极的姿态走向世界，加快建设现代化国际城市。

第三，必须坚持以人为本，发挥市民主体作用。要时刻把人民群众的根本利益放在第一位，下大气力解决好人民群众最关心、最直接、最现实的利益问题，使发展成果更好地惠及人民群众。要尊重人民主体地位，发挥人民首创精神，着力完善政府服务管理、社会组织动员等体制机制，依靠人民群众推动科学发展、促进社会和谐。

第四，必须坚持统筹兼顾，增强处理利益关系的能力。要深入研究和科学认识首都现代化建设的各种重大关系，全面把握来自各方面的利益诉求，自觉运用统筹兼顾的根本方法，找准决策、政策和工作的平衡点，凝聚各方面的智慧与力量，发挥各方面的积极性与创造性，努力开创优势互补、互利共赢的发展局面。

第五，必须加快管理创新，提高政府效能。要按照建设服务政府的要求，加快行政管理体制改革，着力转变政府职能，进一步健全政府职责体系，强化社会管理与公共服务。要深入推进管理创新，建立健全部门间协调配合机制，加强基础工作，规范行政行为，降低行政成本，提高行政效能和服务水平。

我们也清醒地认识到，首都经济社会发展和政府工作中还存在不少问题，主要表现在：经济结构调整仍需进一步深入，自主创新能力有待进一步提高，发展方式需要进一步转变；城乡之间、区域之间、部分区县内部发展的差距比较大，统筹城市与农村、北城与南城、平原与山区发展，推动形成城乡经济社会发展一体化新格局需要下更大的力气；人口资源环境矛盾十分突出，实现首都可持续发展的任务相当艰巨；城市服务能力需要不断增强，管理体制机制有待继续创新；首都文化软实力和文化生产力有待进一步提升，将文化优势转化为现实生产力需要不断努力；在劳动就业、社会保障、收入分配、义务教育、医疗卫生、住房保障、食品药品和安全生产等方面，一些关系人民群众切身利益的问题需要加快解决；推进重点领域和关键环节的改革还需要加大力度，优化发展环境的任务依然很重；政府职能转变还不到位，行政效能和服务水平需要进一步提高，建设服务政府还有许多工作要做。

我们一定要保持清醒头脑，增强忧患意识，高度重视、不断解决发展中存在的突出矛盾与问题，更加努力地做好政府各项工作，决不辜负人大代表、政协委员的信任，决不辜负党和人民的期望！

各位代表！

过去一年的成就举世瞩目、来之不易，这是党中央、国务院坚强领导的结果，是全国人民大力支持、举国体制坚强保障的结果，凝聚了全市人民的智慧、心血和汗水。在这里，我代表市人民政府，向全市各族人民，向人大代表、政协委员，向各民主党派、各人民团体、社会各界人士，向中央各部门、兄弟省区市，向驻京解放军和武警部队官兵，向来自全国各地的劳动者，向广大奥运志愿者，向所有关心支持首都建设的港澳同胞、台湾同胞、海外侨胞和国际友人，表示崇高的敬意和衷心的感谢！

二、2009 年工作的主要任务

今年是新中国成立 60 周年，也是北京奥运会、残奥会成功举办后，首都发展进入新阶段的第一年。深入贯彻落实科学发展观，继承奥运财富，巩固奥运成果，健全城市可持续发展的长效机制，保持首都经济社会平稳较快发展，具有十分重要的意义。

当前，国际金融危机对首都经济的影响已经显现：房地产市场持续低迷，工业生产、外贸出口增幅下降，部分企业经营困难，地方财政收入增速下滑，经济增速回落。由于首都经济服务主导型和总部经济的特征，国际金融危机的影响还存在一定的滞后性，首都经济发展面临着诸多不确定因素。积极主动地打好应对危机与挑战这场硬仗，保持首都经济平稳较快发展，是今年政府工作的首要任务，也是对我们新的重大考验。

与此同时，我们也要看到，首都经济社会发展具有很多有利条件。我国发展仍处于重要战略机遇期，中央出台了一系列扩大内需、促进经济发展的政策措施，为克服国际金融危机的冲击和影响提供了重要保障。奥运会成功举办，首都的发展环境明显改善，国际影响力、竞争力进一步提高，对人才、技术、资金等形成了新的吸引力。特别是首都经济处在结构升级、质量提升的关键阶段，科技创新、文化创意、综合服务的优势突出，拥有良好的发展条件和充沛的内在动力。我们要坚决贯彻落实中央决策部署，充分发挥首都优势，深化改革开放，积极应对国际经济环境的变化，变压力为动力，化挑战为机遇，统一思想、振奋精神、增强信心、埋头苦干，更加扎实地做好各项工作，向党和人民交上新的合格答卷！

今年政府工作总的要求是：全面贯彻落实党的十七大和十七届二中全会、三中全会、中央经济工作会议精神，认真学习领会胡锦涛总书记在纪念党的十一届三中全会召开 30 周年大会上的重要讲话精神，深入贯彻落实科学发展观，总结运用奥运经验，大力弘扬奥运精神，坚定信心，抓住机遇，着力优化发展环境，着力扩大内需，着力推动自主创新，着力发展优势产业，着力深化改革开放，着力改善民生，保持首都经济平稳较快发展和社会祥和稳定，加快建设“人文北京、科技北京、绿色北京”，以建设繁荣、文明、和谐、宜居的首善之区的优异成绩，迎接新中国成立 60 周年。

综合考虑各方面因素，全市经济社会发展主要目标是：力争实现地区生产总值增长 9%；城镇登记失业率控制在 2.5%以内；城乡居民收入实际增长 6%以上；居民消费价格指数保持在 103.5%以内；地方财政收入增长 10%以上；万元地区生产总值能耗、水耗分别下降4%和5%，化学需氧量和二氧化硫排放量分别下降2%和3%；市区空气质量二级以上天数比重力争达到71%。

为全面实现上述目标，今年要着重抓好以下六方面工作。

（一）努力扩大内需，保持首都经济平稳较快发展

坚决贯彻落实中央扩大内需的各项政策措施，进一步增强投资和消费对经济增长的拉动作用。

促进投资较快增长。一是扩大政府投资。今年市政府固定资产投资计划安排305亿元，重点向以轨道交通为主的基础设施和促进产业发展方面倾斜，向以改善民生为核心的公共服务领域倾斜，向新城、南城、西南部地区、生态涵养发展区和新农村建设倾斜。二是促进重大项目引进和落地。积极争取中央投资项目落户北京，着力吸引符合首都功能定位的重大项目，发挥“绿色审批通道”作用，抓好征地拆迁、资金配套等前期工作，确保一批重大项目尽早开工建设。三是努力带动社会投资。深化投融资体制改革，完善和落实发展非公经济的政策措施，切实拓宽民间投资渠道和领域。加大贴息和补助力度，发挥财政资金的杠杆作用，引导和扩大社会投资。四是促进房地产投资稳定增长。全面落实国家促进房地产市场健康发展的政策措施，在抓好保障住房建设的同时，着力调整住房供应结构，鼓励居民自住型、改善型住房消费，加快发展存量房市场和住房租赁市场，加强市场监测、分析和信息发布，促进首都房地产业健康稳定发展。五是加强政府投资监管。加大政府投资项目和资金统筹力度，规范投资行为，严格控制成本，确保工程质量，提高投资效益。六是认真做好财税工作。依法加强税收征管，规范非税收入管理。优化财政支出结构，严格控制一般性支出，整合资金，集中力量保增长、保民生、保稳定。通过落实各方面工作措施，力争实现全社会固定资产投资增长15%以上。

着力扩大消费。社会消费品零售额预期增长13%左右。主要促进措施，一是增强居民消费能力。切实增加城乡居民收入，健全工资增长机制。落实好就业、社保、就医等改善民生的各项措施，加大对困难群体保障力度，改善居民消费预期。二是推动消费结构升级。积极促进住房消费，合理引导汽车消费，进一步提高文化体育、健康休闲等消费份额，发展电子商务，推动特色街区、老字号企业改造升级。优化信用消费环境，进一步提高信贷消费比重。三是努力扩大外来消费。全面落实推进旅游产业发展意见，综合利用奥运资源，加大旅游促销力度，努力稳定国际旅游，大力发展国内旅游，积极承办大型国际展会，促进旅游会展业发展壮大。四是繁荣农村消费市场。提高农村零售连锁便民店、农业生产资料连锁超市、郊区“一乡一集市”的覆盖面，积极推动“工业品下乡”。支持新城商业发展，打造区域商业中心。五是落实扩大内需的专项工作。采购1000辆节能环保公交车，对更新淘汰黄标车给予补贴，支持组建“绿色车队”，提前完成储备粮增储任务。同时，办好第七届中国花卉博览会，做好经济普查工作。

加大对企业的扶持力度。全面落实国家各项相关政策，努力帮助企业特别是中小企业克服困难。扩大中小企业创业投资引导基金、风险投资基金、股权投资基金、中小企业信用再担保资金规模，设立农业担保机构、搭建高端制造业投融资服务平台，为符合条件的企业提供贷款担保服务。鼓励金融机构开展金融创新，增加对中小企业的贷款，积极解决中小企业融资难问题。支持中小企业转型升级，鼓励调整产品结构、进行技术改造和产品创新。降低失业、工伤、农民工大病医疗等社会保险缴费比例，调整基本医疗

保险缴费周期，减轻企业和职工负担。加强调查研究，及时了解企业生产经营情况，帮助解决实际问题。

加强市场监管。继续推进企业信用信息系统建设，促进部门间信息共享，切实做好标准化工作，全面加强商品质量监管。加大专项整治力度，严厉打击各种违法生产、制假售假行为，整顿和规范市场秩序。及时发布消费警示信息，认真处理消费者投诉。完善食品、药品安全监管网络，加强生产流通全过程监管，实行严格的食品安全质量追溯制度、召回制度、市场准入和退出制度。深入开展食品药品安全大检查，着力加强高风险食品、药品和医疗器械的市场抽验工作，让群众吃得安全、用得放心。加大监测预警和调节力度，促进经济平稳运行。加强价格监管，切实做好日常价格监测和市场调查工作，坚决制止各种不正当价格行为。

（二）深入推进产业结构调整，促进经济发展方式转变

坚持把保增长、扩内需、调结构有机结合起来，提高自主创新能力，加快经济结构战略性调整，进一步增强发展的协调性和可持续性。

着力推进自主创新。大力推进中关村国家自主创新示范区建设，扩大代办股份转让试点，加强信用担保体系建设，积极发展天使投资和创业投资，推动发行高新技术企业集合债券，促进技术与资本有效结合，不断完善园区创新环境。实施高端领军人才聚集工程，办好海外学人中心，支持企业面向全球引进高端人才。鼓励企业加大研发投入，开展多种形式的产学研合作，重点支持能源、环保、新材料、电子信息等领域共性技术和关键技术研发，促进重点行业的技术改造，带动相关产业发展。制定贯彻国家知识产权战略纲要的实施意见，切实保护知识产权，发展以专利、版权为核心的知识产权产业。深化科研院所改革，进一步整合首都科技资源，加强公益性科技条件平台建设，支持各类创新联盟发展。做好协调服务、配套落实工作，推动国家 6 个重大科技基础设施和 10 个重大科技专项建设，同步推进本市 18 个重大科技专项，支持中央企业在京设立研发机构。推动中国技术交易所建设，促进科技成果转化。实行自主创新技术及产品政府首购、订购制度，集中启动一批产业化项目，增强科技创新支撑首都发展的能力。

大力发展现代服务业。围绕建设服务之都，进一步发展壮大生产性服务业和文化创意产业，着力提升发展质量和水平。加快推进金融街扩展和丽泽金融商务区、中央商务区、金融后台服务区建设，积极发展石油、林权、环境等要素市场，大力吸引国内外各类金融机构。继续完善支持政策，加快发展信息、科技、商务服务业和现代物流业。积极培育文化创意产业集群，着力建设一批主业突出、各具特色的产业园区，巩固提升文化创意产业支柱地位。健全体制，强化集聚引领作用，推动高端产业功能区协调发展。设立服务业发展引导资金，完善促进服务业发展的政策体系。实施“北京服务”品牌工程，全力做好中国国际服务交易会筹备工作，着力提升服务业综合竞争能力。

积极发展高端制造业。以完善高端产业链为目标，全力推进一批重点项目建设，提升现代制造业发展水平。重点培育集成电路、液晶显示器、移动通讯、计算机及网络产品和数字电视五大产业链，努力扩大生物工程和新医药产业规模，促进高技术制造业快速发展。量身打造个性化服务政策，积极引进高端制造业重大项目，重点发展研发设计、品牌建设和市场营销等高端环节。继续淘汰高污染、高耗能、高耗水的制造业。优化空间布局，推进数字电视、汽车零部件、光机电一体化等一批特色产业基地建设。

继续抓好节能减排。严格执行国家环保、节能标准，完善符合首都功能的指标体系、监测体系和考核体系。突出抓好工业、交通、建筑三大领域节能，完成30家市级机关办公用房和800万平方米大型公建节能改造。建立餐饮、娱乐等行业节能规范与标准。制定实施促进节能减排的政策措施，大力支持太阳能、风能、地热、生物质能等新能源开发利用，推进混合动力、氢燃料等替代能源产业化。加快节能技术与产品应用，推广1000万只高效照明产品。建立政府引导、企业为主的投入机制，积极引导中小企业进入节能环保领域创业发展。扩大循环经济试点，搞好资源回收利用重点项目，提高资源再利用水平。深入开展全民节能行动，推行节约环保的生产方式、生活方式和消费模式。

（三）加快农村改革发展步伐，统筹城乡、区域协调发展

进一步强化惠农政策，加大投入力度，推进改革创新，促进农村经济稳定发展、农民持续增收，加快形成城乡经济社会发展一体化新格局。

加强农村各项制度建设。坚持和完善以家庭承包经营为基础、统分结合的双层经营体制，保持现有土地承包关系稳定和长久不变。建立基本农田保护补偿机制，研究制定促进农户土地承包经营权流转支持政策，搭建农地流转服务平台。尽快制定现状集体建设用地和宅基地确权发证管理办法，探索农户宅基地用益物权保障和节约集约利用的具体途径。继续开展征地多元化补偿安置试点，健全新型农民培养长效机制。完善促进农民专业合作社发展的政策，深入推进农村集体经济产权制度改革，抓好集体林权制度改革。完善农业支持保护制度，健全生态环境补偿机制，对主要特色农作物实施补贴，提高种粮补贴和生态作物补贴标准。建立低收入农户增收帮扶机制。加大农村金融政策支持力度，搭建农业投融资平台，启动农村金融综合改革试验区建设，探索建立支农贷款风险补偿机制和农村信用建设鼓励机制，支持发展村镇银行、农村资金互助社、小额贷款公司，研究建立农业再保险机制。

繁荣发展农村经济。坚持生态理念，加快推动农村经济发展方式转变。大力开发农业多种功能，设立奖励资金，支持发展籽种农业、循环农业、休闲农业和科技农业，鼓励探索现代农业新型业态，抓好“菜篮子”工程，新增设施农业4万亩。健全农业科技支撑和社会化服务体系，加强仓储流通设施建设，支持鲜活农产品冷链物流系统建设改造。全面推进农业标准化生产，强化农产品质量安全认证。研究制定农村产业扶持政策，做强农产品加工业，提升乡村旅游业。坚持以业兴镇、以业聚人，加快小城镇建设，促进农村二三产业集聚发展。

加快农村基础设施建设。编制农业基础设施建设规划，加强农村水利基本建设，重点解决设施农业高效节水问题，鼓励农民建设小型农村水务设施。完善农村路网体系和公交系统，完成乡道村道大修400公里。大力推进电力、通讯、广播电视系统升级，建成3500个行政村邮站，实现村村通邮。抓紧做好村庄规划编制工作，继续实施新农村“五项基础设施”和“三起来”工程。抓好农村饮用水工程建设，提高垃圾收运处理和污水处理水平，建立健全农村公共设施运行维护体系和管护制度。

提高区域统筹发展水平。扎实有序推进新城建设，以交通、能源、环境和公共服务设施为重点，高标准规划、高起点建设、高水平配套，促进产业、功能与人口协调发展。加快南城、西南部地区发展步伐，进一步完善倾斜政策，加强基础设施和产业功能区建设，促进重要功能项目、重大产业项目转移落户。着力抓好城乡结合部地区建设，落实、

集成和创新政策，培育发展优势产业，完善基础设施和公共服务设施，逐步实施城市化管理，使之成为城乡一体化发展的示范区。加大资金投入和政策扶持力度，做好5000名山区农民搬迁工作，大力发展沟域经济和休闲旅游等特色产业，积极推动产业转型地区发展替代产业，探索培育浅山区低碳高端产业，促进生态涵养发展区协调发展。

（四）切实加强城乡建设，不断增强可持续发展能力

加快生态文明和宜居城市建设，促进经济社会发展与人口资源环境相协调。

坚持不懈治理交通拥堵。加强组织协调，开通试运营地铁4号线，加快亦庄线、大兴线等线路建设，实现6条地铁规划线路开工。通过技术改造和设施完善，提高现有轨道交通的运营能力。建成西六环和京承高速三期，开工建设广渠路二期和蒲黄榆路，积极推进宋家庄、四惠交通枢纽建设，继续实施道路微循环系统改造，打通一批断头路。进一步调整优化公交网络，提高服务质量。支持地下停车、立体停车设施建设和使用，整顿停车秩序，出台差别化停车价格政策，减少占道停车，改善步行、自行车出行环境，完善实施交通限行措施，引导居民合理选择出行方式。建立客运交通指挥调度和服务信息系统、停车诱导系统，大力发展智能交通。

增强资源能源保障能力。搞好城市热电中心和后备热源建设，启动市区大型燃煤锅炉清洁能源改扩建。实施城市电网配网改造。积极推进陕京输气项目建设，完成六环路天然气管线工程，形成完善的输配主干网。继续实施一批新能源工程，新增热泵供热面积500万平方米。加快南水北调市内配套工程建设，加大城市供水管网和雨污管线改造力度，确保城乡供排水安全。

全力推进环境建设。坚持奥运环境建设标准，延续奥运工作机制，全面实施《首都环境建设规划纲要》。落实第十五阶段控制大气污染各项措施，进一步改善空气质量。按照减量化、资源化和无害化原则，制定垃圾收费政策及标准，积极推进生活垃圾分类收集、运输和处理，垃圾资源化率达到37%。加快垃圾焚烧厂和综合处理设施建设，在餐饮企业相对集中街区开展餐厨垃圾资源化处理试点。建设清河再生水厂二期，推进高碑店、卢沟桥污水处理厂升级改造，市区和郊区污水处理率分别达到94%和50%，扩大城乡再生水利用规模。实施长安街大修和沿线景观建设，完成300个老旧小区、150条胡同整治，加大城乡结合部、历史文化保护区、公园、风景名胜区环境整治力度，进一步提升市容环境水平。

加大生态建设力度。加快推进京津风沙源治理，启动山区低效生态林改造工程，实施5万亩水源保护林项目，继续开展生态清洁小流域治理和废弃矿山生态修复。建成10个环城郊野公园，加快建设11个新城滨河森林公园，新建改建20处城市公园绿地，提升100条道路绿化水平，开展市区露天停车场绿化试点。完成永定河生态环境综合整治主体工程，加大北运河流域水系综合治理力度，切实抓好莲花河、丰草河等河道治理。深入开展生态区县、环境优美乡镇和生态村创建活动，提高全社会生态环保意识。

提高城市服务管理水平。运用奥运成果，推进城市服务管理模式创新。进一步发挥万米网格城市管理信息平台作用，促进企业和社会公众参与，建设城市服务管理长效机制。推动城管日常执法精细化，规范执法行为，维护好城市环境秩序。完善物业管理政策，加快推行物业标准化服务，健全物业纠纷调解机制。深入研究调控人口规模、统筹解决人口问题的途径和举措，创新流动人口服务与管理方式，探索建立人口调控目标责任制。做好流动人口和市内人户分离人员的计划生

育工作，稳定低生育水平，提高人口素质。

（五）大力发展以改善民生为重点的社会事业，促进社会和谐

进一步加大公共财政投入，继续实施“五无”工程，办好直接关系群众生活的57件重要实事，促进基本公共服务均等化，使民生工作继续走在全国前列。

努力稳定就业局势。落实国家相关政策措施，鼓励和引导高校毕业生到城乡基层、中小企业和非公有制企业就业，做好就业指导、创业服务和对困难毕业生的援助工作。加大对就业困难群体、困难地区和农村转移劳动力的帮扶力度，促进6万名农村劳动力转移就业，实现“零就业家庭”至少一人就业。落实和完善创业政策，进一步优化创业环境。建立城乡一体的就业管理制度，在岗位补贴、社会保险补贴、职业技能和创业培训补贴等方面实现城乡同等待遇。以乡镇和村级就业服务机构建设为重点，健全公共就业服务体系。认真贯彻落实劳动合同法，完善解决农民工工资拖欠问题的长效机制。加强失业预警和劳动关系动态监控，实行劳动用工备案制度，大力推行集体合同和工资集体协商，妥善解决劳动争议，维护劳动关系和谐稳定。

进一步提升城乡社会保障水平。统一城乡居民养老保险制度，确保现有制度有效衔接。实施城镇无医疗保障老年人和灵活就业人员门诊报销政策，实行企业退休人员医疗费用报销与单位缴费脱钩。提高企业退休人员基本养老保险、城乡最低生活保障、失业保险、工伤保险待遇标准，提高农村五保供养和各类优抚补助水平，提高职工丧葬补助和取暖补贴。实行农村低保对象分类救助，健全医疗救助政策，使各项社会救助政策惠及城乡低收入家庭。完善养老服务补贴政策，大力发展居家养老服务，支持社会力量兴办城乡养老设施，新增养老床位1.5万张。加强慈善文化、制度和组织建设。

推进首都教育现代化。制定首都教育中长期改革发展规划纲要。保障教育投入依法增长，新增经费重点投向农村地区、薄弱学校。支持200所小学标准化建设，全面改善农村寄宿制学校生活条件，修缮改造300所农村中小学教师集体宿舍。落实城乡免费义务教育的各项政策，加大对困难家庭学生教育资助力度，提高特殊教育学校学生人均公用经费标准。扩大公办学校接收外来务工人员子女接受义务教育比例，规范打工子弟学校办学和管理。落实义务教育学校实施绩效工资的指导意见，确保教师平均工资不低于公务员平均工资水平。做好教师培训工作，探索优质师资合理流动、均等配置机制，继续完善招生制度，规范学校收支，坚决治理捐资助学与学生入学挂钩，推动义务教育均衡发展。加强和改进未成年人思想道德建设，做好学校体育和健康工作，全面实施素质教育。理顺幼儿园办学体制，加快农村幼儿园建设。促进职业教育特色发展，重点建设70所中职学校，开展中高职教育衔接试验。优化高等教育专业结构，推进重点学科建设，重视大学生思想政治教育和心理健康辅导。培育学习型组织，完善市民终身学习服务体系。

加快医疗卫生事业发展。以公共卫生、农村和社区卫生为重点，完善医疗卫生服务体系。继续抓好重大疾病防控工作，实施全民健康行动计划，提高群众健康水平。积极培养引进社区卫生人员，健全社区首诊和双向转诊制，扩大社区基本药品范围。全面加强农村卫生体系建设，落实远郊区县区域医疗中心建设计划，强化乡镇卫生院服务功能，规划建设一批村级卫生室和健康工作室，进一步提高新农合医疗保障水平。强化医疗机构全行业监管，开展单病种医药费用总额预付制试点，规范药品集中招标采购制度，努力减轻群众医药费用负担。

促进首都文化繁荣发展。按照中央要求，

认真做好新中国成立60周年庆祝活动有关工作。以“人文北京、文明行动”为载体，广泛开展精神文明创建活动。深入实施公民道德工程，推进和谐文化建设，培育文明社会风尚。完善基层公共文化服务体系，推进文化信息资源共享工程，完成所有行政村文化中心、数字电影放映厅建设任务，在全市317个街道、乡镇设立图书服务站点。加大政府补贴，降低演出票价，增加演出场次，组织好面向社区和农村的各类公益文化演出活动。创新文化产品和传播方式，鼓励创造优秀文艺作品，繁荣高端文化演出市场。继续实施文物建筑抢险修缮工程，增加博物馆、纪念馆等公共文化场所向社会免费开放的数量。积极申报非物质文化遗产生态保护区，加大非物质文化遗产的保护和开发力度。支持新闻出版、广播影视、文学艺术和哲学社会科学加快发展，加强互联网等新兴媒体的建设和管理。创新科普工作机制，增强科普实效性。深入开展群众体育活动，支持群众体育组织发展，探索推进竞技体育体制改革，积极培育大型品牌体育赛事，发展壮大体育产业。

积极解决群众住房困难。加大住房保障力度，开工建设和收购廉租房、经济适用房、政策性租赁房、限价商品房850万平方米，竣工200万平方米。统筹旧城风貌保护、危旧房改造和人口疏解，完成旧城历史文化保护区2万户居民住房修缮整治，同步整治街巷胡同、完善市政基础设施。全面启动门头沟、通州、丰台“三区三片”棚户区改造试点。推进农村住宅增温节能改造，为农村5500户特困家庭、1000户优抚家庭翻建维修住房。实施5万户平房“煤改电”、20万户热网改造及10万户老楼通气工程，改善居民居住条件。

切实加强社会建设。落实社会建设实施纲要，深化社会管理体制改革，推进和谐社会共建共享。完善购买社工岗位、“枢纽型”社会组织管理、社区居民居家养老等政策，不断扩大政府公共服务供给。将社区公共服务设施纳入城市基础设施建设规划，加快城市社区服务站规范化建设，设立200个农村社区服务站。建立专项资金，搭建服务平台，加强社会组织建设、管理与服务。建立健全社会工作者培养、评价、使用、激励机制，进一步完善社会志愿服务的组织体系和工作机制，努力促进社会工作经常化、制度化、规范化。扩大村民自治、社区居民自治，深化村务公开、厂务公开，依法组织第七届社区居委会选举工作。进一步落实党的民族政策，加强基层民族工作，加强对民族乡村发展的扶持。全面贯彻党的宗教工作基本方针，认真做好宗教工作。切实做好侨务工作，扩大京台交流与合作。支持工会、共青团和妇联等群众组织开展工作。进一步推动老龄事业发展，切实保障妇女和未成年人权益，继续做好残疾人就业、无障碍设施建设等工作。加强国防后备力量建设，广泛开展双拥共建和国防教育，完善优抚政策，做好军队干部转业安置、退役士兵教育培训和就业服务，增强军政军民团结。

全力建设“平安北京”。巩固平安奥运成果，高标准做好安全稳定工作，实现“大事不出、小事减少、管理严格、秩序良好”的目标。全面开展城市风险评估控制及安全隐患排查整改，强化风险与隐患的动态监测。完善突发公共事件总体应急预案，健全基层应急管理体系和首都区域协作联动机制，提升城市应对突发事件能力。深入开展安全生产治理整顿，强化行业和属地监管，建立信息管理平台，全力压减各类事故。健全领导干部接访、重大决策信访风险评估、信访排查督查责任落实机制，重视解决初信初访和重信重访案件，积极防范、妥善处置各类群体性事件。完善公益法律服务体系，扎实做好社区矫正和帮教安置工作，不断提高人民调解水平。加强社会治安综合治理，巩固、规范群防群治队伍，保障平安建设经费，深化精确打击工作机制和多元化治安整治模式，提高科技防范水平，做好反恐防暴工作，努力把北京建成城市秩序最好、群众安全感最高的和谐社会首善之区。

（六）着力推进改革攻坚，全方位扩大对内对外开放

抓住有利时机，着眼于建立健全充满活力、富有效率、更加开放、有利于科学发展的体制机制，不断加大改革力度，提升对内对外开放水平。

加快重点领域和关键环节改革。深化财政管理体制改革，重点落实市与区县分税制财政管理体制改革方案，提高区县、乡镇财政保障能力。认真贯彻《企业国有资产法》，完善国有资产监管体系。发挥国有资本经营管理中心作用，推动国有大型企业战略并购重组，加快培育千亿元级、具有核心竞争力的大企业集团。适时推进资源产品价格和环境收费改革，促进资源能源节约利用。认真做好增值税、燃油税改革的相关工作。研究制定医疗卫生体制改革方案，探索政府主导与发挥市场作用相结合的医疗卫生服务提供机制，推动公立医院分类改革，鼓励社会资本举办医疗卫生机构。积极申报城市管理综合配套改革试验区，推进城乡结合部地区综合配套改革试点。

努力提高开放型经济发展水平。树立全球战略眼光，充分发挥奥运效应，积极利用两个市场、两种资源。完善总部经济发展促进政策，吸引国内外大企业在京设立总部机构。进一步加强投资促进工作，鼓励外资投向现代服务业、高技术产业、节能环保和研发创新等重点领域，提高利用外资水平。完善管理机构和运营机制，加快天竺综合保税区建设。探索建立与天津口岸直通模式，推动解决出口退税和结售汇问题，为企业出口提供有力帮扶。支持企业引进先进技术，扩大关键零部件进口，增加重要战略物资储备。鼓励有实力的企业稳步实施“走出去”战略。研究制定服务外包政策，促进服务贸易发展。

积极推进区域合作和对口支援。发挥科技创新和综合服务等优势，找准北京在京津冀都市圈和环渤海地区的定位，加强与周边省区市的联系沟通，拓展交通、能源、水资源、生态保护、旅游发展、生产基地等方面的联合与协作。坚持走高端产业发展之路，避免低端竞争，实现错位发展、协调发展。落实对口支援框架协议，鼓励、引导社会力量积极参与，高质量做好支援什邡市恢复重建及其他对口支援工作。

三、加强政府自身建设

深入学习实践科学发展观，以“加快改革、优化服务、提高效率”为主题，着力深化行政管理体制改革，努力使政府职能转变有新突破，科学民主决策、依法行政有新进展，服务能力和行政效率有新提高。

第一，全面推进依法行政。坚决执行市人民代表大会及其常委会的决议，坚持重大事项报告制度，自觉接受人大监督。认真听取民主党派、工商联、无党派人士和各人民团体的意见，自觉接受政协民主监督。坚持与人大代表、政协委员联系制度，高度重视并认真办理人大议案、建议和政协建议案、提案。广泛征集群众建议，接受社会公众和新闻舆论监督。深入贯彻国务院全面推进依法行政实施纲要，认真完成提请市人大常委会审议的地方性法规草案，修订、制定一批涉及社会管理、城市运行与可持续发展的政府规章。严格按照法定权限和程序行使权力、履行职责，规范行政行为，不断提高依法行政水平。

第二，深化政府机构改革。以转变政府职能为重点，扎实做好市政府机构改革方案

的组织实施，加紧完成各部门的“三定”工作。精简规范市政府议事协调机构和临时机构。制定区县政府机构改革指导意见，指导完成区县政府机构改革。制定事业单位分类改革意见，选择部分区县和部门进行试点。认真搞好乡镇机构改革试点工作，积极推进乡镇事业站所改革。

第三，切实提高行政效能。深化行政审批制度改革，进一步精简审批事项，简化审批程序，下放审批权限，切实提高行政效率。完善全程办事代理制，优化工作流程，改进“一站式”服务。规范政府采购，提升服务水平。健全政府部门协调配合机制，把协调配合纳入部门绩效考核范围，加强监督检查，坚决杜绝推诿扯皮、办事拖沓的现象。深化政务公开，落实政府信息公开条例，推进权力公开透明运行。加快电子政务建设。出台提高政府机关工作效能的意见，健全行政机关绩效管理体系，加强效能监察和行政问责。

第四，加强作风和廉政建设。大力弘扬奥运精神，增强全体公务员的忧患意识和进取勇气，大兴调查研究、真抓实干之风，大兴服务基层、服务群众之风。坚持勤俭办一切事业，继续压缩政府部门经常性项目支出，严格控制会议、差旅、出国、接待等费用。贯彻落实十七届中纪委三次全会精神，加强对公务员特别是领导干部的教育与监督，严格执行党风廉政建设责任制，努力拓展从源头上防治腐败的工作领域，深入开展廉政风险防范管理工作，扎实推进惩治和预防腐败体系建设。强化对重要领域、关键岗位的监察和审计，坚决纠正各种损害群众利益的不正之风，坚决查处违法违纪案件，切实做到“廉洁、勤政、务实、高效”。

各位代表！

实现今年经济社会平稳较快发展，建设“人文北京、科技北京、绿色北京”，任务光荣而艰巨。让我们更加紧密地团结在以胡锦涛同志为总书记的党中央周围，高举中国特色社会主义伟大旗帜，以邓小平理论和“三个代表”重要思想为指导，深入贯彻落实科学发展观，解放思想，知难而上，扎实工作，以建设繁荣、文明、和谐、宜居的首善之区的优异成绩，迎接新中国成立 60 周年！

北京市第十三届人民代表大会第二次会议关于北京市 2008 年国民经济和社会发展计划执行情况与 2009 年国民经济和社会发展计划的决议

（2009 年 1 月 17 日北京市第十三届人民代表大会第二次会议通过）

北京市第十三届人民代表大会第二次会议审查了市人民政府提出的《关于北京市 2008 年国民经济和社会发展计划执行情况与 2009 年国民经济和社会发展计划草案的报告》及北京市 2009 年国民经济和社会发展计划草案，同意市人民代表大会财政经济委员会的审查结果报告。会议决定，批准《关于北京市 2008 年国民经济和社会发展计划执行情况与 2009 年国民经济和社会发展计划草案的报告》，批准北京市 2009 年国民经济和社会发展计划。

关于北京市2008年国民经济和社会发展计划执行情况与2009年国民经济和社会发展计划草案的报告

——2009年1月12日在北京市第十三届人民代表大会第二次会议上

北京市发展和改革委员会

各位代表：

受市人民政府委托，现将北京市2008年国民经济和社会发展计划执行情况与2009年国民经济和社会发展计划草案的报告提请市第十三届人大第二次会议审议，并请市政协各位委员提出意见。

一、2008年国民经济和社会发展计划执行情况

2008年是北京发展史上很不平凡的一年。在党中央、国务院领导下，全市深入学习实践科学发展观，坚决贯彻落实国家宏观调控政策和市第十三届人大第一次会议的各项决议，积极应对国际环境复杂变化和国内重大自然灾害的多重影响与挑战，坚持一手抓奥运筹办，一手抓经济社会发展，成功举办了一届有特色、高水平的奥运会、残奥会，“新北京、新奥运”战略构想全面实现。与此同时，全市经济社会发展总体上继续保持“好字优先、稳中求进”的态势，年度发展计划执行有力，各项事业取得新的成绩。具体表现在以下六个方面。

（一）结构调整继续深入，质量效益稳步提升

首都经济较快发展。在国内外环境发生深刻变化、物价波动较大的情况下，全市经济仍然保持了较快发展，预计全年实现地区生产总值将突破1万亿元，增长9%；居民消费价格指数低于全国平均水平，全年为105.1%。

质量效益继续提升。预计万元地区生产总值能耗和水耗降幅以及化学需氧量排放量、二氧化硫排放量等节能减排调控目标能够完成。失业率稳中有降，全年城镇登记失业率为1.82%，低于年初2.3%的调控目标。实现地方财政收入1837.3亿元，增长23.1%，超额完成年初预算；城镇居民人均可支配收入达到24,725元，增长12.4%，扣除价格因素实际增长7%；农民人均纯收入达到10,747元，增长12.4%，扣除价格因素实际增长6.5%。

产业结构继续优化。一是现代服务业引领作用更加凸显。服务业增加值占地区生产总值的比重预计达到73%左右。1—11月，规模以上信息服务业、科技服务业企业收入分别增长15.7%和24.3%；文化创意产业企业收入增长17.6%。二是制造业结构加快调整。现代汽车二工厂、燕化千万吨炼油改造、首钢冷轧、康宁玻璃基板等一批重大产业项目投入生产，福田康明斯发动机等项目进展顺利。20个适合首都发展的电子信息、装备制造、生物医药等领域的高技术和现代制造业项目成功签约。40家高耗能、高耗水、高污染企业淘汰落后生产能力；首钢400万吨压产任务顺利完成；有机化工厂、化工二厂

全面停产，人员安置有序进行。三是都市型现代农业产业化水平继续提升。粮食总产量达到125.5万吨，增长22.9%。全市新建成设施农业3.6万亩，总面积超过20万亩。观光农业持续发展，京郊旅游不断升温，富农效应日益显现。

发展动力更趋协调。一是在制造业发展趋缓情况下，服务业的拉动作用继续增强。受外部环境变化和本市主动加快产业调整影响，工业增加值增速有所回落，预计增长3%左右，但服务业比较平稳，预计增长10%以上，是拉动经济增长的主要力量。二是在投资增长趋缓情况下，消费的拉动作用更加明显。全市固定资产投资预计完成3900亿元左右，接近上年水平；社会消费品零售额预计超过4500亿元，增长20%以上。三是在土地、资本等生产要素投入减缓情况下，科技进步贡献率进一步提高。预计全市研发经费支出占地区生产总值的比重达到5.7%，比上年提高0.1个百分点；每万人专利申请量超过20件。借助奥运平台，第三代移动通信、数字电视、手机电视、闪联等一批具有自主知识产权的标准和技术得到应用，联想首次进入世界500强。本市获批成为全国六大综合性国家高技术产业基地之一。

（二）奥运举办圆满成功，为实现新发展奠定了坚实基础

奥运赛事圆满成功，服务保障高效周到。北京奥运会、残奥会成功举办，实现了“两个奥运同样精彩”和“让国际社会满意、让各国运动员满意、让人民群众满意”的要求，全面兑现了向国际社会的郑重承诺。奥运之前，高标准做好各项奥运筹备工作，31座新建改建比赛场馆、45个独立训练场馆及相关配套工程按时建成投入使用，城市安保、交通、运行保障等工作得到加强。奥运期间严格落实“双进入”体制，实现了场馆运行内外保障无缝衔接和赛时“零故障”；奥运赛事组织严密科学，管理运行衔接顺畅，不仅做到了住宿服务高标准、餐饮供应零投诉、食品安全零事故、医疗保障无差错，而且还做到了媒体服务开放快捷、能源保障万无一失、市场供应平稳有序、志愿者服务热情高效，赢得了国际社会的普遍赞誉。奥运后，及时总结筹办经验，挖掘奥运遗产，研究推广奥运机制，城市管理规范化、精细化水平进一步提高。

奥运效应积极持久，发展基础更加坚实。北京奥运会、残奥会的成功是首都发展历史进程中的重要里程碑，标志着北京的发展进入了一个新的阶段，提升了首都的国际影响力和软实力，对首都的长远发展将产生深刻的积极影响。奥运会、残奥会成功举办不仅留下了丰厚的物质遗产，更形成了宝贵的精神财富。七年来，城市建设日新月异，基础设施日益完善，城市承载能力不断增强，“鸟巢”、“水立方”成为奥运建筑的经典，凝聚升华出“北京奥运精神”；广大市民自觉服务奥运、参与奥运、奉献奥运，城市文明程度不断提高；奥运之后，秉承奥运三大理念，建设“人文北京、科技北京、绿色北京”已成为奥运后持续发展的战略取向和目标要求，为推动首都科学发展、促进社会和谐提供持久动力。

（三）城市建设不断加强，可持续发展能力进一步提升

城市基础设施更加完善。地铁10号线一期、奥运支线、轨道交通机场线开通运营，新增轨道交通运营里程58公里，总里程达到200公里，轨道交通指挥中心建成投入使用。机场二通道、机场南线、京平高速、京津二高速等建成通车，全市高速公路通车里程累计达到820公里，提前两年实现“区区通高速”目标。首都机场T3航站楼和新北京南站、京津城际客运专线投入使用。城市路网整体运行效率明显提高，公交出行比例预计达到36.8%，比上年提高2.3个百分点。加

快重大能源设施建设，建成3座500千伏变电站和太阳宫、郑常庄、电子城燃气热电厂、草桥供热厂，推进通州、平谷、延庆等区县9个大型集中供热中心建设。完成城区5万户电采暖改造工程。实施怀柔、张坊应急水源扩建，建成南水北调中线京石段工程，成功实现冀水进京。

城市环境明显改善。兑现“绿色奥运”承诺，与周边省区市密切合作，保障赛事期间全市空气质量天天优良，全年空气质量达标天数累计达到274天，占监测天数的74.9%，同比多28天。永定河生态环境综合整治、五环路内及奥运场馆周边重点地区裸露地面绿化硬化等一批环境建设任务按时完成，第一批1万亩郊野公园建成开放，第二批1.7万亩郊野公园主体工程基本建成。全市林木绿化覆盖率达到52.1%，城市绿化覆盖率达到43.5%，均比上年提高0.5个百分点。北小河、永丰、温泉等一批污水处理厂和高安屯垃圾焚烧厂等一批垃圾处理设施建成，预计市区和郊区污水处理率分别达到93%和48%，同比提高1个和4.5个百分点；市区和郊区垃圾无害化处理率分别达到100%和85.07%，均高于年度计划。

（四）新农村、新城建设稳步推进，城乡区域协调发展程度进一步提高

新农村建设稳步推进。10个远郊区县村庄体系规划和新农村“五项基础设施”建设规划（2009—2012年）编制完成，年度200个基础设施整体推进村“五项工程”建设有序开展。以新能源示范推广为重点的“三起来”工程全面完成年度计划。实施“阳光双百”工程，建成远郊区县102座阳光校园和170个村太阳能集中浴室。建成一批沼气与生物质秸秆气化工程，万户农民用上清洁廉价管道燃气。完成了年度70万农民安全饮水工程，提前2年实现农民饮水安全规划目标。在全国率先实现村村通公交。继续加大粮食直补力度，在全国率先实施季节性裸露农田治理，对种植小麦、牧草的农户发放生态补贴，有效促进了农业增产、农民增收。重点镇建设整体启动，39个规划重点镇的垃圾密闭、收集、转运系统建设全面铺开，城市管理机制开始向农村延伸。

重点新城建设扎实起步。新城总体规划、控制性详细规划和经济社会发展规划已经全面完成。交通联络线、区域医疗中心、集中供热和环境整治等项目建设加快实施，新城的基础设施支撑能力有了新的提高。一批重大项目前期工作正在有序进行，新城相关建设标准和推进措施研究取得初步成果，为全面开展重点新城建设奠定了基础。

城市功能布局更趋优化。区县功能定位加快落实，发布实施《关于推动区县合作促进生态涵养区协调发展的意见》，建立城区与山区县结对合作、互助共赢机制，结对区县合作配套政策基本完成。旧城内房屋修缮和胡同整治任务全面完成，前门、大栅栏、玉河等六片文保区试点稳步推进。产业发展格局进一步优化。六大高端产业功能区集聚产业、创造财富、吸纳就业、促进创新的作用不断增强。促进首都金融业发展的意见发布实施，“一主一副三新四后台”的金融发展格局得到确立。加大丽泽金融商务区招商推介力度，研究制订推动北京丽泽金融商务区开发建设的意见。第二批文化创意产业集聚区顺利认定，文化创意产业集聚态势更加明显。

（五）民生状况不断改善，和谐社会建设进一步加快

就业和社会保障工作取得新成效。“零就业”家庭帮扶长效机制基本建立，全年消除零就业家庭793户，实现动态归零。积极贯彻就业促进法、劳动合同法，劳动关系总体稳定。继续提高社会保障待遇标准，职工基本退休金、城镇最低生活保障、最低工资、失业保险标准分别提高200元、60元、70

元、80 元。城镇职工基本养老、基本医疗、失业保险参保率分别达到 94%、93.6%、93.6%。城乡无社会保障老年人养老补贴制度顺利实施。新型农村社会养老保险参保率达到 83.9%，平均养老水平从 100 元提高到 400 元。医疗保障制度基本实现全覆盖，实施了城镇无业居民医疗保险制度，下调了职工医疗保险报销起付线，提高了社区卫生机构门诊报销比例。全年 800 万平方米廉租房、经济适用房和限价房建设任务全面落实；经济适用房和限价房分别摇号配售 1.2 万套和 2 万套；廉租房保障覆盖面逐步扩大，摇号配租有序开展。

社会公共服务稳步提升。扩大“两免一补”政策范围，资助全市 24 万名困难家庭学生。支持 100 所小学标准化建设，改善 140 所农村寄宿制中小学及农村薄弱学校办学条件。职业教育和高等教育健康发展。公共卫生和基本医疗体系不断完善。全力救治手足口病患儿，免费开展问题奶粉引起的儿童肾结石筛查；规划的 3304 个社区卫生服务中心（站）标准化建设基本完成；佑安医院改扩建一期、地坛医院迁建、疾控中心业务用房等一批项目建成投入使用。公共文化和体育设施加快建设。社区体育设施配建率达到 100%；周末场演出和奥运文化广场活动受到市民普遍欢迎。

社会建设和管理机制不断完善。“五无”目标全面实现，民生状况继续改善。社会管理和服务重心向社区下移，志愿者等社会动员机制发挥了巨大作用。加强社会建设实施纲要等“1+4”政策文件相继出台，社会建设统筹协调力度不断加大。加强对流动人口的管理和服务，完善相关工作体制，开展流动人口和出租房屋情况排查。在 10 个区开展居家养老服务统一试点，出台北京市老年人优待工作办法。深入推进平安社区创建活动，加大矛盾排查调处力度，社会治安明显好转，刑事案件发案率大幅下降。食品安全监测抽查合格率和药品抽验合格率继续保持在 98% 以上。道路交通、生产安全、火灾、铁路交通、农业机械死亡事故起数和人数分别下降 21.6% 和 20.1%，生产安全得到保障。

（六）改革开放取得新进展，体制机制进一步完善

重点领域改革继续深化。一是加快推广全程办事代理制，事项办理时限比承诺时限压缩了 30% 以上。二是完善区县一般财政转移支付制度，全面推进非税收入收缴管理改革。三是建立和完善环境交易所、石油交易所等要素市场。四是转变中小企业扶持方式，设立中小企业创业投资引导基金，在全国率先创立北京中小企业信用再担保公司，研究制订北京市小额贷款公司试点实施办法，推动中小企业集合发债。五是农村土地、集体产权、金融改革取得积极进展。农户土地承包经营权流转机制初步建立，集体林权制度改革稳步推进。着手搭建农业投融资平台，组建了“三位一体”的农业投资公司、专业化农业担保公司、农业产业发展基金，延庆县和密云县的村镇银行年内相继获批开业，面向农户的融资和小额信贷体系更加完善。稳步推进政策性农业保险，参保农户达到 16.4 万户，保险范围基本覆盖种养殖业主要品种。六是积极推进科、教、文等社会事业领域改革创新。发布中长期科技发展规划纲要，研究进一步支持中关村科技园区创新和发展的政策意见，修订中关村科技园区条例。开展科技保险试点和知识产权质押贷款试点。设立海外学人中心。稳步推进北京出版社、北京电影公司和北京文化艺术音像出版社转企改制。

对外开放水平不断提升。世界 500 强在京新设外商投资企业 14 家，累计达到 469 家；新设以研发功能为主的外商投资企业 26 家，累计达到 303 家；新设投资性公司 5 家，

累计达到159家。预计全年地区进出口总值增长40%以上；实际利用外资超过60亿美元，同比增长20%以上。

区域合作取得新进展。京津冀区域合作机制建设迈出新步伐，重点领域合作扎实推进。联合实施密云水库上游潮白河流域“稻改旱”工程和第二批水资源环境治理，实现了潮河、白河旱季基本不断流，水质明显改善。成功实施了跨区域人工消雨和奥运空气质量、交通、安保等保障措施，保障了奥运会顺利进行。对口支援各项工作任务进展顺利。

面对重大自然灾害、重大事件频发的国内外形势，全市人民在市委领导下，同心同德，共克时艰，夺取了支援抗震救灾、举办奥运、保持经济较快发展等一系列重大胜利。一是在四川汶川特大地震发生后，全市各部门按照统一部署，及时组织派遣消防、医疗和保障力量，组织社会各界捐款捐物，成立援建工作领导小组和指挥部，制定援建工作方案，有力地支持了灾区人民。二是对部分重要商品及服务实施临时价格干预措施，完善了生活必需品应急协调机制和能源综合协调保障机制，两条运行线保障有力。三是见事早，动手快，密切跟踪分析形势，奥运前采取积极措施，制定工作预案，确保奥运前后经济平稳衔接；奥运期间及时研究促进投资、扩大消费和恢复生产的政策措施；奥运后及时谋划一批重大举措、推进一批重大项目、筹办一批重大活动，促进经济活力尽快恢复。特别是11月中旬，按照中央扩大内需的部署和要求，研究制定了本市贯彻落实意见，实现了奥运筹办与经济发展“两不误、两促进”。

总的看，2008年全市经济社会发展计划执行情况是好的，经济发展的基本面仍然较好，但受国际金融危机持续蔓延和世界经济增长明显减速的影响，发展中仍然存在一些矛盾和问题需要高度重视。一是经济下行压力加大。工业和外贸出口增速回落，房地产市场低迷，财政收入增速减缓。二是部分行业和企业经营出现困难。我市电子信息产业海外订单减少，生产明显下降。冶金、石化、汽车以及建材行业市场需求萎缩，经营困难加大。部分中小企业生存和经营压力有所增大。三是影响价格稳定的因素比较复杂。虽然8月份之后居民消费价格指数逐月回落，但资源能源领域一些长期积累的价格矛盾依然突出，国际上大宗产品价格大幅波动的风险依然存在，价格稳定的基础并不牢固。从长期看，本市经济结构需要进一步优化；自主创新能力有待进一步提高；城乡之间、区域之间、各区县内部发展差距较大；人口资源环境压力日益加大等一些长期存在的矛盾和问题仍需高度重视，采取有力措施切实加以解决。

二、2009年经济社会发展计划初步安排

2009年是推进“十一五”规划顺利实施的关键一年；是奥运成功举办之后首都发展步入新阶段的第一年；是深入学习实践科学发展观，建设“人文北京、科技北京、绿色北京”的起步之年；是外部环境发生深刻变化，国家宏观政策作出重大部署，本市加快扩大内需、确保经济平稳较快发展的关键一年，并将迎来新中国成立60周年，安排好全年国民经济和社会发展计划至关重要。

（一）发展环境日趋复杂，机遇总体大于挑战

当前国际金融危机对实体经济的影响日趋增大，首都经济发展面临严峻挑战，但也蕴含着重大机遇。一方面，外部环境复杂变化对本市的影响不可低估。一是宏观环境变化对北京总部经济将产生一定影响。总部经济对国内外宏观形势变化比较敏感，与宏观调控政策的关联性也比较强。二是国内外两

个市场需求先后放缓对本市实体经济将产生一定影响。需求放缓对制造业冲击加大，与制造业相关的部分生产性服务业（金融、商务服务、物流等）也会受到波及，并可能引发一系列社会矛盾。三是需求放缓也会减弱投资、消费、出口增长的动力。四是实体经济和虚拟经济收缩对就业、收入等民生领域将产生一定影响。股市楼市调整，居民财产性收入减少；实体经济放缓，企业增资动力减弱；企业经营压力增大，吸纳新增就业的动力放缓，社会就业岗位减少，毕业大学生首次就业和就业困难群体再就业难度加大。五是宏观经济下行压力加大并将对财政税收产生一定影响，财政增幅放缓与扩大内需增加政府支出矛盾平衡难度加大。另一方面，从总体看机遇大于挑战。一是奥运成功举办，极大地提升了首都的国际形象，城市综合承载能力的提升、发展环境的日趋完善、特大型城市固有的市场需求，为加快融入世界经济创造了有利条件。二是国家实行积极的财政政策和适度宽松的货币政策，营造了较为宽松的政策环境，也为实施一批涉及长远发展的重大项目创造了条件。三是本市正处在信息化、城市化、市场化、国际化的加速期，内在动力依然充沛，投资、消费还有较大的空间和潜力。四是本市30年改革开放积累的雄厚物质基础以及科技文化资源积累具有转化成为产业优势的巨大潜力。五是以服务业为主导的经济结构稳定性强。六是与周边地区的区域合作步伐加快，为本市发展拓展了更大空间。

在当前形势下，要更加重视变压力为动力，变危机为机遇。一是市场“优胜劣汰”机制和政府结构调整引导政策效果更加趋同，有利于推动企业重组和产业结构调整；二是能源经济运行和生活必需品供应两条城市保障线运行环境相对宽松，有利于加快完善长效保障机制；三是价格回落趋势明显，有利于理顺价格形成机制，有选择、分步骤地缓解长期积累的价格矛盾；四是国际经济减速，有利于本市引进国际高端管理、技术和人才。

总体判断，虽然2009年我市发展的外部环境存在一些不利因素，但是首都经济发展的历史阶段没有改变，本市可持续发展能力仍然较强，经济社会仍然能够保持平稳较快的发展。

（二）发展计划安排的总体思路

2009年本市国民经济和社会发展计划安排的指导思想是：全面贯彻落实党的十七大和十七届二中、三中全会、中央经济工作会议以及胡锦涛总书记在纪念党的十一届三中全会召开30周年大会上的讲话精神，深入贯彻落实科学发展观，把保持经济平稳较快发展作为首要任务，积极应对国内外形势复杂变化，保增长，扩内需，调结构，集中力量保民生、保稳定；把统筹兼顾、互利共赢作为根本方法，妥善处理好各方利益关系，在更广空间、更宽领域上实现科学发展；把以人为本、自主创新、生态文明放到更加突出的位置，延伸奥运效应，加快建设“人文北京、科技北京、绿色北京”，在更高层次上实现又好又快发展。

在计划安排上具体把握“六个坚持，六个促进”：坚持扩大内需和优化发展环境，促进经济平稳较快增长；坚持以人为本和改善民生，促进和谐社会建设；坚持结构调整和自主创新，促进发展方式转变；坚持环境保护和资源节约，促进生态文明进步；坚持延伸和放大奥运效应，促进城市管理服务水平提升；坚持城乡统筹和区域协调，促进城乡经济社会发展一体化。

（三）2009年经济社会发展主要目标

主要预期指标：

——力争实现地区生产总值增长9%；全社会固定资产投资力争增长15%以上；社会消费品零售额增长13%左右；地区进出口总

额增长11%。

——城镇居民人均可支配收入和农民人均纯收入实际增长6%以上。

主要调控目标：

——居民消费价格指数控制在103.5%以内。

——城镇登记失业率控制在2.5%以内。

——地方财政收入增长10%以上，财政支出增长7.9%。

——万元地区生产总值能耗下降4%；水耗下降5%。

——市区空气质量二级和好于二级天数占全年天数的比重力争达到71%；化学需氧量和二氧化硫排放总量分别下降2%和3%。

——城镇基本养老、基本医疗、失业保险覆盖率分别达到95%、94.6%、94.6%；农村养老保险覆盖率达到85%。

三、实现2009年经济社会发展计划的主要措施

紧紧围绕建设“人文北京、科技北京、绿色北京”的战略目标，把当前应对外部环境变化与建立长效机制紧密结合起来，集中解决一批关系城市长远战略和全局发展的重大问题，启动本市“十二五”国民经济和社会发展规划前期工作，推动科学发展，着力改善民生，促进社会和谐，迎接新中国成立60周年，具体采取以下八方面措施。

（一）着力扩大内需，把保持首都经济平稳较快发展放在首位

坚决贯彻中央扩大内需各项政策，把投资促进与提升城市功能紧密结合起来，把引导消费和改善民生紧密结合起来，促进经济平稳较快增长。

促进投资较快增长，优化投资结构，提高投资效益。在资金来源上处理好中央投资、地方政府投资和社会投资的相互支撑关系，在资金投向上处理好房地产投资、基础设施投资和产业投资的比例关系，努力提高投资效益。1. 进一步扩大政府投资。坚决贯彻落实中央各项扩大内需政策，结合本市实际，拟安排市政府固定资产投资305亿元，增长15%。坚持集中财力办大事、分阶段解决一批问题的原则，从区域上优先支持新城、南城及西南部地区、城乡结合部、重点镇和新农村、重点产业功能区、危改区（棚户区）和文保区等重点区域建设。从领域上重点支持轨道交通以及外部联络线、城市路网和公交枢纽建设；支持城市能源、水资源等战略资源保障能力建设；支持公共服务和民生改善项目建设；支持生态环境建设；支持产业基础设施建设和企业技术改造。2. 更加注重投融资体制创新，增强对社会投资引导和放大作用。一是丰富金融支持手段，拓展企业融资渠道。扩大企业直接融资规模，重点推动符合条件的企业发行短期融资券、中期票据、企业债券，探索发行市政收益债券，鼓励中关村高技术中小企业发行集合债券；建立促进企业上市工作联动机制，推动本市企业上市直接融资，扶持中小企业利用中小板市场筹集发展资金；加快中关村股权代办转让系统建设，增强融资功能；推动创业投资和股权投资机构在本市设立和发展；推进石油、环境、林权交易所和技术、票据交易市场等多层次要素市场体系建设。二是进一步提高投资平台对社会投资的引导和放大作用。扩大创业投资引导基金规模，引导风险投资基金、股权投资基金发展，将中小企业创业投资引导基金从目前的3亿元提高到8亿元，将中小企业信用再担保公司资本金规模从10亿元提高到15亿元。进一步搭建和完善“农投、农担、农基”投融资平台，积极调动和发挥好既有平台的作用。三是整合政府资金，加大政府贴息和补助力度。重点支持高端产业功能区基础设施、企业技术改造、自主创

新、结构调整、节能减排以及现代服务业、现代制造业发展。四是进一步优化投资环境。把争取新的重大项目作为重中之重，大力抓好扩大内需项目的落实和服务保障，在时序上要做到早安排、早落地。五是注重协调推进重大项目的长效机制建设，坚持实施“绿色审批通道”制度，扩大重大项目调度管理范围。市级部门重点精简行政审批环节，下放审批权限，提高审批效率。区县政府要强化征地拆迁责任，为投资落地提供高效服务。3. 争取中央投资项目落地。全力做好“四个服务”，以服务促发展。一是积极承接北京地域上中央扩大内需项目，加大前期征地、拆迁和地方配套服务力度。二是争取一批关系长远发展、需要中央审批的大项目尽早实施。三是做好对五类中央项目的对接和服务，即中央经济类总部设立和扩张项目、国家重大科技基础设施项目、在京拟建的公共服务类项目、中央国债转贷项目、需要中央审批或需要央企参与的要素市场项目。

努力扩大消费需求，巩固支撑增长的动力。1. 千方百计增加城乡居民收入，稳定消费预期。贯彻落实中央相关政策，继续增加对城市和农村低保补助，提高企业退休人员基本养老金水平。适度提高城市居民最低生活保障、失业保险金和工伤保险待遇标准。扩大农民就业优惠政策项目，提高优惠政策标准。研究提高绿化隔离地区绿地占养补偿标准和农村护林员、路管员和水管员的补助水平，提高农民收入。2. 培育新的消费热点。充分利用奥运资源，加大旅游、会展市场开发力度，提升规模和档次，扩大外来消费。推进大栅栏、三里屯等一批特色街区建设，扩大特色消费。加快物流基地建设，促进物流配送体系向新城和农村延伸，提高农村零售连锁便民店、农业生产资料连锁超市、郊区“一乡一集市”的覆盖面，研究制订本市鼓励工业品下乡的支持政策，扩大新城和农村消费。3. 进一步扩大消费信贷，优化消费环境。完善信用环境，研究扩大住房、耐用消费品、装修、留学、旅游、信用卡等消费信贷的政策措施。继续推动银行卡工程，鼓励电子商务发展。开展消费市场环境专项整治，加强市场监管，保障食品安全，严厉打击假冒伪劣、价格欺诈等违法行为，营造安全消费环境。

注重促进房地产市场健康发展，增强对消费和投资的带动功能。房地产兼具扩大投资、带动消费、改善民生的多重功能，要落实国家促进房地产市场健康发展的政策措施，采取积极措施，稳定市场预期，促进房地产业健康发展。按照“低端有保障，中端有支持、高端有市场”的要求，结合首都住房需求实际，着力完善住房供应体系，优化供应结构。进一步加大廉租房、经济适用房、政策性租赁房和限价房土地供应及建设力度，新建收购 850 万平方米，争取年内竣工 200 万平方米。完成历史文化保护区 2 万户危旧房保护修缮工作，积极推进门头沟、丰台、通州的棚户区改造，逐步改善居民的生活条件。认真贯彻落实国家支持居民购房的税收和金融政策，实施本市促进房地产市场发展的政策意见，合理引导住房需求。加大土地储备规模，加快土地一级开发进度。大力发展二手房市场，试点开展政策性租赁住房建设，扩大住房租、售市场联动效应。合理规划重点地区大型公建和商用地产规模，支持楼宇经济和生产性服务业发展。

（二）着力推进自主创新和结构调整，促进发展方式转变

紧抓国内外经济调整机遇，统筹用好中央与地方、国内与国外、国有与民营等多方面的发展资源，自主创新和结构调整并举，提升产业素质，增强发展后劲。

大力推进自主创新。完善中关村自主创新配套政策，积极争取《关于进一步支持中

关村科技园区创新和发展若干政策的意见》出台，完善地方配套政策。加大在金融改革创新、技术转移、人才激励、政府采购等方面的政策支持力度，研究设立高新技术产业投资基金，优化园区发展环境，促进技术与资本对接。加快中关村国家工程技术创新基地、中科院怀柔研发基地、中关村软件园二期等重点产业基地建设。强化综合配套和对接服务，支持落户北京的国家6个重大科技基础设施和10个重大科技专项建设，同步推进本市18个重大科技专项。加快具有自主知识产权的科技奥运成果产业化，更加注重将科技渗透到产业升级、城市建设管理、人民日常生活等方方面面。继续推动以企业为主体的技术联盟、产业联盟、标准联盟的发展。支持下一代互联网、第三代移动通信和数字电视网三大试验网应用，促进新兴产业链培育。进一步完善支持自主创新的政策扶持体系。研究出台并落实好《关于促进股权投资基金业发展的意见》以及推进知识产权质押贷款、科技保险等融资服务试点的政策措施。实施自主创新产品政府首购、订购制度，支持研发和提供市场并重，推动科技成果转化。注重科研和项目领军人才的引进，鼓励职务发明和技术期权发展应用。加强知识产权保护，研究建立知识产权交易市场，营造创新创业环境。

加快产业结构升级调整步伐。处理好虚拟经济与实体经济的关系，促进结构调整和发展方式转变。积极创造条件、营造环境促进生产性服务业、文化创意产业和总部经济发展。进一步落实促进服务业发展的各项政策，完善专项政策支持体系。加快重点产业园区基础设施、公共平台、公共服务环境的建设，促进产业集聚发展。进一步完善人才、技术、金融等多层次的要素市场，研究出台促进信息服务业发展的政策，提升信息传输服务、信息技术服务、信息内容服务水平，重点提高信息内容产业的规模和质量，为发展现代化的生产性服务业提供基础支撑。研究修订本市吸引跨国公司地区总部政策，搭建完善总部经济平台，适度放宽认定标准，在财政支持、出入境便利、人才引进等方面给予政策支持。加快研究制订本市振兴现代制造业的促进意见，推动钢铁、石化、装备制造、轻工、电子信息等制造业向高端化、现代化方向发展，增强产业发展后劲。重点加快奔驰与福田合资重卡、康明斯发动机、汽车研究总院、三一重工等项目建设，研究推进京东方第8代液晶显示屏生产线建设，培育新的高端产业群。以创新驱动产业，落实增值税转型政策和政府资金贴息措施，加快企业技术改造和产品升级步伐。进一步完善能耗、水耗、污染排放、投资强度、土地集约程度等方面的产业标准，继续推动一批“三高”企业关停并转。

（三）着力加强社会建设和改善民生，促进发展成果共享

坚持抓好就业，进一步完善社会保障，创新公共服务配置模式和社会管理体制机制，提升社会管理水平，促进社会和谐。

切实将稳定就业局势和提升城乡社会保障水平摆在更加突出的位置。落实好关于扩大内需促进经济增长改善民生有关措施，做好“一升一降、一统一分、一抓一放”的相关工作。重点做好零就业家庭帮扶工作，加强对大中专毕业生和就业困难群体的帮扶和指导。加强农村劳动力培训，对用人单位招用农村就业困难人员给予岗位补贴和社会保险补贴，促进本市农村劳动力转移就业。做好关停并转企业的人员安置，研究解决产业调整转型区的就业促进工作。以创业促进就业，加快创业基地和公共服务平台建设，制定更加灵活的财税金融政策。提高医疗保险社区报销比例，鼓励患者在社区就医。实施城镇无医疗保障老年人和灵活就业人员门诊

医疗费用报销办法，提高新型农村合作医疗保障水平，减轻医疗负担。

推进基本公共服务均等化。重视学前教育和基础教育均衡发展，推动中小学校抗震排险改造工作，推进山区、半山区中小学校达标建设工程，引导优秀师资到农村、薄弱地区任教；进一步规范打工子弟学校，保障外来务工人员子女受教育的权利。推动职业院校布局结构调整，稳步发展高等教育，加快沙河与良乡高教园区、亦庄职业教育园区等高校布局调整项目建设。扩大优质医疗资源供给，推进北京儿童血液肿瘤中心等一批重大项目，改善三级医院医疗条件，提高卫生科研水平。全面推进区域性医疗中心建设，继续完善市区两级疾控、卫生监督、妇幼保健、中医体系。发展文化体育事业。盘活存量资源，重点加快老旧厂房等闲置资源向科技、文化创意产业等方向转型使用。加快首都图书馆二期暨北京市方志馆、戒台寺滑坡整治保寺后续工程等一批文化设施和文保工程。建立健全文艺团体基层文化演出财政补贴机制，增加基层农村、社区文化服务及产品供给。创新公共服务提供模式，由政府包办向市场生产、社会配置、政府购买服务和加强监督转变，使人民更好地分享发展成果。

稳妥做好攸关民生的各项工作。加快城乡居民能源安居工程建设，实施 5 万户平房煤改电、20 万户热网改造及 10 万户老楼通气工程，改善居民居住条件。切实加强市场供应保障工作。完善重要商品的政府储备、淡季储备和商业库存制度；深化与重要货源地政府的合作，鼓励本市大型骨干企业到外埠参股或直接投资进行基地建设，保证货源和渠道稳定。稳妥做好涉及民生的价格调整工作。落实国家在成品油等领域的价格改革政策；有选择、分步骤地推进本市供热、停车场收费等价格改革；继续调整药品价格监管范围，规范教育收费行为；继续做好低收入群体生活保障工作。深入推进“价格服务进万家”活动，加快价格诚信体系建设，维护正常的市场价格秩序。

加强和改进社会管理。继续开展“平安北京”建设，健全基层群众组织，增强社区化解矛盾能力。巩固和发展社会志愿者动员成果，创新社会动员机制。合理配备社区服务和办公用房，增强基层社会管理功能。积极探索调控人口规模、统筹解决人口问题的途径和举措，继续严格落实计划生育各项政策，建立“城中村”和城乡结合部地区人口属地化管理机制，积极应对人口老龄化加剧趋势，集中力量推进一批养老服务设施建设。

（四）着力加强环境建设，提高生态文明水平

按照建设“绿色北京”要求，健全生态环境的建管机制，加快建设资源节约型、环境友好型城市，提高社会生态环保意识，将奥运环境成果巩固好、发展好，增强可持续发展能力。

大力提高城市生态品质。推进已规划的生活垃圾焚烧厂、3 座餐厨垃圾处理厂和 6 座区县垃圾处理设施的建设，实现垃圾处理减量化、资源化。实施通州、密云、延庆、亦庄等新城滨河森林公园和市区城市休闲公园建设，继续建设东南二环护城河休闲公园，继续推进第一道绿化隔离带郊野公园和第二道绿化隔离带绿化工程，试点进行五环路内部分露天停车场绿化。以“防沙、保水、增绿、保障”为重点，加快推进京津风沙源治理、平原治沙、废弃矿山植被恢复、重要湿地保护、地表水源区综合治理工程。继续改善水环境，实施永定河、温榆河（北运河）生态治理和丰台区莲花河、丰草河、马草河等河道治理工程。加快清河二期、卢沟桥、丰台河西等中心城区再生水厂和延庆、昌平、

门头沟等新城再生水厂建设，新开工建设通州、大兴及房山再生水厂。认真落实第十五阶段控制大气污染措施，加大黄标车淘汰和限行力度，严格实施绿色施工管理规程，加快退出大气污染比较严重的落后生产工艺，进一步改善空气质量。

加快节约型社会建设。把制度创新与技术进步作为主要抓手，推动节能减排由“以退促降”为主向以“内涵促降”为主转变。加快建立政府贴息、资金补助、价格调节等利益引导机制。进一步扩大循环经济试点，培育1个至2个试点区县、2个至3个乡镇，打造3个至5个试点园区，推进10个至15个试点企业。抓好工业、交通、建筑等重点领域的节能减排。完成30家市级机关办公用房节能改造和800万平方米大型公建低成本改造；以合同能源管理方式开展部分市属医院和行政单位、商场超市节能改造；开展20万平方米城镇住宅节能改造，对1500户农村住宅实施增温节能改造。通过项目带动、财政补贴、政府首购、强制淘汰更新等多种方式，加快各种高效节能技术和产品的推广应用。推广1000万只高效光源，在城市照明领域推广使用LED等高效照明产品。积极推进科技奥运成果应用，继续推广太阳能、热泵、生物质能等技术。

构建生态文明长效机制。加强生态环境建设与保护立法工作，修订本市实施节约能源法办法和水污染防治条例。适时推行峰谷电价、阶梯电价和阶梯水价，引导居民、企业、其他社会组织自觉加强节能减排。进一步完善监督考核机制，加强部门联动协调，落实属地、部门监管责任和排污主体责任。进一步修订完善首都环保标准和产业准入标准，加强环评、能评工作。强化全社会“绿色生产、绿色施工、绿色出行、绿色生活”意识，加快建设资源节约型、环境友好型城市步伐。

（五）着力加强城市建设与管理，提高城市综合承载力

把加强城市建设与改进管理结合起来，与增强城市可持续发展能力结合起来，进一步提升城市建设管理服务水平。

促进轨道交通大发展。加强组织领导，以每两年建成100公里、每年至少通车一条线路的目标进度向前推进，探索分段运营模式，力争建成一段通车一段。年内新开地铁7号线、14号线、15号线、房山线、昌平线和西郊线，建成4号线，新增通车里程30公里，累计达到230公里。加快推进市郊铁路建设，与铁路部门合作加快前期工作，力争早日实现平谷、延庆、密云、怀柔等新城与中心城的轨道交通联系。抓住国家加快铁路建设机遇，全面完成京沪高速铁路、京石铁路客运专线征地拆迁工作，配合铁道部积极推进京张、京秦、京承等客运专线的前期工作。

加快构建快速公路网络。按照“新城高速直达、乡镇快速连接、山区纵横互连”的理念，重点推进京台高速北京段、京承高速三期、京包等高速公路建设。实施现有高速公路连接重点镇的联络线工程，让城乡共享快速路资源。启动浅山区“一环、十一放射”路网建设，促进山区和生态涵养区发展。

提高城市道路通行能力。重点建设蒲黄榆路、广渠路二期、阜石路二期、西外大街西延等快速路，打通东、南、西等方向城市交通瓶颈，实现规划快速路全部开工建设，到2010年基本完成。加强老城区道路微循环建设，提高通行效率。继续优化公交场站布局和线网规划，建成一亩园公交枢纽，开工建设苹果园、四惠、宋家庄等交通枢纽，方便市民快速换乘。建设一批公交场站和人行过街设施，改善市民出行条件。坚持建管并重，推动道路交通智能管理系统建设，将市区覆盖率由30%提高到45%。

推进资源能源保障项目建设。加快华能二期、高井、三热前期工作，完成三河热电厂输热主干线一期工程，推动后备热源建设；启动市区20蒸吨以上大型燃煤锅炉房清洁能源改造及能力扩建，解决中心城区热源匮乏和环境问题。加快实施城市电网配网改造，提高供电可靠性。积极推进陕京三线、四线等输气项目建设，完成六环路天然气管线和主要接收门站，形成完善的输配主干网。继续实施“阳光双百”、“绿色燃气”、官厅风电场二期等新能源工程，实现新增热泵供热面积500万平方米。加快推进南水北调工程市内配套的南干渠输水工程、大宁调蓄水库、郭公庄水厂等工程建设，增强水资源保障能力。

提高城市管理服务水平。积极巩固奥运筹办过程中形成的城市管理运行方面的创新成果，做好总结、筛选、推广工作。做好60周年庆典活动保障，提升重点地区的景观环境，实施长安街大修和沿线景观建设，完成300个老旧小区、150条胡同整治。积极推进城市管理体制和管理模式转变，充分发挥公众企业参与城市治理的重要作用，继续推广网格化城市管理新模式。研究适应城市日常供应需要的食品安全追溯体系。分步推进老化基础设施管网改造，进一步完善城市公用设施安全运行体系。继续完善安全隐患排查、公共场所安全检查、社区安全巡防等工作协同机制，营造安全稳定环境。

（六）着力实施空间战略调整，推进城乡一体化和区域协调发展

立足于城市功能布局优化和可持续发展，进一步加快新城、城南及西南部地区、城乡结合部、生态涵养区、重点镇和新农村建设，提高城乡、区域统筹发展水平。

大力推进新城建设。坚持分阶段集中精力解决一批问题，推进新城建设扎实有序进行。1. 优先实施外部联络系统。全年计划新开工建设中心城与新城联络通道3条40公里，新城间联络通道7条163公里，重点实施连接新城的轨道交通工程。2. 优先加强生态环境建设。搞好新城绿化隔离和滨河森林公园建设，提升新城生态品质。3. 优先加强能源资源保障能力建设和节约利用。全力推进新城集中供热工程建设，到2010年前全部建成。加快建设新城与城区天然气管网联通管线，完善新城天然气骨架管网，力争2010年实现“区区通燃气”。加快完善新城供水体系，启动南水北调工程受水区域内新城配套水厂建设。严格执行新建建筑节能设计标准，提高土地集约利用效率，使新城资源节约利用水平明显提高。4. 优先抓好公共服务配套。继续推动名校办分校，重点实施密云、怀柔两县的名校分校创建工作；全面开工建设新城区域医疗中心；支持未达标区县图书馆、文化馆建设；加快完善11个新城体育中心场馆设施功能。

加快城南和西南部地区发展。出台加快南城发展的意见，以北京新机场、丽泽金融商务区、首钢及周边地区建设为主要抓手，推动城南及西南部地区发展；坚持基础设施先行，加大政府投资对城南及西南部地区的基础设施、公共服务、生态环境和产业功能区建设的支持力度，带动社会投资跟进，改善城南和西南部地区的发展基础。重点加快南中轴路南延等重大基础设施建设；支持新少年宫、北京十二中科丰校区、宣武医院改扩建一期、南苑医院翻扩建等一批公共服务设施建设；加快提升丽泽金融商务区、国际传媒大道、龙潭湖体育园、首钢及周边地区、房山世界地质公园等区域的产业功能。

促进生态涵养区协调发展。出台促进生态涵养区发展的若干意见，加大政府投入力度，提高一般性转移支付的规模和比例，完善生态补偿机制，加大产业支持力度，增强生态涵养区可持续发展能力。支持生态涵养区路网、设施农业、历史文化古村落、旅游配套设施等建设，重点布局建设旅游集散地。开发利用好浅山区环境资源，吸引教育培训、医疗康体、影视、文化创意、科技研发、信息服务后台等适合生态涵养区承接的产业要素进入，鼓励发展生态旅游，探索培育浅山区低碳高端产业。加快资源采掘和污染环境的产业调整退出。

加快城乡结合部和新农村、重点镇建设。深入贯彻《中共中央关于推进农村改革发展若干重大问题的决定》，落实《中共北京市委关于率先形成城乡经济社会发展一体化新格局的意见》，加快北京农村改革发展步伐。按照互利共赢的思路，继续开展城乡结合部地区环境整治、基础设施配套项目建设，全面改善城乡结合部公共服务条件、生活环境和社会秩序，加快城市管理机制向农村延伸。发挥绿化隔离带的资源优势，解决好农民安置、产业升级问题，实现城乡结合部可持续发展。强化各项强农惠农政策，提升都市型现代农业产业化、规模化水平，大力发展设施农业和休闲旅游，促进农民就业和增收。健全农村地区社会公共服务体系，启动重点镇文体活动中心功能改造提升工程。继续实施新农村基础设施“五项工程”和“三起来”工程，实施“绿色燃气”、“阳光浴室”和“送气下乡”三大惠农工程，完善公共设施管护机制，改善乡镇和农村生产生活条件。加强重点镇建设，逐步解决交通联络、垃圾治理、集中供水、污水处理等设施问题，为重点镇加快发展创造条件。

（七）着力推进改革开放，为发展注入新的活力

以学习实践科学发展观为契机，努力建立健全有利于科学发展的体制机制，全方位扩大对内对外开放，实施好一批重大发展措施，增强发展活力。

切实深化各项改革。一是继续开展行政管理体制改革，重点实施好政府的机构改革方案。二是深化财政管理体制改革，重点落实完善市与区县分税制财政管理体制改革方案，提升基层政府财政保障能力，满足社会民生需要。三是深入推进中关村科技园区自主创新改革，培育技术创新主体，完善人才、知识产权、金融、中介组织、政府公共服务等创新支撑体系，把中关村打造成首都推动自主创新的高地。四是研究申报国家城市管理综合配套改革试验区，推进城乡结合部地区市级综合配套改革试点。五是加快基础设施投融资改革，搭建国有资本运作和股权管理平台，提高融资平台融资能力。六是有选择、分步骤地推进资源性产品价格改革。七是稳步推进医药卫生体制改革。按照国家医改要求，研究制定本市医改方案和目标，适时推进相关工作试点。八是深化农村综合改革。研究制订推进农村土地承包经营权流转和集体建设用地流转意见。深化集体经济产权、集体林权制度改革。完善“三位一体”的农业投融资平台。加快村镇银行试点，积极发展面向农户的融资和小额信贷。

用好国内外两个市场、两种资源。切实提高开放水平，加快建设现代化国际城市步伐。用国际化视野审视北京发展建设和管理，加快国内外文化艺术和先进经验、经营管理、市场规则的交流和对接。引导外资投向现代服务业、高技术产业、现代制造业、节能环保、研发创新等重点领域，更加注重引进管理、技术和智力。加快天竺综合保税区建设，促进加工贸易转型升级，积极承接国际服务外包。完善本市境外投资合作的支持服务体系，探索建立企业境外投资产业基金。进一步加强区域合作，在更大的空间范围统筹配置资源。紧抓国家加快发展京津冀都市圈和环渤海地区的历史机遇，与周边省市协同，重点治理空气污染、保护水资源和生态环境、开发利用能源、保障农产品供

应、完善区域交通体系、推动产业合作，加快产业调整、人口疏解和生态改善，发挥首都的辐射带动作用，形成优势互补、各具特色、合作共赢的发展局面。坚决贯彻中央要求，扎实做好支援什邡灾后恢复重建，谋划好第二批援建项目。继续开展对内蒙古 18 个旗县、西藏拉萨、新疆和田、湖北巴东等地区的对口支援工作，进一步完善对口支援的合作机制。

（八）着力强化风险防控，增强应急处置能力

努力强化危机意识和风险管理，为新中国成立 60 周年营造和谐的社会氛围。高度关注劳动就业工作，密切监测就业形势变化，进一步加大劳动执法监察力度，探索建立失业监测、预警机制，实行劳动用工备案制，维护和谐稳定的劳动关系。进一步强化责任，完善矛盾排查调处预警机制，增强基层化解矛盾纠纷的能力。坚决遏制生产安全、食品安全、药品安全等领域重特大事故发生。建立健全各项应急机制，提高应急反应和处置能力。

各位代表，我们将坚决贯彻中央的决策部署，在市委领导下，在市人大的监督下，深入贯彻落实科学发展观，在新的起点上，坚定信心，抓住机遇，艰苦奋斗，扎实工作，努力促进首都经济社会又好又快发展，为建设“繁荣、文明、和谐、宜居”的首善之区作出新的贡献。

北京市第十三届人民代表大会财政经济委员会关于北京市 2008 年国民经济和社会发展计划执行情况与 2009 年国民经济和社会发展计划草案的审查结果报告

（2009 年 1 月 14 日北京市第十三届人民代表大会第二次会议主席团第四次会议通过）

北京市人大财政经济委员会主任委员　王　火

大会主席团：

北京市第十三届人民代表大会财政经济委员会在对北京市 2009 年国民经济和社会发展计划草案主要内容初步审查的基础上，根据本次大会代表的审议意见，审查了北京市 2009 年国民经济和社会发展计划草案及《关于北京市 2008 年国民经济和社会发展计划执行情况与 2009 年国民经济和社会发展计划草案的报告》。现将审查结果报告如下。

一、2008 年市人民政府及其发展改革部门深入学习实践科学发展观，坚决贯彻国家宏观调控政策，统筹兼顾，扎实工作，积极应对国际经济环境复杂变化和国内重大自然灾害的多重影响与挑战，全力保障奥运会和残奥会的成功举办，经济发展质量稳步提高，民生改善步伐明显加快，城市建设得到加强，新农村、新城建设继续深入，经济社会实现又好又快发展，较好地完成了市十三届人大一次会议批准的北京市 2008 年国民经济和社会发展计划。财政经济委员会认为，2008 年我市国民经济和社会发展计划执行情况是好的。

财政经济委员会指出，我市在 2008 年经

济运行和社会发展中仍然存在一些矛盾和问题：国际金融危机对我市的影响已经显现，保持经济平稳较快发展的任务仍很艰巨；经济结构需要进一步优化，自主创新能力有待进一步提高；城乡发展仍不平衡，就业、医疗、社会保障等民生问题还需要高度重视。对此，市人民政府要采取措施，逐步加以解决。

二、财政经济委员会认为，北京市2009年国民经济和社会发展计划草案贯彻了党的十七大和十七届二中、三中全会、中央经济工作会议以及市委十届五次全会精神，符合我市实际情况，是稳妥可行的。

财政经济委员会建议本次大会批准北京市2009年国民经济和社会发展计划草案及《关于北京市2008年国民经济和社会发展计划执行情况与2009年国民经济和社会发展计划草案的报告》。

三、2009年是新中国成立60周年，是北京奥运会成功举办之后首都发展步入新阶段的第一年，做好2009年国民经济和社会发展工作意义重大。为保证国民经济和社会发展计划的顺利实现，财政经济委员会着重提出以下意见和建议。

（一）努力保持首都经济平稳较快发展，积极扩大内需

面对当前严峻的国内外经济形势，要增强忧患意识，关注国际金融危机对我市经济的当前和滞后影响，把困难估计得更充分一些，坚决贯彻中央扩大内需的各项政策，坚定信心，把应对措施考虑得更周密一些，力争实现地区生产总值增长9%的目标。要采取积极措施，扩大政府投资，努力争取中央投资项目落地，优化投资结构，提高投资效益，坚决防止高耗能、高污染、低水平重复建设。充分发挥公共投资的带动效应，引导和扩大社会投资，增强拉动经济增长的社会合力。切实有效增加城乡居民收入，改善消费预期，增强消费者信心，扩大消费需求，培育新的消费热点，提高最终消费能力。认真落实国家鼓励出口的政策措施，优化出口结构，提高对外贸易的质量和效益。

（二）推进经济结构优化升级，加快发展方式转变

充分认识当前的经济形势既是挑战又是机遇，要抓住国内外经济调整时机，按照建设“人文北京、科技北京、绿色北京”的要求，将市场机制和政府引导政策相结合，实施经济结构优化升级和自主创新并举。加快发展生产性服务业、文化创意产业和高新技术产业，积极发展高端制造业，着力培育生态、有机、设施农业，提升产业素质，增强发展后劲。进一步优化发展环境，善待企业，帮助企业克服困难。加大节能减排力度，继续推动一批高污染、高耗能、高耗水企业关停并转。完善政策支持体系，充分发挥首都创新资源优势，推进中关村科技园区的创新与发展，积极引进高端创新人才，着力突破制约产业转型升级的重要关键技术，切实提高自主创新能力。

（三）统筹城乡协调发展，加快推进和谐社会建设

强化各项强农支农惠农政策，推动城乡结合部、重点镇和新农村建设，推进率先形成城乡经济社会发展一体化新格局。把改善民生作为保增长的出发点和落脚点，实施更加积极的就业政策，千方百计扩大就业，确保就业形势基本稳定。适度提高社会保障水平，减轻企业和个人缴费负担。重视义务教育均衡发展，提高社区卫生服务能力，增加基层农村、社区文化设施供给，推进基本公共服务均等化。

以上报告，请予审议。

北京市第十三届人民代表大会第二次会议关于北京市 2008 年预算执行情况和 2009 年预算的决议

（2009 年 1 月 17 日北京市第十三届人民代表大会第二次会议通过）

北京市第十三届人民代表大会第二次会议审查了市人民政府提出的《关于北京市 2008 年预算执行情况和 2009 年预算草案的报告》及 2009 年市级预算草案，同意市人民代表大会财政经济委员会的审查结果报告。会议决定，批准《关于北京市 2008 年预算执行情况和 2009 年预算草案的报告》，批准北京市 2009 年市级预算。

关于北京市 2008 年预算执行情况和 2009 年预算草案的报告

——2009 年 1 月 12 日在北京市第十三届人民代表大会第二次会议上

北京市财政局

各位代表：

受市人民政府委托，现将北京市 2008 年预算执行情况和 2009 年预算草案的报告提请市第十三届人大第二次会议审议，并请市政协各位委员提出意见。

一、关于 2008 年预算执行情况

2008 年，在党中央、国务院及市委的正确领导下，深入贯彻落实科学发展观，认真执行市第十三届人大第一次会议通过的各项决议，充分发挥公共财政职能作用，全力保障“新北京、新奥运”战略构想的实现，加大保障和改善民生的力度，促进首都经济社会全面协调可持续发展。全年预算执行情况良好。

（一）2008 年全市财政收支情况

全市地方财政收入完成 1837.3 亿元，比上年增长 23.1%；全市地方财政支出完成 1860.4 亿元，比上年增长 18.1%。

根据《中华人民共和国预算法》（以下简称《预算法》）和《北京市预算监督条例》的规定，重点报告市级预算执行情况和超收收入的使用情况。

市级财政收入 1034.2 亿元，完成年初预算 982.7 亿元的 105.2%，比上年增长 22.1%，加中央返还及补助、区县上解、专项政策性结转和上年结余等 373.1 亿元，收入合计 1407.3 亿元。市级财政支出 1050.7 亿元，完成年初预算 1012.0 亿元的 103.8%，比上年增长 19.5%，加上解中央支出、区县

税收返还和转移支付、结转下年使用、建立预算稳定调节基金等356.6亿元，支出合计1407.3亿元。市级预算平衡。

市级主要收入项目完成情况是：增值税87.6亿元，为预算的105.8%，比上年增长21.7%；营业税334.0亿元，为预算的94.1%，比上年增长8.6%；企业所得税271.6亿元，为预算的137.0%，比上年增长55.4%；个人所得税171.3亿元，为预算的109.2%，比上年增长26.7%。

市级主要支出项目完成情况是：一般公共服务70.5亿元，为预算的99.7%，比上年增长12.3%；公共安全73.8亿元，为预算的114.9%，比上年增长15.7%；教育依法支出130.3亿元，为预算的105.9%，比上年增长23.0%；科技依法支出38.7亿元，为预算的105.9%，比上年增长23.0%；文化依法支出16.0亿元，为预算的105.2%，比上年增长22.2%；卫生依法支出33.1亿元，为预算的103.0%，比上年增长19.6%；农业依法支出51.9亿元，为预算的105.9%，比上年增长23.0%；环境保护19.7亿元，为预算的113.0%，比上年增长20.8%；社会保障和就业68.9亿元，为预算的111.0%，比上年增长28.9%。

市级财政收入比预算超收增加财力63.8亿元。根据《北京市预算监督条例》中关于"市级预算超收收入应当优先用于农业、教育、科技、社会保障等重点项目和其他必要的支出"的规定，市级财政增加的财力主要用于以下几方面：教育支出7.3亿元，农业支出2.9亿元，卫生支出0.9亿元，科技支出2.1亿元，文化支出0.8亿元，计划生育支出0.1亿元，支持抗震救灾对口支援、保证居民燃煤锅炉供热等项目支出24.6亿元。此外，按照市人大常委会明确提出的"研究超收收入使用新机制，如采取建立预算调节基金等形式，进一步规范超收收入使用"的要求，建立了预算稳定调节基金。从2008年起，年度财政收入超收部分，除按法律、法规和财政体制规定增加的支出，以及解决历史债务、特殊一次性等必要支出外，一律转入"预算稳定调节基金"，在以后年度经过预算安排使用，接受市人大及其常委会的监督。这样做有利于进一步增强预算法治性，加强对超收收入安排使用的监督。2008年市级超收收入按照上述规定，转入预算稳定调节基金25.1亿元。

需要说明的是，上述数字是按照预算执行的情况初步汇总的，在地方财政决算编成后，还会有变化。

总体看来，2008年预算执行情况是好的。财政收入超额完成年度预算，总体保持平稳较快增长；财政支出结构不断优化，重点支出得到保障，超收收入安排建立新机制；财政改革继续深化，财政管理水平稳步提高。财政收支平衡，圆满完成全年预算任务。

（二）2008年为完成预算所做的主要工作及成效

1. 着力支持发展方式转变，首都经济质量有了新提高

充分发挥财税政策和资金的引导作用，着力推进首都经济结构优化升级。拨付专项资金53.1亿元，强化中关村科技园区和北京经济技术开发区对自主创新、促进高新技术产业发展的带动作用。利用科技成果转化资金2.4亿元，支持重大科技成果和关键技术产业化。拨付资金2.0亿元，加快商业街和特色市场建设，加大对老字号企业扶持力度，完善农村流通网络。发挥资金引导作用，积极促进体育产业、会展业、旅游业等现代服务业加快发展。设立规模8.0亿元的中小企业创业投资引导基金，引导社会创业投资机构向中小企业投资。支持组建北京市中小企业信用再担保公司，财政注入资本金7.0亿元，推进中小企业信用担保体系建设，多渠

道解决中小企业融资难问题。

大力推进节能减排，发展循环经济。安排节能减排专项资金 1.0 亿元，重点以财政奖励方式支持企业开展节能技术改造，加快退出“高污染、高耗能、高耗水”生产项目，推动和引导社会各方面加大对节能的资金投入，发展替代产业。拨付资金 50.7 亿元，支持 43 家污染扰民企业实施搬迁。落实补贴政策，支持节能照明器具等节能产品的推广使用，在城四区居民家庭和部分大型公建等场所推广高效照明产品 500 万只。加快推进既有非节能建筑和供热系统节能改造，支持电子废弃物回收处置，完成节能减排目标，推动经济社会可持续发展。

2. 切实加大公共服务投入力度，首善之区建设迈出新步伐

坚持依靠人民、惠及人民的指导思想，认真落实政府为民办实事项目，拨付 59 件实事资金 236.1 亿元，切实解决关系群众切身利益的现实问题，城市管理水平进一步提升，人民生活质量不断改善。

支持优先发展教育。进一步扩大义务教育阶段减免政策范围，对本市公立及民办学校学生全部免收学杂费，推进义务教育均衡化。支持职业教育实训基地和教学现代化建设，提高职业教育办学水平。优化高等教育投入结构，支持高校实施“三大工程”，提升教学质量和科研水平。设立民办教育发展引导资金，鼓励民办高校办学积极性。投入 4.6 亿元，落实高校及职业学校家庭经济困难学生资助政策体系。安排资金 1.0 亿元，稳定高等学校食堂价格，资助政策惠及全市大中专学生 97.3 万人。

稳步推进公共文化体系建设。设立专项资金，通过“以奖代补、奖补结合”的方式，搭建社区和农村科普平台，支持科普惠民益民。推进农村文化服务体系建设，加大广播电视“村村通”、“益民书屋”、公益电影放映等重点工程投入，丰富农民文化生活。补贴 1.0 亿元，免费开放市属 33 家博物馆、纪念馆，让百姓共享优质文化资源。安排专项资金 1.5 亿元，启动新一轮北京文物建筑修缮保护中长期规划。大力发展公共体育事业，加强基层文化体育设施建设，开展群众文体活动，提高全民身体素质。

加快建立覆盖城乡的社会保障体系。提高城乡低保、养老金、职工最低工资等主要社会保障待遇标准，切实保障困难群众基本生活。完善城乡养老保障体系，拨付 13.7 亿元，按照每人每月 200 元的标准，为 56.27 万名 60 岁以上城乡无社会保障老年人发放福利养老金，基本实现养老保障制度全覆盖。实施高龄老年人资金补助政策，为近 3 万名 90 岁及以上的老人发放津贴。拨付资金 2.0 亿元，保障社区卫生服务“收支两条线”管理和常用药品零差率销售等工作顺利实施，推进公共卫生服务体系建设。投入 3.0 亿元，在全面落实“一老一小”政策的基础上，将未纳入医疗保险体系的 47 万名劳动年龄城镇居民纳入参保范围，基本实现城乡居民医疗保障制度全覆盖。落实就业再就业资金补贴政策，提高政府补助比例，鼓励高失业率地区失业人员跨地区就业和再就业。加大职业培训补贴力度，实行自主创业税费优惠政策，推动和鼓励自主创业和自谋职业。完善以廉租房为主的住房保障政策，投入 1.9 亿元，用于建设收购廉租房及发放租金补贴，2008 年开工建设 50 万平方米廉租房，累计落实廉租房保障政策家庭 13,885 户。投入解危排险资金 5.2 亿元，实施危房改造，改善居民住房条件。

实践绿色奥运理念，加大环境治理和改善交通的投入，城市服务功能进一步提升。安排大气污染专项资金 14.1 亿元，支持淘汰黄标车和老旧公交车，各项空气质量保障措施顺利实施，奥运会期间污染物减排达 60%。

投入资金31.3亿元，加快奥运中心地区环境综合整治，继续实施老旧小区、样板胡同和建筑物外立面清洗。进一步推进四城区历史风貌保护重点区域整治工作，整修院落1954个，胡同44条。坚持公交优先发展战略，拨付资金99.4亿元，落实低票价政策，优化公交路网，方便市民出行。积极推进无障碍设施建设和改造工程，购置150辆无障碍公交车，组建无障碍出租车车队，缓解残障人士出行难问题。支持组建170万人的奥运志愿者队伍，保障城市和场馆运行的有效对接，实现了“平安奥运”的目标。

3. 不断加大强农惠农力度，新农村建设取得新进展

加大公共财政向农村的倾斜力度，市政府投入“三农”资金171.2亿元，比上年增长31.1%，推动农村经济社会全面发展。

加强农村基础设施建设，改善农民生产生活条件。拨付新农村建设专项资金10.0亿元，确保以太阳能路灯、新能源利用和雨洪利用为主的“三起来”工程及200个基础设施整体推进村建设等项目顺利实施。加大投入，对399个村实施公厕无害化、垃圾密闭化、街坊路面硬化等改造，农民生活环境明显改善。投入0.6亿元，支持农村抗旱水源工程，解决农村人畜饮水困难问题。投入4.6亿元，改造公路200公里，开通农村客运线路25条，实现全市行政村“村村通公交”，推进城乡客运一体化进程。

支持发展现代农业，农业综合生产能力不断提高。注入资本金10.0亿元，支持组建北京市农业投资公司，搭建农业产业发展投融资平台。落实《关于促进设施农业发展的意见》，投入资金6.0亿元，加快规模化设施农业等产业工程建设。拨付资金4.3亿元，提高中低产田改造投资标准，增强农业综合生产能力。进一步完善涉农补贴体系，提高农资综合直补标准，减轻成品油等农业生产资料调价影响，保护种粮积极性，增加农民收入。落实农民专业合作社税收优惠政策，加大对农业社会化服务体系的扶持。支持建立200所京郊农民田间学校，培养有文化、懂技术、会经营的新型农民。

建立生态保护新机制，推进农村生态文明建设。拨付资金1.8亿元，扩大补偿面积，进一步完善生态林补偿机制。投入资金1.6亿元，开展山区生态清洁小流域综合治理，实施生态作物补贴，治理裸露农田，提高农田生态涵养能力。支持实施新一轮山区泥石流易发区及生存条件恶劣地区农民搬迁工程，拨付1.3亿元，搬迁2173户，惠及农民5165人，促进人口、资源、环境协调发展。

大力发展农村社会事业。实施新型农村社会养老保险制度，创新个人账户与基础养老金相结合的制度模式。拨付资金2.8亿元，为9268名乡村医生趸缴农村养老保险，使乡村医生养老有基本保障。支持建立村级基本医疗卫生服务项目“政府购买”机制，在183个乡镇规划建设4775个村级卫生机构，确保农村居民便捷地享受基本医疗卫生服务。进一步提高新型农村合作医疗政府补助标准，市、区、镇三级共投入7.5亿元，占全市新农合基金筹资总额的82.9%，参合率达92.9%。提高农村部分计划生育家庭奖励扶助标准，从每人每年630元提高到1200元。建立独生子女家庭特别扶助政策，给予独生子女去世的家庭每人每月200元补助，解决特别家庭后顾之忧。

4. 积极应对各类突发事件，财政应急保障能力实现新提升

积极筹措资金，支持抗震救灾和对口支援工作有效开展。四川汶川大地震发生后，认真贯彻中央及市委的各项决策和部署，紧急落实资金9.9亿元，保障为灾民建设6.66万套过渡安置房任务按时完成。将生源地为地震重灾区的市属普通高校、高等职业学校

和中等职业学校家庭困难学生全部纳入国家助学金资助范围，接收地震灾区受伤人员来京医治。进入对口支援阶段后，通过压缩行政开支、调整支出结构等方式，积极筹措政府援建资金，累计拨付 20.0 亿元，支援什邡市广青路工程加快建设，确保农村永久性住房建设工作按期开工。加强制度建设，规范工作程序，实施动态审计监督，确保援建资金安全、高效使用。

迅速启动应急预案，全力做好婴幼儿奶粉事件经费保障工作。拨付资金 0.8 亿元，用于产品检测和市场整治、医疗机构婴幼儿免费筛查和救治，对企业收购不合格原料奶给予补助，对全市奶牛养殖给予饲养费用补贴。增加商业零售库存，建立奶粉临时储备，保证本市合格奶粉足量供应。

及时缓解物价上涨对市民生产生活的影响。完善粮食、医药等生活必需品储备制度，提高应急状态下市场保障能力。拨付燃煤供暖补贴 9.7 亿元，提高补贴标准 2 倍多，缓解燃煤价格上涨压力，确保居民正常安全采暖。调增冬季燃煤自采暖救助标准，确保特困家庭提早购煤储煤，顺利过冬。安排补贴 4.6 亿元，保证本市 80 万户居民安全享受平价液化气供应。应对成品油价格调整，及时拨付补贴 9.2 亿元，保证公交、出租车等行业稳定，推进石油价格改革顺利实施。

5. 不断深化预算改革，财政管理达到新水平

认真贯彻党的十七大精神，进一步完善市与区县分税制财政管理体制，健全统一、规范、透明的转移支付制度，促进事权与财力相匹配。继续推进“事前评审、事中监控、事后评价”的全过程预算管理。加大财政资金评审力度，累计评审各类项目 8671 个，审减 73.0 亿元，审减率达 15.0%。扩大统一预算管理平台应用范围，规范预算单位账务核算，促进预算与执行的有机衔接。发挥政府采购政策功能，建立政府强制采购和优先采购等制度，支持节能产品、自主创新产品的推广和应用。积极推进非税收入收缴管理制度改革，67 个部门所属 588 个执收单位纳入改革范围。加快行政事业单位公务卡制度改革，改革单位达到 33 个市级部门所属 228 个基层单位，公务消费支出透明度逐步提高。进一步加大绩效考评工作力度，考评各类项目 222 个，增强了预算单位的支出责任和效益意识。完善行政事业单位资产配置标准，明确最低使用年限，避免重复购置，提高配置效率。进一步健全国有资产购入、使用、处置和收益管理的制度体系，实现了市级行政事业单位资产动态管理全覆盖，强化了财政监控能力。

各位代表，在看到工作成效的同时，必须清醒地认识到在财政工作中还存在着不少困难和问题。一是收支矛盾仍很突出。面对复杂多变的国内外环境，财政增收形势非常严峻；同时，加大政府投资力度、不断提高民生保障水平、加快社会主义新农村建设、促进城乡区域协调发展的任务相当艰巨，支出压力很大。二是财政改革机制还需进一步完善。公共财政的框架体系已基本建立，但各项改革之间的衔接不够紧密，需要相互协调，提高整体效能。三是财政资金使用效益亟须提高。部分预算单位“重投入、轻效益”、“重增量分配、轻存量调整”，财政资金的引导作用尚没有充分发挥，控制行政成本还需要进一步加大力度。为此，在 2009 年及今后的一段时期，财政工作要以科学发展观为指导，着力抓好增收节支，着力构建有利于科学发展的体制机制，着力推进财政资金绩效考核监督，推动首都经济社会实现又好又快发展。

二、关于 2009 年预算草案

根据《国务院关于编制 2009 年中央和地

方预算的通知》精神，结合本市财政工作面临的新形势，2009年预算草案编制的指导思想是：全面贯彻落实市委十届五次全会精神，以科学发展观为指导，围绕加快建设“人文北京、科技北京、绿色北京”，认真实施积极的财政政策，充分发挥财政职能，努力构建有利于科学发展的财税体制机制，着力保障和改善民生，促进首都经济社会又好又快发展。根据上述指导思想，按照积极稳妥、统筹兼顾、留有余地的原则，2009年全市地方财政收入安排2021.1亿元，比上年增长10.0%；全市地方财政支出安排2007.7亿元，比上年增长7.9%。根据《预算法》和《北京市预算监督条例》的规定，重点报告2009年市级预算草案的编制情况。

市级地方财政收入安排1117.3亿元，同口径比上年增长11.0%，加中央返还及补助、区县上解、上年专项政策性结转和调入预算稳定调节基金等354.3亿元，收入合计1471.6亿元。市级地方财政支出安排1097.0亿元，比上年增长4.4%，加上解中央支出、区县税收返还和转移支付等374.6亿元，支出合计1471.6亿元。市级预算安排收支平衡。

2009年市级预算安排考虑的主要因素：

一是财政收入增长率与经济增长相适应。近年来，本市坚决贯彻落实中央一系列促进经济发展的决策和部署，经济走上了又好又快发展的轨道。2008年以来，世界经济环境中的不稳定不确定因素明显增加，国际金融危机愈演愈烈，并从金融领域扩散到实体经济领域，我国经济发展面临着严峻挑战。经济增速放缓对财政收入的负面影响已经显现并日益加重。从经济层面看，国内生产总值增幅放缓，居民消费价格指数回落，财政收入增幅将相应下降。部分行业和企业经营困难，特别是房地产和资本市场低迷，企业利润增幅大幅下滑，企业所得税、营业税等相关税收增幅会相应下降。从政策层面看，贷款利率下调将影响金融机构营业税收入。为扩大内需出台的免征利息个人所得税、降低住房交易环节税收等一系列减税政策，以及2009年全面实施增值税转型改革，停止执行企业集团合并缴纳企业所得税和高新技术企业重新认定后的退税等政策因素，会明显减少财政收入。在正视困难的同时，也要看到本市经济社会发展中的有利条件和积极因素。本市正处在城市化、国际化、信息化的加速期，奥运会的成功举办，使本市城市影响力、吸引力得到明显提升。同时，为落实中央扩大内需促进经济增长的政策措施，本市就加大投资力度、促进消费、进一步改善民生、推进产业优化升级、提高自主创新能力等进行了周密部署，为继续保持经济平稳较快发展创造了良好条件。实施减税政策，从长远看，有利于引导和推动企业扩大投资，增强居民消费能力，促进经济平稳较快发展，为财政收入持续稳定增长奠定了坚实基础。综合考虑以上因素，依据《国务院关于编制2009年中央和地方预算的通知》中“收入预算编制要实事求是、积极稳妥、充分考虑各种税收政策调整因素，与2009年国内生产总值等经济预期发展情况相适应”的规定，2009年全市地方财政收入增长率安排为10.0%，市级地方财政收入同口径增长率安排为11.0%。

二是保持首都经济平稳较快发展。认真落实积极财政政策，安排预算内政府投资92.0亿元，轨道交通资本金60.0亿元，重点支持轨道交通、道路、能源等重大基础设施建设；筹集资金15.0亿元，加快建设保障性住房，着力解决低收入居民住房困难问题；依法安排科学技术支出42.0亿元，同比增长8.8%，主要用于重大科技项目研发，完善首都科技服务体系；安排中关村科技园区发展专项资金和北京经济技术开发区支出58.1亿元，发挥好龙头带动作用，不断推动技术创新和成果转化；安排中小企业发展专项资金5.0亿元，工业和商业发展资金9.0亿元，发挥引导作用，推进产业升级；安排国有资本预算资金10.0亿元，支持国有经济战略性调整；安排专项资金1.0亿元，继续推进节能减排；安排文化创意和体育产业发展专项资金10.0亿元，旅游发展专项资金3.0亿元，增强产业集聚效应，做大做强服务经济。

三是进一步加大改善民生的保障力度。教育依法投入141.7亿元，同比增长8.8%，优化教育资源配置，推进各级各类教育健康发展；卫生依法投入44.8亿元，同比增长9.1%，加强公共卫生体系建设，努力实现人人享有基本医疗卫生服务；文化依法投入17.3亿元，同比增长8.1%，大力发展公益性文化事业，打造有影响力的首都文化品牌；社会保障和就业支出69.6亿元，加快建设覆盖城乡多层次的社会保障体系，促进和扩大就业，提高保障水平；安排补贴资金171.3亿元，加大对城市公用企业和居民生活必需品储备的补贴力度，降低市民出行、采暖、用气、用电等生活成本，不断提高市民享受公共服务的质量；安排大气治理与环境保护专项资金17.0亿元、环境综合整治专项资金30.0亿元，继续提高首都空气质量，改善城市面貌。依据国务院办公厅关于“每年对口支援实物工作量按不低于本省市上年地方财政收入的1%考虑”的原则，安排资金12.0亿元，继续做好对口支援四川什邡地震灾区恢复重建工作。

四是切实推进农村改革与发展。认真落实党的十七届三中全会精神，继续把支持解决“三农”问题作为财政工作的重中之重。市财政安排“三农”资金184.0亿元，推进城乡经济社会一体化发展。发挥财政资金的引导作用，吸引社会资金、金融资金支持新农村建设，建立支农资金稳定增长机制；统筹城乡基础设施建设和公共服务，逐步构建城乡统一的公共服务体系；加大对农村生态建设、农业综合开发等方面的支持力度，大力推进都市型现代农业发展；落实和完善对农民的各项补贴政策，加强农村劳动力培训体系建设，支持农民转移就业，促进农民持续增收。

五是不断健全财政风险防范机制。安排预备费30.0亿元、公共突发事件应急专项资金2.0亿元，预留预算稳定调节基金5.1亿元，应对公共突发事件及其他难以预料的开支；安排偿债和处理历史遗留问题资金12.0亿元，规避政府债务风险。

三、坚持科学发展，发挥财政职能，确保2009年预算任务圆满完成

综合分析影响经济形势和财政收支的各种因素，2009年收支矛盾会更为突出，将是财政比较困难的一年。要切实增强忧患意识，把困难估计得更充分一些，把措施准备得更周密一些，坚定必胜信心，扎实做好工作，为加快建设“人文北京、科技北京、绿色北京”提供有力保障。

（一）坚持扩大内需，促进首都经济平稳较快发展

认真落实积极的财政政策，优化投资结构，着力扩大内需。加大政府投资力度，加强城市轨道交通、外部联络线、城市路网、公交枢纽等重点基础设施建设，实施一批资源能源保障重点工程。推动实施民生改善项目，加快廉租房等保障性住房建设，推进城市和农村危房改造，加快农村基础设施建设步伐。拓宽筹资渠道，积极争取中央国债转贷资金，筹集社会资金，推动重大项目落地和加快实施。进一步加大产业结构调整支持力度，大力发展实体经济，研究落实工业振兴计划，推动高端制造业和都市工业发展，提升工业发展的质量和效益，促进形成分工合理的发展格局。增强六大高端产业功能区

的国际竞争力，推动生产性服务业加快发展，引导信息服务、研发设计、文化创意、现代物流、商贸等服务业集群发展，构建现代服务体系。充分发挥专项资金作用，加强政策引导，完善流通体系，优化消费环境，改善旅游基础设施，壮大文化创意产业和体育产业，支持发掘新的消费热点，引导市民在旅游、健身、体育、休闲方面扩大消费，增强拉动作用，为首都经济的更好发展提供强有力支撑。

推进税制改革，落实税费减免政策，减轻社会税费负担，促进企业投资和居民消费。全面实施增值税转型改革，对增值税一般纳税人，允许新购进机器设备所含增值税进项税金在销项税额中抵扣，相应调整小规模纳税人标准及征收率，通过降低工业、商业企业等增值税税负，促进企业投资和扩大内需。落实高新技术企业所得税优惠政策，增强企业发展能力。继续执行好暂免征收储蓄存款利息所得税、降低证券交易印花税税率及单边征收、减免住房交易税费等政策措施，增加居民消费能力。取消和停征部分行政事业性收费。落实出口退税率调整政策，大力支持出口增长。降低失业保险、工伤保险、农民工大病医疗保险缴费费率，调整医疗保险缴费周期，暂缓调整养老保险缴费下限，减轻企业和个人社会保险缴费负担，激发企业活力，促进扩大内需。

落实和完善收入分配政策，切实增加城乡居民收入。进一步完善种粮农民农资综合直补政策，增加良种补贴和农机具购置等补贴，提高小麦最低收购价，增加农民收入。增强农民购买能力，对农民购买家电产品和淘汰更新农用黄标车给予财政补贴，扩大农村内需。把城乡居民最低生活保障标准、失业保险金标准的调整时间提前到年初完成，增加企业退休人员基本养老金。实施更加积极的促进就业财税政策，进一步优化创业环境，建立城乡一体的就业管理制度，在岗位补贴、社会保险补贴、职业技能和创业培训补贴等方面实现城乡同等待遇。健全社会保险、社会救助与促进就业的联动机制。改进和完善失业人员小额担保贷款贴息政策，巩固零就业家庭动态帮扶机制，落实对各类技能培训的补贴政策，建立和完善就业援助制度，积极促进再就业。

（二）坚持自主创新，加大节能减排力度，推进结构优化升级

大力支持自主创新，综合运用预算、贴息、转移支付、政府采购等政策工具，增强财政政策和资金的引导功能，进一步发挥企业的市场主体性作用，为企业的创新和发展营造宽松的环境，实现速度和结构质量效益相统一。继续发挥中关村科技园区发展专项资金的引导作用，从重点产业、创新创业孵化和知识产权促进等方面入手，提升园区技术创新水平和产业竞争力。加大科技投入，实施十八个重大科技专项，合理配置科技资源，积极推进国家重大科技项目落户北京，推动高新技术成果转化，引导和激励企业提高自主创新能力。认真落实并不断完善各项优惠措施，为高端领军人才创新创业提供资金支持和优质生活服务，加快聚集高级人才，为建设首都创新型城市提供保障。实行自主创新技术及产品政府首购、订购制度，促进自主创新产品的应用，支持并鼓励高新技术产品出口，促进科技成果转化和产业化。

创新财政投入与金融手段的配合机制，放大财政资金的“乘数效应”。搭建科技型中小企业投融资促进平台，不断完善创业金融体系。支持中关村股份代办转让、创业板试点，资助企业改制上市，促进不同发展阶段的企业借助多层次资本市场快速发展，做大做强中关村板块，缓解部分科技型企业融资难的问题。积极发挥中小企业创业投资引导基金作用，吸引境内外风险投资，促进创业

期中小企业股权融资。加大对北京中小企业信用再担保公司的支持力度，弥补开展政策性业务的代偿损失，完善中小企业信用担保体系。利用财政贴息、奖励等手段，对新设金融机构、金融后台支持服务体系建设等给予支持，优化金融环境。

进一步完善有利于节约资源能源和保护生态环境的财税政策体系。通过财政投入、补助、奖励、政府采购、税收优惠等方式，大力支持生产、流通、消费环节的节能减排工作。通过推进供热系统节能技术改造，开展清洁生产，切实削减污染物排放总量。支持再生水利用设施建设，以及城市垃圾、污泥减量化和资源化利用，降低废物最终处置量。支持建立垃圾分类收集和分选系统，大力回收和循环利用各种废旧资源。鼓励使用能效标识产品、节能节水认证产品和环境标志产品，推行绿色采购，大力倡导有利于节约资源和保护环境的消费方式。

进一步增加对生态环境保护的投入，巩固绿色奥运成果。继续落实黄标车提前淘汰与治理补助政策，支持平房区“煤改电”工作，提升环保监测能力建设，推进首都大气质量的持续改善。加强城乡生态保护工作，支持绿色屏障建设，努力扩大城市绿色空间；加快实施新城森林公园和绿色走廊等生态项目建设，保护城市森林、城市湿地等生态系统，建设生态城市。进一步推进城市环境整治，突出重点，着力解决群众反映强烈的城乡结合部环境问题；支持完成300个老旧小区、150条胡同的环境整治，对600栋楼房进行“平改坡”改造。围绕新中国成立六十周年庆典，开展重要活动场所环境整治和城市景观设施布置，做好环境保障工作。

（三）坚持城乡统筹，促进区域经济社会协调发展

建立健全促进区域、城乡协调发展的财力保障机制，统筹城乡经济社会全面发展。切实落实市与区县分税制财政管理体制完善方案，提高一般性转移支付的规模和比例，增加区县统筹安排财力，并重点向生态涵养区、城市南部、西部地区倾斜，协调推进新农村和重点新城建设，确保区县按照功能定位的要求，优化产业结构，推动科学发展，促进公共服务均等化。建立区县合作的财税激励及共享机制，促进区县间的互利共赢和协调发展。努力构建强农惠农的财政金融政策体系，进一步完善农业产业发展投融资平台，创新运营机制，充分发挥农业投资公司作用，拓宽融资渠道，引导更多信贷资金和社会资本投向农村。

加大对农村基础设施和生态环境建设的投入，缩小城乡差距。增加政府投入，吸引社会资金，加快新农村基础设施建设步伐，尽快完成6000万平方米的街坊路建设并同步配套绿化、8000公里老化供水管网改造、50万户“一户一表”节水改造、366个重要水源保护地村庄的污水处理设施建设等任务，完善农村垃圾收运处理体系，改善农村卫生条件和人居环境。加快农村生态环境建设，推广使用沼气、秸秆等清洁能源，健全农业生态环境补偿制度，加大对水源保护区转移支付力度，形成有利于保护农村自然资源的激励机制，努力建设生态文明村庄。

支持发展现代农业，积极促进就业，努力实现农民增收。积极发展设施农业，支持农产品质量安全体系建设，推动农村流通现代化，提高农业产业化水平。完善政策性农业保险制度，扩大覆盖范围，加快建立农业再保险机制，分散农业风险。健全农民转移就业的扶持政策，对农村劳动力开展免费职业培训，对招用农村就业困难人员单位给予社会保险补贴和岗位补贴，努力开发适合农村特点的就业岗位，积极促进农民就业。逐步建立和完善城乡统一的失业保障制度，逐步提高最低生活保障标准，保护农民的合法权益。

加快农村社会事业发展，提高农民享受公共服务的水平。加快乡镇综合文化站和村文化室建设，推进农村有线电视户户通，繁荣农村文化市场。不断改善农村办学条件，加强教师培训，改善农村教师工作、生活条件，维护农村教师队伍稳定。落实困难学生补助和生均公用经费定额补助政策，健全城乡统筹的教育体系。进一步完善新型农村合作医疗制度，逐步提高报销比例，加快推进新城区域医疗服务网络和农村卫生人才队伍建设，完善农村医疗救助制度，提高农民卫生健康水平。

（四）坚持以人为本，使广大群众共享科学发展成果

进一步加大财政投入，抓好“平安北京”建设。继续保障政法系统投入，支持科技强警，健全司法救助，稳定社会秩序，维护公平正义。加大食品、药品安全管理投入，按照奥运标准，推进安全追溯体系建设，确保居民饮食、用药安全。支持安全生产监督检查、特种设备安全检测，提高消防装备水平，努力消除公共安全隐患。完善市政公用设施，保障城市供水、排水、供热和能源供给，加强地下管线维护，提高城市运行保障能力。完善生活必需品储备制度，健全突发公共事件应急管理体系，切实维护首都改革发展稳定大局。

着力推进教育现代化。健全义务教育经费保障机制，调整公用经费标准，进一步扩大义务教育减免政策范围，做好义务教育学校实施绩效工资经费保障工作。加大教育基础设施维修改造力度，重点解决抗震加固问题。加强各级各类教育和培训，大力发展特色职业教育特别是农村中等职业教育，支持高等教育“三大工程”建设，全面推进素质教育，为首都经济社会发展提供人才支撑。继续完善家庭困难学生资助政策体系，确保奖学金、生活困难补助和特殊困难补助资金及时到位。

进一步加强公共文化服务体系建设。推进文化信息资源共享工程，增加基层图书馆服务站点，支持各类公益文化演出活动。保护非物质文化遗产，落实中华古籍保护计划和文物保护中长期规划，提高文物征集专项经费规模，完善博物馆、纪念馆免费向公众开放的经费保障机制，提升群众文化生活水平。

加快建立覆盖城乡居民的医疗保障和公共卫生服务体系。认真落实中央医药卫生体制改革方案，重点做好医疗机构全成本核算与财政补偿机制的研究工作。完善城镇居民基本医疗保险，适度提高保障标准，放开城镇无医疗保障老年人和灵活就业人员门诊，减少个人医保支出，着力解决居民看病难、看病贵的问题。

进一步完善社会保障体系。制定实施城乡居民养老保险办法，健全城乡居民最低生活保障制度，完善与物价变动相适应的城乡低保动态调整机制和临时救助制度，注重最低工资标准和低保制度的衔接，实现动态管理下的应保尽保。支持老龄事业发展，实施高龄津贴制度，为有特殊困难的老年人发放养老服务补贴，落实居家养老服务制度。

全力支持公交优先发展战略。完善公交补贴的财政保障机制，加强监管，提高公交补贴资金的使用效益。进一步优化公交路网，实现常规公交与轨道交通、快速公交的有机衔接，建立和完善安全、环保、可持续发展的公共交通体系，让市民享受更多的出行便利和实惠。

（五）坚持深化改革，发挥财政体制机制整体合力

切实加强财政支出的绩效管理。在预算编制中，进一步细化各部门的绩效目标和职责范围，研究建立支出绩效对预算编制的激励与约束机制，逐步实现从注重投入向注重支出效果转变。创新专项资金分配机制，引

入竞争和专家论证评审，实现择优配置。建立部门预算责任制度，强化部门预算编制和执行主体的责任。进一步健全转移支付分配体系，加强转移支付资金的绩效考核和监督，保证资金分配和使用的公正、效益。切实加强重大投资资金的监督管理，严格按照确定的投向、标准和建设程序等要求，选准选好项目，资金推行国库集中支付，用好管好建设资金。对项目资金、质量、进度等方面出现的问题，依法依规严肃查处，确保资金安全，充分发挥效益。

进一步完善财政信息公开制度。严格执行《政府信息公开条例》等有关规定，积极推进财政预决算信息公开。对涉及群众利益的重大支出、重大决策等理财事项，广泛征求意见，实现科学决策。坚持落实向市人大代表、政协委员每月寄送预算执行情况报告的制度，继续扩大部门预算信息公开的内容和范围，进一步推进财政专项资金和转移支付资金分配、使用与管理的信息公开，把公开透明贯穿于财政工作全过程，努力打造“透明预算”。

统筹财政改革，确保财政管理体系高效运转。进一步完善财政投资评审、部门预算、国库集中收付、政府采购、绩效考评等改革间的协调配合机制。整合财政信息资源，做实、做细、做准项目库，完善行政事业单位国有资产管理，推进公务仓管理改革，强化罚没物资和临时机构资产管理，以动态管理为基础，创新资产的配置机制、共享共用机制和信息化监控机制，实现资产管理与预算管理的有机衔接。完善统一预算管理平台，加强预算全过程监控，实时、动态掌握财政资金的分配结构和流向，健全预算编制、执行、监督相互制衡的财政资金运行体系，提高财政资金规范化、科学化管理水平。

各位代表，奥运会、残奥会的成功举办使首都经济社会发展迈上了新台阶，还需清醒地看到，在保持首都经济平稳较快发展、切实解决好民生问题上，财政任务十分艰巨，大力开展增收节支仍然是下一步的重点工作。因此，要切实加强宏观经济运行的分析与监测，密切关注各项宏观调控措施和税收政策对本市经济及财政收入的影响，采取措施积极应对；加快实施财税库银联网，提高收入监控水平，严格依法征管，确保应收尽收。要牢固树立过“紧日子”的思想，在不断加大改善民生支出的同时，切实按照建设节约型政府的要求，进一步压缩会议、接待、差旅费、出国经费等支出；严格控制党政机关信息化建设项目，盘活行政事业单位办公用房和土地资源；认真落实公车封存30%的措施，压缩车辆经费，控制新车购置，原则上编制内新购车辆从封存车辆中调剂解决。深化结余资金管理，加大结构调整力度。深入推进机关节能降耗工作，加大公务卡实施力度，逐步实现公务消费透明化。围绕中央及市委的决策和部署，统筹安排各项财政资金，整合政府资源，增量安排与存量调整相结合，搭建资金平台，创新分配机制和使用方式，实现集中财力办大事。

各位代表，2008年是不平凡的一年，2009年的预算任务光荣而艰巨。我们要深入贯彻科学发展观，在市委的领导下，在市人大的监督和支持下，进一步解放思想，扎实工作，不断适应新形势，实现新发展，努力圆满完成会议确定的各项预算任务，在新的起点上为加快建设“人文北京、科技北京、绿色北京”，构建更加繁荣、文明、和谐、宜居的首善之区作出更大贡献！

北京市第十三届人民代表大会财政经济委员会关于北京市2008年预算执行情况和2009年预算草案的审查结果报告

（2009年1月14日北京市第十三届人民代表大会第二次会议主席团第四次会议通过）

北京市人大财政经济委员会主任委员 王 火

大会主席团：

北京市第十三届人民代表大会财政经济委员会在对北京市2009年市级预算草案主要内容初步审查的基础上，根据本次大会代表的审议意见，审查了北京市2009年总预算和市级预算草案及《关于北京市2008年预算执行情况和2009年预算草案的报告》。现将审查结果报告如下。

一、市人民政府提出的2008年预算执行情况

全市地方财政收入1837.3亿元，比上年增长23.1%。市级财政收入1034.2亿元，比上年增长22.1%，加中央返还及补助、区县上解、专项政策性结转和上年结余等373.1亿元，收入总计1407.3亿元；全市地方财政支出1860.4亿元，比上年增长18.1%。市级财政支出1050.7亿元，比上年增长19.5%，加上解中央支出、区县税收返还、转移支付、结转下年使用和建立预算稳定调节基金等356.6亿元，支出总计1407.3亿元。市级预算收支平衡。

财政经济委员会认为，2008年预算执行情况是好的。市人民政府及其财政部门认真执行市十三届人民代表大会第一次会议通过的2008年市级预算，深入贯彻落实科学发展观，全力保障奥运会、残奥会的成功举办，发挥公共财政职能作用，财政收入保持平稳较快增长，财政支出结构不断优化，财政改革继续推进，超收收入安排建立新机制，财政监督管理水平有新的提高，圆满完成了全年的预算任务，促进了首都经济和社会事业的协调发展。

财政经济委员会指出，在2008年市级预算执行中也存在一些值得注意的问题：公共财政制度建设有待进一步完善，财政改革仍需继续深化；一些预算单位勤俭节约意识不强，部分财政资金使用效益不高；部门预算执行不够严格，预算约束力需要进一步加强；财政管理监督体系需要进一步健全等。对此，市人民政府要高度重视，采取措施，逐步加以解决。

二、市人民政府提出的2009年市级预算草案

全市地方财政收入安排2021.1亿元，比上年增长10.0%。市级地方财政收入安排1117.3亿元，同口径比上年增长11.0%，加中央返还及补助、区县上解、专项政策性结转和调入预算稳定调节基金等354.3亿元，收入总计1471.6亿元；市级地方财政支出安排1097.0亿元，比上年增长4.4%，加上解中央支出、区县税收返还和转移支付等374.6亿元，支出总计1471.6亿元。市级预算安排收支平衡。

财政经济委员会认为，2009年市级预算草案编制贯彻了党的十七大和十七届二中、三中

全会、中央经济工作会议和市委十届五次全会精神，符合有关法律、法规的规定。围绕着建设“人文北京、科技北京、绿色北京”的要求，坚持科学发展观，积极应对国际金融危机带来的不利影响，认真贯彻积极的财政政策。财政收入的增幅略高于地区生产总值的增幅，组织收入措施得当。预算支出安排着力于保持首都经济平稳较快发展和推进基本公共服务均等化，进一步增加了社会保障、就业、“三农”资金等民生方面的支出，保证了法定支出依法增长。总的来看，市级预算的安排符合本市实际情况，是稳妥可行的。

财政经济委员会建议本次大会批准北京市 2009 年市级预算草案及《关于北京市 2008 年预算执行情况和 2009 年预算草案的报告》。

三、为保证 2009 年预算的顺利实现，做好财政工作，财政经济委员会提出以下意见和建议

（一）认真贯彻积极的财政政策，发挥财税职能作用，促进首都经济平稳较快发展

落实好保增长、扩内需、调结构的各项措施，创新财政与金融手段的配合机制，充分发挥财政资金的引导调控作用，把握好资金的正确投向，重点支持符合首都经济发展战略的产业，促进首都经济平稳较快发展。坚持依法治税，加强重点行业、重点税源、重点税种的预测和分析，健全税源监控体系，努力做到应收尽收。增强忧患意识，充分估计困难，综合分析国际金融危机对我市经济发展和财政收入带来的影响，积极落实国家各项宏观经济政策，采取相应措施，确保财政收入持续稳定增长。

（二）完善预算支出管理机制，提高财政资金使用效益

进一步规范预算管理，组织好预算支出进度。加强专项支出的管理工作，完善项目库建设，严格项目审核和监管。大力推进公共财政支出绩效考评工作，细化各部门的绩效目标和职责范围，建立健全支出绩效对预算编制的激励约束机制，逐步将绩效考评结果作为下一年预算编制的重要依据。增强勤俭节约的意识，严格控制一般性支出，做好压缩会议费、公务接待费用、出国经费等支出的落实工作。加大改善民生的保障力度，建立健全保障和改善民生的长效机制。继续改进和完善公共财政补贴制度，把发挥政府职能作用和市场调节作用有机结合起来。健全财政风险防范机制，提高应对突发公共事件能力。

（三）继续推进和深化财政改革，加快适合科学发展的公共财政体制建设

做好完善市对区县财政体制方案的落实工作，进一步健全转移支付制度，提高一般性转移支付规模和比例，在市对区县专项转移支付的分配中引入竞争机制，择优配置，提高市对区县补助资金的使用效益。按照事权和财力相匹配的原则，建立健全科学的财政资金分配决策机制。统一预算管理体系、基本公共服务标准和相关制度，促进城乡统筹。制定预算稳定调节基金的相关管理办法，进一步规范超收收入的管理使用。推进政府非税收入收缴管理改革，实行集中收缴，实现收支预算的统一编制和执行。完善财政投资评审、部门预算、政府采购、国库集中收付和绩效考评等各项改革间的协调配合机制，确保财政改革的整体效果。

（四）加强对财政资金的监督管理，健全监督体系

严格执行人代会批准的预算，建立健全预算执行情况的监督机制，把监督贯穿于资金筹集、分配、拨付、使用、管理的全过程。强化政府内部监督职能，使政府相关管理部门的监督形成合力。充分发挥审计监督的作用，维护首都经济社会健康运行，全力推进绩效审计工作。围绕中央宏观调控各项政策措施的贯彻落实情况，进一步加大对重点支

出、重点项目和重点领域的审计监督力度。完善财政预算信息公开的相关制度措施，确保财政预算信息公开工作落到实处。创新财政管理监督机制，促进监督和管理的有机融合，保障资金使用的安全、合规、有效。

以上报告，请予审议。

北京市第十三届人民代表大会第二次会议关于北京市人民代表大会常务委员会工作报告的决议

（2009年1月17日北京市第十三届人民代表大会第二次会议通过）

北京市第十三届人民代表大会第二次会议听取和审议了杜德印主任受市人大常委会委托所作的工作报告。会议充分肯定了市人大常委会2008年的工作，同意报告提出的2009年工作安排，决定批准这个报告。

会议认为，届首之年，市人大常委会在中共北京市委领导下，坚持以邓小平理论和“三个代表”重要思想为指导，以贯彻党的十七大精神为主线，深入贯彻落实科学发展观，紧紧围绕全市工作大局和举办奥运会、残奥会这一重点任务，依法履行各项职能，较好地完成了市十三届人大一次会议确定的工作任务，实现了本届人大工作的良好开局。

会议指出，报告提出的2009年工作安排，贯彻了党的十七大精神和科学发展观，符合市委十届五次全会的工作部署，抓住了关系首都科学发展的突出矛盾和人民群众普遍关注的重点问题，是切实可行的。

会议要求，市人大常委会要在中共北京市委的领导下，紧紧围绕全市工作大局，依法有效履行职能，努力提高立法工作质量，切实增强监督工作实效，有效保障代表行使职权，着力改进工作方式，扎扎实实推进首都民主法制建设，为建设“人文北京、科技北京、绿色北京”提供有力的民主法制保障。要以纪念地方人大设立常委会30周年和筹备召开市委第三次人大工作会议为契机，认真总结经验，改进和完善各项工作制度，将工作提高到新的水平。

会议号召，全市各族人民要紧密团结在以胡锦涛同志为总书记的党中央周围，在中共北京市委领导下，坚定信心，同心同德，奋发努力，扎实工作，有效应对国际金融危机的影响，把压力变成动力，把挑战变成机遇，保持首都经济平稳较快发展和社会祥和稳定，以建设繁荣、文明、和谐、宜居的首善之区的优异成绩，迎接新中国成立60周年。

北京市人民代表大会常务委员会工作报告

——2009 年 1 月 14 日在北京市第十三届人民代表大会第二次会议上

北京市人大常委会主任　杜德印

各位代表：

我受北京市第十三届人民代表大会常务委员会委托，向大会报告工作，请予审议。

2008 年的主要工作

2008 年，常委会在中共北京市委的领导下，坚持以邓小平理论和“三个代表”重要思想为指导，以贯彻党的十七大精神为主线，深入贯彻落实科学发展观，紧紧围绕全市工作大局，特别是举办奥运会、残奥会的中心任务，依法履行各项职能，扎实推进民主法制建设，着力提高工作质量和实效。全年共召开 8 次常委会会议，审议了 45 项议题。其中，审议地方性法规 5 项；听取和审议“一府两院”专项工作报告 8 个、议案办理情况报告 3 个，听取和审议了国民经济和社会发展计划、预算执行情况、审计工作的报告，以及国民经济和社会发展“十一五”规划实施情况中期评估报告，审查和批准了 2007 年决算，对 4 个方面法律、法规执行情况进行了检查；依法作出 3 项决议；任免国家机关工作人员 300 人次，其中副市长 5 人次，人大常委会工作机构负责人 51 人次，市政府组成部门主要负责人 31 人次，“两院”工作人员 213 人次。较好地完成了市十三届人大一次会议确定的工作任务，实现了新一届人大工作的良好开局。

一、为成功举办奥运会、残奥会创造良好法治环境，对奥运立法工作进行总结评估

常委会把服务保障奥运会、残奥会作为重点工作。奥运会前，做好有关立法、监督工作，制定了 1 项地方性法规，开展了 2 项执法检查，听取和审议了 3 个专项工作报告；奥运会后，及时对奥运立法工作进行总结评估，为推进首都民主法制建设积累经验。

围绕平安奥运的目标和任务，常委会去年 5 月审议通过了实施突发事件应对法办法。法规依据《中华人民共和国突发事件应对法》，结合本市应急管理工作实际，特别是奥运会防范处置突发事件的需要，针对应对突发事件的薄弱环节，就明确各级政府的责任，建立统一高效的应急管理体制，健全突发事件的预防与应急准备制度，完善突发事件信息的收集、报送、监测与预警发布机制等方面作出了具体规定。对于提高本市依法防范和处置突发事件能力，控制、减轻和消除突发事件危害，维护奥运安全和社会稳定，提供了制度保证，发挥了积极作用。

在围绕奥运筹备工作连续多年开展相关执法检查的基础上，常委会针对重点问题加大执法检查的力度。一是对食品卫生与安全法律、法规实施情况进行检查，增加了检查清真食品生产经营情况的内容。由教科文卫体、财政经济、农村、民族宗教侨务等 4 个

专门委员会组成执法检查组，吸收市人大代表近百人次参加，集中两个月时间，重点检查了50多个单位，有效推动了法律、法规的实施，促进了奥运食品的卫生与安全工作，提升了本市食品卫生与安全的整体水平。二是开展了无障碍设施建设和管理条例的执法检查，推进了奥运场馆和全市无障碍设施建设，为残奥会的成功举办和残疾人事业的发展创造了有利条件。

为了进一步优化市容环境，提高空气质量，改善交通秩序，常委会听取和审议了市政府关于环境整治和奥运景观布置、节能减排、优先发展公共交通等3个专项工作报告，向市政府提交了相关审议意见书，提出了加快环境整治工作进度，完成奥运环境整治任务；总结奥运环境整治经验，建立城市环境建设工作长效机制；加大对农村地区环境整治资金投入，推进城乡环境整治一体化进程；健全法规政策体系和推广应用新技术，完善固体废弃物和垃圾污水处理机制；坚持公共交通优先发展战略，不断优化城市交通结构等意见和建议。通过上述工作，进一步推动了奥运环境整治和首都城市形象改善。

奥运会闭幕后，常委会组织对奥运立法工作进行总结，委托中国政法大学法学院开展了奥运立法的效果评估，并召开了专题座谈会。七年来，在市委领导下，市人大常委会与市政府、奥组委等部门密切协同，围绕奥运会、残奥会的法律需求开展立法工作，先后制定和修订了涉及市容环境卫生、食品安全、志愿服务、无障碍设施建设等方面的18项地方性法规；作出了为顺利筹备和成功举办奥运会进一步加强法治环境建设的决议。根据常委会授权，市政府制定了赛会期间空气质量保障、临时交通管理、城市环境美化等31项临时管理措施，实现了奥运会、残奥会服务保障工作的有法可依和依法办事，保证了奥运会、残奥会的圆满成功，受到国际奥委会、国际残奥委会及国内外舆论的高度评价。同时，通过奥运立法工作，加快了全市经济社会生活、城市管理服务一些重要方面的法制化、制度化进程，提高了城市建设和管理的现代化水平，促进了首都的法制建设，为首都科学发展和长远发展，留下了宝贵的制度财富。在坚持中国特色，兼顾国际规则；坚持围绕中心，面向实际需要；坚持法制统一，突出地方特点；坚持以人为本，维护共同利益；坚持科学立法、民主立法等方面，形成了新形势下搞好首都地方立法工作的新认识、新经验。

二、积极探索科学立法与民主立法有机结合的工作机制，着力提高立法质量

随着深入贯彻落实科学发展观和中国特色社会主义法律体系的逐步完善，面对首都经济社会发展的新形势，本市地方立法工作已经进入了一个新的阶段。加强社会领域的立法，促进全面协调可持续发展；统筹兼顾各方面利益，保障公民基本权利，维护社会公平正义，成为立法工作的重点任务。常委会努力从总体上把握首都经济社会发展和人民群众对立法的需求，精心组织编制本届人大常委会五年立法规划要点；结合完成年度立法任务，围绕拓展地方立法空间、改进立法工作制度、提高立法质量效果等问题进行了积极的探索和创新。

（一）围绕全市科学发展大局，编制五年立法规划要点

常委会专门成立了五年立法规划要点编制工作协调小组，广泛征求市人大代表、各区县人大常委会和广大市民意见。在认真汇总分类和深入研究论证的基础上，从380项立法建议中归纳精选出56项列入规划要点，其中根据本市工作进程安排的21项，根据全

国立法进程安排的21项，研究论证、待条件成熟时修订或制定的14项。这些项目按内容分为四个方面：一是以保障公民权利、改善民生为重点的社会领域的立法；二是促进首都可持续发展方面的立法；三是建设社会主义新农村方面的立法；四是构建社会主义和谐社会和维护公共安全方面的立法。五年立法规划要点的编制实施，为做好本届人大立法工作奠定了基础。

（二）立足提高质量效果，审议5项地方性法规

常委会去年的立法项目共6项。除涉及奥运的实施突发事件应对法办法外，还审议通过了法律援助条例、实施义务教育法办法，二审了城乡规划条例，一审了绿化条例。为了保证法规质量，对有的法规的审议时间做了必要的调整。

实施法律援助和司法救济，是社会保障的重要内容。为保障经济困难群众获得必要的法律服务，审议通过的法律援助条例，扩大了法律援助的事项范围，降低了法律援助的门槛，将法律援助的范围，由最低生活保障家庭放宽到低收入家庭，明确了政府在实施法律援助方面的责任，规范了法律援助活动和相关程序，对于保护经济困难群众的合法利益，促进社会和谐稳定，具有重要作用。

2006年全国人大常委会修订了义务教育法。为保证该法的贯彻实施，解决本市义务教育发展中存在的突出问题，常委会修订了实施义务教育法办法。实施办法从本市实际出发，强调了市政府统筹教育资源配置、促进义务教育均衡发展的责任，明确了市和区县政府在居住区配套义务教育学校建设中的职责，充实了推进素质教育的内容，保障了外来务工人员子女接受义务教育的权利，规定了社会、家庭保障适龄儿童接受义务教育的义务，特别是针对汶川地震中暴露的校舍安全问题，提高了校舍建设的安全标准，为促进义务教育均衡发展，维护少年儿童接受义务教育的权利，提高全市义务教育发展水平，提供了法制保障。

2007年全国人大常委会通过了城乡规划法。为实施好这部法律，保障北京城市总体规划的实施，常委会在2007年一审的基础上，对城乡规划条例进行了二审。组成人员就城乡规划体系和制定程序、乡村建设的规划管理、监督检查和违法建设的查处等提出了修改意见，为进一步修改完善条例打下了良好基础。鉴于党的十七届三中全会对农村改革发展作出新的部署，本市对乡村建设规划管理尚需深入研究，常委会确定今年对城乡规划条例继续审议。

常委会对绿化条例进行了一审。组成人员充分肯定了条例制定的必要性和立法思路，针对条例调整范围由城市绿化扩展到城乡绿化的情况，对规范绿地和林地的性质，明确绿化主体之间的责权利关系，保障农村绿化中农民的地、林权益，控制建设项目对绿地的侵蚀等问题，提出了明确的意见。

市十三届人大一次会议批准的常委会工作报告中，将修订中关村科技园区条例列入了年度立法计划。由于国务院和市政府正在对园区发展的相关政策进行研究，常委会调整了立法计划，决定待有关问题确定后，再启动相关立法工作。

（三）创新立法工作机制，逐步健全科学立法与民主立法有机结合的工作制度

一是加强立法工作的整体统筹与协调。随着立法工作重点的变化，为了保证和提高立法质量，必须进一步解决立法工作中存在的部门作用强、整体统筹弱，法规起草工作与审议工作脱节的问题。常委会明确了三条原则，采取了三项措施。三条原则是：坚持党对立法工作的领导，增强人大常委会在立法工作中的主导作用，加强与市政府的整体协调。采取的三项措施是：在市委领导下，

与市政府密切合作编制五年立法规划要点，制定年度立法计划，统筹安排立法工作。建立人大常委会与市政府主要领导、主管领导之间的立法工作沟通协调机制，共同研究年度立法计划安排、法规起草与审议中涉及的重要问题。人大常委会开展法规立项论证实验，通过法规立项调研论证工作，提前进入立法程序，加强对法规起草工作的指导，实现法规起草与审议的密切衔接。

二是完善科学立法的工作机制。常委会将立项论证作为法规起草的前提和基础，将法制建设顾问作为科学立法的重要支持力量，将立法后评估作为检验、提高立法质量和效果的重要手段，加强了法规审议的前期工作，建立了法规实施后质量效果的评价机制，在科学立法机制建设上取得了新的进展。一年来，常委会通过法规立项调研论证工作，就每一项法规立法的必要性、可行性、合法性，立法宗旨和原则，立法涉及的主要问题和突出矛盾，立法效果预期等问题进行了充分的调研和论证。年前已经完成了对拟列入今年立法计划的实施妇女权益保障法办法、实施节约能源法办法、实施农民专业合作社法办法、道路运输条例等项目调研论证工作，为做好今年立法工作奠定了基础。聘请了 18 位法制建设顾问，多次就立法中的重要问题向专家咨询，促进了立法质量提高。结合总结奥运立法经验，对保障奥运会的 18 项法规进行了立法后评估。

三是继续扩大立法工作的民主参与。在编制五年立法规划要点过程中，常委会改变过去确定项目后再向社会公布、征求意见的做法，直接向人大代表和广大市民公开征集立法建议；还先后召开了 10 次座谈会。广大代表和人民群众积极建言献策，共提出项目建议 272 项。有关部门对立法项目综合平衡后，再次征求市人大代表意见，代表们又提出项目建议 66 项，对编制好五年立法规划要点起到了非常重要的作用。常委会还注重吸收代表参加法规调研起草工作，对立法中遇到的重要问题，专门听取代表的意见和建议，认真研究和采纳。

三、坚持人大监督工作的性质和特点，在增强监督实效上下功夫

人大监督是代表国家和人民进行的具有法律效力的监督，目的是确保宪法和法律得到正确实施，确保行政权和司法权得到正确行使，确保公民、法人和其他社会组织的合法权益得到尊重和维护。一年来，常委会认真贯彻落实监督法，努力把握人大监督的本质和特点，坚持围绕全市工作大局和涉及人民群众切身利益的重要问题开展监督工作，并且抓住预算监督和监督司法工作两个重点，围绕加强对权力运行的监督，推动健全决策权、执行权、监督权既相互制约又相互协调的权力结构和运行机制，保证国家机关正确行使权力等问题进行了探索和创新，取得了新的进展和成效。

（一）围绕全市工作大局，抓住重点问题开展监督工作

常委会在抓好对奥运会服务保障重点工作监督的同时，对涉及首都科学发展和人民群众切身利益，以及社会普遍关注的一些问题进行了监督。围绕国际国内经济形势变化和奥运会后本市经济持续发展问题，听取和审议市政府关于“十一五”规划实施情况中期评估报告、经济社会发展计划上半年执行情况的报告，提出要积极应对国内外复杂多变的经济形势，统筹谋划首都科学发展，深入推进发展方式转变，保持经济平稳较快增长，着力保障和改善民生，确保奥运会后本市经济社会持续发展的意见。围绕推动本市贯彻实施侨务法律、法规，听取和审议市政府关于侨务工作的报告，提出了要加强政府

对侨务工作的统筹，发挥海外侨胞和归侨侨眷作用，依法解决困难归侨侨眷生活保障问题的意见。针对保护知识产权工作的新情况、新问题，听取和审议了市高级人民法院关于知识产权审判工作情况的报告，提出了要充分认识和发挥知识产权司法保护的主导作用和整体效能，进一步优化配置知识产权审判资源，统一执法标准，加强审判监督和业务指导，不断提高审判工作质量等意见。围绕促进义务教育均衡发展和提高教育质量问题，抓住合理配置教育资源，加强校长、教师队伍建设两个重点，开展义务教育法执法检查，提出了依法保障义务教育经费投入、推进办学条件均衡配置、加强队伍建设、注重校舍安全等意见，并将检查中发现的法律需要完善的问题，体现到北京市实施义务教育法办法修订中。劳动合同法实施以来，社会高度关注。常委会在执法检查中注重调查研究，了解法律实施的基本情况，针对检查中发现的小型企业和个体工商户违法用工、劳务派遣不够规范、劳动合同配套制度有待完善等问题提出了意见。市政府和市高级人民法院对常委会提出的审议意见高度重视，分别研究制定了落实审议意见书、改进工作的方案，推动了有关方面的工作。

（二）加强和改进对司法工作的监督，督促人民检察院依法行使法律监督职能

在监督法颁布实施，各级人大常委会不搞个案监督的情况下，如何开展对司法工作的监督，是市人大常委会着力研究解决的一个重点问题。常委会着眼于发挥中国特色社会主义司法制度的内在优势，在听取和审议市人民检察院“关于开展诉讼监督工作情况”专项工作报告基础上，作出了关于加强人民检察院对诉讼活动的法律监督工作的决议。决议以促进公正司法、提高司法效率、维护司法权威为目标，明确要求人民检察院把依法行使法律监督职能放在更加突出的地位，切实加强对公安机关行使侦查权、审判机关行使审判权、监狱机关行使监管权的监督。强调检察院要不断健全法律监督机制和程序，以人民群众反映强烈的影响公正司法的突出问题为重点，高度关注涉及民生和社会和谐稳定的执法、司法活动，积极稳妥地探索加强对民事审判和行政诉讼活动的法律监督。同时要求公安、人民法院和监狱等机关自觉接受检察院的法律监督，并切实加强内部监督工作。这个决议符合中央和市委关于深化司法体制和工作机制改革的部署和要求，受到最高人民检察院的高度评价。决议通过后，市人民检察院从刑事诉讼监督、民事审判监督和综合保障工作三方面深入开展调研，制定了一系列贯彻落实决议的意见；市高级人民法院结合全市法院工作实际，制定贯彻落实决议的具体措施。公安局、司法局等相关部门也采取各种方式，做好决议的落实工作。

（三）加强和改进预算监督，推进预算制度改革和公共财政体制建设

加强对财政预算的监督，是坚持和完善人民代表大会制度，保障人民当家作主的一项重要内容。在听取和审议市政府关于2007年决算、2008年上半年预算报告和审计工作报告之前，常委会在调查研究的基础上，认真分析了本市财政资金配置上存在的部门管理的专项转移支付资金比重较大、部门内部资金管理制度不够完善、财政资金使用效益评价机制不够健全等问题。经过与市政府及其财政、审计等部门多次沟通，确定了加强改进预算监督的“一个目标、三个结合”的工作思路，即建立科学、民主、依法的财政预算管理制度，确保财政资金规范运行和有效使用的目标；把对预算编制、调整、执行的监督与预算资金使用绩效的监督结合起来；把加强人大监督与促进政府内部监督结合起来；把解决问题与促进制度建设结合起来。根据这个思路，市财政局和审计局在改进工

作的同时，对提交常委会的报告作了调整，不仅报告预算执行及资金支出中存在的问题，而且分析产生问题的制度性原因，提出改革完善制度的对策。常委会经过审议后，就规范财政转移支付制度，加大一般性转移支付，健全部门内部资金管理机制和程序，推行绩效管理制度，加强财政资金绩效审计等方面，向市政府提出了审议意见书。市政府认真落实常委会的意见，着手规范财政转移支付制度，制定出台了完善市、区财政体制的意见，加大了一般性转移支付的比重；加强了对部门预算的监管，开展了对预算资金使用绩效的审计评估工作。

四、着眼于完善人民代表大会制度，保障人大代表依法行使职权

人大代表依法行使职权，关系到人民代表大会制度优势发挥、人大常委会工作质量和效力提高，人民当家作主权利的实现。保障人大代表依法行使职权，是完善人民代表大会制度的一项重要工作。常委会根据民主集中制原则，按照代表行使职权与人民代表大会、人大常委会履行职能密切衔接，代表与人民群众密切联系的工作思路，进一步加强和改进代表工作，充分发挥代表作用。

（一）抓好代表议案办理工作，推动人民群众普遍关心的重点问题的解决

市十三届人大一次会议主席团交付的“制定生态涵养发展区产业发展政策，推进环境友好型城市建设”等3项议案，涉及人民群众最关心、最直接、最现实的利益问题。常委会高度重视，认真抓好办理工作，取得了良好成效。

在市政府办理“制定生态涵养发展区产业发展政策，推进环境友好型城市建设”议案过程中，常委会提前介入，深入调研，抓住涵养生态环境与促进经济发展、增加农民收入这个主要矛盾，明确了涵养生态环境、开发生态产业、发展生态经济、建设生态城镇的思路，建议政府要采取有力措施，把涵养生态环境和发展生态经济、增加农民收入有机地统一起来。市政府认真采纳这些意见，边办理边改进，正在起草《关于促进生态涵养发展区协调发展的若干意见》。

常委会通过审议“加快保障性住房建设，解决中低收入群体住房困难”议案办理情况报告，提出了要把保障性住房工作作为政府的重要职责摆在更加突出的位置，建立并完善以廉租住房制度为重点、分层次的基本住房保障制度体系，加强市和区县两级住房保障及管理机构建设等意见。通过审议“加强乡村基础设施建设，加快社会主义新农村建设进程”议案办理情况报告，提出要加强农业和乡村基础设施建设，夯实都市型现代农业的产业基础，加快城乡经济社会发展一体化进程等意见。市政府高度重视这些意见，积极研究整改措施，保障性住房建设计划及管理机构方案、推进城乡一体化的政策措施已经制定。

为了切实推动代表关注问题的解决，常委会加强了对前几年议案办理审议意见落实情况的跟踪检查，包括关于加强山区生态建设，合理配置教育资源，规范物业管理等议案。通过跟踪落实“加强公共卫生体系建设议案办理三年目标实现情况”的审议意见，督促市政府建立了应对公共卫生突发事件的财政资金保障机制，完善了应急联动机制，形成了覆盖城乡、比较完善的社区卫生服务网络。

（二）改进代表建议督办工作，增强办理实效

在市十三届人大一次会议上，代表提出了1312件建议、批评和意见，经过各方面共同努力，已办理完毕并答复了代表。其中问题得到解决、基本解决或列入计划逐步解决的占75.8%。闭会期间代表提出的237件建

议，多数已办复。

常委会在认真总结代表建议办理工作经验基础上，着眼增强办理实效，着力完善督办机制。建立了主任、副主任牵头重点督办、专委会分类重点督办、代表联络室统筹督办三个层次的工作机制。主任、副主任督办了加强网络监管力度、加快垃圾焚烧厂建设速度、将无劳动能力的残疾人员和无业人员纳入医疗保险范围、逐步免费开放博物馆、尽快将宗教界人士纳入社保体系等综合性强、办理难度大的 8 件建议，专委会督办了涉及交通、食品安全、教育、卫生等方面的 12 件建议，都有效推进了问题的解决或工作的进展。为保证代表建议的办理实效，常委会加强复查补办，对每件建议的办理报告进行核查，确定将 12 件建议交有关承办单位重新研究办理，推动问题的进一步解决。

北运河是北京的主要水系，随着本市工业化、城市化的进程，已经从历史上维系京城命脉的漕运河道变成了城市排污河道。虽经多年治理，但水质污染严重的状况尚未根本改变，给东部地区人民群众的生产生活和经济社会发展造成严重影响。去年，常委会下大力气重点督办了“北运河水系治理”的建议，组织委员、代表多次实地考察，同市政府及有关部门反复分析研究，提出了从首都可持续发展的战略目标出发，把改善水环境状况和改善水资源、水生态状况统一起来，转变污水防治的思路和模式，尽快实现污水处理由无害化向资源化转变的建议，并形成了专题调研报告。市政府高度重视常委会的建议，制定了北运河水系中长期综合治理方案和年度工作计划，着手提高几座大型污水处理厂的治理标准，治理工作取得积极进展。

（三）完善代表工作格局，提高为代表履职的服务保障能力

常委会认真落实市委 23 号文件精神，进一步完善了由常委会统一负责，代表联络室综合协调，专委会和常委会工作机构充分发挥作用，以区县人大常委会为工作基础，与街道、乡镇人大代表工作机构密切协同的代表工作格局。

去年，常委会利用这个格局，积极为代表执行职务提供服务。一是畅通“三情两声”，保障代表知情权与表达权。及时把市情、政情、社情通过各种方式和渠道通报给代表，把代表及人民群众的呼声反映到人大常委会。二是加强代表培训，提高代表素质。举办了两期培训班，有 400 多名代表参加。针对届首之年特点，培训内容体现“应知应会”要求，帮助代表加深对人民代表大会制度的认识，掌握履职基本知识，提高履职能力。三是健全代表民主参与机制。进一步扩大代表参与立法、监督工作，组建妇女、体育、农村代表小组，密切专门委员会、常委会工作机构与相关领域代表的联系。四是完善代表活动机制。坚持年中代表活动；完善重要工作征询代表意见制度，将市政府为群众办实事项目征求代表意见的时间，向前移至 9 月份，使代表意见提前进入政府决策过程；改进集中视察方式，既安排集中视察，又安排各代表团分别组织视察，切实增强活动实效。

五、加强常委会及机关建设，改进机关工作方式

常委会适应全市深入贯彻落实科学发展观，推进首都科学发展的形势和任务，围绕坚持和完善人民代表大会制度、依法有效履行职能、提高工作的质量和实效，进一步加强自身思想政治建设，改进机关工作方式，增强机关服务功能，取得了新的进展和成效。

（一）深入学习党的十七大精神和科学发展观，加强思想理论建设

上半年，常委会以学习党的十七大精神

为主要内容，先后举办了组成人员、机关干部培训班，坚持搞好法制讲座。下半年，根据中央和市委的统一部署，开展深入学习实践科学发展观活动，以“深入贯彻落实科学发展观，推进首都民主法制建设，为建设人文北京、科技北京、绿色北京提供民主法制保障”为主题，着力解决好坚持正确的政治方向、保持良好的精神状态、完善科学的工作方式、提高队伍的素质和能力四个方面的问题。召开了贯彻实施监督法研讨会、纪念改革开放30年首都民主法制建设研讨会、学习胡锦涛总书记“12·18”重要讲话座谈会。通过这些活动认清了人大在贯彻落实科学发展观，推动首都科学发展中肩负的责任和使命，深化了对人大工作规律和特点的认识，增强了贯彻落实科学发展观，坚持和完善人民代表大会制度的坚定性和自觉性，调动了组成人员和机关干部做好人大工作的积极性。

（二）改进和完善工作方式，使常委会工作逐步走上提高质量和实效的轨道

充分发挥人民代表大会制度的优势和作用，使人大工作能够有所作为，必须切实改进和完善人大常委会及其机关的工作方式，着力提高工作的质量和实效。常委会在始终强调坚持正确政治方向的前提下，把改进完善工作方式作为着力点，提出了依法有效履行职能，做该做、能做、有用、有效的事的工作要求，并初步采取了一些实际步骤和措施。

一是转变思想观念。正确处理职权与职责的关系，把责任放在第一位，把权力作为人民赋予的履行责任的条件；正确处理工作的保障性和建设性的关系，在为全市经济、政治、文化、社会事业提供民主法制保障的同时，不断推进首都的民主法制建设，使人大工作富于建设性；正确处理工作的形式和效率的关系，把程序评价和效果评价统一起来。

二是调整工作格局。坚持“会议的质量在会前、会议的实效抓会后”，调整常委会会中与会前、会后工作力量的分布，加强对常委会审议的准备和服务保障工作。会前，围绕常委会议题进行深入的调研和论证，做好充分细致的准备。会后，把督促“一府两院”落实常委会审议意见作为重要环节来抓，对重点和难点问题连续跟踪督办，一抓到底、务求实效。

三是创新工作机制。初步建立了年度工作计划的整体统筹机制、立法工作的立项调研论证和法规效果评估制度、监督工作的综合协调机制、代表工作的专门委员会联系代表机制以及常委会法制建设、预算监督专家咨询机制等。

四是加强工作基础。常委会把调查研究作为开展各项工作的基础环节和必经程序，围绕工作搞调研、通过调研促工作。形成了由市级重点课题、常委会重点课题、常委会工作机构课题和市人大理论研究会课题构成的多层次调研格局。进一步明确信息工作职能和定位，健全信息网络，扩大信息资源，畅通人民群众、区县人大和市人大的信息沟通渠道。注重加强与“一府两院”、区县人大常委会的沟通协调，形成工作合力。

（三）增强机关服务功能，改善对常委会和人大代表的服务保障工作

一是加强政务服务的机构建设。适应提高常委会和主任会议质量的要求，增设了办公厅会议处；适应加强监督工作综合协调的需要，增设了办公厅监督工作协调处；适应加强改进对司法工作监督的需要，增设了内司办司法处；为了加强对人大工作理论与实践的研究，增设了研究室理论处。二是进一步发挥专委会和常委会工作机构的作用。围绕做好常委会议题的服务和保障工作，各专门委员会共召开了36次会议，提交常委会会议的有关意见和报告质量明显提高，为提高

常委会审议质量发挥了积极作用。三是积极推进干部人事制度改革。面向社会公开招考工作机构负责人，积极开展处级干部竞争上岗，推进干部交流和培训，完善干部激励约束机制，干部队伍的精神面貌有了新的变化。常委会努力做好信访工作，坚持在全市信访联席会议统一领导下开展工作，注重对信访信息的综合分析，及时反映群众诉求，为立法、监督工作提供议题来源和信息支持。

常委会积极协助、配合全国人大常委会做好立法意见征集、执法检查等有关工作，努力为全国人大常委会来京开展调查研究等活动提供良好服务和保障。进一步加强对区县人大工作的指导和联系。在制定五年立法规划要点和各项法规草案征求意见过程中，区县人大提出了很多很好的意见，发挥了重要作用；在开展执法检查等工作中，上下联动，形成合力，取得了良好效果。密切与兄弟省市人大常委会的联系，加强学习和交流。开展了与国外地方议会的友好交往，组织代表出访考察，宣传了人民代表大会制度和北京举办奥运会、残奥会的巨大成就，学习借鉴了国外议会工作的有益经验，加深了理解，增进了友谊。

在去年汶川特大地震的抗震救灾中，常委会机关干部职工心系灾区，奉献爱心，共产党员踊跃交纳特殊党费，累计捐献 60 万元和大量救灾物资。本市各级人大代表也纷纷伸出援助之手，通过多种方式捐款捐物；许多人大代表还亲身参与了抗震救灾工作，为夺取抗震救灾的胜利作出了贡献。

各位代表，届首之年，常委会的工作有了一个良好开局。这是在中共北京市委正确领导下，全体常委会组成人员和人大代表共同努力的结果。常委会在工作中，得到了“一府两院”的积极配合，也得到了社会各方面和广大人民群众的关心、支持、帮助。在此，我代表市人大常委会，向各位代表和所有关心、支持人大工作的同志们、朋友们，表示崇高的敬意和衷心的感谢！

在肯定成绩的同时，我们也清醒地认识到，常委会的工作同中央、市委对首都科学发展的要求和部署，同宪法和法律赋予的职责，同代表和人民群众的期望还有不少差距。一是深入贯彻落实科学发展观，推进首都民主法制建设，为首都科学发展提供民主法制保障的责任感、自觉性需要不断增强；二是以民生为重点的社会领域立法还不能满足社会发展和人民群众的需要，特别是对于新形势下如何搞好地方立法，增强地方性法规的实际效果，认识不够到位、工作不够得力；三是如何加强对权力运行的监督，保证权力正确行使，特别是深化对预算和司法工作的监督，需要继续实践和探索；四是代表履职与常委会、专门委员会行使职权的结合仍不够紧密，对于加强代表建议办理工作、提高办理实效需要深入研究，代表密切联系人民群众的机制还需完善；五是工作制度、工作机制和工作方法与新时期人大工作的要求存在差距，常委会机关工作人员的思想、作风和素质能力建设需要进一步加强。我们将在工作中继续认真研究这些问题，持续不断地加强和改进工作。

2009 年的工作安排

2009 年，市人大常委会工作面临的形势有四个重要特点，一是全市深入贯彻落实科学发展观，推进人文北京、科技北京、绿色北京建设；二是应对国际金融危机的挑战，保持首都经济平稳较快发展；三是庆祝中华人民共和国成立 60 周年；四是纪念地方人大设立常委会 30 周年。在这样的形势下，常委会要在中共北京市委领导下，按照坚持方向，贯穿主线；围绕大局，突出重点；完善方式，提高水平的思路安排工作。坚持方向、贯穿主线，就是要高举中国特色社会主义伟大旗帜，坚持党的领导、人民当家作主和依法治国的有机统一，深入贯彻落实科学发展观，把科学发展观贯穿到人大履行各项职能和开展各项工作中。围绕大局、突出重点，就是要紧紧围绕市委提出的建设人文北京、科技北京、绿色北京的工作大局和工作任务，依法履行职能，提供民主法制保障，推进民主法制建设。高度重视国际金融危机对首都经济的影响，抓住关系首都科学发展的突出矛盾和人民群众普遍关注的重点问题，着力在促进首都科学发展、保持经济平稳较快发展、改善民生、维护公民合法权益、促进社会公平正义、加强环境保护和生态建设、推进农村改革和社会主义新农村建设等方面，开展各项工作。完善方式、提高水平，就是要继续围绕提高工作的质量和实效，进一步转变思想观念，进一步实践和探索新的工作制度和机制，并通过工作方式的改进形成良好的精神状态和工作作风，促进素质和能力的提高；以纪念地方人大设立常委会30周年为契机，总结市人大常委会的工作经验，特别是制度成果，为市委召开第三次人大工作会议做好准备工作，在市委的领导下，把市人大及其常委会的工作提高到新的水平。

一、加强和改进立法工作，不断提高立法质量

在保证国家法律有效实施的同时，努力把市委关于科学发展的决策通过法定程序转化为国家意志和全市人民的共同行动。注重在坚持法制统一原则的前提下突出地方特色，坚持针对问题立法，立法解决问题，努力推动解决影响首都科学发展的体制、机制问题，以及涉及人民群众合法权利和切身利益的问题，为首都科学发展和社会和谐提供法制保障。

计划安排审议7项地方性法规草案。为加大水环境污染的治理力度和实现污水资源化，制定水污染防治条例。为贯彻落实党的十七届三中全会精神，推进农村改革，提高农业和农民的组织化程度，制定实施农民专业合作社法办法。为推进本市节能工作，建设资源节约型、环境友好型社会，修订实施节约能源法办法。为建立城乡统一的道路运输管理服务体系，加强道路运输安全，促进道路运输业发展，制定道路运输条例。为推进男女平等国策得到更好贯彻落实，修订实施妇女权益保障法办法。继续审议城乡规划条例和绿化条例。

计划安排对14个立法项目进行立项调研论证，涉及物业管理、就业促进、社区卫生、生活垃圾处理、代表议案工作等方面法规的制定，实施残疾人保障法办法、消防条例、安全生产条例、大型社会活动安全管理条例、少数民族权益保障条例等法规的修订，通过调研论证，为明后年的立法工作做好前期准备。

为了更好地坚持党对立法工作的领导，增强人大常委会的主导作用，加强人大常委会与市政府的整体协调，以及加强政府内部立法工作统筹，切实提高立法质量和法规实效，拟与市政府共同召开立法工作座谈会，就完善立法工作格局问题，完善科学立法、民主立法机制问题，落实五年立法规划要点问题进行研究，为搞好立法工作奠定思想、组织和制度基础。

二、加强和改进监督工作，促进依法行政和公正司法

继续深入贯彻落实监督法，抓住涉及首都科学发展的一些基础性、长远性问题，人民群众反映强烈、社会高度关注的问题，围绕资源配置和权力运行开展监督。

计划听取和审议“一府两院”7个专项工

作报告。针对科学技术在首都经济社会发展、城市建设和管理中急需的创新与应用问题，听取和审议市政府关于推动高新技术在本市经济社会发展中应用情况的报告。针对治理水污染、节约水资源、改善水环境、修复水生态问题，听取和审议市政府关于北运河水系水污染治理工作的报告。针对促进垃圾处理体系现代化，实现垃圾减量化、无害化和资源化问题，听取和审议市政府关于加强垃圾处理工作的报告。针对推进城乡公共卫生体系协调发展问题，听取和审议市政府关于农村医疗卫生工作的报告。针对推进基层民主，促进和谐社会建设问题，听取和审议市政府关于推进城乡社区居民自治工作情况的报告。针对促进公正司法、提高司法效率、维护司法权威问题，听取和审议市高级人民法院关于商事审判的报告，市人民检察院贯彻市人大常委会“关于加强检察院对诉讼活动的法律监督工作的决议”的报告。

做好计划和预算监督工作，听取和审议本市 2009 年国民经济和社会发展计划上半年执行情况、预算上半年执行情况以及 2008 年审计工作、决算草案的报告，审查批准 2008 年市级决算。重点关注应对国际金融危机，保增长、促内需、调结构的情况；深化对预算资金使用绩效的监督，促进预算编制和预算资金分配更加科学合理；充分发挥政府财政部门、审计部门监督作用，形成人大监督与政府内部监督有机结合、相互协调的监督体系；督促政府不断改革和完善财政体制、分配制度、运行机制和办事程序，提高财政资金的使用效益。

计划开展 4 个方面的执法检查。为提升本市安全生产工作水平，切实保障人民群众生命财产安全，对安全生产法和安全生产条例实施情况进行检查。为促进老年人合法权益保障和服务体系建设，进一步弘扬敬老、养老的传统美德，对老年人权益保障条例进行执法检查。常委会还将采取市和区县人大上下联动的方式，对水污染防治法及本市实施办法、农产品质量安全法的实施情况进行检查，促进本市水污染防治、农产品生产和食品安全工作。

去年办理的加快保障性住房建设、制定生态涵养发展区产业发展政策、加强乡村基础设施建设三项代表议案，都是关系民生的重大问题，也是需要持续解决的问题。常委会要跟踪检查，计划听取和审议这三项议案办理审议意见落实情况的报告。

三、继续完善代表工作格局，进一步发挥代表作用

深入贯彻中央 9 号文件和市委 23 号文件精神，以完善代表履职服务体系，加强代表与人民群众联系为重点，完善工作制度，创新工作机制，更加细致地做好代表工作，切实提高代表工作实效。一是要坚持和完善代表工作格局，使之贯穿于代表工作的各个方面，把代表执行职务和常委会的工作密切衔接起来，加强专门委员会与代表的联系，扩大代表对常委会立法、监督等工作的参与，改进主任接待代表日、代表列席常委会会议等工作。充分发挥区县人大常委会联系和服务本选区代表的作用。二是要健全代表密切联系人民群众的机制，明确人大代表联系人民群众的范围、方式和途径，建立和完善具体的工作制度，使人民群众的意见和要求更有效地反映到人大常委会的决策和工作中。三是要保障代表的知情权和参与权，加强和改进信息工作，及时将市情、政情、社情通报给人大代表。尤其要加强专委会工作情况的信息通报。四是要加强和改进议案落实、建议办理和督办工作，加强常委会和专委会对建议、意见的综合分析、统筹协调和分类督办，不断提高办理和督办工作的实效。五

是坚持搞好代表培训工作，帮助代表不断提高履职能力。

四、进一步加强常委会自身建设，不断提高履行职责的素质和能力

要继续深入开展学习实践科学发展观活动，搞好分析检查，制定好整改方案，把整改措施和活动的成效体现到全年工作中。要进一步加强思想理论建设，高举中国特色社会主义伟大旗帜，坚持中国特色社会主义道路和中国特色社会主义理论体系，增强贯彻落实科学发展观的自觉性和坚定性，增强坚持和完善人民代表大会制度、做好人大工作的责任感和使命感，保持奋发有为的精神状态和良好的工作作风。要下力量提高常委会组成人员和机关干部的专业素质和职业能力。围绕人大及其常委会的职能和任务，加强对党的路线方针政策和市委工作思路、工作部署的学习；加强对全市经济、政治、文化、社会发展及其重要问题的了解和研究；加强对人大工作专业知识和技能的训练和研究，提高履职的能力和水平。要继续加强常委会机关的党风廉政建设，完善监督体系，搞好风险防范工作。加强市与区县人大常委会工作的联系，加强常委会内部各工作机构间的沟通协调。

各位代表，北京奥运会、残奥会胜利闭幕之后，首都现代化建设进入了一个新的发展阶段。我们要在中共北京市委领导下，紧密团结在以胡锦涛同志为总书记的党中央周围，动员全市人民，同心同德，坚定信心，奋发努力，扎实工作，把压力变成动力，把挑战变成机遇，大力推进人文北京、科技北京、绿色北京建设，以首都繁荣、文明、和谐、宜居的优异成绩，迎接新中国成立60周年！

北京市第十三届人民代表大会第二次会议关于北京市高级人民法院工作报告的决议

（2009年1月17日北京市第十三届人民代表大会第二次会议通过）

北京市第十三届人民代表大会第二次会议听取和审议了北京市高级人民法院院长池强所作的《北京市高级人民法院工作报告》，决定批准这个报告。

北京市高级人民法院工作报告

——2009年1月15日在北京市第十三届人民代表大会第二次会议上

北京市高级人民法院院长　池　强

各位代表：

现在，我代表北京市高级人民法院向大会报告工作，请予审议，并请各位政协委员提出意见。

2008 年的主要工作

2008 年是全面贯彻落实党的十七大精神，北京奥运会、残奥会取得巨大成功的一年。北京法院在市委的领导、市人大及其常委会的监督和最高人民法院的指导下，深入贯彻落实科学发展观，始终坚持社会主义法治理念，充分发挥审判职能，全力维护“平安奥运”，努力保障当事人在北京法院打一个公正、明白、便捷、受尊重的官司，审判工作取得了新的进展。

一、充分发挥审判职能，为首都科学发展、为奥运会和残奥会成功举办提供有力司法保障

一年来，全市法院积极应对举办奥运会、残奥会对法院工作提出的新要求，积极应对案件数量持续上升带来的新压力，积极应对一批新法相继实施对审判工作带来的新挑战，全面加强审判工作，共受理各类案件 393,917 件，审结 384,956 件，同比分别上升 6.3% 和 4.3%，收案数和结案数均为历史上最多的一年。在审判工作中，坚持公正司法，着力化解矛盾、保障民生、维护稳定，一审案件服判息诉率达 85.1%。

（一）发挥刑事审判职能，维护首都安全稳定

首都的稳定事关党和国家的工作大局。全市法院把维护社会稳定作为首要的政治任务，审结刑事案件 22,731 件，判处罪犯 23,355 人，同比分别上升 3.1%和 6.9%。

依法严惩严重刑事犯罪，全年判处 5 年以上有期徒刑、无期徒刑、死刑的罪犯 3606 人。依法严惩危害国家安全的犯罪，审结了一批间谍、为境外非法提供国家秘密的案件。依法严惩危害公共安全、危害人民群众生命财产安全的犯罪，审结爆炸、杀人、绑架、抢劫等案件 6491 件，进一步开展打黑除恶专项斗争，依法分别严惩了以刘振江、朱嘉乐为首的带有黑社会性质的犯罪集团。依法严惩严重破坏市场经济秩序的犯罪，审结非法吸收公众存款、集资诈骗、生产销售伪劣商品等案件 1114 件，正在审理的亿霖木业集团非法经营案涉及 2 万多名当事人，涉案金额 16.8 亿元。依法严惩贪污、贿赂、渎职犯罪，进一步开展治理商业贿赂专项斗争，审结此类案件 206 件。

落实宽严相济的刑事政策，对主观恶性不深、社会危害较轻的犯罪，依法从宽处理，减少监禁刑，让罪犯在社区接受矫治，防止将他们推向社会的对立面；特别是对未成年人犯罪，尽量适用非监禁刑，全年对 368 名未成年犯宣告缓刑。坚持惩罚犯罪和保障人权并重，依法宣告 15 名刑事被告人无罪，为 1871 名符合法律援助条件的刑事被告人指定了辩护人。同时，注重保护被害人的合法权益，加大刑事附带民事判决的执行力度，为被害人追索损害赔偿款 5327.8 万元。

（二）发挥民事审判职能，保障民生，促进发展

民事审判与群众切身利益联系紧密、与经济发展联系紧密、与首都创新型城市建设联系紧密，涉及首都经济社会的各个方面。全年依法审结民事案件 261,067 件，同比上升 6.9%，占各类案件总数的 67.8%，案由达 360 多种。按照最高人民法院的规定，2008 年 4 月 1 日起实行民事案件新的管辖规定，基层法院管辖一审民事案件的诉讼标的额从 500 万元以下提高到 5000 万元以下，给基层法院民事审判带来了新的考验。新修订的《中华人民共和国民事诉讼法》于 2008 年 4 月 1 日起施行，当事人对原生效裁判不服的，不再向原审法院申请再审，而向上一级法院提出申请，市高级人民法院受理的申请再审案件陡增，4 月份以来共受理 2830 件，

同比上升 186.7%，这对高级人民法院发挥审判监督职能提出了新的要求。

依法审理民事案件，努力保障民生。审结人身损害赔偿案件 19,062 件，依法保护当事人的生命权、健康权。审结婚姻家庭、遗产继承案件 29,499 件，依法保护妇女、儿童、老人、残疾人和军属的合法权益。《中华人民共和国劳动合同法》于 2008 年 1 月 1 日起施行，劳动争议案件大幅上升，审结 13,992 件，上升 75.2%，依法保护劳动者合法权益，促进劳动关系的和谐稳定。《中华人民共和国物权法》于 2007 年 10 月 1 日起施行，物权案件升幅较大，审结 20,545 件，上升 13.3%，依法保护当事人的所有权和其他财产权益。

依法审理商事案件，努力保障首都经济平稳较快发展。审结农村土地承包合同案件 868 件，妥善化解涉农群体性纠纷，依法保护土地承包经营权流转，促进农村改革发展。审结借款、保险、证券、期货、票据等案件 24,888 件，依法维护金融市场秩序。审结企业改制、股权转让案件 11,758 件，防止国有资产流失，保障非公经济健康发展。受理企业破产案件 84 件，上升 82.6%，公平清理债权债务，依法维护市场经济秩序。审结涉港澳台、涉外案件 1968 件，平等保护当事人的合法权益。

依法审理知识产权案件，努力促进首都创新型城市建设。审结著作权、商标权、专利权、植物新品种权、集成电路布图设计专有权、计算机网络域名等案件 4072 件，上升 68.3%，依法打击盗版、仿冒等侵权行为，营造鼓励自主创新的市场环境。审结涉及奥运吉祥物的著作权案，依法保护奥林匹克标志专有权。审结虚假宣传、倾销等不正当竞争案件 106 件，依法制裁不正当竞争行为。

（三）发挥行政审判职能，保护行政相对人的合法权益

审结行政案件 5520 件，案件类型超过 50 种。注重化解行政机关与行政相对人之间的矛盾，按照最高人民法院有关规定，加大协调工作力度，建议行政机关完善行政行为，促进行政相对人与行政机关相互理解和信任，在此基础上，允许原告自愿撤诉，妥善化解行政争议，通过协调等方式化解行政争议的占 48.1%。依法监督行政机关行使职权，促进行政机关依法行政，保护行政相对人的合法权益，撤销或者部分撤销行政机关具体行政行为、判决行政机关履行职责的占 7.3%。依法支持行政机关履行社会管理职能，维护行政管理秩序，维持行政机关具体行政行为的占 44.6%。

（四）发挥执行职能，最大限度实现生效裁判确认的权益

切实加大执行工作力度，努力实现胜诉当事人的合法权益，全年执结案件 95,638 件，执结标的金额 436.9 亿元。在奥运会开幕前，开展了集中执行涉及民生案件的专项活动，共追索拖欠的农民工工资、赡养费、工伤赔偿款等 22 亿元。对被执行人有偿还能力，而漠视法律拒不履行义务的，依法适用强制措施，加大执行威慑力，责令申报财产 14,154 人次，限制出境 282 人次，公布拒执人名单 573 人次，追究刑事责任 22 人。对被执行人难找、财产难寻的，根据申请执行人的要求，采取公告悬赏的办法，利用社会力量查找被执行人及其财产；加强与公安、金融、工商管理、房地产管理部门的协调配合，推进执行联动机制建设。对被执行人确无财产可供执行，申请人又确实困难的案件，市高级人民法院与民政、财政等部门联合制定《北京市实施司法救助管理办法》，通过司法救助帮助申请执行人解决困难。按照新修订的《中华人民共和国民事诉讼法》，审结执行异议、执行复议案件 1395 件，切实保障当事人的合法权益。

二、坚持司法为民，努力保障当事人打一个公正、明白、便捷、受尊重的官司

全市法院围绕人民群众的司法需求，以“保障当事人在北京法院打一个公正、明白、便捷、受尊重的官司”为工作目标，重点做了以下工作。

努力维护司法公正。全市法院着力增强审判工作的透明度，在不泄露国家秘密、商业秘密和个人隐私的前提下，实行裁判文书网上公开，目前已将全部商事裁判文书、知识产权裁判文书和部分刑事裁判文书上网公开；实行庭审网络直播，全市法院均已具备庭审网络同步直播的条件，已完成庭审直播662次，让审判权在当事人、人民群众和社会舆论的监督下依法行使。着力促进司法廉洁，进一步落实立案和审判分立、审判和执行分立、审判和申请再审分立，并将执行权分解为执行裁决权和执行实施权，有的法院还改变了由一名法官对执行案件一包到底的做法，把执行过程分成执行启动、财产查找查封、财产变现等环节，提高了执行效率，实现了分权制约；对容易发生廉政问题的评估、拍卖环节，由市高级人民法院统一管理，统一“摇号”，随机确定评估拍卖机构。着力强化对审判工作的监督检查，运用庭审视频和光盘刻录系统，对庭审全过程录像、刻盘存档；加大案件评查力度，全年评查案件24,610件，将查出的不规范司法行为记入审判人员业绩档案，并追究相应责任；另外还集中开展了民事裁判文书评查活动，随机抽查1万余件民事裁判文书，对检查发现的差错，制作展板，公开差错案件的案号、所在法院和承办法官，召开全市法院大会进行讲评，并邀请人大代表、特邀监督员、媒体记者参观报道。着力规范法官自由裁量权的行使，全市法院对审判实践中35个重点疑难问题开展调研，市高级人民法院制定了11个指导法律适用的规范性文件，编发了82个指导案例，并利用电脑网络平台，开发了“案例比对系统”，通过该系统，法官可以将正在审理的案件与以往5年内全市法院办理的同类案件进行比对，参考同类案件的处理结果，防止行使自由裁量权的随意性，保障当事人打一个公正的官司。

全面维护当事人的诉讼权利。加强裁判文书的说理性，要求法官在裁判文书中说明证据是否采信的理由、针对当事人的争议焦点阐明判决依据，要求法官既要会说法言法语，又要会说群众语言，让当事人“赢得清楚、输得明白”，保障当事人打一个明白的官司。在法院接待窗口安装监控设备，促进审判人员规范司法行为。采取上门立案、口头立案、手语翻译等做法，方便残障人员参加诉讼，让社会特殊群体感受到司法工作的温暖。

进一步提高审判效率。为解决当事人在立案过程中往返次数较多的问题，全市法院加强立案接待大厅的建设，把立案、接访、查询诉讼流程、传递诉讼材料、收结诉讼费等各项服务集中在一个大厅内办理。为保证案件在法定期限内审结，利用案件信息管理系统，实时监控案件审理期限，对临近审限的案件及时提出警示，对超审限案件一律进行通报，全年法定审限内结案率达95.2%；探索简易民事案件速裁机制，一个月内审结的案件达92,066件。为方便群众诉讼，将人民法庭受理案件的范围扩大到民事、商事和执行案件，全市57个人民法庭审结案件81,605件，占一审案件总数的33.8%；积极开展巡回审判工作，在农村、社区就地开庭审结案件11,605件，努力让当事人打一个便捷的官司。

切实加强调解工作。全市法院切实增强

化解社会矛盾的责任感，在诉讼的不同阶段，针对不同类型的纠纷，探索了形式多样的调解方式，并召开了全市法院调解经验交流现场会。将调解工作纳入业绩考核，鼓励审判人员提高调解水平。全年通过调解方式妥善化解民事案件131,317件，占审结民事案件总数的50.3%。加强诉讼调解与人民调解、行政调解的衔接，全市法院在立案前化解纠纷10,151件。同时，注重处理好调解与裁判的关系，对当事人确无调解意愿的案件，及时依法作出判决；特别是对商事案件、知识产权案件，注意通过裁判的方式，让当事人明确权利义务的界限、明确市场交易的规则，努力达到定分止争的目的。

全力解决涉诉信访问题。为解决当事人信访反映的问题，全市法院对涉诉信访案件逐案挂帐督办、落实责任、限期解决。对原判确有问题的，依法提起再审，予以改判；对原判并无不当，但当事人不理解的，耐心细致做好法律解释工作。同时，带着对人民群众的深厚感情，带着为党巩固群众基础的责任感，从过去处理信访问题，局限于审查案件办得对不对、上访有理无理，转变为既审查案件对错，又真心实意地为确有困难的当事人解决实际问题。在党委政府的大力支持下，为303名当事人解决了信访反映的问题，发放救助资金1574.4万元，确保了奥运期间涉诉信访没有发生任何问题，努力做到在法院工作的各个环节充分尊重当事人的主体地位，切实保障当事人打一个公正、明白、便捷、受尊重的官司。

三、重视道德品格，确保公正廉洁，努力建设一支合格的法官队伍

队伍建设是公正司法的基本保证。我们努力培养一支既有法学理论基础、能正确适用法律，又坚持社会主义法治理念、了解社情民意、能够妥善化解社会矛盾的法官队伍。

牢固树立司法为民理念。全市法院深入开展学习实践科学发展观活动，举办7场“以案析理”报告会，由宋鱼水等审判一线的优秀法官现场讲解司法为民的做法和体会，在审判人员中牢固树立党的事业至上、人民利益至上、宪法法律至上的指导思想。转变教育培训方式，组织300名年轻干部到老少边穷地区考察，到人民法庭、信访部门实践，增进与人民群众的感情、增加对国情的了解。落实人民陪审员制度，保障人民陪审员在案件审理中对事实认定、法律适用独立行使表决权，人民陪审员全年参审案件16,428件，进一步落实了司法民主。聘请企业家、专家学者、行业协会会员等参与案件调解，扩大人民群众参与审判工作的范围。实行特邀监督员制度，定期听取特邀监督员的意见和建议，畅通民意沟通渠道，密切法院与人民群众的关系，按照人民群众的意见和建议不断改进法院工作。

切实加强廉政建设。法官队伍担负着维护社会公平正义的重大责任，对道德品格和廉洁自律的要求尤为突出。全市法院着力加强反腐倡廉工作，注意运用正反两方面典型开展教育，确保廉政制度的贯彻落实。在人员录用、职级晋升中，着重考察干部的道德品格，努力培养注重品行、公正廉洁的法官队伍。对干部队伍中存在的违纪违法问题，坚持实事求是，决不姑息放任，全年查处违纪违法案件9件13人。我们高度重视郭生贵违法犯罪行为的严重危害性，以领导干部为重点，在全市法院开展了专项教育，召开了全市法院领导干部专项教育大会，制定了禁止法院领导干部越权干预案件审理等“五条禁令”，并就开展专项教育整改的情况，专门向部分人大代表进行了通报。

不断提高司法能力。针对审判队伍高学历、年轻化的现状，全市法院实行了法官遴

选制度，市高级人民法院这些年不再直接录用大学毕业生，新录用人员一律分配到基层法院，放在审判一线锻炼，让法官增强化解社会矛盾的责任感，增强做群众工作的能力。及时调整法官业绩考核体系，不仅考核结案数量，更注重考核化解了多少社会矛盾，促使法官提高解决纠纷的能力，努力实现法律效果与社会效果的有机统一。针对近年来新法密集实施的情况，举办了《中华人民共和国劳动合同法》、《中华人民共和国物权法》、《中华人民共和国民事诉讼法》专题培训，市高级人民法院举办各类培训班 38 期，培训 6286 人次，提高了法官把握立法精神、正确适用法律的能力。

四、自觉接受人大监督，让审判权在监督制约下依法行使

人大监督是司法公正的重要保障。全市法院切实增强接受监督的意识，在人大的监督下不断改进工作。

主动向人大报告工作。在做好年度工作报告的基础上，认真做好专项工作报告。市高级人民法院专项报告了知识产权审判工作情况，目前正在按照审议意见进行整改。根据市人大常委会 2007 年审议审判监督工作情况时提出的意见，市高级人民法院进行了认真整改，报告了整改情况。各区县法院也主动向区县人大专项报告了有关重点工作。

全力支持代表履行职务。认真办理代表建议，市高级人民法院加大对代表建议办理工作的督办力度，明确办理时限，注重办理质量，认真听取代表对办理工作的意见。加强与代表的沟通，市高级人民法院向部分人大代表通报了集中评查民事裁判文书、集中执行涉民生案件等重点工作，全市法院共邀请人大代表旁听庭审 1131 人次，视察法院 536 人次，座谈 1159 人次，还邀请代表参加法院的调解、执行、信访接待等工作，不仅方便了人大代表执行职务，也有力地促进了法院工作的发展。

积极落实市人大常委会《关于加强人民检察院对诉讼活动的法律监督工作的决议》(以下简称《决议》)。市人大常委会的《决议》，对提高审判质量和效率、促进公正司法具有重要意义，对法院工作既是监督，也是支持。市高级人民法院制定了《关于落实〈决议〉的意见》，逐项贯彻《决议》的要求。对检察机关提起抗诉的案件，一律开庭审理，全年共审结检察机关抗诉案件 77 件，依法改判、发回重审 25 件。制定了《关于检察院借阅诉讼档案的规定》，积极为检察机关开展监督工作创造条件。

各位代表，一年来，全市法院能够完成繁重的审判任务、化解大量矛盾纠纷，离不开各级党委、人大、政府、政协以及社会各界的领导、监督和支持。各位代表为规范司法行为、统一执法标准、提高审判效率提出了许多诚恳的意见和建议，为改善司法环境、缓解法院案多人少的压力建言献策，积极呼吁，帮助法院解决了许多困难。在此，我代表全市法院，向各位代表表示衷心的感谢和崇高的敬意！

各位代表，当前，法院工作处在一个关键的发展阶段，面临的问题和困难也比较多。一是面对人民群众的司法需求，我们在司法理念、工作机制上还不完全适应。随着经济社会的发展，人民群众的司法观念和司法需求不断提高，比如对刑事审判，既有严厉打击刑事犯罪的要求，又有保障人权的要求；对民事审判，既有依法依程序审理的要求，又有案结事了的要求；对法官素质，既有公正廉洁的要求，又有提高司法效率的要求。我们必须多从自身找差距，切实提高公正司法的水平，努力让人民群众满意。二是面对服务首都工作大局的要求，法官审理案件做

到法律效果和社会效果相统一的能力有待提高。作为首都法院，新类型案件和敏感案件比较多，有的案件与经济体制改革、社会结构调整密切相关，有的案件涉及面广、容易引发连锁反应。对这些案件，不仅要严格依法审理，还要适应改革发展中政策的调整变化，不仅要保障群众的切身利益，又要维护大局利益和长远利益。全市法院服务首都工作大局的能力有待进一步增强。三是面对审判质量和效率中出现的问题，审判管理有待加强。绝大多数审判人员工作兢兢业业，但也有少数审判人员责任心不强，审判质量和效率不高，个别审判人员和领导干部甚至违纪违法。如何加强对审判人员的监督管理，我们还有许多工作要做。四是面对日益繁重的审判任务，我们在加强人才培养、挖掘工作潜力、完善激励机制等方面还要进一步努力。2008 年全市法院受理案件 39 万多件，法官人均结案 169.1 件，审判任务压力越来越大。在党委、人大、政府和各方面的关心下，法院增加了一些编制，但新录用人员的成长还有一个过程，审判力量不足的问题还没有根本解决，加班已经是法院工作的常态。对这些问题，我们要采取有效措施，切实加以解决。

2009 年的工作思路

各位代表，2009 年是新中国成立 60 周年，也是北京在新的起点上实现经济社会又好又快发展的关键一年。全市法院要以党的十七大精神为指导，深入开展学习实践科学发展观活动，紧紧围绕服务首都科学发展，切实发挥审判职能，紧紧围绕司法为民，切实解决人民群众反映的突出问题，紧紧围绕公正廉洁，切实加强队伍建设。重点做好以下五方面工作。

第一，切实发挥审判职能，努力服务首都科学发展。按照保发展、保民生、保稳定的要求，依法妥善审理各类案件。贯彻落实中央和北京市应对国际金融危机的决策部署，认真调研国际金融危机给审判工作带来的新问题，依法妥善审理金融、房地产、破产清算、劳动争议等案件，保障首都经济平稳较快发展。贯彻落实中央关于推进农村改革发展问题的决定，依法妥善审理涉及土地承包经营权、宅基地使用权、农村集体土地征用等案件，促进首都城乡经济社会一体化发展。加大调解工作力度，努力化解社会矛盾，同时，对不宜调解、调解不成的案件，及时依法作出判决。落实宽严相济的刑事政策，既严厉打击严重刑事犯罪，又尽可能减少社会对抗，努力维护社会和谐稳定。依法妥善审理行政案件，监督支持行政机关依法行政，保护行政相对人的合法权益，促进和谐行政管理关系的建立。按照上级统一部署，开展集中清理执行积案工作，加大执行力度，创新执行工作机制，努力实现债权人的合法权益。积极参与社会治安综合治理，加强司法建议工作，发挥法制宣传教育作用，预防犯罪，减少纠纷。

第二，切实解决人民群众反映的突出问题，努力践行司法为民。进一步落实“保障当事人在北京法院打一个公正、明白、便捷、受尊重的官司”的工作目标，全面维护当事人的合法权益。完善和推广设立审判管理办公室的做法，设立专门机构集中办理审判事务性工作，保证当事人到法院来有人接待、咨询问题有人回答、提交证据材料有人接收、诉讼活动有人引导，提高为当事人服务的水平和效率。向社会公众开通司法信息公益服务系统，便利当事人查询有关诉讼信息。认真解决涉诉信访问题，切实满足当事人的合理诉求，加大责任倒查的力度，促进审判人员不断提高审判质量，从源头上防止信访问题的发生。

第三，切实加强廉政建设，努力维护司法公正。高度重视法官的道德品格，切实加强廉政教育。进一步规范自由裁量权，减少法官在自由裁量中的随意性。完善和推广将执行工作分解为不同环节的做法，强化对权力的监督制约。对审判工作的全过程进行深入分析检查，找准容易发生廉政问题的薄弱环节，完善和落实各项监管制度。为法院全体工作人员建立廉政档案，将群众信访投诉情况记入档案。对群众的举报投诉，认真调查核实，坚决查处违纪违法行为。

第四，切实加强自身建设，努力推进法院工作的科学发展。认真开展学习实践科学发展观活动和社会主义法治理念教育，牢固树立为人民司法、为大局服务的理念。加强司法能力建设，加大教育培训的力度，提高法官做群众工作的能力。加强对审判实务疑难问题的研究，提高法律适用水平。探索激励机制，稳定基层法官队伍、更好地调动审判人员的积极性。加大服务基层的力度，切实解决基层法院和人民法庭工作中遇到的困难。贯彻落实中央关于深化司法体制和工作机制改革若干问题的意见，按照上级统一部署，积极推进司法改革，优化法院职权配置，强化对审判权的监督制约。

第五，切实增强接受监督的意识，努力落实市人大各项工作要求。按照市人大常委会对知识产权审判专项报告的审议意见，认真进行整改。按照市人大常委会的安排，做好商事审判专项工作报告。落实市人大常委会《关于加强人民检察院对诉讼活动的法律监督工作的决议》，建立健全接受检察机关法律监督的工作机制。认真办理人大代表建议和政协委员提案，加强与代表和委员的沟通，积极争取代表和委员的监督、理解和支持。

各位代表，全市法院将在市委的领导、市人大及其常委会的监督下，怀着为人民群众排忧解难的深厚感情，怀着维护首都工作大局的责任意识，怀着对司法公正的不懈追求，始终保持清正廉洁，始终保持积极进取，切实履行宪法和法律赋予的职责，为建设“人文北京、科技北京、绿色北京”作出更大的努力，以优异的成绩迎接新中国成立 60 周年！

北京市第十三届人民代表大会第二次会议
关于北京市人民检察院工作报告的决议

（2009 年 1 月 17 日北京市第十三届人民代表大会第二次会议通过）

北京市第十三届人民代表大会第二次会议听取和审议了北京市人民检察院检察长慕平所作的《北京市人民检察院工作报告》，决定批准这个报告。

北京市人民检察院工作报告

——2009 年 1 月 15 日在北京市第十三届人民代表大会第二次会议上

北京市人民检察院检察长　慕　平

各位代表：

现在，我代表北京市人民检察院向大会报告工作，请予审议，并请市政协各位委员提出意见。

2008 年工作情况

2008 年是全面贯彻党的十七大精神的第一年，也是北京奥运会、残奥会成功举办之年。北京市检察机关在市委、最高人民检察院的领导和市人大及其常委会的监督下，以党的十七大精神为指导，深入贯彻落实科学发展观，紧紧围绕举办一届有特色、高水平的奥运会、残奥会，全面履行检察职能。全年共审查逮捕各类刑事案件 15,173 件 21,251 人，审查起诉 18,700 件 26,793 人；立案查处贪污贿赂犯罪案件 282 件 333 人、渎职侵权犯罪案件 28 件 30 人，为国家挽回经济损失 2.1 亿元；审查处理举报、控告申诉案件 8247 件，受理民事行政申诉案件 1347 件，开展监管场所检察 28,576 次，各项检察工作取得了新的成效，为北京奥运会、残奥会的成功举办和首都经济社会发展作出了积极贡献。

一、紧紧围绕平安奥运建设，全力维护首都社会和谐稳定

平安奥运是北京奥运会取得成功的最大标志，也是最重要的国家形象。全市检察机关把服务平安奥运作为首要政治任务，依法履行审查批捕、审查起诉等职能，严厉打击各类刑事犯罪，积极化解矛盾纠纷。

认真贯彻宽严相济刑事政策。坚持该严则严、当宽则宽、区别对待、注重效果。一方面，对危害国家安全犯罪、严重暴力犯罪和严重危害群众安全感的多发性侵财犯罪从严惩治；另一方面，对未成年人犯罪和一些犯罪情节较轻、悔罪态度较好的轻微犯罪案件，坚持教育、感化和挽救的方针，积极做好释法说理、化解矛盾等工作，慎用逮捕措施，严格掌握起诉标准，依法决定不批准逮捕 2299 人，不起诉 481 人，积极促进社会和谐。

认真办理涉奥刑事案件。为了及时有效打击各种针对奥运会、残奥会的刑事犯罪活动，市检察院成立了专门办案机构，对涉奥案件实行统一管理，着力提高办案质量和办案效率。健全了涉奥刑事案件快速办理工作机制，切实加强对下级院的指导、督办和信息沟通，积极与公安、法院协调配合，批准逮捕涉奥刑事案件 91 件 206 人，提起公诉 44 件 80 人，依法办理了假冒奥组委名义诈骗、非法销售奥运门票和特许商品、破坏奥运工程建设、编造涉及奥运会恐怖信息等案件，努力为奥运会、残奥会的举办创造良好的社会环境。

重点惩治恶势力犯罪和严重破坏经济秩序犯罪。继续深入开展“打黑除恶”专项斗争，依法批准逮捕涉恶犯罪嫌疑人 161 人，提起公诉 110 人，审查起诉了以朱嘉乐为首的 21 人恶势力犯罪集团敲诈勒索、聚众斗

殴、寻衅滋事、强迫交易等一批恶势力犯罪案件，切实保障人民群众生命财产安全。严厉打击破坏市场经济秩序犯罪，依法批准逮捕1005件1378人，提起公诉1095件1641人。深入开展打击非法集资和非法证券经营活动，审查起诉了涉及被害人5000余名、涉案金额达7.6亿元的北京碧溪广场有限公司非法吸收公众存款案，办理了涉及被害人320人、涉案金额1500万余元的"美中融公司"非法经营等一批重大案件，依法维护市场经济秩序。

深入排查化解矛盾纠纷。扎实开展涉检信访排查化解专项工作，针对筹办奥运期间涉检信访特点，健全上下级检察院、各部门之间联动机制，全面开展检察长大接访活动，积极采取领导包案、联合接访、带案下访等举措，排查出重点涉检信访案件46件，依法妥善办结40件。综合运用救助救济、教育疏导与依法处理等手段，有效化解了一批缠访缠诉多年的疑难复杂案件，实现了"无非正常访、无群体性事件"的目标。

积极参与社会治安综合治理。充分发挥检察机关在社会治安防控体系建设中的作用，深入开展平安奥运督查工作，结合办案发现影响社会治安的问题和隐患，及时发出检察建议。积极配合司法行政部门，做好社区矫正工作，努力维护社会和谐稳定。

二、紧紧围绕反腐倡廉建设，深入查办和预防职务犯罪

按照中央和市委关于反腐倡廉建设的总体部署，坚持惩防并举、注重预防的方针，坚决查办职务犯罪，积极开展预防工作，努力推动反腐败工作不断深入。

集中力量查办贪污贿赂大案要案、窝案串案。按照中纪委、最高人民检察院的统一部署，积极参与市纪委的组织协调，有效发挥市检察院对侦查工作的组织指挥作用，充分整合全市侦查力量，立案侦查大案188件，其中100万元以上案件28件；查办县处级以上职务犯罪要案67人，其中处级领导干部48人，局级领导干部19人；依法查处了商务部正司级巡视员郭京毅、副司长邓湛等多名领导干部涉嫌受贿案，查处了西城区法院原院长郭生贵受贿、贪污案等一批有较大影响的案件。提高发现和突破案件的能力，先后在林业、水利、教育、质量监督、税务等领域和行业查办了一批窝案串案。如在国家林业系统深挖出涉及2名局级干部、3名处级干部等11人贪污贿赂案件，在水利系统突破了9人涉嫌挪用公款、贪污案，取得了较好的社会效果。积极参与治理商业贿赂工作，针对城镇建设领域和新农村建设过程中商业贿赂突出、群众反映强烈的状况，开展一系列专项活动，严厉查办官商勾结、权钱交易和严重侵害群众利益的商业贿赂犯罪115件117人。

严肃查办渎职侵权犯罪。全市检察机关面对渎职侵权犯罪发现难、查证难、处理难的实际，先后与国资委、国土、质监、国税、园林绿化等部门建立联系机制，畅通案件线索移送渠道。不断加大办案力度，查办了一批国家机关工作人员玩忽职守、滥用职权、徇私枉法、故意泄露国家秘密、虐待被监管人员等渎职侵权犯罪。其中，重大案件11件，县处级以上要案6人。如针对社会关注的国家医师资格考试等国家级考试试题泄密事件，查办了国家医师资格考试中心副处长孟磊等一批涉嫌故意泄露国家秘密的案件。深入开展查办危害能源资源和生态环境渎职专项工作，目前已查处2件2人。积极介入重大责任事故调查39起，按照高检院的指定，参与山西临汾溃坝重大事故背后的渎职犯罪案件侦查，依法查办了山西省襄汾县公安局局长韩春喜涉嫌玩忽职守、徇私枉法案。

深入开展职务犯罪预防工作。按照党的

十七大提出的“更加注重治本、更加注重预防、更加注重制度建设”的要求，认真贯彻落实中央《建立健全惩治和预防腐败体系2008—2012年工作规划》，坚持打防结合，重点加强制度建设。深入推进奥运阳光工程建设，积极配合国资委及建设单位，对奥运场馆建设及运行等环节开展全方位的职务犯罪预防，促进奥运工程建设的廉洁高效。积极探索建立侦防一体化工作机制，结合办案，在关系民生的重点行业和领域开展专项预防调研，从体制、机制和管理层面剖析职务犯罪区域性、行业性和规律性问题，积极向发案单位和上级主管部门提出预防建议和对策，得到各级党委政府和有关部门的高度重视，推进了医药购销、教育收费、社保基金管理、农村合作医疗等领域的制度建设。充分发挥北京市反腐倡廉法制教育基地作用，大力开展法制宣传，深入机关、企业、学校、乡镇举办法律咨询、预防讲座等活动，努力从源头上防治腐败。

三、紧紧围绕司法公正建设，不断强化诉讼监督

全市检察机关从维护社会主义法制统一、尊严、权威的高度出发，认真履行宪法和法律赋予的法律监督职能，大力加强诉讼监督工作，努力促进司法公正。

认真贯彻市人大关于加强诉讼监督工作的决议。随着依法治国进程的不断推进，人民群众对司法公正的需求越来越强烈，诉讼监督工作面临新的考验。市检察院深入调研五年来开展诉讼监督工作的整体情况，并按照市人大的要求，专题向市人大常委会进行了汇报。市人大常委会经过认真审议，作出了《关于加强人民检察院对诉讼活动的法律监督工作的决议》（以下简称《决议》），为进一步推进诉讼监督工作提供了有力保障，在全国检察机关产生重要影响。全市检察机关认真贯彻落实《决议》精神，迅速成立组织落实机构，积极向区县党委、人大汇报《决议》内容和贯彻情况，加强与公安、法院、司法局的协调沟通，出台了落实意见，确保《决议》精神得到有效落实。

进一步加大监督纠正执法不严和裁判不公的力度。坚持打击犯罪与保护人权并重，不断加强刑事立案和侦查活动监督。对应当立案而未立案的，依法监督侦查机关立案26件；对应当逮捕、起诉而侦查机关未提起逮捕和移送起诉的，依法追捕追诉；对违反法律规定的侦查活动和行为，及时提出书面纠正意见；对事实不清、证据不足的，依法退回补充侦查或自行补充侦查。坚持实体公正与程序公正并重，不断加强审判监督。对认为有罪判无罪、量刑畸轻畸重的刑事裁判依法提起抗诉47件，对认为确有错误的民事行政判决、裁定，依法提出抗诉30件，人民法院对抗诉案件一律开庭审理，依法改判、发回重审25件；对认为人民法院裁判并无不当的1000余件申诉案件，积极做好释法说理工作，引导申诉人息诉服判，维护司法权威。坚持维护监管秩序与保障被监管人员权利并重，不断加强刑罚执行监督。认真开展减刑、假释、保外就医检察和羁押期限检察4903次，立案侦查监管场所职务犯罪2件，维护刑罚执行活动的公正性。坚持促进严格公正执法与解决群众诉求并重，加强控告申诉检察工作。本着实事求是、有错必纠的原则，作出刑事赔偿6件，切实维护当事人合法权益。

不断拓展诉讼监督举措。积极拓宽监督渠道，改进监督方式，把监督的手段、目的和效果有机统一起来。全面扩大审查逮捕阶段听取犯罪嫌疑人供述和辩解的范围，有效监督侦查违法活动。在公安机关的支持配合下，主动介入一些重大复杂案件的引导侦查，不断促进侦查质量提高。加强民事抗诉案件

派员出席再审法庭工作，各级院出席再审法庭 89 次。实行抗诉案件检察长列席同级法院审判委员会，增强监督的实效性。积极推进行政执法与刑事司法衔接，会同市烟草局、市食品药品监督管理局、市知识产权局签订移送涉嫌犯罪案件的相关意见，进一步推动诉讼监督工作的开展。

四、紧紧围绕机制建设，不断改革创新检察工作

全市检察机关以检察权的公正高效运行为目标，着眼于提升执法能力、保障群众权益、强化自身监督，积极有序地推动检察制度机制改革创新。

完善执法办案工作机制。健全贯彻宽严相济刑事政策的制度和办法，建立犯罪嫌疑人认罪案件和轻微刑事案件快速办理机制，完善未成年人刑事案件专门办理机制，探索轻伤害刑事案件、民事行政申诉案件和解新模式，节约司法成本，提高执法效率。完善业务工作领导机制，加强检委会对业务工作的领导，深化职务犯罪侦查一体化建设，实行职务犯罪案件“双报批、双报备”制度，加强案件质量复查和专项检查。

完善便民维权工作机制。积极维护犯罪嫌疑人合法权益，完善诉讼参与人权利告知制度，实行向犯罪嫌疑人送达《听取辩解告知书》、羁押状况通报等制度，健全检察环节保障人权长效机制。切实维护律师执业权利，认真执行新修订的律师法，会同市高级法院、司法局、公安局制定律师会见在押犯罪嫌疑人、被告人的有关规定。健全司法救助机制，与市司法局联合下发《关于在刑事审查起诉活动中加强法律援助工作的意见》。积极开展法律咨询和释法说理工作，制定进一步加强检务接待工作的意见，搭建举报、申诉和案件查询网络平台，努力为群众提供便捷高效的法律服务。

完善内外部监督机制。加强内部监督机制建设，进一步细化检务督察制度，实行日常督察、专项督察和个案督察相结合，加大对执法行为、办案安全等方面的督察力度，形成涵盖业务、队伍、保障工作的内部监督体系。完善外部监督机制，建立健全主动接受人大监督的长效机制，定期向人大汇报工作，邀请人大代表参加检察开放日、举报宣传周、视察驻监管场所检察室等活动。深化人民监督员试点工作，组织人民监督员参加监督评议案件等活动，健全特约监督员、特约检察员和专家咨询监督员制度。定期召开公安、法院、检察院联席会，推进互相配合、互相制约的工作机制建设。深化检务公开，推行办案公示、法律文书释法答疑等制度，自觉接受诉讼参与人及其家属的监督，确保检察权在阳光下运行。

五、紧紧围绕法律监督能力建设，努力提升队伍整体水平

坚持以科学发展观为指导，以公正执法为核心，以专业化建设为方向，不断提升履职能力和整体素质。

努力提升检察干部的思想政治水平。认真贯彻党的十七大精神，积极开展深入学习实践科学发展观活动，扎实推进以胡锦涛总书记在全国大法官、大检察官座谈会上的重要讲话为内容的大学习、大讨论活动，引导广大检察人员始终高举中国特色社会主义伟大旗帜，牢固树立社会主义法治理念，坚定不移地做中国特色社会主义事业的建设者、捍卫者。大力加强检察文化建设，以纪念首都检察机关恢复重建 30 周年为契机，弘扬艰苦奋斗传统，坚持改革创新的精神，切实增强职业荣誉感。

不断增强各级院班子领导检察工作的能

力。配齐配强各级院领导班子，开展市院和一、二分院反贪局局长竞争上岗，选聘法学专家挂职分院、区县院副检察长，目前已经有18个院选聘了法学专家挂职副检察长，调整、交流区县院班子副职21人。提高各级领导干部的执法能力，加强业务培训和锻炼，举办检察长研修班，全面开展检察长直接办理案件工作。强化领导班子和领导干部的监督管理，严格执行领导干部个人重大事项报告和述职述廉制度，加大市院对基层院巡视工作力度。

注重提高队伍的业务素质。深入开展专业化分类培训，建立在线学习及培训管理系统，坚持以办案一线的检察官为重点，不断加强执法技能培训。着眼于提升队伍的整体素质，举办第三届业务技能大比武活动，发现、培养、储备一批业务骨干。突出抓好高层次人才培养工作，大力开展名家论坛、检察理论与实践等系列培训，组织检察业务专家开展司法疑难问题巡讲，抽调业务专家和骨干到西藏、甘肃参与办理重大案件，选派年轻干部赴偏远省份基层检察院挂职锻炼，组织反贪、公诉部门干警到市纪委、市公安局跨系统交流锻炼。健全检察队伍科学管理机制，优化检力资源配置，加大从基层院遴选检察官力度，完善绩效考核评价机制，充分激发队伍活力和争先创优的积极性。同时，大力加强纪律作风建设，坚持从严治检，认真开展违纪案例警示教育，严肃查处违纪案件5件9人，确保检察队伍清正廉洁。

各位代表，全市检察工作的顺利开展，得益于各级党委的正确领导，得益于人大及其常委会的有力监督，得益于政府、政协和人民群众的大力支持。在此，我代表全市检察机关向党委、人大、政府、政协以及社会各界表示崇高的敬意和衷心的感谢！

市委、市人大高度重视检察工作，市委常委会专题听取了检察院工作汇报，刘淇书记在纪念首都检察机关恢复重建30周年座谈会上要求，北京检察机关要以一流的工作、一流的队伍、一流的作风，不断开创全市检察事业新局面。这既是对检察机关的巨大鼓舞，又是有力的鞭策，为首都检察工作在新的历史起点上创新发展提供了前进的动力。

同时，我们也清醒地看到，首都检察工作与党和人民的要求、与面临的新形势新任务还有不相适应的方面：一是执法观念不完全适应。少数检察人员执法观念陈旧、执法方式简单，服务大局、化解矛盾的意识不强，存在就案办案的倾向，不能正确处理法律效果与社会效果、政治效果的关系。二是法律监督能力不完全适应。部分检察人员执法水平不高，对法律和政策掌握不准、运用不好，不善于做新形势下的群众工作，化解矛盾纠纷的水平还有待提高，还存在不善监督、监督不到位的现象，有的法律监督工作特别是民事行政检察工作还比较薄弱。三是检察工作机制不完全适应。检察工作中的一些体制性、机制性和保障性障碍还没有从根本上消除，法律监督工作机制、队伍管理机制还不完善，执法规范化体系和自身监督制约机制还不健全。四是基层基础工作不完全适应。基层院发展还不均衡，部分检察院队伍结构不合理、办案力量不足的问题仍然比较突出，个别检察人员职业道德观念淡薄，违纪现象仍有发生。对于以上问题，我们将高度重视，认真研究，采取有效措施，切实加以解决。

2009年工作思路

各位代表，今年是我国经济发展遇到严峻挑战的一年，是首都社会稳定压力不断增大的一年，也是建设“人文北京、科技北京、绿色北京”的关键之年。首都检察机关服务经济平稳较快发展、维护社会和谐稳定的任务十分艰巨。我们的总体工作思路是：以党的十七大精神为指导，深入贯彻落实科学发展观，牢固树立社会主义法治理念，坚持党的事业至上、人民利益至上、宪法法律至上，努力实践“强化法律监督、维护公平正义”的检察工作主题，大力推进改革创新，全面加强队伍建设和基层基础建设，不断开创首都检察工作新局面，努力为首都经济平稳较快发展和“人文北京、科技北京、绿色北京”建设提供有力的司法保障。

一、深入学习实践科学发展观，推动首都检察工作科学发展。自觉把检察工作融入首都经济社会发展大局，围绕“人文北京、科技北京、绿色北京”建设，积极谋划首都检察工作服务发展的新思路、新举措。深入开展学习实践科学发展观活动，针对新时期人民群众对司法工作提出的新要求，始终坚持以人为本、执法为民、公正司法，把维护好人民群众的合法权益作为检察工作的根本出发点和落脚点，确保人民赋予的检察权更好地为人民服务。坚持改革创新，积极构建有利于检察工作科学发展的机制，推动首都检察工作进一步走上科学发展的轨道。

二、全面履行检察职能，努力服务首都经济平稳较快发展。认真贯彻中央、市委关于促进经济平稳较快发展的一系列指示精神和重大部署，充分认识经济形势变化可能给社会稳定带来的影响，做到未雨绸缪。要努力为经济发展创造良好的环境，严厉打击严重破坏经济秩序和损害群众利益的犯罪活动，加强对民生工程、基础设施等重大工程建设和项目资金使用的监督，严肃查处公共支出和政府投资中的贪污贿赂、渎职失职犯罪，切实做好公共资金使用等重点领域和环节的预防职务犯罪工作。认真贯彻中央十七届三中全会精神，为农村的改革发展提供有力的司法保障。要坚决依法打击影响农村和谐稳定、破坏农业生产发展、侵害农民合法权益的各类犯罪，保障各项支农强农惠农政策的落实。要积极参加平安北京建设，严厉打击危害国家安全犯罪，依法惩治严重危害群众生命财产安全的各类刑事犯罪，坚持不懈抓好涉检信访工作，努力维护首都社会和谐稳定。要切实保障和改善民生，严肃查处医疗、教育、食品安全等重点领域的职务犯罪，依法妥善处理人民群众诉求。要深入贯彻落实中央建立惩治和预防腐败体系的部署，加大职务犯罪大案要案、窝案串案的查处力度，积极探索检察机关预防职务犯罪新定位，努力在惩治和预防职务犯罪工作上取得新成效。

三、深入贯彻落实市人大常委会《关于加强人民检察院对诉讼活动的法律监督工作的决议》，扎实推进诉讼监督工作。要把党委和人大对检察机关诉讼监督工作的重视、关心和支持转化为做好法律监督工作的强大动力，转化为强化法律监督、维护司法公正的具体行动，采取有力措施，破解制约法律监督职能发挥的难题，切实做到敢于监督、善于监督，促进公正司法，维护司法权威。一是坚持在党委领导下，认真接受人大及其常委会监督，加强与政法各部门协调配合，确保《决议》内容积极稳妥、循序渐进地得到落实。二是完善诉讼监督工作机制，加强与行政执法单位、律师协会等部门的联系，积极拓宽监督渠道。三是突出监督重点，紧紧围绕人民群众反映强烈的问题和影响司法公正的突出问题开展诉讼监督。四是狠抓监督能力建设，大力提升业务水平和队伍的整体素质，确保监督工作取得实效。

四、大力加强基层基础建设，打牢检察工作科学发展的根基。突出抓好领导班子建设，不断提高各级领导班子推动检察工作科学发展的能力和廉洁自律水平。积极推进检察工作机制改革，认真贯彻落实中央关于深化司法体制和工作机制改革若干问题的意见，积极稳妥地推进强化法律监督职能和加强自身执法活动监督制约为重点的各项改革，为检察工作科学发展提供制度保障。继续加强执法规范化建设，完善信息化办案系统，充分运用信息化手段对执法办案进行流程管理、过程控制和动态监督。完善案件质量考核体系，切实保障办案质量和执法水平。优化检察职能配置，增强法律监督的整体合力。加强纪律作风建设，不断健全教育、制度、监督并重的惩治和预防腐败体系，严肃查处违纪案件，树立检察机关清正廉洁的执法形象。

五、自觉接受人大和社会各界监督，确保检察权公正清廉行使。进一步强化依法接受人大监督的意识，主动向人大及其常委会报告工作，坚决执行人大及其常委会的决议；进一步加强与人大代表、政协委员的联络工作，充分发挥特约监督员、人民监督员的作用，认真办理代表、委员转交的事项，真诚听取意见和建议；进一步深化检务公开，主动接受社会各界监督，不断提升首都检察工作水平，努力使检察工作更加符合人民群众的新要求新期待。

各位代表，在新的一年里，全市检察机关将在市委和最高人民检察院的正确领导下，在市人大及其常委会的有力监督下，深入贯彻落实科学发展观，锐意进取，扎实工作，为促进首都经济平稳较快发展、维护社会和谐稳定作出新的贡献，以优异的成绩迎接新中国成立60周年！

北京市第十三届人民代表大会第二次会议补选北京市副市长当选名单

（2009年1月17日北京市第十三届人民代表大会第二次会议选出）

北京市副市长

夏占义

北京市第十三届人民代表大会第二次会议补选北京市第十三届人民代表大会常务委员会委员当选名单

（2名）

（2009年1月17日北京市第十三届人民代表大会第二次会议选出）

北京市第十三届人民代表大会常务委员会委员

（按姓名笔画排列）

李　伟　姜泽廷

北京市第十三届人民代表大会第二次会议表决议案办法

（2009 年 1 月 11 日北京市第十三届人民代表大会第二次会议主席团第一次会议通过）

根据《中华人民共和国地方各级人民代表大会和地方各级人民政府组织法》和有关法律、法规的规定，主席团决定：

北京市第十三届人民代表大会第二次会议表决各项议案，采用无记名按表决器方式，以全体代表的过半数通过。表决时，代表可以按赞成键，可以按反对键，也可以按弃权键。未按表决器的不计入表决票数。如表决器在使用中发生故障，改用举手方式表决。

北京市第十三届人民代表大会第二次会议选举办法

（2009 年 1 月 14 日北京市第十三届人民代表大会第二次会议通过）

第一条 根据《中华人民共和国地方各级人民代表大会和地方各级人民政府组织法》，结合本市实际情况，制定本办法。

第二条 北京市第十三届人民代表大会第二次会议补选北京市副市长 1 人，北京市第十三届人民代表大会常务委员会委员 2 人，实行等额选举。

第三条 北京市副市长候选人为 1 人，北京市第十三届人民代表大会常务委员会委员候选人为 2 人，由大会主席团或者代表 30 人以上书面联名提名。

北京市第十三届人民代表大会常务委员会委员候选人，必须从北京市第十三届人民代表大会代表中提名。

如果提名的候选人人数符合前款规定的候选人人数，由大会主席团提交全体代表酝酿、讨论后，直接进行投票选举。如果某项提名的候选人人数超过前款规定的候选人人数，由大会主席团将该项候选人的全部名单提交各代表团酝酿、讨论后，采取分代表团投票、统一计票的办法进行预选，根据在预选中得票多少的顺序，按照前款规定的人数确定正式候选人名单，提请大会选举。

预选采用无记名投票的方式。预选由每个代表团各推荐预选监票人 2 人，并由主席团确定预选总监票人 2 人、监票人 38 人，对预选发票、投票和计票进行监督。

第四条 选举采用无记名投票方式。代表须亲自参加投票。

第五条 代表对于选票上所列的候选人，可以投赞成票，可以投反对票，可以另选他人，也可以弃权。表示反对的，可以另选他人；表示弃权的，不能另选他人。

第六条 代表对选票上所列的候选人，赞成的在其姓名左边的空格里画一个“○”；反对的在其姓名左边的空格里画一个“×”；在候选人左边的空格里既不画“○”又不画“×”的为弃权。

代表如果另选他人，在反对的候选人姓名左边的空格里画一个“×”，在其姓名右边的空格里写上另选人的姓名。

每张选票所选的人数等于或者少于应选人数的有效，多于应选人数的无效。

第七条 填写选票应当用钢笔或者签字笔，符号要准确，字迹要清楚，书写模糊无法辨认的部分无效。

第八条 大会选举前，由大会主席团提名总监票人 2 人，每个代表团推荐监票人 1 人，经大会主席团提交大会通过后，在大会主席团领导下，对发票、投票和计票进行监督。

候选人不得担任监票人。

选举工作人员由大会秘书处指定。

第九条 投票结束后，由总监票人向大会报告清点选票结果。收回的选票张数等于或者少于发出的选票张数，选举有效；多于发出的选票张数，选举无效，应重新进行选举。

第十条 候选人获得全体代表过半数的赞成票，始得当选。

第十一条 计票完毕，由总监票人向大会主席团报告选举结果，由大会主席团依法确认选举结果是否有效，并由大会执行主席在大会上宣布。

第十二条 本办法由北京市第十三届人民代表大会第二次会议通过后施行。

北京市第十三届人民代表大会第二次会议议案审查委员会关于代表议案的审查报告

（2009 年 1 月 16 日北京市第十三届人民代表大会第二次会议主席团第六次会议通过）

议案审查委员会主任委员　刘晓晨

大会主席团：

到大会主席团第一次会议决定的代表提出议案截止时间，共收到议案 238 件（其中代表团提出的议案 36 件，十名以上代表联名提出的议案 202 件）。按照议案内容分类，属于财政经济方面的 46 件，农业、农村和农民方面的 36 件，城乡建设和环境保护方面的 79 件，教育科技文化卫生体育方面的 56 件，内务司法方面的 19 件，其他方面的 2 件。

代表们认真学习贯彻党的十七大、十七届三中全会和胡锦涛总书记在纪念党的十一届三中全会召开 30 周年大会上的重要讲话精神，以邓小平理论和“三个代表”重要思想为指导，深入贯彻落实科学发展观，认真履行宪法和法律赋予的职责，紧紧围绕促进首都科学发展，建设“人文北京、科技北京、绿色北京”，实现繁荣、文明、和谐、宜居的首善之区的目标，从多方面积极提出议案。

代表们在议案中，对于继承奥运财富，巩固奥运成果；积极应对国际金融危机，保持首都经济平稳较快发展；形成城乡经济社会发展一体化新格局，加快社会主义新农村建设；加快南城建设，促进首都区域经济社会协调发展；提升节能减排水平，发展循环经济；提高自主创新能力，完善园区创新环境；加大扶持力度，帮助中小企业克服困难；实施积极就业政策，稳定就业局势；推进北运河水系综合治理，提高污水资源化水平；提高垃圾处理现代化水平，推进宜居城市建设；完善交通体系，方便市民出行；加快保障性住房建设，规范物业管理；加强教师队伍建设，着力实施素质教育；发展文化创意产业，促进首都文化繁荣；推进医疗卫生体制改革，加强社区卫生服务；健全老年人权益保障制度，完善老年人服务体系；加强执法队伍建设，健全城市综合执法体制；制定社会建设政策，加快社会建设步伐，以及人民群众普遍关心的其他问题，提出了许多意见和建议。

今年代表提出的议案对关乎首都经济社会协调发展加快南城建设的呼声较强烈，对城乡基础设施建设中的污水垃圾处理问题高度关注，对劳动就业等民生问题提出了重要的意见和建议。

议案审查委员会按照《北京市人民代表大会议事规则》的有关规定，根据市委、市政府今年工作的总体安排和部署，本着对人民群众高度负责的精神，对议案进行了认真审查，提出了审查意见，现报告如下。

一、交市人民政府办理，由市人大常委会审议的 36 件，合并为四项议案（见议案目录）

（一）加快南城建设，促进首都经济社会协调发展（共 5 件：第 1、62、182、196、230 号）；

（二）提高垃圾收集处理现代化水平，建设宜居城市（共 16 件：第 5、23、29、41、42、52、55、63、79、123、146、148、176、203、233、234 号）；

（三）推进北运河水系综合治理，实现污水防治资源化（共 10 件：第 2、22、53、80、99、135、168、173、192、229 号）；

（四）实施积极就业政策，促进社会和谐稳定（共 5 件：第 26、39、43、134、206 号）。

二、作为建议、批评和意见的 202 件，交市有关部门研究办理并负责答复提议案代表（见议案目录）

以上审查意见，建议大会主席团予以批准。

北京市第十三届人民代表大会第二次会议主席团和秘书长名单

（2009 年 1 月 11 日北京市第十三届人民代表大会第二次会议预备会议通过）

主席团：（77 人，按姓名笔画排列）

马志鹏	马庚良	马炳泰	王力军（女）	王文京
王安顺	王苕生（女）	王振林	王敏荣（女）	王　琳（女）
牛有成	仉锁忠（回族）	尹玲珍（女）	邓洪波	石进贤
石来福	冯乐平（女）	吉胜久	吕争鸣	吕　清（女）
吕锡文（女）	任月征（女）	任恩尚	刘朋庆	刘晓晨
刘　淇	刘新成	齐　清（女，蒙古族）	汤维建	孙维林
阳安江	严晓燕（女）	杜瑞琴（女）	杜德印	李士祥
李少军	李怀方	李坤成	李其军	李昭玲（女）
李炳华	李福成	李福忠	李慷云	杨凤一（女）

	杨秀奇	吴世雄（满族）	吴德增	何平山	张大中
	张书领	张永贺	张志忠	张国玉	张建民
	陈天立	陈吉宁	陈　军（女，高山族）	周来升	赵凤山
	赵凤桐	赵玉民	赵　郁	赵淑君（女）	郝如玉
	柳纪纲	钮小桦（满族）	姜泽廷	贺慧玲（女）	钱　渊（女）
	郭先英（女）	唐　龙	曹育民	梁　伟	董双良
	韩　扬	薛天利（回族）			
秘书长：	赵凤山				

北京市第十三届人民代表大会第二次会议议案审查委员会主任委员、副主任委员、委员名单

（33 人）

（2009 年 1 月 11 日北京市第十三届人民代表大会第二次会议预备会议通过）

主 任 委 员：刘晓晨

副主任委员：张　清　梁　平　陈　军（女，高山族）

委　　　员：（按姓名笔画排列）

于海春	马朝军（回族）	王　火	王江渝	王纪表
仉锁忠（回族）	尹玲珍（女）	刘　毅	安丽娟（女）	李小娟（女）
李立琴（女）	李　伟	肖亚平（女）	张　引	张　岭
张建民	张朝起	周淑伶（女）	郑树森	赵　义
钮小桦（满族）	姜泽廷	高岩辉	高海英（女）	席文启
韩　扬	焦文俊	雷德才	魏　玫（女）	

北京市第十三届人民代表大会第二次会议主席团常务主席名单

（9 人）

（2009 年 1 月 11 日北京市第十三届人民代表大会第二次会议主席团第一次会议推定）

刘　淇	杜德印	王安顺	赵凤山	刘晓晨
吴世雄（满族）	柳纪纲	刘新成	李昭玲（女）	

北京市第十三届人民代表大会第二次会议副秘书长名单

（10人）

（2009年1月11日北京市第十三届人民代表大会第二次会议主席团第一次会议决定）

唐　龙	王力丁	游广斌	史绍洁	肖　培
赵传民	刘维林	崔　鹏	周立云	丁世伟

北京市第十三届人民代表大会第二次会议新闻发言人名单

（2009年1月11日北京市第十三届人民代表大会第二次会议主席团第一次会议决定）

刘维林

北京市第十三届人民代表大会

第三次会议

在北京市第十三届人民代表大会第三次会议闭幕式上的讲话

（2010年1月30日）

中共中央政治局委员、北京市委书记　刘　淇

各位代表、同志们：

北京市第十三届人民代表大会第三次会议，在全体代表的共同努力下，圆满完成了预定的各项任务。会议期间，代表们以高度的政治责任感和认真负责的态度，审议并通过了政府工作报告、国民经济和社会发展计划报告、财政预算报告，以及市人大常委会、市高级人民法院、市人民检察院的工作报告，完成了选举任务，并对今后的工作提出了许多好的意见和建议。这次会议开得很好，达到了统一思想、明确目标、鼓舞士气的目的，是一次民主团结、求真务实、催人奋进的大会。我代表中共北京市委对大会的圆满成功表示热烈的祝贺，向为开好会议付出心血和智慧的全体代表和工作人员表示衷心的感谢！

2009年是首都发展历程中极不寻常的一年。全市人民在党中央、国务院的坚强领导下，万众一心、团结奋斗，克服了国际金融危机的不利影响，圆满完成了新中国成立60周年庆祝活动筹备工作这一重大政治任务，保持了首都经济社会平稳较快发展的势头。过去的一年，市人大及其常委会按照“坚持方向、贯穿主线，围绕大局、突出重点，完善方式、提高水平”的思路，依法行使各项职权，充分发挥职能作用。一是针对首都经济社会发展开展专题调研，围绕着应对国际金融危机，组织了5项专题调研，形成了5个专题报告，提出了9个方面的意见，并专题听取和审议市政府关于推动高新技术在经济社会发展中应用情况的报告，积极服务首都科学发展。二是通过开展法规立项论证和立法评估工作，发挥了人大常委会在立法工作中的主导作用，较好地解决了政府起草和人大常委会审议的衔接问题，提高了立法质量。三是不断加强监督工作，积极开展资金使用绩效监督、司法诉讼监督，使监督工作与中心工作更加紧密，与民生问题更加贴近。四是在议案办理工作中，注重提前介入，加强沟通协调，发挥主导作用，形成了代表广泛参与，市人大、市政府和各区县共同办理议案的工作格局。五是不断创新人大工作，建立市人大各专委会向代表大会报告工作的制度，自觉接受人民代表大会的监督。通过这些富有成效的工作，充分发挥了人民代表大会制度的优势和作用，为推进“人文北京、科技北京、绿色北京”建设作出了重要贡献。

当前，首都的发展已经进入了一个新的阶段。市委十届七次全会明确提出了要从建设世界城市的高度，以更高的标准，推动“人文北京、科技北京、绿色北京”建设。这是在新阶段按照科学发展观的要求聚焦首都发展的重大战略决策。在这次人代会上，这些目标和任务得到了代表们的高度认同。经过这次大会，首都发展的目标任务都已经明确。这些任务十分艰巨，需要全市人民的共同努力。我们既要有远大目标，又要有具体、

扎实的工作；既要充分运用多年来积累的宝贵经验，又要不断地在实践中大胆创新；既要始终充满必胜信心，又要时刻保持清醒冷静；既要全力推动首都经济社会发展，又要不断改善民生，使发展的成果惠及广大群众。要继续发扬为国争光的爱国精神、艰苦奋斗的奉献精神、精益求精的敬业精神、勇攀高峰的创新精神、团结协作的团队精神，奋发有为，扎实工作，把首都发展建设得更加美好。

全市各级人大及其常委会都要切实增强责任感和紧迫感，牢固树立大局意识和服务意识，切实做好人大工作，更充分地发挥好人民代表大会制度的优势和作用，为首都科学发展、社会和谐作出新的更大的贡献。

第一，要在推动首都高水平科学发展上取得新成效。发展是党执政兴国的第一要务，全市各级人大都要充分认清职责使命，增强发展的责任感和紧迫感，努力在全市上下营造聚精会神搞建设、一心一意谋发展的良好氛围。要充分发挥人民代表大会制度在动员、组织群众方面的特殊优势，调动一切可以调动的积极因素，凝聚一切可以凝聚的智慧和力量，形成群策群力干事业、同心同德谋发展的强大合力。要围绕着推动首都新一轮科学发展，加强地方立法工作，特别是要加快制定中关村国家自主创新示范区条例，以及推进产业结构升级、加强节能减排等方面的地方性法规，推动首都成为全国科技创新中心和服务中心。要抓住影响首都科学发展的一些基础性、长远性问题和人民群众反映强烈、社会关注度高的问题，特别是优化结构、产业升级、自主创新、节能减排以及加强城乡结合部建设、推进城乡一体化等等方面，继续开展对首都经济社会发展情况的专题调研，提出意见和建议，为推动首都科学发展服务。

第二，要在促进首都社会和谐稳定上取得新成效。社会和谐稳定是首都科学发展的前提，是首都工作的硬任务、第一责任。全市各级人大都要积极为维护首都的和谐稳定做贡献。要充分发挥各级人大直接联系广大人民群众的优势，通过强化基层人大工作，使人民群众的意愿和利益诉求得到充分表达，使党委和政府的决策与主张能够更好地体现人民群众的意志和愿望。要通过加强相关立法和监督工作，推动公共服务体系建设，解决好广大人民群众高度关注的就业、就医、就学、社会保障、养老等民生问题，使公共权力更好地服务于人民群众。要注意发挥人大整合各方面利益关系的作用，建立和完善人民群众利益调处机制，维护和保障人民群众利益，维护社会公平正义，化解矛盾纠纷，最大限度地增加和谐因素，最大限度地减少不和谐因素，为推动首都的科学发展，营造和谐稳定的氛围。

第三，要在履行监督职能上取得新成效。加强监督工作是各级人大的一项重要职能。要切实加强对资源配置和权力运行的监督，继续推动预算监督和对司法工作的监督，把人大的监督与“一府两院”的内部监督以及体制改革结合起来。通过加强监督，完善行政管理体制，推动资源整合，督促公共权力更好地服务发展、服务群众，形成推动发展的合力。特别是要围绕着推动首都新一轮科学发展，加强对保障性住房建设、城南地区建设以及重大项目、重大工程、重大资金使用等方面的监督，为推动首都新的发展提供保障。

第四，要在提高人大及其常委会履职能力上取得新成效。在新的发展阶段，做好人大工作，要不断改进工作方式，创新工作方法，提高工作的质量和实效。要按照围绕中心、服务大局，坚持制度、发挥优势，完善方式、增强实效的思路，认真贯彻落实市委第三次人大工作会议精神，深化对人大制度的认识，始终坚持正确政治方向，坚持党的领导、人民当家作主、依法治国的统一，不断改进和创新工作方式方法，使人大工作更富活力、更有实效，使人民代表大会制度在推动科学发展上发挥更大作用。要落实好人大常委会党组《关于做好当前人大工作的若干意见》，进一步加强和改进人大的立法、监督、代表等各项工作，提升人大服务首都科学发展的整体水平。广大代表要带头参与首都建设，围绕着推动首都新一轮科学发展，发挥聪明才智，进一步提高议案、建议质量，努力成为推动首都科学发展、促进社会和谐的表率和模范。

全市各级党委都要进一步深化对人民代表大会制度重要性的认识，增强坚持和完善人民代表大会制度的自觉性和坚定性，加强和改进对人大工作的领导，积极关心、支持人大工作，提高运用人民代表大会制度推动科学发展的能力。“一府两院”要主动接受同级人大的监督，积极支持配合人大做好工作，为充分发挥人大及其常委会的作用创造更加有利的条件。

各位代表、同志们，今年是全面完成“十一五”规划任务的关键一年，也是集中精力推动科学发展、全面推动“人文北京、科技北京、绿色北京”建设的重要之年。让我们紧密团结在以胡锦涛同志为总书记的党中央周围，高举中国特色社会主义伟大旗帜，深入贯彻落实科学发展观，振奋精神，锐意进取，扎实工作，全力做好今年的各项工作，全面推进“人文北京、科技北京、绿色北京”建设。

新春佳节就要到了。借此机会，向各位代表、同志们致以新春的祝福，祝大家身体健康、阖家欢乐、万事如意！

北京市第十三届人民代表大会第三次会议议程

（2010 年 1 月 25 日至 30 日）

（2010 年 1 月 24 日北京市第十三届人民代表大会第三次会议预备会议通过）

一、听取和审议北京市人民政府工作报告

二、审议北京市 2009 年国民经济和社会发展计划执行情况与 2010 年国民经济和社会发展计划草案的书面报告

审查和批准北京市 2009 年国民经济和社会发展计划执行情况的报告与 2010 年国民经济和社会发展计划

三、审议北京市 2009 年预算执行情况和 2010 年预算草案的书面报告

审查和批准北京市 2009 年预算执行情况的报告和 2010 年预算

四、听取和审议北京市人民代表大会常务委员会工作报告

五、听取和审议北京市高级人民法院工作报告

六、听取和审议北京市人民检察院工作报告

七、选举事项

北京市第十三届人民代表大会第三次会议关于政府工作报告的决议

（2010 年 1 月 30 日北京市第十三届人民代表大会第三次会议通过）

北京市第十三届人民代表大会第三次会议听取并审议了郭金龙市长所作的《政府工作报告》。会议认为，过去的一年是很不平凡的一年，在党中央、国务院和中共北京市委的坚强领导下，全市人民振奋精神，坚定信心，克服困难，团结奋斗，成功应对国际金融危机的冲击和影响，圆满完成新中国成立 60 周年庆祝活动筹办任务，保持了首都经济平稳较快发展、社会祥和稳定的良好局面。会议充分肯定市人民政府一年来的工作，同意报告提出的 2010 年经济社会发展目标任务和工作安排，决定批准这个报告。

会议指出，首都发展已进入全面建设现代化国际大都市的新阶段。面对我国国情国力和国际地位的新变化，面对首都在国家工作大局中所承担的重要任务，面对推动首都科学发展、促进社会和谐的历史责任，我们必须立足当前，着眼建设世界城市，树立更高标准，科学编制“十二五”规划，实施“人文北京、科技北京、绿色北京”发展战略，使首都的发展建设与国家和人民的要求相适应。

会议强调，2010 年是实施“十一五”规划的最后一年，也是在新的起点上推进首都科学发展的重要一年。做好今年各项工作，对于巩固经济社会发展的好形势，进一步提高首都现代化、国际化水平，具有十分重要的意义。

会议要求，市人民政府要全面贯彻落实党的十七大和十七届三中全会、四中全会、中央经济工作会议、市委十届七次全会精神，着力抓好自主创新，着力抓好一批重大工程和重大项目，着力抓好改革开放，着力抓好改善民生，着力抓好国际大都市建设，进一步加强服务型政府建设，保持首都经济社会平稳较快发展，加快发展方式转变和经济结构调整，全面完成“十一五”时期经济社会发展目标。

会议号召，全市各族人民紧密团结在以胡锦涛同志为总书记的党中央周围，高举中国特色社会主义伟大旗帜，以邓小平理论和“三个代表”重要思想为指导，深入贯彻落实科学发展观，在中共北京市委领导下，解放思想，开拓创新，求真务实，扎实工作，聚精会神搞建设，一心一意谋发展，全面推进“人文北京、科技北京、绿色北京”建设，为建设繁荣、文明、和谐、宜居的首善之区而努力奋斗！

政府工作报告

——2010年1月25日在北京市第十三届人民代表大会第三次会议上

北京市市长 郭金龙

各位代表：

现在，我代表北京市人民政府，向大会报告政府工作，请予审议，并请市政协各位委员提出意见。

一、过去一年工作回顾

2009年是首都发展历程中很不平凡的一年。在党中央、国务院和中共北京市委的坚强领导下，全市人民坚定信心，团结奋斗，克服困难，开拓创新，较好地完成了“打赢一场硬仗、办好一件大事”的目标任务。

——应对国际金融危机冲击取得显著成效。初步核算，全市地区生产总值达到11865.9亿元，比上年增长10.1%，人均地区生产总值超过1万美元；完成地方财政收入2026.8亿元，增长10.3%。城镇登记失业率为1.44%。城镇居民人均可支配收入26738元，农民人均纯收入11986元，实际增长9.7%和13.4%。

——新中国成立60周年庆祝活动圆满成功。实现了“隆重、喜庆、节俭、祥和”的总要求，赢得了国内外的高度评价和广泛赞誉，向党中央、国务院和全国人民交上了一份合格的答卷。

一年来，我们认真执行市十三届人大二次会议决议，主要做了以下几个方面工作。

（一）全力以赴筹办国庆活动

筹办新中国成立60周年庆祝活动，是继北京奥运会、残奥会之后，中央交给北京市的又一重大光荣任务。在中央国庆领导小组和市筹委会的领导下，充分运用奥运经验，健全组织指挥体系和运行调度机制，保证了各项工作协调推进、胜利完成。

精心组织庆祝活动。各指挥部全面建立“双进入、双责任”工作体制，精心设计活动方案，科学安排训练演练，实现了“高质量、有创新”的目标。组织10万名群众参加国庆游行、8万名学生进行广场背景表演。运用高科技手段，突破传统表现形式，奉献了一场创意新颖、主题鲜明的联欢晚会。组建预备役、女民兵方队，代表全国民兵预备役部队接受检阅。开展丰富多彩的游园活动，成功举办第七届中国花卉博览会。依托现行管理体制，统筹指挥调度，实现了现场运行零差错、活动内外零事故。广大参演人员刻苦训练，涌现出许多感人事迹，充分表达了对伟大祖国的无比热爱。

全面做好服务保障。坚持“贴近服务、融入服务、主动服务”，及时帮助受阅部队解决遇到的困难。构建多层次、全方位、无缝隙的安保网络，确保了国庆活动的绝对安全。优化交通运输组织方式，实现了庆祝活动交通与社会交通的和谐运转。全力做好气象、电力、水务、环卫、通信、医疗、食品供应等保障工作，城市运行平稳有序。高质量完成长安街大修和沿线改造工程，认真做好环境整治和景观建设，城乡环境干净整洁、优美靓丽。

营造文明和谐社会氛围。广泛开展“迎

国庆、讲文明、树新风”活动，组织“百姓宣讲”等爱国主义主题教育活动，举办130余台、240余场文艺演出。新闻宣传浓墨重彩，唱响了时代主旋律，全景展示了庆典盛况。95万名志愿者积极参与，在游园、治安、交通等领域提供了热情周到的服务。提前公布交通限行等措施，注意减少筹办工作对居民生活的影响。全市人民服务大局、全力支持、争做贡献，凝聚成办好国庆活动的强大合力。

（二）力保首都经济平稳较快发展

年初，受国际金融危机严重冲击，经济下行态势明显，保增长压力很大。在非常困难的情况下，我们坚决贯彻落实中央一揽子计划，结合实际制定实施一系列具体措施，扭转了经济增速下滑的不利局面，完成了年度各项主要经济指标。

促进投资快速增长。一是努力发挥政府投资带动作用，统筹安排、快速落实市政府投资309亿元，实行重大项目投资责任制，加快推进项目落地。二是创新工作思路，大规模实施政府土地储备，完成土地一级开发投资1165亿元，为调控土地供应、改善城乡环境、促进项目建设奠定了良好基础。三是创建绿色审批通道机制，高效率审批通过1040个重点项目，审批时间缩短50%左右，完成投资占全市投资总量的37.5%。四是创新拆迁安置补偿办法，引入市场价格评估机制，加大实物补偿力度，全力协调解决征地拆迁等难点问题。五是加快投融资平台建设，组建市国有资本经营管理中心，设立农业担保公司、高端制造业担保代偿资金，进一步发挥专业投融资平台作用。全社会固定资产投资在5月份结束了连续9个月的负增长，全年完成4858.4亿元，增长26.2%。

保持消费市场繁荣发展。贯彻落实国家促进消费各项政策措施，支付补贴资金3.7亿元，积极做好家电汽车下乡和以旧换新工作。商品住宅销售面积增长82.3%，机动车销售量增长30.8%。广泛开展各类主题促销活动，推进特色商业街区改造。加快农村流通市场建设，“一乡一集市”覆盖率达到72%。实施奥运后旅游发展战略，旅游总收入达到2442.1亿元，增长10%。全年完成社会消费品零售额5309.9亿元，增长15.7%。

推动对外经贸稳定发展。面对国际市场需求萎缩的严峻形势，明确提出“位次不降低、份额不减少”的工作目标，增加外贸发展资金，支持企业稳定拓展国际市场。地区进出口总额降幅逐步收窄，出口达到483.6亿美元，保持了在全国的份额。制定实施促进服务贸易、服务外包发展政策，加快建设服务外包示范城市。天竺综合保税区封关运行。制定实施跨国公司地区总部政策，完善投资促进工作机制，新设立投资性公司15家，实现了合同外资、实际利用外资双增长，新增境外投资企业140家。加强京港、京澳、京台交流，成功举办科博会、文博会、服务贸易大会和国际版权博览会。

加大企业帮扶力度。坚持运营帮扶与发展帮扶并举，及时制定实施66项帮扶措施。通过降低社会保险缴费费率、调整缴费周期等措施，使企业和职工群众受益97.3亿元。发放岗位补贴和社会保险补贴5.5亿元，帮助企业稳定7.3万个就业岗位。多渠道安排资金50亿元，支持企业稳定生产经营。落实结构性减税政策，减轻企业和居民负担171.5亿元。成立帮扶机构，协调解决企业反映的困难和问题1594项。重视发挥各类金融机构的作用，采取多项工商管理措施，帮助企业解决融资难题。全市企业生产经营基本保持稳定，一批骨干企业逆势增资扩产，规模以上工业增加值增长9.1%。

高度重视支援什邡恢复重建工作，落实“三年任务两年完成”的要求，累计拨付援建资金52.6亿元，完成80%的援建实物工程量。

（三）大力促进经济结构调整

坚持保增长与调结构相结合，发布实施六大产业调整振兴规划，进一步增强了首都发展的协调性和可持续性。

加快推进科技创新。制定实施中关村国家自主创新示范区建设意见，着力推进先行先试改革，202家单位申报开展股权激励试点，核心区行政审批制度改革下放17项市级审批事项。整合首都创新资源，搭建生物医药、新材料等4个领域平台，与中央单位合作建立12个研发实验服务基地，推动成立30个产业技术联盟。积极开展高新技术企业认定辅导工作，采购自主创新产品33.1亿元，9家科技企业在创业板成功上市。完善知识产权服务体系，全市专利授权量增长29.1%，技术合同成交额增长20.4%。积极支持未来科技城建设，实施海外人才聚集工程、中关村高端领军人才聚集工程，人才引进工作取得新进展。

大力发展高端产业。加强与中央部委和企事业单位合作，与24家单位签订战略合作协议，并设立综合服务平台，积极做好对接服务。认真抓好京东方八代线、中航工业园等重大产业项目落地，积极推动石化新材料、数字电视、移动硅谷等产业基地建设。组织实施飞思卡尔通讯公司、德尔福汽车配件和萨博汽车技术等并购项目。研究制定金融业、软件和信息服务业发展意见，加快丽泽金融商务区建设，启动商务中心区、金融街扩区工作。投入资金13亿元，支持文化创意、体育、旅游等产业发展。完善促进影视动画、网络游戏等产业发展的政策措施，成立文化创意产业联盟。生产性服务业、文化创意产业分别增长9.8%和11.2%，第三产业比重达到75.8%。

积极做好节能减排各项工作。强化机动车污染控制，更新淘汰黄标车10.6万辆，支持组建货运“绿色车队”，采购1000辆节能环保公交车。完成城镇建筑节能改造392万平方米、农民住宅增温节能改造1.6万户。开展20蒸吨以上燃煤锅炉清洁能源改造试点，完成179个老旧小区供热管网改造、10万户居民老楼通气工程，文保区平房“煤改电”全面完成。推广高效照明产品1370万只。新增节水灌溉面积10万亩，建设节水型单位和小区166个。淘汰“三高”企业62家。节能减排工作继续走在全国前列。

促进城乡一体化发展。出台促进城市南部地区加快发展行动计划和永定河绿色生态发展带规划，认真落实新城建设实施意见和生态涵养发展区发展意见。北坞、大望京村城乡一体化改革试点取得突破性进展。制定实施都市型现代农业基础建设及综合开发规划，新增设施农业4.3万亩。出台农产品加工业发展指导意见，实施乡村旅游改造提升工程，农业观光园和民俗旅游进一步发展。制定小城镇建设发展规划和实施意见，新编制完成村庄建设规划1674个。筹集80多亿元支持农村“5+3”工程建设，覆盖1700多个行政村，惠及120万农村居民。搬迁山区农民6811人。废弃矿山修复、生态清洁小流域治理深入推进。

（四）加快重点领域和关键环节改革

加大行政管理体制改革力度。完成市与区县政府机构改革，调整优化19个市政府工作部门，减少市级议事协调机构和临时机构27个。提出“加快、简化、下放、取消、协调”的要求，深化行政审批制度改革，各部门共取消审批事项24项、下放行政审批权限103项。

积极推进农村各项改革。建立市和区县两级农地流转信息平台，开展集体林权制度改革试点。全面落实各项农业补贴政策，建立低收入农户增收帮扶机制。346个单位完成乡村集体经济产权制度改革。制定农民专业合作社法实施办法，新注册合作社 1270 家。

大力推动金融改革创新。启动农村金融综合改革试验区建设，设立农业产业投资基金，建立了农业再保险机制。批准成立 21 家小额贷款公司、4 家村镇银行。成功争取房地产信托投资基金、消费金融公司、省级投融资平台发行债务融资试点。6 家商业银行在中关村设立了服务科技型中小企业的专营机构。技术、林权、版权、粮食交易所挂牌开业，要素市场不断完善。

稳步推进国有企业改革。成功实施首旅集团、首农集团等六大重组项目，市国资部门直接出资企业减少至 46 家。完成 125 户劣势企业退出工作。着力推进国有企业改制上市，新增 7 家上市公司。国有资产监管进一步加强，市属国有企业利润增长 59.5%。

（五）下大力气解决关系群众切身利益的实际问题

加强就业和社会保障工作。出台促进高校毕业生就业的 15 条政策，实施大学生村官和社工计划，增设 1 万多个基层社会管理、公共服务和教学科研岗位，高校毕业生就业率达到 96.4%。建立城乡平等的就业制度，帮扶 10.8 万名就业困难人员实现就业、10.2 万名农村劳动力转移就业，零就业家庭实现动态脱零。建立企业裁员报告制度和调解联动机制，劳动关系保持和谐稳定。启动“社会保障卡”发放工作，192 家定点医疗机构实现就医实时结算。建立城乡居民养老保险制度，率先实现养老保障制度城乡一体化。实施 11 项老年优待政策，新增养老床位 1.58 万张。出台居家养老、助残服务“九养政策”。加快实施保障性安居工程，累计配租廉租房 1.9 万户，修缮旧城居民房屋 2.45 万户，完成城镇危房解危 1052 户，搬迁三区三片棚户区居民 8000 多户。翻建维修 6500 户农村特困和优抚家庭住房。新开工和收购政策性住房 937.9 万平方米，竣工 229.5 万平方米。

加快发展社会事业。完成 200 所小学标准化建设，修缮 300 所农村中小学教师集体宿舍，启动中小学校舍安全工程。稳步实施义务教育学校教师绩效工资改革。出台加强农村教师队伍建设意见，引导优质教育资源向农村辐射。制定实施“健康北京人”十年行动规划。新农合人均筹资标准提高到 420 元，参合率达到 95.7%。规范医疗机构管理，启动公费医疗人员基本医疗保险改革试点，推动医疗便民服务，在 49 家三级医院实施预约挂号。大力实施文化惠民工程，文化活动中心、数字电影厅实现行政村全覆盖，新建 1020 个农家书屋，有线数字电视覆盖 15 个区县 230 万户居民家庭。完成第三次文物普查实地调查，公布第三批市级非物质文化遗产名录。深入开展群众体育活动，成功举办了 15 项国际体育赛事。

不断提升城市建设管理水平。地铁 4 号线顺利开通，轨道交通运营里程达到 228 公里、在建里程 280.2 公里。六环路、京承高速全线贯通，高速公路总里程达到 884 公里。优化公交线网和换乘环境，公共交通年客运量达到 65.9 亿人次，公交出行比例提高到 38.9%。认真落实大气污染控制措施，市区空气质量二级以上天数达到 78.1%。全面推进生活垃圾处理工作，市区生活垃圾年产生量首次下降，全市生活垃圾无害化处理率达到 95.8%。稳步推进北运河水系综合治理，加快污水处理厂升级改造，市区、郊区污水处理率分别达到 94% 和 51%，利用再生水 6.5 亿立方米。开展生态区县、环境优美乡镇和生态村创建活动，建成 19 处郊野公园，推进京津风沙源治理、三北防护林建设、太行山绿化工程，全市林木绿化率达到 52.6%，人均公园绿地面积达到 14.5 平方米。积极推动城市建设管理方式转变，城市服务管理的数字化、精细化水平进一步提高。

（六）坚决维护首都和谐稳定

扎实推进社会建设。出台7项加强社会建设的配套政策。创新“两新”组织服务管理模式，组建650个商务楼宇社会工作站。积极发展“枢纽型”社会组织，实行社会组织设立审批“一站式”服务。在600个社区开展规范化建设试点，改善350个社区办公和服务用房条件。落实征兵新政策，实施拥军优属工程，军政、军民关系进一步巩固，驻京解放军、武警部队官兵在筹办国庆活动等工作中作出了重要贡献。人口和计划生育工作扎实开展，妇女、儿童、老龄事业健康发展。残疾人社会保障水平进一步提高，残疾人事业全面发展。深入开展民族团结进步创建活动，坚持做好宗教工作，认真落实惠侨利侨措施。继续加强法制宣传教育，大力推进公益法律服务体系建设。顺利完成第七届社区居委会换届选举，基层民主自治能力进一步增强。

全面推进“平安北京”建设。强化社会治安防控，坚持专群结合、群防群治，开展专项打击整治，打赢了安全稳定“三大战役”，实现了“四个坚决防止”，保持了良好的社会秩序。强化安全生产作业规范和责任体系建设，开展全市安全大检查和隐患排查整改，全力压减各类安全生产事故。完善食品、药品安全监管网络，检测抽查合格率均超过98%。深化应急管理体系建设，加强城市风险评估与控制，突发事件应急处置能力进一步提高。探索建立多元化矛盾纠纷化解体系，开展“信访积案化解年”活动，信访总量和集体访次数“双下降”。拨付8.8亿元专项资金，落实属地、部门、单位、个人四方责任，免费接种疫苗，加强重症患者救治，重视发挥中医药的作用，有效防控甲型H1N1流感疫情，保证了人心安定和社会稳定。

各位代表，过去一年，我们认真开展深入学习实践科学发展观活动，落实领导干部作风建设年各项部署，进一步加强了政府自身建设。市政府及组成部门全面执行市人大及其常委会决议和决定，自觉接受监督并报告工作。自觉接受政协民主监督，认真听取各民主党派、各人民团体和各界人士意见。全年共办理全国和市人大代表议案、建议1678件，政协建议案、提案1425件。加强政府法制建设，共提请市人大常委会审议地方性法规4项，制定、修订政府规章8项。完成第二次经济普查任务。投入125.6亿元，全面完成关系群众生活的57件重要实事。切实精简会议，市政府常务会、专题会减少23%，严格控制一般性支出，压缩出国、车辆购置及运行、公务接待等费用5292.8万元。实施“三效一创”绩效管理，加大督查考核力度，强化行政监察和审计监督，加强廉政建设和反腐败工作，行政效能和服务水平有了新提高。

各位代表，回顾一年的工作，我们深感成绩确实来之不易。这是党中央、国务院和中共北京市委坚强领导的结果，是市人大、市政协和社会各界监督支持、共同努力的结果，是各区县各部门扎实工作、全市广大人民群众团结奋斗的结果。在此，我代表市人民政府，向辛勤工作在各条战线、各个岗位上的全体市民和来自全国各地的劳动者，向人大代表、政协委员，向各民主党派、各人民团体和各界人士，向中央各部门、兄弟省区市，向驻京解放军和武警部队官兵，向所有关心支持首都建设的香港特别行政区同胞、澳门特别行政区同胞、台湾同胞、海外侨胞和国际友人，表示崇高的敬意和衷心的感谢！

在看到成绩的同时，我们也清醒地认识到，首都经济社会发展还存在不少困难和问题。一是国内外经济环境不确定因素很多，出口恢复增长还存在较大困难，社会投资跟进不足。二是人口资源环境矛盾十分突出，加快转变发展方式、调整经济结构的要求更加紧迫。三是城乡区域发展差距仍然较大，城乡结合部整治改造困难较多，统筹推动区域协调发展的任务艰巨。四是自主创新能力还不够强，首都科技优势还没有完全发挥，新兴产业还需要加快培育。五是影响首都科学发展的体制机制障碍仍然没有完全消除，重点领域和关键环节改革需要加快突破。六是关系群众切身利益的就业、教育、医疗、住房、交通等领域还存在不少问题，保障和改善民生需要加大力度。七是政府作风建设和效能建设要进一步深化，建设服务型政府需要下更大的功夫。对这些问题，我们一定要高度重视，采取更加有力的措施，不断加以解决。

二、2010年主要任务

当前，首都已进入了全面建设现代化国际大都市的新阶段。面对我国国情国力和国际地位的新变化，面对首都在国家工作大局中应承担的重要任务，面对推动首都科学发展、促进社会和谐的历史责任，我们必须立足当前，着眼建设世界城市，坚持高标准建设、高质量管理、高水平服务，进一步提高现代化、国际化水平，使首都的发展建设与国家和人民的要求相适应。

今年是实施“十一五”规划的最后一年，也是在新的起点上全面推进“人文北京、科技北京、绿色北京”建设的重要一年。今年发展环境可能好于去年，但国内外形势复杂多变，经济社会发展面临新的考验。各级政府、各部门要紧紧围绕推动首都科学发展这一中心任务，进一步增强机遇意识、忧患意识和竞争意识，树立强烈的使命感、责任感和紧迫感，进一步解放思想，充分利用各方面有利条件和积极因素，深化改革创新，努力化解矛盾和困难，牢牢把握各项工作的主动权。

做好今年的政府工作，要全面贯彻落实党的十七大和十七届三中全会、四中全会、中央经济工作会议、市委十届七次全会精神，深入贯彻落实科学发展观，全面实施人文北京、科技北京、绿色北京行动计划，着力抓好自主创新，加快经济发展方式转变；着力抓好一批重大工程和重大项目，加快产业结构优化升级；着力抓好改革开放，进一步增强首都经济发展动力和活力；着力抓好改善民生，使发展成果更好地惠及人民群众；着力抓好国际大都市建设，进一步提高首都现代化、国际化水平；全面完成“十一五”规划目标，努力实现首都经济社会又好又快发展，加快建设繁荣、文明、和谐、宜居的首善之区。

今年全市经济社会发展的主要目标是：地区生产总值增长9%；城镇登记失业率控制在2.3%以内；城乡居民收入实际增长6%以上；居民消费价格涨幅控制在3%以内；地方财政收入增长9%；万元地区生产总值能耗、水耗均下降4%。

今年要着重抓好以下七个方面的工作。

（一）继续把促进首都经济平稳较快发展放在首位

坚持立足于扩大内需，保持各项政策措施的连续性、稳定性，不断夯实首都经济稳定向好的基础。

积极扩大消费需求。以增强城乡居民消费能力为重点，优化消费环境，释放消费需求，实现社会消费品零售额增长12%。一是努力增加城乡居民收入。稳步提高社会保障待遇标准，落实国家收入分配政策和“三农”各项补贴政策，健全劳动者工资正常增长和支付保障机制。二是稳定汽车和住房消费。继续做好家电汽车下乡和以旧换新工作，合理引导汽车消费。扩大保障性住房供给，引导房地产企业加快开发和入市交易，促进存量房交易。三是大力发展旅游消费。创新观念和机制，发挥历史文化资源、奥运城市优势，提升首都旅游发展水平。深化旅游市场推广和区域合作，完善旅游公共服务体系，推进旅游集散特色镇建设，引进大型项目，鼓励社会资本参与开发，努力把旅游业培育成重要支柱产业。四是繁荣郊区消费市场。引导大型商贸企业向新城拓展布局，加强郊区现代商业设施和流通网络建设，提高“一乡一集市”、连锁便民店和农资超市覆盖面。五是拓展消费新领域。积极申办高端体育赛事，扩大文化、体育、休闲、健身、养老服务等消费。推进消费金融公司试点，大力发展电子商务。支持引进国内外知名品牌和企业，加快建设国际商贸中心。

保持投资适度增长。落实两年政府投资1400亿元、带动社会投资1万亿元的计划，统筹安排政府投资700亿元，实现全社会固定资产投资增长11%。一是抓好重大项目建设。坚持和完善部门联动机制，发挥区县主体作用，加快投资项目审批，促进重大项目落地。二是稳定房地产投资。继续做好土地储备，完成1000亿元土地一级开发投资任务。坚持节约集约利用和“多储快供”，优化土地供应结构，推动二级开发投资稳定增长。三是提高产业投资比重。积极运用贷款贴息、专项补贴和资本金注入等方式，支持符合首都功能定位的重点产业发展，鼓励支持企业加大技改投资。四是认真做好中央单位投资项目对接服务工作，争取一批项目尽快落户北京。同时，进一步加强投资监管，重视做好债务风险防范工作。

努力促进民营经济和中小企业发展。发挥各类投融资平台作用，制定出台促进政策，鼓励民间资本进入基础设施、市政公用事业、金融服务、高端制造业等领域。落实国家相关政策措施，推动制定中小企业发展促进条例。建立健全中小企业信用担保风险补偿机制，逐步扩大中小企业再担保资金规模。稳步发展各类集合债、集合票据和集合信托，增加市区两级财政用于中小企业贷款贴息的投入，努力缓解中小企业融资困难。研究制定面向中小企业的财政、土地、用房等支持政策，切实减轻企业负担。支持中小企业加大研发投入、加快结构调整，提高技术创新能力和产品质量。

营造良好的市场环境。高度关注物价变动趋势，做好煤电油气运的运行保障和重要农副产品供给，保持市场稳定。抓好食品、药品安全监管工作，制定实施食品安全三年行动计划，完善流通环节食品安全自检体系，实施基本药物全品种检验，建立健全市场退出机制。积极培育诚信文化，加快完善企业信用信息系统，加强市场监管和治理整顿，坚决打击假冒伪劣等违法行为，维护公平公正的竞争秩序和交易环境。

（二）下更大决心加快转变经济发展方式

进一步完善体制机制、政策导向和考核评价体系，坚持优化一产、做强二产、做大三产，狠抓“三个一批带动工程”，深入推进结构调整，不断提高经济发展的质量和水平。

切实抓好中关村国家自主创新示范区建设。落实国务院批复精神，加快建设具有全球影响力的科技创新中心。一是加快推进先行先试改革。研究制定示范区法规，深化股权激励、科技金融、工商管理、社会组织等改革试点，争取建设场外交易市场。进一步下放市级行政审批权限，增强核心区的管理功能。二是完善示范区管理体制。加强市级管委会的组织协调和督办落实职能，设立中关村发展集团公司，加大各分园和产业基地的统筹协调力度。完善一区多园的产业空间布局，以海淀区、昌平南部地区构成的核心区为依托，整合未来科技城、软件园、生命科学园、环保园、永丰产业基地等空间资源，加快建设北部研发服务和高新技术产业聚集区。三是鼓励企业成为创新主体。支持产业技术联盟和民营科技企业承接重大科技项目，完善科技条件平台开放共享机制，加快构建产学研相结合的技术创新体系。继续做好国家重大科技专项和重大科技基础设施对接工作，实施科技振兴产业工程和科技支撑工程，努力在重大关键技术上取得突破。制定实施创新型企业“十百千计划”。四是加大科技成果产业化支持力度。健全项目跟踪和筛选机制，整合政府产业投资，以 5 年不少于 100 亿元的规模，集中支持一批成长性好的企业和重大科技成果产业化项目。加大政府采购自主创新产品力度，全年完成 40 亿元采购任务。五是深化科技金融创新。积极争取更多企业在创业板上市，打造“中关村”板块。支持天使投资、创业投资、股权投资聚集发展，发挥好创业投资基金的作用，逐步完善覆盖技术创新全过程的金融服务体系。深入实施首都知识产权战略，扩大知识产权质押贷款，推动专利权交易。继续实施吸引高端人才的政策，打造人才与创新、创业高地。

加快重点功能区建设。推进亦庄开发区和大兴区行政资源整合，理顺管理体制，拓展发展空间，抓好一批重大项目，培育数字显示、移动通信、新能源等产业集群。发挥亦庄开发区的带动作用，推动丰台科技园、大兴生物医药产业基地、通州光机电一体化基地等联动发展，建设南部高技术制造业、战略性新兴产业聚集区。全面推进金融街、商务中心区、丽泽金融商务区建设，加快建设人民银行结算中心、征信中心等金融后台项目，建立文化产权、矿业权、碳交易、存量房交易等要素市场，吸引各类金融机构在京发展。加快实施首钢厂区调整建设规划，发展高端替代产业，带动西部地区发展。发挥天竺综合保税区作用，加快临空经济区发展。认真落实规划，积极推进马坊、马驹桥、良乡等物流基地建设。做好石化新材料、新能源汽车和高端汽车零部件等特色产业基地建设和项目引进工作。

大力发展战略性新兴产业。进一步细化方案，分解落实责任，实施重点产业调整振兴规划，着力引进建设一批产业项目。加快新能源汽车产业化，努力开发纯电动乘用车，发展混合动力客车和商务车。积极发展风能、太阳能等可再生能源产业，推动延庆智能电网示范区、平谷绿色能源产业基地建设。大力发展生物医药产业，努力形成以创新药物研发和先进医疗设备制造为龙头的产业链条。积极推动中科院科教园区发展，继续支持中航工业园、北京现代汽车三工厂等一批制造业项目建设。以市场拓展为重点，组建北京软件和信息服务交易中心，发展壮大信息服务业。推进“感知北京”示范建设，积极发展物联网产业。完善融资服务体系，加快推进国家级动漫游戏产业园区、新媒体产业基地、出版产业园、文化娱乐主题公园和演艺中心等一批重大项目建设，做大做强文化创意产业。

深入推进节能减排。积极发展低碳经济，全力打造绿色生产体系、消费体系和环境体系。严格执行建筑节能设计标准，实施 500 万平方米城镇住宅、2.2 万户农民住宅节能改造。继续淘汰黄标车，采购 1000 辆纯电动环卫车和 200 辆节能环保公交车。推广高效照明产品 1200 万只，推进燃煤锅炉清洁能源改造，完成 1000 蒸吨改造任务。办好“节能超市”，健全节能环保产品推广激励机制，鼓励企业采用节能新技术、新工艺、新设备、新材料，提高清洁能源的使用比例。实施污染物总量控制，开展排污权交易改革试点。研究建立循环经济评价指标体系，大力推进清洁生产，扩大循环经济试点。加强宣传教育，营造节约资源能源、保护环境的良好社会氛围。

统筹谋划首都科学发展的新蓝图。坚持协调发展、创新发展、绿色发展、共享发展原则，深化对事关首都发展转型重大问题研究，集中各方面智慧，组织编制“十二五”规划纲要及各项专业规划，加强对各区县发展规划编制工作的统筹指导。

（三）加大统筹城乡区域发展力度

进一步强化强农惠农政策，有针对性地解决区域发展中的突出矛盾和问题，促进城乡一体化和区域协调发展。

加快农村改革发展步伐。坚持最严格的耕地保护制度，加大土地执法力度。完善土地承包经营权流转支持保护政策，抓好集体土地所有权和建设用地使用权确权发证工作。积极推进集体林权制度改革，实施公益林生态效益补偿，加强林业碳汇工作。加快农村金融综合改革试验区建设，深化村镇银行、农村资金互助社和小额贷款公司试点，扩大政策性农业保险覆盖面。深化农村综合改革。加快乡村集体经济产权制度改革步伐，支持农民专业合作社发展。健全基层农技推广等公共服务体系，制定实施提升农产品质量安全水平三年行动计划。完成30万亩农田基本建设任务，新增设施农业4万亩，着力推动籽种、苗木花卉等都市型现代农业发展。积极发展农产品加工业和特色手工业。规划建设高水准的农产品物流体系。继续推进低收入农户“共同致富行动计划”，促进低收入农户增收。做好世界草莓大会、种子大会和中国国际园林博览会筹备工作。安排转移支付24.8亿元，全面完成新农村建设“5＋3”工程。加快小城镇建设，以42个重点镇为龙头，以产业园区和农民就业基地为平台，大力发展镇域经济，推动郊区城镇化。

加快城乡结合部改革发展。总结推广北坞村、大望京村和旧宫镇的成功经验，整体启动50个重点村的城乡一体化建设，同步推进“城中村”改造。坚持政府主导、农民主体、部门联动、社会参与，强化区县政府的主体责任和综合协调作用，鼓励各地结合实际大胆探索。把改善农民居住条件、发展产业和稳定农民就业放在突出位置，加大基础设施、公共服务设施建设和管理力度，积极发展适宜产业，落实绿化隔离地区政策，推动三海子等郊野公园建设。探索补偿安置新模式，积极引入城市社会管理和公共服务机制。加快农村集体资产处置和产权制度改革，做大做强集体经济，努力实现农民利益得保护、就业有保障、增收有途径。

加快新城建设。完善新城外部交通和内部路网，集中力量建设一批水电气热和垃圾处理等配套设施。推进新城滨河森林公园、生态走廊建设，初步形成新城外部绿化带。完善产业服务配套设施，引导教育、卫生等优质公共资源向新城拓展，增强对产业和人口的吸引力。着力抓好功能组团开发，高水平启动重点功能区建设。今年要集中力量，聚焦通州，借助国内外资源，按照世界一流水平高起点谋划，实实在在地启动一批项目，努力取得重大突破，发挥好示范带动作用。

加快实施城南行动计划。以基础设施建设为重点，三年投入2900亿元，统筹实施一批交通、市政、公共服务项目和危改、能源安居工程，改善城市南部、西南部地区发展环境。按照“一轴一带多园区”发展格局，积极推进重点产业园区建设，大力吸引高端产业项目落户，提升产业发展水平。加快永定河绿色生态发展带建设，完成控制性详规编制，推进世界地质公园建设，实施一批河道治理、生态建设和产业项目。

加快生态涵养发展区建设。启动山区500公里主线、400公里支线道路建设，完成5000名山区农民搬迁任务。加快落实沟域发展规划，制定促进扶持政策，抓好7条沟域的国际招标，鼓励社会力量参与沟域经济发展。大力培育生态服务型经济，继续推动区县合作产业共建基地建设，支持煤矿、非煤矿山关停地区替代产业发展，做好人口疏解、农民转移就业工作，引导先进生产要素向生态涵养发展区转移。搞好重点生态工程建设，加强生态清洁小流域和废弃矿山综合治理，推进宜林荒山绿化和低效生态林改造，不断提高生态建设水平。

（四）努力提高城市可持续发展水平

进一步加大工作力度，大胆探索创新，努力破解城市发展难题。

深入实施公交优先发展战略。着力构建以轨道交通为骨干、地面公交为主体、多种交通方式协调运转的绿色出行系统，力争公交出行比例达到40%。积极推进12条轨道交通建设，力争亦庄线、大兴线以及房山线、昌平线、顺义线一期建成通车，运营总里程超过300公里，提高既有线路运力和安全服务水平。优化调整公交线路，扩大公交专用道系统，加快综合客运枢纽、公交场站和交通集散配套工程建设，完成蒲黄榆路等4条城市快速路建设任务，全面启动重点镇的高速公路联络线建设。落实第七阶段缓解市区交通拥堵措施，抓好停车基础设施建设，实施差别化停车收费政策，深入整顿停车秩序。建立交通运行协调指挥中心，完善地面公交智能调度系统，提高交通运行综合协调指挥和应急保障能力。

加大污染防治力度。坚持“增能力、调结构、促减量”，提高生活垃圾减量化、资源化、无害化水平。做好大型生活垃圾循环经济园区选址规划，加快推进垃圾无害化焚烧处理，全面推行餐厨、果蔬、园林垃圾资源化处理，开展生活垃圾“零废弃”管理试点，加强非正规垃圾填埋场治理。完善分类收集运输体系，新建改扩建居住小区、社会单位全部实行生活垃圾和餐厨垃圾分类处理。健全管理体制，探索垃圾收费改革。强化对危险废物产生和经营单位、涉源单位的监管。加快北运河水系综合治理，推进垡头、沙河等污水处理厂建设，用三年时间完成中心城区污水处理厂升级改造。加强污水和再生水管网建设，完成定福庄至高碑店污水调水工程，提高污水处理和再生水利用水平。认真落实第十六阶段控制大气污染措施，力争二级以上天数达到73%。

加强资源能源保障。实行最严格的水资源管理制度，从战略高度研究建设节水型城市。认真落实各项节水措施，开展阶梯式水价试点。建设新应急水源，加强水源地保护，启动潮白河水资源循环利用工程，加快南水北调市内配套工程建设，实施供水管网改造，确保城乡用水安全。基本完成远郊区县33座区域集中供热中心及配套管网建设，新增集中供热300万平方米，同时选择合适方式解决区域供热问题。建成陕京三线天然气进京工程，建设六环路天然气管线系统，推进远郊区县燃气主干管线建设，启动重点镇燃气工程，解决中心城区5万户居民老楼通气问题。深入开展地下管线隐患排查整改，建立运行监控管理长效机制，确保安全运行。

完善城市服务管理。认真做好第六次人口普查，研究人口规模、结构与布局问题，探索建立综合调控机制，通过城市功能疏解、产业结构升级和布局调整，促进人口有序迁移与合理分布。加强出租房屋管理，创新流动人口服务。健全城市管理综合执法长效机制，进一步改善首都环境秩序。规范夜景照明、户外广告、牌匾标识、架空线等管理，着力改善老旧小区、街巷胡同、平房区、城乡结合部、农村地区的居住环境。推动物业管理纳入社区建设，研究引入第三方监管机制，促进物业管理行业健康有序发展。加快信息基础设施建设，提升互联网宽带接入标准，大力发展3G网络。完善城市运行信息管理和公共服务平台，提高网格化管理水平。建立城市风险管理长效机制，加强应急保障体系建设，强化基层应急管理，提高应对自然灾害、突发公共安全事件能力。

（五）更加重视保障和改善民生

大力发展以改善民生为重点的社会事业，继续办好直接关系群众生活的重要实事，让人民群众得到更多实惠。

千方百计稳定扩大就业。实施更加积极的就业政策，探索建立统一的人力资源市场和公共就业服务平台，实现城镇新增就业36万人。继续实施大学生村官和社工计划，完善就业指导服务和见习制度，切实做好高校毕业生就业工作，促进青年失业群体就业。开发多种形式的公益性岗位，帮助9万名城镇就业困难人员实现就业，动态消除零就业家庭。将高失业率地区就业倾斜政策延伸到生态涵养发展区，深化城乡就业协作，建立纯农就业家庭就业援助制度，帮助7万名农村劳动力转移就业。整合各类扶持政策和资源，促进创业带动就业。统筹城乡职业培训体系，鼓励企业开展职工在岗培训，加快主导产业、新兴产业专业化人才队伍建设。培训家政服务、医院护理和养老护理专门服务人才2万人。全面推进劳动合同制度，维护劳动关系和谐稳定。

加快建立城乡统一的社会保障体系。整合“新农合”、“一老一小”、无业居民大病医疗保险制度，推动居民医疗保障制度城乡一体化。完善医保惠民政策，扩大报销范围，提高报销水平，进一步减轻群众医疗负担。深化公费医疗制度改革，将区县公费医疗人员全部纳入基本医疗保险体系。全面推广“社会保障卡”，全市定点医疗机构实现“持卡就医、实时结算”。做好养老保险关系转移接续工作。牢固树立“大民政”理念，统筹城乡社会救助制度，缓解低收入群体生活困难，推动社会福利由补缺型向适度普惠型转变。认真落实“九养政策”，进一步完善老年优待措施。实现优抚对象抚恤补助标准城乡并轨。加大慈善公益事业扶持力度。

促进教育事业协调发展。坚持推进教育公平，义务教育新增经费继续向农村地区、薄弱学校倾斜。深入实施校舍安全工程，支持300所中小学楼房校舍抗震加固改造。提高公办学校接收来京务工人员子女能力，规范打工子弟学校发展。深化中小学课程、教育教学方法改革，完善学生综合素质评价方案，切实搞好社会大课堂建设，加强未成年人思想道德建设，全面推进素质教育。加强农村教师队伍建设，推进学区化管理、教师交流等改革试点，促进优质教育资源均衡配置。加大对特殊教育的政策倾斜和扶持力度。完善学前教育办学体制，改扩建30所公办幼儿园，改善乡镇中心幼儿园办园条件，新增1.2万个入园名额。加强职业教育示范学校和实训基地建设，推动组建职业教育集团，扩大高职自主招生改革试点。深入推进高等教育内涵式发展，做好大学生思想政治教育工作，支持高校承担重大科技项目，优化专业和学科结构，加快特色建设步伐。

推进医疗卫生事业发展。整合公共卫生服务资源，提高公共卫生管理和服务水平。深入开展“健康北京人”行动，进一步普及健康知识，提高市民健康水平。完善农村三级卫生体系，完成远郊区县医疗中心、村卫生室、健康工作室建设。健全社区卫生服务机构补偿和人员绩效考核机制，进一步充实基层医务人员队伍，提高基层卫生服务水平。积极发展中医药事业，在全市公立二级以上综合医院设立中医临床科室和中药房。在基层医疗卫生机构落实基本药物制度，实行全市统一招标、统一配送、同城同价。切实加强甲型H1N1流感等传染病防控，提高突发公共卫生事件应急处置能力。

发展文化体育事业。继续实施文化惠民工程，全面完成街道、社区文化中心建设任务，扩大图书馆、博物馆向公众免费开放范围，新建1020个农家书屋。研究制定服务规范和标准，提升基层公共文化设施服务水平。

加强互联网、手机等新媒体服务管理的制度建设，实施高清交互数字电视应用工程，支持电信、邮政事业创新发展。进一步繁荣哲学社会科学，大力发展文学艺术、广播电视、新闻出版事业。支持培育一批文艺演出活动精品。继续加强历史文化名城保护，启动一批文物修缮工程，促进非物质文化遗产保护利用。加大体育生活化社区创建力度，促进体育与生活融合。继续做好奥运场馆赛后利用工作，积极吸引国际体育机构，提升重大赛事举办水平，加快奥林匹克中心区等体育产业功能区发展。

高度重视住房保障。坚持结构调整，切实加大住房保障力度，发挥市场配置资源的基础作用，规范发展二手房市场和房屋租赁市场，促进首都房地产市场平稳健康发展。加快推进保障性安居工程，力争再用两年时间，全面完成三区三片棚户区改造和中心城区危旧房屋保护性修缮任务。加强老旧楼房公共设备设施安全维护。加快中小户型的廉租房、经济适用房、限价商品房、公共租赁房建设，确保占全市住宅供地面积的50%以上，确保占全市住宅新开工建设套数的50%以上，确保完成新开工建设和收购13.4万套、竣工交用4.6万套。创新政策性住房建设机制，发挥国有企业的积极性，广泛吸引社会资金参与。鼓励集体经济组织依照规划、利用存量建设用地发展公共租赁房。加强政策性住房安全质量和配租配售管理，大力推进优质公共资源优化配置，努力让群众住得放心、住得满意。继续整顿和规范房地产市场秩序，依法查处捂盘惜售、占地不用、哄抬房价等违法违规行为，遏制房价过快上涨势头。

（六）深入推进改革开放

全面适应国际国内形势发展变化要求，继续深化重点领域和关键环节改革，拓展对外开放的广度和深度。

深化行政审批制度改革。充实完善市级行政服务大厅，集合各部门审批职能，为企业和社会提供更加全面、便捷的服务。抓好综合服务平台建设，实现绿色审批通道机制常态化。坚持简政放权，深化各部门内部审批改革，建立健全各项制度，加强绩效管理和效能监察。

深化国有企业改革。加大国有企业兼并重组力度，做实一批集团公司，推进一级企业上市融资和整体上市，大力培育具有核心竞争力的千亿元级大企业。完善国资监管体系，认真做好向企业委派董事长和财务总监工作，扩大国有资本经营预算制度试点。

深化社会事业改革。落实国务院医药卫生体制改革意见，坚持管理与改革并重，稳步推动公立医院改革，深化社区卫生体制改革，努力让广大群众看得上病、看得起病、看得好病。深化公益性文化事业单位管理体制改革，继续推进经营性文化事业单位转企改制。做好事业单位绩效工资改革各项工作。

不断提高开放型经济发展水平。进一步优化引资结构，着力引进现代服务业、高端制造业项目，大力吸引跨国公司地区总部和大型民营企业总部，推动在京外资企业增资。落实稳定外需政策，支持企业海外营销，扩大双自主产品出口。建立服务贸易工作协调促进机制，引导服务外包向高端方向发展。支持有实力的优势企业开展对外投资和跨国经营。积极吸引国际高端会议、展览和大型活动在京举办，争取国际组织在京设立机构，不断提升首都国际化水平。

扎实推进对口支援和区域合作。全面完成援建什邡的各项任务，认真做好对口支援拉萨、和田等地区的工作。进一步创新机制，加强与周边地区在水资源保护、生态建设、产业发展等方面的合作，实现优势互补、共同发展。全力做好参与上海世博会各项工作，支持办好广州亚运会。

（七）全力保持首都和谐稳定的良好局面

深入开展“爱首都、讲文明、树新风”活动和群众性精神文明创建活动，大力推动社会公德、职业道德、家庭美德、个人品德建设，积极开展“六大文明引导行动”，进一步提高市民文明素质和城市文明程度。完善社区多元治理体系，健全社区参与机制，畅通居民自治渠道。依法组织第八届村民委员会选举，认真开展村务公开民主管理示范单位创建活动，加强农村基层民主建设。深入开展“五五”普法，增强全社会的法制观念和公民意识。做好社区矫正工作。加强法律援助，建设100个乡镇公益法律服务中心，实现农村公益法律服务体系全覆盖。

提高社会建设和管理水平。完善“枢纽型”社会组织工作体系，积极培育社会组织。健全社区建设体制，依托社区服务站，整合各部门管理力量，完善统筹协调机制，提高基层综合服务管理能力。积极推进社区规范化建设，切实解决好社区办公和服务用房问题，逐步提高社区工作者待遇。加快建设街道、乡镇社区服务中心和农村社区服务站，推广建设“一刻钟便民生活圈”试点。加强社会工作人才队伍建设，培育扶持专业社工机构，开展购买社会工作岗位试点，继续做好商务楼宇社会工作站建设。发展专业化志愿者队伍，积极开展常态化的志愿服务。

全面贯彻党的民族宗教政策，加快推动少数民族乡村经济发展，进一步推进宗教房产落实工作。发挥合作交流机制作用，促进京港、京澳、京台多领域合作，鼓励华人华侨参与首都建设。认真落实人口计生工作各项政策，做好流动人口计划生育服务管理。切实维护妇女和未成年人权益。加强应对人口老龄化的政策措施研究，促进老龄事业健康发展。完善助残服务体系，丰富残疾人精神文化生活，发展残疾人事业。加强国防教育和后备力量建设，深入开展拥军优属、拥政爱民和军民共建活动，做好军队干部转业安置和退役士兵就业服务，支持驻京部队建设。

更加自觉、更加主动地落实稳定是硬任务、是第一责任的要求，切实抓好维护首都社会稳定工作。按照抓源头、清积案、建机制、强基层的要求，做好重大决策风险评估，建立矛盾化解联动机制，积极预防、妥善处置各类群体性事件。健全安全生产问责制度，创新监管方式，加大交通运输、建筑施工、有限空间作业、地下经营空间、危险化学品、人员密集场所等重点行业和领域监管力度，有效防范和坚决遏制重特大安全事故。完善首都社会治安防控体系，加强科技创安工程建设，大力整治社会治安突出问题，依法严厉打击严重刑事犯罪，不断增强人民群众的安全感，切实维护首都和谐稳定。

各位代表，在新的一年里，我们将认真落实市委第三次人大工作会议精神，坚决执行市人大及其常委会的决议和决定，自觉接受人大法律监督和工作监督。认真听取各民主党派、各人民团体和各界人士的意见和建议，自觉接受人民政协的民主监督。坚持与人大代表、政协委员的联系制度，健全密切联系群众的工作制度，进一步提高科学决策、民主决策水平和依法行政能力，加快建设服务型政府。一是扎实开展作风建设年活动。大力弘扬北京奥运精神和国庆60周年活动形成的宝贵精神财富，巩固深入学习实践科学发展观活动成果，树立更高标准，创造性地开展工作。坚持问政于民、问需于民、问计于民，认真落实领导干部基层联系点制度，加强改进信访工作，不断拓宽社情民意反映渠道。二是着力转变政府职能。落实政府机构改革方案，进一步优化结构、理顺关系，着力解决在具体事情上部门间职责不清、合力不够等问题。深入推进政务公开，完善行政权力公开透明的运行机制。认真总结《全面推进依法行政实施纲要》的落实情况，做好推进依法行政工作规划，加快建设法治政府。三是深入推进政府服务管理创新。总结推广奥运筹办、国庆60周年活动服务保障、应对国际金融危机的丰富经验，健全部门之间、部门与区县之间协调联动的工作机制。落实首问负责制、限时办结制、责任追究制，深入推行“三效一创”绩效管理，加强公务员队伍建设，努力提高政府行政效率和服务水平。四是加强廉政建设和反腐败工作。认真落实中央纪委五次全会精神，推广廉洁奥运经验，坚持廉洁办各项事业，充分发挥监察、审计等部门的监督职能，加强财政资金使用监管，严格控制公用经费和一般性开支，推进节约型政府建设。认真落实党风廉政建设责任制，扎实推进廉政风险防范管理工作，坚决查处腐败案件，努力建设为民、务实、廉洁、高效的政府。

各位代表，首都北京已经迈上新的历史征程，任务更加繁重，前景更加美好！让我们紧密团结在以胡锦涛同志为总书记的党中央周围，高举中国特色社会主义伟大旗帜，以邓小平理论和“三个代表”重要思想为指导，深入贯彻落实科学发展观，加快“人文北京、科技北京、绿色北京”建设，全力推动首都经济社会又好又快发展，为建设繁荣、文明、和谐、宜居的首善之区而努力奋斗！

北京市第十三届人民代表大会第三次会议关于北京市2009年国民经济和社会发展计划执行情况与2010年国民经济和社会发展计划的决议

（2010年1月30日北京市第十三届人民代表大会第三次会议通过）

北京市第十三届人民代表大会第三次会议审查了市人民政府提出的《关于北京市2009年国民经济和社会发展计划执行情况与2010年国民经济和社会发展计划草案的报告》及北京市2010年国民经济和社会发展计划草案，同意市人民代表大会财政经济委员会的审查结果报告。会议决定，批准《关于北京市2009年国民经济和社会发展计划执行情况与2010年国民经济和社会发展计划草案的报告》，批准北京市2010年国民经济和社会发展计划。

关于北京市 2009 年国民经济和社会发展计划执行情况与 2010 年国民经济和社会发展计划草案的报告

——2010 年 1 月 25 日在北京市第十三届人民代表大会第三次会议上

北京市发展和改革委员会

各位代表：

受市人民政府委托，现将北京市 2009 年国民经济和社会发展计划执行情况与 2010 年国民经济和社会发展计划草案的报告提请市第十三届人大第三次会议审议，并请市政协各位委员提出意见。

一、2009 年国民经济和社会发展计划执行情况

2009 年，全市上下坚决贯彻落实中央决策部署，积极应对国际金融危机影响，深入学习实践科学发展观，快节奏、高强度、创造性地开展工作，努力“调结构、上水平、保增长、保民生、保稳定”，扎实推进“人文北京、科技北京、绿色北京”建设，既圆满完成了年度计划确定的各项主要目标任务，又出色筹办了新中国成立 60 周年系列活动，在外部环境极其复杂严峻的条件下，实现了奥运会后的平稳发展。

（一）经济实现平稳较快增长

综合调控意图全面实现。2009 年是国际金融危机负面影响集中释放的一年，面对极其复杂严峻的局面，市委市政府坚决贯彻中央宏观调控政策，及时采取了一揽子扩内需、保增长、保民生、保稳定的政策措施：着力推进“两年一万亿”投资促进计划，落实各项扩大消费政策；着力改善市场主体运营环境，帮扶企业渡过难关；着力发挥首都优势、用好首都资源，搭建综合服务平台；着力将应对危机与长远发展结合起来，发布六大产业调整振兴规划和重点区域加快发展意见；着力稳就业，提高社保水平。实践证明，这一系列政策组合拳是及时的、有效的。全年实现地区生产总值 11,865.9 亿元，比上年增长 10.1%，人均地区生产总值 10,070 美元，地方财政收入增长 10.3%，城乡居民收入分别实际增长 9.7% 和 13.4%，城镇登记失业率控制在 1.44%，居民消费价格指数下降 1.5%。主要目标达到或超过年初预期。

扩大内需政策效果显著。把促进投资作为保增长的关键手段，发挥政府投资带动作用，建立绿色审批通道机制，加强目标责任制考核与市区联动，把握投资分布规律和调控节奏，加快投融资平台建设，实施大规模土地储备，加强拆迁管理，促进投资落地。全年完成固定资产投资 4858.4 亿元，增长 26.2%。其中绿色审批通道项目占投资总量的 37.5%。千方百计扩大消费，积极实施小排量车减税、家电下乡、家电汽车以旧换新等政策，落实促进房地产市场健康发展的 30 条意见，加大旅游促销力度，机动车销售增长 30.8%，商品住宅销售增长 82.3%，接待入境游客 412.5 万人次，国内游客 1.6 亿人

次。全年实现社会消费品零售额 5309.9 亿元，增长 15.7%。投资和消费拉动的协调性进一步增强。

产业支撑比较稳固。服务业始终保持良好发展势头，对全市经济增长的稳定和拉动作用增强。全年服务业增长 10.3%，占地区生产总值比重达到 75.8%。金融、科技服务、信息服务等生产性服务业增加值增长 9.8%。文化创意产业增加值增长 11.2%，影视制作、动漫网游等行业收入增幅超过 30%。全市工业增加值增长 8.8%。现代制造业加快发展，成功实施德尔福、飞思卡尔、萨博等并购项目，启动中航工业产业园、中科院产业园、京东方八代线等一批重大项目。都市型现代农业加快发展，新增设施农业 4.3 万亩，农业观光园和民俗旅游收入分别增长 12.2% 和 15.1%。

（二）城市发展活力不断增强

自主创新迈出新步伐。中关村国家自主创新示范区获准成立，出台了建设示范区的若干意见，制定并实施了科技北京行动计划。股权激励、政府采购自主创新产品、间接费用列入科研预算等试点全面实施，202 家单位申报开展股权激励试点，政府采购自主创新产品达到 33.1 亿元。实施信息基础设施提升等 12 项科技支撑工程，积极对接国家重大科技基础设施和重大科技专项，7 家国家工程实验室落户建设。加强与中央单位合作，高水平推进昌平未来科技城建设。神州泰岳等 11 家中小企业通过创业板上市融资。成立工程技术创新、新能源等 30 个产业技术联盟。全市技术交易和产权交易活跃，成交金额均超过 1200 亿元。

新要素新业态集聚趋势向好。延伸奥运和国庆效应，成功举办意大利超级杯赛、中网公开赛等国际赛事，承办国际媒体峰会、第七届花博会、歌剧图兰朵等重大会展和演出活动，积极推动首都文化大发展大繁荣，城市影响力得到提升。高端要素进入势头不减，13 家全球 500 强企业入驻 CBD；25 家金融企业入驻金融街；天竺综合保税区正式封关运作；亦庄“移动硅谷”正式启动。中国林权交易所和技术交易所挂牌成立。成功争取成为房地产信托投资基金、消费金融公司、省级投融资平台试点城市。获准设立新能源和环保、电子信息、生物医药和高技术服务业等 4 只创业投资基金，推动设立绿色、科技、文化创意产业投资基金，新注册股权投资基金公司 30 家。

区域统筹协调发展呈现新格局。首都功能核心区、城市功能拓展区对全市的支撑作用突出，城市基础设施和管理机制向发展新区延伸，新型绿色业态在生态涵养发展区落地。促进生态涵养区、丽泽金融商务区、城南地区等重点区域发展的政策意见和实施规划相继出台。推进区县结对子发展，首批认定海淀与密云、西城与门头沟、朝阳与延庆、顺义与平谷、东城与怀柔、北京经济技术开发区与房山等六个产业共建基地。海淀北坞村和朝阳大望京村城乡结合部改革试点取得阶段性成果。新农村建设全面推进，新开工建设 1700 多个村庄的五项基础设施，实施污水处理工程 286 处（含管网工程），改造户厕 23.6 万座。

（三）基础设施承载和服务保障能力得到提升

现代交通体系进一步完善。首都机场旅客吞吐量达到 6533.7 万人次，洲际航空枢纽特征基本形成。京沪高铁和京石客运专线北京段加快建设，京沈、京张、京唐城际铁路积极推进。地铁 4 号线顺利开通，地铁 6 号线一期、8 号线二期、9 号线、14 号线一期等 11 条线路加快建设，全市轨道交通在建里程达到 280.2 公里，通车里程达到 228 公里。京承三期和西六环路建成通车，高速公路通车总里程达到 884 公里。广渠路二期、蒲黄榆路、阜石路等城市快速路以及四惠、宋家庄综合交通枢纽开工建设。进一步优化公交线网结构，公交出行比例达到38.9%，比上年提高2.1个百分点。长安街改造和美化工程顺利完成。长周路、西旺路等一批新城主干路建成通车，国道111二期、国道101绕城段开工建设，新城交通条件不断改善。

资源能源供给能力进一步增强。大宁水库和南干渠等南水北调配套工程开工建设。清河二期、卢沟桥等再生水厂建设全面启动，延庆、门头沟等新城再生水厂建成并投入使用。市区和郊区污水处理率分别达到94%和51%，再生水利用率达到59%。11个新城集中供热工程全面实施，平谷滨河、延庆城东等10座集中供热中心建成。陕京二线增压工程、西六环南段天然气管线工程以及京平天然气主干线工程全部完成。新能源利用取得实效，制定出台“振兴发展新能源产业实施方案”、“加快太阳能开发利用促进产业发展”等政策意见，建成官厅风电厂二期及加密工程，新增地源热泵500万平方米。

节能减排力度进一步加大。制定《绿色北京行动计划（2010—2012）》，明确了构建绿色生产、绿色消费和生态环境三大体系、推进九项工程、建立十个机制的目标和任务。出台循环经济试点工作实施意见，完成54家政府机构用电、用热计量改造，在全市166家重点用能单位推广应用高效电机和节能变压器，在公共服务领域推广高效照明产品1370万只，完成20万平方米住宅和250万平方米公建节能改造。“十一五”万元地区生产总值能耗目标提前一年实现。

生态惠民效果进一步显现。6处中心城休闲森林公园开工建设，新建、改建城市公园绿地20处，建成并免费开放郊野公园19个，第二道绿化隔离地区完成绿化2.2万亩。通州、密云、延庆等10个新城万亩滨河森林公园全面启动。北运河河道治理有序推进。京津风沙源、废弃矿山生态修复、湿地与自然保护区等重点生态工程加快推进。努力兑现奥运后空气质量不滑坡承诺，严格落实第十五阶段控制大气污染措施，淘汰治理黄标车10.6万辆，全市二级和好于二级的天数的比重达到78.1%，比上年提高3.2个百分点。高安屯垃圾焚烧厂、阿苏卫综合处理厂等垃圾处理设施投入试运行，市区和郊区垃圾无害化处理率分别达到100%和87%。

（四）社会建设更加惠及民生

就业形势稳定，社会保障水平全面提高。密集实施一揽子稳定就业、提高社保的政策措施，效果显著。全市城镇登记失业率控制在1.44%，为2005年以来最低水平。发放稳定就业和社会保险补贴5.54亿元，惠及7.27万名待岗轮岗职工。降低失业、工伤、农民工大病医疗保险缴费费率，全年减轻企业和职工负担40.71亿元。城市低保标准由家庭月人均收入390元提高到410元，农村低保标准由年人均收入1780元提高到2040元。全面实施11项老年优待政策，实行居家养老补贴政策，鼓励社会力量兴办养老服务机构。取消医疗救助报销起付线，提高报销比例和大病住院救助报销额度。社保卡试点成功推进。

城乡就业和社保政策统筹取得突破。率先将促进城镇失业人员就业补贴政策向农村延伸，基本实现城乡劳动力就业补贴、社保待遇政策统一，帮助10.2万农村劳动力实现转移就业。率先实现城乡医疗保障制度全覆盖，新型农村合作医疗参合率提高到95.7%，报销封顶线提高到18万元。率先实现养老保障制度全覆盖和城乡居民养老保险标准统一，162万人参加了城乡居民养老保险，参保农民月平均养老金从原来的100元提高到400元。率先实现城乡低收入家庭认定标准统一，将医疗、教育、住房等专项救助政策覆盖到60多万低收入家庭。

公共服务水平不断提高。进一步落实完善“两免一补”政策。中小学校舍安全工程建设全面展开，完成200所小学标准化建设和300所农村中小学教师集体宿舍改造工程。累计在10个郊区县建立24所名校分校，提前实现“十一五”规划目标。公共卫生体系和社区卫生服务体系建设全面升级，10个区域医疗中心加快建设。启动突发公共卫生事件应急机制，积极有效做好甲型H1N1流感疫情防控。首图二期暨方志馆、宣武医院改扩建、奥运博物馆、人艺国际戏剧中心等重大项目顺利推进。北京卫视在全国率先实现高清播出。

民生工程效果显著。保障性安居工程稳步推进，全年新开工建设和收购政策性住房937.9万平方米，竣工229.5万平方米，配租配售政策性住房5.6万套，完成旧城房屋保护修缮2.45万户，全面启动门头沟采空区、丰台南苑镇和通州老城区三片棚户区改造工作，搬迁居民8000余户，一次性解决6500户农村优抚对象和困难家庭的住房问题。实施能源安居工程“3＋3”计划，全面完成文保区平房小煤炉改造、179个小区老旧供热管网改造和10万户居民老楼通气工程，新建21处生物质集中供气工程和200座阳光浴室，在门头沟试点送气下乡，共惠及城乡居民40余万户。开展宣武、丰台、大兴、昌平16个小区的老旧电网改造试点工程。新建和改造350个社区办公用房和服务用房，启动182个乡镇文化体育活动中心标准化和202个行政村文化活动室建设，实现行政村文化室全覆盖。

（五）改革开放和区域合作取得新进展

重点领域改革稳步推进。市级和区县政府机构改革顺利完成。深化行政审批制度改革，建立了投资项目绿色审批通道机制；各部门取消审批事项24项，下放审批权限103项。大力推进市区两级融资平台建设，创新融资方式，降低融资成本；支持农投、农担、村镇银行等农村金融快速发展。研究制定《深化医药卫生体制改革的实施意见》及配套文件，启动公费医疗参加职工基本医疗保险改革试点，实施全民健康促进十年行动规划。分步推进价格改革，调整了水资源费和污水处理费，建立水价调整与低收入群体补贴联动机制；配合国家做好电价和油价调整，实现调整前后平稳过渡；实施水、电工商业同价，营造有利于服务业发展的环境。健全农村土地经营权流转机制，在22个乡镇先行开展集体林权制度改革试点，完成346个乡镇农村集体经济产权制度改革，在海淀、通州、密云选择205个社区进行农村社区服务站建设试点。

对外开放与区域合作迈出新步伐。巩固延伸奥运和国庆效应，首都国际形象和影响力得到显著提升，与国际友好城市、全球500强企业的高层交往得到加强，与“长三角”、“珠三角”等沿海省市之间的学习、交流与合作得到全面深化。《关于鼓励跨国公司在京设立地区总部的若干规定和实施细则》发布实施，新认定跨国公司地区总部22家，累计58家。利用外资实现双增长，实际利用外资61.2亿美元，合同外资达到83.2亿美元。地区进出口总额降幅逐步收窄。支援什邡恢复重建取得阶段性成果。全面启动京冀生态水源保护林等合作项目。签署新一轮对口支援与合作框架协议，对口支援西藏拉萨、新疆和田地区力度不断加大。

总体上讲，2009年经济形势错综复杂，任务艰巨繁重。经过全市上下的艰苦努力，本市应对国际金融危机采取的各项政策措施取得了明显成效，实现了奥运会后全市经济增速不减、活力不降，成绩来之不易。这是市委市政府坚决贯彻中央决策部署，科学决策，各区县、各部门形成合力、真抓实干的结果；是充分发挥集中力量办大事的体制优势，有效调动各种资源，群策群力谋划和推动发展的结果；是不断把握发展规律，丰富地方综合调控经验，统筹运用经济、社会、行政等各项政策手段，注重远近结合，注重处理好政府与企业、市场的关系，有针对性地加强综合调控的结果；是不断推进体制机制创新，转变政府职能和作风，提高服务效率、优化发展环境的结果。

但同时也要清醒地看到本市经济运行中不稳定、不平衡因素仍然存在，影响持续发展的潜在问题需要关注。一是经济自主增长动力仍然不强。经济恢复主要依靠政策驱动，民营经济和中小企业还不活跃；投资增长主要依靠基础设施和土地储备，产业投资和民间投资跟进不够；外需恢复比较缓慢，部分企业特别是中小企业经营还比较困难；经济发展方式向更多地依靠技术、管理和劳动者素质提升转变，还需要在思想认识、体制机制、实施路径上下更大功夫。二是财政资金平衡压力加大。一方面资金需求刚性增长；另一方面结构性减税和总分机构税收政策调整等造成财政增收放缓，财政资金收支矛盾增加。三是谋划和推动新发展的办法有待丰富，创新意识有待增强。在推进城市建设、园区升级、大项目落地上，在对接市场与项目的优秀运作和经营团队上，都需要从体制机制创新上加大力度。四是支撑城市发展的要素供给尚不均衡。供水、供热、垃圾处理等一些领域的瓶颈制约还比较突出，城市运行安全还面临较大压力，与城市化、国际化和现代化的要求还不相适应。此外，人口资源环境的矛盾还需要用发展的办法着力研究解决，城乡发展不平衡和城乡结合部地区发展问题还有待解决。

二、2010 年经济社会发展计划初步安排

2010 年是巩固应对危机影响成果、保持首都经济平稳较快发展的关键之年；是实施“十一五”规划的最后一年；是集中精力推进科学发展、全面推动“人文北京、科技北京、绿色北京”建设的行动之年；是扎实谋划“十二五”发展蓝图的重要之年；安排好全年经济社会发展计划至关重要。

（一）发展环境的分析判断

总体判断，2010 年国内外经济形势有望继续向好，有利条件不断增多，但困难和挑战不容低估，完成全年任务仍需付出艰苦努力。

一方面，国内外宏观形势向好和本市经济蕴含的积极因素为实现新发展创造了条件。一是国际经济复苏预期增强，国内经济恢复加快，国家宏观调控政策比较稳定，一揽子政策效应还在释放并向高端产业领域延伸，有助于带动本市经济增长。二是奥运和国庆活动的成功举办，极大地提升了城市形象，提高了城市知名度和吸引力，扩大了国际影响，有利于更好地集聚高端要素资源，从更宽视角、更高层次谋划和推动首都发展。同时，重大活动告一段落，有利于集中精力谋划和推进经济发展方式转变。三是奥运会后及时确定了“人文北京、科技北京、绿色北京”发展战略，并制定了具体行动计划，极大地统一了思想、凝聚了民心；与兄弟省市区的交流学习进一步加强，开阔了视野，极大地增强了全市上下加快发展的责任感和紧迫感，有利于抢抓机遇推动发展。四是在应对危机影响过程中，形成了行之有效的调控机制和经验，同时人均地区生产总值超过 1 万美元，首都发展进入了全面建设现代化国际大都市的新阶段，各方面的发展需求依然旺盛，土地和项目储备相对充足，城南、城乡结合部、重点产业功能区等重点区域发展势头向好，有利于带动和实现新的发展。五是中关村自主创新示范区建设全面起步，有助于进一步释放城市创新势能，发展一批有

自主技术、有市场前景的企业和项目，提升产业竞争力。

另一方面，发展中还面临着诸多挑战需要积极应对。一是世界经济复苏基础并不稳固，发达国家失业率居高不下，私人消费依旧疲软，市场流动性大量增加，大宗商品和资产价格震荡走高，对国内和本市经济复苏产生不利影响。二是伴随国际金融危机产生及后续复苏过程，多层面竞争进一步加剧，世界范围内对经济科技制高点的竞争激烈，国内地区间、园区间对高端要素、高端产业、高端服务的争夺加剧，竞争压力加大。三是市场缺乏新的投资和消费热点，投资与消费相互支撑、相互促进的途径还需进一步挖掘，多层次的消费供给尚未形成，经济恢复自主增长受到制约。四是短期经济刺激政策的效应逐步递减，中长期政策效果显现需要过程，通胀预期和资产价格上涨，增加了宏观经济运行的不确定性。五是推动新一轮科学发展，解决诸多长期积累的矛盾，面临着更加深刻的利益格局调整，改革攻坚和政策协调难度加大。

（二）发展计划安排的总体思路

2010 年经济社会发展计划安排的指导思想是：以科学发展观为指导，深入贯彻“人文北京、科技北京、绿色北京”战略，积极应对国际金融危机后续影响，进一步转方式、调结构、重创新、促统筹、惠民生；进一步解放思想，锐意改革，集中力量促进关键领域有序突破、重点发展；进一步把握新形势，适应新变化，高水平、高效率地落实人文、科技、绿色北京行动计划；全面完成“十一五”规划目标，为实现“十二五”高水平发展奠定基础。

在计划安排上要把握好六个方面：一是处理好稳增长与调结构的关系，更加注重在总量增长和效益提升中推动结构调整。二是处理好要素驱动与创新驱动的关系，更加注重自主创新和改革支撑。三是处理好自身发展与服务全国、走向世界的关系，更加注重以全球眼光推进自身发展。四是处理好当期与长远发展的关系，更加注重集中力量谋划解决好关系长远的重大问题。五是处理好投资与消费的关系，更加注重消费与投资的相互促进与协调。六是处理好城市建设与管理的关系，更加注重城市管理和服务水平的提升。

（三）2010 年经济社会发展主要目标

按照统筹兼顾、规划衔接的原则，主要目标安排如下。

——地区生产总值增长 9%；社会消费品零售额增长 12%，全社会固定资产投资增长 11%。

——城乡居民收入实际增长 6%以上。

——居民消费价格指数控制在 103%以内。

——城镇登记失业率控制在 2.3%以内。

——地方财政收入增长 9%。

——万元地区生产总值能耗和水耗均下降 4%；化学需氧量和二氧化硫排放总量均下降 2%。

——市区空气质量二级和好于二级天数的比重力争达到 73%。

——城镇基本养老、基本医疗、失业保险覆盖率分别达到 96%、95.6%、95.6%；农村养老保险覆盖率达到 90%以上。

三、实现 2010 年经济社会发展计划的主要措施

（一）以促进内需为重点，保持经济平稳较快增长

着力优化投资结构，扩大消费需求，进一步增强内需特别是消费需求对经济增长的拉动作用。

保持投资适度增长。投资是现阶段实现

经济平稳较快发展的重要保障。要继续落实好“两年一万亿”的投资任务，保持政府投资合理增长，引导带动社会投资。进一步优化投资环境，促进社会投资。继续深化审批制度改革，推进“绿通”变“普通”，提高服务效率。有针对性地出台本市促进民间投资政策，激发民间投资活力。推进国有股权战略调整，通过国有资本有序进退，一方面集中资源进入产业高端、支持重点产业发展，另一方面为民间资本发展营造公平竞争的环境。落实好促进中小企业发展的政策，充分发挥中小企业聚集民间资本主战场的作用。进一步保存量优增量，提高投资效益。完善投资调控机制，以重大区域和带动能力强的项目为重点，优先保障存量续建项目建设，谨慎安排增量项目。继续加大对产业支持的投入，带动产业相关投资1200亿元。加强政府投资项目监管，规范审批决策程序，强化监督，做好稽察和检查工作，确保发挥预期效益。进一步创新融资模式，保障资金需求。坚持分类指导，稳步推进基础设施、社会事业和产业领域投融资改革，积极争取国家市政债试点。充实并用好市级重点融资平台，稳步推进区级融资平台试点发行企业债。鼓励中小企业发行集合债券、集合中票、集合信托和集合短融，扩大中小企业担保和再担保规模。支持民营企业结构化融资，推动并购贷款、并购债券和股权投资基金发展。在“1＋3＋N”框架下，发展和用好产业、创业和股权投资基金，吸引外资设立股权基金公司，探索建立创业投资风险补偿基金。进一步发挥土地调控作用，实现多储快供。延续土地储备成果，更加注重二级开发的释放，带动社会投资跟进。继续投入1000亿元用于土地储备，更加注重优化用途结构、空间结构，引导投资布局，控制开发成本，提高投资效益。着眼于未来发展，在对城市发展有重大带动作用的重点区域，超前谋划一批土地储备，为业态升级和高端要素入驻创造条件。进一步加大房地产市场结构调整力度，促进平稳健康发展。房地产市场健康发展对稳定投资、带动消费、惠及民生、承载业态至关重要。要大力改善住宅供给结构，加大政策性住房建设力度，创新政策性住房建管机制，广泛吸引社会资金参与政策性住房建设、收购和管理，全市住宅供地的50％以上用于建设中小户型的廉租房、经济适用房、限价商品房和公共租赁房13.4万套，全年竣工交用4.6万套。加强对开发项目的协调和调度，促开工、促入市，依法打击“囤地、囤房”行为，增加市场供给。推进房地产信托投资基金试点。着眼于产业功能的提升，促进综合性房地产开发。

巩固和扩大消费需求。合理引导住房和汽车消费。合理区分改善性和投机性住房需求，维护好合理的住房消费，抑制投资性和投机性购房；推进存量房交易所建设，搭建存量房交易平台，促进二手房消费。落实汽车下乡、以旧换新、黄标车淘汰等政策，发展汽车金融和汽车租赁，合理引导汽车消费。促进文化精神消费。充分挖掘首都文化历史资源，鼓励民营经济参与首都文化产业发展，引进高水平、高素质的制作和经营团队，推出高标准、大制作、有品牌的文化产品。多层次、高频次地扩大文化领域的国际交流，扩大首都文化影响力。鼓励国内外优秀文艺剧目来京演出，引入专业化文化演出管理机制，开放内部剧场，扩大院线连锁规模，繁荣文化演出市场。扩大特色消费和时尚消费。集中精力规划一批能够承载国际时尚和品牌入驻的重点区域，引进国内外知名商业品牌进入本市。积极鼓励社会资本参与特色街区升级改造和经营管理，打造特色消费集聚区。通过延长时间、拓展空间和丰富业态等手段，挖掘现有商业设施潜力和培育新城消费商圈。大力培育和发展新型消费。发展壮大食糖、棉花、金属等大宗商品电子交易市场，力争形成千亿元交易规模。研究建设电子商务集中发展园区，促进电子商务发展和网上消费。支持消费金融公司试点。提升旅游商务消费。把旅游业的培育发展摆在更加重要的位置。继续延伸奥运和国庆效应，高水平举办世界旅游及旅行年会和世界媒体聚焦北京等活动，鼓励本市旅游企业参与各类国际旅游展和推介活动，树立国际旅游品牌形象。扩大区域旅游合作，抓住上海世博会和广州亚运会举办机遇，开展京沪、京穗等城市间旅游互动与合作。大力推进同一首歌、印象长城等旅游项目建设，继续研究主题公园项目，鼓励民营经济深度介入旅游项目开发。

（二）以自主创新和提升产业素质为抓手，努力促进发展方式转变

实施助优助强战略，高起点推进自主创新，更加注重实体经济的培育，集中力量持续培育和打造战略型行业和企业，提升产业素质，推进结构调整，促进发展方式由主要依靠物质资源消耗向更多依靠管理和创新转变。

推动产业功能区转型升级。把提升重点产业功能区作为推动地区经济发展的重要抓手和载体。加强重点园区与世界范围内同质园区的战略合作，推动“姊妹园”和联盟建设，从管理、培训等多方面，提升园区发展水平。理顺重点产业功能区和行政区域的管理体制，释放园区发展活力。统筹全市进京户籍资源，探索在全球范围招聘园区经营管理人才，充实提升产业园区管理团队，增强园区建设、招商和运营服务能力。集中精力抓好中关村、经济技术开发区和临空经济区建设，进一步推进金融街西扩和 CBD 东扩，努力促进高端文化体育要素向奥林匹克中心区集聚，积极打造东城国家中医药发展综合改革试验区。选择丽泽金融商务区、永定河水岸经济带、首钢搬迁调整区域等一批对长远发展有重大影响的重点区域和园区，高水平谋划，高层次推进，分阶段成片开发，培育经济发展的新增长极。

强力打造国家自主创新示范区。创新中关村管理体制。落实建设中关村国家自主创新示范区重大战略，抓紧出台中关村自主创新示范区发展规划，统筹谋划产业空间布局，推进园区建设管理体制改革，突破行政区划，下放市级权限，设立中关村发展集团，推动示范区建设大提速、大发展。深入推进股权激励、职务发明、知识产权质押贷款、间接费用列支等创新试点，进一步争取扩大中关村先行先试的领域和范围，将更多批次的企业纳入试点。进一步强化政府支持。整合政府产业投资，以 5 年不少于 100 亿元的规模，以股权投资、跟进投资等多种方式，加强对重大科技产业化项目和产业联盟的支持；继续扩大政府采购自主创新产品的领域和规模，全年完成采购总量 40 亿元。大力发展科技金融。逐步完善覆盖技术创新全过程的金融服务体系。与深交所建立市级战略合作关系，争取更多企业在创业板上市，并推动其规范运作，充分利用资本市场做优做强，努力形成“中关村”板块；大力支持境内外天使投资、创业投资、股权投资在示范区聚集和发展；高水平运作新能源和节能环保、电子信息、生物医药以及高技术服务业等 4 只创业投资基金，扶持处于初创期、成长期的创新型企业发展。大幅提升研发实力。积极承接国家科技重大专项和基础设施，支持一批国家工程中心、工程实验室和企业技术中心建设，力争突破一批有重大影响的关键技术。以未来科技城为载体，集聚中央大型国有企业研发创新资源，建设若干支撑国家重大科技创新的研发机构。鼓励企业成为创新主体，支持企业提高研发投入，建立创业孵化机制，大力扶持有前景企业做大做强，在中关村培育和成长出一批十亿元、百亿元、千亿元级

的创新型企业。

壮大总部经济和高端产业。总部经济和服务经济的竞争已逐步成为新阶段地区间竞争和结构调整的重点。着力提升总部企业对首都经济的贡献。整合全市资源，加大招商引资力度，在吸引跨国企业、中央企业总部的同时，更加关注民营企业总部入驻。支持总部企业将研发、结算、采购、营销等贡献率高、辐射力强的环节在京落地。深入贯彻落实鼓励跨国公司在京设立地区总部的意见，系统研究新税政策下支持总部经济发展的政策。着力加强要素市场建设。不断扩大产权交易所、技术交易所业务规模，推动石油交易所股东重组和中国林权交易所发展，支持中国文化产权交易所等要素市场落户本市，充分发挥国债登记结算公司作用，培育多层次的资本要素市场。着力促进文化创意产业大发展。充分发挥旅游业的综合带动作用，积极支持大型旅游企业和重点旅游项目。充分挖掘前门、南锣鼓巷等历史文化资源，大力支持老字号企业发展壮大，发展彰显古都特色的文化产业；推动中国动漫游戏城、国家演出中心等重大项目落地，鼓励参与奥运创意和策划的企业进军国际市场，鼓励民间资本进入文化产业，持续、大力度地培育品牌文化演艺活动。着力培育壮大优势产业。研究推行重点企业“一企一策”，培育百亿元的大型企业和一批“专、特、精、新”的小巨人企业。鼓励国有资本参与成果转化，推动资源特别是资本层面的重组，筛选推出一批重大创新成果，形成产业化对接方案，重点支持刻蚀机、注入机、化学汽相沉淀等IC高端装备和中低速磁悬浮、纯电动汽车等有自主知识产权、有市场前景的战略性新兴产业。加快推进新能源、信息网络、生命科学、新材料、环保等领域成果产业化，加快物联网、绿色印刷等新技术应用，培育下一轮优势产业。

（三）以适应特大型城市功能完善和发展新需求为重点，提升城市运行的系统性和安全性

在城市建设中，更加注重满足新阶段国际化的要求，更加注重基础设施复合功能的完善，更加注重节能减排和发展低碳经济，全面提升城市承载能力和服务品质。

全力构建现代化综合交通体系。加强交通主骨架建设。积极做好北京新机场前期各项服务保障工作，完善北京洲际航空枢纽功能。积极推进京张、京沈、京唐城际铁路开工建设，构建以北京为中心的城际高速铁路网。加快推进12条轨道交通线路建设，力争建成亦庄线、大兴线、15号线一期（顺义线）、昌平线、房山线等5条线路，通车里程超过300公里。继续完善城市路网体系。完成蒲黄榆路、广渠路二期、阜石路二期、西外大街西延等4条快速路，基本实现城市快速路网规划。加快研究和规划长安街西延工程，推进宋家庄、四惠、苹果园综合交通枢纽建设。加强新城之间以及新城、重点镇和城中心区之间的联络，全面启动42个重点镇的高速路联络线建设，加快浅山区路网建设，构建“新城高速直达、乡镇快速连接、山区纵横互连”的市域快速交通体系。注重路网微循环和交通系统之间的换乘效率。路网建设更加注重联络线和改善微循环，更加注重产业功能区和重点建设项目周边的路网配套。实施第七阶段疏堵工程，建立快速通勤系统。大力发展智能交通系统，实现交通管理智能化和精细化，努力缓解市区交通拥堵，构建和谐交通。

系统提升水资源供给与排放处理能力。以水资源安全为核心，增强供水保障能力。从战略高度谋划水资源综合平衡，采取域外调水、本地挖潜等措施，应对水资源紧缺形势。加快建设南干渠、大宁调蓄水库等南水北调配套工程。推动第十水厂、郭公庄水厂建设，

启动东干渠工程和东水西调扩能改造，形成安全灵活的供水体系。加快建设清河、北小河二期和卢沟桥再生水厂，同步建设配套管线，确保用三年时间集中力量将中心城区污水处理厂全部升级改造成为高品质再生水厂，提高再生水利用率。开发利用北运河水资源。加强能源系统建设。针对城市供热瓶颈，率先启动华能二期、草桥二期和东北燃气热电中心建设，推进北小营、西八里庄等大型燃煤锅炉房清洁能源改造，加快城市热力联通线、三河热电厂输热主干线等热网建设，提升供热保障水平。加快陕京四线前期工作，建成天然气陕京三线和六环天然气管线，形成完善的城市燃气输配主干网；建成怀密天然气主干线工程，实现怀柔、密云与城区天然气管网的联通，抓紧研究延庆天然气联通问题。推进延庆县智能电网城市等示范工程建设，加快丽泽、首钢等区域供热、电力、燃气等设施建设，提升重点产业功能区的能源保障水平。提升市政管网安全性。重点启动城南地区、重点功能区供排水管网改造工程，改造供水管网 200 公里、排水管网 80 公里。完成 100 个小区 200 公里老旧供热管线改造，统筹推进老旧电力地下管网和老旧燃气、通信等管线消隐工程，逐步解决管网安全隐患。加快解决垃圾处理问题。按照减量化、增能力、调结构的思路，加大垃圾治理力度。加快建设 6 座垃圾资源化处理站，新建、改扩建的居住小区和社会单位全部实行生活垃圾和餐厨垃圾分类处理，生活垃圾分类达标率达到 20％左右。启动梁家务等生活垃圾综合利用循环经济园区建设，加快建设平谷垃圾综合处理厂，扎实推进董村、南宫等项目进度，完成北神树填埋场扩容，提高垃圾处理能力。强化土地预留和规划控制，统筹解决处理设施选址难、建设难问题。

加快实施《绿色北京行动计划（2010—2012）》。把发展绿色经济、循环经济、建设低碳城市作为首都未来发展的战略方向，深入推进节能减排，积极开展低碳经济试点，形成绿色生产、绿色消费和生态环境体系。落实《绿色北京行动计划（2010—2012）》年度分解任务，尽快出台《北京市应对气候变化的实施方案》。大力推进清洁生产。鼓励企业建立健全从项目建设到产品开发设计、生产经营、销售服务的全过程绿色管理体系，加快首批重点污染源企业以及其他 210 家工业企业的清洁生产审核工作，试点推进服务业、农业、建筑业等行业清洁生产审核。淘汰退出劣势产业。调整制定本市限制发展的产业与技术目录，做好首钢在京冶炼和热轧项目关停和产业优化工作，加快淘汰年产能 20 万吨以下的小水泥企业。积极鼓励节能改造。进一步加大政府对节能改造的投入，增加对新能源利用环节的补贴，完成 30 家市级机关办公用房节能改造，推进供热系统节能技术改造 500 万平方米。推广高效照明产品 1200 万只，在居民和公共服务领域基本实现绿色照明。完善节能减排考核体系，制定节能管理办法，开展能耗定额管理。进一步提升生态品质。弘扬生态文明理念，努力打造绿色政务，倡导绿色商务，营造绿色生活。继续实施和制定控制大气污染第十五和第十六阶段措施。基本建成密云、延庆、怀柔、平谷和门头沟等 11 个新城万亩滨河森林公园主体工程。启动南中轴森林公园和三海子郊野公园建设，积极推进第二道绿化隔离带，继续实施京津风沙源治理、矿山植被修复、重点湿地保护等工程，实施北运河、永定河和潮白河生态治理工程，完善城市生态功能。提升全民环保意识，大力推进绿色产品和服务供给，推广应用节水技术。

（四）以激发城市空间活力为切入点，统筹区域协调发展

以促进城市四类功能区差异化发展为导向，进一步落实本市促进生态涵养发展区协

调发展的政策意见，统筹推进重点新城、重点镇、新农村、城乡结合部和城南等区域发展，着力优化城市布局，增强城市活力。

着力推进重点新城大发展。把新城建设作为扩内需、调结构的持久动力。全面落实加快重点新城建设实施意见，探索组建高水平开发集团，引进国际知名设计团队，突出重点，集中精力，高水平、高起点、分阶段谋划好通州等重点新城建设，发挥好示范带动作用。加强新城内部规划路网骨架、电力设施、集中供热、集中供水、高品质中水厂等市政基础设施建设，全面启动区域医疗中心和文体中心建设，超前实施新城绿化隔离带建设，提升新城承载能力。加大新城推介和招商引资引智力度，不断增强新城产业功能。

加快城市南部地区发展。优先解决制约城南发展的瓶颈问题，分阶段推进实施。大力度推进城南行动计划落实，加紧制定城南行动计划年度分解任务。加快建设 7 条轨道交通线，实现大兴线、房山线、亦庄线通车运营。建成蒲黄榆快速路，推进京台高速北京段、万寿路南延等南北通道建设，开工建设京石二高速、京良路等 4 条西南部通道，打通城南地区交通瓶颈。统筹实施一批公共服务项目和危改、能源安居工程，改善城南地区生活条件。按照“一轴一带多园区”发展格局，启动永定河水岸经济带的谋划和建设，推进丰台丽泽金融商务区、崇文龙潭湖体育产业园、宣武广安产业园、大兴生物医药基地、房山石化新材料产业基地等园区建设，提升产业发展水平。

进一步加快城乡一体化步伐。扎实推进城乡结合部地区发展。系统总结北坞村和大望京村试点经验，进一步加大镇村统筹、基础设施统筹、产业统筹和外来人口疏导力度，在更大范围内统筹各类要素资源。有计划、分步骤地做好城乡结合部 50 个重点村的改造整治工程，加快中心城内 227 个村的改造，严控违章建设，加大租赁房建设力度，积极推动城市社会管理和公共服务机制向这些地区延伸。进一步研究完善城乡结合部地区的集体产权制度改革、社会保障和居民就业政策，解决深层次矛盾和问题。集中力量发展重点镇。出台加快重点镇建设的政策意见，调整和优化 42 个重点镇空间和土地利用规划，保证产业发展用地，积极支持社会资本参与京郊乡村酒店、民俗旅游、沟域经济开发和旅游集散特色镇建设。实施 30 万亩现代农业基础设施和综合开发项目，新增 4 万亩设施农业，全面完成新农村五项基础设施和“三起来”工程，提升农村经济发展水平。

（五）以民生改善为根本，努力推进社会建设

加强社会政策的统筹研究，发挥社会政策的调节功能，促进经济社会统筹发展。

加大就业统筹力度，提高全民社保水平。建立定向、订单、定岗的技能培训制度，健全面向大学生、失业人员和农民工等重点群体的就业帮扶长效机制，实现城镇新增就业 36 万人。全面推进劳动合同制度，加强对企业调整劳动关系的监控和指导，完善农民工工资支付保障机制，构建和谐的就业市场。继续提高城镇职工基本养老保险、失业保险等相关保障待遇水平。全面实施社会保障卡工程，实现就医费用实时报销和医保服务管理升级。整合“新农合”、“一老一小”、无业居民大病医疗保险制度，实现城乡居民医疗保险政策统一；加快推进区县享受公费医疗人员纳入城镇基本医疗保险范围。出台农民工参加基本养老保险办法，完善优抚保障和社会救助制度。

提升基本公共服务便利化程度。加快推动一批教育、医疗、文化和体育设施建设。完成 50%中小学校舍安全工程，全面实施公办幼儿园达标建设。通过政府购买服务等方

式，支持民办学校和幼儿园发展。积极推进名校办分校、学区化管理、学校联盟等多种办学形式，促进优质教育资源共享。加快沙河和良乡高教园区建设，推进儿童血液肿瘤中心、宣武医院改扩建、天坛医院迁建等项目建设。健全公共卫生服务体系，强化基层医疗卫生服务职能，继续扎实做好甲型 H1N1 流感防控。统筹加强社区用房规范化和基层文体设施建设，进一步扩大图书馆、博物馆向公众免费开放范围。

继续实施一批惠民工程。完成旧城文保区 2 万户居民住房修缮整治和 200 条胡同整治工程。抓好门头沟采空区、通州老城区、丰台南苑镇棚户区改造，推进昌平老城区、房山老城区等棚户区改造。继续实施能源安居工程，全部完成中心城区的老楼通气工程，推进绿色燃气、阳光浴室下乡，探索推进市区燃气同价。继续开展老旧小区电网改造惠民工程。新增抗震节能型新农宅 2000 户，完成增温节能改造 2.2 万户。探索支持社会力量兴办养老机构试点，新增 1.5 万张养老床位。

（六）以改革开放为动力，释放新的发展活力

深入推进重点领域改革。进一步完善集中审批和一站式审批制度，落实“绿通”变“普通”，加快为企业、市民和社会各界服务的平台建设，全方位优化发展环境。制定和实施本市医改方案，进行市属公立医院法人治理结构改革试点，鼓励社会资本举办各类医疗机构。进一步理顺中关村、亦庄等重点产业园区与行政区的体制机制，释放园区发展活力。加快推进国有企业改革，促进国有企业战略重组和资本有序进退。着力完善资源环境价格形成机制，推进工商业同价、限制淘汰行业高价等政策，促进科学发展；完善价格调整与困难群体补贴挂钩等政策，建立价格调整项目方案储备和动态调整机制。积极推进农村土地经营权流转和农村集体经济产权、林权制度改革，大力发展村镇银行和小额贷款公司，建设农村金融综合改革试验区。

加快推进城市国际化步伐。抓住国家综合实力不断增强、国际地位不断提升的战略机遇，充分发挥国家首都的整体优势，以国际化视野谋划和推动世界城市建设。系统研究世界城市发展演进规律，谋划提升国际化水平、建设世界城市的具体路径。高标准提升国际交往的服务保障能力。以提升首都“四个服务”水平为核心，对接服务需求，提高服务标准，为国家重大国际政治外交活动提供服务保障。高水平推进国际交流与合作。大力吸引和培育能够掌控国际要素资源的总部企业、国际机构和单项组织，充分发挥国际友好城市和国际顾问的平台作用，积极鼓励华人华侨参与首都建设，吸引国际会议、论坛和会展在京举行，推进多层次、宽领域的合作与交流，扩大首都的国际影响力。高标准打造大型国际航空枢纽，充分发挥天竺综合保税区的政策优势，提升首都机场口岸的综合服务功能，加快国际高端要素聚集。高水准打造品牌文化活动和体育赛事。充分发掘特有的文化传统和民族特色，打造有国际影响力的文化演出活动，吸引国际演出团体和演艺界名人来京演出，增加有国际化内容的文化艺术活动和广播影视内容。继续有效利用奥运场馆设施，不断提升北京国际马拉松、中国网球公开赛、中国斯诺克公开赛等国际赛事以及北京国际音乐节、诺奖论坛等重大活动的影响力。高层次引进国际高端人才。加强面向外籍人员服务的学校、医院、文化等设施和机构建设，完善服务体系，创造便捷、舒适的生活和工作环境，大力引进、留住、用好具有世界眼光和战略思维能力的高端人才。

不断深化对外开放和区域合作。抓住后

金融危机时期国际产业和国际资本转移的有利时机，进一步加强对外经贸工作，积极总结经验，鼓励本市企业走出去，参与国际产业分工；促进引资与引智相结合，大力引进具有先进技术和管理的外资项目；密切关注国际市场需求变化，努力实现对外贸易恢复性增长。实施好国家《京津冀都市圈规划》，健全区域交通基础设施、能源供应和产业配套体系，在更大的空间谋划首都发展。鼓励中关村园区、临空经济区与天津滨海新区等周边区域开展全方位合作，打造京津塘产业带。高标准完成支援什邡灾后重建任务，扎实做好新形势下对口支援工作。

此外，继续加强城市应急管理，提高防控自然灾害能力，完善能源和生活必需品两条运行保障线，特别关注价格变动对运行保障的影响。加强敏感区域、敏感人群的安全维稳工作，营造安定祥和的社会氛围。加强重点行业领域的安全生产监管监察，有效防范和遏制重特大事故。同时，深入研究首都发展的新趋势、新特征、新需求，做好城市总体规划评估，打好“十二五”规划编制攻坚战，为首都持续发展奠定扎实基础。

各位代表，2010年我们面临的任务艰巨而繁重。让我们在市委领导下，在市人大的监督与支持下，深入贯彻落实科学发展观，解放思想，迎难而上，深入推进“人文北京、科技北京、绿色北京”建设，为建设繁荣、文明、和谐、宜居的首善之区作出新的贡献。

北京市第十三届人民代表大会财政经济委员会关于北京市2009年国民经济和社会发展计划执行情况与2010年国民经济和社会发展计划草案的审查结果报告

（2010年1月27日北京市第十三届人民代表大会第三次会议主席团第四次会议通过）

北京市人大财政经济委员会主任委员　王　火

大会主席团：

北京市第十三届人民代表大会财政经济委员会在对北京市2010年国民经济和社会发展计划草案主要内容初步审查的基础上，根据本次大会代表的审议意见，审查了北京市2010年国民经济和社会发展计划草案及《关于北京市2009年国民经济和社会发展计划执行情况与2010年国民经济和社会发展计划草案的报告》。现将审查结果报告如下。

一、2009年，市人民政府及其发展改革部门坚持以“三个代表”重要思想为指导，贯彻科学发展观，坚决落实中央决策部署，积极应对国际金融危机，深入推进经济结构调整，着力保障和改善民生，扎实推进“人文北京、科技北京、绿色北京”建设，保障了新中国成立60周年系列活动的圆满完成，实现了奥运会后的平稳发展。本市经济综合调控工作得到加强，对首都经济发展规律的认识不断深化，支持重点区域和重点领域发展的政策更加有效，保持了首都经济社会的平稳较快发展，全面完成了市十三届人大二次会议批准的2009年国民经济和社会发展计划。财政经济委员会认为，我市2009年国民经济和社会发展计划执行情况是好的。

财政经济委员会指出，我市在2009年经济运行和社会发展中仍然存在一些矛盾和问题：加快发展方式转变和经济结构调整的任务还很艰巨，自主创新能力还不够强，首都科技优势还没有充分发挥；关系群众切身利益的就业、教育、医疗、住房、社会保障等方面还存在一些问题；城乡之间、区域之间发展差距依然较大，统筹推动各区域协调发展的力度还有待加强等。对此，市人民政府要切实采取措施，认真加以解决。

二、财政经济委员会认为，北京市2010年国民经济和社会发展计划草案贯彻了中共十七大和十七届三中、四中全会、中央经济工作会议和中共北京市委十届七次全会精神，符合我市实际情况，是积极可行的。

财政经济委员会建议本次大会批准北京市2010年国民经济和社会发展计划草案及《关于北京市2009年国民经济和社会发展计划执行情况与2010年国民经济和社会发展计划草案的报告》。

三、2010年是全面完成“十一五”规划任务的最后一年，是推动“人文北京、科技北京、绿色北京”建设的重要之年，做好2010年国民经济和社会发展工作意义重大。当前，国内外经济环境不确定因素还很多，挑战和机遇并存，要综合考虑这些因素，抓住首都发展的重要战略机遇期，结合北京市“十二五”规划编制工作，从建设世界城市的高度，加强对首都经济社会发展战略的研究，充分发挥首都优势，进一步提高北京科学发展的水平。为保证2010年国民经济和社会发展计划的顺利实现，财政经济委员会着重提出以下意见和建议。

（一）加快转变经济发展方式，推动首都经济又好又快发展

抓住当前有利时机，顺应国情国力新变化及其对首都工作提出的新要求，着眼于建设世界城市，高标准、前瞻性、具体化地谋划工作。积极引进具有影响力的新型国际资源，提高首都的国际化水平。不断创造条件，使北京成为面向全国的服务业中心和科技创新中心。大力抓好中关村国家自主创新示范区建设，切实走创新驱动发展之路。加强政策支持和服务体系建设，进一步提高政府服务社会、监管市场的能力和水平。充分发挥投资、消费对首都经济的拉动作用。加强对政府投资的科学论证和管理，加大政策支持力度，充分发挥各类投融资平台的作用，进一步带动社会投资。切实抓好一批重点产业、企业和项目。请市人民政府2011年向市人民代表大会提交政府公共投资安排情况表，并向市人大常委会报告重大公共投资项目实施情况。

（二）加大保障和改善民生力度，确保首都和谐稳定

落实国家收入分配政策，努力增加城乡居民收入，增强城乡居民消费能力。加强价格监测，保障煤、电、油、气和重要农副产品供给，保持市场稳定。实施更加积极的就业政策，健全对就业困难人员的就业帮扶长效机制。稳步推进医药卫生体制改革，不断提高医疗服务质量和医疗资源的利用率。完善社会保障体系，提高社会保障水平，加大对低收入群众的帮扶救助力度。高度重视住房保障，改善住宅供给结构，加大保障性住房建设力度，支持居民自住和改善性购房需求。加强首都生态文明建设，提高城市宜居程度，为广大群众创造更好的生活环境。

（三）着力抓好城乡一体化建设，促进城乡区域协调发展

有效利用国际国内资源，加快重点新城建设。优化产业功能区布局，加快建设北部

高新技术产业带和南部现代制造业新区。全面落实城南行动计划，发挥基础设施先导作用，带动南部地区发展。加快永定河绿色生态发展带建设，整合资源，带动周边区域发展。落实促进生态涵养区协调发展意见，大力发展山区替代产业和生态服务型经济。整体启动城乡结合部改造整治工程，重点推动城乡结合部改革发展。全面落实小城镇发展规划，推进新农村建设。

以上报告，请予审议。

北京市第十三届人民代表大会第三次会议关于北京市2009年预算执行情况和2010年预算的决议

（2010年1月30日北京市第十三届人民代表大会第三次会议通过）

北京市第十三届人民代表大会第三次会议审查了市人民政府提出的《关于北京市2009年预算执行情况和2010年预算草案的报告》及2010年市级预算草案，同意市人民代表大会财政经济委员会的审查结果报告。会议决定，批准《关于北京市2009年预算执行情况和2010年预算草案的报告》，批准北京市2010年市级预算。

关于北京市2009年预算执行情况和2010年预算草案的报告

——2010年1月25日在北京市第十三届人民代表大会第三次会议上

北京市财政局

各位代表：

受市人民政府委托，现将北京市2009年预算执行情况和2010年预算草案的报告提请市第十三届人大第三次会议审议，并请市政协各位委员提出意见。

一、关于2009年预算执行情况

2009年，面对极其严峻复杂的国内外环境，在党中央、国务院及市委的正确领导下，深入贯彻落实科学发展观，认真执行市第十三届人大第二次会议的各项决议，充分发挥公共财政职能作用，积极应对国际金融危机，全力以赴“保增长、保民生、保稳定”，顺利完成全年预算任务。

（一）2009年全市财政收支完成情况

全市地方财政收入完成2026.8亿元，增长10.3%，完成预算的100.3%。全市地方财政支出完成2135.0亿元，增长14.8%，完成预算的106.3%。

根据《中华人民共和国预算法》和《北京市预算监督条例》的规定，重点报告市级预算执行情况。

（二）2009年市级财政收支完成情况

市级财政收入完成1123.8亿元，增长8.7%，完成预算1117.3亿元的100.6%，加中央返还及补助180.4亿元、区县上解156.8亿元、上年专项政策性结转使用0.5亿元、上年结余收入18.3亿元、财政部代理发行我市地方债券56.0亿元、调入预算稳定调节基金20.0亿元等，收入合计1557.1亿元。市级财政支出完成995.2亿元，增长4.9%，完成预算995.1亿元的100%，加上解中央支出86.4亿元、区县税收返还和转移支付398.2亿元、专项政策性结转下年使用1.5亿元、地方债券支出56.0亿元、划转水利建设基金12.1亿元、转入预算稳定调节基金6.4亿元等，支出合计1557.1亿元。市级预算收支平衡。

市级主要收入项目完成情况是：增值税98.8亿元，增长12.8%，完成预算的100.2%；营业税386.3亿元，增长15.7%，完成预算的103.0%；企业所得税246.1亿元，下降9.4%，完成预算的77.4%，未完成预算主要因为受国际金融危机影响，企业利润下滑，以及结构性减税、总分机构纳税办法调整等造成我市企业所得税大幅减收；个人所得税177.8亿元，增长3.8%，完成预算的92.2%，未完成预算主要是受国际金融危机影响，部分行业从业者收入增长放缓所致；契税103.2亿元，增长24.3%，完成预算的132.3%，超预算较多主要是落实各项扩内需政策，房地产市场回暖，土地交易市场趋于活跃，带动相关税收增长；土地增值税27.2亿元，增长54.5%，完成预算的164.5%，超预算较多主要是税务部门对以前年度土地增值税进行大力清算，入库税款大幅增加。

市级主要支出项目完成情况是：一般公共服务69.3亿元，增长3.0%，完成预算的105.5%，超预算主要是增加了志愿者工作相关经费等；公共安全73.4亿元，下降0.5%，完成预算的104.1%，超预算主要是加大了政法装备建设的投入；教育法定支出141.7亿元，增长8.8%，完成预算的100%；科技法定支出41.7亿元，增长8.8%，完成预算的100%；文化法定支出15.0亿元，增长10.3%，完成预算的100.7%；卫生法定支出35.4亿元，增长11.8%，完成预算的100%；农业法定支出40.9亿元，增长12.5%，完成预算的100%；环境保护22.4亿元，增长13.8%，完成预算的103.3%；社会保障和就业56.6亿元，增长1.5%，完成预算的100.3%；城乡社区事务37.5亿元，增长0.2%，完成预算的100.7%；交通运输89.2亿元，增长19.0%，完成预算的96.6%，未完成预算主要是创新公共交通补贴核算机制，细化预算，压缩成本，公交补贴资金减少。

市级财政收入比预算超收增加财力6.5亿元，按照《北京市预算监督条例》有关规定及建立预算稳定调节基金的要求，市级财政超收增加的财力主要用于：一是增加法定支出0.1亿元，主要是增加文化支出0.1亿元，用于文化单位投入；其他农业、教育、科技、卫生等支出均已达到法定增长要求。二是转入“预算稳定调节基金”6.4亿元，在以后年度经过预算安排使用，接受市人大及其常委会的监督。

需要说明的是，上述数字是按照预算执行情况初步汇总的，在地方财政决算编成后，还会有变化。

2009年，预算执行情况总体正常。财政收入经历了见底、复苏、回升的过程，完成了年度预算；财政支出结构不断优化，重点事项得到保障；财政收支平衡，完成了全年预算任务。需要说明的是，在经济和政策双重影响下，2009年财政收入形势非常严峻。财税等部门认真履行职责，加强协调配合，坚持依法征收、应收尽收。通过清理欠税、稽查补税等方式，深入挖掘增收潜力，努力克服金融危机冲击，特别是总分机构企业所得税分配办法调整导致减收118亿元的巨大影响，经过异常艰苦的努力，完成了全年预算任务。

（三）2009年为完成预算所做的主要工作及成效

1. 积极“扩内需、保增长”，支持经济发展各项措施有效落实

创新财政资金投入方式，多渠道帮扶企业。统筹安排50.0亿元，迅速落实帮扶企业等一揽子政策措施，运用贷款贴息、资本金注入、奖励等多种方式，增强企业应对危机能力。积极发挥投融资平台作用，注重财政资金与创业投资、担保、再担保、政策性保险等金融手段协调配合，财政累计投入165.7亿元，吸引社会资金1682.5亿元，总体放大效益10.2倍，企业融资能力明显提高。认真实施结构性减税政策，全年减轻企业和居民负担171.5亿元，经济发展环境逐步优化，企业盈利能力进一步增强。

扩大政府公共投资，拉动经济增长。多渠道筹集政府投资资金309亿元，支持以民生工程、轨道交通为重点的基础设施建设。认真落实财政部代理我市发行政府债券资金56.0亿元，拨付中央扩大内需专项资金12.1亿元，积极向农村、医疗卫生、教育、文化及生态建设等公益性项目倾斜，投资结构进一步优化。

落实消费促进政策，切实增加有效需求。实施涉及城乡居民生活的各项补贴政策，减轻居民负担，增强消费能力。认真落实汽车、住房税收优惠政策，促进消费结构升级。积极开展家电下乡、汽车摩托车下乡及“以旧换新”工作，拨付补贴资金3.7亿元，累计销售家电下乡产品17.3万台，“以旧换新”产品42.1万台，汽车摩托车13,446台，城乡消费市场不断扩大。支出外贸发展专项资金1.0亿元，增加出口信用风险补助等，鼓励企业开拓国际市场，努力扩大外部需求。

2. 切实“调结构、上水平”，发展方式进一步转变

中关村国家自主创新示范区建设进展顺利。在全国率先实行自主创新产品政府采购试点，51项产品入选首批国家自主创新产品目录，采购自主创新产品33.1亿元，推进科技产品产业化。打造中关村科技金融服务平台，设立中关村信用贷款风险补贴资金，拓宽科技型中小企业融资渠道。大力优化人才发展环境，实施中关村高端领军人才聚集工程，为增强自主创新能力凝聚智力资源。制定国家科技重大专项经费列支间接费用管理办法，全市已有71家单位101个项目进入改革试点范围，激发企业和科技人员自主创新活力。推动高新技术企业实施企业所得税优惠政策，已认定高新技术企业5225家，占全国的22%，数量居全国首位。

节能减排工作稳步推进。多渠道筹集节能减排资金，完善投入机制，综合运用奖励、补助、贴息等方式，多环节支持节能减排工作开展。实施供热系统节能技术改造奖励，改造项目平均节能率达到20%。引导合同能源管理，奖励污染减排项目66个，涉及投资6.3亿元，推动节能减排向内涵促降发展。支持循环经济，回收电子废弃物36万台，切实消减污染排放，不断拓宽首都绿色发展新途径。

经济结构逐步优化升级。投入资金13.0亿元，支持文化创意、体育、旅游等现代服务业发展壮大，提升首都经济质量。完善政府对国有经济的宏观调控，注入国有资本经营预算资金10.0亿元，通过注资等方式，对现代制造业等增加投入，落实重点产业调整振兴方案；通过补偿性支出方式，支持国有企业重组调整，提高国有资本运营效益。投

入资金 7.0 亿元，已实施工业重大项目 31 个，奖励 14 家“三高”企业退出，加快经济结构调整步伐。

3. 全力“惠民生、保稳定”，首都和谐社会建设取得新进展

公共服务体系不断完善。拨付资金 125.6 亿元，认真落实 57 项政府为民办实事项目，解决关系群众切身利益问题。健全教育经费保障机制，新增教育经费重点投向农村及薄弱学校，推进教育现代化。投入 33.5 亿元，落实义务教育减免政策，全面免收义务教育学生和高中残疾学生学杂费，促进教育公平；支持 200 所农村小学办学条件达标，改造 300 所农村教师集体宿舍；累计在 10 个远郊区县创办 24 所名校分校，促进基础教育均衡发展。实施义务教育学校绩效工资改革，所需经费财政预算予以保障。投入 0.7 亿元，用于学前教育扩班等，缓解入园难问题。投入 19.7 亿元，提升职业学校实训基地装备水平和职业教师素质，支持特色职业教育发展。健全政府助学体系，投入资金 4.2 亿元，资助家庭困难学生 15.2 万名，实现助学贷款政策全覆盖。市级投入 9.0 亿元，启动各级各类学校既有建筑抗震排查加固工作，切实保障师生生命财产安全。完善卫生投入机制，研究制定我市医药卫生体制改革方案，支持社区卫生人才队伍建设，健全基层公共卫生服务体系。大力推动公益文化事业发展，支持博物馆免费开放，加快社区文化室等基层文化场所及农村公共文化服务体系建设，实现数字电影厅行政村全覆盖、图书馆街道全覆盖。拨付 1.5 亿元，修缮颐和园、十三陵等 20 处重点文物，加大文化遗产保护力度，提升社会人文素质。

社会保障体系不断健全。实施提高社会保险待遇标准等“一揽子”政策措施，全年企业和居民合计受益 97.3 亿元。建立城乡居民养老保险制度，参保人数达 156 万人，在全国率先实现养老保障城乡统筹和制度全覆盖；推行居家养老服务，为 4.5 万名老人提供养老服务补贴；全面实施福利性养老金等 11 项老年优待政策，惠及城乡 200 多万人，提升老年人生活质量。加大对新型农村合作医疗的支持力度，人均筹资标准提高到 420 元。率先在全国实现丧葬费补助待遇城乡同标准、全覆盖。统筹和规范医疗、临时救助制度，实现医疗保障、社会救助制度全覆盖。积极应对金融危机影响，落实促进就业各项措施，投入 29.6 亿元，其中：通过实施企业岗位补贴，稳定就业岗位 7.3 万个；统一城乡就业优惠政策，10.2 万农村劳动力实现转移就业；健全就业特困人员托底政策，提高失业人员小额贷款担保和贴息额度，实施再就业援助和零就业家庭动态帮扶机制，全市城镇登记失业率下降 0.38 个百分点；实施高校毕业生就业促进政策，建立残疾人大学生就业援助制度。加快安居工程建设，拨付棚户区改造试点资金 10.0 亿元，解决 8000 余户居民住房问题；累计投入廉租住房建设及廉租家庭租赁补贴资金 15.5 亿元，享受廉租住房保障政策家庭达 1.9 万户；推进旧城区历史风貌保护和环境整治，投入资金 10.0 亿元，修缮旧城房屋 3.3 万间，惠及居民 2.45 万户。

支农投入机制不断创新。加大“三农”投入力度，认真落实各项涉农补贴政策，切实增加农民收入。投入 5.0 亿元，新增设施农业 4.3 万亩，促进都市型现代农业发展。拨付农业综合开发资金 7.7 亿元，改造高标准农田 19.4 万亩，提高农业生产能力。加快新农村基础设施建设，加强水源地保护和垃圾处理，改善农村面貌。拨付政策性农业保险再保险补贴 1.8 亿元，农民参保达 24.2 万户次，增强农业减灾抗灾能力。推动农村金融体系建设，农投、农担公司正式开始运作，小额贷款公司和村镇银行等新型农村金融机

构逐步设立，为农村经济发展注入活力。推动城乡一体化试点工作，统筹安排3.0亿元，加快海淀区北坞村、朝阳区大望京村改造进程，促进区域经济社会协调发展。

首都“宜居”水平稳步提升。拨付大气污染治理资金17.0亿元，重点实施文保区7.5万户平房居民“煤改电”工程，加快淘汰高污染黄标车10.6万辆，购置新能源公交车1000辆，空气质量进一步提高。拨付城市环境综合整治资金19.4亿元，运用补助、贴息等方式支持“城中村”、“边角地”环境整治，拆迁居民3.6万户，改善居民生活条件。打造良好的出行环境，以政府购买公共服务方式，落实公共交通补贴112.0亿元，公交出行率达到38.9%。投入资金8.8亿元，认真落实各项甲型H1N1流感防控措施，增加药品储备，提高实验室检测能力，为本市约170万重点人群免费接种疫苗。健全食品药品安全监管体系，确保饮食用药安全。统筹资金12.0亿元，积极推动政法经费保障体制改革，有力支持“平安北京”建设。

4. 注重“抓改革、增效益”，财政管理水平不断提高

新的市与区县财政体制有效落实。新增区县财力213.0亿元，提高一般性转移支付规模和比例，促进财力与事权相匹配，在收入形势极其严峻的情况下，缓解区县资金紧张矛盾，增强区县统筹经济社会发展能力。逐一明晰划转事项及资金，加强下划资金监督管理，广泛调研、落实责任，制定促进区县产业发展的配套政策，鼓励和调动区县发展积极性。转变原有市级“以钱推事”和区县“等钱干事”的惯性思维，强化效益理念，政府公共服务效能明显提升。

增收节支效果逐步显现。建立全市组织收入工作责任机制，强化财政收入统计分析，加强信息沟通，强化服务职能，完善征管手段，全力以赴组织财政收入。严格落实中央厉行节约八项要求，在连续三年压缩一般性支出的基础上，进一步压缩出国、车辆购置及运行、公务接待等费用5292.8万元，保障重点支出需要。深入开展“小金库”专项治理，加大公务卡实施力度，从源头上堵塞漏洞。进一步完善公务车、办公设备配置等实物标准，推进机关节能降耗，努力降低行政成本。

预算管理改革效能进一步增强。将国有资本经营预算纳入政府预算管理体系，较为全面地反映政府收支总量、结构和管理活动，提升预算完整性。调整完善预算分配机制，深化结余资金管理，引导部门从“争增量”转向“挖存量、抓整合、保重点”，增强政府资源统筹配置的科学性。健全以绩效为导向的预算管理制度，加强部门预算改革与投资评审、国库集中收付、政府采购、绩效评价等改革的衔接配合，增强财政改革的整体效能。评审各类项目8999个，审减资金102.4亿元；完善绩效评价制度体系，扩大考评范围，全年对9个部门及305个项目进行了考评，资金规模达到70.0亿元，部门的绩效理念和责任意识进一步增强。强化资产处置收益管理，将行政单位国有资产出租出借及处置收益缴入国库，事业单位上缴财政专户，实行综合预算管理。试编资产购置预算，以存量调控增量，实现资产动态管理全覆盖。创新补贴核算机制，对轨道交通补贴实行“超亏递减补偿、减亏固定比例分享”，对地面公交成本费用量化核算标准等，节约各项补贴资金17.8亿元，提高财政补贴效益。

财政信息公开工作不断推进。完善预算报告的内容和形式，报请市人民代表大会审议预算的部门从30家增加到45家，并可通过电子查询了解部门预算详细信息，提高预算报告明细程度和易读易懂程度。坚持按月向人大代表、政协委员寄送预算执行分析报告，逐步健全政府预算信息公开制度，增强

预算透明度。

各位代表，2009 年财政经历了新世纪以来最为困难的一年。随着中央及我市一系列保增长、扩内需、调结构、惠民生政策效果显现，以及财政调控手段日渐完善，财政形势逐步向好。在看到成效的同时，必须清醒地认识到，财政工作还存在不少困难和问题。一是财政收入持续高增长难度加大。从中长期平衡看，涵养壮大财源的任务十分繁重，财政支持经济发展的机制和手段有待进一步完善。二是财政资源配置仍需优化。面对日益增长的民生需求与财政资金供给之间的矛盾，提高财政资源配置效率、切实满足民生需求的能力仍需进一步提升。三是财政资源使用效益尚需提高。部分财政资金存在使用绩效不高、引导作用不强、支持重点不突出的现象；一些部门资产仍存在闲置浪费、存量调整与增量分配脱节等问题。对于上述问题，必须以科学发展观为指导，通过健全财政管理体制机制，在今后的工作中不断加以改进和完善。

二、关于 2010 年预算草案

根据《国务院关于编制 2010 年中央预算和地方预算的通知》精神，结合财政工作面临的新形势，2010 年预算草案编制的指导思想是：以邓小平理论和“三个代表”重要思想为指导，深入贯彻科学发展观，全面落实中央经济工作会及市委十届七次全会精神，围绕加快建设“人文北京、科技北京、绿色北京”，认真实施积极的财政政策，着力支持结构调整，切实保障和改善民生，不断提高财政资金效益，努力构建有利于科学发展的公共财政体系，促进首都经济社会平稳较快发展。

2010 年全市地方财政收支的整体安排是：全市地方财政收入计划安排 2209.2 亿元，增长 9.0%；全市地方财政支出计划安排 2301.5 亿元，增长 7.8%。

根据《中华人民共和国预算法》和《北京市预算监督条例》的规定，重点报告 2010 年市级预算草案的编制情况。

（一）2010 年市级预算安排情况

市级地方财政收入计划安排 1226.0 亿元，增长 9.1%，加中央返还及补助 182.5 亿元、区县上解 164.5 亿元、上年专项政策性结转使用 1.5 亿元，收入合计 1574.5 亿元。市级地方财政支出计划安排 1060.0 亿元，增长 6.5%，加上解中央支出 76.7 亿元、区县税收返还和转移支付 423.1 亿元、专项政策性结转下年使用 1.6 亿元、划转水利建设基金 13.1 亿元，支出合计 1574.5 亿元。市级预算安排收支平衡。

（二）2010 年市级预算安排考虑的主要因素

综合分析影响 2010 年经济形势和财政收支的各种因素，预计 2010 年财政收支紧张矛盾会更为突出，必须审时度势，统筹考虑，科学安排。

1. 收入预算安排保持与经济增长相适应

2010 年，经济发展环境面临的各种有利与不利因素并存，财政工作机遇与挑战并存。

首先，财政增收的有利因素进一步增多。一是国际经济逐步企稳向好。在经历了 2009 年的全面调整后，国际金融市场趋于稳定，发达经济体逐步复苏，主要国际组织普遍调高了 2010 年经济增长预测，我市面临的外部环境不断改善。二是国内经济回升的基础更为坚实。中央已明确 2010 年继续实施积极的财政政策和适度宽松的货币政策，随着经济结构调整和发展方式进一步转变，国内需求潜力进一步释放，2010 年我国经济增长有望继续提速，为新一轮经济增长周期的到来奠定基础。三是我市经济发展的支撑力量不断增强。从发展目标看，“三个北京”发展战略加紧实施，首都和谐社会首善之区和世界城市建设步伐不断加快，为首都经济实现新跨越创造良好条件。从需求动力看，重点产业调整振兴方案、城市南部地区及小城镇发展规划的实施，以及中关村国家自主创新示范区建设稳步推进，为投资的持续扩展奠定了基础；在国家出口政策和国际市场复苏的带动下，预计外贸出口将出现恢复性增长；一系列扩大内需政策逐步落实，居民收入稳步提高，消费结构不断升级，将促进社会消费品零售总额保持较快增长。从三次产业的支撑作用看，随着生产性服务业快速发展，文化创意、信息服务、科技服务、交通运输等行业增速有望继续加快，2010 年第三产业增长的动力依然较强；电子信息、装备制造等新项目有望在 2010 年形成新的产能，进一步带动工业增长；随着农业生产条件持续改善，第一产业也将保持稳定增长。总体说来，在国内外宏观经济形势持续企稳向好、积极的财政政策和适度宽松的货币政策效果日益显现、我市需求结构和产业结构不断优化升级等因素的共同作用下，预计 2010 年我市经济发展态势继续向好，财政收入增长的基础更为坚实。

其次，财政增收的不确定因素依然存在。一是经济发展中的不确定因素为财政增收带来隐忧。全球经济复苏进程较为缓慢，初级产品价格攀升，贸易保护主义日趋严重，世界经济全面复苏尚待时日；国内经济面临内需后劲不足、外需恢复乏力、政策刺激空间缩小、通货膨胀预期增强等压力，经济自主增长动力依然不足，为财政收入平稳较快增长增加了难度。二是政策性减收因素对我市财政收入影响明显。从落实积极财政政策角度看，2010 年将继续实施结构性减税，同时，2009 年提高企业所得税预缴率势必造成汇算清缴减收，对经认定的高新技术企业办理企业所得税退税、对金融机构涉农贷款和中小企业贷款建立专项损失准备金而清算退税等因素，均会减少财政收入。从财政收入结构角度看，2009 年在一系列优惠政策带动下，我市汽车产销量、房地产交易量均大幅增加，对财政收入贡献率较高。当前，随着我市汽车保有量快速增加，已经面临城市发展的瓶颈制约；而高房价给未来房地产市场稳定发展带来隐忧。随着国家对房地产和汽车销售优惠政策逐步调整，2010 年汽车与房地产业对财政收入的贡献度存在不确定性，进而影响财政收入的稳定性。同时，受总部型经济影响，我市企业所得税收入占财政收入比重近三成，企业所得税在宏观经济形势与企业微观效益的共同作用下，形成过程较为复杂，加上总分机构缴纳企业所得税受政策影响明显，财政收入的波动性较大。三是 2009 年财政收入中包含的税务部门清理历年欠税、稽查补税等一次性非常规增收因素，2010 年将不复存在或减弱。

综合考虑以上各项因素，依据《国务院关于编制 2010 年中央预算和地方预算的通知》中“收入预算编制坚持实事求是、积极稳妥、留有余地”的规定，结合财政收入与 GDP 的弹性分析和历史数据测算，2010 年全市地方财政收入增长率安排为 9.0%，市级地方财政收入增长率安排为 9.1%。经过各部门共同努力，力争圆满完成。预算执行中如有超收，除按照《北京市预算监督条例》规定“优先用于农业、教育、科技、社会保障等重点项目和其他必要的支出”外，将一律转入预算稳定调节基金，使用时提请市人大及其常委会审查批准。

2. 支出预算安排坚持统筹兼顾、突出重点、有保有压

依据《国务院关于编制 2010 年中央预算和地方预算的通知》中“支出预算编制要坚持统筹兼顾、突出重点、有保有压，进一步优化财政支出结构”的规定，2010 年，市级

财政支出安排主要考虑了以下因素：认真落实积极的财政政策，保持首都经济平稳较快发展；优化财政支出结构，加大统筹力度，增加对教育、卫生、农业、科技、文化、计划生育等法定支出的投入，推进社会保障和就业、保障性住房、节能减排、维护稳定等方面的工作，加快城乡一体化进程，促进经济增长、结构调整和区域协调发展，切实保障和改善民生；坚持统筹兼顾、增收节支的方针，加强财政科学化精细化管理，严格控制一般性支出，切实提高财政资金使用效益。

（三）2010年市级财政收入主要项目安排情况

增值税安排110.2亿元，增长11.6%。主要依据近五年增值税与第二产业增加值的平均弹性系数，并考虑落实扩大内需各项政策的增收因素，以及汽车消费需求的外部效应、外需不确定性等减收因素进行测算。

营业税安排434.6亿元，增长12.5%。主要依据近五年营业税收入对第三产业增加值的平均弹性系数，并考虑首都第三产业不断优化升级的增收因素，以及房地产市场尚不稳定、资本市场波动较大等减收因素进行测算。

企业所得税安排276.4亿元，增长12.3%。主要考虑经济刺激政策效果显现有利于增加企业利润等增收因素，以及落实支持自主创新等税收优惠政策等减收因素进行测算。

个人所得税安排193.5亿元，增长8.8%。主要考虑扩大内需和增加就业等一系列政策措施促进居民收入稳步增长，税源监控体系进一步完善促进征管效率提高等因素进行测算。

（四）2010年市级财政支出主要项目安排情况

1. 科技创新和经济结构调整资金支出161.9亿元。以结构调整和产业升级为重点，促进首都经济平稳较快发展。其中，着力提升自主创新能力，安排科学技术支出111.4亿元，增长11.3%。大力推进中关村国家自主创新示范区建设，加快大学科技园、电子城IT产业园、亦庄数字产业园发展，增加对科技企业、科技人才、科技金融的扶持力度等，提高自主创新能力，安排63.6亿元；确保自然科学和社会科学投入，落实国家科技重大专项地方配套，促进高新技术成果转化等，安排46.5亿元。着力调整优化经济结构，安排经济结构调整资金50.5亿元。其中，工业发展资金7.0亿元，落实产业调整振兴方案资金5.5亿元，注重发挥引导作用，支持重大技术改造及都市产业发展；国有资本经营预算资金10.0亿元，推进国有经济合理布局；中小企业发展资金5.0亿元，完善扶持体系，增强中小企业发展活力；文化创意和体育产业发展资金10.0亿元，旅游产业发展资金3.0亿元，促进第三产业优化升级；外贸发展及服务外包扶持资金1.5亿元，鼓励企业开拓国际市场；商业流通发展资金2.0亿元，支持特色商业街改造、现代物流体系建设等，活跃消费市场；高级人才奖励资金3.0亿元，吸引各类人才在京创业发展；节能减排专项资金3.5亿元，健全节能减排长效机制。

2. 农林水事务支出58.0亿元，增长12.7%。解决农村改革发展中的突出问题，促进农村经济社会全面进步。重点支持扩大农业保险覆盖面，政策性农业保险资金安排3.5亿元。新增设施农业4万亩，安排6.0亿元。推进农业综合开发，加强产业化经营项目建设等，安排8.6亿元。落实新农村建设奖励政策，增加农业科技投入等，安排3.1亿元。推进集体林权制度改革，促进生态林健康经营，安排3.6亿元。开展水环境治理工作等，安排3.2亿元。解决我市用水困难，安排从河北省购水资金6.1亿元。

3. 教育支出177.2亿元，增长11.9%。进一步优化教育经费支出结构，维护教育公平。推进高等教育教学与科研能力建设等，安排89.8亿元。支持职业教育快速发展，推进职业院校教师素质提高工程等，安排19.7亿元。稳步推进基础教育发展，安排42.5亿元，主要是：支持中小学校舍抗震加固，安排16.0亿元；改善农村基础教育办学条件等，安排11.0亿元；落实基础教育减免政策，安排4.3亿元。实施高校和中职院校助学政策，安排3.8亿元。

4. 社会保障和就业支出65.6亿元，增长16.0%。重点支持居家养老助残服务“九养”工作，落实老年人免费乘坐公交车补贴，保障离退休人员经费等，安排15.4亿元。提升医疗保障社区网络化服务水平，安排2.0亿元。支持扩大城乡就业，实施税费减免、小额贷款担保贴息、就业援助和就业奖励等政策，安排1.2亿元。落实供热补贴政策等，确保居民正常采暖，安排21.0亿元。

5. 卫生投入39.4亿元，增长11.4%。在确保医疗卫生机构各项工作正常开展的基础上，健全公共财政投入保障机制，推进医药卫生体制改革，实施公共卫生与基本医疗卫生事业单位绩效工资改革，完善基本医疗卫生制度体系，加强专业公共卫生机构建设，保障突发公共卫生事件应急经费、医院重点学科建设和落实国家基本药物制度等。

6. 文化体育与传媒支出41.3亿元，其中：文化投入16.3亿元，增长9.2%。以完善覆盖城乡的公共文化服务体系为重点，支持新建1020个“农家书屋”、文化信息资源共享工程、农村数字电影放映、“广播电视村村通”等重大文化活动，推进文化体制改革，加强文化市场执法监管，安排19.2亿元。推动文物事业发展，落实文物中长期保护规划、博物馆免费开放补助等，安排4.6亿元。支持开展群众体育运动、培养竞技体育后备人才等，安排3.7亿元。

7. 环境保护支出24.2亿元，增长8.1%。安排大气污染治理专项资金17.0亿元，以巩固大气污染治理成果为重点，推进城区20吨以上燃煤锅炉改造，继续在非文保区推行平房燃煤改用清洁能源，加强远郊区县燃煤锅炉集中供热整合，实施污染减排“以奖代补”政策等。统筹安排9.9亿元（其中政府性基金安排8.1亿元），用于污水处理厂运行经费补贴及管网维护等。

8. 城乡社区事务支出36.2亿元，下降3.2%。增幅下降主要是2009年安排长安街道路工程改造资金3.2亿元，2010年无此因素。在确保城市管理正常运行的基础上，重点推进“城中村”、城乡结合部改造等，安排环境整治资金10.0亿元。针对道路交通拥堵情况，实施交通疏堵工程等，安排6.6亿元。提高环境卫生质量，落实垃圾处理设施运行经费等，安排资金6.1亿元。另外，在政府性基金中安排廉租房保障资金19.0亿元。

9. 交通运输支出89.6亿元，增长0.4%。继续完善公交补贴机制，安排一卡通交易、运营亏损等公共交通补贴78亿元，此外，通过退库等方式安排51.3亿元，公交补贴合计129.3亿元，确保公共交通稳定运行。对出租车、农村客运给予燃油补贴，减轻油价调整的影响，安排6.3亿元。

10. 一般公共服务支出64.5亿元，增长1.0%。主要用于党政机关及事业单位正常运转、依法履职经费，落实人口与计划生育政策等支出。

11. 公共安全及国防支出75.2亿元，增长2.5%。重点支持科技强警，加强政法系统装备建设，保障执法办案经费，提高消防救援能力等。

12. 地震灾后恢复重建支出9.0亿元。按照我市对口支援什邡市筹资计划安排，用于公共服务设施项目建设等。

13. 安排防范财政风险资金 52.8 亿元。其中，预备费 31.8 亿元，占市级财政支出的 3%；公共突发事件应急专项资金 3.0 亿元，增强应急能力。偿债和处理历史遗留问题资金 18.0 亿元，防范财政风险。

三、积极发挥财政职能，全面推进科学化精细化管理，确保 2010 年预算任务圆满完成

从经济发展正处于企稳回升关键时期的客观需要出发，保持积极财政政策的连续性、稳定性，坚持保持增长与优化结构并重，发展经济与改善民生并重，加强调控与深化改革并重，减税增支与增收节支并重，增加供给与提高绩效并重，全力推进 2010 年各项工作。

（一）更加突出结构调整的重要地位，提升经济增长内在动力

着力保持需求稳定增长。继续促进消费需求，按照国民收入分配向居民倾斜的原则，落实各项居民补贴政策，完善强农惠农财税政策，推进事业单位收入分配制度改革，努力提高城乡居民收入水平，增强即期消费能力。推动世界城市建设，大力促进文化、体育、旅游、会展等商品和服务消费，完善家电下乡等补贴政策，不断扩大城乡消费需求。合理安排政府投资，注重优化投资结构，增强对经济的拉动效果。加大对中小企业、民营经济的财税支持力度，拓宽财政资金与金融手段的配合运用，增加中小企业贷款贴息投入，发挥好创业投资基金、担保、再担保的作用，健全中小企业信用担保风险补偿机制，整合中小企业融资服务平台，切实减轻中小企业负担，积极引导扩大民间投资需求，培育经济持续增长的新动力。积极稳定和扩大外需，完善服务外包扶持政策，优化出口商品结构，提升对外经济贸易水平。继续实施结构性减税政策，提升社会投资和消费意愿，增强经济内生活力。

积极推进结构调整和节能减排。按照优化一产、做强二产、做大三产的要求，统筹政府产业投资，引导社会资金，支持实施重点产业调整振兴规划，大力发展生产性服务业、文化创意产业、高新技术产业、现代制造业等高端产业，集中支持一批成长性好的企业和重大科技及产业项目。大力吸引跨国公司总部的研发、结算、采购、营销中心以及民营企业总部在京落户，增强总部实体经济对产业升级的带动作用和贡献程度。加大节能减排投入，支持新能源车应用、合同能源管理项目、既有建筑节能改造、绿色照明产品推广等工作顺利开展，增强节能效果。以建设低碳城市为目标，继续支持淘汰黄标车，推进农村地区垃圾减量化资源化工作，降低污染物排放总量。完善支持循环经济发展的财税政策体系，推进电子废弃物处置、农村生态示范工程建设，支持清洁生产，着力建设资源节约型、环境友好型社会。

强化科技创新的引领作用，大力推进中关村国家自主创新示范区建设。增强科技对重点产业的支撑力量，完善科技经费保障机制，鼓励高新技术成果转化，做好国家科技重大专项对接，提升生物医药、新能源等产业的核心竞争力。增强科技企业融资能力，完善中关村科技型中小企业担保融资、信用贷款、信用保险、贸易融资通道，落实对企业及金融机构的贴息、风险补贴等政策，吸引社会资金参与科技创新投入。支持科技创新服务体系建设，促进技术市场发展，健全创业孵化机制，鼓励科技型中小企业上市，完善科技条件平台开放共享机制，加快人才聚集，优化自主创新环境。完善支持自主创新的财税政策体系，增加政府采购自主创新产品规模，扩大科技产品应用范围，推进股权激励、科技重大专项经费列支间接费用试

点工作，推动以创新创业为核心的重大财税政策在中关村先行先试，引导企业增加科技研发投入，以科技创新引领未来首都经济发展的方向。

（二）更加突出公共资源向民生倾斜，推动社会事业稳步发展

推动教育、卫生、文化、体育事业发展。全面落实各项教育优惠政策和家庭困难学生资助制度，加大对学前教育的扶持力度，加强特殊教育和民族教育工作，促进教育公平。进一步改善农村学校办学条件，推进中小学校舍安全工程，促进义务教育均衡发展。增加示范性高职院校建设投入，加快实践技能型人才培养。积极推进医药卫生体制改革，完善农村卫生资源配置及体系建设，加强社区卫生服务收支两条线管理，提高公共卫生服务保障水平。加快文化体育事业发展，以农村和基层为重点，支持信息资源下乡入户，促进文化惠民；推动全民健身，支持开展国内外大型体育赛事，提升奥运场馆赛后利用水平，增强首都文化、体育休闲城市功能。

完善社会保障和就业制度。加大社会保障投入，健全城乡居民养老保险缴费补贴机制，落实居家养老、助残服务“九养政策”，完善养老保障体系。健全城乡居民最低生活保障制度、医疗救助及低收入家庭临时救助制度，不断改善困难群体生活条件。支持新型农村合作医疗、“一老一小”、无业居民大病医疗保险制度，将新型农村合作医疗人均筹资水平提高到520元，推动居民医疗保障制度城乡一体化。积极促进就业，健全就业困难群体帮扶机制，加大农民转移就业和大学生就业支持力度，完善就业岗位补贴和公益性岗位补助政策，加强就业培训和指导，保持就业局势基本稳定。创新政策性住房资金筹集机制，支持加快中小户型的廉租房、经济适用房、限价商品房、公共租赁房建设，大力推进老城区危旧房修缮整治、棚户区试点改造，解决中低收入家庭住房困难，促进居民居住条件持续改善。

全力建设“平安北京”。落实政法部门经费分类保障政策，重点保障办案经费、技术装备升级改造等，逐步实现政法经费保障的科学化和规范化。支持社会治安防控体系建设，完善消防经费保障机制，强化食品、药品、安全生产监管，努力消除公共安全隐患。加大法律援助支持力度，保障公民合法权益，维护公平正义。健全首都突发公共事件应急管理体系，加强物资储备保障，完善煤、热、气、电供应保障及管线维护，提升城市运行水平。加大政府购买公共服务的力度，提高首都社会建设和管理水平。

（三）更加突出统筹区域、城乡协调发展，加快形成一体化新格局

发挥新体制对统筹区域、城乡发展的保障作用。进一步理清市与区县事权范围与支出责任，健全“权、责、利”相对等的运行机制，完善制度，强化责任，促进财力划转与市对区县宏观调控、政策引导有机结合，提高体制运行效率。完善转移支付资金管理办法，引入竞争性分配机制，提高资金配置效益。建立健全区县支出责任激励机制，调动市区两级积极性，提升科学发展能力。

巩固和完善各项强农惠农政策。按照基本公共服务均等化的方向，推动公共财政向农村倾斜，公共服务向农村覆盖，基础设施建设重点向农村转移。健全支农资金稳定增长机制，强化都市型现代农业的基础地位，完善农村流通体系，推动农村科技进步，优化农业经济结构。加大农业综合开发投入，加强农业基础设施建设，扩大农业保险覆盖范围，改善生产条件。进一步健全农村金融服务体系，发挥以农投为核心、农担和农基为支撑的农村投融资平台作用，鼓励村镇银行、小额贷款公司开展涉农业务，积极引导社会资金增

加“三农”投入。落实公益林生态效益补贴政策，加快推进集体林权制度改革。

大力推进区域协调发展。研究完善支持区域发展的财税政策，推进重点功能区资源整合，理顺体制，拓展发展空间，促进创新发展、共享发展。以改善民生和人居环境为重点，多渠道筹集资金，落实绿化隔离地区补助政策，加快推进城乡结合部城乡一体化建设。加强城市南部地区重大公共服务、交通、市政基础设施建设，吸引高端产业在南部地区聚集发展，努力把南部地区打造成我市未来发展的战略空间。积极推进生态涵养区水源地保护、生态清洁小流域治理，提高垃圾、污水处理能力，促进沟域经济、生态旅游业加快发展，增强生态涵养区可持续发展能力。支持新城建设，提升产业发展水平，培育首都经济新的增长点。

（四）更加突出增收节支长效机制建设，确保预算执行均衡稳定

重点加强收入管理，努力构建财政收入稳定增长机制。强化财源涵养工作，充分发挥体制、政策、资金的引导作用，做好对重点项目、中小企业的服务力度，形成合力巩固主体财源、培育后续财源、优化财源结构。健全部门、区县联动配合的工作机制，推进财税库银联网，强化经济财政运行分析，加强税收和非税收入征缴管理，做到依法征收、应收尽收，坚决不收过头税。

坚持厉行节约，推进节约型政府建设。牢固树立过紧日子的思想，坚决反对铺张浪费行为，严格控制一般性支出，出国、车辆、接待、会议、印刷等经常性支出实行零增长。原则上不安排楼堂馆所修缮、购置经费，严格控制党政机关信息化建设和升级改造项目。积极推进公务卡改革，规范公务消费行为。完善定员定额标准体系，发挥定额标准对资源耗费的控制作用，不断降低行政运行成本。

防控财政风险，努力实现财政可持续发展。统筹财政中长期收支平衡，加强政府投融资平台管理，保持与经济社会发展水平相适应。加强财政支出与金融手段相配合的政策研究，努力降低融资成本，避免金融风险向财政风险转移。完善公共财政补贴制度，加强补贴资金管理。健全政府债务实时监控、统计制度，加强政府债务分析预警，降低财政运行风险，提升财政综合保障能力。

（五）更加突出统筹集成和绩效管理，提高集中财力办大事的能力和科学化精细化管理水平

加强全口径预算管理，进一步完善政府预算体系，继续细化一般预算、基金预算、国有资本经营预算，推进社会保险基金预算编制。健全预算决策机制，围绕全市重点工作，加大统筹力度，对财政专项资金、事业经费进行整合和集成，对预算单位结余资金细化管理，努力实现集中财力办大事。建立部分重大项目支出预算事前评估机制，提高转移支付资金分配因素和权重的合理性，增强资金分配的科学性。推动政策信息库、滚动项目库和基础数据库的建设，细化项目分类，以预算编制的准确性增进预算执行的高效率。加强财政支出绩效评价工作，完善绩效目标管理体系，扩展部门自评范围，建立绩效评价结果通报制度，并向市人大财经委进行报告，强化各部门“花钱讲效益”的绩效理念。推进资产管理与预算管理相结合，完善资产管理平台，强化行政事业单位资产处置收入及收益监管，进一步健全资产配置、使用、处置、收益管理全过程制度体系。

坚持依法理财，提高财政工作规范性和透明度。加强财政法制建设，认真落实行政执法责任制，全面推行廉政风险防范管理制度，把依法理财、廉洁理财的要求落到实处。加大财政监督检查工作力度，继续加强对转移支付资金、民生专项资金、会计信息质量等监督检查，巩固“小金库”治理工作成果，严肃

财经纪律。积极推进预算信息公开，继续扩大提请市人大审议的部门预算范围，拓宽预算信息公开渠道和形式，主动接受人大、审计和社会各界监督，着力打造阳光透明财政。

各位代表，2009年财政经历了尤为困难的一年，2010年的预算任务光荣而艰巨。我们要深入贯彻落实科学发展观，在市委的领导下，在市人大的监督和支持下，进一步解放思想、坚定信心、扎实工作，做好长期应对更大困难的准备，努力完成会议确定的各项预算任务，加速推进"人文北京、科技北京、绿色北京"建设，为构建更加繁荣、文明、和谐、宜居的首善之区作出更大贡献！

北京市第十三届人民代表大会财政经济委员会关于北京市2009年预算执行情况和2010年预算草案的审查结果报告

（2010年1月27日北京市第十三届人民代表大会第三次会议主席团第四次会议通过）

北京市人大财政经济委员会主任委员 王 火

大会主席团：

北京市第十三届人民代表大会财政经济委员会在对北京市2010年市级预算草案主要内容初步审查的基础上，根据本次大会代表的审议意见，审查了北京市2010年总预算和市级预算草案及《关于北京市2009年预算执行情况和2010年预算草案的报告》。现将审查结果报告如下。

一、市人民政府提出的2009年预算执行情况

全市地方财政收入2026.8亿元，完成预算的100.3%，比上年增长10.3%。市级财政收入1123.8亿元，完成预算的100.6%，比上年增长8.7%。加中央返还及补助、区县上解、专项政策性结转、上年结余、财政部代理发行我市地方债券和调入预算稳定调节基金等433.3亿元，收入总计1557.1亿元；全市地方财政支出2135.0亿元，完成预算的106.3%，比上年增长14.8%。市级财政支出995.2亿元，完成预算的100%，比上年增长4.9%。加上解中央支出、区县税收返还、转移支付、结转下年使用、地方债券支出、划转水利建设基金、转入预算稳定调节基金等561.9亿元，支出总计1557.1亿元。市级预算收支平衡。

财政经济委员会认为，2009年预算执行情况是好的。市人民政府及其财政部门认真执行市十三届人民代表大会第二次会议批准通过的2009年市级预算及决议，深入贯彻落实中央和市委的各项决策部署，坚持科学发展观，积极应对国际金融危机对首都经济社会发展的严重挑战，坚定信心、克服困难，认真贯彻积极的财政政策，发挥公共财政职能作用，扎实推进"保增长、保民生、保稳定"各项工作，着力支持"调结构、上水平"，全力保障国庆60周年庆祝活动。财政收入保持平稳较快增长，财政支出结构进一步优化，各项财政改革继续深化，依法理财水平不断提高，圆满完成了全年预算任务，有力地支持了首都经济和社会事业的协调发展。

财政经济委员会指出，在2009年市级预

算执行中也存在一些值得注意的问题：财政增收难度加大，收支矛盾更加突出。预算编制仍需进一步提高科学性、准确性，财政资源配置有待进一步优化。一些部门资产闲置，资金结余过多，部分财政资金使用效益不高。部分单位艰苦奋斗、勤俭节约的意识仍需加强。违反财经法纪和财务制度的现象时有发生，财政管理监督体系需要进一步健全等。对此，市人民政府要高度重视，切实采取措施，认真加以解决。

二、市人民政府提出的 2010 年市级预算草案

全市地方财政收入安排 2209.2 亿元，比上年增长 9.0%。市级财政收入安排 1226.0 亿元，比上年增长 9.1%。加中央返还及补助、区县上解、专项政策性结转等 348.5 亿元，收入总计 1574.5 亿元；全市地方财政支出安排 2301.5 亿元，比上年增长 7.8%。市级财政支出安排 1060.0 亿元，比上年增长 6.5%。加上解中央支出、区县税收返还和转移支付、专项政策性结转、划转水利建设基金等 514.5 亿元，支出总计 1574.5 亿元。市级预算安排收支平衡。

财政经济委员会认为，2010 年市级预算草案贯彻了中共十七大和十七届三中、四中全会、中央经济工作会议和中共北京市委十届七次全会精神，符合有关法律、法规的规定。着眼于建设世界城市，围绕加快建设“人文北京、科技北京、绿色北京”的要求，深入贯彻科学发展观，认真落实积极的财政政策，大力推动首都科学发展和社会和谐。财政收入的增幅与地区生产总值的增幅相适应，组织收入措施切实可行。预算支出安排坚持统筹兼顾、突出重点、有保有压，进一步增加了保障和改善民生、促进产业结构调整、科技创新以及推进城乡一体化等方面的资金支出，保证了法定支出依法增长。总的来看，市级预算的安排符合本市实际情况，是积极可行的。

财政经济委员会建议本次大会批准北京市 2010 年市级预算草案及《关于北京市 2009 年预算执行情况和 2010 年预算草案的报告》。

三、为保证 2010 年预算的顺利实现，做好财政工作，财政经济委员会提出以下意见和建议

（一）认真落实积极的财政政策，充分发挥财政职能作用

统筹财政资金、金融资金和社会资本运用，切实增强财政资金撬动社会资本的杠杆效应和对投资、消费的拉动作用。把握好资金投向，加强对符合首都经济发展特点的、具有创新能力和竞争力的高端产业的支持力度，着力提高经济发展的质量和效益。进一步健全“三农”、社会保障、医疗卫生、教育、就业再就业、住房保障、维护安全稳定等各项投入机制，提高财政资源配置效率，集中财力办大事，着力解决民生及制约首都发展等方面的问题。

（二）严格预算支出管理，着力提高财政资金使用效益

进一步增强绩效观念，建立健全以绩效为导向的财政支出评价体系，推进政府职能转变，提高行政效能，逐步把财政支出绩效管理纳入政府督查考核体系，完善绩效考评结果应用和信息公开制度。牢固树立过紧日子的思想，认真落实控制一般性支出的相关规定。改进和完善财政补贴制度，准确把握政府的公共职能定位，把发挥政府职能作用和市场调节作用有机结合起来。严格执行市人民代表大会批准的预算，切实提高预算执行的质量、效率和效益。

（三）努力构建财政收入稳定增长机制，组织好财政收入

大力抓好财源建设，继续完善支持企业发展的相关财税政策，优化企业发展环境，加大对重点项目、企业的服务力度，努力培育新的经济增长点。认真研究当前经济发展

的不稳定性和政策性减收等不利因素对我市财政收入带来的影响，加强对经济运行和财政收入的分析监控。进一步健全组织收入的工作机制，优化财源结构，严格依法治税，坚持强化税收征管和帮扶企业并重，做到应收尽收，不收过头税。

（四）深化预算管理改革，推进财政科学化精细化管理

进一步改进预算分配机制，统筹预算内各专项资金运用。继续完善市与区县分税制财政体制，进一步健全转移支付制度，提高体制运行效率，发挥新体制对统筹区域、城乡发展的保障作用。完善政府债务监管体系，加强政府投融资平台管理，防范和化解财政风险。加快非税收入收缴管理改革，完善征管机制，逐步将非税收入全部纳入预算管理。稳步推进由公共财政预算、国有资本经营预算、政府性基金预算、社会保障预算组成的有机衔接、完整的政府预算制度体系建设，继续完善和细化政府基金预算的编报，提高预算编制的科学性、准确性。

（五）强化财政资金的监督管理，进一步增强预算的透明度

建立健全财政预算监督机制，加强对部门和项目资金使用单位的监管和追踪问效力度，形成政府相关管理部门监督的合力。规范结余资金的使用，把结余资金的清理、消化与部门预算编制有机结合起来。充分发挥审计“免疫系统”功能，加强对预算执行情况及重大政府投资项目、重大民生工程、重点专项资金的审计，继续推进绩效审计工作，完善向市人大常委会报告审计工作和审计结果向社会公开的制度。进一步扩大向市人民代表大会报送部门预算的范围，逐步推进所有市级部门预算向社会公开。

以上报告，请予审议。

北京市第十三届人民代表大会第三次会议关于北京市人民代表大会常务委员会工作报告的决议

（2010年1月30日北京市第十三届人民代表大会第三次会议通过）

北京市第十三届人民代表大会第三次会议听取和审议了杜德印主任所作的市人大常委会工作报告。会议充分肯定了市人大常委会2009年的工作，同意报告提出的2010年的工作任务，决定批准这个报告。

会议认为，2009年，市人大常委会在中共北京市委领导下，深入贯彻落实科学发展观，紧紧围绕全市工作大局，发挥人民代表大会制度的优势，着力完善工作方式，依法有效履行职能，全面完成了市十三届人大二次会议确定的工作任务，各项工作进一步走上了坚持正确方向、完善工作方式、提高质量和实效的轨道，为建设“人文北京、科技北京、绿色北京”提供了民主法制保障。

会议指出，报告提出的市人大常委会2010年的工作任务，贯彻了市委十届七次全会、第三次人大工作会议精神，体现了广大人民群众的意愿，重点突出，安排具体，是切实可行的。

会议要求，2010年，市人大常委会要全

面贯彻落实市委的工作部署和第三次人大工作会议精神，坚持党的领导、人民当家作主、依法治国有机统一，按照“围绕中心、服务大局，坚持制度、发挥优势，完善方式、增强实效”的思路，切实抓好各项工作任务的落实。要继续完善工作方式，进一步提高立法质量，增强监督工作的保障性、建设性和实效性，有效保障代表依法行使职权，为首都科学发展提供民主法制保障。

会议强调，面对首都发展新阶段的形势和任务，市人大及其常委会要着眼建设世界城市，在推进“人文北京、科技北京、绿色北京”建设进程中，依法履行国家权力机关的职能，充分发挥人民代表大会制度的优越性，动员和凝聚全市各族人民，一心一意、同心同德，在中共北京市委领导下，为建设繁荣、文明、和谐、宜居的首善之区而努力奋斗！

北京市人民代表大会常务委员会工作报告

——2010 年 1 月 27 日在北京市第十三届人民代表大会第三次会议上

北京市人大常委会主任　杜德印

各位代表：

我受北京市第十三届人民代表大会常务委员会委托，向大会报告工作，请予审议。

2009 年的主要工作

2009 年，是全市深入贯彻落实科学发展观，积极应对国际金融危机挑战，全面推进“人文北京、科技北京、绿色北京”建设，保持经济平稳较快发展的重要一年；也是本市人民代表大会制度建设和人大工作取得重要进展的一年。市委以纪念市人大设立常委会 30 周年为契机，召开第三次人大工作会议，充分肯定了几十年来人民代表大会制度在全市改革建设事业中发挥的巨大作用，对新形势下坚持和完善人民代表大会制度，支持人大及其常委会依法履行职能，进一步做好人大工作作出了重要部署，极大地增强了全市坚持和完善人民代表大会制度的自觉性和坚定性，有力地领导和激励了市人大及其常委会的工作。市人大常委会在市委的领导下，认真贯彻执行市十三届人大二次会议关于常委会工作报告的决议，着眼于发挥人民代表大会制度的优势，着力于完善工作方式，依法有效履行职能，整个工作进一步走上坚持正确方向、完善工作方式、提高质量和实效的轨道。为建设“人文北京、科技北京、绿色北京”提供了民主法制保障，彰显了人民代表大会制度的优越性。

一年来，常委会共召开 7 次会议，审议了 47 项议题。其中，审议地方性法规 7 项，通过 5 项，一审 2 项；听取和审议“一府两院”专项工作报告 7 个、议案办理情况报告 4 个，听取和审议了本市 2009 年国民经济和社会发展计划、预算上半年执行情况及 2008 年预算执行和其他财政收支的审计工作报告，审查和批准了 2008 年决算，对 4 个方面法律、法规执行情况进行了检查并听取和审议了相关报告；依法作出了 3 项决议；任免国家机关工作人员 291 人次，其中市人大专门委员会委员 2 人，常委会工作机构负责人 3 人次，市政府组成部门主要负责人 14 人次，

“两院”工作人员 272 人次。全面完成了市十三届人大二次会议确定的工作任务。

一、积极发挥人大职能作用，保证和推动首都经济平稳较快发展

应对国际金融危机挑战，保证市委关于“调结构、上水平、保增长、保民生、保稳定”重要决策部署和本届人大二次会议决议的贯彻落实，是常委会全年工作的一项重点任务。常委会着眼于首都科学发展的全局，立足于人大工作的职能和特点，通过组织专题调研、听取和审议专项工作报告、作出有关决议、办理代表议案等，积极发挥作用，保证和推动首都经济平稳较快发展。

去年 7 月，常委会第 12 次会议听取和审议市政府关于 2009 年国民经济和社会发展计划及预算上半年执行情况的报告。会前，常委会用近 2 个月的时间，组织 130 多位常委会组成人员和市人大代表，分 5 个小组，围绕政府投资、结构调整、科技创新、基础设施建设和改善民生问题进行专题调研，形成了 5 个调研报告，并综合提出了 9 个方面的意见。主要内容包括：正确把握首都经济发展的阶段性特点，把防止经济下滑的应急性措施与促进新阶段首都经济持续性发展的战略部署有机结合起来，把保增长与调结构、上水平有机结合起来；深化和完善首都经济发展战略，建设面向全国和世界的服务业中心和科技创新中心；依靠科技创新促进产业结构的优化升级，抢占新一轮国内国际经济技术竞争的制高点；完善城市功能和基础设施，加快城乡供水、污水处理和垃圾处理体系建设；完善社会保障体系，健全基本住房保障制度等。这些意见为常委会的审议奠定了基础，也得到了市委的高度重视，市委书记刘淇同志批示将 5 个调研报告印发市委、市政府上半年经济形势分析会。市政府认真落实常委会的审议意见，下半年进一步加强了新兴产业规划、经济结构调整、推进科技创新、基础设施建设和改善民生等方面的工作。

9 月，常委会第 13 次会议听取和审议市政府关于推动高新技术在经济社会发展中应用情况的报告。在深入调查研究的基础上，经过审议，常委会提出了进一步提升科技创新在首都经济社会发展全局中的战略地位；深化科技创新体制改革，充分发挥政府的主导作用、市场的基础作用、企业的主体作用和科技人员的能动作用；改进首都科技创新组织模式，建立首都科技创新合作机制，发挥政府在科技创新中的规划、组织、协调、服务功能；优先抓好中关村自主创新示范区建设和一批重大科技创新项目等意见，得到市政府的高度重视和积极落实，为推进首都的科技创新增加了动力。

发行地方政府债券，是中央应对国际金融危机，实施积极财政政策，“保增长、保民生、保稳定”的重大战略部署。常委会及时审议通过了市政府关于本市 2009 年度地方政府债券收支安排专项预算调整方案的报告，并作出决议，要求市政府认真做好地方政府债券发行的相关工作，合理安排好地方政府债券的支出，加强对债券收支预算的管理和监督，切实保证资金的使用效益。

常委会还通过制定城乡规划条例、绿化条例、污水防治条例，为首都科学发展提供制度基础；通过办理加快南城建设、推进北运河水系综合治理等代表议案，推进区域经济社会协调发展，缓解城市发展和资源环境的矛盾。

二、完善立法工作格局和机制，提高立法质量

随着深入贯彻落实科学发展观和推进“人文北京、科技北京、绿色北京”建设，

本市立法工作面临一些新的情况和问题。去年4月，经市委同意，常委会和市政府共同召开了立法工作座谈会，以提高立法质量为主题，就新形势下立法工作任务、立法工作宗旨、立法工作格局、立法工作机制等问题进行了研究和安排，有效地提高了思想认识，协调了任务和行动。一年来，常委会和市政府密切协同，加强和改进立法工作，立法工作的水平和地方性法规的质量有了新的提高。

（一）完善立法工作格局，加强立法工作的整体统筹

针对立法工作中存在的部门作用强、整体统筹弱，法规起草与审议脱节的问题，立法工作座谈会确定了新的立法工作格局，即：坚持市委对立法工作的领导，增强市人大常委会在立法工作中的主导作用，发挥市政府在法规制定中的基础作用，加强市人大常委会和市政府内部的整体统筹，加强市人大常委会与市政府各层次的统筹协调。按照这样的工作格局，常委会逐步健全立法工作程序。一是坚持搞好立法年度计划，根据市委批准的五年立法规划，在广泛听取民意的基础上，与市政府充分沟通协调，提出每年制定地方性法规的计划安排，报请市委研究后提请市人民代表大会审定。二是坚持重要法规草案和立法工作中的重要问题报市委研究，保证党的主张经过法定程序成为国家意志。三是推进法规立项论证工作，通过市政府的立项报告和市人大常委会的立项论证报告，解决各自内部的整体统筹问题，实现法规起草与法规审议的有机衔接。四是建立市人大常委会与市政府经常的沟通机制，及时研究处理法规制定过程中遇到的突出问题。这样的工作格局和程序性安排，保证了市委对立法工作的领导，增强了市人大常委会与市政府在立法工作中的统一和合力，进一步防止和克服了部门立法的局限。

（二）坚持立法工作宗旨，着力推动科学发展和维护公民的合法权益

常委会和市政府坚持以科学发展观指导立法工作，在坚持法制统一的前提下突出地方特色，把保证国家法律实施、促进首都科学发展、规范约束权力运行、保障公民合法权益、整合协调利益关系、维护社会公平正义作为立法的基本宗旨，努力为“人文北京、科技北京、绿色北京”建设提供制度基础和法制保障。

适应首都科学发展和城乡统筹发展的需要，审议通过了城乡规划条例、绿化条例、道路运输条例，一审了水污染防治条例和实施节约能源法办法。城乡规划条例进一步明确了城乡规划和建设的指导原则，统筹规范了城乡规划的制定、实施、修改和监督等重要内容，解决了新城和乡镇规划的编制审批、临时乡村建设规划许可等具体问题。绿化条例确定了以人为本、生态优先的原则，对绿化的规划与建设、监督与管理等方面作出了规定。把推进绿化隔离地区建设，合理安排土地利用，扶持绿化隔离地区绿色产业发展等，作为促进城乡经济社会发展一体化的重要措施。道路运输条例规定了郊区客运与城市公共交通统一规划、统一线路、统一服务标准和统一票价的“四统一”机制，建立了全市统一协调的道路客运体系。

常委会重视法规中涉及公共权力、公民权益和社会利益关系的制度安排。绿化条例明确规定要依法明晰林木权属、完善生态公益林建设和管护补偿补助机制，保护林木所有权人和管护者的合法权益；取消了建筑项目普遍的绿化指标和以资金补偿绿化面积的行政许可，明确规定了居民区的配套绿化指标，维护了居民的环境权益。城乡规划条例针对村民普遍使用原有宅基地翻建新房的情况，明确规定该项规划许可管理应当发挥村民委员会作用，切实维护农民的相关权益，

市政府要制定配套规章予以保障。实施农民专业合作社法办法明确规定了各级政府和基层群众自治组织的扶持责任，对农民专业合作社用地、用房、用水、用电等给予支持和帮助，特别是对完善农民专业合作社治理结构，尊重和保护合作社成员权益作出了详细规定。实施妇女权益保障法办法针对农村妇女的权益保障问题，明确规定了其在集体经济组织和土地承包中的相关权益；对遭受家庭暴力的妇女，明确规定政府及有关部门的救助责任。

（三）推进法规立项论证工作，健全科学化、民主化有机统一的立法工作机制

法规立项论证是常委会根据市政府提出的立项报告，在广泛听取民意、深入调查研究的基础上，就立法的必要性与合法性、立法条件、立法宗旨、立法内容、核心条款以及法规效果预期等问题进行的论证。实践证明，立项论证报告作为指导法规起草和审议工作的重要依据，是统筹立法工作，融科学立法和民主立法于一体，提高立法工作质量的一项有效制度。

常委会在总结2008年法规立项论证试验工作的基础上，去年又对13个法规项目进行了立项论证。对有立法必要、立法时机和条件比较成熟的制定生活垃圾管理条例、就业促进条例，修订实施残疾人保障法办法、大型社会活动安全管理条例等8个项目确定立项；对目前条件尚不充分的制定物业管理条例、修订邮政通信条例2个项目确定暂不立项，建议由市政府制定行政规章；对于目前法律、法规能够满足需要，立法不十分必要的制定实施农产品质量安全法办法和修订代表议案工作条例确定不予立项；对论证工作不够充分的修订专利保护和促进条例确定继续深入论证。常委会在立项论证工作中不仅解决立与不立的问题，更着重于解决立项法规如何立的问题。对确定立项法规的立法宗旨、基本功能、主要内容以及核心条款等提出明确的指导意见。如制定生活垃圾管理条例，提出要贯彻生活垃圾减量化、资源化和无害化有机结合的原则；制定就业促进条例，要集中解决政府扶持就业困难人群的就业问题；修订实施残疾人保障法办法，要解决好残疾人在享有一般性保障基础上的特殊性保障问题。

常委会坚持开展立法后评估工作，对养犬管理规定立法质量和实施效果进行了评估，重点对法规中制度设计的合理性、法规实施中存在的问题作出评价，并从进一步明确政府的职能定位、发挥基层自治组织作用、解决好社会治理与行政管理的关系等方面，对改进立法和执法工作提出了意见。

三、突出重点、改进方法，增强监督工作实效

常委会认真贯彻实施监督法，立足于人大监督的特点和优势，注重监督的保障性、建设性和实效性，加强对权力运行的监督，推动带有普遍性、倾向性问题的解决，保障、支持和督促“一府两院”依法行政和公正司法。

（一）围绕关系首都改革发展稳定大局和人民群众普遍关注的重点问题，深入开展监督工作

常委会运用听取和审议专项工作报告、执法检查等监督形式，推动首都科学发展，维护广大人民群众的合法权益，促进社会安定和谐。为推进居民委员会组织法和村民委员会组织法的实施，加强基层民主自治，保障基层群众民主权利，听取和审议了市政府关于推进城乡社区居民自治工作情况的报告，提出了进一步明确居民自治组织在社会治理结构中的功能定位，理顺政府行政管理与公共服务职能和社区群众自治功能的分工合作

关系，加强基层自治组织内部的制度、组织和队伍建设等意见。为统筹城乡卫生事业发展，推进农村医疗卫生服务体系建设，听取和审议了市政府关于农村医疗卫生工作情况的报告，提出了加快推进农村基层医疗保障制度和公共卫生服务体系建设，根据农民需求和山区与平原的不同特点合理配置医疗卫生资源，妥善解决农村医疗卫生人才问题等意见。

常委会高度关注人民群众的生命健康和财产安全问题，在连续多年开展对食品安全、安全生产监督的基础上，围绕农产品质量安全监管体系建设、农业投入品使用和农产品生产、加工、销售等环节，检查了农产品质量安全法实施情况；围绕大型社会活动和公众聚集场所安全保障问题，检查了安全生产法和安全生产条例实施情况。对检查中发现的问题，督促政府认真研究解决，使全市食品安全和安全生产水平有了进一步提高。为切实维护老年人的合法权益，弘扬敬老、爱老的传统美德，检查了老年人权益保障法和老年人权益保障条例的实施情况，提出了提高对老龄工作重要性的认识、健全养老保障体系、推进养老服务体系建设的意见。结合制定水污染防治条例和办理北运河水系治理议案，检查了水污染防治法和本市实施办法的实施情况，提出了发挥政府主导作用、加大水污染防治资金投入、完善相关标准和工作机制、切实提高依法防治水平等意见。市政府高度重视常委会的审议意见，制定了改进措施并认真组织落实，切实推动了相关工作。

（二）以加强对预算资金使用绩效的监督为重点，探索改进预算监督工作

常委会贯彻执行监督法和预算法，在全面履行预算监督职能的同时，着重加强对预算资金使用绩效的监督。根据常委会 2008 年提出的审议意见，去年，市财政局加强了对部门预算的绩效管理和评价，市审计局开展了对一些部门预算执行情况和一些专项支出的绩效审计，并分别在预算上半年执行情况报告和审计报告中向常委会报告了有关情况。常委会还委托人大财经委员会专门听取和研究了市审计局提交的关于社区医疗卫生服务体系建设资金、农村义务教育经费、部分企业节能降耗开支三个方面的绩效审计调查报告。常委会和人大财经委员会认为，审计中发现的一些预算资金使用绩效不高的问题，不仅反映出有关部门存在“重资金投入、轻支出效果”的问题，而且反映出预算管理制度以至预算编制工作仍需改进和完善，建议市政府在督促有关部门认真整改具体问题的同时，深入分析产生问题的整体性、制度性原因，进一步推进绩效管理制度建设，完善预算管理体制和运行机制，提高预算编制水平、预算管理水平和资金使用效益。市政府及其有关部门高度重视，已研究制定了具体措施，并将坚持不懈地推进这方面的工作。

（三）坚持开展对诉讼活动的监督，促进公正司法

常委会坚持把促进公正司法作为本届人大司法工作监督的主题。继 2008 年作出了《关于加强人民检察院对诉讼活动的法律监督工作的决议》后，去年又分别听取和审议了市高级人民法院关于开展商事审判工作情况的报告和市人民检察院关于贯彻落实市人大常委会决议情况的报告。在调查研究的基础上，常委会进一步明确了人大的司法工作监督要有利于维护国家法律的尊严，有利于维护社会主义法制的权威，有利于维护公民、法人和其他社会组织的合法权益的原则，确定了这次审议的基本目的是鼓励、支持、督促“两院”依法正确行使审判权和检察权，推进公正、高效、文明、廉洁司法。通过审议，常委会充分肯定了“两院”贯彻市人大常委会决议所取得的进展和成效，充分肯定

了“两院”在全市法制建设中发挥的重要职能和对全市发展作出的重要贡献，充分肯定了“两院”系统的干部队伍和他们的辛勤工作。同时指出了司法工作和队伍建设中仍然面临的一些突出问题和进一步推进公正司法的迫切性，着重就坚持发挥中国特色社会主义司法制度的优势，进一步加强法院系统内部的审判工作机制和监督机制建设，完善检察院的诉讼监督制度等问题提出了意见。“两院”认真研究落实常委会的审议意见，有关方面的工作正在积极推进。

四、改进代表议案办理工作，推动人民群众普遍关心的重点问题的解决

市十三届人大二次会议主席团确定的“加快南城建设，促进首都经济社会协调发展”、“推进北运河水系综合治理，实现污水防治资源化”、“提高垃圾收集处理现代化水平，建设宜居城市”、“实施积极就业政策，促进社会和谐稳定”四项代表议案，都是关系本市经济社会发展全局、涉及人民群众切身利益、社会普遍关注的重点问题。办理好这些议案，对于充分发挥人民代表大会制度优势、保证人民当家作主、促进首都经济发展和社会和谐具有重要意义。常委会着力改进对市政府办理情况报告的审议工作，改变以往“政府先办理、人大常委会再审议”的模式，增强工作的主动性，组成专项工作组，与市政府同步进行调查研究，充分听取有关区县人大常委会、人大代表和人民群众的意见，加强与市政府的沟通协调，及时提出办理工作的意见和建议，形成了共同办理议案的合力，增强了办理工作的实效。

在办理加快南城建设议案过程中，常委会成立了由主任和分管副主任牵头，市人大财经委具体负责，部分常委会委员、专委会委员和市人大代表参加的专题组，多次深入南部5区开展调研，提出了着重抓好重点基础设施、重点产业功能聚集区、传统特色产业、重点民生工程的意见，建议市政府把加快城市南部地区发展作为首都新阶段发展的全局性、战略性任务，并提出以本届政府任期为时间节点的阶段性目标和措施。市政府高度重视议案办理工作，充分尊重常委会工作组的意见和建议，成立了由常务副市长负责、市发改委牵头的工作协调小组，在充分调研论证的基础上，制定了《促进城市南部地区加快发展行动计划》，向常委会报告后得到了常委会组成人员的高度评价。其间，市委、市政府主要领导直接深入南部地区调查研究，多次听取市政府工作协调小组的汇报并作出指示。市委常委会研究批准了南部地区发展行动计划。加快城市南部地区发展已经成为上上下下的共同行动，南部地区建设正在进入一个新的阶段。

在办理推进北运河水系综合治理议案过程中，常委会采取普遍了解情况与重点调研相结合，办理议案与督办相关建议相结合，听取汇报与组织代表检查、视察相结合的方式，督促政府及相关部门重点解决北运河水系综合治理规划和标准制定、资金投入、污水处理设施建设、污水资源化利用和水生态修复等问题。常委会采取“双层同步督办”的方式，委托相关区县人大常委会对本地区流域水系综合治理情况进行监督，使议案办理目标要求更加具体明确。市政府高度重视北运河治理工作，要求有关部门将北运河治理作为城乡一体化建设的重要内容，并很快编制完成了《北运河流域水系综合治理规划2009—2015》，明确了北运河流域水系治理的原则，落实了资金保障，加大了流域水系监管和执法力度，使治理工作有重点、分阶段地有序推进。

在办理垃圾处理议案过程中，常委会加强与市政府及有关部门的沟通协调，提出要

明确垃圾处理的公益性事业定位、发挥政府主导作用、理顺管理体制机制等方面的意见和建议。市政府制定了全面推进生活垃圾处理的意见和工作方案，召开了专门的工作会议，对本市生活垃圾处理工作进行了全面规划和部署，提出了具体保障措施和手段。目前，议案办理涉及的20项具体任务，已经分解落实到相关部门和区县政府，为进一步提高我市垃圾处理现代化水平打下了坚实的基础。在办理实施积极就业政策议案过程中，常委会提出了要充分发挥经济增长带动就业的作用、积极实施职业技能培训、提升劳动者就业创业能力等意见。市政府高度重视这些意见，结合议案办理，不断探索和完善积极就业政策体系，整体推进城乡一体化就业格局的形成。

常委会还对2008年3项议案办理情况及审议意见落实情况进行了跟踪检查，推动市政府继续抓好乡村基础设施建设、生态涵养发展区产业发展和农民增收、保障性住房建设等方面的工作。

五、保证人大代表执行职务与人大及其常委会行使职权密切衔接，保持人大代表与人民群众密切联系

常委会贯彻实施代表法，深化对代表执行职务性质和特点的认识，切实加强对代表履职的服务保障，通过把代表执行职务与人大及其常委会行使职权密切衔接、加强代表与人民群众的密切联系，更加充分地发挥人大代表作用，增强常委会工作的代表性和民主性。

（一）加强人代会前的服务工作，保障代表在代表大会会议期间更好地行使职权

常委会不断改进工作方法，为代表参加会议、提高审议质量提供更好的服务。一是改进代表会前视察方式。由市人大常委会统一组织，把代表在原选举单位的视察与专题视察结合起来，使代表充分地了解社情民意。在视察过程中，组织代表与市人大常委会、“一府两院”负责人座谈，保障代表充分地反映群众意愿。二是增强分团活动实效。尽早地把会议文件提供给代表，使代表有比较充足的时间阅读和讨论，把对会议文件和各方面工作的意见、建议反映在会前，为修改完善各项报告奠定基础。将2009年代表所提建议以及办理报告发放各代表团，组织各代表团就拟提议案、建议进行沟通研究，为提高议案、建议质量创造条件。三是改进预算向代表公开工作。每月向代表书面报告预算执行情况，增加项目支出预算安排情况的说明，研究开发了市2009年计划、预算执行情况与2010年计划、预算草案数据指标电子查询系统，保障人大代表更好地行使审查批准预算职权。

（二）健全闭会期间代表工作机制，努力使代表执行职务与常委会工作密切衔接

常委会进一步完善代表工作格局，强化服务保障措施，不断扩大代表参与常委会工作的广度与深度。一是建立了专门委员会与相关领域代表相对固定联系的制度，有计划、有目的地组织代表参与立法、监督、议案办理等工作，参加调研、视察、执法检查、列席专委会和常委会会议等活动。去年，共有545名代表、672人次参与了常委会议题的调研和审议工作。二是拓宽代表知情知政渠道。积极发挥常委会门户网站作用，并增加寄发材料内容，将人大常委会和“一府两院”的工作情况更充分、迅速地通报给代表。三是丰富代表活动形式和内容。委托区县人大常委会和北京军区政治部开展年中集中活动；组织代表就市政府2010年拟办实事提出意见和建议，由市人大常委会有关部门整理为9个方面221项，交由市政府研究采纳。四是

加强代表队伍建设，在已经建立体育、妇女、农村3个代表小组基础上，又成立了少数民族代表小组和科技代表小组。常委会还举办了两期培训班，帮助代表提高履职的素质和能力。

（三）密切代表与人民群众联系，增强代表执行职务的民意基础

加强代表与人民群众的联系，是代表发挥作用的前提和基础。去年常委会从完善联系机制入手，积极推进这项工作，重点建立和完善了相关制度。一是建立了代表信息公开制度。在市人大常委会门户网站上，公开所有市人大代表之间的联系信息；向区县人大代表公开本选举单位选出的市人大代表联系信息；根据代表意愿，向社会公开其联系信息。二是完善市人大代表联系人民群众制度。建立市人大代表与区县人大代表联系、市人大代表就重要工作直接征求群众意见、人大代表定期接待群众等制度，进一步畅通利益诉求表达渠道。

（四）增强代表建议办理实效，推动实际问题解决

在市十三届人大二次会议上，代表共提出了1480件建议、批评和意见。其中，被有关方面采纳、问题得到解决或基本解决的176件；难度较大、需要逐步解决，工作已有进展的962件。闭会期间代表提出的建议218件，已办复141件。为进一步提高建议办理质量，常委会不断改进工作机制。一是建立了主任、副主任牵头督办，专门委员会分类督办，代表联络室统筹督办三个层次的工作制度。加强专门委员会对同一类代表建议的综合分析，提出从政策上、制度上解决问题的建议。二是形成了建议分析、调查研究、形成意见、与承办单位和提建议代表沟通、以及办理后复查补办等督办工作程序，提高办理成效。去年通过复查，确定了14件建议交由有关承办部门重新办理，153件交有关单位与代表进一步沟通解释。另外，对市十三届人大一次会议提出的46件建议进行了跟踪督办，推动了有关问题的解决。

去年，常委会主任、副主任牵头督办了关于建立地铁建设和运营安全评估制度、推进京西旅游休闲功能区建设等7个方面的建议，专门委员会分类督办了完善法律援助机构、发展西南山区旅游等8类21件建议，都取得了较好效果。通过对“促进老字号文化事业与文化产业发展”建议的督办，推动政府将老字号保护和促进项目列入立法调研计划，加大资金政策扶持力度，加强老字号企业传承人培养等。通过对“加快三海子郊野公园规划建设”建议的督办，市政府批复了三海子公园总体规划编制，一期工程已经开工建设。通过对“加快筹建北京市军供保障大楼”建议的督办，军供站建设工程今年即将开工，拟于明年竣工并投入使用。

六、按照“坚持正确方向、完善工作方式、努力有所作为”的要求，加强常委会和机关自身建设

常委会结合协助市委筹备第三次人大工作会议和纪念市人大设立常委会30周年，认真总结历史经验，深化对人民代表大会制度的认识，推进常委会和机关的思想政治建设、工作方式完善和素质能力提高。

（一）加强思想政治建设

常委会引导组成人员和机关干部着力弄清四个问题：一是必须明确人民代表大会制度与人大的联系和区别，认清在坚持和完善人民代表大会制度中人大及其常委会肩负的重要责任；二是必须坚持正确的政治方向，把坚持党的领导、人民当家作主、依法治国有机统一贯彻到人大的各项工作中；三是必须紧紧围绕党和国家工作大局发挥人民代表大会制度的功能和优势，为建设“人文北京、

科技北京、绿色北京”提供民主法制保障；四是必须不断完善人大常委会和机关的工作方式，切实提高工作的质量和实效，努力做到有所作为。

（二）继续完善工作方式

科学的工作方式是常委会依法、正确、充分、有效履行职能的手段和保证。常委会着眼于发挥人民代表大会制度的优势，着力改进工作层面的制度、机制和方法。一是把提高工作的质量和实效作为完善工作方式的统领。二是坚持围绕中心、服务大局，合理确定工作的任务和目标，做该做、能做、有用、有效的事。三是调整工作格局，围绕提高常委会会议的审议质量和决策水平，合理安排会前、会中和会后的工作，抓好会前的准备和会后的督查工作。四是推进立法、监督、代表等方面工作制度和机制的创新。五是改进工作方法，形成了“一主动、三提前”的基本做法，对常委会的议题，会前主动分析把握议题解决的主要问题和实现目标，提前调查研究，提前与“一府两院”沟通，提前形成调研报告和审议参考意见。六是加强常委会履职的服务保障体系和支持体系建设，搞好机关基础工作。

（三）加强机关干部队伍建设

按照市委的部署，常委会机关深入开展学习实践科学发展观、学习贯彻党的十七届四中全会精神、加强作风建设年、推进廉政风险防范管理等活动；实行工作项目管理责任制，开展工作项目质量实效评价，发挥人大专门委员会和常委会工作机构的作用，调动机关干部工作的积极性和创造性；以培养党和国家民主法制建设专业人才，提高政治素质和业务素质为目标，抓好干部的选拔任用、学习培训、实践锻炼、考核激励等工作；开展了庆祝新中国成立 60 周年、纪念地方人大设立常委会 30 周年等系列活动，进一步增强了责任感和凝聚力，促进了常委会各项工作的开展。

常委会重视做好信访工作，在推动有关问题解决的同时，注重对信访的综合分析，努力把信访中涉及的普遍性问题纳入立法和监督工作中加以解决。加强新闻宣传和信息公开工作，着力宣传人民代表大会制度的优越性，便于人大代表和人民群众了解和监督常委会的工作。认真完成全国人大常委会委托或交办的工作任务，为全国人大常委会来京调研、检查工作提供服务和保障。密切与兄弟省市人大常委会的联系，加强学习和交流。积极开展与外国地方议会的友好交往，促进双方互利合作，增进了解和友谊。常委会进一步加强与区县人大常委会的联系。在立法工作中重视发挥区县人大常委会的作用，认真听取和吸纳区县人大常委会反映的意见；在监督工作和议案办理工作中，建立上下联动工作机制，发挥各级人大常委会和人大代表的整体作用；在市委及有关部门的关心支持下，推进区县人大常委会及其机关建设中一些实际问题的解决，为区县进一步发挥人民代表大会制度优势，做好人大工作创造了更好的条件。

各位代表，一年来，常委会工作取得的进展和成效，是在中共北京市委正确领导下，全体常委会组成人员和人大代表辛勤工作的结果，是“一府两院”、区县人大常委会密切配合的结果，也是各级党委和广大人民群众关心、支持、帮助的结果。在此，我代表市人大常委会，向各位代表和全市人民，向市委和各级党组织，向市“一府两院”和各级国家机关，向所有关心、支持人大工作的同志们、朋友们，表示崇高的敬意和衷心的感谢！

面对新形势、新任务，我们也清醒地认识到，常委会的工作还有不少差距。一是对人大制度、人大工作特点和规律的认识需要继续深化，坚持和完善人民代表大会制度的自觉性需要继续增强。二是立法工作的质量需要进一步提高，加强常委会和市政府的整体统筹还有大量的工作要做，法规立项论证等工作的水平还不够高。三是监督工作中如何加强对国家权力运行的监督，保证权力的依法正确行使，还需要深入探索和实践。四是充分反映民意、广泛集中民智的渠道还需拓宽，工作方式还需改进。五是常委会组成人员和机关干部的素质能力需要进一步提高。我们将继续认真研究这些问题，持续不断地加强和改进工作。

2010年的工作任务

2010年，市人大常委会要在市委领导下，认真贯彻党的十七届四中全会、中央经济工作会议精神和市委十届七次全会、第三次人大工作会议精神，按照围绕中心、服务大局，坚持制度、发挥优势，完善方式、增强实效的思路安排工作。围绕中心、服务大局，就是要着眼于建设世界城市，紧紧围绕“人文北京、科技北京、绿色北京”建设的大局和任务，依法履行职能，充分发挥作用。坚持制度、发挥优势，就是要着眼于发挥人民代表大会制度的优势，坚持党的领导、人民当家作主、依法治国有机统一，在保证和促进首都科学发展的具体实践中，坚持和完善人民代表大会制度，推进社会主义民主法制建设。完善方式、增强实效，就是要继续遵循坚持正确政治方向，完善工作方式，提高工作质量和实效的要求，进一步提高各项工作的水平。

一、立法工作方面

拟安排审议7项法规草案。为加快建设中关村国家自主创新示范区，制定中关村自主创新示范区条例。为完善农机监管和社会化服务体系，提高农业生产力水平，修订农机管理条例。为进一步规范管理相对人的安全责任，更好应对本市大型活动安全面临的新情况和新问题，修订大型活动安全管理条例。为适应首都经济社会和城市建设快速发展对加强消防安全工作的需要，解决当前消防工作面临的突出矛盾和问题，修订消防条例。为深入贯彻落实安全生产法和国家相关政策，全面推进政府安全生产监管责任和企业安全生产主体责任的落实，修订安全生产条例。继续审议水污染防治条例和实施节约能源法办法。

做好4项法规草案的调研起草工作，包括实施就业促进法办法、生活垃圾管理条例、出版条例、实施残疾人保障法办法。

拟对5个法规进行立项论证，包括制定审计条例、社区卫生服务条例，修订区县乡镇人大代表选举实施细则、老年人权益保障条例、城市河湖保护管理条例。同时，就房屋租赁方面的立法工作进行调研，提出意见和建议。

继续推进立法后评估，拟开展对历史文化名城保护条例的评估工作。

按照全国人大常委会的要求，对现行有效的137项地方性法规集中进行审查和清理，着重解决法规中存在的不一致、不适应、不协调的问题，维护国家法律体系的统一性。

在立法工作中，要坚持已经确定的立法宗旨，切实解决好涉及国家权力配置、公民权益保障和社会利益协调的制度安排。要继续完善立法工作格局，加强市人大常委会和市政府的整体统筹工作。要进一步健全科学立法、民主立法有机统一的工作机制，完善法规立项工作程序，提高立项论证工作水平。要完善法规审议机制和程序，处理好法制委员会和其他专门委员会的关系，做好法规审议各个阶段和环节的衔接与协调工作。要加强立法工作制度建设，制定法规起草论证工作规程、立法后评估工作指导意见，修订年度立法计划编制和立法技术规范，提高立法工作的科学化、民主化和法制化水平。

二、监督工作方面

继续深入贯彻实施监督法，坚持把保证市委决策部署和人民代表大会会议决议的贯彻落实，推进首都科学发展，推动人民群众普遍关心的重点问题的解决作为监督工作的重点任务。立足于人大监督的特点和优势，着重于对国家权力运行和公共资源配置的监督。改进监督方法，增强监督实效，使人大常委会的监督工作更富于保障性、建设性和实效性。

拟安排听取和审议“一府两院”9 个专项工作报告。为推动中关村国家自主创新示范区建设，做好中关村国家创新示范区条例的制定工作，听取和审议市政府关于中关村国家自主创新示范区建设进展情况的报告。根据城乡规划条例的规定，听取和审议市政府关于北京市城市总体规划实施 5 年评估工作情况的报告。为推动少数民族乡村经济发展，听取和审议市政府关于支持少数民族乡村发展经济工作情况的报告。为保持常委会工作的连续性，继续推动人民群众普遍关心的一些重点问题的解决，分别听取和审议市政府关于推进城南地区发展、生活垃圾处理、北运河水系综合治理以及保障性住房建设进展工作情况的报告。司法工作监督坚持以促进公正司法为主题，以推动制度建设为重点，听取和审议市高级人民法院关于加强制度建设、强化内部监督、确保司法公正的工作报告，听取和审议市人民检察院关于深化诉讼监督工作、促进执法司法公正的工作报告。

听取和审议本市 2010 年国民经济和社会发展计划上半年执行情况、预算上半年执行情况的报告，以及 2009 年预算执行和其他财政收支的审计工作报告、2009 年决算草案的报告，审查批准 2009 年市级决算。围绕听取和审议这几项报告和全市编制“十二五”规划，继续开展对首都经济社会发展情况的专题调研。加强改进预算监督工作，深化对财政资金使用绩效的监督，支持政府审计机关充分发挥职能作用，促进政府预算编制和管理水平的提高。

拟安排两项执法检查。为改善中小企业的发展环境，发挥其在国民经济和社会发展中的重要作用，对中小企业促进法实施情况进行检查。为推进新形势下的征兵工作，支持国防和军队建设，对征兵条例实施情况进行检查。

常委会还要抓好去年 13 项议题审议意见书落实情况的跟踪检查。为了提高工作效率，减轻工作负担，拟将其中的 5 项合并到听取和审议“一府两院”专项工作报告中，其余 8 项委托各专门委员会进行检查。

三、代表工作方面

以保障代表依法行使职权、密切代表与人民群众联系为重点，加强和改进代表工作。一是进一步完善代表执行职务与代表大会和常委会履行职能密切衔接的制度和方法，更加有效地发挥代表工作格局的作用，提高代表闭会期间开展各项活动的组织服务水平，提高活动的质量和实效。完善代表参与常委会议题调研和审议的工作方法，更好地发挥代表工作在常委会工作中的基础作用。二是进一步加强代表密切联系人民群众工作。完善市人大代表信息公开制度、市人大代表和区县人大代表联系制度、市人大代表联系人民群众的制度，明确联系的形式、途径和要求，畅通民意表达的渠道，积极主动接受人民群众的监督。三是进一步加强和改进建议办理工作。完善牵头督办、分类督办、统筹督办相结合的办理工作模式。健全督办程序，规范分类标准，推进督办工作的制度化建设。四是进一步加强代表履职服务保障工作。推进服务代表的信息系统建设，坚持搞好代表培训，保障代表知情知政，帮助代表提高履职的素质和能力。

要更加重视代表议案办理工作对保障人民当家作主的重要作用，进一步健全办理工作机制，加大调研和沟通协调力度，切实提高办理工作的质量和实效。

四、自身建设方面

认真贯彻落实党的十七届四中全会和市委十届七次全会、第三次人大工作会议精神，推进学习型组织、学习型机关建设，组织引导常委会组成人员和机关干部坚持用中国特色社会主义理论体系武装头脑，深入学习实践科学发展观，学习践行社会主义核心价值体系，学习人民代表大会制度理论和民主法制建设专业知识，坚持正确的政治方向，建立共同的理想目标，形成共同的价值基础，凝聚共同的奋斗力量，不断提高履行职能的素质和能力，使人大工作更加富有活力，人民代表大会制度的优势得到更充分的发挥。

各位代表，首都发展已经进入一个新的阶段。加快推进“人文北京、科技北京、绿色北京”建设，已经成为全市人民的共同意愿。市委和广大人民群众对坚持和完善人民代表大会制度高度重视，对市人大及其常委会的工作寄予厚望。让我们在中共北京市委领导下，紧密团结在以胡锦涛同志为总书记的党中央周围，以更加奋发有为的精神状态，更加求真务实的工作作风，更加扎实有效的工作措施，做好今年人大及其常委会的各项工作，为坚持和完善人民代表大会制度，为把北京建设成为繁荣、文明、和谐、宜居的首善之区作出新的更大贡献！

北京市第十三届人民代表大会第三次会议关于北京市高级人民法院工作报告的决议

（2010年1月30日北京市第十三届人民代表大会第三次会议通过）

北京市第十三届人民代表大会第三次会议听取和审议了北京市高级人民法院院长池强所作的《北京市高级人民法院工作报告》，决定批准这个报告。

北京市高级人民法院工作报告

——2010年1月28日在北京市第十三届人民代表大会第三次会议上

北京市高级人民法院院长　池　强

各位代表：

现在，我代表北京市高级人民法院向大会报告工作，请予审议，并请各位政协委员提出意见。

2009 年的主要工作

在市委的领导、市人大及其常委会的监督和最高人民法院的指导下，全市法院深入贯彻落实科学发展观，坚持从严治院、公信立院、科技强院、人才兴院，依法审理各类案件，保障当事人在首都法院打一个公正、明白、便捷、受尊重的官司，审判工作取得了新的进展。

一、主动适应人民群众对法院工作的新期待，加强审判管理，维护司法公正

2009 年全市法院受理各类案件 424,707 件，审结 421,218 件，同比分别上升 7.8%和 9.4%。在审判任务压力持续加大的情况下，更加注重提高审判质量和效率，更加注重保障当事人的诉讼权利，更加注重工作机制创新，努力做到公正司法、为民司法、高效司法。

坚持从严治院，提高司法公信力。将公正作为法院工作的生命线，以严格管理促进公正司法，以公正司法取信于民。一是加强审判质量检查。市高级人民法院制定《关于开展案件质量评查工作的意见》，各法院均设立专门机构开展案件评查工作，对所有庭审活动全程监控，对全部案件随机抽查，全年评查案件 29,264 件，对发现的问题实行责任倒查，进行公开点评。二是加强审限管理。制定《关于提高审判效率、加强审限管理的意见》，对延长审限的案件严格审批，并向当事人作出说明。全年法定审限内结案率达到 95.3%。三是强化审级监督。发挥二审程序的监督、纠错、补救功能，促进执法标准统一。严格审判监督程序，依法再审改判、发回重审案件 364 件。四是规范司法行为。根据新修订的民事诉讼法，编制了《立案工作规范》，明确了各类案件的受理程序，修订了各项审判的《办案规则》和《书记员工作细则》，使司法行为有规范、检查考核有标准、群众监督有参照。五是召开全市法院司法公开专项会议，在审判工作的各个环节落实公开制度，增强审判工作的透明度。在互联网上对 1336 件案件进行庭审直播，占全国法院网络直播案件的 75%。

坚持为民司法，方便当事人诉讼。一是针对有的当事人不了解诉讼流程的情况，制定《关于诉讼引导工作的规定》，在各法院立案大厅设立导诉员，保证当事人到法院有人接待、咨询问题有人回答、诉讼活动有人引导，让当事人明白地打官司。二是针对当事人递交诉讼材料找不到法官的情况，制定《关于诉讼材料收转工作的规定》，在各法院设立诉讼材料收转窗口；对老年人、残疾人等行动不便的当事人，实行电话预约立案、登门调解等做法；审判人员带案下乡，全年就地巡回审结案件 9284 件；一些法院开设了假日法庭、晚间法庭，让当事人便捷地打官司。三是制定《关于案件查询工作的规定》，在各法院设立案件查询窗口，并探索开通电话和网络查询方式，方便当事人及时了解案件办理进度，让当事人放心地打官司。四是对经济困难的当事人，加大司法救助力度，全年依法准予减、缓、免交诉讼费 1522.8 万元，让当事人打得起官司。五是在审判活动中，注重司法礼仪，平等保护当事人的诉讼权利，做好判后答疑工作，让当事人打一个受尊重的官司。

坚持科学管理，提高办案效率，努力缓解案多人少的矛盾。一是全市法院开展审判事务集中管理，由审判辅助人员集中办理上诉案件移转、委托司法鉴定、实施诉讼保全等 9 项工作，提高了事务性工作的办理效率，并将法官从大量事务性工作中解放出来，保

障法官有更多时间审理案件。二是实行案件繁简分流，基层法院设立速裁审判庭，专门办理案情和法律关系简单的案件，全年适用简易程序审结案件194,183件。三是将全部案件的办理流程、质量标准、审理期限纳入计算机信息化管理，促进审判质量和效率的提高，让当事人享受到法院信息化建设的成果。国家工信部、市信息办对我市法院将信息化建设与审判管理相结合给予“深度融合、精细管理”的高度评价。

二、主动适应经济社会发展对法院工作的新要求，充分发挥审判职能，依法审理各类案件

全市法院按照“保增长、保民生、保稳定”和“平安国庆”的要求，依法做好各项审判工作，为首都经济社会发展营造公正高效的法治环境。

积极应对国际金融危机影响，依法保障首都经济平稳较快发展。市高级法院主动研究审判对策，制定了《商事审判应对金融危机的若干意见》、《公司清算办案规范》等指导性文件。一是在审理合同案件中，对因资金链断裂、暂时无力履行合同义务的企业，给予合理的宽限期；对借口金融危机主动违约的行为，不予免除法律责任，维护市场秩序、保障交易安全。全年审结合同案件152,128件，同比上升8.3%。二是在破产案件审理中，对符合法定破产条件的企业，依法进行破产清算，让不适应市场的企业有序退出，促进首都产业结构调整；对有发展前景的企业，运用重整、和解制度，尽可能维持企业的生存。例如，北京五谷道场公司负债6.2亿元，破产清偿率仅为2.76%。考虑到该企业仍有发展前景，法院说服600多名债权人对重整方案达成一致意见，使企业优质资产得以盘活，2000多名职工的就业得到保障，工资和保险费得到全额清偿，债权人的利益得到有效保护。全年受理破产案件102件，同比增长21.4%。三是在劳动争议案件审理中，依法保障职工合法权益，同时注意保护企业正常用工权利，全年审结劳动争议案件20,899件，同比上升49.4%。四是平等保护境内外当事人合法权益，依法审结中外合资纠纷、外商撤资纠纷、仲裁裁决司法审查等涉外、涉港澳台案件2340件，同比上升18.9%。

落实宽严相济的刑事政策，增强群众在首都生活的安全感。全市法院将维护首都社会稳定作为首要任务，依法严惩严重刑事犯罪，全年审结刑事案件21,052件，判处罪犯21,747人，其中，判处5年以上有期徒刑、无期徒刑、死刑的罪犯2974人。一是依法严惩杀人、抢劫、绑架等严重危害群众生命财产安全的犯罪，与有关部门会签《关于健全打黑除恶工作机制的意见》，审结了李海忠等涉黑恶势力案件。针对非法集资等涉众型经济犯罪增多的情况，与有关部门会签《关于依法打击涉众型经济犯罪维护首都经济秩序的意见》，加大赃款赃物处理力度，尽量弥补被害人的损失。全年审结涉众型经济犯罪案件47件，涉案金额45亿元。二是严厉打击贪污、贿赂犯罪，积极开展反腐败斗争，审结相关案件160件。三是坚持惩罚犯罪与保障人权并重，对10名被告人依法宣告无罪，对未成年被告人，坚持“教育、感化、挽救”方针，寓教于审，并在结案后进行回访帮教。全年对526名未成年人判处非监禁刑，重新犯罪率在1%以下。

妥善调处民事纠纷，促进社会和谐。一是审结涉及住房、医疗、教育等民事纠纷50,442件，依法保护当事人的切身利益。审结婚姻家庭、遗产继承案件32,902件，注重保护妇女、儿童、老年人、残疾人的合法权益。依法审理涉军案件，探索建立保护军人、军属合法权益的工作机制。二是按照“调解优先、调

判结合”原则，将调解工作贯穿于立案、审判、执行各个环节，以诚心、耐心和责任心及时化解影响群众生活的矛盾纠纷。注意发挥行业协会、社会组织的作用，推广了知名企业家参与调解商事纠纷的制度，与保险业协会共同建立了保险纠纷联合调解机制，尝试了委托市医学教育学会对医患纠纷进行无偿公益调解。全年民事案件调解撤诉率达53.4％，一审服判息诉率达83.5％。全市法院还积极开展诉前调解工作，全年在立案前化解纠纷11,735件。最高法院对我市法院调解工作进行了通报表扬。三是畅通申诉渠道，市高级法院全年审结申诉复查案件4877件，同比上升45％。对涉诉信访问题，三级法院正副院长和办案法官联合接访，努力解决信访当事人的合法合理诉求。

依法审理知识产权案件，服务“科技北京”建设。针对北京法院受理知识产权新类型案件多的特点，积极开展前沿研究，采取专业咨询、技术鉴定、专家陪审等方式解决技术难题。落实《国家知识产权纲要》，扩大了知识产权受案范围。在崇文、宣武、石景山、昌平区人民法院新设了知识产权审判庭。全年审结知识产权案件8068件，同比上升22.5％，案件数量居全国之首。

依法审理行政案件，促进和谐行政关系的形成。制定《关于在行政审判中保护行政相对人合法权益的意见》，保障行政相对人的起诉得到依法及时受理。对违法行政行为，依法判决撤销，并建立行政案件通报制度，及时向有关行政机关通报行政执法中存在的问题。对重大项目建设引发的征地、拆迁行政案件，加大协调力度，建议行政机关完善具体行政行为，保障行政相对人的权益，保障重点工程建设顺利进行。全年审结行政案件7321件，同比上升32.6％。

改进和加强执行工作，实现胜诉当事人的合法权益。一是对恶意隐匿财产、长期逃避义务的被执行人，依法采取拘传、拘留、罚款、限制出境等强制措施，直至追究刑事责任，建立与公安、房管、银行等部门的联动机制，尽最大可能查车辆、查房产、查股权、查存款、查被执行人下落，维护法律的权威。二是对申请执行人生活困难、被执行人又确无财产可供执行的交通事故损害赔偿、刑事附带民事赔偿等涉民生的案件，依靠党委政府的支持，通过司法救助解决，化解了一批历史遗留问题。三是推进执行机构和执行管理改革，成立执行局，将执行裁决权和执行实施权分离，实行分权制约，提高执行效率。全年清理历史执行积案48,075件，执结标的额226亿元，还执结现案104,915件，执结标的额462.2亿元。

三、主动适应审判队伍状况的新变化，提高司法能力，确保公正廉洁

为适应队伍状况的新变化和审判工作的新要求，全市法院坚持将队伍建设作为重中之重，深入开展学习实践科学发展观活动、“人民法官为人民”主题实践活动，着力从三个方面提高队伍整体素质：

着力提高司法能力，保证审判队伍具备依法办案的综合素质。一是提高法律适用能力。针对新法律和司法解释陆续实施、新类型疑难案件不断出现的情况，市高级法院举办各类培训班35期，培训5875人次，全市法院每名干警全年都完成了不少于100学时的培训任务。各法院还积极开展疑难案件研讨、优秀裁判文书展评、改判发回案件讲评等活动，切实提高审判人员的业务能力。二是提高化解社会矛盾的能力。加强与经济和社会管理部门的交流，选派法官到相关部门挂职锻炼。将年轻法官放在审判一线、信访接待部门听取群众意见，了解法院工作存在的问题。开展法官教法官工作，在全市法院

选聘了329名优秀法官担任指导教师，“一对一”地对年轻法官进行指导。三是提高把握国情和社情民意的能力。组织审判人员到农村和社区考察，开展“听呼声、走百家、送服务”活动，增进对社情民意的了解。探索面向社会招录法官，2009年录用了13名大学生“村官”。

着力维护公正廉洁，保证审判人员具备公正司法的良好品格。一是坚持廉政教育经常化，开展正反两个方面的典型教育。全市法院集中开展了警示教育月活动，认真分析审判工作中容易发生问题的环节。二是加强廉政监督的实效性，在各审判庭和执行部门设立廉政监察员，制定《关于开展廉政风险防范工作的意见》，加强对审判活动的监督。三是严格落实市高级法院关于禁止违反规定干预案件审理和执行等“五条禁令”，全年查处违纪违法人员11人。

着力改进审判作风，保证审判队伍具备为民司法的强烈意识。一是加强民意沟通，建设“开放式法院”，让法院成为群众参与法制活动的公开场所。向社会公布了投诉电话和电子邮箱，对群众来电来信做到件件有答复。二是加强作风检查，在法庭、立案和信访窗口安装监控设备，组织特邀监督员对审判作风进行明查暗访，对监控、检查发现的作风问题，在全市法院进行通报。三是发挥先进典型的引领示范作用，全市法院深入开展了学习“新中国成立以来感动中国人物”宋鱼水的活动；同时开展了学习全国模范法官朝阳法院钟蔚莉、全国十大政法英杰海淀法院马军、人民满意的政法干警标兵市二中院周瑞生等先进典型的活动，组织宣讲团，召开“以案析理”报告会，让先进典型通过具体案例讲解司法为民的做法和体会。房山法院法官厉莉承受身体上的病苦和推迟生育的压力，自费往返上海，两次为下岗职工的女儿捐献骨髓，体现了首都法官无私奉献的精神境界，2009年被授予“全国三八红旗手”称号。

四、主动接受人大和社会各界的监督，不断改进工作

全市法院将人大和社会各界的监督作为司法公正的重要保障，作为对法院工作的有力支持。

认真落实市人大及其常委会有关决议。为落实市十三届人大二次会议决议，市高级法院制定了落实方案和任务分解，对各项工作逐一确定分管领导、责任单位和办理期限。落实市人大常委会《关于加强人民检察院对诉讼活动的法律监督工作的决议》，邀请检察长列席审判委员会，审结检察机关抗诉案件125件，依法改判、发回重审45件。市人大常委会听取和审议了市高级法院关于商事审判工作情况的专项报告，提出了加强商事审判工作的具体意见；各区县法院也向区县人大专项报告了集中清理执行积案、民事审判、知识产权审判等工作。

认真办理人大代表建议。对市十三届人大二次会议期间收到的24件代表建议，市高级法院逐一研究，每件建议的办理都由院级领导直接负责，在办理过程中认真听取代表意见，办结后当面答复，其中18件建议已经落实；关于在法院设立银行收费点，方便当事人交纳诉讼费等6件建议的办理取得了积极进展，代表均表示满意。还邀请代表视察法院，旁听庭审，参加调解、执行、信访接待等工作，有力地促进了法院工作的发展。

自觉接受社会各界的监督。发挥人民陪审员参与、监督审判的作用，全年有14个区县人大常委会任命人民陪审员1267名，市高级法院对人民陪审员开展了集中培训，扩大了人民陪审员参审案件的范围，全年参审案件22,368件，同比上升36.2%。认真听取政

协委员、特邀监督员、律师和社会各界的意见和建议，加强与媒体的沟通，更有效地接受人民群众的监督。

各位代表，一年来，全市法院能够完成繁重的审判任务、化解大量矛盾纠纷，离不开各级党委、人大、政府、政协以及社会各界的领导、监督和支持。刘淇同志参加了纪念北京市法院成立 60 周年座谈会并作了重要讲话，要求全市法院继承光荣传统，创造新的业绩，努力创建首善之院。市人大常委会的领导多次深入法院指导工作，各位代表就加强审判管理、提高法官素质等方面提出了许多诚恳的意见和建议，帮助法院解决了许多困难。在此，我代表全市法院，向各位代表表示衷心的感谢和崇高的敬意！

与形势任务的要求相比，全市法院的工作还存在一些不足。一是司法为民和公平正义的意识有待提高。当前，人民群众对法院工作的期待和关注度越来越高，案件处理的难度越来越大，审判工作不但要保障首都经济社会的整体发展，还要充分保障当事人的个体权益，既要实现公正高效的法律效果，还要追求案结事了的社会效果。面对新形势，审判队伍的为民意识、公正意识、在公开透明环境下严格依法办案的意识都需要进一步增强。二是审判管理有待加强。在案件数量持续增多、工作标准越来越高的情况下，全市法院审判质量管理、考核指标、激励机制都有待改进和加强。三是司法能力有待提高。近年来审判队伍出现了高学历、年轻化现象，尽管法律专业素质有了较大提高，但准确适用法律、妥善化解社会矛盾的能力有待增强，年轻法官的培养需要一个较长的过程。四是工作机制有待完善。在化解社会矛盾方面，诉讼调解与非诉调解的衔接机制有待健全；在执行工作上，法院与有关部门的联动机制需要继续完善；对涉诉信访的困难群众，司法保护与社会救助有机结合的工作机制尚未建立。对这些问题，我们要认真加以解决。

2010 年的工作任务

各位代表，2010 年全市法院工作的总体思路是，认真学习贯彻党的十七届四中全会精神，深入贯彻落实科学发展观，坚持党的事业至上、人民利益至上、宪法法律至上，保障当事人在首都法院打一个公正、明白、便捷、受尊重的官司，切实维护司法公正。重点做好以下工作。

一、围绕服务首都经济社会发展，在能动司法、发挥审判职能上下功夫

按照市人大常委会对市高级法院商事审判工作报告的审议意见，妥善审理合同纠纷、股权纠纷、企业破产等案件，总结审判工作应对经济形势变化的经验。加强知识产权司法保护，促进自主创新。坚持依法严厉打击严重刑事犯罪，全力维护首都社会稳定。贯彻“调解优先、调判结合”原则，提高调解质量，注重调解协议的实际履行，对调解不成的案件，依法及时作出判决，并做好息诉服判工作，努力做到案结事了。在行政审判中，促进行政机关依法行政，保护行政相对人合法权益。加强诉前调解，完善诉讼与非诉讼相衔接的纠纷解决机制，将更多纠纷解决在诉讼形成之前。做好司法建议、法制宣传等工作，积极参与社会管理创新。

二、围绕公正廉洁司法，在制度建设、科学管理上下功夫

针对审判工作中的具体问题，完善制度规范、加强监督检查、落实审判责任，确保

严格依法办案。加强审级监督，依法审理二审案件和再审案件，发挥我国司法制度内在监督机制的作用。加强审判质量检查，将基层法院审判监督庭的主要职能确定为案件评查，利用信息化手段对诉讼过程实行全程监督，落实责任倒查机制，切实规范司法行为。加强案例指导工作，促进执法标准统一。完善审判质量效率考评机制，加大考评力度。推进司法公开，增强审判工作透明度。落实人民陪审员制度，保障人民陪审员依法参与和监督审判工作。加强廉政制度建设，严禁法院各级领导超越职权、违反工作程序过问案件，严禁法院工作人员私下为当事人转递诉讼材料，严格执行法院退休调离人员离职两年内不得在本市法院代理案件，两年后不得在原任职法院代理案件的规定，对违纪违法行为，严肃予以查处。

三、围绕司法为民，在保障当事人合法权益、落实便民利民措施上下功夫

妥善审理与群众利益密切相关的民事案件，依法维护当事人权益。加大执行工作力度，以强化执行管理为核心，推进执行改革，提高执行效率，建立执行救助机制，切实解决执行工作中的重点难点问题。健全涉诉信访工作机制，落实信访工作责任，努力解决涉诉信访问题。完善便民诉讼举措，形成有首都法院特色的司法为民机制。尊重和保障律师执业权利，进一步方便律师参与诉讼活动。

四、围绕抓基层、打基础，在法院自身建设上下功夫

增强审判队伍司法为民意识，坚持法院工作的正确方向。加强职业道德和司法能力建设，将培养合格法官队伍作为重大责任，创新教育培训方式，提高审判队伍适用法律和调处矛盾的水平。深入开展学习先进典型的工作，加大正面宣传力度。加强基层人民法庭建设，解决33个人民法庭的改扩建问题，充实人民法庭的审判力量，尽量将矛盾纠纷化解在基层，促进基层法制建设。

五、围绕接受监督，在完善和落实接受监督的工作机制上下功夫

自觉接受人大监督，结合今年向市人大常委会的专项工作报告，进一步加强法院制度建设，强化内部监督，确保司法公正。提高代表建议、批评和意见的办理质量，积极探索与人大代表加强联络沟通的有效方式。自觉接受政协的民主监督，认真办理政协委员的提案。接受检察机关的法律监督，依法审理抗诉案件。

各位代表，全市法院将在市委的领导、市人大及其常委会的监督下，增强维护首都社会稳定的紧迫感，增强人民法官为人民的责任感，增强维护公平正义的使命感，切实履行宪法和法律赋予的职责，为建设“人文北京、科技北京、绿色北京”作出更大的努力。

北京市第十三届人民代表大会第三次会议关于北京市人民检察院工作报告的决议

（2010 年 1 月 30 日北京市第十三届人民代表大会第三次会议通过）

北京市第十三届人民代表大会第三次会议听取和审议了北京市人民检察院检察长慕平所作的《北京市人民检察院工作报告》，决定批准这个报告。

北京市人民检察院工作报告

——2010 年 1 月 28 日在北京市第十三届人民代表大会第三次会议上

北京市人民检察院检察长 慕 平

各位代表：

现在，我代表北京市人民检察院向大会报告工作，请予审议，并请市政协各位委员提出意见。

2009 年的主要工作

2009 年，北京市检察机关在市委、最高人民检察院的领导和市人大及其常委会的监督下，深入贯彻落实科学发展观，紧紧围绕“保增长、保民生、保稳定”和“平安国庆”工作，全面履行各项检察职能。

一、全力维护首都稳定，努力服务经济社会发展

面对去年国际金融危机蔓延、国内经济运行困难、国庆维稳压力明显增大的严峻形势，全市检察机关始终把维护稳定作为首要责任、把服务发展作为第一要务，充分发挥打击、预防、监督、保护等职能作用，努力为北京经济平稳较快发展、社会和谐稳定创造良好的法治环境。

严厉打击影响稳定和发展的刑事犯罪。充分履行审查批捕、审查起诉等法定职责，全年共批准逮捕各类刑事犯罪 22,272 人、提起公诉 27,383 人。严厉打击境内外敌对势力的分裂破坏活动，突出打击严重影响群众安全感的暴力犯罪和多发性侵财犯罪，深入推进“打黑除恶”专项斗争，依法批捕、起诉了吕长春、臧天朔等 7 人聚众斗殴、敲诈勒索等一批恶势力犯罪案件。坚决打击破坏经济秩序和损害群众利益的经济犯罪，依法及时批捕、起诉手机电信诈骗等新类型犯罪案件，特别是加大打击非法吸收公众存款、合同诈骗等涉众型犯罪力度，依法起诉了涉案群众达 9000 余人次的杨红丽等 38 人非法传销案件。

认真落实宽严相济的刑事政策。在严厉打击各类刑事犯罪的同时，依法对轻微犯罪从宽处理，对没有逮捕必要的不予批准逮捕

880人，对情节轻微的决定不起诉325人。切实贯彻“教育、感化、挽救”的方针，积极探索未成年人犯罪案件办理机制，采取法律援助、社会调查、分案起诉等举措，不断完善符合未成年人身心特点的办案方式。推行轻微刑事案件快速办理机制，积极探索刑事和解办案方式，促进社会和谐稳定。

努力化解矛盾纠纷。高度重视群众举报、控告和申诉，开通统一的“12309”举报电话，完善信访接待工作机制，积极探索公开审查、公开听证等办案方式，办理群众信访10,091件。深入排查化解涉检信访，健全首办责任制，综合运用联合接访、带案下访、救助救济等手段，扎实开展释法说理工作，努力平息社会矛盾。

积极参与社会治安综合治理。开展“听呼声、走百家、送服务”为民实践活动，深入重点工程和开发区为企业提供法律服务。深化送法进学校、进社区、进农村工作，各区县检察院积极探索检察官担任法制村长、驻乡镇检察室、社区检务工作站等机制，把法律监督延伸到基层。针对办案中发现的问题，及时发出检察建议，督促有关部门健全制度、堵塞漏洞，努力营造良好的社会环境。

二、深入查办和预防职务犯罪，积极促进反腐倡廉建设

查办职务犯罪是检察机关的重大政治责任，也是中国特色司法制度关于检察职权配置的重要特点。全市检察机关始终把查办职务犯罪放在突出位置来抓，努力以查办和预防职务犯罪的实际成效服务发展、取信于民。

切实加大查办贪污贿赂犯罪力度。强化举报宣传和线索管理，加强与纪检监察、国资委等部门的联系，大力提升发现犯罪的能力，集中优势力量突破案件。全年共立案侦查贪污贿赂犯罪319件369人，同比分别上升13.1%和10.8%，为国家挽回经济损失6.2亿多元。突出查办有影响、有震动的大案要案，共立案侦查贪污贿赂百万元以上大案47件，县处级以上要案85人，其中厅局级19人。一是依法查办了一批中央、高检院交办的大案要案。审查起诉了中国石油化工集团公司原总经理陈同海受贿案，铁道部原党组成员、政治部主任何洪达受贿、巨额财产来源不明案，国家开发银行原副行长王益受贿等案件，立案侦查了国家外汇管理局管理检查司原司长许满刚、综合司原司长邹林涉嫌受贿等7人系列案。二是依法查办人民群众关注、涉及民生和发展的案件。深入开展查办城镇建设领域商业贿赂和涉农职务犯罪专项工作，分别立案侦查31件31人、21件28人，依法查办了北京城建投资管理公司原副经理许勇涉嫌贪污1050万、受贿949万余元等一批重大典型案件。三是突出查办重点行业职务犯罪。在工程建设、税务、司法等重点领域加大了办案力度，依法查办了国家税务总局稽查局一处原处长孙海渟、丰台区地税局原局长许飞等税务系统14人涉嫌职务犯罪案件。

严肃查办渎职侵权职务犯罪。国家机关工作人员滥用职权、玩忽职守等犯罪，以及利用职权实施的侵犯公民人身权利、民主权利的渎职侵权犯罪，不仅使公共财产、国家和人民利益遭受重大损失，而且严重损害党和政府的形象。全市检察机关紧紧抓住影响发展的突出问题和人民群众关注的热点问题，健全举报宣传、线索管理、内外部协作等机制，不断加大办案力度，努力推动反渎职侵权工作取得新进展。共立案侦查渎职侵权犯罪49件54人，其中，重特大案件21件，县处级以上要案11人。严厉打击责任事故背后的渎职犯罪，积极介入事故调查30余起，立案侦查5件5人。依法查办涉及民生领域的渎职犯罪，先后在人防工程、社会保障、医药卫生等领域取得新突破。

深入开展职务犯罪预防工作。按照党的十七大提出的“更加注重治本、更加注重预防、更加注重制度建设”的要求，积极探索侦防一体化机制，在重点领域和行业推行预防介入侦查工作，增强查办和预防职务犯罪的效果。加强重点工程职务犯罪预防工作，坚持预防关口前移，主动与发改委、财政局等部门联系，对全市 30 个重点工程开展预防调查，提出预防建议；围绕重点工程拆迁，探索流程风险防控办法，确保政府投资重大项目专项资金“阳光运行”。注重抓好系统预防，在金融、医药卫生、教育等领域搭建预防网络，与市教委联合开展预防职务犯罪警示教育展。完善行贿犯罪档案查询系统，共向工程招标等单位提供查询 237 件。

三、着力强化诉讼监督，切实维护司法公正

市人大常委会通过的《关于加强人民检察院对诉讼活动的法律监督工作的决议》，为推进诉讼监督工作提供了重要机遇。全市检察机关采取有力措施，不断推动诉讼监督工作取得新进展。

切实抓好《决议》的贯彻落实。专门成立贯彻落实《决议》工作领导小组，制定了《关于加强对诉讼活动的法律监督工作的意见》，进一步统一思想，切实找准强化诉讼监督的着力点。去年 9 月，市检察院向市人大常委会做了贯彻落实《决议》的专题报告，委员和代表对《决议》实施一年来取得的成效给予了充分肯定，同时对进一步加强诉讼监督工作提出了新的要求。各区县检察院及时向党委、人大汇报落实《决议》的情况，17 个区县人大常委会听取并审议了检察院开展诉讼监督的专题报告，为全面贯彻落实《决议》奠定了坚实的基础。

不断完善诉讼监督机制。着眼于发挥中国特色司法制度的内在优势，加强监督机制建设，确保司法公正。一是建立诉讼监督程序规范。制定了立案监督、侦查监督、刑事审判监督、刑罚执行和监管活动监督、民事审判和行政诉讼活动监督等五项实施细则，努力解决诉讼监督工作程序不严密、操作性不强的问题。二是完善内部联动机制。针对上下级检察院、各业务部门之间诉讼监督职责分散、协作配合不够紧密的实际，完善向上级院报告和备案、线索移送和工作衔接等制度，整合监督资源，形成监督合力。三是健全延伸监督机制。针对实践中监督意见回复反馈少、监督效果不明显的情况，加强跟踪监督，采取口头纠正、发出检察建议书或纠正违法通知书等多种方式，有效监督纠正各类违法情形。

不断加大诉讼监督力度。以人民群众反映强烈的突出问题为重点，努力增强诉讼监督实效。一是加强刑事诉讼监督。在刑事立案监督方面，不断拓宽监督渠道，监督侦查机关立案 28 件 31 人。在侦查活动监督方面，依法纠正漏捕漏诉、违法侦查，追加逮捕 101 人、追加起诉 142 人，对发现的违反法律规定的侦查活动提出书面纠正意见 72 件。在刑事审判监督方面，扎实开展刑事审判监督专项检查工作，对认为确有错误的刑事判决提出抗诉 76 件。在刑罚执行和监管活动监督方面，认真开展看守所监管执法专项检查等活动，及时向监管机关和有关单位发出纠正意见 660 件次，建立监管场所重大事故调查、被监管人死亡事件检察工作制度，维护监管场所的安全和在押人员的合法权益。二是加强民事审判和行政诉讼监督。重点办理群体申诉、劳动争议等涉及社会稳定和民生的案件，切实提高办案质量和效率，对认为确有错误的民事行政判决提出抗诉 54 件、发出再审检察建议 25 件。同时，坚持息诉与抗诉并重，认真细致地做好不予抗诉案件的息诉服判工作，努力维护司法公正和社会稳定。三

是严肃查办执法不严、司法不公背后的职务犯罪。加大查办司法人员职务犯罪力度，共立案侦查30人，同比上升30.4%，依法查办了市公安局网监处原处长于兵涉嫌贪污、受贿、徇私枉法犯罪等案件。

四、切实加强基层基础建设，夯实全面发展的根基

检察机关最艰巨、最繁重的任务在基层，80%的案件和80%的人员集中在基层。因此，加强基层检察院建设极为重要。去年6月，市检察院专题向市委常委会汇报了基层检察院建设情况，常委会高度重视并作出重要指示。按照中央、市委要求和高检院部署，市检察院制定了《关于进一步加强北京市基层检察院建设的意见》，努力提升基层检察工作水平。

进一步加强队伍建设。按照严格、公正、文明执法的要求，努力建设高素质检察队伍。一是坚持抓好思想政治建设。认真开展深入学习实践科学发展观活动，集中解决了一些影响和制约检察工作科学发展的突出问题。深化大学习大讨论活动和社会主义法治理念教育，确保检察人员始终坚持“三个至上”，做到执法办案法律效果、政治效果和社会效果的有机统一。大力加强检察职业道德建设，认真实践忠诚、公正、清廉、严明的检察官职业道德，积极宣传全国模范检察官张京文、北京市人民满意的政法干警标兵彭燕等先进典型，努力营造奋发向上的氛围。二是突出抓好领导班子建设。进一步优化领导班子结构，调整交流领导干部37名，增强班子创造力、凝聚力和战斗力。积极组织领导干部素能培训、研修等活动，提高各级领导干部推动检察工作科学发展的能力。加强对领导干部的监督和管理，认真落实述职述廉、个人有关事项报告等制度，促进领导干部清正廉洁。三是扎实抓好业务培训和人才培养。坚持面向基层、面向一线，开展大规模教育培训，采取在线学习、岗位练兵等措施，努力提高检察人员执法办案能力和水平。加快高层次人才培养步伐，评选出第二届“北京市检察业务专家”20名，充分发挥业务专家、骨干人才的示范引领作用。

进一步把工作重心放在基层。优化检力资源配置，新增政法专项编制全部充实到基层检察院，协调市编办解决业务部门级别相对偏低等问题，切实做到人员编制向基层倾斜、向办案任务重的单位倾斜。加强对基层检察院的指导力度，完善市院领导联系基层、业务部门对口指导、考核评价机制。按照高检院的要求，对8个基层检察院开展了巡视，切实提升基层整体工作水平。

进一步推进信息化和科技装备建设。在各级党委、政府的大力支持下，全面推进科技强检战略，健全信息化业务系统、综合考评系统、政法部门之间信息资源共享等平台，不断提高检察工作信息化水平。加大侦查指挥、检验鉴定等科技装备建设，逐步建立适应检察工作发展需要的现代化装备体系。

五、主动接受人大及社会各界监督，确保检察权依法正确行使

牢固树立监督者必须自觉接受监督的意识，把强化自身监督与强化法律监督放到同等重要的位置，不断完善内外部监督制约机制，努力保障执法办案严格依法进行。

自觉接受人大监督。认真贯彻落实第十三届人大二次会议决议，对学习贯彻会议精神、加强和改进工作作出部署。主动向人大及其常委会报告工作10次，积极配合人大常委会组织的专题调研和检查，认真研究人大代表提出的建议、批评和意见。主动邀请人大代表参与重大工作部署和执法活动，努力为人大代表履行职责、了解检察工作提供便利。

广泛接受民主监督和社会监督。严格执行人民监督员制度，对职务犯罪案件中拟作撤案、不起诉处理和犯罪嫌疑人不服逮捕决定的“三类案件”，人民监督员参与监督 32 件。不断完善特约监督员和专家咨询监督员制度，认真听取政协委员、社会各界对检察工作的意见和建议。深入推进检务公开，健全新闻发布工作机制，加强网上信息发布、案件查询、意见反馈，依法保障人民群众的知情权、参与权和监督权。完善保障律师执业权利的工作机制，注重听取律师意见，促进自身公正执法。

健全内部监督制约机制。继续推进执法规范化建设，完善案件流程管理、动态监督、质量考核机制。加强职务犯罪侦查的监督制约，严格执行立案、决定逮捕案件备案制度和撤案、不起诉案件报批制度，实行职务犯罪案件审查决定逮捕上提一级改革。认真落实执法过错责任追究制，建立检察官执法档案，全面推开廉政风险防范建设。加大督察力度，先后开展执行“禁酒令”、办案安全等专项督察 4 次。坚持从严治检，严肃查处违纪人员 3 人，努力做到自身正、自身硬、自身净。

各位代表，全市检察工作取得的成效，得益于各级党委的正确领导，得益于人大及其常委会的有力监督，得益于政府、政协和人民群众的大力支持。在此，我代表全市检察机关向各级党委、人大、政府、政协和社会各界表示崇高的敬意和衷心的感谢！

在总结工作成绩的同时，我们也清醒地看到，北京检察工作与当前经济社会发展的新形势和人民群众的新要求相比，还存在一些不足：一是履行法律监督职责的能力需要进一步增强。惩治犯罪、化解矛盾与构建和谐社会首善之区的要求还有差距，查办和预防职务犯罪工作与人民群众的期待还有差距，亟需在腐败案件易发多发的领域、人民群众反映强烈的热点问题上取得新突破。诉讼监督工作与维护司法公正的要求还有差距，民事审判等监督工作仍然比较薄弱，还存在监督水平不够高、监督机制不太健全等问题，诉讼监督工作的力度和社会效果有待增强。二是队伍的素质能力需要进一步提升。高层次、领军型、骨干型人才数量不足。新形势下做群众工作的能力还不强，不能完全适应开放、透明、信息化条件下执法办案的新要求。检察官职业道德、队伍纪律作风仍需加强，个别检察人员违纪行为仍有发生。三是基础工作需要进一步加强。业务、队伍、保障等工作机制还不尽完善，基层检察院发展还不均衡。这些问题的存在，既与市检察院领导班子认识把握检察工作规律的能力有关，也与部分检察人员社会主义法治理念树立得还不牢固有关。对此，我们将高度重视，以求真务实的精神，切实加以解决。

2010 年的工作任务

各位代表，2010 年是全面推动“人文北京、科技北京、绿色北京”建设的重要之年。北京检察机关服务经济平稳较快发展、维护社会和谐稳定面临新的挑战。我们的总体工作思路是：以党的十七大、十七届四中全会精神为指导，认真贯彻落实科学发展观，牢固树立社会主义法治理念，深入实践“强化法律监督、维护公平正义”的工作主题，紧紧围绕推进“社会矛盾化解、社会管理创新、公正廉洁执法”三项重点工作，切实发挥检察职能，努力为首都经济社会发展提供更加有力的司法保障。

一、紧紧围绕首都工作大局，主动服务经济平稳较快发展

把贯彻落实中央、市委部署同检察工作实际紧密结合起来，努力找准服务经济平稳

较快发展的切入点和结合点。围绕转变经济发展方式、优化经济结构调整，认真研究检察工作服务和保障经济发展的措施。进一步发挥检察职能作用，依法查办重大工程建设、社会保障等领域发生的破坏市场经济秩序和侵害民生的各类犯罪，依法惩治侵犯知识产权犯罪，努力服务首都经济发展。

二、加强社会矛盾化解，积极推进平安北京建设

依法惩治刑事犯罪，积极配合公安等部门严厉打击恶势力犯罪、严重暴力犯罪和多发性侵财犯罪，突出打击金融诈骗、非法吸收公众存款等涉众型经济犯罪，维护治安大局稳定，保护人民群众生命财产安全。把化解矛盾贯穿执法办案的全过程，集中开展"清理化解涉检信访积案专项活动"，全面推进释法说理工作，健全矛盾纠纷排查化解、执法办案风险评估等机制，切实从源头上预防和减少涉检信访。努力服务社会管理创新，积极参与城乡结合部、治安重点地区的集中整治，深化送法进农村、进学校、进社区、进企业等活动，努力营造良好的社会法制环境。

三、加大查办和预防职务犯罪力度，扎实推进反腐败工作

深入查办有影响、有震动的大案要案、窝案串案，重点查办发生在领导机关和领导干部中的贪污贿赂、失职渎职案件，大力开展治理工程建设领域突出问题、查办涉农职务犯罪等专项工作，依法查办人民群众反映强烈、社会影响恶劣的职务犯罪案件。坚持办案数量、质量、效率和效果的统一，推动查办职务犯罪工作平稳健康发展。结合办案深化预防工作，完善侦防一体化工作机制，积极向党委、政府、行业主管部门提出预防对策建议，努力从制度上、源头上减少职务犯罪的发生。

四、深入推进检察改革，确保公正廉洁执法

把推进检察改革与贯彻落实市人大常委会《决议》结合起来，紧紧抓住影响公正廉洁执法的突出问题和诉讼监督的薄弱环节，认真落实中央、高检院部署的各项改革任务，不断完善抗诉、检察建议、行刑衔接等工作机制。进一步加大监督力度，重点监督纠正有罪不究、违法侦查、量刑畸轻畸重、违法减刑假释等问题，对正确裁判做好息诉服判等工作，深化诉讼监督工作效果，努力维护司法公正。

五、强化内外部监督，不断提高执法公信力

牢固树立执法为民的宗旨，扎实做好保障民生、服务群众的工作，努力以强化法律监督的成效赢得群众信任。深化执法规范化建设，完善执法管理机制，实现对执法办案过程的动态监督。大力推进检务公开，切实增强检察工作的透明度。健全接受人大监督、民主监督、社会监督机制，严格执行执法办案内部监督、执法过错责任追究等制度，确保严格、规范、文明执法。

六、大力加强以党建带队建工作，全面提升队伍素质和能力

深入贯彻落实党的十七届四中全会精神，不断加强和改进检察机关党的建设，深化社会主义法治理念教育，确保队伍政治方向坚定。开展创建学习型领导班子、学习型检察院和学习型检察官活动。切实抓好领导班子建设，进一步优化班子结构，努力提升把握检察工作规

律和科学决策的能力。组织开展大规模教育培训，加快队伍专业化建设。大力加强职业道德建设，开展“恪守检察职业道德、提升执法公信力”主题教育活动。切实加强基层检察院建设，推动首都检察工作创新发展。

各位代表，在新的一年里，全市检察机关将在市委和最高人民检察院的领导下，在市人大及其常委会的监督下，认真贯彻落实本次会议精神，锐意进取，扎实工作，努力为首都经济社会发展作出新的贡献！

北京市第十三届人民代表大会第三次会议选举北京市第十三届人民代表大会常务委员会副主任当选名单

（2010 年 1 月 30 日北京市第十三届人民代表大会第三次会议选出）

北京市第十三届人民代表大会常务委员会副主任

马振川

北京市第十三届人民代表大会第三次会议表决议案办法

（2010 年 1 月 24 日北京市第十三届人民代表大会第三次会议主席团第一次会议通过）

根据《中华人民共和国地方各级人民代表大会和地方各级人民政府组织法》和有关法律、法规的规定，主席团决定：

北京市第十三届人民代表大会第三次会议表决各项议案，采用无记名按表决器方式，以全体代表的过半数通过。表决时，代表可以按赞成键，可以按反对键，也可以按弃权键。未按表决器的不计入表决票数。如表决器在使用中发生故障，改用举手方式表决。

北京市第十三届人民代表大会第三次会议选举办法

（2010 年 1 月 27 日北京市第十三届人民代表大会第三次会议通过）

第一条 根据《中华人民共和国地方各级人民代表大会和地方各级人民政府组织法》，结合本市实际情况，制定本办法。

第二条 北京市第十三届人民代表大会第三次会议选举北京市第十三届人民代表大会常务委员会副主任 1 人，实行等额选举。

第三条 北京市第十三届人民代表大会常务委员会副主任候选人为 1 人，由大会主席团或者代表 30 人以上书面联名提名。

北京市第十三届人民代表大会常务委员会副主任候选人，必须从北京市第十三届人民代表大会代表中提名。

如果提名的候选人人数符合前款规定的候选人人数，由大会主席团提交全体代表酝酿、讨论后，直接进行投票选举。如果提名的候选人人数超过前款规定的候选人人数，由大会主席团将候选人的全部名单提交各代表团酝酿、讨论后，采取分代表团投票、统一计票的办法进行预选，根据在预选中得票多少的顺序，按照前款规定的人数确定正式候选人名单，提请大会选举。

预选的具体方式由大会主席团确定。

第四条 选举采用无记名投票方式。代表须亲自参加投票。

第五条 代表对于选票上所列的候选人，可以投赞成票，可以投反对票，可以另选他人，也可以弃权。表示反对的，可以另选他人；表示弃权的，不能另选他人。

第六条 代表对选票上所列的候选人，赞成的在其姓名左边的空格里画一个“○”；反对的在其姓名左边的空格里画一个“×”；在候选人左边的空格里既不画“○”又不画“×”的为弃权。

代表如果另选他人，在反对的候选人姓名左边的空格里画一个“×”，在其姓名右边的空格里写上另选人的姓名。

每张选票所选的人数等于或者少于应选人数的有效，多于应选人数的无效。

第七条 填写选票应当用钢笔或者签字笔，符号要准确，字迹要清楚，书写模糊无法辨认的部分无效。

第八条 大会选举前，由大会主席团提名总监票人 2 人，每个代表团推荐监票人 1 人，经大会主席团提交大会通过后，在大会主席团领导下，对发票、投票和计票进行监督。

候选人不得担任监票人。

选举工作人员由大会秘书处指定。

第九条 投票结束后，由总监票人向大会报告清点选票结果。收回的选票张数等于或者少于发出的选票张数，选举有效；多于发出的选票张数，选举无效，应重新进行选举。

第十条 候选人获得全体代表过半数的赞成票，始得当选。

第十一条 计票完毕，由总监票人向大会主席团报告选举结果，由大会主席团依法确认选举结果是否有效，并由大会执行主席在大会上宣布。

第十二条 本办法由北京市第十三届人民代表大会第三次会议通过后施行。

北京市第十三届人民代表大会第三次会议议案审查委员会关于代表议案的审查报告

（2010 年 1 月 29 日北京市第十三届人民代表大会第三次会议主席团第六次会议通过）

议案审查委员会主任委员　刘晓晨

大会主席团：

到大会主席团第一次会议决定的代表提出议案截止时间，共收到议案 241 件（其中代表团提出的议案 42 件，10 名以上代表联名提出的议案 199 件）。按照议案内容分类，属于财政经济方面的 45 件，农业、农村和农民方面的 30 件，城乡建设和环境保护方面的 78 件，教育科技文化卫生体育方面的 45 件，内务司法方面的38件，民族宗教侨务及其他方面的5件。

代表们认真学习贯彻党的十七大和十七届三中全会、四中全会、市委十届七次全会、市委第三次人大工作会议精神，深入贯彻落实科学发展观，紧紧围绕建设世界城市，促进首都科学发展，建设“人文北京、科技北京、绿色北京”，实现繁荣、文明、和谐、宜居的首善之区的目标，认真履行宪法和法律赋予的职责，从多方面积极提出议案。

代表们在议案中，对推进老龄事业发展，完善养老服务和保障体系；首钢搬迁、矿山关停后开发替代产业，促进西部地区经济发展；推动城乡结合部建设，促进城乡统筹发展等问题反映比较集中，高度关注。同时在加快经济发展方式转变，保持首都经济平稳较快发展；提升节能减排水平，发展低碳经济；制定城南地区发展具体政策，加快城南地区建设和发展；加大支持农村生态涵养区发展力度，推动小城镇建设；加快建设中关村国家自主创新示范区，提高自主创新能力；优先发展公共交通，改善北京交通拥堵状况；调整结构完善制度，推进保障性住房建设；发展学前教育，促进义务教育均衡发展；发展文化创意产业，促进首都文化繁荣；加大公共卫生和农村医疗卫生投入力度，推进医药卫生体制改革；倡导文明行为规范，提高市民公共道德素质；加强社区建设，构建和谐社会，以及人民群众普遍关心的其他方面，提出了议案。

议案审查委员会认为，综合分析所提议案，在市人大常委会和市政府今年工作的总体安排中都有所涉及。本着围绕中心，突出重点，社会关注度高的原则，按照《北京市人民代表大会议事规则》的有关规定，对议案进行了审查。现将审查意见报告如下。

一、交市人民政府办理，由市人大常委会审议的30件，合并为三项议案（见议案目录）

（一）推进老龄事业发展，完善养老服务和保障体系（共18件：第3、22、24、30、36、51、55、64、90、102、103、106、112、143、214、215、234、236号）；

（二）首钢搬迁、矿山关停后开发替代产业，促进西部地区经济发展（共6件：第2、33、34、73、113、141号）；

（三）推动城乡结合部建设，促进城乡统筹发展（共6件：第25、26、29、76、169、235号）。

二、作为建议、批评和意见的211件，交市有关部门研究办理并负责答复提议案代表（见议案目录）

以上审查意见，建议大会主席团予以批准。

附件：北京市第十三届人民代表大会第三次会议议案目录

附件：

北京市第十三届人民代表大会第三次会议议案目录

一、交市人民政府办理，由市人大常委会审议（共30件，合并为三项议案）

（一）推进老龄事业发展，完善养老服务和保障体系（共18件）

序号	案　　由	提议案人	议案号
1	推进养老服务体系建设	安丽娟等37人	3
2	继续加强农民社会养老保障问题	仉锁忠等11人	22

续表

序号	案　　由	提议案人	议案号
3	加快推进北京市老龄事业发展，完善养老服务和保障体系建设	吕　清等15人	24
4	加快推进养老服务体系建设，进一步做好全市养老事业	卫爱民等15人	30
5	加快推进养老服务体系建设，提升养老服务水平	延庆县代表团	36
6	加快推进养老服务体系建设，努力提升养老服务水平	刘浩军等15人	51
7	解决特殊困难老年人入养老机构难	吕争鸣等15人	55
8	老年IC卡替代老年优待卡的建议案	李素丽等62人	64
9	发展养老事业，健全养老机制	蔡长敏等21人	90
10	各部门齐抓共管，形成合力，共同加快推进我市养老机构建设发展	吴世民等16人	102
11	进一步改善民生，应对人口老龄化的形势，解决社会养老问题	于五一等15人	103
12	加快推进养老服务体系建设，提升养老服务水平	潘　迎等17人	106
13	加快推进养老服务体系建设，提升养老服务水平	大兴区代表团	112
14	推进养老服务体系建设，提升养老服务水平	宋文月等12人	143
15	推进社区居家养老，让有限的养老资源普惠更多的普通百姓	毛铮铮等11人	214
16	树立“大养老”理念，完善社区——居家养老服务模式，支持、鼓励家庭成员照护老人	毛铮铮等11人	215
17	深化养老服务社会化	吕跃进等28人	234
18	加快推进养老服务体系建设，提升养老服务水平	梁小虹等11人	236

（二）首钢搬迁、矿山关停后开发替代产业，促进西部地区经济发展（共6件）

序号	案　　由	提议案人	议案号
1	推动西部建设发展，将首钢工业区打造成北京市新的高端产业功能区	安丽娟等34人	2
2	支持打造永定河水岸生态经济发展带，调整衙门口、永定林工商公司部分绿隔地区用地性质	安丽娟等12人	33
3	提升北京西部地区战略功能定位，促进区域产业升级换代与经济社会和谐发展	石景山区代表团	34
4	建立良好的山区经济生态圈，促进西部地区产业结构调整升级与发展	房山区代表团	73
5	提升首都西部地区战略功能定位促进产业升级	李慷云等11人	113
6	加快大石河综合整治步伐，促进首都西部生态涵养区建设	王晓宁等12人	141

（三）推动城乡结合部建设，促进城乡统筹发展（共6件）

序号	案　　由	提议案人	议案号
1	加快城乡结合部地区整治建设，率先实现首都城乡一体化新格局	吕　清等12人	25
2	加快推进东小口地区综合配套改革	李福忠等11人	26
3	加大城乡结合部整治力度，加快推进城乡一体化建设速度	王纪表等16人	29
4	加快城乡结合部地区改造建设，推进城乡一体化	蔡长敏等21人	76
5	鼓励集体经济组织依照规划利用存量建设用地发展公共租赁房，促进农民就业增收	焦守田等13人	169
6	加快城乡结合部地区城乡一体化建设	李　杜等38人	235

二、作为建议、批评和意见交市人民政府研究办理（共208件）

（一）财政经济方面（共40件）

序号	案　　由	提议案人	议案号
1	设立农村新能源建设管护资金	仉锁忠等11人	4
2	加大产业功能区开发建设力度，促进首都经济发展	宋文月等12人	6
3	大力发展绿色经济、低碳经济，促进首都经济发展	王喜艳等12人	9
4	建立专业森林消防队专项资金	穆希凤等13人	10
5	绿色审批通道常态化	田　汉等14人	31
6	延庆县建设低碳经济社会示范区	延庆县代表团	35
7	加快北京石化新材料科技产业基地建设	线长安等16人	52
8	北京深入推进节能减排，加快向低碳经济的转型和城市发展步伐	金　莉等12人	62
9	加大农民工培训力度的建议案	李素丽等19人	67
10	加强新兴服务业等行业职工维权工作的建议案	李素丽等19人	69
11	加强劳动争议调解工作的建议案	李素丽等19人	70
12	推进节能降耗，实现经济可持续发展	沈梦培等25人	79
13	“十二五”规划应把解决首都人口资源矛盾、提升城市发展质量列为优先目标	刘　林等15人	82
14	应加强公交补贴财政经费监管与绩效评估	刘　林等15人	84
15	充分整合驻京科研院所高校资源，全力提升自主创新核心区的品质	张维佳等16人	85
16	制定和出台对高校毕业生创业引导和扶持政策	宁　滨等22人	88
17	大力发展首都家庭服务业，造福万户千家	尹玲珍等14人	105
18	进一步加强劳动争议调解工作	张建民等11人	117
19	解决好工资分配问题	张建民等11人	119
20	尽快制定促进城南加快发展行动计划具体政策	宣武区代表团	131
21	进一步加大《促进城市南部地区加快发展行动计划》宣传力度	陈　军等12人	132
22	加快窦店高端制造业产业基地建设	王喜艳等12人	144
23	园区产业、商服用地实施定向招标确定投资主体	通州区代表团	146
24	将漷县镇农民就业产业基地晋升为通州区经济开发区南区	通州区代表团	148
25	北京市确保帮扶企业政策措施延续性	通州区代表团	157
26	大学生毕业实习和企业招聘过程中存在的问题及解决对策	蔡少青等14人	175
27	大力发展股权投资业，在海淀区建设全国性股权投资中心	卫爱民等39人	180
28	鼓励北京市大学生到农村创业和就业	郑晓东等12人	181
29	推广奥运成果，关注食品安全，为食品冷链企业提供政策性导向及发展空间	陈立群等18人	184
30	切实解决《劳动合同法》实施中的问题，缓解仲裁、审判压力	王玉梅等24人	186
31	加强绩效考评工作，切实落实科学发展观	王玉梅等24人	187
32	为在京农民工设立“北京市荣誉市民”和“优秀农民工”奖励制度的建议	刘彭芝等28人	194
33	促进节能减排的具体措施建议	刘彭芝等28人	196
34	改变全民补碘“一刀切”的提议	刘彭芝等26人	198

续表

序号	案由	提议案人	议案号
35	深入贯彻落实科学发展观，高度重视“十二五”规划编制工作，切实发挥政府规划先导作用	吴　双等 15 人	204
36	设立“北京高校毕业生创新创业基金”	史宗恺等 13 人	212
37	加快推进绿色校园建设，促进建筑节能和全市节能减排工作	冯　蕾等 19 人	226
38	制定“绿色建筑”鼓励政策，引导绿色消费，促进“绿色北京”建设	冯　蕾等 20 人	229
39	加快利用林业绿化废弃物，发展生物质能源产业	张志毅等 17 人	233
40	北京市现有农副产品批发市场迫切需要升级改造，挖掘潜能，节约资源，以提高首都农副产品批发市场的整体形象和保障能力	张玉玺等 12 人	240

（二）农业、农村和农民方面（共 24 件）

序号	案由	提议案人	议案号
1	加大对重点小城镇产业发展支持力度，使城镇建设由依赖政府输血向具有自身造血功能转变	仉锁忠等 11 人	17
2	加大政府投资力度，加快水利设施建设	仉锁忠等 11 人	18
3	将平谷区东高村镇列入市级小城镇	平谷区代表团	42
4	制定泃河杨庄截潜工程与海子水库水资源分配方案	平谷区代表团	43
5	进一步解决平谷应急水源地取水影响	平谷区代表团	46
6	引入清河污水处理厂中水补充北京大学未名湖水系用水的建议	胡　敏等 14 人	72
7	加快首都西南新城水环境建设步伐	房山区代表团	80
8	加快实施门头沟区城子水厂改扩建工程	赵爱娟等 11 人	116
9	尽快建立饮用水源长效补偿机制	怀柔区代表团	135
10	加大对郊区小城镇建设扶持力度	怀柔区代表团	136
11	加快对白河流域进行保护性开发	怀柔区、延庆县代表团	137
12	对潮白河及其主要支流进行综合治理	怀柔区代表团	138
13	解决部队、农场占用农民土地	通州区代表团	154
14	进一步加快我市花卉产业发展	周淑伶等 10 人	159
15	通过重点镇建设带动新农村发展	顺义区代表团	160
16	开展潮白河流域综合整治	李维昌等 21 人	163
17	加强重点小城镇产业基础，促进农村城镇化	焦守田等 13 人	168
18	确保农村群众用水安全，彻底解决上庄地区水污染的严重问题	吴　双等 21 人	178
19	支持农民专业合作组织成为农业科技创新主体	郑晓东等 11 人	182
20	实施土地储备，加快解决农民安置和社会保障问题的建议案	赵增华等 23 人	218
21	支持设施农业园配套基础设施建设	蒋学甫等 10 人	224
22	加强小城镇建设	密云县代表团	225
23	加强现代林业建设，推动林业碳汇快速发展	张志毅等 16 人	232
24	加快永定河绿化生态发展带建设，打造首都国际化大都市	任光明等 32 人	237

（三）城市建设和环境保护方面（共75件）

序号	案　　由	提议案人	议案号
1	在全市推进保障性安居工程中，加快天坛文化遗产保护区范围内危旧简易楼居民搬迁	崇文区代表团	1
2	改造提升良坨路及西延线公路等级，打通交通瓶颈，促进首都西部生态涵养区发展	翟瑞元等12人	5
3	加速推进保障性住房建设，加大保障性住房政策执行力度，解决中低收入人群住房问题	宋文月等12人	7
4	加快实施“琉璃河镇黄土坡村搬迁工程”	王　媛等12人	8
5	解决城市管理瓶颈，提高城市管理水平	周　军等12人	11
6	尽快新建胜南路，解决我区北部山区与卫星城之间的联系	周　军等12人	12
7	加快对涞宝路进行提级改造，解决十渡地质公园交通拥堵问题	周　军等12人	13
8	尽快改造阎东路，为山区群众生活就业环境的改善创造有利条件	周　军等12人	14
9	房山大件路尽快安装路灯	线长安等12人	16
10	调整结构完善制度，推进保障性住房建设	王纪表等16人	27
11	取消保障性住房配建，采取集中建设	田　汉等13人	32
12	北京旧城风貌保护的几点建议	李　桦等13人	37
13	政府牵头、多方配合，推进邮政服务进社区，彻底解决居民用邮难	毛铮铮等12人	38
14	北京市新建标志性建筑应听民声、聚民智	张　凤等12人	39
15	多措并举，促进北京房地产市场平稳健康发展	刘俊彩等21人	40
16	加快规划建设平谷区轨道交通设施	平谷区代表团	41
17	北京市生活垃圾循环经济园区不适宜选址在平谷区	平谷区代表团	44
18	东延白马路，建设平谷至海淀大通道	平谷区代表团	47
19	下放出租车管理许可权限，解决远郊区县交通	平谷区代表团	48
20	消除平谷区抗战地道塌陷问题	平谷区代表团	49
21	京煤集团实施工矿棚户区改造	付合年等17人	50
22	加快公交场站建设的建议案	李素丽等62人	61
23	深入落实公交路权优先的建议案	李素丽等61人	65
24	继续推进城乡公交一体化的建议案	李素丽等62人	66
25	建立环卫基础设施建设投融资平台	张永贺等12人	71
26	应该进行北京市民居住条件下电磁环境水平调查研究	沈梦培等26人	74
27	北京市要保证城市规划的严肃性	沈梦培等27人	77
28	改革北京停车管理	沈梦培等26人	78
29	把保障性住房建设作为2010年首要民生项目	刘　林等15人	83
30	重新学习《国务院关于北京城市总体规划的批复》，总结“十一·五”规划执行情况，编制好“十二·五”规划	吴守伦等12人	91

续表

序号	案由	提议案人	议案号
31	加大力度建设公共租赁房，着力解决夹心层住房保障	郑晓东等 20 人	93
32	建设世界城市，亟待将路牌改为中英文对照标示	史际春等 21 人	94
33	海地大地震再次警示人类：一定要重视建筑减灾	沈梦培等 27 人	95
34	加快建设开通海淀山后地区轨道交通系统，促进国家自主创新示范区核心区快速发展	王文京等 19 人	96
35	完善出租车管理，遏制“黑车”职业化、公开化的势头	史际春等 21 人	98
36	为高等院校向郊区转移提供建设用地指标	平谷区代表团	108
37	增加生态发展涵养区旅游用地指标	平谷区代表团	109
38	取消北京市远郊区县高速路收费	平谷区代表团	110
39	完善京平高速路辅路	平谷区代表团	111
40	在门头沟区修建高速公路	李清云等 11 人	114
41	尽快向门头沟区供应天然气	郭光磊等 11 人	115
42	建议市政府土地管理部门积极落实宗教土地使用权相关工作	赵建敏等 19 人	126
43	抑制房价，保证社会稳定和经济安全	刘学锋等 10 人	139
44	解决商业性拆迁难	宋文月等 12 人	142
45	利用棚户区改造，职工集资建房政策推动京郊农场系统危旧宿舍区改造	张福平等 13 人	145
46	建立北京市垃圾焚烧排放气体公示制度	通州区代表团	147
47	北京石油公司通州石油库迁出	通州区代表团	150
48	搞好餐厨垃圾集中处理，杜绝“泔水猪”	通州区代表团	151
49	在京沈高速路上开通公交车	通州区代表团	152
50	彻底解决首都机场三号航站楼噪音扰民问题	通州区代表团	153
51	尽快实现日化二厂搬迁	通州区代表团	155
52	在通州区北关高架桥设立出口	通州区代表团	156
53	加快天竺镇天竺村整体拆迁安置	顺义区代表团	161
54	怀昌路改建	周淑伶等 27 人	162
55	大力发展以改善民生为重点的社会事业，实现“村村通公交”目标	吴　双等 21 人	177
56	以科学发展观为指导，重新审视制订我市的房地产政策，加大廉租房公租房建设力度，扩大住房保障人群范围，保障居者有其屋	卫爱民等 39 人	179
57	建设和完善北京市城市公共交通体系	王丽梅等 20 人	183
58	保障性住房分配中的监督和处理机制亟须进一步完善	王玉梅等 24 人	190
59	转变方式，科学发展，调整建筑间距标准，落实节地措施	王丽方等 25 人	201
60	加快海淀区皇家园林名胜古迹景区周边综合整治，提升北京城市面貌，推进首都“世界城市”化进程	江泽平等 19 人	203
61	开通花园村、工运社区市政交通道路和清理、整治道路违章建筑及私人摊位	李德齐等 12 人	205
62	肖家河城中村环境污染整治	胡　敏等 14 人	209
63	解决北京南站交通拥堵	史宗恺等 13 人	213

续表

序号	案　由	提议案人	议案号
64	积极稳妥做好土地储备工作	闫学锋等 24 人	217
65	进一步加强北京普通地下室安全使用管理	臧美华等 14 人	220
66	将简易楼改造和危改棚户区改造工作同步走	臧美华等 13 人	221
67	加强我市城乡住宅抗震加固工作	臧美华等 14 人	222
68	加快《北京市土地登记条例》列入 2010 年立法计划	臧美华等 11 人	223
69	政府加大财政投入，加快农居节能抗震加固改造	冯　蕾等 18 人	227
70	促进城乡一体化发展，建立我市村镇建设工程质量与安全管理体系	冯　蕾等 19 人	228
71	加快建设北京西站南广场交通枢纽	刘小平等 15 人	230
72	给予市郊铁路 S2 线与公交同等政策补贴	刘小平等 28 人	231
73	撤销杜家坎收费站	佟丽华等 64 人	238
74	将京开路—马家堡西路—蒲黄榆路东西贯通列入南城发展计划	张玉玺等 13 人	239
75	加快规划、政策研究，加大投入，抓好停车基础设施建设	戴景珠等 17 人	241

（四）教育、科技、文化、卫生和体育方面（共 45 件）

序号	案　由	提议案人	议案号
1	在燕山地区增建幼儿园	线长安等 13 人	15
2	扩大农村部分计划生育家庭奖励扶助对象范围	仉锁忠等 11 人	20
3	根据特殊人群、特殊病种提高农村合作医疗报销比例	仉锁忠等 11 人	21
4	提高自主创新和成果转化能力，加快建设国家科技创新中心	高　扬等 17 人	23
5	抢占战略制高点，扎实推进中关村国家自主创新示范区建设	王纪表等 16 人	28
6	市政府加大对远郊区县中小学校舍安全工程支持力度	平谷区代表团	45
7	实现中小学办学条件标准化	刘春苹等 13 人	53
8	进一步加强本市精神病患者社会保障和公共服务	吕争鸣等 15 人	56
9	加大文化创意产业发展政策支持力度	马小鹏等 14 人	58
10	加强学生 IC 卡发放和管理的建议案	李素丽等 62 人	63
11	义务教育是科教兴国战略的基础	沈梦培等 27 人	75
12	北京增设少数民族音乐舞蹈展演节	雷　达等 14 人	81
13	市政府应加大高技能人才培养扶持力度，为北京市经济的可持续发展提供人才保证	孙玉芝等 18 人	86
14	建议制定幼儿园、中小学政府教师制度，促进我市教育均衡发展	卫爱民等 28 人	87
15	要充分发挥高等院校在中关村国家自主创新示范区建设中的作用	焦文俊等 12 人	89
16	创新机制设立中关村新区，打造北京经济发展新引擎	郑晓东等 17 人	92
17	加大北京市医疗卫生投入力度，进一步提高市民健康水平	田　捷等 15 人	97
18	增加市公共财政对房山区卫生基本建设投入	郭艳红等 13 人	101
19	促进专利技术商用化、提升科技成果转化率	张　耘等 15 人	104
20	将“北京市公共卫生工作四方责任机制”法规化	钱　渊等 12 人	107
21	提请政府主管部门对日益激化的医患矛盾进行专项调研，重建首都和谐医疗环境	李海丽等 12 人	127

续表

序号	案　　由	提议案人	议案号
22	全面推进医疗卫生改革	李坤成等 25 人	128
23	修改《北京市人口与计划生育条例》	李春英等 12 人	129
24	在首都医科大学附属北京友谊医院建立儿童医疗保健中心	魏　玫等 22 人	130
25	增加中关村核心区昌平部分产业用地储备和实行同区同一政策，促进国家自主创新示范区建设	刘学锋等 10 人	140
26	加快发展农村学前教育	通州区代表团	149
27	建立北京大运河文化博物馆	通州区代表团	158
28	政府应承担起全市急救站点的规划、建设，以及日常运行费用责任建议	毛　羽等 21 人	167
29	北京市医疗机构血液制品临床用药短缺问题的解决	马　辛等 18 人	171
30	发展我市语言产业	贺宏志等 11 人	173
31	关于加强对外来务工人员子女教育问题的关注	蔡少青等 14 人	174
32	加快公共卫生事业发展，推进首都采血及血液保障体系建设	吴　双等 20 人	176
33	积极向社会宣传“北京市政府门户网站”	陈立群等 18 人	185
34	中关村国家自主创新示范区建设中应充分发挥驻京科研院所、高校的作用	王玉梅等 23 人	188
35	委托优质学校定向培训未就业的大学毕业生、研究生，以促进教育均衡发展的提案	刘彭芝等 28 人	192
36	将教育、科研经费向人力资源倾斜	刘彭芝等 30 人	193
37	加大政府投入，实施北京市博物馆全部免费向中小学生开放	刘彭芝等 26 人	195
38	建立家庭教育与咨询中心	刘彭芝等 28 人	197
39	在网上开设高中国家选修课	刘彭芝等 28 人	199
40	在北京市建立拔尖创新人才早期培养基地	刘彭芝等 25 人	200
41	对高校进行人才培养与社会服务方面的考核	俞重远等 15 人	202
42	加大北京市对在京“部委”所属普通高校共建和财政支持力度	李德齐等 12 人	206
43	中小学应该加强道德品质与文化素养方面的教育	俞重远等 15 人	210
44	加大高技能人才培养扶持力度，为北京市经济的可持续发展提供人才保证	任亚光等 10 人	216
45	关于对小学、初中师资进行均衡性流动，通过教育资源均衡从根本上解决刻不容缓的“小升初”乱象问题	姜培华等 11 人	219

（五）内务司法方面（共 19 件）

序号	案　　由	提议案人	议案号
1	解决北京市回民公墓备用地问题	仉锁忠等 10 人	19
2	建议市政府要尽早解决北京市回民公墓备用地征收问题	王崇恩等 11 人	54
3	防止社区专职工作者人才流失，提高社区专职工作者工资待遇	马小鹏等 13 人	57
4	改善北京交通拥堵状况，加强对残疾人摩托车综合治理	马小鹏等 13 人	59
5	提高科学执法水平，保证五环路安全畅通	李维平等 11 人	60
6	建立生活困难劳模帮扶和特困劳模救助的长效机制的建议案	李素丽等 19 人	68
7	进一步提高市民公共道德素质	严晓燕等 13 人	100

续表

序号	案　由	提议案人	议案号
8	进一步做好社会救助工作	张建民等 11 人	118
9	建立生活困难劳模帮扶和特殊困难劳模救助的长效机制	张建民等 11 人	120
10	构建和谐社会，加强和推进社区工作者队伍规范化建设	关阔山等 58 人	133
11	建立生活困难劳模帮扶和特殊困难劳模救助的长效机制	关阔山等 57 人	134
12	加强流浪犬管理的建议	刘朋庆等 21 人	164
13	加强社区工作者制度建设，重新定位社区工作者职业职能，完善配套机制，促进大学生就业，建设人文北京	东城区代表团	165
14	建立独立于医疗机构之外的医疗纠纷协调机制	毛　羽等 21 人	166
15	北京市回民公墓征用备用地	哈金起等 14 人	170
16	切实推进社区工作专业化，保障大学生稳定就业	王玉梅等 22 人	189
17	采取措施防止中小学生遭受手机色情、暴力污染	刘彭芝等 28 人	191
18	规范涉法涉诉信访上访，构建北京市化解矛盾纠纷的系统工程	汤维建等 15 人	208
19	维护首都安全稳定，建立健全公安民警职业安全保障体系	高　静等 65 人	211

（六）民族、宗教、侨务方面（共 5 件）

序号	案　由	提议案人	议案号
1	尽快解决拈花寺腾退问题	怡　学等 14 人	121
2	恢复景山公园五方佛亭	怡　学等 14 人	122
3	尽快腾退和保护道教宏恩观	黄信阳等 11 人	123
4	尽快落实立马关帝庙道教活动场所	黄信阳等 11 人	124
5	恢复文物原有历史功能	怡　学等 15 人	125

三、作为建议、批评和意见交市人大常委会研究办理（共 3 件）

序号	案　由	提议案人	议案号
1	机动车按尾号限行应当常规化、制度化	史际春等 19 人	99
2	加强预算审查，完善预算执行监督	章　轲等 11 人	172
3	首都“检、法”两家就诉讼监督问题会签相关文件	汤维建等 16 人	207

北京市第十三届人民代表大会法制委员会关于北京市第十三届人民代表大会第三次会议法规案审议意见的报告

（2010年1月29日北京市第十三届人民代表大会第三次会议主席团第六次会议通过）

大会主席团：

本次会议期间，法制委员会共收到代表团及代表联名提出的法规案8件，其中7件（第1号至第7号法规案）提出制定《北京市促进中小企业发展条例》，合并为1项；另有1件（第8号法规案）提出制定《北京市建设工程造价管理办法》。根据《北京市制定地方性法规条例》第十条规定，对代表团或者代表联名提出的法规案，由法制委员会进行审议，提出是否列入大会会议议程的意见，由主席团决定是否列入会议议程。为了做好法规案的审议工作，法制委员会对这些法规案进行了认真研究，并征求了有关部门的意见。1月28日下午，法制委员会举行会议，对法规案进行了审议，现将审议意见报告如下。

一、韩大庆等16位代表、王喜艳等18位代表、李建军等18位代表、董敏等40位代表、刘学锋等12位代表、王大林等10位代表和顺义代表团提出制定《北京市促进中小企业发展条例》的7件法规案

114位代表和顺义代表团在法规案说明中提出：改革开放以来，我市中小企业发展十分迅速，全市中小企业约25万多户，占全市企业总数的99%以上。我市中小企业发展面临的主要问题是：中小企业政策、法规体系尚不完善；中小企业发展不够充分；中小企业运营成本较高；中小企业合法权益保护力度不够；对中小企业的财政资金支持缺乏增长机制；统计监测体系尚未建立；服务体系发育不够健全；对中小企业发展特别是促进小企业发展重视不够；中小企业主管部门层级低、权力小、力量弱。为了解决上述问题，全面落实国家中小企业促进法，促进本市中小企业又好又快地发展，有必要把促进中小企业发展工作纳入法制轨道，为中小企业发展创造良好的法制环境。

法规草案文本共十章七十条，除总则和附则外，分则包括创业扶持、推动创新、市场开拓、资金支持、信用担保、员工培训、社会服务、权益保护八个部分。主要内容涉及：建立促进中小企业发展的行政监管和社会服务体系；引导中小企业自主创新，建立自主创新服务体系；完善融资服务体系，鼓励金融机构和担保机构对中小企业提供支持；完善要素市场体系，推动中小企业产权交易市场、技术转让市场、知识产权市场、科技成果转化市场、政府采购市场、招投标市场的发展；加大政策支持力度，强化法律责任。

法制委员会经过审议认为，该法规案拟规范的事项不属于《北京市制定地方性法规条例》第六条规定的应当由市人民代表大会制定法规的事项，建议不列入本次会议议程。

法制委员会认为，中小企业是国民经济和社会发展的重要力量。促进中小企业发展是保持国民经济平稳较快发展的基础，是关系民生和社会稳定的重大战略任务。目前，

我市中小企业已成为吸纳城乡就业的主要渠道之一，也是科技创新的活跃群体，在满足人民群众物质文化需求方面起着重要作用。市人民政府对中小企业发展十分重视，已将促进中小企业发展立法列为 2010 年立法调研项目。法制委员会建议将该法规案交市人民政府研究，提出制定地方性法规的立项报告，由市人大常委会进行立项论证，根据论证结果确定是否列为市人大常委会起草审议项目。

二、臧美华等 15 位代表提出制定《北京市建设工程造价管理办法》的法规案

臧美华等 15 位代表在法规案说明中提出：建设工程造价贯穿于建设工程的全过程，涉及建筑市场各方主体。建设工程造价立法对于规范建筑市场主体的计价行为，加强国有投资工程造价管理，确保国有资金运行安全，维护建设各方的合法权益十分重要。当前我市建设工程造价管理存在以下问题：一是工程计价定价行为不规范，建设项目结算超预算、预算超概算、概算超估算等“三超”问题普遍存在。二是无序竞争，偷工减料，影响建设工程质量，也带来安全隐患。三是资金不到位，拖欠工程款。四是工程计价定价的随意性给建设领域腐败提供可乘之机。为了解决上述问题，建议按照政府宏观调控、市场竞争形成工程价格、合理确定工程造价、有效控制工程投资的思路，尽快就工程造价问题立法。

法规草案文本共六章四十三条，除总则和附则外，分则包括计价依据的制定与管理，工程造价的编制、控制与管理，工程造价从业管理，法律责任四个部分。主要内容涉及：设立工程造价相互协调的管理机制，设立限制国有投资工程“三超”问题的管理制度，设立工程计量及计价软件评审管理制度，设立工程价款支付、结算、审核管理制度，设立造价咨询企业及造价专业人员监管制度等。

法制委员会经过审议认为，该法规案拟规范的事项不属于《北京市制定地方性法规条例》第六条规定的应当由市人民代表大会制定法规的事项，建议不列入本次会议议程。鉴于建设工程造价管理问题更多涉及政府具体行政管理事项，建议将该法规案交市人民政府研究，提出研究意见。法制委员会听取市人民政府的研究意见后，向市人大常委会报告。

附件：北京市第十三届人民代表大会第三次会议法规案目录

附件：

北京市第十三届人民代表大会第三次会议法规案目录

编号	法规案名称	提案人
1	制定《北京市促进中小企业发展条例》	韩大庆等 16 位代表（石景山）
2	制定《北京市促进中小企业发展条例》	王喜艳等 18 位代表（房山）
3	制定《北京市促进中小企业发展条例》	李建军等 18 位代表（大兴）

续表

编号	法规案名称	提案人
4	制定《北京市促进中小企业发展条例》	董敏等40位代表 （丰台）
5	制定《北京市促进中小企业发展条例》	刘学锋等12位代表 （昌平）
6	制定《北京市促进中小企业发展条例》	王大林等10位代表 （密云）
7	制定《北京市促进中小企业发展条例》	顺义代表团
8	制定《北京市建设工程造价管理办法》	臧美华等15位代表 （崇文）

北京市第十三届人民代表大会第三次会议主席团和秘书长名单

（2010年1月24日北京市第十三届人民代表大会第三次会议预备会议通过）

主席团：（77人，按姓名笔画排列）

马志鹏　马庚良　王力军（女）　王文京　王安顺
王莒生（女）　王振林　王敏荣（女）　王　琳（女）　牛有成
仉锁忠（回族）　尹玲珍（女）　邓洪波　石进贤　石来福
冯乐平（女）　冯　熙　吉胜久　吕争鸣　吕　清（女）
吕锡文（女）　任月征（女）　任恩尚　刘晓晨　刘　淇
刘新成　齐　清（女，蒙古族）　汤维建　孙维林　阳安江
严晓燕（女）　杜瑞琴（女）　杜德印　李士祥　李少军
李怀方　李坤成　李其军　李国平　李和平
李昭玲（女）　李炳华　李福成　李福忠　李慷云
杨凤一（女）　吴世雄（满族）　吴德增　何平山　张大中
张书领　张永贺　张志忠　张国玉　张建民
陈吉宁　陈　军（女，高山族）　周来升　赵凤山　赵凤桐
赵玉民　赵　郁　赵淑君（女）　郝如玉　柳纪纲
钮小桦（满族）　姜泽廷　贺慧玲（女）　钱　渊（女）　郭先英（女）
唐　龙　曹育民　梁　伟　董双良　韩　扬
薛天利（回族）　魏　哲

秘书长： 赵凤山

北京市第十三届人民代表大会第三次会议议案审查委员会主任委员、副主任委员、委员名单

（33人）

（2010年1月24日北京市第十三届人民代表大会第三次会议预备会议通过）

主任委员：刘晓晨

副主任委员：张　清　　梁　平　　陈　军（女，高山族）

委　　员：**（按姓名笔画排列）**

于海春	王小兰（女）	王　火	王江渝	王纪表
仉锁忠（回族）	尹玲珍（女）	刘　毅	安丽娟（女）	孙其信
李小娟（女）	李立琴（女）	李　伟	肖亚平（女）	张　引
张　岭	张建民	张朝起	周淑伶（女）	郑树森
赵　义	钮小桦（满族）	姜泽廷	高岩辉	高海英（女）
席文启	韩　扬	雷德才	魏　玫（女）	

北京市第十三届人民代表大会第三次会议主席团常务主席名单

（9人）

（2010年1月24日北京市第十三届人民代表大会第三次会议主席团第一次会议推定）

刘　淇	杜德印	王安顺	赵凤山	刘晓晨
吴世雄（满族）	柳纪纲	刘新成	李昭玲（女）	

北京市第十三届人民代表大会第三次会议副秘书长名单

（10人）

（2010年1月24日北京市第十三届人民代表大会第三次会议主席团第一次会议决定）

唐　龙	王力丁	崔述强	史绍洁	严力强
赵传民	刘维林	崔　鹏	周立云	丁世伟

北京市第十三届人民代表大会第三次会议新闻发言人名单

（2010年1月24日北京市第十三届人民代表大会第三次会议主席团第一次会议决定）

刘维林

北京市第十三届人民代表大会

第四次会议

在北京市第十三届人民代表大会第四次会议闭幕时的讲话

（2011年1月21日）

中共中央政治局委员、北京市委书记 刘 淇

各位代表、同志们：

北京市第十三届人民代表大会第四次会议，在全体代表的共同努力下，圆满完成了预定的各项任务。会议期间，代表们以高度的政治责任感和认真负责的态度，审议各项报告和决议，提出了很多好的议案、意见和建议。圆满完成了选举任务。特别是这次会议通过了我市“十二五”规划纲要，绘就了今后五年首都发展的宏伟蓝图，对于进一步团结和动员全市人民，推动科学发展、加快经济发展方式转变，实施“三个北京”战略，建设中国特色世界城市，必将产生重要的推动作用。我代表中共北京市委对大会的圆满成功表示热烈的祝贺，向为开好会议付出心血和智慧的全体代表和所有同志表示衷心的感谢！

过去的一年，市人大及其常委会围绕中心、服务大局，充分发挥人民代表大会的制度优势，不断完善人大及其常委会的履职方式，依法有效履行地方国家权力机关的职能，为顺利完成“十一五”规划各项任务作出了重大贡献，为保证首都经济社会健康发展奠定了坚实的政治基础，提供了坚强的民主法制保障。一是围绕着编制好“十二五”规划，市人大及其常委会抓住人民群众普遍关心和首都经济社会发展迫切需要解决的重大问题，从科学技术创新、基本住房保障、生活垃圾处理、城乡统筹发展、商务服务建设、人口规模调控6个方面深入开展专题调研和集中视察，形成了富有针对性和建设性的6个专题报告和1个综合报告，广大代表提出了2500多条建议，为编制好规划提供了重要参考，也使规划的编制具备了更广泛的民意基础。二是围绕着推动首都科学发展的相关重大问题，加强和改进地方立法工作。针对制约科技创新的难题，制定了中关村国家自主创新示范区条例，为提高自主创新能力、进一步推动中关村国家自主创新示范区建设发展提供了法制保障。针对制约首都科学发展的资源和环境问题，审议并通过了水污染防治条例，修订了节能法办法，为促进首都的可持续发展提供了体制保障。三是围绕着首都经济社会发展和事关民生的重点、难点问题，开展监督活动，完善监督形式，加大监督工作力度，努力增强监督工作的实效，有效地推动了北运河流域水系的综合治理、保障性住房制度的建设、生活垃圾的处理和城市南部地区的建设。把加强人大监督、解决实际问题、推动科学发展有机结合，提高了监督工作的实效。与此同时，积极加强代表工作，采取重点督办、分类督办、统筹督办的形式，强化代表建议督办工作，增强了办理实效。

当前，首都的发展正站在一个新的起点上。通过这次大会，“十二五”期间首都经济社会发展的奋斗目标和主要任务已经明确，当前最重要的任务是抓好落实。

第一，要进一步增强推动首都科学发展的使命感、责任感和紧迫感。

这次会议确定的“十二五”规划纲要和今年的工作任务十分繁重。现在，推动“十二五”期间科学发展的大幕已经拉开，全市各条战线上的广大干部群众都要以良好的状态，以只争朝夕的精神，全力做好各项工作，推动首都的科学发展。

一是要进一步增强推动科学发展的使命感。推动“十二五”期间的科学发展，关键在于加快转变经济发展方式。这是关系首都可持续发展的重大问题。建立创新驱动的发展模式，建设“五个之都”，在推动科学发展、加快转变经济发展方式上当好标兵和火炬手，走在全国最前面，是党中央、国务院在新形势下对首都工作提出的新要求。我们一定要牢记首都的责任和义务，充分利用现有的各种优势资源和中央给予的各项先行先试政策，在推动科学发展、加快转变经济发展方式方面走在全国的前面，跻身世界一流，向党中央、国务院和全国人民交出一份科学发展的合格答卷。

二是要进一步增强推动科学发展的责任感。落实“十二五”规划纲要，推动科学发展、加快转变经济发展方式是全市的任务，需要全市人民的共同努力。每一个区县、每一个部门、每一个单位、每一位人大代表和全体市民都要积极承担起相关责任，切实推动首都的科学发展，加快转变经济发展方式。让人民群众更加安居乐业，让首都城市更加健康宜居，当前最重要的就是要大力实施人文北京、科技北京、绿色北京战略，以人文、科技、绿色的发展理念来指导首都的科学发展，下大力气保持经济平稳较快发展，稳定物价水平，提高企业自主创新能力，提高困难群众收入，提高郊区广大农民收入，建设便利化的公共服务体系，缓解交通拥堵现象，解决低收入群众住有所居问题等等。全市各条战线的同志都要紧紧围绕着推动首都科学发展的重点，全力以赴，通力协作，努力推动首都取得新的更大的发展。

三是要进一步增强推动科学发展的紧迫感。经过几代人的努力，我们的发展已经有了很好的基础。但是也要看到，首都的发展中还存在着不少问题、差距，人民群众的生产生活还有许多不便之处、不满意的地方。特别是发挥首都资源优势还存在体制机制方面的制约，科技创新成果产业化环境还有待进一步完善，中央各项政策的落实还要加大力度。对此，必须高度重视，抓紧解决。紧紧抓住当前大有可为的重要战略机遇期，推动首都科学发展，是一项十分繁重、十分紧迫的重大历史任务，我们必须加快工作节奏，加大工作力度，以对党和人民高度负责的精神，迎难而上，攻坚克难，扎扎实实做好各项工作，切实推动首都的科学发展。

第二，要进一步发挥人民代表大会制度的巨大优势。

人民代表大会制度是我们国家的根本政治制度，具有强大的生命力和巨大的优越性。推动“十二五”期间的科学发展，必须充分发挥好人民代表大会制度的优越性。全市各级人大及其常委会都要紧紧围绕推动科学发展、加快转变经济发展方式，认真履行职能，抓住机遇，大有作为。

一是要围绕着加快转变经济发展方式，加强立法工作。要紧紧围绕推动首都“十二五”科学发展的重要任务，加强和改进地方立法工作，为推动科学发展、加快转变经济发展方式提供坚强的法制保障。特别是要在加强人口管理与服务、加强城乡统筹、优化经济结构、提高自主创新能力、实现人口资源环境协调发展、生态保护、垃圾处理等方面进一步加大立法工作力度，依法推动经济发展方式转变，依法解决城市建设管理中的诸多难题。要加强民生方面的立法工作，大力推进民生保障的法制化、规范化建设，依法解决好群众反映强烈的就业、就医、就学、社会保障等方面的问题，依法维护人民群众的权益。要认真总结中关村立法工作的经验，不断深化对地方立法工作特点和规律的认识，找准地方立法的着眼点和着力点，加强立法工作的沟通协调，创新地方立法的模式，完善立法工作格局和机制，进一步推进科学立法、民主立法，努力提高地方立法工作的针对性、质量和效率。

二是要围绕着加快转变经济发展方式，加强监督工作。要紧紧围绕着推动“十二五”发展的重点、难点、热点问题，加强人大监督工作，通过开展代表视察、工作评估等方式，发现问题、改进工作，保证“十二五”规划各项任务的落实。要紧紧围绕着建立创新驱动的发展模式、提高自主创新能力、优化产业结构、加大节能减排力度、缓解交通拥堵、调控人口规模、加强新城建设、推动城南地区发展、加快城乡结合部地区城市化建设等工作，加大监督力度，推动政府做好相关工作。要通过加强对“一府两院”的监督，促进完善公共财政体制，加快公共服务体系建设，推进公共服务均等化，督促各级政府切实解决好人民群众最关心、最直接、最现实的利益问题，使改革发展的成果更好地惠及广大人民群众。

三是要围绕着加快转变经济发展方式，充分发挥代表作用。广大人大代表是首都各行各业的优秀分子，具有广泛的影响力和号召力。推动首都科学发展、加快转变经济发展方式，必须充分发挥代表作用，形成集多方之智、举全市之力的良好局面。要充分发挥广大代表的主体作用，创新代表活动方式，健全代表学习培训制度。要组织和引导代表深入基层、深入群众、深入实际，使人大及其常委会的各项工作和决策能够更好地反映民意、集中民智、凝聚民力，更好地代表广大群众的利益。广大代表要进一步增强代表意识，以对人民高度负责的精神，认真履行代表职责，带头参与“人文北京、科技北京、绿色北京”建设，围绕着推动首都科学发展、加快转变经济发展方式，围绕着首都“十二五”发展的重点、难点、热点问题，发挥聪明才智，提出高质量的意见、建议，努力成为推动科学发展、促进社会和谐的表率和模范。要充分发挥源于群众、联系群众、代表群众的优势，发挥模范、表率作用，带动广大群众投身首都的现代化建设，为推动科学发展、加快转变经济发展方式，完成好“十二五”期间的各项任务而努力奋斗。

第三，不断提高市人大及其常委会的工作质量和实效。

人大及其常委会在坚持和完善人民代表大会制度、发挥人大作用中担负着特殊重要的责任。要深入贯彻落实市委第三次人大工作会议精神，紧紧围绕着提高履职质量，继续创新工作方式，加强自身建设，把人大工作提高到一个新的水平。要坚持党的领导、人民当家作主和依法治国的有机统一，着眼于维护人民代表大会制度的地位，发挥人民代表大会制度的优势，认真履行宪法和法律赋予的职责，努力做到有所作为。要找准新形势下人大依法履职与首都经济社会发展的结合点和着力点，围绕中心，服务大局，抓住机遇，有所作为。要科学地确定工作目标和任务，准确把握社会主义民主政治建设和人民代表大会制度发展的历史进程，准确把握首都发展和人民群众的需要，依法有效履行职能。要在依法办事的前提下加大创新力度，按照民主化、科学化、法制化的要求，不断创新和完善工作制度、工作机制、工作方法，切实提高人大及其常委会各项工作的质量和实效。全市各级党委政府、各职能部门都要关心和支持人大工作，认真落实市委第三次人大工作会议的要求，努力为人大及其常委会履行职能创造良好的环境和条件。

各位代表，同志们，首都发展的大政方针已定，关键在狠抓落实。让我们紧密团结在以胡锦涛同志为总书记的党中央周围，高举中国特色社会主义伟大旗帜，深入贯彻落实科学发展观，扎实做好“十二五”开局之年的各项工作，以优异的成绩迎接建党九十周年。

北京市第十三届人民代表大会第四次会议议程

（2011 年 1 月 16 日至 21 日）

（2011 年 1 月 15 日北京市第十三届人民代表大会第四次会议预备会议通过）

一、听取和审议北京市人民政府工作报告

二、审查和批准北京市国民经济和社会发展第十二个五年规划纲要

三、审议北京市 2010 年国民经济和社会发展计划执行情况与 2011 年国民经济和社会发展计划草案的书面报告

审查和批准北京市 2010 年国民经济和社会发展计划执行情况的报告与 2011 年国民经济和社会发展计划

四、审议北京市 2010 年预算执行情况和 2011 年预算草案的书面报告

审查和批准北京市 2010 年预算执行情况的报告和 2011 年预算

五、听取和审议北京市人民代表大会常务委员会工作报告

六、听取和审议北京市高级人民法院工作报告

七、听取和审议北京市人民检察院工作报告

八、选举事项

北京市第十三届人民代表大会第四次会议关于政府工作报告的决议

（2011 年 1 月 21 日北京市第十三届人民代表大会第四次会议通过）

北京市第十三届人民代表大会第四次会议听取和审议了郭金龙市长所作的《政府工作报告》。会议充分肯定市人民政府过去一年的工作，同意报告提出的 2011 年经济社会发展目标任务和工作部署，决定批准这个报告。

会议强调，2011 年是中国共产党成立 90 周年，也是“十二五”时期的开局之年，做好今年经济社会发展各项工作意义重大。市人民政府要全面贯彻落实党的十七大和十七届三中、四中、五中全会、中央经济工作会议、市委十届八次全会精神，以科学发展为主题，以加快转变经济发展方式为主线，着力建设创新驱动的发展格局，着力扩大内需，

着力提高人民生活水平，着力推动文化繁荣发展，着力创新社会服务与管理，着力抓好城乡一体化建设，着力提高城市精细化管理和宜居健康水平，全面完成全年国民经济和社会发展计划，实现“十二五”时期经济社会发展的良好开局。

会议号召，全市各族人民紧密团结在以胡锦涛同志为总书记的党中央周围，高举中国特色社会主义伟大旗帜，以邓小平理论和“三个代表”重要思想为指导，深入贯彻落实科学发展观，在中共北京市委坚强领导下，解放思想，抓住机遇，开拓创新，艰苦奋斗，全面推进首都现代化建设各项事业，以出色的成绩迎接中国共产党成立90周年！

政府工作报告

——2011年1月16日在北京市第十三届人民代表大会第四次会议上

北京市市长 郭金龙

各位代表：

现在，我代表北京市人民政府，向大会报告政府工作，并对“十二五”规划《纲要（草案）》作说明，请予审议，请市政协各位委员提出意见。

一、去年工作回顾

2010年，面对极为复杂的国内外环境，在党中央、国务院和中共北京市委坚强领导下，全市人民深入贯彻落实科学发展观，着眼建设中国特色世界城市，全面实施人文北京、科技北京、绿色北京战略，加快转变经济发展方式，巩固应对国际金融危机成果，推动首都经济社会发展取得了新的显著成绩。初步预计，全市地区生产总值比上年增长10%以上；地方财政一般预算收入增长16.1%；年末城镇登记失业率为1.37%；城镇居民人均可支配收入、农村居民人均纯收入分别增长8.5%以上和10.5%以上，扣除价格因素，分别实际增长6%以上和8%以上。“十一五”规划的主要目标任务胜利完成，首都改革开放和现代化建设迈出了新的坚实步伐。

一年来，我们认真落实市十三届人大三次会议决议，紧紧围绕推动首都科学发展，主要做了以下几方面工作。

（一）全力保持经济平稳较快发展，夯实可持续发展的基础

坚持把扩大消费放在突出位置，全面落实国家各项政策措施，着力优化消费环境，完善商品流通服务体系，组织开展了系列主题促销活动，大力推进农超对接、农村集贸市场建设等工作，预计全年社会消费品零售额超过6200亿元、增长17%以上。实行稳物价、保供应的一系列措施，居民消费价格涨幅控制在3%以内。建立政府资金统筹保障机制，加快推进重大项目和重点区域建设，完成土地储备开发投资1470亿元。积极调整投资结构，工业、第三产业投资分别增长28%以上和12%以上，民间投资比重接近58%。完成全社会固定资产投资近5500亿元、增长13%以上，超额实现两年政府投资1400亿元、带动社会投资1万亿元的目标。

加快中关村国家自主创新示范区建设。发布实施示范区建设三年行动计划和十年规

划纲要，国务院同意实行“1+6”系列政策。着力推进先行先试改革，股权激励试点单位达到350家，科技专项经费列支间接费用试点单位161家，政府采购自主创新产品51.5亿元。成立中关村发展集团，建立产业化促进机制，推动60项重大科技成果产业化，示范区规模以上企业预计实现总收入突破1.5万亿元、增长20%。制定首都中长期人才发展规划纲要，全力推进中关村科学城、未来科技城和人才特区建设，实施海外人才聚集、高端领军人才聚集工程，引进了一批高端领军人才和团队。加快创新型城市建设，落实首都知识产权战略，建立研发试验服务合作网络，促进高校科研成果开放共享，做好国家科技重大专项对接服务，协同推进6项国家重大科技基础设施建设，全市技术合同成交额达到1579亿元、增长27.8%。

深化产业结构调整。积极推进西部地区转型发展，首钢冶炼热轧全面停产，关闭所有小煤窑。退出“三高”企业43家。制定实施加快物流、信息服务、商务服务、旅游、设计产业发展的政策措施，出台促进首都功能核心区文化发展的意见，生产性服务业、文化创意产业较快增长。旅游总收入达到2768亿元，增长13.3%。规模以上工业企业增加值增长15%左右，实现利润增长40%左右。大力开发农业多种功能，都市型现代农业加快发展。坚持调整产业结构与落实区县功能定位相结合，重点功能区建设全面加强，通州现代化国际新城建设快速推进，产业发展聚集带动作用不断增强。

统筹推进城乡区域协调发展。深化农村改革，完善农地流转服务体系，全面推进集体林权制度、集体经济产权制度改革，对山区集体公益林进行补助，农民专业合作社覆盖70%从事一产的农户。大力推进新农村建设，五项基础设施提前两年实现全覆盖。实施城乡结合部城市化工程，完成24个重点村拆迁任务。落实城南行动计划，103项重大基础设施和产业项目进展顺利。加快永定河绿色生态发展带建设，河道景观恢复和生态环境修复初见成效。完成7条重点沟域规划国际招标，建设生态清洁小流域22条，生态涵养发展区建设迈出新步伐。

（二）加强城乡建设、服务与管理，不断完善城市功能

加快基础设施建设。大力发展轨道交通，5条新线开通试运营，新增通车里程108公里。推进完善中心城区路网系统，3条城市快速路建成通车，完成110项疏堵工程。优化公交线网，公交出行比例提高到40.1%。强化资源能源保障，建成陕京天然气三线，完成第九水厂改造，解决了中心城区6万户居民老楼通气问题，实现230个老旧小区管网供热。实施信息化基础设施提升计划，城市信息化水平不断提高。

切实改善生态环境。坚持增能力、调结构、促减量，全面推进生活垃圾处理工作。全市生活垃圾产生量继续下降，日处理能力达到1.7万吨，无害化处理率提高到96%。推进卢沟桥等再生水厂改造升级，全市再生水利用率、污水处理率分别达到60%和81%。完成农民住宅节能改造2万户、城镇建筑节能改造644万平方米、城区平房煤改电1.3万户、燃煤锅炉清洁能源改造1052蒸吨，淘汰黄标车5万辆，新增纯电动公交、环卫示范车1260辆，市区空气质量二级和好于二级天数占78.4%。加强北运河水系综合治理。积极推进新城滨河森林公园、郊野公园建设，新增造林面积16万亩。

强化城市服务管理。成立首都城市环境建设委员会、北京历史文化名城保护委员会，完善城六区交通管理体制。着力加强交通管理，实施错时上下班等一揽子措施，维持了城区路网的基本通行能力。按照“建、管、限”的思路，出台缓解交通拥堵的28项综合

措施。加强重点地区和薄弱环节环境整治，完成了100公里架空线入地任务。总结推广村庄社区化管理模式，郊区村庄管理水平明显提高。全面加强人口和计划生育工作。第六次人口普查工作顺利推进。

创新社会服务管理。出台社会服务管理创新行动方案。开展1000个社区规范化建设试点，建成1294个农村社区服务站。向社会组织购买300个服务项目，选聘2958名大学生到社区工作，较大幅度提高了社区工作者待遇。基本实现商务楼宇服务站全覆盖，启动社区服务管理创新综合试点，推进“一刻钟社区服务圈”示范点建设。新建16支专业化志愿者队伍，志愿者服务管理进一步规范。

（三）加强以改善民生为重点的社会建设，维护首都和谐稳定

全力做好就业和社会保障工作。强化高校毕业生就业综合服务，完善“零就业家庭”、纯农就业家庭长效帮扶机制，实现城镇新增就业44.6万人、农村劳动力转移就业9.6万人。整合“一老一小”、无业居民大病医疗保险制度，制定统一的城镇居民基本医疗保险办法，区县公费医疗与职工基本医疗保险并轨。实施提高门诊报销比例等8项医保惠民政策，减轻群众负担25亿元。完成社保卡整体工程建设，1779家定点医疗机构实现就医即时结算。出台养老保险补缴政策，实现了养老保险关系转移接续。全面落实“九养政策”和老年优待办法，发放养老助残服务券4.3亿元，为2.1万户家庭实施了无障碍设施改造。

不断提升基本公共服务水平。制定中长期教育改革和发展规划纲要。全面实现免费义务教育。加快推进中小学校舍安全工程，累计开工346万平方米。改扩建30所公办幼儿园，增加入园名额1.2万个。延长城区社区卫生服务中心门诊时间，26家三级医院开展双休日全天门诊，启动预约转诊试点。继续实施周末演出场计划等文化惠民工程，基本完成街道、行政村文化中心建设任务，率先实现“村村有书屋”。加强历史文化名城保护，完成29项文物修缮工程。成功举办首届世界武搏会等重大赛事，北京运动员在国内外赛场上取得优异成绩，全民健身运动蓬勃发展。

加大住房保障力度。政策性住房实际供地1332公顷，同比增长1倍，占全市住宅用地供应量的52.8%。新建和收购政策性住房22.5万套，占全市住宅新开工套数的61.5%。竣工各类政策性住房5万套，完成年度计划的108.7%。公共租赁住房落实房源2.6万套，廉租住房基本实现了实物配租应保尽保。三区三片棚户区改造累计搬迁居民1.6万户，首都功能核心区居民对接安置房开工218万平方米。严格执行中央房地产调控政策，加强房地产市场监管，5月份以来房屋销售价格同比涨幅逐月回落。

高度重视做好安全稳定工作。建立重大事项社会稳定风险评估机制，推广信访代理等成功经验，着力化解历史积案，切实从源头上预防和化解矛盾纠纷。完善安全生产监管体制机制，认真开展重点领域专项整治，安全生产形势总体平稳。加强食品、药品安全监管，进一步规范和维护市场秩序。深化应急管理“一案三制”建设，突发公共事件应急处置能力不断提高。创建首都政治中心区防控机制，大力净化治安环境，社会秩序保持良好。

（四）加快推进改革开放，创新推动科学发展的体制机制

深化行政管理体制改革，崇文区与东城区、宣武区与西城区行政区划调整工作平稳有序，为落实城市总体规划、发挥核心区功能创造了有利条件。建立海淀区和昌平区产业统筹协调机制，推动大兴区和北京经济技术开发区融合发展。设立市级固定资产投资

审批综合服务大厅，继续推进行政审批事项精简下放。深化国有企业改革，成功实施9个重组项目，退出劣势企业196家，国资监管体系进一步完善。深化金融改革创新，成立全国首家消费金融公司，争取多项国家金融创新试点，规范市区两级融资平台，新增要素市场9家。深化社会领域改革，制定深化医药卫生体制改革实施方案，成立首都医药卫生协调委员会，落实国家基本药物制度，实施药品统一集中采购。整合组建北京广播电视台，完成14家出版社转企改制。事业单位绩效工资改革稳步推进。

进一步扩大对外开放。开展跨境贸易人民币结算试点，推动首都机场口岸与天竺综合保税区实现大通关，扩大出口信用保险覆盖面，促进外贸出口恢复性增长，地区出口554.7亿美元、增长14.7%，规模接近国际金融危机前水平。健全服务贸易促进协调机制，落实服务外包政策，促进服务贸易快速发展。大力吸引跨国公司地区总部，新增涉外驻京代表机构654家，实际利用外资63.6亿美元。鼓励支持企业“走出去”，对外协议投资增长2.5倍。成功举办世界旅行旅游大会等国际活动，城市对外交往务实深入。

加强发展合作与对口支援。与14家中央单位签订战略合作协议，进一步完善合作机制和对接服务，推进一批重点产业基地和项目落地。整合组建市级领导机构，统筹对口支援和区域合作。先后与河北等省区市签订合作框架协议，区域合作广度和深度不断拓展。全面启动新一轮援疆工作，认真落实对口支援西藏拉萨、青海玉树等任务。累计投入资金70亿元，圆满完成支援什邡灾后恢复重建任务，获得各方面高度评价。

（五）加强精神文明和民主法制建设，不断提升城市文明程度

深入推进爱国主义教育，成功举办了纪念抗战胜利65周年系列活动。开展“做文明有礼的北京人”、“垃圾减量日”等主题实践活动，推出了春节文化论坛、端午文化节、重阳文化节等一批传统文化活动。加强对互联网、手机等新兴媒体的管理，大力整治网络低俗之风。认真做好民族、宗教、侨务和对台工作，积极推动妇女、儿童、老龄、残疾人事业健康发展。

稳步推进基层民主政治建设，着力完善社区居民自治机制，完成第八届村委会换届选举。加强法制宣传和教育，推进法律服务领域民生工程建设，顺利完成“五五”普法各项任务。加强国防和后备应急力量建设，创新与武警总队的合作机制，扎实做好“双拥共建”工作，驻京部队在首都建设发展中发挥了重要作用。

各位代表，一年来，市政府及组成部门认真执行市人大及其常委会的决议和决定，坚持重大事项报告制度，自觉接受人大法律监督和工作监督。主动向市政协通报工作，自觉接受政协民主监督，认真听取各民主党派、各人民团体和各界人士意见。办理全国和市人大代表议案、建议1549件，政协建议案、提案1380件。加强政府法制建设，提请市人大常委会审议地方性法规5项，制定修改政府规章5项。做好地方性法规、政府规章和规范性文件清理工作，进一步减少行政审批事项。加强和改进行政执法工作，发挥监察、审计、财政的监督作用，深入推行绩效管理和督查督办，有力推动了重大决策和重点工作的落实。投入财政资金237亿元，全面落实了58件重要实事。

各位代表，过去一年首都发展取得的成绩，是党中央、国务院和中共北京市委坚强领导，各方面高度关心、大力支持，全市人民迎难而上、团结奋斗的结果。在此，我代表市人民政府，向全市各族人民和来自全国各地的劳动者，向人大代表、政协委员，向各民主党派、各人民团体和各界人士，向中

央各部门、各兄弟省区市，向驻京解放军和武警部队官兵，向所有关心支持首都建设的港澳台同胞、海外侨胞和国际友人，表示崇高的敬意和衷心的感谢！

我们清醒地认识到，全市经济社会发展中的困难和问题还不少。一些长期性、结构性矛盾尚未根本解决，又出现了一些不容忽视的新问题。经济运行面临复杂形势，稳定物价、房价的压力较大；房地产投资占比仍然偏高，投资结构亟待调整优化；机动车过快增长，缓解交通拥堵刻不容缓；涉及群众切身利益的一些问题还没有得到很好解决，特别是入园难、看病难等问题比较突出；资源、能源、环境约束更加凸显，节能减排面临新的压力和挑战。我们也清醒地认识到，政府工作中还存在缺点和不足，政府自身建设和服务管理创新还需要加大力度，一些工作落实还有差距，少数工作人员责任意识、服务意识不强，政府效能建设、勤政廉政建设需要进一步加强。我们要正视困难，正视问题，以对党和人民事业高度负责的态度，深入分析研究，采取更为积极有效的措施，切实加以解决。

二、今年主要任务

2011年是中国共产党成立90周年，也是“十二五”时期的开局之年，做好今年经济社会发展各项工作意义重大。当前，世界经济格局正在发生深刻复杂变化，我国仍处于重要战略机遇期，经济发展长期向好的趋势没有改变。首都发展面临着难得的机遇，也面对着严峻的挑战。党中央、国务院对北京发展寄予厚望，要求在加快转变经济发展方式上走在全国最前面。各级政府、各部门要认清形势，牢牢把握主题主线，坚定必胜信心，切实增强机遇意识、忧患意识、责任意识，切实增强工作的前瞻性、科学性和创造性，创新发展理念，创新发展模式，埋头苦干，攻坚克难，奋发有为，以更高的标准实施人文北京、科技北京、绿色北京战略，努力实现“十二五”时期的良好开局，推动建设中国特色世界城市迈出坚实步伐。

做好今年政府工作，要全面贯彻落实党的十七大和十七届三中、四中、五中全会以及中央经济工作会议、市委十届八次全会、全市经济工作会议精神，深入贯彻落实科学发展观，以科学发展为主题，以加快转变经济发展方式为主线，着力建设创新驱动的发展格局，着力扩大内需，着力提高人民生活水平，着力推动文化繁荣发展，着力创新社会服务与管理，着力抓好城乡一体化建设，着力提高城市精细化管理和宜居健康水平，实现经济平稳较快发展和社会和谐稳定，以出色的成绩迎接中国共产党成立90周年。

综合各方面因素，全市经济社会发展的主要目标是：地区生产总值增长8%；城镇登记失业率控制在2.5%以内；城乡居民收入实际增长7%；居民消费价格涨幅控制在4%左右；地方财政一般预算收入增长9%；单位地区生产总值能耗和二氧化碳排放量均下降3.5%、水耗下降4%。

为实现上述目标，今年要重点抓好以下几方面工作。

（一）保持首都经济平稳较快发展

牢牢把握重要战略机遇期，巩固首都经济平稳较快发展的良好局面，为改善民生、调整结构、提升服务奠定坚实基础。

着力促进消费稳定增长。充分发挥消费主导作用，深入挖掘首都市场的巨大潜力，培育新的消费热点，实现社会消费品零售额增长10%左右。一是增强居民消费能力。认真落实国家收入分配政策，增加对城镇低收入群体和农民的补贴，提高社会保障水平，促进城乡居民收入普遍较快增长。二是推动消费结构升级。扩大保障性住房供应规模，积极发展文化消费、老龄消费、健康消费、网络消费等新兴消费，加快推进电子商务示范工程，改造升级特色商业街区。三是开拓消费市场。继续抓好各类主题促销活动，认真做好家电下乡和以旧换新，搞好农村集贸市场、连锁超市、农产品批发市场和零售网点建设，提升新城商业发展水平，扩大农村消费。四是大力发展旅游消费。积极推进北京旅游中心等重大项目建设，提升传统旅游品质，培育工业、科技、生态等新兴旅游热点，以旅游、会展带动外来消费快速增长。五是全面推进商贸流通规范化、现代化、特色化、国际化发展，加快建设国际商贸中心。

深入调整优化投资结构。坚持投资适度增长与优化结构、提高质量效益并重，着力抓好重大项目建设，努力扩大产业投资，实现固定资产投资增长10%以上。一是切实用好政府投资。今年市政府固定资产投资拟安排347亿元，重点保障在建、续建项目，优先支持结构调整、自主创新、公共设施、民生工程等领域。进一步完善融资体系，多渠道筹集资金，保障重点项目和产业发展的资金需求。二是积极扩大民间投资。出台促进民间投资的实施意见，鼓励引导民间资本进入基础产业和基础设施、市政公用事业、社会事业等领域。三是统筹促进产业投资。实施重大产业项目带动工程，完善股权投资体系，加强创业发展引导，鼓励企业加大研发产业化和技改投入，不断增强产业发展后劲。四是进一步调整房地产投资结构，加大政策性住房投资力度，优化土地一级开发。

加强价格调控和市场监管。认真履行经济调节、市场监管的职能，切实做好价格稳定工作。完善绿色通道政策，保障农产品货源供应，加强生活必需品政府储备，必要时实行价格临时干预。建立市场价格信息发布制度，有效引导社会预期。落实价格补贴政策，建立健全社会保障相关标准与物价上涨挂钩的联动机制，保障困难群众基本生活。认真落实食品安全行动纲要，构建食品安全长效机制。建立基本药物质量监管和供应储备保障体系，确保“三品一械”质量安全。健全市场体系和社会信用体系，强化价格监管，严肃查处恶意炒作、串通涨价、哄抬价格等不法行为，严厉打击虚假广告、制假售假，坚决维护市场秩序，为人民群众营造放心消费的市场环境。

（二）深入推进自主创新和产业结构调整

坚持把结构调整作为加快转变经济发展方式的主攻方向，深度调整产业内部结构，不断提高经济的整体素质与核心竞争力。

全力推动中关村示范区建设发展。认真落实中关村示范区条例，大力推进体制机制创新，加快建设具有全球影响力的科技创新中心和我国战略性新兴产业的重要策源地。建设首都创新资源平台，完善中关村科技创新和产业化促进中心的工作机制，推动中央与地方创新资源整合。深化先行先试改革，积极配合国家有关部委，抓紧落实科技成果处置权收益权下放等五方面政策，争取设立统一监管下的全国场外交易市场。建设国家科技金融创新中心。落实高端人才政策，深入实施海外人才聚集、高端领军人才聚集工程，加快建设中关村人才特区。进一步加大支持力度，统筹安排100亿元政府资金，做好联合审批和落地服务，全力推动科技成果产业化。全面实施“十百千工程”和“瞪羚计划”，支持创新型企业开拓市场、做强做大，加快培育一批拥有自主品牌的世界级企业。优化自主创新体系，积极对接国家科技重大专项和重大科技基础设施建设，健全企业创新激励机制，促进新型产业组织加快发展，努力突破关键核心技术。实施标准战略，推动标准创制。加强知识产权保护，培育发展科技中介组织，促进知识产权的市场化运用。

大力促进产业结构优化升级。制定实施培育发展战略性新兴产业的意见，加快发展新一代信息技术、新能源汽车、节能环保、高端装备制造、生物医药、新能源、新材料和航空航天等新兴产业。落实重点产业振兴规划和实施意见，加快北京现代三工厂、数字电视产业园、中核科技园、三一北京制造中心等重点项目建设，提升高技术产业和现代制造业发展水平。出台促进生产性服务业发展的实施意见，支持信息服务、商务服务和物流等重点产业发展，推进石景山国家服务业综合改革试点区建设。大力发展金融产业，支持金融街适度拓展和南北连片，促进商务中心区功能集聚，推进丽泽金融商务区建设，增强服务国家金融决策、管理、信息中心功能，加快打造具有国际影响力的金融中心城市。完善文化创意产业聚集区发展扶持政策，抓好中国动漫游戏城、中国乐谷、传媒产业走廊、通州文化主题公园、古北水镇等重点项目，提升文化创意产业的创新能力和集约化水平。积极发展家政服务业，促进生活性服务业加快发展。认真落实与中央单位签订的战略合作协议，加快推进合作产业基地建设，促进军民融合式发展。

深入推进节能减排。把二氧化碳、氮氧化物、氨氮减排作为约束性指标，确保各项指标达到国家要求。强化目标管理和考核，突出抓好工业、建筑、交通运输、公共机构等重点领域节能。严格执行建筑节能标准，大力发展绿色建筑，加快既有建筑节能改造。加大高效节能产品推广力度，进一步淘汰落后产能，完成800蒸吨燃煤锅炉清洁能源改造。建立老旧机动车更新淘汰长效机制，新增公交车提前实施第五阶段国家排放标准，继续抓好新能源公交、环卫车的示范应用。推行合同能源管理，促进节能服务业发展。制定再生资源回收产业发展规划，加强资源循环利用技术的研发应用，积极推动清洁生产，大力发展循环经济和环保产业，倡导绿色低碳生活方式和消费模式。

（三）切实保障和改善民生

坚持统筹兼顾、突出重点，努力办好惠民实事，促进基本公共服务均等化。

全面实施扩大就业战略。把促进充分就业作为经济社会发展的优先目标，强化政府责任，实现城镇新增就业36万人以上。重点做好高校毕业生、农村转移劳动力、城镇就业困难人员、退役军人的就业工作，促进大学生自主创业和充分就业，推动城镇促进就业政策向农村延伸，统一城乡就业援助制度。研究制定“三高”退出企业职工的分流安置政策，鼓励城乡劳动力实现“绿色就业”。健全职业培训制度，完善公共就业服务平台，推进充分就业村和社区的创建工作。加强劳动关系协调，积极推行工资集体协商，切实维护劳动者合法权益。

完善覆盖城乡居民的社会保障体系。推动“新农合”市级统筹，启动市级公费医疗与职工基本医疗保险并轨，加快构建城乡一体化医疗保障新格局。健全社会保障待遇调整机制，提高城乡居民基础养老金等各项待遇标准。积极拓展社保卡服务功能。完善社会救助政策，对特困人员实行住院押金减免和出院即时结算，研究设立慈善医疗救助基金。完善居民家庭收入核定的联动机制，促进社会救助与其他社会保障制度有效衔接。大力扶持社会化养老服务，积极发展社区养老餐桌和托老所，推进养老机构标准化建设。加强残疾人社会保障和服务体系建设，关心残疾人精神文化生活，切实保障残疾人权益，支持残疾人事业发展。

全力做好住房保障工作。多渠道增加资金投入，加大政策性住房建设收购力度，加快配套设施建设，切实增加实物供给量，确保新建和收购20万套，力争竣工10万套。大力发展公共租赁住房，鼓励社会资金参与，完善集体建设用地建设租赁住房的政策。积极推进老旧小区更新改造，按计划完成棚户区改造。严格落实房地产市场调控措施，保持土地供应平稳有序，继续增加住房有效供给。大力整顿房地产市场秩序，抑制投资投机需求，坚决遏制房价过快上涨。坚持政府保障和市场供给相结合，积极探索完善住房制度，逐步形成符合首都实际的保障性住房体系和商品房体系。

促进教育事业优先发展。落实中长期教育改革与发展规划纲要，启动实施国家教育体制改革试点和重点建设项目，深入推进素质教育。制定加快学前教育发展的意见，编制区县学前教育三年行动计划，加大幼儿园新建改建力度，加强幼教师资培养，新增入园名额 2 万个，规范幼儿园准入和收费管理。完成中小学校舍安全工程，深化教师交流、学区化管理等改革，推动优质教育资源向农村地区、薄弱学校配置，促进义务教育均衡发展。完善现代职业教育体系，鼓励支持民办教育健康发展。继续实施市属高校“三大工程”和三年基建规划，支持在京高校建设世界一流大学和高水平大学。

提升医疗卫生服务水平。深化医药卫生体制改革，组建市医院管理机构，积极开展公立医院改革试点，加快编制区域卫生规划和医疗机构设置规划，鼓励引导社会资本举办医疗机构。建立健全公共卫生项目管理规范及考核办法，认真做好重大传染病监测与防控，不断完善院前急救体系。健全基层卫生服务机构补偿机制，加强医护人员培养培训，推行家庭医生服务。完善基层医疗卫生机构基本药物目录，规范基本药物招标采购。支持“十病十药”产品研发生产，进一步提高中医药服务能力。强化公立医院管理，在全市三级医院推广双休日全天门诊，方便群众看病就医。

加快文化体育事业发展。大力发展公共文化事业，推动建立广覆盖、高效能的公共文化服务体系。深入实施文化精品工程，努力提供更多优秀文化作品。加快建设首都图书馆二期等标志性文化工程，完善城乡结合部等地区公共文化设施网络，探索建立基层文化志愿服务机构，深化文艺院团和文化单位内部机制改革。全面推进三网融合试点。大力发展哲学社会科学，促进文学艺术、广播影视、新闻出版事业繁荣发展。办好首届北京国际电影季。切实做好地下文物和非物质文化遗产保护工作，推进历史文化名城整体保护。落实全民健身计划，深入实施全民健康促进十年行动规划，广泛开展群众体育活动，不断提高广大市民的身体素质，加快建设健康城市。

（四）加大统筹城乡区域协调发展力度

坚持强农惠农政策力度不减，完善区县功能定位实现机制，加快构建城乡一体、多点支撑、均衡协调的发展格局。

深入推进农村改革发展。完成集体林权制度改革主体任务和 1230 个乡村集体经济产权制度改革，扶持培育农民专业合作社示范社。鼓励发展新型农村金融机构，支持涉农企业上市。认真做好农村土地确权登记颁证工作，严格土地管理，严肃查处违法用地。加强以农田水利为重点的农业基础设施建设，打造一批农业基础设施建设和综合开发核心示范区，推进国家现代农业科技城、农业生态谷等重点项目。完善都市型现代农业实现形式，促进农业生产经营专业化、标准化、规模化、集约化，积极发展农产品加工业和农村服务业。实施新一轮“菜篮子”工程，新建基本菜田 5 万亩，提高蔬菜自给率。多渠道增加农民收入，确保低收入农户稳定增收。认真做好世界草莓大会、种子大会和国际园林博览会筹备工作。

加快郊区城镇化步伐。基本完成城乡结合部城市化工程 50 个重点村的拆迁任务，统筹解决好产业发展、农民就业和社会保障等问题。遵循城市发展客观规律，扎实推进规划新城建设，增强对中心城区功能和人口疏解的吸引力，在发展新区加快打造地区生产总值500亿元级、1000亿元级的经济强区。研究制定促进农转居的政策措施，完善基础设施和产业发展规划，高标准建设一批示范小城镇和全国千强镇。加快社会主义新农村建设，健全“5+3”工程运行管护长效机制，继续开展农村抗震节能住房建设和既有农房保温节能改造。启动10个新型农村社区建设试点，推动城市服务管理向农村延伸。深入推进山区搬迁工作，确保农民“搬得出、稳得住、能致富”。

努力推动区域协调发展。充分发挥首都功能核心区行政区划调整的作用，坚持和完善各项政策，加快发展现代服务业和文化创意产业，扎实做好保护性修缮和对接安置工作，不断提高发展质量、增强服务功能。加快中关村科学城、未来科技城建设，着力打造北部研发服务和高新技术产业带。加大基础设施建设和重大产业项目布局力度，下更大决心聚焦通州，集中力量，力求取得重大突破；进一步做强临空经济区，着力发展高端商务、现代物流和先进制造业。提升东部地区发展水平。深入推进城南行动计划，完成一批重大基础设施项目和民生工程。认真抓好南中轴线规划建设，做好北京新机场开工建设准备工作，着力打造南部高技术制造业和战略性新兴产业发展带。出台加快西部地区转型发展意见，重点抓好新首钢高端产业综合服务区、永定河绿色生态发展带建设，积极推进燕房石化新材料、窦店现代制造业基地发展。大力支持怀柔文化科技高端产业新区、门头沟国家生态修复科技实验区、延庆国家绿色能源示范县、密云国际绿色休闲旅游产业综合示范区和平谷绿色能源基地建设，大力发展沟域经济，打造新型山区生态经济带。

（五）着力提高城市精细化服务管理水平

立足做好“四个服务”，坚持标本兼治、多措并举，破解城市服务管理难题，切实提高可持续发展水平。

综合治理交通拥堵。全面实施缓解交通拥堵各项措施，多管齐下、分阶段做好各项工作，确保见到实效。加大轨道交通建设力度，抓好在建线路建设，争取中心城两条新线分段开通。继续完善路网结构，实施快速路网和重点地区拥堵节点改扩建工程，推进微循环系统建设，开工建设东西二环等地下隧道。改善公共交通出行条件，增设向小区延伸的公交专线，建成阜石路大容量快速公交线路，新增一批公交专用道，公交出行比例达到42%。加快建设智能交通管理系统，优化重点区域交通组织，研究制定交通严重拥堵应急预案，完善高峰时段区域限行措施，依法严格管理，提高交通服务管理水平。实施小客车总量调控，保持全市各级党政机关公务用车零增长，引导机动车合理使用。优化自行车和行人出行环境，倡导绿色出行。

加强人口调控管理。认真落实中央关于“大城市要加强和改进人口管理”的要求，抓紧研究制定人口有序管理的一揽子政策措施。建立健全人口管理体制，严格落实目标责任制。发挥产业发展对人口规模的调节作用，制定行业准入标准，提升传统产业组织化程度和现代化水平。优化配置公共服务资源，推动中心城区功能疏解，引导人口合理分布。加强人防工程使用管理，规范房屋出租行为，推广农民出租房屋集中管理新模式，实现居住人口和出租房屋管理信息化。研究实施居住证制度，提高流动人口服务水平。加强与周边省区市协作，探索区域人口调控综合协调机制，促进人口有序流动。坚持计划生育基本国策，改善计划生育服务。切实保障妇女儿童权益，积极应对人口老龄化。

提升城市运行保障水平。围绕增能力、

保供应，加强市政基础设施建设。实行最严格的水资源管理，推进南水北调市内配套工程建设，做好建设节水型社会试点工作，抓好永定河、北运河、潮白河三大水系综合治理，加强湿地保护，提升生态清洁小流域治理水平。完成东南热电中心建设，推进供热计量收费改革，研究制定采暖费“暗补变明补”和困难群体采暖保障措施。启动陕京天然气四线、大唐煤制气进京管线建设前期工作，加快远郊区县供气干线建设。提高城乡邮政服务水平。制定智慧城市行动纲要，积极推进物联网、云计算示范应用，加快城市信息化建设步伐。

加大环境建设力度。加快鲁家山等生活垃圾焚烧设施建设，继续治理非正规垃圾填埋场，在1200个小区、1200个村庄开展垃圾分类达标试点，大力推动建筑垃圾资源化利用。加快污水处理厂和管网建设改造，提高再生水利用能力。开展“精细管理、美化市容”活动，推进城六区重要交通干道两侧遗留项目整治，提升主要道路环境景观，抓好环境薄弱地区和农村环境整治。加快南海子等郊野公园、滨河森林公园以及两道绿化隔离带建设，改造山区低效林和平原防护林，实施城市增绿添彩工程，全市林木绿化率达到54%。全面落实清洁空气行动计划，力争二级和好于二级天数占比达到75%。

（六）进一步深化改革和扩大开放

坚持把改革开放作为加快转变经济发展方式的强大动力，下更大力气创新体制机制，扩大对内对外开放。

深入推进重点领域和关键环节改革。一是继续深化行政管理体制改革，进一步精简和规范行政审批事项，下放行政审批权限。完善投资审批大厅运行机制，强化审批后续监管。优化财政支出结构，统筹保障重点支出，加强审计监督。全面完成乡镇机构改革。二是深化国有企业公司制股份制改造，完善法人治理结构，加快兼并重组，支持市属企业整体上市或主业资产上市，继续推动劣势企业退出，提高国有经济产业集中度。三是落实促进中小企业发展的实施意见，进一步完善扶持政策，规范市场准入，强化金融服务，减轻企业负担，认真解决制约中小企业发展的共性问题。四是积极发展要素市场，加快资本市场建设，推动设立文化产权等交易所，逐步形成统一的人力资源市场。五是理顺资源价格形成机制，适时开展天然气价格、阶梯水价改革。

努力提高对外开放水平。坚持进口和出口并重，“引进来”和“走出去”并重，引资与引智相结合，加快转变外经贸发展方式。抓好出口产业基地建设，支持双自主产品扩大出口，鼓励企业培育出口品牌。完善促进服务贸易的政策体系，推动服务外包示范区建设，大力发展新兴服务贸易。落实国家进口促进政策，扩大先进技术设备、关键零部件、能源和原材料进口。加强投资促进工作，引导外资更多投向高端产业，更加注重引进技术、管理和人才，推动存量外资企业转型升级。积极吸引国内外企业总部落户北京，促进总部经济实体化经营。落实支持政策、简化审批手续，推进对外投资便利化。深化京港、京澳合作，全方位开展城市对外交往，积极申办有影响力的国际活动，不断提升首都国际化水平。

扎实做好对口支援和区域合作工作。认真落实中央关于对口支援的部署与政策，推进经济、干部、人才、教育和科技援疆，多方面、多渠道支援西藏发展，全面落实玉树援建协议。进一步拓宽与周边地区合作领域，研究编制区域合作发展规划，充分发挥首都城市的服务辐射功能，积极推动首都经济圈建设。

（七）全力维护首都和谐稳定

加强社会主义精神文明建设。认真办好纪念中国共产党成立90周年系列活动，大力弘扬社会主义核心价值观，深入开展“做文明有礼的北京人”主题实践活动，实施公共文明工程，培育和塑造北京精神。积极开展文明区县、文明村镇、文明单位、文明社区创建活动，加强网络文明建设，加强未成年人思想道德建设和大学生思想政治教育。充分发挥工会、共青团、妇联等人民团体的桥梁纽带作用，切实做好民族、宗教、外事、侨务、对台工作。深化国防教育，加强国防后备力量建设，深入开展双拥共建活动，认真落实优抚安置政策，积极帮助退役军人解决实际困难。

加强民主法制建设。制定贯彻落实国务院加强法治政府建设意见的实施规划，改进政府立法工作，完成年度行政立法任务。坚持依法科学民主决策，深入推进政务公开，增强决策透明度和公众参与度。健全基层自治组织和民主管理制度，保证广大群众依法直接行使民主权利。拓展和规范法律服务，构建律师管理与服务新机制。制定“六五”普法规划，加强法制宣传教育。严格规范、公正文明执法，加强行政复议工作，强化行政监督和问责，提高政府执行力和公信力，努力使首都依法行政工作走在全国前列。

深入推进社会服务管理创新。加快社区规范化建设，健全枢纽型社会组织工作体系，促进社会工作者专业化、职业化发展，努力扩大志愿者队伍。完善网格化社会管理模式，加快实现社会服务管理的信息化、精细化。推进1700个服务站标准化建设，改善农村社区基础设施。进一步扩大“一刻钟社区服务圈”试点，落实社区基本公共服务指导目录，完善政府购买社会公共服务机制。

切实维护社会安全稳定。坚持用群众工作统揽信访工作，严格落实维稳责任制，做好重大事项社会稳定风险评估，完善群众利益表达机制，深入推进社会矛盾化解。强化安全生产综合监管，严格落实企业主体责任，加强城市运行安全和生产安全保障，加大重点行业和领域的安全隐患排查治理力度，坚决遏制重特大事故发生。增强防灾减灾能力，强化应急资源统筹协调，提升突发事件综合防范水平。按照一流标准，加强警务、消防能力建设。完善社会治安防控体系，严厉打击各类刑事犯罪活动，努力营造社会安定、百姓安宁的良好局面。

三、关于《北京市国民经济和社会发展第十二个五年规划纲要（草案）》的说明

市委、市政府高度重视“十二五”规划编制工作，成立了专门领导小组，多次召开专题会议，对事关首都发展的重大问题进行研究决策。市人大常委会、市政协分别提出了专题建议，为规划编制提供了重要支撑。根据市委十届八次全会审议通过的《关于制定北京市国民经济和社会发展第十二个五年规划的建议》（以下简称《建议》）精神，在广泛听取各民主党派、工商联负责人、无党派人士、专家学者和广大市民意见的基础上，市政府制定了《北京市国民经济和社会发展第十二个五年规划纲要（草案）》（以下简称《纲要（草案）》），已提请大会审议。

《纲要（草案）》共九篇，第一篇是新时期的战略选择，总结了“十一五”时期首都经济社会发展成就，明确了未来五年的发展目标；第二篇到第八篇，是“十二五”时期经济社会发展的主要任务，包括创新驱动发展、发展惠及人民、文化彰显魅力、城市服务生活、绿色塑造未来、改革激发活力、开放实现共赢等七个方面；第九篇是未来五年的行动路径。下面，我就几个问题作简要说明。

（一）“十一五”时期首都经济社会发展的主要情况

“十一五”时期是北京发展史上极不平凡

的五年。五年来，在党中央、国务院和中共北京市委的坚强领导下，在全国人民的大力支持下，成功举办了一届无与伦比的奥运盛会，圆满完成了新中国成立60周年庆祝活动筹办任务，全面实现了“新北京、新奥运”战略构想，首都经济社会发展取得了历史性成就。

——经济发展迈上新台阶。与2005年相比，六项主要经济指标实现或大体实现翻番：经济总量由6970亿元增加到1.3万亿元以上，人均地区生产总值由5615美元提高到10,000美元以上，地方财政一般预算收入由919.2亿元增加到2353.9亿元，社会消费品零售额由2912亿元增加到6200亿元以上，全社会固定资产投资由2827亿元增加到近5500亿元，地区进出口总额由1255亿美元提高到3014亿美元，首都经济综合实力显著增强。

——人民生活持续改善。“十一五”期间，城乡居民收入年均实际增长超过8%，教育、医疗、社保等财政支出分别比“十五”期间增长了1.8倍、1.7倍和1.6倍，就业服务和社会保障制度实现全覆盖，社会保障各项待遇标准均提高40%以上，城镇登记失业率控制在2%以内，社会事业发展继续走在全国前列。

——城乡面貌焕然一新。轨道交通运营里程由114公里增加到336公里，“区区通高速”目标全面实现。空气质量二级和好于二级天数占比提高了14.3个百分点，林木绿化率达到53%，单位地区生产总值能耗、水耗提前一年实现“十一五”目标，节能减排走在全国前列。率先实施区县功能定位，扎实推进新农村建设，城乡区域统筹发展的水平进一步提高。

实践证明，过去的五年是首都经济社会发展质量最高、综合实力提升最快、城乡面貌变化最大、人民得到实惠最多的时期之一。这些巨大的成就，极大地增强了北京作为全国政治中心、文化中心和国际交往中心的服务功能，极大地提高了首都的影响力和竞争力，极大地激发了广大群众推动科学发展的积极性和创造性，标志着首都发展进入了一个新的历史阶段。

总结“十一五”成就的同时，也要清醒地看到，前进的道路上还存在许多矛盾和问题，特别是一些不平衡、不协调、不可持续的问题需要高度关注。主要是：首都经济总体实力、竞争力和可持续发展能力需要进一步提高，三次产业内部结构还需要深度调整优化，加快转变经济发展方式任重道远；科技创新能力还不够强，对首都经济带动能力还需要进一步提高；城乡区域发展还不平衡，基本公共服务均等化水平需要进一步提高；城市建设管理中面临着人口、交通等问题，加强城市精细化管理任务仍然繁重；社会服务管理工作需要进一步加强，促进社会和谐还需要下更大力气。这些问题都需要我们努力加以解决。

（二）“十二五”时期首都经济社会发展的指导思想和主要目标

“十二五”时期是推动首都科学发展的关键时期。《纲要（草案）》全面贯彻落实科学发展观，体现了市委《建议》提出的指导思想，这就是：高举中国特色社会主义伟大旗帜，以邓小平理论和“三个代表”重要思想为指导，深入贯彻落实科学发展观，认真贯彻中央对北京市工作的一系列重要指示精神，以科学发展为主题，以加快转变经济发展方式为主线，顺应人民群众过上更好生活新期待，深化改革开放，全力推动人文北京、科技北京、绿色北京战略，进一步提高“四个服务”水平，努力打造国际活动聚集之都、世界高端企业总部聚集之都、世界高端人才聚集之都、中国特色社会主义先进文化之都、和谐宜居之都，推动北京向中国特色世界城市迈出坚实的步伐。

根据市委《建议》，《纲要（草案）》提出了“十二五”时期全市经济社会发展的主要目标。

——经济平稳较快发展。率先形成创新驱动的发展格局。地区生产总值年均增长8%，地方财政一般预算收入年均增长9%。中关村国家自主创新示范区初步建成具有全球影响力的科技创新中心，战略性新兴产业的支柱地位初步形成，服务业比重达到78%以上，“北京服务”、“北京创造”的品牌影响力明显增强。

——居民收入较快增加。城乡居民收入扣除价格因素年均增长8%，低收入者收入明显增加，中等收入群体持续扩大，收入差距不断缩小。市民健康水平得到显著提升，市民生活质量不断提高。

——城乡环境更加宜居。率先形成城乡经济社会发展一体化新格局。交通拥堵得到有效治理。林木绿化率提高到57%。单位地区生产总值能耗和二氧化碳、主要污染物排放持续下降。空气质量二级和好于二级天数占比达到80%。

——社会发展和谐稳定。基本公共服务均等化程度明显提高。城镇登记失业率控制在3.5%以内。城乡社会保障体系基本健全。中低收入群众的住房条件得到明显改善。社会服务和管理体制更加完善。

——文化大发展大繁荣。社会主义核心价值体系建设更加深入，市民文明素质和城市文明程度进一步提高。首都科技、教育、文化等资源优势充分彰显，城市文化软实力显著提升，全国文化中心功能显著增强。

——改革开放深入推进。有利于推动科学发展的体制与制度进一步健全完善，行政管理体制改革不断深化，行政效能进一步提高。对外开放的深度和广度进一步拓展，成为国际社会重大活动的重要目标地和国际一流的旅游中心城市。

这里，我就其中两个方面的重要目标作简要说明。

一是关于经济增速。提出地区生产总值年均增长8%，比“十一五”规划的目标低1个百分点，主要是考虑为加快转变经济发展方式创造良好环境，引导各方面把注意力放在提高发展质量和效益上。从首都经济的现实基础和增长潜力看，这个目标经过努力是可以实现的。

二是关于居民收入。城乡居民收入年均增长目标为8%，体现了居民收入增长和经济发展同步的要求。至于2011年城乡居民收入增长目标确定为7%，比“十二五”目标低1个百分点，比“十一五”目标高1个百分点，主要是考虑当前价格形势，以及收入增长提速的客观过程。

需要进一步说明的是，《纲要（草案）》还提出了“两个率先”的具体目标，就是率先形成创新驱动的发展格局、率先形成城乡经济社会发展一体化新格局。这些奋斗目标，描绘了未来五年首都现代化建设的宏伟蓝图，符合中央的要求和人民群众的期待，既鼓舞人心又艰巨繁重。我们要全力以赴、真抓实干，确保各项目标任务如期实现，为建设中国特色世界城市奠定坚实基础。

（三）“十二五”时期经济社会发展的主要任务

《纲要（草案）》对“十二五”时期的经济建设、社会发展、城市建设、改革开放等各方面工作进行了全面部署，提出了明确的任务和政策措施。

1. 关于自主创新和结构调整。《纲要（草案）》把自主创新和结构调整作为今后五年的首要任务，强调要努力推动首都经济走上高端引领、创新驱动、绿色发展的轨道。一是建设国家创新中心。关键是要抓好中关村示范区建设，着力搭建首都创新资源平台，完善创新激励和支持机制，推进创新成果产业化，强化教育战略支撑作用。二是提升经济发展质量。要扩大首都经济优势，深度推进产业升级，统筹经济发展政策。特别是要整体塑造“北京服务”、“北京创造”品牌，增强产业竞争力和影响力。三是构建战略发展高地。着眼于城市发展空间战略调整和功能优化配置，加快形成“两城两带、六高四新”的发展格局。六大高端产业功能区增加值占全市经济比重力争达到50%。

2. 关于保障和改善民生。《纲要（草案）》提出，要更加注重统筹经济社会协调发展，全面提升社会服务管理水平，使发展成果更好地惠及人民。一是扩展优质多样的公共服务。继续坚持积极的就业政策导向，为劳动者创造充分就业机会。建立城乡一体化的社会保障体系，稳步提高保障待遇水平。大力发展各项社会事业，办好人民满意的教育，建设健康城市。加大政策性住房建设力度，全面实现广大市民住有所居。二是建设公正和谐稳定的社会。完善充满关爱的社会福利网络，实现社会福利制度向适度普惠型转变。深入推进社会服务管理创新，积极化解社会矛盾，强化公共安全管理和社会治安综合治理，加强社会主义民主法制建设。三是构建适应首都发展的人口格局。合理调控人口规模，改进人口服务管理，引导人口合理布局。

3. 关于首都文化建设。《纲要（草案）》把文化软实力建设放在更加突出的位置，作了全面部署，明确提出要树立“大文化”发展理念，充分发挥首都文化、科技、教育等优势，努力打造中国特色社会主义先进文化之都。一是整体保护历史文化名城。要重构历史文化魅力走廊，推进历史名城风貌保护，让文化元素融入城镇乡村。二是提供丰富多彩的文化服务。着力提升公共文化服务，推进文化产品创新，建设共有精神家园。三是提升文化创意产业竞争力。重点是打造文化服务功能区，推动文化创意产业升级，优化发展环境，巩固文化创意产业的支柱地位。四是推动文化传播的创新拓展。要扩大文化产品和服务输出，构建高效的文化传播网络，鼓励优秀文化走向世界，显著提高首都文化的国际影响力。

4. 关于城乡建设和服务管理。《纲要（草案）》着眼于城市服务生活，从三个方面提出了要求：一是构筑城乡区域协调发展格局。要深化区县功能定位，引导市域按功能分类发展，振兴城市发展的薄弱地区，建设功能完善的现代新城，发展各具特色的城镇乡村。二是建设系统完善的基础设施。要着力抓好资源能源供应，保障安全可靠供水，加快能源结构调整，加强信息通信高速网络和枢纽建设。特别是集中精力抓好交通拥堵治理，大力落实公交优先战略，加快中心城轨道交通建设，努力实现便捷出行。三是构建精细智能的城市管理。坚持规划、建设、运行、管理、服务的统筹协调，保障城市安全协调运行，提高抗灾应急能力，促进城市服务管理精细化、智能化。

5. 关于生态文明建设。这是实现全面建设小康社会奋斗目标的新要求。《纲要（草案）》明确提出了污染治理、绿化美化、节能减排和应对气候变化的目标任务。一是营造清新城市环境。继续改善大气环境质量，实现垃圾全处理，全面治理水污染，有效控制噪声等其他污染。二是切实加强生态建设。扩大城市森林和绿地面积，提高山区森林质量，全面改善城市河湖水环境。三是共建宜居绿色家园。深入推进节能降耗，倡导绿色生产生活，积极应对气候变化，进一步提高首都生态文明水平和可持续发展能力。

6. 关于改革开放。《纲要（草案）》强调，要围绕加快转变经济发展方式，着力推进重点领域和关键环节改革，不断完善社会主义市场经济体制。要深化行政管理体制改革，增强市场主体活力，完善现代市场体系，深化社会领域改革，推进农村体制改革，加快构建有利于科学发展的体制机制。要从首都功能定位出发，统筹对外开放和区域合作。加强国内经济合作与交流，推动形成首都经济圈。积极参与全球经济分工，吸引聚集高端企业总部，建设国际商贸中心，拓展利用外资和境外投资。强化首都国际交往中心功能，不断扩大国际交流合作，努力提升城市国际影响力。

各位代表！全面完成今年和“十二五”时期的任务，对政府工作提出了新的更高要求。我们一定要坚决执行市人大及其常委会的决议和决定，自觉接受人大法律监督和工作监督。认真听取各民主党派、工商联、各人民团体和各界人士的意见和建议，自觉接受政协民主监督。全面正确履行政府职能，深入推进依法行政，创造性地开展工作，大力加强政府自身建设，不辜负党和人民的重托。

我们要不断深化行政管理体制改革。继续精简、规范行政审批事项，切实转变政府管理经济的方式，发挥市场配置资源的基础性作用，加强市场监管、社会管理和公共服务职能，加快建设服务型政府和法治政府。加强公务员教育和管理，深入实施绩效管理，加大政务公开力度，不断提高行政效能和服务水平。

我们要切实做好新形势下群众工作。牢固树立群众观点，注意把握群众诉求，统筹协调好各方面的利益关系。建立健全开展群众工作长效机制，提高群众工作的针对性和实效性，努力维护社会和谐稳定。

我们要深入开展廉政建设和反腐败斗争。认真贯彻落实十七届中央纪委六次全会精神，坚持以人为本、执政为民，严格执行党风廉政建设责任制，认真遵守廉政准则，深入推进廉政风险防范管理，加强对行政权力的监督制约，加大违纪违法案件查办力度，着力解决发生在群众身边的腐败问题，切实做到清正廉洁、务实为民。

各位代表，首都北京迈上了新的历史征程，美好前景催人奋进。让我们更加紧密地团结在以胡锦涛同志为总书记的党中央周围，高举中国特色社会主义伟大旗帜，以邓小平理论和“三个代表”重要思想为指导，深入贯彻落实科学发展观，在中共北京市委坚强领导下，解放思想，抓住机遇，开拓创新，以更大决心和勇气全面推进首都现代化建设各项事业，在中国特色社会主义道路上继续阔步前进！

北京市第十三届人民代表大会第四次会议关于北京市国民经济和社会发展第十二个五年规划纲要的决议

（2011年1月21日北京市第十三届人民代表大会第四次会议通过）

北京市第十三届人民代表大会第四次会议审查了《北京市国民经济和社会发展第十二个五年规划纲要》。会议充分肯定了“十一五”时期首都经济社会发展取得的巨大成就，同意“十二五”规划纲要的总体部署，决定批准这个纲要。

会议指出，“十二五”时期是推动首都科学发展的关键时期。要认真贯彻落实党的十七届五中全会和市委十届八次全会精神，以科学发展为主题，以加快转变经济发展方式为主线，顺应人民群众过上更好生活新期待，深化改革开放，全力推动人文北京、科技北京、绿色北京战略，进一步提高“四个服务”水平，努力打造国际活动聚集之都、世界高端企业总部聚集之都、世界高端人才聚集之都、中国特色社会主义先进文化之都、和谐宜居之都，推动北京向中国特色世界城市迈出坚实的步伐。

会议要求，市人民政府要全面正确履行政府职能，深入推进依法行政，创造性地开展工作，不断提高行政效能和服务水平，全力组织实施“十二五”规划，确保本次大会确定的各项目标任务如期实现。

会议号召，全市各族人民紧密团结在以胡锦涛同志为总书记的党中央周围，高举中国特色社会主义伟大旗帜，以邓小平理论和“三个代表”重要思想为指导，深入贯彻落实科学发展观，在中共北京市委坚强领导下，解放思想，开拓创新，求真务实，扎实工作，在新的起点上推动人文北京、科技北京、绿色北京战略，为圆满完成“十二五”规划各项目标任务而努力奋斗！

北京市国民经济和社会发展第十二个五年规划纲要

（2011 年 1 月 21 日北京市第十三届人民代表大会第四次会议批准）

北京市人民政府

目　　录

第二章　建设公正和谐稳定的社会
一、完善充满关爱的社会福利网络
二、深入推进社会服务管理创新
三、加强社会主义民主法制建设
第三章　构建适应首都发展的人口格局
一、合理调控人口规模
二、改进人口服务管理
三、引导人口合理布局
第四篇　文化彰显魅力
第一章　整体保护历史文化名城
一、重构历史文化魅力走廊
二、推进历史名城风貌保护
三、让文化元素融入城镇乡村
四、保护弘扬非物质文化遗产
第二章　提供丰富多彩的文化服务
一、提升公共文化服务
二、推进文化产品创新
三、建设共有精神家园
第三章　提升文化创意产业竞争力
一、打造文化服务功能区
二、推进文化创意产业升级
三、优化文化创意产业环境
第四章　推动文化传播的创新拓展
一、扩大文化产品和服务输出
二、构建高效的文化传播网络
三、为游客感受文化魅力更好服务
第五篇　城市服务生活
第一章　构筑城乡区域协调发展格局
一、引导市域按功能分类发展
二、振兴城市发展的薄弱地区
三、建设功能完善的现代新城
四、发展各具特色的城镇乡村
第二章　建设系统完善的基础设施
一、努力实现便捷出行
二、保障安全可靠供水
三、提供清洁优质能源
四、建设信息高速网络
第三章　构建精细智能的城市管理
一、保障城市安全协调运行
二、提高城市抗灾应急能力
三、推进智能感知精细管理
第六篇　绿色塑造未来
第一章　营造清新城市环境
一、让空气更清洁
二、实现垃圾全处理
三、全面治理水污染
四、防治其他污染
第二章　重现秀美自然山川
一、让森林走进城市
二、让绿色遍布乡村
三、让河流风貌再现
第三章　共建宜居绿色家园
一、深入推进节能降耗
二、倡导绿色生产生活
三、积极应对气候变化
第七篇　改革激发活力
第一章　创新政府服务管理
一、深化行政管理体制改革
二、建设规范透明公共财政
三、推进投资融资体制改革
四、分类推进事业单位改革
第二章　增强市场主体活力
一、加快非公有制经济发展
二、推进国有经济战略调整
三、完善国有资产管理体制
第三章　完善现代市场体系
一、加快推进要素市场建设
二、推进资源环境价格改革
三、优化社会信用环境
第四章　深化社会领域改革
一、合理调整收入分配关系
二、深化医药卫生体制改革
三、大力推进教育体制改革
第五章　推进农村体制改革
一、完善农村土地经营管理制度

序 言

跨入新世纪的第二个十年，我们仍处于可以大有作为的重要战略机遇期。经历了国际金融危机洗礼的全球经济正在发生深刻变化，国内处于全面建设小康社会的关键时期和深化改革开放、加快转变经济发展方式的攻坚时期，首都北京在成功实现“新北京、新奥运”战略构想之后，开始步入新的发展阶段，面临难得的历史机遇，也面对风险挑战，制定科学的战略安排对首都立足新的阶段变化、向更高发展水平迈进至关重要。

《北京市国民经济和社会发展第十二个五年规划纲要》是首都着眼建设中国特色世界城市、全面实施人文北京、科技北京、绿色北京战略的五年规划，是首都深入推进经济发展方式加快转变、在新的起点上开创科学发展新局面的重要规划。本规划主要阐明市委市政府的战略意图，明确“十二五”期间首都发展的战略目标、重点任务和发展路径，是全市人民共同奋斗的行动纲领。

本规划编制的主要依据是：《中共中央关于制定国民经济和社会发展第十二个五年规划的建议》，《中共北京市委关于制定北京市国民经济和社会发展第十二个五年规划的建议》，国务院对《北京城市总体规划（2004—2020年）》的批复。

第一篇 新时期的战略选择

第一章 过去五年的发展成果

“十一五”时期是北京发展史上极不平凡的五年。在党中央、国务院的坚强领导下，全市上下深入学习实践科学发展观，振奋精神、顽强拼搏、克服重重困难，成功举办了一届无与伦比的奥运盛会，圆满完成了新中国成立60周年庆祝活动筹办任务，积极应对了国际金融危机冲击，有力推动了全市的科学发展，“十一五”规划确定的主要目标任务圆满完成。过去五年是首都经济社会发展质量最高、综合实力提升最快、城乡面貌变化最大、人民得到实惠最多的时期之一。

首都经济实现重大跨越。全市地区生产总值年均增长11%以上，总量超过1.3万亿元，人均超过1万美元。经济发展高端化格局初步形成，中关村国家自主创新示范区加快建设，六大高端产业功能区初具规模，首都经济特征进一步显现，第三产业比重超过75.5%。经济增长的质量和效益显著提高，地方财政一般预算收入增加1.7倍，节能减排走在全国前列。

社会民生得到显著改善。基本公共服务均等化取得明显成效，基层社区和农村的公共服务能力显著提升。实施“五无”目标管理，实现城乡就业服务和社会保障制度全覆盖，城镇登记失业率控制在2%以内，社会保障待遇标准大幅提高。城乡居民收入年均实际增长8%以上。创新了社会管理与服务，探索了村庄社区化管理新模式。

城市服务功能明显提升。城市基础设施实现跨越式发展。轨道交通运营里程由114公里增加到336公里，公交出行比例达到40%，区区通高速目标提前实现。水、电、气、热等资源能源供应保障和信息基础设施支撑能力显著提升。空气质量显著好转，二级及好于二级天数的比例从64%提高到78.4%。以绿化隔离带、郊野公园、森林公园为代表的大面积、集中式绿化效果显著。城乡环境更加干净整洁。社会治安持续稳定，安全生产形势持续好转。城市应急管理水平明显提高。

城乡区域发展趋向协调。实施区县功能定位，城市四类功能区差异化、特色化发展格局初步形成。城乡结合部、城市南部和西部等薄弱地区发展加快，重点新城和小城镇建设扎实起步，发展条件明显改善。新农村建设成效显著，各项惠农强农政策全面落实，农民安全饮水问题全面解决，公路、公交和广播电视实现“村村通”。

改革开放取得新的突破。完成市区两级政府机构改革，调整了首都功能核心区行政区划，整合了大兴区与北京经济技术开发区行政资源。行政审批制度改革迈出重要步伐。社会管理体制、财政体制、国有经济、医药卫生、科技教育、价格等重点领域改革取得重要进展。新增国际友好城市12个，一批重大国际会议、会展活动和体育赛事成功举办。跨国公司地区总部累计达到82家，利用外资和对外贸易加快发展。年入境旅游者超过490万人次。

百年奥运梦想圆满实现。成功举办了一届有特色、高水平的奥运会、残奥会，赢得了国际社会高度赞誉，城市国际形象和国际影响力显著提升。奥运筹办有力带动了首都经济社会发展、城市文明进步和服务功能提升。奥运场馆设施为古都北京增添了新的魅力元素，奥运标准提高了首都与国际的接轨水平，奥运经验促进城市运行管理走向成熟，奥运精神成为激励全市人民奋发前进的强大动力。无与伦比的奥运盛会，在首都发展史上留下了浓墨重彩的一笔，对首都发展产生了巨大而深远的影响。

“十一五”规划的圆满完成，“新北京、新奥运”战略构想的全面实现，标志着首都发展进入了新的历史阶段。过去五年的发展不仅创造了巨大的物质财富，更留下了宝贵的精神财富，特别是“人文、科技、绿色”理念上升为城市发展战略，确立了建设中国特色世界城市的宏伟目标，推动北京向更高价值目标和更高发展水平迈进。

第二章　未来五年的发展环境

新世纪的第一个十年已经过去，我们迎来了重要战略机遇期的第二个十年。国际金融危机引发世界政治经济格局出现新变化，但和平、发展、合作仍是时代潮流。国内经济结构面临深刻调整，加快转变经济发展方式成为实现科学发展的必然选择。进入新时期的北京，在发展水平实现跨越之后，面临新的发展环境和要求。

一、新趋势新要求

"十二五"时期，是首都在新的起点上全面建设小康社会的关键时期，是深化改革开放、深入推进经济发展方式加快转变的攻坚时期，全市发展呈现新的阶段性特征和要求。

开放竞争格局深刻调整的新阶段。当今世界正在发生深刻变化，经济全球化深入发展，科技创新孕育新的突破，国际市场分化组合，特大城市在全球网络中扮演着日益重要的角色。作为国家首都的北京，伴随着发展阶段的变化，需要以更宽阔的视野审视发展，以世界城市为坐标系定位发展，在更高层次上参与全球分工。

经济发展方式深度转变的新阶段。国内外产业变革和调整加快进行，资源环境压力正在转化为科技创新的强大动力。首都经济在服务业主导格局总体确立、消费拉动作用日益突出之后，面临着发展动力转换、产业结构深度调整和升级的任务。需要更加注重高端引领、创新驱动、绿色发展，走技术含量高、经济效益好、资源消耗低、环境污染少、人力资源优势得到充分发挥的科学发展道路。

城市布局和形态走向完善的新阶段。国家区域发展总体战略深入实施，城市群加快形成，对核心城市发展提出了更高要求。北京城市发展战略布局总体架构已经确立，开始进入调整完善的关键阶段。推动城市发展逐步走向成熟，需要更加注重总结把握特大型城市在建设、发展、布局、管理上的规律，立足更大空间范围塑造城市，持续推进城镇体系和功能布局完善，促进均衡协调发展，增强对自身发展的战略支撑和对区域的辐射带动。

社会加速转型的新阶段。发展水平持续提升，推动多层次社会需求不断涌现，促使社会结构和形态深刻变化，不同社会群体的价值取向和利益诉求更趋多元。顺应人民过上更好生活的新期待，需要把保障和改善民生摆在更突出位置，整体提升社会福祉，更加重视社会管理方式创新和公共政策协调适应，促进不同群体利益的均衡与协调，更好地引导社会和谐。

竞争力拓展提升的新阶段。发展的竞争不仅表现为硬实力的竞争，还表现为软实力的竞争。伴随全球化、信息化的深入发展，软实力竞争已经成为城市竞争力的核心要素。需要把推动文化发展、提升城市管理作为城市发展的重要战略，充分发挥文化引导社会、教育人民、推动发展的功能，把握特大型城市运行管理的规律，以文化、管理等软实力的提升促进城市竞争力新的提升。

改革攻坚突破的新阶段。发展环境和发展阶段的深刻变化，对深化改革提出了更为迫切的要求，深层次利益调整使改革面临更为复杂的抉择。需要以更大决心和勇气，全面推进各领域改革，更加重视顶层设计和总体规划，更加重视制度创新和策略选择，为科学发展提供有力保障。

二、新机遇新挑战

未来五年首都发展仍然处于可以大有作为的重要战略机遇期，面临着新的发展机遇和一系列有利条件。国家综合国力和首都城市影响力整体提升，使国际社会更加关注中国、关注北京，为我们寻求多方面、多层次合作提供了重要机遇。首都服务功能拓展提升和潜力释放，全国政治中心、文化中心、国际交往中心和正在形成的国家创新中心的功能显著增强，为我们在更高层次上参与全球分工、实现更高水平发展提供了新的契机。人文北京、科技北京、绿色北京发展战略和中国特色世界城市长远目标得到确立，成为全市上下凝心聚力、持久推进首都科学发展的强大动力。城市化快速推进和消费结构加快升级，在有效带动发展的同时，不断推动供给升级，为我们优化经济结构、深入推进经济发展方式加快转变创造了新的条件。城市发展空间格局优化和新发展区域崛起，推动新的增长极加快形成，为长期平稳较快发展注入新的活力。区域城市群的蓬勃兴起和共同发展，有利于在更大范围配置资源，拓展发展腹地，为增强首都经济的辐射带动能力形成了新的支撑。

与此同时，国际国内经济形势更趋复杂多变，外部环境不确定性因素增多，需要我们增强忧患意识，冷静观察、沉着应对，并集中力量解决好制约和影响首都科学发展的不平衡、不协调、不可持续问题：人口资源环境矛盾更加突出，尤其是城市人口规模过快增长给资源平衡、环境承载、公共服务和城市管理带来严峻挑战。特大型城市建设和运行管理的压力更加凸显，交通拥堵、垃圾治理等困扰人们生活的问题日益突出，保障城市常态安全运行和应急协调面临更大考验。国内外多层面竞争更加激烈，世界范围内对经济、科技制高点，以及国内地区间对高端要素和产业资源的竞争日益加剧，深入调整结构、实现创新驱动发展需要付出更大努力。社会结构变化更加复杂，教育、医疗、健康、住房、社会保障、收入分配和人口老龄化等问题日益成为社会关注的焦点，多元利益诉求协调难度加大，社会管理工作亟待加强。城乡区域协调发展的要求更加迫切，改变薄弱地区发展状况，逐步缩小城乡差距，仍需付出艰苦努力。能够充分释放发展活力的改革攻坚任务更加艰巨。

总之，“十二五”时期首都发展的机遇与挑战并存，机遇大于挑战。必须牢固树立紧抓机遇、加快发展的意识，深刻把握发展趋势和规律，充分利用一切有利条件，积极解决突出矛盾和问题，争创发展的新优势，在新的起点上推动首都的科学发展。

第三章　未来五年的发展目标

一、指导思想

“十二五”时期是推动首都科学发展的关键时期。我们要认真贯彻落实党的十七届五中全会精神，牢牢把握科学发展这个主题，更加注重以人为本，更加注重全面协调可持续发展，更加注重统筹兼顾，更加注重保障和改善民生，使首都的发展与城市性质和功能相协调；牢牢把握加快转变经济发展方式这条主线，坚持以经济结构战略性调整为主攻方向，坚持以科技进步和创新为重要支撑，坚持以保障和改善民生为根本出发点和落脚点，坚持以建设资源节约型、环境友好型社会为重要着力点，坚持以改革开放为强大动力，使首都的发展与人口资源环境的承载能力相适应；牢牢把握可以大有作为的重要战略机遇期，认真落实国务院批复的北京城市总体规划提出的“以建设世界城市为努力目标，不断提高北京在世界城市体系中的地位和作用”的要求，大力弘扬北京奥运精神，以更高的标准推动首都的科学发展。

全市发展的指导思想是：高举中国特色社会主义伟大旗帜，以邓小平理论和“三个代表”重要思想为指导，深入贯彻落实科学发展观，认真贯彻中央对北京市工作的一系列重要指示精神，以科学发展为主题，以加快转变经济发展方式为主线，顺应人民群众过上更好生活新期待，深化改革开放，全力推动人文北京、科技北京、绿色北京战略，进一步提高“四个服务”水平，努力打造国际活动聚集之都、世界高端企业总部聚集之都、世界高端人才聚集之都、中国特色社会主义先进文化之都、和谐宜居之都，推动北京向中国特色世界城市迈出坚实的步伐。

在发展中要切实注重以下五个方面。

——强化创新驱动。坚持高端引领、创新驱动、绿色发展，不断创新发展理念、发展模式，把推动发展的动力加快转移到更多依靠科技进步、劳动者素质提高和管理创新上来。加强创新能力建设，提升自主创新水平，增强经济长期竞争力。深入推进节能减排，提升生态文明水平，走绿色低碳、生态友好发展之路。更加注重扩大内需，特别是增强消费拉动作用，持续推进产业优化升级，增强经济发展的协调性、稳定性和可持续性。

——增强服务功能。把不断完善和提升首都服务功能作为发展的主要着力点，走增强服务功能与发展服务产业有机融合之路，在服务区域和国家发展的过程中，实现自身的新发展和服务的新提升。着力推进服务功能区建设，塑造世界一流的服务标准和环境，吸引高端要素聚集，增强科技创新、金融服务、商务服务、信息服务功能，更好地辐射带动区域发展和参与全球经济分工。更加注重文化软实力培育，持续提升城市的竞争力和影响力。

——优化空间布局。坚持分区域功能定位发展，把优化区域功能配置、完善空间布局形态作为重要支撑，切实提高城乡一体化和区域协调发展水平。着力优化、疏解中心城功能，促进旧城保护与发展。加快推进新城功能完善和新区发展，更加注重薄弱地区发展提升，加快城市空间格局由功能过度集中在中心城向多功能区域共同支撑转变，塑造城乡一体、多点支撑、均衡协调的战略发展格局。

——提升城市管理。坚持统筹城市规划、建设与管理，把提高城市治理效能摆在更加突出的位置，全面提升城市运行管理和服务水平，促进城市的规划、建设与经济社会发展更加协调。把人口、交通、环境和社会公共服务作为城市战略管理的重点，使城市的发展更好地服务于生活。加强城市战略资源管理，统筹常态与应急、供给与排放、地上与地下、城区与郊区，推进城市管理的精细化、智能化，使城市的运行更加安全高效。

——推动成果共享。坚持以人为本，把保障和改善民生作为根本出发点和落脚点，使发展成果更好地惠及全体人民。着力完善各项制度和政策安排，深入推进基本公共服务均等化，为市民高质量生活提供更好的服务。处理好经济发展和收入分配的关系，努力提高城乡居民收入水平。更加注重社会服务管理创新和运行调节机制完善，促进社会公正、和谐、稳定与不断进步。

二、主要目标

“十二五”时期全市发展的主要目标是：紧紧围绕人文北京、科技北京、绿色北京战略和建设中国特色世界城市的目标，按照在推动科学发展、加快转变经济发展方式中当好标杆和火炬手，走在全国最前面的要求，率先形成创新驱动的发展格局，率先形成城乡经济社会一体化发展新格局，努力把北京建设成为更加繁荣、文明、和谐、宜居的首善之区。

——经济平稳较快发展。率先形成创新驱动的发展格局，综合经济实力和竞争能力显著增强，为国家发展服务的功能进一步完善。地区生产总值年均增长8%，地方财政一般预算收入年均增长9%，价格总水平保持基本稳定。中关村国家自主创新示范区初步建成具有全球影响力的科技创新中心，战略性新兴产业的支柱地位初步形成，服务业占比达到78%以上，“北京服务”、“北京创造”品牌和影响力明显增强。

——居民收入较快增加。城镇居民人均

可支配收入、农村居民人均纯收入扣除价格因素年均增长8%，低收入者收入明显增加，中等收入群体持续扩大，收入差距不断缩小。市民健康水平得到显著提升，市民生活质量不断提高。

——城乡环境更加宜居。率先形成城乡经济社会发展一体化新格局。全市生态服务价值进一步提高，林木绿化率提高到57%。交通拥堵现象得到有效治理，中心城公共交通出行比例达到50%。万元GDP能耗、单位GDP二氧化碳和主要污染物排放持续下降，空气质量二级和好于二级天数的比例达到80%。基本实现城市生活垃圾零增长、污水全处理。城市管理的精细化、智能化水平进一步提高。

——社会发展和谐稳定。公共服务体系更加完善，基本公共服务均等化程度明显提高。城镇登记失业率控制在3.5%以内。城乡社会保障体系基本健全，社会保障卡覆盖所有保障人群。中低收入群众的住房条件得到明显改善。社会管理和服务体制更加完善。人口调控管理服务能力进一步增强，防范和化解社会矛盾的机制更加健全，社会治安防控体系更加严密，社会更加和谐稳定。

——文化大发展大繁荣。社会主义核心价值体系建设更加深入，市民文明素质和城市文明程度进一步提高。历史文化资源得到有效的保护、挖掘、传承和利用，文化创意产业和文化事业迅速发展。首都科技、教育、文化等资源优势充分彰显，城市文化软实力显著提升，全国文化中心功能显著增强。

——改革开放深入推进。有利于推动科学发展、加快经济发展方式转变和推动自主创新的体制与制度进一步健全和完善，重点领域和关键环节改革取得明显进展，市场在资源配置中的基础性作用得到充分发挥。行政管理体制改革进一步深化，行政效能进一步提高。对外开放的深度和广度进一步拓展，成为国际社会重大活动的重要目标地和国际一流的旅游中心城市。

表1 “十二五”时期经济社会发展主要指标

类别	序号	指标	目标	属性
经济发展	1	地区生产总值年均增速（%）	8	预期性
	2	服务业占地区生产总值比重（%）	>78	预期性
	3	最终消费率（%）	60	预期性
	4	地方财政一般预算收入年均增速（%）	9	预期性
社会发展	5	城镇居民人均可支配收入、农村居民人均纯收入年均增速（%）	8	预期性
	6	城镇登记失业率（%）	≤3.5	预期性
	7	城乡居民养老、医疗保险参保率（%）	95	约束性
	8	城镇职工五项保险参保率（%）	98	约束性
	9	全市从业人员平均受教育年限（年）	12	预期性
	10	亿元地区生产总值生产安全事故死亡率降低（%）	>〔38〕	约束性
	11	重点食品安全监测抽查合格率（%）	>98	约束性
	12	药品抽验合格率（%）	≥98	约束性

续表

类别	序号	指标	目标	属性
创新发展	13	全社会研究与试验发展经费支出占地区生产总值的比重（%）	>5.5	预期性
	14	每万人发明专利授权量（件）	8	预期性
	15	年技术交易额（亿元）	1800	预期性
绿色发展	16	万元地区生产总值能耗降低（%）	〔达到国家要求〕	约束性
	17	万元地区生产总值水耗降低（%）	〔15〕	约束性
	18	万元地区生产总值二氧化碳排放降低（%）	〔达到国家要求〕	约束性
	19	城市空气质量二级和好于二级天数的比例（%）	80	约束性
	20	二氧化硫、氮氧化物、化学需氧量和氨氮排放减少（%）	〔达到国家要求〕	约束性
	21	中心城公共交通出行比例（%）	50	预期性
	22	再生水利用率（%）	75	约束性
	23	生活垃圾资源化率（%）	55	约束性
	24	全市林木绿化率（%）	57	约束性
	25	耕地保有量（平方公里）	2205	约束性

注：地区生产总值年均增速按可比价格计算；城镇居民人均可支配收入、农村居民人均纯收入年均增速为扣除价格因素后的实际增速；〔 〕内为五年累计数。

第二篇　创新驱动发展

转变经济发展方式是首都应对人口资源环境挑战、实现持续健康发展的根本之路。“十二五”时期，面对日新月异的产业技术变革、激烈的国内外市场竞争和不断强化的资源环境约束，要在全球和区域经济分工中占领高端、争取主动，必须把强化创新驱动作为重要着力点，紧紧围绕服务经济、总部经济、知识经济、绿色经济的首都经济特征，统筹服务好、调动好各类资源要素，深入推进经济发展方式转变，全面提升经济发展质量，显著增强首都经济的竞争力、影响力和辐射力，使首都经济走上高端引领、创新驱动、绿色发展的轨道，率先形成创新驱动的发展格局。

第一章　建设国家创新中心

全面实施“科技北京”战略，全力以赴抓好中关村国家自主创新示范区建设，实施《中关村国家自主创新示范区条例》，用好用足各项先行先试政策，切实发挥其引领带动和支撑作用，着力聚集整合创新要素，着力加强创新制度安排，着力推进创新成果产业化，把北京建设成为国家创新中心，持续推进竞争力提升，更好地服务于区域和全国创新发展。

一、搭建首都创新资源平台

依托首都创新资源密集优势，加强央地合作、校企合作、军民合作、内外合作，充分发挥中关村科技创新和产业化促进中心的作用，以项目为载体，以技术研发为核心，以产业化为目标，集成和整合各方面创新资源，推进产学研用的有机结合，构造形成高效有力的首都创新资源平台，提升创新和成果转化能力。

完善创新支持与服务体系，强化支撑服务。统筹推进重大科技成果产业化，五年统筹500亿元财政资金，支持国家科技重大专项、科技基础设施和重大科技成果产业化项目。加大科技金融服务，开展符合科技企业特点的金融产品和服务创新，更好地满足创新需求。提升创新型人才服务，为创新人才引进、培养和发挥作用提供良好服务。完善新技术新产品政府采购和应用推广服务，积极争取将更多的北京创新产品列入国家政府采购目录，促进新技术、新产品的应用和推广。着力抓好政策先行先试工作，推进示范区先行先试政策更为有效地落实。加强规划建设服务，促进创新资源合理布局，为创新发展提供基础条件和有力支撑。

二、完善创新激励和支持机制

充分利用中关村国家自主创新示范区体制机制先行先试的政策优势，围绕人才、资本、技术等核心创新要素，着力完善各项制度和政策安排，强化激励引导，形成激励创新、服务创新的机制和良好环境。

完善人才培养和激励机制。认真落实国家和本市人才发展规划，坚持人才优先发展，大力培养、引进和使用人才，建设首都世界人才聚集高地。注重人才、团队、项目一体化引进，创建优良的学术环境，集中力量建设中关村人才特区。创新人才管理模式，落实“千人计划”、“北京海外人才聚集工程”和“中关村高端人才聚集工程”，在全球范围内招纳和吸引高端领军创新人才和高层次创业人才。依托在京国家重大科研项目、重大工程、国际科技合作项目以及重点学科和科研基地建设，加强人才联合培养、融合发展。完善人才在企业、高等院校、科研院所之间的双向流动机制，形成一批懂技术、善管理，具有国际化视野的复合型创新人才和团队。通过加大政府奖励和实行股权、期权、年薪制等多种方式，增强对关键岗位、核心骨干人才的吸引和激励。深入开展科研院所、国有企业股权激励和分红试点，扩大股权激励试点范围，推进科研成果处置权和收益权政策试点。逐步扩大科技重大专项经费列支间接费用试点范围，提高间接经费列支比例上限。加强人才服务，在户籍、出入境、医疗、保险等方面为高层次人才创造便利条件。营造尊重人才的社会环境、促进优秀人才脱颖而出。

完善科技与资本对接机制。构建形成覆盖技术创新和产业发展全过程的多功能、多层次金融服务体系。大力支持境内外股权投资、创业投资机构在京聚集和发展。设立战略性新兴产业创业投资引导基金。支持境内外个人和机构开展天使投资业务。支持股权投资基金的设立和发展。实施高科技企业并购重组计划，支持企业利用资本市场进行兼并重组、做强做大。“十二五”时期力争新增上市公司100家以上，在资本市场形成更具影响力的“中关村板块”。进一步扩大和完善中关村代办股份转让试点，推进建立国家统一监管下的全国场外交易市场。推动科技金融产品和服务创新，进一步扩大信用贷款、信用保险、股权质押贷款、知识产权质押贷款的规模，完善再担保机制，支持小额贷款机构发展，推动科技保险试点，完善面向科技企业的金融服务。把中关村建设成为全国科技金融创新中心。

完善政府资金支持机制。从支持研发为主向支持研发与提供市场并重转变。完善政府采购自主创新产品相关制度，不断扩大采购比重和范围，五年采购总额超过300亿元。积极探索建立非政府机构购买使用重大自主创新产品的支持机制，加快创新产品的社会化推广进程。更加注重采用市场化的支持方式，从直接补贴、贷款贴息等投入为主，向支持发展创投基金、创投引导基金、股权投资基金等转变，发挥好政府投资的引导放大作用，提高资金利用效率。

完善企业创新鼓励机制。增强企业创新主体地位，促进创新要素向企业集聚，政府性科技经费投入向企业倾斜，鼓励企业提高研发投入比重。落实高新技术企业认定、研发经费加计扣除、教育经费列支等方面的政策。开展支持创新创业的外汇管理改革试点。改革高等院校和科研院所技术成果管理制度，完善高校与企业、产业园区的科研成果衔接机制，提高创新成果转化效率。在市场准入、业态管制放开、要素市场落户等领域支持民营科技和中小企业发展，激发民营经济的创新潜力。支持民营企业、新型产业组织参与国家重大科技项目等国家创新计划。

完善知识产权的激励和保护机制。实施知识产权战略，推动知识产权创造、管理、保护、应用相结合，使其成为企业提高成长性与竞争力、培育新业态与制定新标准的重要基础和手段。健全知识产权服务体系，促进知识产权有效转移和转化实施。激励高新技术企业申请专利、注册商标，支持企业和产业技术联盟构建专利池。实施标准化战略，搭建标准创新和检测认证公共服务平台，开展中关村国家自主创新示范区标准创新试点，推动标准创制和实施。

三、全力推进创新成果产业化

坚持以市场需求为导向，特别是瞄准经济社会和城市发展的重大紧迫需求，着力完善以企业为主体的产学研用一体化的创新体系，显著提高科技创新成果转化和产业化水平。

集聚一批高端创新资源。深化国际创新合作，积极吸引国外大型企业、国际知名实验室设立研发机构，发展区域性和国际研发总部。引进由战略科学家领衔的研发团队，建设具有世界一流水平的科研机构。加强与高等院校和科研院所的全面合作，鼓励与企业联合共建工程中心、工程实验室和技术中心。大力支持企业牵头组建产业联盟、技术联盟、标准联盟等新型产业组织，加强行业关键共性技术研发。支持企业引进国外先进技术，加强引进技术消化吸收再创新。

抓好一批基础科学研究。加强科研项目筛选、科研后备力量培养和科技成果储备。鼓励在京研究机构积极承接国家基础研究项目。提高基础研究以及相关教育的投入，支持开展城市环境、能源科学、安全健康、新型材料等领域的基础研究，夯实创新基础。

突破一批关键核心技术。积极承接和推进国家重大科技专项和科技基础设施，在后3G移动通信、物联网、超级计算、云计算、新能源汽车、航空航天及卫星应用等领域攻克核心关键技术，为国家布局战略性新兴产业提供科技支撑，形成更多的创新成果。大力推进实施核心元器件高端通用芯片及基础软件、极大规模集成电路制造装备及成套工艺、新一代宽带无线移动通信网、高档数控机床与基础制造装备等重大科技专项。加快推进蛋白质、重大工程材料服役安全研究评价、航空遥感、先进光源等国家重大科技基础设施建设，围绕重大科技基础设施项目建设综合科学中心。

加快转化一批创新成果。健全重大科技成果发现、筛选机制，建立重大项目落地协调服务的市区联动机制，支持建设重大项目投融资平台和产业化基地。探索完善高等院校、科研院所等研究机构承担重大专项课题成果的转化机制。建立军地科技成果转化协调机制，促进军民融合式发展。通过国有资本有序进退，引导国有资本承接重大科技成果转化。扶持引导民营资本参与创新成果转化。实施“双百”工程，围绕城市应急、交通管理、环境治理、安全生产等关键问题，组织开展关键技术应用和示范工程，实施100个以上重点示范应用项目，实现100项重大科技成果产业化。

做大做强一批创新型企业。培育和壮大产业链整合能力强、主导产业链分工、能够更大范围配置产业资源的企业，培育一批国际知名品牌。实施创新型企业“十百千”工程，选择300家以上重点企业，集中政策资源重点支持，形成一批具有全球影响力的千亿级规模企业、产业带动力大的百亿级规模企业和高成长的十亿级规模企业。加快培育专业性强、产品和服务特色鲜明、细分市场占有率高、成长速度快的重点企业，深入实施“瞪羚计划”，形成一批“专、特、精、新”的小巨人企业。继续营造有利于创业的氛围。

四、强化教育战略支撑作用

全面实施中长期教育改革和发展规划纲要，坚持教育优先发展，充分发挥教育对推动创新、培养人才的基础性作用，为国家和首都持续发展提供高端人才支撑和科技智力服务。

推进首都高等教育内涵发展。完善高校法人治理结构，扩大高校办学自主权，把创新人才和高技能人才培养作为高等教育学校评价的重要因素，推动教学资源向教学一线倾斜，大力提升首都高等教育的人才培养、知识创新和社会贡献能力。继续支持在京高校建设世界一流大学和高水平大学，支持一批重点学科建设和科学研究。建立市属高校分类发展评价体系，引导高校科学定位、特色发展。适应城市发展需要，适时组建旅游大学等特色院校。加快首都高等教育空间布局调整优化，高标准建成沙河、良乡高教园区。大力发展来华留学教育，到2015年在京留学生数量超过12万人次。

增强高等院校研发创新能力。支持高等院校建设一批重点实验室、工程研究中心和哲学社会科学研究基地，支持工科院校建设新兴技术研究院，鼓励高等院校与海内外高水平教育科研机构、著名企业建设联合研发基地，进一步提升大学科技园发展水平，构建北京高校科技创新体系。引导高等院校围绕城市经济社会发展中的重大问题开展科研攻关。鼓励高等院校和科研院所向社会开放实验室、科研设备，提高资源使用效率。

建设充满创新活力的学习型城市。大力倡导全民学习、终身学习理念。促进各级各类教育衔接沟通，建立不同类型学习成果的互认衔接制度，促进终身学习。支持企事业单位和各类社会组织举办多层次、多类型的继续教育和岗位技能培训。鼓励企事业单位为社区提供教育教学资源，扩大公益性文化设施免费开放范围，拓展社区教育和农村成人教育。大力发展数字化远程教育，构建终身学习网络和平台，为学习者提供方便、灵活、个性化的学习服务。广泛创建学习型组织和学习型家庭。

第二章　提升经济发展质量

巩固和扩大应对国际金融危机成果，着眼提高经济发展质量，推进产业深度调整升级，巩固消费、投资协调拉动格局，使首都经济在更高水平上实现又好又快发展。

一、扩大首都经济优势

进一步彰显首都经济特征。坚持服务经济、总部经济、知识经济和绿色经济的发展定位，巩固和强化首都经济特征。服务经济是首都经济的主体和优势所在，是经济长期保持平稳较快发展的基石，要坚持大力发展服务业，特别是生产性服务业，进一步发挥对全市经济增长的稳定器作用。总部经济是首都经济的突出特征，是提高经济控制力和影响力最宝贵、最稀缺的资源，要注重积极引进与重点培育并重、国内总部与跨国总部并重、各次产业及各类企业总部并重，继续大力提升总部经济发展水平。知识经济是首都资源禀赋优势的集中体现，要更加注重增强科学、技术、知识、管理、人才对产业发展的提升带动作用，大力发展科技农业、高技术产业和知识密集型服务业，推动科技要素向多行业、多领域延伸发展，增强经济发展的竞争力。绿色经济是首都资源环境条件和时代要求的必然选择，要坚决实施更加严格的产业准入、资源利用和环境约束标准，推进产业调整和发展方式转变。

统筹服务好各类要素资源。充分发挥首都功能优势，依靠和服务好中央资源，着力为其在京更好、更快地发展创造更加适宜的环境，提供服务保障，在支持和服务其发展中实现自身更高水平的发展。充分把握国际社会看好中国的有利时机，有效利用好国外资源，着力提升商务环境，在更高层面上吸引和服务好跨国公司、外资和侨资，不断提升经济的国际影响力。充分依托首都市场优势和国家自主创新示范区的政策优势，支持和培育民营经济和中小企业，集聚高端民营企业总部，为首都高技术产业和经济发展注入新的活力。充分挖掘地方经济潜力，加快地方企业资产证券化步伐，持续提升品牌意识和管理水平，进一步壮大地方经济的实力。通过国有股权有序进退方式盘活存量资源，加大与各方资源整合力度，鼓励资产关联度大、产业互补性强的市属国有企业主动为在京央企提供配套服务。

二、深度推进产业升级

坚持高端、高效、高辐射的产业发展方向，以提升产业素质为核心，着力打造“北京服务”、“北京创造”品牌，显著增强首都经济的竞争力和影响力。

坚持优化一产、做强二产、做大三产，推动产业融合发展，构建首都现代产业体系。

推进都市型现代农业发展。强化农业基础地位，严格保护耕地和基本农田，加强农业基础设施建设，提高农业综合生产能力、抗风险能力、市场竞争能力。加快转变农业发展方式，适应特大型城市发展需要，突出首都农业的城市农产品供应和应急保障、生态休闲、科技示范等功能，推进“221”信息平台建设，大力发展籽种农业、休闲农业、循环农业、会展农业、设施农业、节水农业等都市型现代农业。切实加强“菜篮子”工程等农产品生产基地建设，全面提升蔬菜等鲜活农产品供应保障和质量安全水平。全面加强面向农业的技术服务、金融服务、信息服务和市场服务，促进农业生产经营的专业化、标准化、规模化和集约化，提升农业附加值，促进农民增收。培育大型农业企业集团和农民专业合作社，支持符合条件的农业企业上市，推进农业企业的集团化、资本化。加快国家现代农业科技城建设，打造“一城多园”的空间布局。

提升高技术和现代制造业发展水平。深入落实重点产业调整振兴规划，坚持高端发展方向，通过标准提升、业态创新、信息技术和组织结构创新等途径，着力发展高端现代制造业，改造提升传统制造业。延伸制造业产业链，促进工业化与信息化融合发展，增强产业配套能力和集群发展水平。实施重大项目带动战略，重点推进京东方八代线、长安汽车、北京现代三工厂、福田中重卡合资项目、中航工业园、北京数字信息产业基地等重大项目建设，提升电子信息、汽车、装备制造、医药等产业发展水平。总结推广望京等地区发展的成功经验，促进研发、制造、总部一体化发展。

加快服务业调整升级。围绕拓展提升城市服务功能，促进金融服务、信息服务、科技服务、商务服务、流通服务等生产性服务业加快发展，建设具有国际影响力的金融中心城市，促进经济结构由服务业主导向生产性服务业主导升级，打造服务区域、服务全国、辐射世界的生产性服务业中心城市。积极推进文化与科技、资本及其他产业的融合发展，进一步强化文化创意产业的支柱地位。落实大旅游发展理念，将旅游业发展成为重要的支柱产业，打造国际一流旅游城市。吸引国内外大型旅游会展总部或分支机构落户北京，引导形成旅游会展总部经济聚集区。吸引民营经济、国际资本参与重大旅游项目开发，促进旅游企业集团化、规模化、品牌化、国际化发展，打造具有国际竞争力的北京旅游品牌。开发高端旅游产品，建设一批带动性强的旅游项目。加快八达岭印象长城、大海坨国际山地休闲度假区、丫髻山养生度假基地、世界地质公园核心区、昌平银山塔林等一批重点旅游项目建设。适应人们生活质量提高和日益多样化的新需求，大力发展健康、养老等新兴生活服务业。按照“安全便利、资源节约、行为规范、环境友好”原则，推进生活性服务业发展方式转变。加快发展现代粮食流通产业，保障首都粮食安全。积极开发新型服务业态，发展服务外包，通过融入全球产业链带动产业结构优化升级。

专栏1：生产性服务业

金融服务。巩固全国金融管理中心地位，强化总部金融、特色金融发展优势，做好金融总部和后台的配套服务，大力引进国际一流的新兴金融机构，培育离岸金融、券商直投、信托租赁等新业态，提升债券发行中心和清算中心功能，建设具有国际影响力的金融中心城市。

信息服务。优化提升通信业，积极发展互联网及计算机服务业，做大做强软件产业，发展移动通信增值服务、数字电视增值服务。推进数字电视运营服务。依托总部资源和媒体资源，进一步提升首都的信息集聚和发布功能，成为在亚太地区有重要影响力的信息服务枢纽城市。

商务服务。重点鼓励国内外企业总部的交易中心、运营中心以及国际机构组织等落户本市。引导法律服务、知识产权服务、广告等优势行业并购重组，形成具有竞争力的龙头企业。加大政府和事业单位的业务外包力度。努力在会计、审计、咨询、资产评估、信用评级等领域打造具有国际水准的中介服务机构，加速形成国际化的商务服务能力，成为全球商务服务网络的重要节点。

科技服务。大力吸引国内外研发机构、科技型企业在京发展，加快发展研发设计服务、生物技术服务、数字内容服务和检测服务，进一步完善知识产权服务和科技成果转化服务体系，努力打造成为科技创新中心城市。

流通服务。运用现代信息技术、创新营销模式及金融服务配套等手段，提升流通业的现代化水平。加快交通枢纽、大型物流节点和流通网络的建设，强化批发业和物流业的营运控制功能。鼓励商业流通企业发展连锁经营和电子商务等现代流通方式，培育专业化、规模化的贸易企业和品牌代理商。

大力发展战略性新兴产业，带动产业持续升级和竞争力提升。瞄准国际前沿技术和产业发展趋势，把发展战略性新兴产业作为产业结构优化升级的突破口。依托首都科技资源优势和产业基础，积极发展新一代信息技术、生物医药、新能源、节能环保、新能源汽车、新材料、高端装备制造和航空航天等产业，加强产业关键核心技术和前沿技术研发，以关键技术研发和装备研制带动重点领域突破，以重大工程建设和应用培育市场需求，到“十二五”末，努力使战略性新兴产业成为先导性、支柱性产业，形成若干战略性新兴产业集群，培育一批年销售收入超过500亿的大型企业，涌现出一大批创新能力强的中小企业。

专栏2：战略性新兴产业

新一代信息技术。全面推进三网融合。率先在新一代移动通信、下一代互联网、下一代广播电视网等领域突破核心技术和关键设备产业化，促进物联网、云计算的研发和示范应用，突破核心元器件高端通用芯片及基础软件等领域的关键技术，增强基于新一代信息网络的信息增值服务能力。

生物医药。加快发展新型疫苗、蛋白质药物、诊断试剂等生物医药关键产品和技术，加快先进医疗设备的研发和产业化，大力推进农作物等生物农业优良新品种选育，突破酶工程、代谢工程等工业生物领域关键技术，积极发展生物技术研发外包和健康管理服务。

新能源。发展太阳能热利用和风电技术服务业。加快推进新型核能技术与装备研发服务，扩大核电高端技术服务产业规模。提高地热能、生物质能等的技术研发水平与工程服务能力。

节能环保。发展面向工业、交通、建筑等重点领域的节能产业，壮大污水处理、大气污染防治和垃圾处理等环保产业，加快资源循环利用产业发展，加速发展节能环保服务业。

新能源汽车。搭建新能源汽车研发平台，推进整车控制系统、车载能源系统、驱动系统等三大关键系统及一些关键配件的研发和产业化，积极推进纯电动汽车和混合动力汽车的研制，加大纯电动汽车的示范应用力度。

新材料。形成半导体材料、金属磁性材料、生物医药材料、化工新材料、太阳能电池材料、新型绿色建材、非晶材料以及高温超导材料等特色产业集群，构建集新材料生产、加工、集散和技术研发为一体的新型产业基地。

高端装备制造。重点在轨道交通运行控制系统、数控机床、工业自动化控制系统等一批重大关键技术上实现突破，并积极发展一批成套设备，大幅提升高端装备的系统集成能力。

航空航天。打造以发动机、系统控制和航空技术为核心的航空产业；促进产品、系统应用、运营服务一体的民用航天规模化发展；加快发展北斗卫星导航系统，发展面向应用需求的卫星遥感产业。

整体塑造“北京服务”、“北京创造”品牌，显著增强产业的竞争力和影响力。建立北京服务、北京创造品牌服务体系。设立北京服务、北京创造股权投资基金，支持品牌企业和重大项目加快发展。组建北京服务、北京创造产业联盟。研究设立金融街金融指数、CBD商务服务指数、中关村创新指数、奥林匹克文体指数等，形成北京服务、北京创造指数体系。突出发挥中关村等高端产业功能区的带动作用，成为北京服务、北京创造品牌的重要支撑区。积极推进企业上市发展，打造资本市场北京服务、北京创造板块。高水平筹办更多有影响力的重大品牌活动，为品牌塑造创造条件、提供支撑，积极争取把中国服务贸易大会打造成永久落户北京的中国国际服务交易会，形成“南有广州中国进出口商品交易会、北有北京中国国际服务交易会”格局。加强对品牌企业、品牌人才的正向激励，加强知识产权保护，建立品牌创造激励机制，积极营造崇尚、保护、创造品牌产品和企业的社会环境。

三、统筹经济发展政策

坚持实施扩大内需战略，把优化需求结构与支持自主创新、推动产业升级、加强节能减排、促进资源集约利用等各项政策更加紧密地结合起来，进一步创新发展理念和发展模式，处理好市场与政府的关系，把资源更好地配置到对经济社会发展具有决定作用的领域和环节，集中精力解决最迫切的问题，加强政策统筹安排与协调衔接，切实在发展中促转变，在转变中谋发展。

持续增强消费拉动，逐步形成消费主导型经济。消费在经济发展中的作用日益增强，要把扩大消费需求作为扩大内需的战略重点，通过持续扩大消费促进经济稳定较快发展。落实国家收入分配政策，提高居民特别是城乡中低收入者的收入水平，完善社会保障和公共服务，稳定居民消费预期，增强居民消费能力。适应消费结构升级和市民新需求变化，实施商贸品牌特色提升工程，汇聚国内外知名品牌和商贸企业，加强特色商业街区建设，推动京味“老字号”品牌创新发展，培育一批本土新兴品牌和特色消费街区，丰富市场供给，壮大特色时尚消费。积极推进消费领域由商品消费向服务消费升级，深化商贸与关联产业的融合发展，壮大与市民追求健康生活相适应的旅游休闲、养生度假、文化体育等产业，扩大发展型和服务型消费。加大旅游、会展市场开发和宣传力度，进一步扩大外来消费。积极推进专业化商品市场发展，规范、发展千亿元规模的大宗商品电子交易市场，规划建设电子商务集聚区，积极发展网上商城，扩大电子商务消费。积极扩大信贷消费。适应城市化要求，优化商业设施和服务网点布局，完善社区便民商业服务，引导大型零售企业向郊区连锁发展，提升商业设施无障碍和刷卡消费无障碍水平，提高居民生活便利度。加强市场监管，完善消费者服务保障体系，为消费者创造良好的消费环境。

着力优化投资结构，提高投资质量和效益。投资仍然是拉动经济发展的重要力量，要把握好投资、消费相互促进、协调支撑经济发展的规律，把投资与促进消费、增加就业、改善民生有机结合起来，促进投资与消费良性互动适度稳定增长。积极调整投资结构，以增强发展后劲为核心，努力扩大生产性服务业、战略性新兴产业、高端制造业、文化创意产业和旅游业等产业投资。加大城市交通、能源、资源、环境等基础设施投资。把握好房地产对稳定投资、延伸消费、惠及民生、承载业态的作用，调整优化房地产投资结构，推动房地产建设向保障性住房、适于承载生产性服务业发展的商务楼宇以及核心区人口疏解和城乡结合部改造等定向安置房转变，向新城、高端产业功能区等区域转移。在推进中心城功能优化提升的同时，引导投资向郊区转移，使城市功能拓展区和发展新区作为承接投资的主要区域，全社会投资中郊区投资比重力争达到50%。积极鼓励、引导和促进民间投资和外商投资。发挥政府投资的引导带动作用，更加注重融资方式创新，牢固树立节约意识，提升投资质量和效益。

积极创新产业发展政策与支持方式，深入推进产业优化升级。坚持“区别对待、有进有退、有松有紧”的产业政策导向，不断完善产业发展的政策组合，实施更加适合首都功能定位的产业政策。深入落实国家及本市产业调整振兴规划。积极推进服务业综合改革试点，探索建立适合服务业经济特征的体制机制。加强高端产业功能区和各类园区的政策集成，引导产业布局优化和集群发展。更加注重产业标准与国际水平的对接，发挥标准对产业结构升级的驱动作用。实施更加严格的用水、用地、用能等产业准入标准，推进各类散小低端行业的整治与升级，坚决淘汰高消耗、高污染的落后生产能力、工艺和产品。

切实加强资源环境政策制定实施，推进资源集约利用与绿色发展。全面实行资源利用总量控制、供需双向调节、差别化管理。按照减量化、再利用、资源化、节约优先的原则，加强财税、金融、价格、标准、产业等政策的互动组合，在生产、流通、消费各环节，在企业、园区、社会各层面，引导开发应用源头减量、循环利用、再制造、零排放等技术，推动循环经济发展，促进全社会的资源循环利用。

第三章　构建战略发展高地

着眼于城市发展空间战略调整和功能优化配置，以集中做强具有核心竞争力的品牌区域为导向，推进功能区域化、区域特色化，不断提升高端产业功能区辐射力，积极培育高端产业功能新区，构建"两城两带、六高四新"的创新和产业发展空间格局，成为全市高端产业发展的重要载体。

一、打造两城两带

集中力量打造中关村科学城和未来科技城，着力加快建设北部研发服务和高技术产业带、南部高技术制造业和战略性新兴产业发展带，基本形成国家创新中心的新格局。

中关村科学城。加大体制机制创新和先行先试力度，聚集产业创新要素和高端业态，调动高校、院所、企业等主体的积极性，推进协同创新，大力发展高端研发和楼宇经济，突破一批关键核心技术、创制一批新标准、转化一批重大成果。重点建设以中关村大街为核心的"中关村生命科学与新材料高端要素聚集发展区"，以知春路为核心的"中关村航空航天技术国际港"，以学院路为核心的"中关村信息网络世纪大道"。把中关村科学城建成战略性新兴产业策源地、体制机制创新的前沿阵地、科技成果转化的辐射源和区域创新的先行示范区。

未来科技城。突出生态环保、科技示范作用，高标准建设园区基础设施和配套生态环境。积极推进中央企业创新资源集聚发展，引进海外高层次创新人才，建设一流科研人才的集聚地、引领科技创新的研发平台和全新运行机制的人才特区，探索实行国际通行的科学研究和科技开发、创业机制，打造成为具有国际影响力的大型企业集团技术创新和成果转化的基地。

北部研发服务和高新技术产业发展带。以海淀区平原地区、昌平区南部地区为重点，大力推进研发服务、信息服务等高端产业集聚，加速促进高新技术成果孵化转化，建设"生态良好、产业集群、用地集约、设施配套、城乡一体"的世界领先的研发服务和高技术产业集聚区。

南部高技术制造业和战略性新兴产业发展带。有效整合亦庄、大兴为主体的城市南部产业空间资源，拓展北京经济技术开发区范围，加大管理体制改革力度，带动房山高端制造业基地联动发展，打造电子信息、生物医药、装备制造、新能源、新材料等高技术制造业和战略性新兴产业集群，建设成为高技术制造业发展和对外辐射合作的重要承载区。

二、提升高端产业功能区

围绕产业集聚、人才集中、资源集约和功能集成，着力提升产业发展势能，提升服务环境，提升国际辐射力和经济带动力，使之成为世界城市先行实践区。"十二五"末，六大高端产业功能区增加值占全市经济比重力争达到50%。

中关村国家自主创新示范区。按照“深化改革先行区、开放创新引领区、高端要素聚合区、创新创业集聚地、战略产业策源地”的战略定位，巩固和扩大“一区多园”发展格局，注重资源整合和机制创新，积极推动先行先试改革，着力推进中关村核心区建设，着力研发和转化国际领先的科技成果，做大做强一批具有全球影响力的创新型企业，培育一批国际知名品牌，聚集一批高端人才，全面提高自主创新能力和辐射带动能力，初步建成具有全球影响力的科技创新中心。

北京经济技术开发区。发挥与大兴区行政资源整合的优势，充分发挥高端产业引领和带动作用，提升高端制造业和战略性新兴产业的集聚和承载能力，促进现代制造业与生产性服务业有机融合、互动发展，建设成为工业化、城市化、信息化高度协调的国际化高端产业功能区。

商务中心区。基本建成核心区，全面启动东扩战略工程。显著提高区域国际化水平，大力发展总部经济、生产性服务业和文化创意产业，增强对国际金融、国际传媒、国际组织和专业要素市场等集聚功能，建设成为具有国际影响力的现代商务中心。

金融街。注重功能完善与服务提升，加强南北连片和核心区的适度拓展，进一步提升商务配套功能和环境品质，增强吸引核心金融要素功能，强化金融总部资源配置能力，成为国家金融管理和金融总部功能主要承载区。

奥林匹克中心区。充分利用好现有奥运场馆设施，推进国家级文化设施建设，大力发展博物馆经济，有效集聚国内外重大体育、文化、会展活动，注重系列化和品牌化，完善旅游服务环境，打造成为国际文化体育商务中心和大型国际旅游会展中心。

临空经济区。以枢纽空港和天竺综合保税区为依托，积极开展保税服务和离岸金融业务，完善首都国际机场配套设施，增强临空服务功能，努力建成辐射东北亚、面向全球的临空经济区。

三、培育高端产业新区

适应城市产业功能拓展、提升和优化配置需求，积极推动新的高端产业功能区规划建设。坚持高标准规划、高水平建设、分时序推进，注重节能、环保、信息化等新标准、新技术的示范应用，积极在交易功能、文化功能、制造业和旅游业总部集聚功能等方面形成差异化发展。

通州高端商务服务区。依托新城开发，重点发展总部经济、高端商务、康体医疗、文化传媒、会展培训等产业，积极吸引侨资总部落户，建设成为彰显国际新城形象的特色高端商务服务区。

新首钢高端产业综合服务区。统筹规划首钢主厂区及周边石景山、门城地区资源，重点发展文化创意产业、高技术产业、生产性服务业等产业，吸引制造业企业总部和研发中心落户，努力成为产业转型升级的示范区。

丽泽金融商务区。引导金融信息咨询、文化金融、新兴金融机构及商务总部等要素集聚，强化要素交易功能，形成比较优良的新兴金融业发展的商务环境，打造具有全国辐射力的新兴金融功能区。

怀柔文化科技高端产业新区。以雁栖湖生态示范区、中科院研究生院、中影基地等为重点，大力发展会议休闲会展业、科技研发业、高技术产业和文化创意产业，构建具有国际高端水平、特色鲜明、综合竞争力强的文化科技高端产业功能区。

第三篇　发展惠及人民

发展的根本目的是要让人民过上幸福美好的生活。我们正面对着一个日益开放和多元化的社会，发展水平的不断提高、社会结构的深刻变化，催生着更加多样化的社会需求，对公共服务供给和社会建设管理不断提出新的挑战。“十二五”时期，要顺应广大人民过上更好生活的新期待，全面实施“人文北京”战略，更加注重统筹经济与社会协调发展，把提升公共服务、创新社会管理摆在更加突出的位置，积极推进“大民政”建设，切实完善保障和改善民生的各项制度与政策安排，使发展成果更好地惠及人民，让人民生活得更幸福。

第一章　扩展优质多样的公共服务

从发展阶段实际出发，按照政府保障基本需求、市场提供多样选择的原则，继续大力推进基本公共服务均等化，在注重硬件设施均衡配置的同时更加注重软件服务均等，在扩大服务供给的同时更加注重提高服务质量和效率，在加大政府投入的同时更加注重引导社会资本进入，实现社会公共服务水平新的提升。

一、为劳动者创造充分就业机会

就业关系着每个劳动者的个人发展和家庭幸福，是发展机会公平享有的重要体现。“十二五”时期，要继续坚持积极的就业政策导向，不断完善就业公共服务，努力让所有劳动者体面而有尊严地生活。

大力开发就业岗位。以重大产业项目、重大基础设施和重点功能区建设带动就业岗位开发。积极倡导创业精神，以创业带动就业。

推行定向就业扶持。积极促进高校毕业生充分就业。有效开发保洁、保绿、保安、物业和车辆管理等社区服务岗位，加强家政、养老、助残等就业扶持，促进失业人员再就业。积极促进西部矿山关闭地区、首钢搬迁地区劳动力就业，解决好城乡结合部改造和农村城镇化地区农民转移就业。完善城乡零就业家庭动态管理和长效帮扶机制，实施纯农业家庭就业转移援助力度。

完善公共就业服务网络。建立统一的人力资源市场，使城乡居民平等享有规范的公共就业服务。建立用人单位、劳动力、服务机构三方合作机制和一站式就业服务，提高岗位对接成功率。加强城镇失业人员、农民和农转非人员就业培训，提高就业能力。

强化劳动力市场监管。推行劳动合同制度，健全劳动关系协调机制。实行劳动用工备案制度，加强失业预警和劳动关系动态监控，维护劳动者合法权益，构建和谐劳动关系。

二、让每个家庭都有可靠的保障

社会保障是让每个市民都有安全可靠的未来、不为人生特定阶段的困难和风险所困扰的制度安排，是社会和谐稳定的安全阀。“十二五”时期，要致力于制度整合衔接，建立城乡一体化的社会保障体系，实现人人享有保障、待遇稳定提高。

实现社会保障人群全覆盖。积极稳妥推进行政事业单位退休金制度与城镇职工养老保险制度并轨，实现公费医疗与城镇职工基本医疗保险并轨，将行政事业单位工作人员纳入失业、工伤、生育保险范围，将本市自主创业、灵活就业人员纳入失业、生育保险范围，形成统一的城镇职工社会保险制度。整合城镇居民基本医疗保险制度和新型农村合作医疗制度，形成城乡统一的居民社会保险制度。逐步实行城乡居民养老、新型农村合作医疗保险市级统筹，统一缴费标准、待遇水平和基金管理。大力推行企业年金和行政事业单位职业年金。鼓励参加储蓄性养老保险，完善多形式的补充医疗保险，形成多层次的社会保险体系。完善居民与职工养老、医疗保险衔接政策。有效提高外来务工人员社会保险参保率。

稳步提高社会保障待遇水平。加大公共财政投入和社会保险基金征缴力度，依据中央相关政策，积极稳妥推进养老保险基金结余投资运营。健全社会保障待遇标准正常增长机制，稳步提高离退休人员基本养老金、居民养老保险金、失业保险金等待遇标准，扩大基本医疗保险报销范围，提高报销标准。

实现社会保障卡覆盖所有参保人群。加快推进社会保障信息化建设，实现社会保险经办机构和社会化管理服务信息网络的全覆盖。拓展社会保障卡服务功能，实现社会保障卡覆盖所有保障人群，实现一卡多用和便捷支付。

三、为学生成长提供良好的教育

坚持教育优先发展，大力推进教育公平，把培育提升素质作为主要着眼点，不断提高教育发展质量和水平。

让儿童平等享有快乐的启蒙教育。强化政府学前教育管理职责，加强学前教育统筹规划和投入，积极发展公办幼儿园，大力扶持民办幼儿园，落实新建小区配套幼儿园建设，新建和改扩建600所幼儿园，形成政府主导、公办民办并举的学前教育服务体系，满足适龄儿童的入园需求。

使孩子们公平获得优质的义务教育。统筹优化中小学教育资源配置，推进名校办分校、学区化管理、学校联盟、委托管理、对口合作等办学形式创新，继续加强薄弱校和农村地区中小学建设，完善区域内教师和校长流动制度、城乡教师交流与合作机制，促进优质义务教育资源均衡配置，努力缩小校际、区域办学水平差距。完善来京务工人员随迁子女接受义务教育的保障体制，让所有孩子共同成长进步。全面完成中小学校舍抗震加固，加强校园安保，使孩子们都有安全放心的学习环境。

提高优质高中资源的覆盖范围。推进布局调整、资源整合和开发，增加优质高中教育资源。深化高中阶段课程改革，满足不同潜质学生的发展需求。开展新型综合高中实验，推进普通高中与职业教育的衔接和融通。探索建立高中和大学的有效合作机制，鼓励大学向高中开放课程、实验室等教学资源，为部分学有余力的高中学生开辟学习发展的新途径。

紧密结合产业需求发展现代职业教育。加强职业教育统筹管理和规划，推进中等和高等职业教育衔接贯通，促进学历教育与职业培训有机结合。围绕首都产业发展，大力推进职业教育的资源整合和专业结构调整，加快职业教育集团化办学。加强“双师型”教师队伍、示范性职业学校和实训基地建设，提高职业教育基础能力。广泛推行工学结合、顶岗实习人才培养模式，促进校企合作制度化。完善职业学校毕业生升学制度，拓宽学生继续学习通道。

四、使广大市民成为健康北京人

健康是幸福的基石。要立足于让人们身心健康、不得病、少得病和方便就医看病，大力倡导健康和文明卫生意识，加强健康服务，深化医药卫生体制改革，提高公共卫生和基本医疗服务水平，使全市主要健康指标位居全国前列。

塑造健康城市。满足人们追求健康生活的新需求，系统深入落实《全民健身条例》和《全民健康促进十年行动规划》，努力为广大市民健康幸福生活创造良好条件。

提升全民健康和文明卫生意识。利用多种途径和手段，广泛普及健康知识，推进健康知识进社区、进校园、进万家，传播健康生活理念。动员市民参与健康促进行动，倡导市民学会适合自己的锻炼方法、养成定期运动锻炼等健康生活好习惯。针对不同性别、不同年龄和不同身体状况人群，运用不同干预对策，帮助市民形成健康文明的生活方式。组织开展多样化的社区活动，扩大邻里相互交往，营造健康舒心的生活环境。健全心理健康疏导、干预机制和心理保健服务体系，促进市民身心健康。

满足市民多样化健康需求。大力发展健康产业，为广大市民提供高水平、多样化的健康服务。支持既有医疗机构向前端延伸提供疾病预防和保健服务。完善市场准入及配套政策，吸引优质国际和民营医疗康体机构来京发展，为市民提供多层次、高质量的健康服务。积极鼓励生态涵养发展区依托环境优势，发展疗养、健身、休闲、养老服务等产业，为广大市民提供更多的养生休憩健身空间。充分发挥中医资源优势，大力发展中医保健，促进中医服务进社区。

推进体育事业蓬勃发展。加快区县、乡镇体育中心建设，实现达标全覆盖。完善社区公共体育配套设施，推进体育设施的便民化和可及性，为群众提供方便经济的健身活动条件。加快各类公共体育场馆向社会公众的开放，推动机关、企事业单位和学校体育资源的社会共享。建设龙潭湖体育产业园。完善竞技体育后备人才训练和比赛设施，优化运动项目布局结构，提升竞技体育实力，建设竞技体育强市。

实现基本公共卫生服务全覆盖。实行基本公共卫生服务项目目录管理，扩大面向常住人口的基本公共卫生服务项目。推进公共卫生服务覆盖特定人群，提升精神卫生、妇幼卫生、老年保健、计划生育等服务水平。加强重大传染病预防控制，完善突发公共卫生事件应急机制，实现所有事件及时得到有效处置。健全覆盖城乡的急救网络，加强农村地区救援能力建设，促进院前急救与院内救治的有效衔接。

显著提升基层医疗服务水平。着力完善基层社区卫生服务网络，强化基层社区卫生服务机构的基本医疗和公共卫生职能，使社区卫生服务机构成为居民健康的“守门人”。推行家庭医生式服务。加强慢性病、常见病及家庭病床服务管理。加强以全科医生为重点的基层医疗卫生队伍建设，提高基层医疗卫生队伍素质。推进注册医师多点执业，引导医务人员合理流动。完善鼓励医务人员在基层服务的政策，调动医务人员服务基层的积极性。制定综合措施，引导一般诊疗向基层下沉，逐步形成“社区首诊、分级就诊、双向转诊、康复在社区”的有序就医新格局。

推进区域医疗资源优化配置。制定实施首都区域卫生规划和医疗机构设置等规划，根据城市发展实际引导医疗卫生资源合理配置。完成新城区域医疗中心建设，实现每个新城有一座高水平的医疗中心。集中解决大型居住区、定向安置房地区、边远山区、重点功能区医疗资源不足问题。严格控制中心城区大型综合医院新建和扩建，促进新增医疗机构和中心城区优质医疗资源向郊区扩展，实施好天坛医院迁建、通州国际医疗城等重大项目。加强康复医院、护理院建设，形成相互衔接的资源配置格局。加强二级以上综合医院儿科、老年医学科、精神心理科等设置，提升面向特定人群的医疗服务能力。规划建设 1—2 所新的儿童医疗机构。大力发展中医中药，加快东城国家中医药发展综合改革试验区发展，加强中医临床研究基地建设，扩充基层社区卫生服务机构中医科和中药房，实现中医药服务城乡全覆盖。

五、全面实现广大市民住有所居

加强住房制度整体设计，建立健全符合首都实际、可持续的住房供应制度，逐步形成符合国情市情的保障性住房体系和商品房体系。大力实施保障性安居工程，切实履行政府职责，增加土地供应，加大财政投入，加强监督管理，五年建设、收购各类政策性住房100万套，对符合保障条件的申请家庭做到应保尽保。加强保障性住房建设、分配和后期运行等各环节管理，全面实施保障性住房阳光工程。合理引导住房消费，优化住房供应结构，建设多元化的住房租赁体系，积极鼓励租售并举，引导市民通过租赁形式解决住房问题。鼓励农村集体经济组织依据规划、利用存量资源有序开展租赁房服务。积极推进旧城人口疏解和房屋保护性改造修缮工程，完成城市和国有工矿棚户区改造任务，加大农村抗震节能房屋改造建设力度，改善城乡居民居住条件。

第二章　建设公正和谐稳定的社会

坚持以人为本、依法治理，致力于社会管理创新，有效动员和引导社会参与，推动社会共建共享、和谐发展。

一、完善充满关爱的社会福利网络

着力整合社会福利政策和资源，实现社会福利制度向适度普惠型转变，显著提升各类福利和保障水平，在全社会营造充满关爱的社会氛围。

为老年人安享晚年提供良好服务。积极应对人口老龄化，基本构建起“以居家养老为基础，社区服务为依托，机构养老为补充”的多元化养老服务体系。加快公共养老机构建设，推动社会力量投资兴办养老服务设施，到2015年全市养老床位达到12万张。以社区为单元构筑老年人“居家生活幸福圈”，加大政府购买服务力度，增强社区养老服务功能，更好地服务于居家养老。大力发展老龄产业，提供多样化养老服务。大力倡导尊老、敬老的社会风尚，完善“九养政策”、老年优待政策和高龄老人津贴制度，建立失能老人津贴，积极推动发展长期照料护理保险。扩大老年社会参与，丰富老年人精神文化生活。

为残疾人平等参与社会提供便利条件。全面推进城市“无障碍化”，把软环境建设摆在更加重要的位置，营造残疾人平等参与社会的良好环境。健全覆盖城乡全体残疾人的社会保障和服务体系。落实岗位补助制度和税收优惠政策，发展福利企业，促进有劳动能力的残疾人就业。拓展机构托养服务、社区综合服务和居家助残服务，培育面向残疾人服务的社会组织，发展残疾人服务业。全面推进无障碍设施建设和改造，优化残疾人出行和居住环境。改善“三无”精神病人、特困精神病人救治条件。改善特殊教育学校办学条件，为残障人员提供良好的学习和康复环境。丰富残疾人精神文化生活，切实保障残疾人合法权益。

为妇女发展提供有力的保障。落实男女平等原则，倡行尊重妇女社会风尚，优化妇女发展环境，保障妇女平等就业机会和政治权利，依法打击侵害妇女权益的行为。

为儿童健康成长营造良好环境。坚持儿童优先原则，注重儿童道德行为规范教育、心理素质和良好性格的培养和塑造，家庭、学校和社会共同为儿童健康成长营造良好环境。加强儿童食品用品安全监管，促进儿童健康发展。发展儿童福利事业，提高孤残儿童养育标准。规范家庭寄养模式，保障寄养儿童权益。健全儿童福利设施。

为特定困难群体提供及时的救助服务。着力健全以最低生活保障为基础、专项救助相配套、临时救助和社会互助为补充的城乡社会救助制度，让每个困难家庭和特定人员都能得到帮助。完善城乡低保标准动态调整机制，根据发展实际合理提高低保标准，切实保障低收入群体基本生活。完善城乡一体医疗、教育、就业等专项社会救助制度。完善流浪乞讨人员救助制度，加快救助管理机构建设，扩大救助管理社会参与。

形成全社会广泛参与慈善事业的格局。加大慈善宣传力度，打造慈善公益品牌，大力推进全民慈善。创新募捐方式，建立覆盖全市的经常性捐助站点和慈善超市。鼓励创建规范运作的慈善基金，加强慈善捐助资金和物品的全过程监管，增强社会公信度。加强慈善组织培育和监管，提高慈善组织发展水平。创新慈善项目运作机制。

二、深入推进社会服务管理创新

把健全基本公共服务体系、促进基本公共服务均等化作为社会管理的重要基础，完善社会管理格局，创新社会管理机制，加强城乡社区建设，充分发挥社会组织作用，积极推动社会参与，逐步建立与中国特色世界城市目标相适应的社会管理体系。

努力实现社会管理全覆盖。完善党委领导、政府负责、社会协同、公众参与的社会管理格局。加快构建源头治理、动态协调和应急管理相互联系、相互支持的社会管理机制。推动商务楼宇“五站合一”建设，进一步夯实社会管理和服务基础。改进政府服务管理，保障公民基本权益和社会公平。总结推广社会服务管理创新试点地区经验，以点带面，促进社会管理水平全面提升。推进社会管理和服务信息系统建设，构建网络化的社会服务管理体系。

创建和谐城乡社区。完善社区治理模式，推进政府社会服务管理重心向社区下移。因地制宜推进社区公共服务设施的集成规划、整合建设和集约使用，实现社区规范化达标建设。积极发展社区健康、购物、家政、托幼、养老、助残等市场化、便民化服务，满足社区居民多元化服务需求。加强社区民主自治，充分调动居民参与社区管理的积极性，鼓励社区社会组织、社区工作者参与社区服务管理，增加社区凝聚力。推进社区信息化建设，搭建社区居民交往平台，组织开展丰富多彩的社区活动，促进邻里信任与和睦，把社区建设成为便利、舒适、健康、和谐的美好家园。

积极发展社会组织。大力扶持和发展服务类、管理类、慈善类等公益性社会组织，发挥社会组织在反映利益诉求、提供社会服务、协调利益矛盾、扩大公众参与等方面的积极作用。采用委托管理、项目管理、购买服务等多种方式，鼓励和支持社会组织依法自主参与社会服务与管理。推动政府部分社会服务管理职责向社会组织转移，培育和发展社会服务管理的新型载体。完善“枢纽型”社会组织工作体系，增强对社会组织发展的指导和服务。加强社会组织评估体系建设和动态管理，推进社会组织自身建设，引导社会组织健康发展。

大力推动社会参与。积极拓展社会公众参与公共事务渠道，增加公共事务的公开性和透明度。鼓励和规范社会公众参与社会公共事务，增强人民群众依法参与社会管理的意识和能力。加强社会工作人才队伍建设，推进社会工作制度化、规范化。建立健全志愿者激励机制和管理制度，广泛传播志愿服务理念，培育公益意识，实现志愿服务常态化，让志愿服务成为公众参与社会服务管理的有效载体。

健全社会运行调控。以维护社会稳定、保障民众权益、社会平稳运行为目标，构建政府主导、社会参与、宏观与微观管理相结合的社会运行调控机制。加强社会运行预测、监测和分析，建立重大工程项目和重大决策社会稳定风险评估机制。健全社会管理绩效考核机制，提高社会管理效能。

健全维护群众权益机制。拓宽社情民意表达渠道，完善公共决策的社会公示制度、公众听证制度和专家咨询论证制度，扩大公众参与程度。完善信访制度，注重民意收集与信息反馈，推广信访代理制，推动用群众工作统揽信访工作。完善化解社会矛盾的领导协调、排查预警、疏导转化、调解处置机制。加强人民调解、行政调解、司法调解联动，整合各方面力量，有效防范和化解劳资纠纷、征地拆迁、环境污染、食品药品安全等引发的社会矛盾。依靠基层党政组织、行业管理组织、群众自治组织，充分发挥工会、共青团、妇联等社会团体的作用，共同维护群众权益，积极化解社会矛盾。

强化公共安全管理。完善食品、药品安全标准，建立食品、药品质量追溯制度，形成覆盖生产、流通、消费全过程的安全责任链。强化安全生产监管，全面落实企业安全生产主体责任，加强安全生产管理，加强重点行业和领域安全隐患排查治理，有效遏制重特大安全事故发生。加强危险化学品集中储运、销售管理。进一步提升应急管理水平，健全对事故灾难、公共卫生事件、食品药品安全、社会安全事件的预防预警和应急处置体系。

加强社会治安管理。深入推进“平安北京”建设，进一步完善网络化的社会治安防控体系。以城乡结合部、治安重点地区、城中村、相邻街乡边界为重点，实施联合执法，实行群防群控，实现综合治理。加强基层警务、社区矫正等设施标准化建设，增强公共安全和社会治安保障能力。加强互联网安全管理，努力维护良好的网络环境。严密防范和严厉打击各种违法犯罪活动。

三、加强社会主义民主法制建设

充分发挥社会主义民主政治制度的重要作用。坚持和完善人民代表大会制度和中国共产党领导的多党合作和政治协商制度，为推进首都科学发展提供制度保障。全面贯彻党的统一战线方针政策和对台政策，促进政党关系、民族关系、宗教关系、海内外同胞关系的和谐，团结调动各方面的力量，共同推动首都的科学发展。继续巩固首都民族团结、宗教和谐的良好局面。进一步加强工会、共青团、妇联、科协等各群众团体的建设，充分发挥对推动科学发展的重要作用。切实加强基层民主政治建设，健全完善基层社区和村民自治制度，提高社区和村民自治水平，维护基层群众的合法权益，组织动员基层群众参与首都科学发展。完善以职工代表大会为基本形式的企业事业单位民主管理制度，推动厂务公开，支持职工参与管理，维护职工合法权益，调动广大职工群众参与首都发展的积极性、主动性和创造性。加强国防后备力量建设，支持驻京解放军、武警部队现代化建设，配合做好军需、军品服务保障，深入开展双拥共建活动，不断巩固军政军民团结。

加快法治城市建设。全面贯彻依法治国基本方略，进一步加强地方立法工作，着眼于解决经济社会发展中的深层次矛盾和问题，加强经济、社会、生态、城市管理等重点领域立法。深入推进科学民主决策，坚持依法决策，健全决策程序，强化决策责任，提高公共政策透明度和公众参与度。严格依法行政，建立和完善行政程序，改进执法方式。深化司法体制和工作机制改革，加强司法队伍建设，切实维护司法公正。全面推进政务公开，重点推进财政预算、公共资源配置、重大建设项目、社会公益事业等领域的信息公开。健全行政监督体系和问责制度。强化法制宣传教育，落实“六五”普法规划，提高市民的法制观念。进一步完善法律服务体系。

第三章 构建适应首都发展的人口格局

人口是经济社会可持续发展的关键因素。“十二五”时期，全市人口仍会保持较快增长态势，需要妥善处理好人口发展与经济社会、资源环境的关系，认真落实中央关于大城市加强和改进人口管理的要求，以加快转变发展方式和完善人口管理制度为重点，切实提高城市人口管理服务水平，努力遏制人口无序过快增长，逐步形成规模适度、结构优化、多元和谐、分布合理、服务有效、管理严格、与城市可持续发展和城市功能相适应的人口发展格局。

一、合理调控人口规模

转变经济发展方式是人口规模调控的根本途径，要立足城市功能定位和资源环境条件，把控制人口无序过快增长作为经济发展的重要原则，持续深入推进经济结构调整，发展高端、高效、高辐射的产业，促进产业发展方式从依靠劳动力数量增加向更多依靠劳动生产率提高转变。

运用现代经营理念、管理模式和信息技术，改造提升传统服务业和生活服务业，提高商业物流、社区服务、家政服务、再生资源回收等行业的组织化、规模化程度，提高全员劳动生产率。

制定、修订行业标准和管理办法，加强对低端业态的规范管理，加快低端业态的调整退出。

加大市场监管执法力度，严格工商注册登记管理，严格取缔无照非法经营，严格执行经营工作场所生产安全、卫生安全、消防安全等法律、法规，保护生产者和消费者合法权益。

二、改进人口服务管理

适应特大型城市科学发展要求，以完善人口管理制度为主要抓手，着力改进人口基础管理，加强流动人口属地化管理、市民化服务，促进人口规模增长适度、结构优化、流动有序。

加强计划生育管理和服务。坚持计划生育基本国策，逐步完善生育政策，健全有利于计划生育的利益导向政策体系。推进生殖健康服务中心建设，改善计划生育服务。

强化劳动用工管理。让外来务工人员享受平等的劳动保障。全面实施劳动合同制度，严格执行最低工资标准。健全外来务工人员社会保障制度，严格要求用工单位为职工缴纳医疗、养老、工伤等社会保险。加强劳动保障监察，维护流动人口合法权益。

加强出租房屋管理。修订房屋租赁管理办法，强化出租房屋治安、消防、建筑结构等安全监督管理，规范中介市场秩序，显著改善流动人口居住条件。修订人防工程和普通地下室安全使用管理办法，严格限制将人防工程和规划用途为非居住功能的地下室用于出租居住，大力推进人防工程的公益性应用。依法拆除违章建筑，严格禁止违规建房出租。规范升级租赁经济，总结推广集中管理农民出租房屋的新模式。鼓励企业和产业园区提供职工公寓。

完善户籍管理制度。坚持控制总量、优化结构，在严格执行准入政策同时，实行户籍指标调控。合理配置进京户籍指标，优先解决好符合首都发展需要的专业管理和技术人才的落户需求。

实施居住证制度。以居住证为载体建立全市联网、部门联动的“实有人口信息系统”，按照“来有登记、走有核销”的基本要求加强流动人口基础信息采集，进行实时动态监控，有效提高人口管理的信息化和精细化水平。

建立人口服务管理责任制度。整合人口管理职能，建立“市级统筹、部门分管、属地负责、四级联动”的人口服务管理机制。实行人口总量调控的属地责任，落实区县政府人口服务管理目标责任制。

三、引导人口合理布局

按照城市总体规划确定的空间发展格局，强化规划和政策引导，积极促进人口按功能区域合理分布，着力缓解中心城人口过度集聚带来的运行管理和资源环境压力。“十二五”期间，要通过疏解中心城功能、增强新城综合功能、加强区域合作，推动人口空间布局优化。

有序疏解中心城人口。以功能疏解带动人口疏解。大力推进中心城优质公共服务资源向新城转移。加大文保区人口疏解力度。加快建设定向安置房，完善基础设施和公共配套，为外迁人口提供便利服务。

大幅提升新城的吸引力。促进重大功能性项目向新城配置，全面提升新城综合功能，集中力量打造“业城均衡”的综合新城，显著增强新城的承载力和吸引力，有效承接中心城功能和人口疏解。

促进流动人口在周边区域就业。深化基础设施、产业布局、城镇发展等方面的合作，促进周边区域的共同发展，以就业引导人口流动，减缓人口流入压力。

第四篇　文化彰显魅力

文化是决定创造、塑造未来的重要力量，是城市软实力的核心要素。北京作为一个有着3000年历史的文化古都，同时又是一座特大型的国际化大都市，要把塑造高品位、有特色的城市文化作为重要的发展战略。“十二五”时期，要树立“大文化”发展理念，充分发挥首都文化、科技、教育等优势，坚持继承与发展并重，挖掘首都文化资源优势，充分发挥文化引导社会、教育人民、推动发展的功能，着力提升城市文化魅力，增强文化服务功能，加快文化创意产业发展，扩大文化传播交流，不断增强文化的民族性、开放性与时代性，进一步提升全国文化中心地位，努力打造中国特色社会主义先进文化之都，使北京成为充满人文关怀、人文风采和文化魅力的城市。

第一章　整体保护历史文化名城

文化是城市的灵魂和魅力所在。我们的祖先曾经在这片土地上创造出灿烂的文化，留下丰厚的遗产，在城市化快速发展过程中，需要倍加重视文化的传承，加强历史文化遗产保护，同时致力于创造能够世代相传的新的城市遗产，使人们更好地感受到城市的文化魅力。

一、重构历史文化魅力走廊

北京南北中轴线和朝阜大街以其独特历史地位和丰富的文化遗存，构成了古都风貌骨架。“十二五”时期，要着重围绕“一轴一线”，集中力量打通重要节点，回填历史元素，恢复经典风貌，融入现代文化，形成集中展现古都历史文化、富有鲜活时代气息的城市魅力走廊。

系统规划实施魅力中轴线工程。组团式发展钟鼓楼区域，完成钟鼓楼周边环境整治，打通东西周边交通通道，再现晨钟暮鼓的历史景观。改善钟鼓楼至地安门两侧传统建筑风貌，恢复后门桥两侧景观和河岸绿带，与什刹海区域联动发展，营造滨水绿色的文化休闲空间，形成特色突出的历史文化街区。完善前门地区配套设施，推进大栅栏及周边环境整治，恢复前门大栅栏街区整体商业风貌。打造天桥传统特色文化演艺区，建设剧场群，使之成为传统剧目与现代演出相结合的演艺功能区。结合天坛医院搬迁，完善天坛区域森林绿地系统，展现皇家园林景观。集成优秀的文化景观设计，高水平规划建设南中轴森林公园，与奥林匹克森林公园遥相呼应，赋予中轴线以时代发展内涵，使之成为贯穿历史和现代都市发展的文脉。

再现朝阜大街美丽景观。重点围绕白塔寺、历代帝王庙、西什库教堂、北大红楼等重要节点，加强整体规划设计，修缮重点文保区院落，逐步恢复历史文化街区风貌。有效保护和合理利用朝阜大街北侧的胡同四合院风貌，发展特色旅舍、小剧场或小商铺，使之成为品味老北京独特韵味的重要街区。在保护文物的同时，更加注重文物背后文化内涵的开发，在展现美丽街道景观的同时，展示北京多元文化交汇融合的独特魅力。

专栏 3：一轴一线

一轴是指中轴线，它南起永定门，北至钟鼓楼，长约 7.8 公里，集中了钟鼓楼、恭王府、皇城墙、中南海、故宫、太庙等文化元素，始于元忽必烈大都城的规划设计，至明清形成现有规模。建筑大师梁思成曾赞美道“一根长达八公里，全世界最长，也最伟大的南北中轴线穿过全城。北京独有的壮美秩序就由这条中轴的建立而产生。”

一线是指朝阜大街，它西起阜成门，东至朝阳门，长约 7.45 公里，集中了历代帝王庙、白塔寺、广济寺、鲁迅故居、西什库教堂、京师大学堂建筑遗存、孚王府、东岳庙等众多文物文保资源，汇聚了民居宫殿、寺院学府、园林山水、幽静庭苑和繁华商业，建筑风格各异，是历史上皇权正统文化和多元文化交汇的代表，被老舍誉为北京最美丽的街道，是北京旧城内一条极具城市传统历史文化特色、横贯东西的景观走廊。

二、推进历史名城风貌保护

北京历史文化遗存丰富，文物保护单位众多。“十二五”时期要在全面加强文物保护的基础上，积极创新文保机制，推进文物保护由单体展示向分类、连片、成线区域性的综合保护转变。

推进旧城保护与发展的有机统一。坚持旧城整体保护原则，严格执行历史文化名城保护法律、法规，发挥历史文化名城保护委员会的领导协调作用，加大政府投入，积极调动全社会积极性，保护好历史文化名城风貌。在注重文物保护的同时，深度挖掘文化内涵，使文物资源所承载的文化意义得以更加鲜活地传播。探索设立历史文化名城保护基金会，动员社会力量参与旧城保护。积极推进文物保护机制创新，探索多种有效保护方式。研究制定文物保护与利用的相关政策和细化标准，探索产权人、使用人、社会单位等多方参与的保护模式。鼓励包括民营资本在内的社会力量参与老字号、名人故居、胡同、四合院、会馆等修缮、保护和利用。

加强重大文化遗产保护。继续推进长城、故宫、天坛、颐和园、圆明园、明十三陵、周口店北京猿人遗址等重大文化遗产的保护修缮和环境整治工作，推进以历史名园为核心的首都世界名园建设。做好故宫周边地区、城市中轴线、皇家园林、坛庙等文化景观及大运河、云居寺等历史文化遗存申遗工作。实施颐和园须弥灵境、北海公园万佛楼大佛殿、香山昭庙遗址等少数民族建筑的复建保护。注重郊区历史文化风貌保护，加强优秀近现代建筑和重要工业遗产的保护。

三、让文化元素融入城镇乡村

提升城市建设的文化品位。全面加强新城建设、新区开发、小城镇发展中的布局和形态规划，注重城市街区和建筑整体设计，打造风格协调的魅力建筑群和各具特色的街道及城市景观。全面放开城市设计市场，丰富城市建筑文化元素，加强城市建设艺术评审，努力创造出能够世代相传的新的城市文化遗产。

建设美丽乡村。在新农村建设中注重自然景观和乡村民居特色保护。加强乡村历史文物建筑修缮，积极挖掘整理历史典故、名人、传说、民俗等资源，让纯朴清新的乡村风貌风情、自然人文景观在城市化进程中得以传承和保护。

四、保护弘扬非物质文化遗产

健全非物质文化遗产保护制度。加强非物质文化遗产的普查、认定和登记，建立非物质文化遗产档案和资源数据库。多种形式开展非物质文化遗产的宣传和传承。鼓励传统文化、表演、手工等“传帮带”。结合传统节日和重大节庆活动，举办丰富多彩的文化活动，使市民通过体验、互动等多种方式参与优秀传统文化的传承。鼓励社会力量参与非物质文化遗产的保护和开发，把非物质文化遗产的资源优势转化为带动经济发展的优势，使非物质文化遗产在提升经济价值的同时得到保护和弘扬。

第二章　提供丰富多彩的文化服务

坚持社会主义先进文化方向，充分挖掘与有效利用首都丰富的文化资源，推进文化事业繁荣发展，着力完善公共文化服务网络，推进文化内容创新，塑造健康向上的社会文化环境，更好地为丰富市民精神文化生活服务，为提升科学文化修养和城市文明素质服务。

一、提升公共文化服务

完善基本公共文化服务网络。深入实施文化惠民工程，着重加强基层文化服务。改善基层公益文化活动设施，完成新城区级文化馆、图书馆达标建设，实现街道、社区和乡镇文化站达标覆盖。提高基层文化工作队伍素质，开展丰富多样的群众文化活动，促进基本公共文化服务均等化。

加快重大功能性文化设施建设。集中建设一批重大文化设施，显著提升文化服务功能。完成国家国学中心、国家美术馆、中国工艺美术馆、中国非物质文化遗产展示馆、中国出版博物馆、中国园林博物馆等国家级文化设施建设，积极争取新的国家大型文化设施落户北京。建成奥运博物馆、北京人艺国际戏剧中心、北京科学中心、北京市档案馆、北京儿童文化艺术中心、北京歌舞剧院剧场、北京美术馆、首都交响音乐厅、北方昆曲艺术中心、北京文化活动中心等标志性文化设施，增强公共文化服务能力。

推动文化设施和服务合理配置。适应城市化发展要求，重点加强城南地区、城乡结合部、新城、重点镇、大型社区等区域文化设施配置。推进多厅影院规划建设，加快影院数字化进程。大力发展图书馆、博物馆、档案馆、文化馆等公共文化设施。加强优秀文化典籍整理，完成第二轮规划志书编修工作。统筹规划演出设施，恢复和提升中和戏院、广和剧场、吉祥戏院和西单剧场等老字号演出场所功能。多种方式盘活文化设施资源，鼓励单位内部剧场设施面向社会开放，建立由剧场、演出单位共同组成的剧场联盟，统筹安排剧场资源和演出，让剧场有演出、演出有剧场，积极培育和打造常演不衰的驻场品牌剧目。

二、推进文化产品创新

加强对文化产品创作的引导，大力推进文化内容形式创新，努力推出更多更好的优秀文化产品。

深入实施文化精品工程。研究制定促进文化产品创新的政策措施，着力鼓励支持原创，激发企事业单位和个人的文化创造力，在图书、影视、动漫、音乐、戏剧等领域，创造出更多思想深刻、艺术精湛、群众喜闻乐见的文化产品。大力引进、培养和聚集高端文化人才。积极打造高水平文化院团，稳步提高地方院团影响力，积极支持在京中央院团、艺术院校发展。通过政府购买服务、放宽市场准入等措施，促进政府与市场共同提供公共文化产品和服务，扩大文化消费，释放文化发展活力。

繁荣哲学社会科学。充分借助首都丰富的社会科学研究资源，推进学科体系、科研方法创新，深入开展基础理论和应用对策研究，努力涌现更多的优秀学术成果，培养、造就高素质的学术人才队伍。鼓励支持建设服务首都发展的思想库和智囊团。加强学术规范，树立良好学术风气。促进哲学社会科学研究成果共享。加强对社科类社会组织和民办科研机构的服务和管理。鼓励科普创作，健全科普服务网络，更好地为提升市民科学文化素养服务。

三、建设共有精神家园

进一步加强社会主义精神文明建设，把弘扬民族优秀文化、提升道德情操、普及科学文化知识、发展公共文明、培育城市精神摆在更加突出的位置，致力营造健康向上的社会文化氛围，促进市民文明素质和城市文明程度不断提升。

加强社会主义核心价值体系建设，广泛开展爱国主义等宣传教育活动。深入推进社会公德、职业道德、家庭美德、个人品德建设，倡导爱国守法和敬业诚信。持续深入开展“爱首都、讲文明、树新风——做文明有礼的北京人”的主题活动，实施礼仪、环境、秩序、服务、观赏、网络等公共文明引导行动，提升市民文明素质。加强市民文明素质教育培训，培育和增强广大市民的首都意识和首善意识，营造奋发进取、理性平和、开放包容的社会心态，提倡修身律己、尊老爱幼、勤勉做事、平实做人，推动形成我为人人、人人为我的社会氛围。净化社会文化环境，深入推进未成年人思想道德建设，保护青少年身心健康。

全面推进文明区县、文明村镇、文明单位、文明社区等多形式的创建活动，广泛动员社会各方面力量参与文明城市创建。抓住影响城市形象的重大问题，从细节入手、从具体事抓起，提升城市文明形象。

第三章 提升文化创意产业竞争力

文化创意产业已经成为首都经济的重要支柱和新增长点。“十二五”时期要着眼于建设中国特色世界城市，立足促进首都产业升级和文化繁荣，着力推进文化创新，优化文化创意发展环境，推动文化创意产业发展水平和竞争力的进一步提升，把北京建设成为具有国际影响力的文化创新、运营、交易和体验中心。

一、打造文化服务功能区

依托首都丰富的文化资源，统筹规划布局，吸引高端要素流入，着力培育具有战略支撑作用的文化服务功能区和不同特色的文化创意集聚区，引导文化创意产业集群化发展，为进一步提升首都文化中心功能提供有力支撑。

规划建设文化服务功能区。根据城市功能配置要求、文化资源聚集状况和发展基础条件，集中力量推动重大的标志性的城市文化服务功能区规划建设，显著提升首都城市文化服务功能。加快建设以奥林匹克公园为中心的现代演艺功能区。发展以孔庙、国子监为中心的国学文化展示区。抓好以颐和园和天坛公园为代表的皇家园林文化展示区。构建以天桥为中心的北京传统特色演艺区。形成以什刹海、南锣鼓巷为中心的四合院休闲文化区。积极推进国家音乐产业园区、首都剧院区等规划建设。大力发展绘画、艺术品、时尚艺术等多种类型的文化体验功能区。

显著提升文化创意集聚区发展水平。发挥重大项目带动作用，促进文化资源聚集与合理配置，推进集聚区规模化、特色化发展。整合提升30个市级文化创意产业集聚区。引导和促进特色文化创意村落、街区、工厂发展。重点支持中国动漫游戏城、中国北京出版创意产业园、中华文化主题公园、国家新媒体产业基地星光影视园、中影数字电影制作基地、西山文化创意大道、CBD—定福庄传媒走廊、平谷中国乐谷等重大项目建设，提升集聚能力，增强带动作用，形成多元支撑、特色发展格局。

二、推进文化创意产业升级

以整合资源、培育知名品牌和龙头企业为着力点，更加注重培育新兴文化产业，促进产业融合，显著提升文化创意产业的整体水平和竞争能力，巩固文化创意产业的支柱地位。

巩固提升优势文化创意产业。以积极培育大型企业集团和上市公司为重点，巩固壮大文艺演出、新闻出版、广播影视、艺术品交易等优势行业。充分利用首都演出资源和市场中心地位，统筹规划场馆设施，深化国有经营性文艺事业单位转企改制，打造一批经典演艺品牌，提升文艺演出业。实施出版精品战略，加快版权交易、版权贸易等平台建设，壮大新闻出版业。大力支持北京电影学院等建设，实施影视剧精品创作工程，全面推进高清交互数字电视应用，加快电影院线建设和影院数字化，做强广播影视业。鼓励艺术品交易经营企业专业化、特色化和精品化，繁荣艺术品交易产业。

大力发展新兴文化创意产业。以加大技术开发、培育产业链条、促进产业联盟为着力点，培育壮大设计创意、动漫游戏、数字出版、新媒体等新兴文化创意产业。实施设计产业提升计划，大力发展工业设计、建筑设计、时尚设计，发展设计产业集聚区，努力打造设计之都。加快研发具有自主知识产权的网络游戏引擎、3D动漫电影等新兴实用技术，鼓励本土动漫游戏企业开发自主原创、具有民族底蕴的优秀产品，做大动漫游戏产业。争取国家数字出版基地落户北京，推进宽带无线多媒体专网示范工程，加快发展下一代广播电视网，培育新媒体产业。在挖掘传统文化内涵基础上，促进文化与科技、旅游、体育、信息、金融、会展等产业的融合发展。

三、优化文化创意产业环境

大力推进文化体制改革和政策创新，促进资源整合和市场主体培育，进一步完善文化要素市场，塑造更富活力的文化创意产业发展环境。

培育富有活力的文化市场主体。推进国有经营性文化事业单位转企改制，鼓励文化企业实施跨地区、跨行业、跨媒体、跨所有制联合和兼并重组，走品牌化道路，着力培育一批有实力、竞争力强的品牌骨干文化企业。积极培育国家大剧院等世界一流的标志性品牌。放宽市场准入，鼓励民营资本进入文化创作、制作和交易市场。进一步发挥文化创意产业中介机构、行业组织的作用，积极发展战略投资者，支持文化创意企业发展上市。

构建发达的文化要素市场。完善文化创意产业投融资机制，促进文化与资本深度对接。健全融资服务平台，支持社会资本设立各类文化创意产业投资基金、担保公司、小额贷款公司，鼓励金融和保险机构开发面向文化创意产业的金融产品。成立北京文化产权交易所、国家版权交易所和中国设计交易市场，建立中国艺术品交易中心，提升首都文化产品创作、生产、交易的功能。健全文化资产评估机制，构建文化产权保护体系，加大对文化产品和品牌的保护。

第四章 推动文化传播的创新拓展

适应全球化发展与竞争要求，致力于加强文化产品和服务贸易，构建高效的传播网络，塑造有亲和力的文化环境和社会氛围，鼓励优秀文化走向世界，显著提高首都文化的国际影响力。

一、扩大文化产品和服务输出

研究制定支持文化产品和服务出口的政策措施，积极引导文化创意企业根据国外文化消费市场的特点和需求，定制相关文化产品和服务，打造一批具有一定国际影响的文化出口品牌和企业。鼓励在境外兴办文化实体、设立分支机构，推动文化企业落地经营。积极利用国际文化创意产业博览会等贸易平台，组织文化企业参加国际性文化会展和活动，支持文化企业参与国际市场竞争。依托友城、驻外机构、海外华人等资源，积极协助文化企业开拓海外市场，建立国际化的营销渠道。

二、构建高效的文化传播网络

加强文化传播基础设施建设，积极利用数字传媒、网络技术等现代科技手段，大力发展新兴传播，拓宽文化传播覆盖面和影响力。打造全国领先、具有国际影响力的传媒集团。大力发展文化经纪人市场，发挥其文化营销和文化传播的“渠道”作用。有针对性地开展对外宣传，注重与海外媒体合作，打造“魅力北京”文化品牌。实施北京国际艺术节海外推广计划，系统策划文艺演出季，创办北京国际电影季、北京国际儿童艺术节、北京国际图书嘉年华，重点办好北京新年音乐会、北京国际音乐节、北京国际戏剧舞蹈演出季、相约北京联欢活动等品牌文化活动，更好发挥文化传播作用。多种方式开展国际文化交流，吸引国际一流文化项目落户北京。

三、为游客感受文化魅力更好服务

拓展旅游的文化传播功能，充分挖掘皇

城、胡同、老北京等特色资源，开展文化旅游和创意旅游，不断推出丰富多样的旅游线路和旅游产品，打造能轻松自由漫步的街道，鼓励剧场、演出单位与旅游企业广泛开展演艺剧目运营合作，使国内外游客更好地体验感受首都文化魅力，成为首都文化的传播者。大力发展老字号和传统京城小吃等饮食文化，积极引进国内知名菜系和餐饮品牌落户，广泛引进世界美食，使北京成为餐饮文化荟萃、知名的世界美食之都。

第五篇　城市服务生活

进入新阶段，北京的发展正经历着人口规模不断增加、技术变革层出不穷、社会需求更加多样等一系列变化的考验。这些变化成为塑造城市的重要力量，也决定了北京在相当长的时期内仍将处于空间格局优化调整、基础设施提升完善的过程中。特定的城市功能和有限的资源环境，客观上要求北京必须注重转变城市发展方式，把优化功能布局和提升特大城市治理效能作为重点，立足于率先形成城乡经济社会一体化发展新格局，切实推进城市功能配置、空间布局和基础设施建设的统筹衔接，促进城市规划、建设与经济社会发展更加协调，城市管理运行更加安全高效、智能精细，使城市发展更好地服务于人们生活，逐步走向成熟、更具活力。

第一章　构筑城乡区域协调发展格局

城市发展的协调取决于功能配置的协调，特别是不同服务功能在空间内的合理配置。未来五年，要进一步强化四类功能区域的主体功能，加快城市空间格局由功能过度集中在中心城向多功能区域共同支撑转变，推动城市发展建设重心向发展新区转移，加快新城建设和薄弱地区崛起，建设现代化新农村，促进城乡区域协调发展，构建城乡一体、多点支撑、均衡协调的城市发展格局。

一、引导市域按功能分类发展

按照国家主体功能区规划的战略要求，着眼于提升首都功能，坚持区县功能定位，引导城市功能统筹布局，推进区域差异化、特色化发展和整体效能最大化。

首都功能核心区。是首都“四个服务”职能的主要承载区、历史文化名城保护和集中展示区，要坚持风貌特征鲜明、管理服务优质、功能优化疏解、南北融合协调、产业发展高端。把历史文化名城保护与传承作为重要任务，全面落实城市规划，推进旧城区整体保护和渐进式小规模有机更新，加大重点街区和重点院落风貌修缮保护力度，探索开发利用地下空间解决公共设施配置不足问题，既要保护外部历史风貌，又要推进内部生活居住条件的现代化，实现民生改善和旧城保护发展的有机统一。优化提升主导产业，重点发展金融保险、商务会议、文化旅游等高端服务业。深化网络化、精细化管理，推进街道服务标准化、便利化，全面提升城市运行保障能力和服务水平。加快南北城服务资源、产业要素、发展空间的优化整合，有效保护南部历史文化风貌，注入高端发展要素，提升南部地区发展水平。积极推进功能和人口疏解，严格控制旧城区新建住宅开发项目，严格控制大型公建项目，严格限制医疗、行政办公、商业等大型服务设施的新建和扩建，严格禁止疏解搬迁区域的人口再聚集。

首都功能拓展区。是首都面向全国和世界的服务功能的重要承载区，是首都经济辐射力和控制力的主要支撑区，要坚持产业高端化、发展国际化、城乡一体化。强化科技创新、商务服务和国际交往功能，进一步集聚各类高端产业要素特别是国际要素，集中力量建设高端产业功能区。扩大和巩固生产性服务业、高技术产业发展优势，提升整体影响力和竞争力。加快城乡结合部改造，统筹解决好产业升级、环境提升、人口管理、集体产权改革等问题，推进城市基础设施、公共服务在区域内的全覆盖。

城市发展新区。是首都战略发展的新空间和推进新型城市化的重要着力区，要坚持加快发展、完善功能、壮大实力。围绕新城和重点镇建设，高标准配置区域基础设施和公共服务设施，高水平建设生态环境，有效承接产业、人口和城市功能转移。围绕重点产业功能区，推进集中连片开发，吸引集聚央企、外企、大型民企等发展要素，着力发展先进制造业、战略性新兴产业和生产性服务业，壮大经济实力，将发展新区培育成为未来增长极和发展新空间。在有效保护农民利益的基础上，多途径稳步推进区域人口向城镇集聚，提高郊区城市化水平。加强生态控制，节约利用资源，合理控制土地开发强度。

生态涵养发展区。是“绿色北京”秀美自然风貌的展示区和生态友好型发展建设的示范区，是首都最为宝贵的生态资源和水资源涵养保障区，也是市民休闲度假、户外运动的主体区域，要持续加大保护力度、培育生态型产业。深度系统加强生态资源、水资源保护，实施宜林荒山绿化、矿区生态恢复、水源保护和小流域综合治理等重点工程，大幅提升生态涵养保障能力。探索多种途径将生态资源优势转化为生态发展优势，积极鼓励央企、外企的后台资源、总部配套服务资源的集聚，引导高端会议、研发设计等到生态涵养区发展。充分发挥生态环境优势，重点培育健康休闲、体育健身、文化创意等产业。积极推进古北水镇、龙湾水乡、房车营地及云蒙山风景区等重大项目，建设密云国际绿色休闲旅游产业综合示范区。建设延庆“绿色北京”示范区。打造中瑞生态谷、中芬生态谷、司马台雾灵山、延庆百里山水画廊等一批品牌沟谷，促进沟域经济发展。完善门头沟、房山等交通条件和旅游设施，使西部地区与北部山区一样成为市民旅游休闲集中地。建设平谷京东文化旅游区。继续完善生态补偿机制。健全区县合作帮扶长效机制。完成泥石流易发区、采空区农民搬迁。坚决退出资源开采型产业。

二、振兴城市发展的薄弱地区

城市发展过程中出现区域性的不平衡是一种客观存在。过去五年，针对各方关注的城市南部、西部及城乡结合部等发展相对落后地区，相继启动了一系列重大行动，开始取得明显成效。“十二五”时期，要继续坚持基础设施先行，着力加大产业引进培育力度，改善民生环境，使这些地区逐步成为城市发展的新热点和充满活力的区域。

加快城市南部地区振兴崛起。继续以打基础、调结构、上水平为目标，深入实施“城南行动计划”，发挥重点功能区和骨干项目带动作用，全面加快城南地区发展步伐。加强旧城南部传统风貌保护和特色产业培育，实施好北京新机场、园博园、南中轴森林公园以及京良路、京石第二高速等西南部主要通道等一批重大项目，带动基础设施、公共服务显著改善。加快丽泽金融商务区、丰台总部基地、大兴新医药基地和房山高端制造业基地等发展，超前规划北京新机场临空产业，提升城南经济实力。

推进城市西部地区转型升级。围绕生态重建和经济转型两条主线，突出首钢搬迁调整区和永定河绿色生态发展带两个重点，推进石景山国家服务业综合改革试点区建设，推动西部地区整体转型发展。实施首钢搬迁调整区改造升级，整合带动石景山、门头沟等周边地区发展。推进永定河生态治理，规划建设永定河绿色生态发展带。加快发展108、109国道沿线生态旅游休闲带。加快西部地区基础设施和公共服务设施建设。继续推进矿山关闭地区生态修复和替代产业发展，恢复西部秀美山川。

加快推进城乡结合部城市化建设。按照“坚持农民主体、尊重农民意愿、保护农民利益”的原则，加快城乡结合部地区城市化建设。完成集体产权制度改革，科学规划、整合利用集体土地，聚集产业发展要素，壮大集体经济实力，解决农民长远保障，使农民成为有资产、有住房、有工作、有社保的新市民。加快中心城区公共设施和运行管理向城乡结合部地区延伸覆盖，配套完成乡镇向街道、村庄向社区的转变，完善城乡一体的社会保障、城市运行和社会管理体系。加强规划控制和城市管理，严格防止形成新的城乡结合部问题。

三、建设功能完善的现代新城

新城建设在“十一五”时期已经迈出了坚实的步伐，未来五年将处于整体成型的关键阶段。要适应城市发展重心转移、整体功能提升的要求，统筹考虑、科学安排，创新新城发展理念和建设模式，按照面向未来的战略定位，系统分类推进，使新城成为宜居宜业、更富吸引力的现代化城市，成为首都功能的新载体和区域城市群的重要节点。

分类推进新城建设。坚持“突出重点、分类推进”，根据区位条件和功能定位，使新城加快成长为面向中心城的综合新城和带动区域发展的区域新城。

集中力量聚焦通州，全面承接中心城功能疏解，突出商务、文化、教育、医疗等城市综合服务功能，充分彰显运河文化及滨水特色，坚持先进理念、技术和标准，将通州新城打造成为国际一流的现代化新城。

顺应城市发展规律，为有效疏解中心城功能和人口，重点建设发展新区顺义、亦庄大兴、昌平和房山等新城，在辐射带动区域发展的同时，着重提升面向中心城区的综合服务和人口疏解功能，成为综合性新城。

加快建设门头沟、延庆、怀柔、密云、平谷等生态涵养区新城，重点提升区域公共服务中心和产业集聚中心功能，带动区域城市化，成为区域性新城。

建设更加便利而高效的新城。坚持高水平规划、高标准配套，强化科学发展的理念，统筹推进新城建设。建设更高标准的交通、能源、水资源、环境和信息等基础设施。建立更高效率的城市管理系统，配套更高水平的教育、医疗、文化体育等公共服务设施，大力引导中心城优质服务资源向新城辐射，鼓励中心城区名院、名校向新城发展。使新城在主要基础设施、公共服务以及城市管理方面相对于中心城有更强吸引力。

建设更加宜业而有活力的新城。大力提升新城产业规模和发展水平，在新城创造更多就业机会，吸引人口到新城就业居住。加强新城产业园区与中关村自主创新示范区等高端产业功能区的对接，积极引导鼓励国家级科研院所、高等院校、央企总部、外企总部及分支机构以及市属院所、事业单位等向新城发展和布局。依托重大产业项目，打造一批综合竞争力强的产业集聚区，使新城成为科技成果产业化、高端制造业和生产性服务业的重要承载地。发展壮大便捷、完善的生活性服务业。

建设更加宜居而有魅力的新城。以风貌、环境、文化为核心，加强城市景观和建筑风格设计，构建特色鲜明的城市风貌。建设与周边田园风光浑然一体、便于市民休憩的生态绿地系统。注重城市个性培育，尊重区域历史文脉，展现当地文化内涵，引导培育新城居民的城市文化归属感，使新城成为更加亲近自然、富有文化魅力的生态宜居城市。

四、发展各具特色的城镇乡村

“十一五”时期，通过实施重点镇和新农村建设“双轮驱动”，农村基础条件和面貌发生了显著变化，但城乡之间的差距仍然较大，农村经济发展、农民生活水平仍需进一步提升。未来五年，既要积极稳妥推进农村城市化，更要大力推进农村现代化，以小城镇和新型农村社区为着力点，建设城乡一体的基础设施和基本公共服务，统一城乡居民社会保障，让农民就地享受到城市生活。

分类打造现代特色小城镇。以重点镇为基础，按规划集中力量打造一批特色突出、环境优美、经济繁荣的现代宜居小城镇。立足小城镇资源条件和发展基础，在主导产业、城镇风貌和人文环境等方面突出发展特色，分类推进旅游休闲特色镇、科技和设施农业示范镇、商务会议特色镇、园区经济特色镇、重点产业功能区配套服务特色镇等小城镇建设。积极引导设立小城镇发展基金，吸引社会资本进入，加快小城镇发展。

专栏 4：特色小城镇

旅游休闲特色镇：旅游资源丰富、区位条件较好的山区城镇，如门头沟斋堂、平谷金海湖、密云古北口等。

科技和设施农业示范镇：设施农业发达，节水、籽种、精准耕作等先进技术在农业中应用广泛、具有示范作用的小城镇，如昌平小汤山兴寿、房山琉璃河等。

商务会议特色镇：交通便利，具有生态、历史人文等优势资源和会议会展配套设施的小城镇，如怀柔雁栖—怀北镇、丰台王佐镇青龙湖等。

园区经济特色镇：设施齐全、具有一定规模产业园区的平原地区小城镇，如大兴采育、顺义高丽营、通州台湖等。

重点产业功能区配套服务特色镇：区位条件好、毗邻大型产业园区和功能区的小城镇，如昌平南口（为三一重工配套）等。

启动建设新型农村社区。立足改善农村人居条件、传承乡村文化与农业文明，推进富有田园特色和乡村风貌的新型农村社区、农村新民居建设。参照城市社区建设规范，研究制定农村新型社区公共设施配置和建设标准，统筹配置农村新型社区基础设施和公共服务设施。向农民免费提供安全美观、低碳节能、风格多样的新民居设计方案，制定建设标准，加强节水、节地、节能、节材等新技术的应用，提高农村住宅建设现代化水平。

推进城市管理服务延伸。推进城市基础设施向农村延伸对接、城市管理向农村延伸拓展、基本公共服务和社会保障向农村延伸覆盖、生产生活社会服务网络向农村延伸发展，加快城乡管理和公共服务的一体化。逐步实施农村社区化管理。积极培育面向农村生产生活服务的社会化服务体系，全面改善农村生产生活条件。

发展壮大集体经济。加快推进农村集体产权制度改革，激活农村集体土地、集体山场、集体沟域等发展要素，使农村集体经济释放新的发展活力。引导发展要素向农村集聚，支持各类中央企业、高校院所以及大型企业集团到小城镇和农村地区合作发展。围绕大型产业园区和重大产业项目，积极发展配套型服务产业。支持有条件的集体企业和农业企业上市发展。

第二章　建设系统完善的基础设施

奥运会筹办推动本市基础设施实现了跨

越式发展。“十二五”时期，要从推动城市可持续发展的战略高度，更加注重城市运行管理，突出抓好交通疏堵、资源供应和垃圾处理等市民关心的重大问题，推进城市建设由设施建设向功能建设转变，统筹处理好局部与系统、地上与地下、生产与排放的关系，大幅提高基础设施的系统性、安全性和可靠性，更好地适应经济社会发展要求和服务市民生活。

一、努力实现便捷出行

交通拥堵已成为城市运行管理中的突出矛盾之一，未来本市交通将面临越来越大的压力。“十二五”时期，要坚持公交优先发展战略，引导小客车合理使用，加快交通基础设施建设，提升交通综合管理与服务水平，积极倡导文明出行，努力缓解中心城特别是核心区的交通拥堵，确保首都交通整体安全顺畅。

大力落实公交优先战略，中心城公共交通出行比例力争达到50%。逐步构建起以轨道交通为骨干、地面公交为主体、换乘高效的立体化公共交通网络。

优先加快中心城轨道交通建设。全面完成2015年轨道交通561公里近期线网建设规划，加快实施中心城轨道交通加密工程，2015年全市轨道交通线网运行总里程达到660公里。

建设公交快速通勤网络。建成阜石路、广渠路大容量快速公交线路，在中心城快速路、主干路等主要客流走廊上施划公交专用道，总里程达到450公里以上，提高通勤高峰期公交出行效率。

优化立体化公交换乘条件。大力改善地面交通间、轨道交通间、轨道与地面间公交换乘条件。建成5处综合交通枢纽，5处公交中心站和25个公交首末站。严格规范标准，随轨道交通线网同步建设P＋R停车设施。

强化交通综合管理。采取机动车总量控制措施，遏制机动车保有量过快增长势头。加强机动车需求侧管理，通过扩大差别化停车收费区域范围等手段，引导机动车合理使用。建立停车场建设管理新机制，规范配建停车设施，鼓励社会力量参与经营性停车场建设。完善切实可行的交通应急预案，积极应对极端天气等突发事件。

加强交通能力建设，整体提升中心城交通供给水平。实施中心城路网加密。加快建设东西二环等地下隧道，缓解重点区域交通拥堵。大力推进中心城微循环道路建设，逐步消灭断头路，提高路网连通性和通达性。

完善中心城干道网。基本实现中心城城市快速路网规划，建成广渠路二期、西外大街西延二期、京包路（四环—五环）、姚家园路、京顺路（四环—五环）等快速路，新增快速路约40公里，累计达到300公里。基本建成五环内城市主干路网，重点建设南北向主干路、西南部干道网和功能区周边路网。

完善自行车行车道和行人步行网络。为步行者和骑车人的绿色安全出行提供方便，基本建成中心城无障碍交通设施网络，让老年人和残疾人出行更加安全便捷。

推行人性化智能交通管理，提高通行效率。五环路内实现智能交通全覆盖，实现交通信号的智能控制。全面实现轨道交通、地面公交和出租车的智能化调度。及时发布路况、停车等动态交通信息，引导社会车辆交通出行。扩大电子收费覆盖范围，实现高速收费路口快速通行。

建设市域快速综合交通体系，让城乡共享快速交通资源。利用市郊铁路、城际铁路，实现“区区通轨道”。加快建设中心城与新城，新城之间快速联络通道。建设高速公路联络线，实现所有重点镇、重点功能区域与高速公路互联互通。加大提级改造力度，完善干线公路和县乡村公路。加快浅山区路网建设，基本实现“一环、十一放射、多联络”的浅山区路网格局。研究增加西北方向交通通道。2015年，市域公路总里程达到21,500公里。

提高对外交通能力，让交通往来更加便捷。打造国际航空枢纽及亚洲门户。建成北京新机场一期，新增航空旅客吞吐能力4000万人次。完善首都国际机场功能。2015年全市航空旅客吞吐能力超过1.2亿人次。加强新机场和首都国际机场、中心城间交通联系，实现新机场半小时通达中心城区。

建成京沪高铁、京石客专、京沈客专、京张城际、京唐城际等，实现北京与周边主要城市间高速通达。进一步巩固全国铁路主枢纽地位。改扩建丰台火车站，建设星火站和新北京东站，形成7个主要铁路客运枢纽格局。

形成以北京为中心的“三环、十二放射”高速公路网络。建成京台高速北京段、京昆高速、京新高速（五六环段）、密涿高速北京段、110国道二期、109国道、京密高速等高速公路。推进环首都大外环高速公路建设，削减过境交通。新增高速公路通车里程200公里，市域高速公路通车总里程达到1100公里。依托高速公路和铁路，完善北京出海快速交通通道。

二、保障安全可靠供水

继续坚持外部开源、内部挖潜、厉行节约、循环利用的战略思路，全面完成南水北调配套工程，保证外调水送得进、用得出，确保城乡供水安全。

保障水资源供应安全。加快南水北调配套工程建设，2014年具备消纳10亿立方米南水北调来水条件。完善域外应急调水机制，提高域外应急调水能力。

大力推进污水资源化。全面完成城中心区污水处理厂升级改造，新建污水处理厂按再生水厂标准一步建成。2015年再生水生产能力超过10亿立方米，全市再生水利用率达到75%。

保持本地水源地供应能力。继续加强与水源地上游地区合作，加大密云等水库水源保护力度，增加上游来水量。加强城市雨洪水利用。

建立战略储备。做好海水淡化和深层地下水利用前期工作储备。结合南水北调通水，涵养城市水源，研究建设地下水库，逐步建立水资源安全储备体系。

提升城乡供水能力。加快郭公庄水厂和第十水厂等主力水厂建设，新增集中供水能力143万立方米/日，中心城高峰供水安全保障系数提高到1.25。加快新城供水厂建设，实现每座新城至少有一座主力水厂、新城内管网互联供水。提高农村供水水平。加快建设和改造城市供水管网，自来水管网漏失率下降到14%。

促进全社会自觉节水。坚持最严格的水资源管理制度，建立区域取水总量控制指标体系，严格实行建设项目节水“三同时”，开展新建重大项目节水评估。建立严格的产业节水准入制度，淘汰高耗水产业。制定完善的节水器具认证体系，城市居民家庭节水器具普及率达到95%以上。推广雨洪利用技术和农业灌溉节水技术。工业用水重复利用率达到95%以上。减少施工降水，禁止无序排放。

三、提供清洁优质能源

本市能源资源严重依赖外部，建设“绿色北京”和世界城市对能源安全可靠供应、清洁高效利用和多样便捷服务提出了更高要求。“十二五”时期，要适应特大型城市能源运行特点和绿色发展要求，以确保能源安全为前提，加快能源结构调整，更加注重能源供给的系统性、安全性、多元性、多向性和清洁性，实现能源供应体系新跨越。

加快能源结构调整。大力削减煤炭终端消费，显著提升天然气、电力、新能源和可再生能源利用水平，实现2015年优质能源占能源消费总量比重达到80%以上。严格限制中心城区燃煤使用，完成三大燃煤电厂和63座大型燃煤锅炉天然气改造，继续实施非文保区平房、简易楼小煤炉清洁能源改造，基本实现五环内供热无煤化。2015年煤炭消费总量力争控制在2000万吨以内。积极推进太阳能、地温能、生物质能等新能源和可再生能源的开发利用。

表2　　北京市2015年能源消费结构表

年度 能源种类	2009年			2015年		
	实物量	标准量	比重（%）	实物量	标准量	比重（%）
煤炭（万吨）	2664.7	2059.7	31.3	2000	1500	16.8
调入电（亿千瓦时）	512.6	1529.6	23.3	710	2200	24.4
天然气（亿立方米）	69.4	842.7	12.9	180	2200	24.4
油品（万吨）	1269.0	1809.6	27.5	1680	2550	28.3
可再生能源	—	180.0	2.7	—	550	6.1
其他	—	148.7	2.3	—	—	
合计		6570.3	100.0		9000	100.0

着力解决城乡供热瓶颈。按照“稳定中心大网、发展区域新网、加强多元互补、实现多网共联”的原则，全面推进中心城区供热布局调整，加快建设郊区供热设施，新增供热能力2亿平方米，2015年全市总供热能力达到8.5亿平方米。稳定和完成城中心供热网，建成东南、东北、西南和西北四大燃气热电中心，发展一批燃气尖峰锅炉房，形成“1+4+N”的中心大网。充分利用各种新能源和新技术，建设区域性供热中心或分散清洁供热系统，逐步形成中心大网和区域供热相结合的城区供热格局。所有新城全部实现集中供热，基本实现重点镇集中供热。引进域外热源，解决通州、大兴等部分供热需求。统筹重点产业功能区供热、制冷、热水、电力等能源需求，高起点建设一批区域能源中心。

专栏5：“1+4+N”的中心大网格局

“1”是建设一个稳定的中心大网；

“4”是以热电联产电厂作为热网主力支撑，按照“两扩两迁，先建后拆”的原则，建设四大燃气热电中心；

“N”指按照与热电厂基荷1∶1配比建设燃气尖峰锅炉，作为辅助热源。

四大燃气热电中心：

东北热电中心：位于朝阳区高安屯，供热能力为2400万平方米。

东南热电中心：位于朝阳区王四营，供热能力为3900万平方米。

西南热电中心：位于丰台区草桥，供热能力为2100万平方米。

西北热电中心：位于石景山区高井，供热能力为3600万平方米。

大幅提升天然气供应保障能力。建成陕京四线、唐山液化天然气、大唐煤制气等重点气源工程，实现气源多方向供应。建设地下储气设施，增强调峰应急能力，保障冬季用气安全。新建高压外围大环，建成六环路二期等市内输配管网干线工程。新建西沙屯、高丽营等门站。建成“三种气源、六条通道、两大环线、九座门站”的天然气供应保障系统，天然气年接收能力超过200亿立方米，全部门站日接收总能力达到2.4亿立方米。继续完善城市配气管网，重点建设五环路与六环路联通线、四大热电中心专用供气管线等工程。推进新城和乡镇燃气管线建设。10个郊区新城全部接通管道天然气，重点镇基本实现燃气管道化。

建设坚强可靠的城市电网。加强外受电力通道、变电设施建设，完善高压环网，实现从东北、山西、内蒙古等5个方向、10大通道接受外部电力，外电接收能力达到2500万千瓦，比2010年提高25%。增强本地电源支撑，本地电源比例达到35%左右。新建、扩建变电设施，五环内变电站双方向电源比例提高到80%，重要功能区配电网实现双环网结构。到2015年，城市供电可靠性达到99.995%，城市核心区和重要功能区供电可靠性接近99.999%。建设延庆智能电网示范区。

提高成品油运输储备能力。适时开展环六环成品油输送管线改造，提高成品油管输能力。新建、扩建成品油仓储设施。进一步强化本地原油加工能力。

四、建设信息高速网络

“十二五”时期要加强信息通信高速网络和枢纽建设，促进资源共享和互联互通，构建城乡一体、全面覆盖的现代化信息基础设施网络，推动首都全面迈进信息高速时代。

实现高速信息网络覆盖城乡。加快实施信息基础设施提升工程，构建有线网络公平接入、无线网络普遍覆盖、带宽服务满足需求的信息网络。推进信息通信管线集约化建设，实现100兆光纤到楼入户，1G宽带服务覆盖社区。推动10兆无线网络覆盖全部平原城乡和大部分山区，使用户能够方便快捷访问互联网。推进“三网融合”试点，促进移动多媒体、互联网电视等融合发展，实现交互式高清电视传输覆盖全市70%以上家庭。完善800兆数字集群通信网，保证政务通信需要。

打造信息通信枢纽城市。建设面向公众和产业服务的城市基础空间地理信息服务平台，推进数据交换中心、数据中心和信息处理中心建设。利用云服务等技术推进信息资源的开发和共享，让社会公众享受到更方便快捷、更多样化的信息服务。提升政务网络信息化水平，推进跨部门、跨区县信息采集、交换、管理和应用。

创建信息安全可信城市。建设一流的安全测评、容灾备份、电子认证等城市信息安全基础设施。提高信息安全保障水平，重点加强公共网络、政务网络和无线电的信息安全建设。强化对信息网络、信息产品和网上交易行为的监管。

完善现代化邮政服务网络。整合邮政设施资源，优化网络结构，着力打造布局合理、分类设置、功能完善、城乡覆盖的现代化邮政设施网络，服务能力与水平达到国内领先、国际先进，为市民提供便利。

第三章　构建精细智能的城市管理

作为特大型城市，北京城市运行管理面临着越来越多的挑战。“十二五”时期，要坚持统筹协调经济社会发展与城市规划、建设、运行、管理、服务，更加注重常态与应急结合、城区与郊区并重、地上与地下统筹，更加注重从细节入手，提升便利程度，依靠科学的管理理念、管理方式和管理手段，促进城市管理的精细化、智能化，建设智慧城市，把北京建设成运行安全、环境整洁、生活便利的宜居城市。

一、保障城市安全协调运行

推广奥运城市运行保障经验，以保障城市生命线运行安全为核心，把城市生活必需品运行和能源运行两条生命线作为城市运行管理的战略重点，建立健全城市运行管理机制，提高应急处置能力，构建安全运行、有序高效的城市运行保障体系。

保障城市能源运行安全。完善全市统筹协调、部门分工负责、区县属地管理、运行企业主责的管理机制。保障能源资源总量平衡和安全供应，加强需求侧管理，促进能源与经济运行、城市运转协调发展。

确保生活必需品市场稳定。高度重视生活必需品保障，重点要稳定和提高菜地保有量，全面提高蔬菜等鲜活农产品的本地供应和反季节生产能力；鼓励本市生产经营企业在周边地区和优势产区建设跨区域的农产品生产和供应基地，增强对市场的保障能力。适应特大型城市发展的需求，加快推进农副产品流通领域的现代化。加强大型批发市场规划、布局和建设，改造升级现有大型农副产品批发市场，提高批发市场资源掌控和配置能力。加强社区菜站、农贸市场及超市建设，推进农超对接，进一步完善社区农产品销售网络，畅通农产品市场流通渠道，方便市民生活。积极发展冷链物流。加强农产品质量安全保障体系建设。完善生活必需品的储备和应急投放制度，根据城市人口和消费结构变化，及时调整储备规模和品种，增强应对市场波动能力。

消除城市运行安全隐患。推进地下管网消隐改造，加快实施老旧热力、电力、燃气和供排水管线等消隐工程，完成6800公里老旧管线更新改造任务。加强建成区地下管线互联互通，加快配网和支线建设，消除地下管线覆盖盲区和断点。强化施工管理，减少外力破坏管线。在新城和新兴产业园区等功能区试点建设地下综合管廊。

营造整洁优美的市容环境。推进标志性区域市容景观和城市建筑物色彩规划设计，强化公共服务设施标准化和规范化管理，规划建设一批与街景相协调的国际化指路标志、导游图、候车亭、座椅、垃圾箱、公厕等道路公共设施。规范户外广告管理和夜景照明建设。推广无电线杆化，完成五环路以内、重点地区和新城中心区电力架空线入地。加强重点地区、环境薄弱地区的环境建设与整治，提高城乡环境卫生质量和精细化管理水平。

二、提高城市抗灾应急能力

按照“平灾结合、以防为主、快速反应、措施有效”的原则，完善体制机制，建设具有强大危机应对能力的城市。

健全城市应急管理机制。健全完善“统一指挥、快速响应、综合协调、分级负责、属地管理为主”的城市应急管理机制。适应特大型城市高层建筑多、人口密度大等特点，立足于长效机制建设，细化完善各类应急预案，全面加强消防、防洪、防震等设施能力和救援队伍建设。探索建立城市低空应急救援系统，提升应急处置能力。完善地质、地震、气象等自然灾害的监测和预警体系，提高灾害综合预警预报水平。加强市民风险防范和自救互救教育，充分发挥市民、社会力量在应急管理中的重要作用。加强国防动员建设。

保障能源应急安全可靠。统筹规划建设全市煤炭储备基地，完善政府与企业相结合的多级煤炭储备。积极推动华北地区管网及储气设施建设，满足高峰用气需求。提高城市骨干电网、重要电源联络线以及重要用户线路建设标准和抗灾等级，应对冰雪、暴雨、大风等极端气候事件。

强化城市排水应急能力。加快建设和完善城乡结合部等地区雨水排除设施，改造城区雨水旧沟和雨污合流管道，解决排水不畅和结构安全隐患。提升中心城环路雨水泵站抽升能力，快速处理立交桥区积滞水。夯实城市防洪体系，全面完成中心城区防洪排水河道治理。建立覆盖中心城的应急抢修基点网络，提高处置速度。

三、推进智能感知精细管理

运用现代信息技术，创新城市运行管理模式，推进城市精细化管理，实现城市运行智能感知，让市民享受城市信息化建设成果。

实现地下管线信息化管理。依托市级市政管线综合管理信息系统，汇集权属企业管线基础数据，打造“1+S+N”的市政管线信息监控管理体系，为应急管理、行业监管、企业管理提供综合信息服务。高标准建设天然气、热力全网数字化监控和运行调度系统，搭建城市电网智能运行监控平台，建立供排水管网信息化监控体系，实现市政管线运行维护和调度智能化。

专栏6：“1+S+N”

是指北京市市政管线基础数据信息化管理模式。

“1”是指一个市级市政管线综合管理信息系统。

“S”是指S个市政管线有关政府部门。

“N”是指N个市政管线权属单位。

“1+S+N”是指建立1个市级市政管线综合管理信息系统，汇集“N”个市政管线权属单位的市政管线有关基础和业务数据，提供浏览、查询、统计等功能。

推动物联网应用实践。加快制定物联网应用标准和规范，促进应用数据和支撑平台建设，推进物联网在公共安全、城市交通、生态环境、资源管理等服务领域的应用，提高现场感知、动态监控、智能判断和快捷反应能力。发挥物联网信息技术在食品安全追溯、药品监管、生产监管、环境监测等方面的支撑功能，打造“安心工程”。

深化城市管理网格化。推进网格化管理应用范围扩展到郊区县，应用领域扩展到生产、消防、食品卫生、房屋管理、社会管理等领域，促进跨区域、跨部门信息共享与协作。推进城市运行监测平台和网格化管理平台相结合，完善城市综合运行监测管理。

提供智能民生服务。以社保卡、市政交通卡为基础，打造“市民卡”，逐步实现养老、医疗卫生、社会福利、社区服务等领域一卡多用。推广应用“数字北京”缴费服务平台，整合各种支付方式，方便市民缴费。利用远程传输技术和物联网技术，逐步实现计量设施的自动化和智能化，让市民不再抄表缴费。

第六篇　绿色塑造未来

绿色发展已经成为资源环境约束的客观要求和时代潮流。绿色既是一种生产方式，又是一种生活方式，要求我们节制型生存、节约型生产和节俭型生活，更好地面对未来。“十二五”时期要全面实施“绿色北京”战略，把资源节约型和环境友好型社会建设作为转变经济发展方式的重要着力点，持续推进大气治理，加强绿化建设和生态修复，加快形成绿色生产体系、绿色消费体系，大幅提高首都生态文明水平和可持续发展能力，把北京建设成为既服务于当代市民，又服务于子孙后代的宜居家园。

第一章　营造清新城市环境

与所有大城市一样，北京在每天创造大量财富的同时，也不断面对着排放增加的困扰和挑战。我们已经作出了许多努力，并取得了明显成效。“十二五”时期，要继续采取坚决有力的措施，推进污染减排和治理，加强生态环境建设，努力为市民营造清新的都市环境，使北京的环境质量再上新台阶。

一、让空气更清洁

改善大气环境质量一直是社会关注的焦点，也是政府工作的重点。近年先后实施了16个阶段的大气污染控制措施，空气质量得到显著改善。“十二五”期间，全面实施《北京市清洁空气行动计划》，使环境空气质量进一步得到改善。

控制生产型污染。进一步优化能源结构，大幅增加天然气等清洁能源利用，减少煤炭使用，严格控制煤烟型污染。控制餐饮油烟等低矮面源污染。加大资源消耗型、污染型企业淘汰力度，坚决退出中小型水泥、建材、玻璃、化工等高排放企业。建立氮氧化物排放总量控制制度，推广低氮燃烧技术，水泥窑全部进行脱硝治理。完善挥发性有机物产品准入标准和监控体系，有效治理化工、涂料、家具制造、包装印刷等行业挥发性有机物污染。

治理机动车污染。实施国家第五阶段机动车污染物排放标准。加速淘汰老旧机动车。鼓励使用节能环保型汽车，在公交、环卫、出租等公共服务领域推广使用新能源汽车，支持物流企业建立“绿色车队”。

防治扬尘污染。制定并实施施工扬尘污染防治排放标准，加大施工工地和城市道路扬尘控制力度。建立道路遗撒监控系统，采取扫、洗和收集一体化的道路保洁措施。继续开展裸露农田治理，杜绝秸秆、草木露天焚烧。

推进区域大气污染联防联控。协调推动区域产业结构调整，对重大建设项目实行环境影响评价区域会商机制，减少污染区域内转移。推动制定区域大气污染联防联控规划，协商建立统一的区域大气环境保护标准。建立区域空气质量监测网络，共享监测信息。开展区域大气环境联合执法检查，集中整治违法排污企业。

二、实现垃圾全处理

垃圾总量过快增长、处理能力不足，新建处理设施规划难、选址难、建设难，已经成为困扰城市发展的突出难题。解决这个难题，需要政府和全社会的共同努力。“十二五”时期，是解决城市垃圾处理问题的关键时期，要按照源头减量、资源化利用与末端治理并举的原则，加强城市垃圾管理相关法规建设，切实构建起垃圾分类收集、再生利用、无害化处理的全过程管理体系，着力加快处理设施建设，确保垃圾基本实现安全无害化处理。

促进垃圾源头减量。倡导“厉行节约、减少废弃”的消费模式，鼓励减少一次性用品使用和产品过度包装，深化落实“限塑”措施，实行“净菜进城”。建立生产者责任延伸制度，推进工业企业产品和包装物强制回收。鼓励可再生资源回收利用，建立以社区为单位的便民回收站点和捐助平台，规范小型旧货市场，让每个家庭的旧衣旧物等可回收物品得到再利用。发挥价格杠杆调控作用，逐步提高非居民生活垃圾处理收费标准，完善居民生活垃圾处理收费制度。实行区域生活垃圾总量控制，实施“增量加价，减量奖励”的垃圾处理调控政策，努力促进生活垃圾增长率逐年降低，到2015年基本实现零增长。

对垃圾进行分类管理。建立生活垃圾分类体系，完善生活垃圾分类标准，加强源头分类投放，配套分类收运设施，提高垃圾分类专业化水平，实现分类收集、分类运输、分类处理的全过程衔接。2015年生活垃圾资源化率达到55%。对建筑垃圾、电子废物、医疗废物、危险废物、城市污泥等实行分类管理。

提高垃圾资源化水平。大力支持废纸、废塑料、废玻璃、废金属、废橡胶等资源再生利用和零部件再制造产业发展。加强电器电子废物规范处置。规范完善建筑垃圾收运监管机制，建立施工现场原位处理与资源化处置基地相结合的处理关系。推动建筑垃圾资源化利用。加强资源再生产业区域合作，构建跨区域再生资源产业链。

加快垃圾处理设施建设。落实垃圾处理区县政府属地责任，完善市场化的区县合作机制，形成责任、权利和利益明确的垃圾收集处理管理体制。超前研究、严格落实垃圾处理设施建设规划，充分利用世界最先进技术，加大政府投入力度，鼓励社会资本进入，集中建设27处生活垃圾综合处理设施，2015年全市生活垃圾处理能力达到3万吨/日，满足全市生活垃圾处理需要。改变原生垃圾填埋的传统处理方式，大幅提高垃圾焚烧和生化处理比例，垃圾焚烧、生化处理和填埋比例达到4∶3∶3。实现餐厨垃圾单独收集，原则上各区县负责就地消纳。实现医疗垃圾全部消纳处理，处理能力达到80吨/日。

三、全面治理水污染

按照流域整体治理、区域全面考核的思路，加强水污染源头防治，加快污水管网和处理设施建设，进一步提高污水处理能力，实现全部污水无害化处理。

加强污染源头控制。建立区县水系水质跨界断面考核标准，落实区县属地责任。建设工业污水排放在线监控系统，关停不能达标排放的污染企业。禁止生产和销售含磷洗涤用品。建设畜禽养殖粪污综合利用和无害化处理设施，调整搬迁饮用水源保护区内规模养殖场。减少种植业化肥用量，控制农业面源污染。

提升污水处理水平。完善中心城区污水收集管网，实现城市生活污水全收集。高标准建设郑王坟、回龙观等污水处理设施，中心城污水处理率达到98%。全面完成新城和乡镇污水处理设施建设，新城和重点镇污水处理率达到90%。因地制宜建设农村生活污水处理设施。加快污泥处置设施建设，实现污泥全部无害化处理。

四、防治其他污染

有效控制交通噪声污染。加强建筑施工噪声监管，加强控制工业、娱乐业、商业噪声及室内装修活动噪声污染，营造更宁静城市空间。加强放射性同位素与射线装置安全管理。加强城市放射性废物库运行管理，对重点放射源实施全面监督与监测。

第二章　重现秀美自然山川

北京依山襟海，在国内外大城市中具有独特的自然环境条件。“十二五”时期要进一步统筹山区与平原的生态环境建设和功能挖掘，注重扩大城市森林和绿地面积，提高山区森林质量，全面改善城市河湖水环境，提升水景观和生态休闲功能，进一步提高城市生态服务价值，在美化自身生活的同时，给子孙留下更多财富。

一、让森林走进城市

拓展城市绿化空间，大幅增加绿地面积，提高乔木比例，实现树种多样化，提升城市生态景观，缓解热岛效应。

建设大尺度城市森林绿地。建成11座新城滨河森林公园、南海子郊野公园、南中轴森林公园和园博园。建设国家植物园，扩大北京植物园规模，提升科技与养护水平。新增集中连片的城市森林绿地15万亩。加强绿隔地区发展政策的跟踪研究、推进和落实。基本完成第一道绿隔，全面建成第一道绿隔郊野公园环。实施第二道绿隔提质增效工程，在条件具备区域建设郊野公园和森林公园。全面提高绿隔地区管护水平，巩固绿化成果。

千方百计增加中心城绿地。推进城市立体绿化，大力实施公共建筑屋顶绿化、建筑墙体垂直绿化、立交桥和停车场绿化，提升城市绿色景观。实施拆违增绿和见缝插绿，完成2000公顷代征绿地绿化任务，推进老旧居住区和胡同街巷的绿化建设，满足市民就近生态休闲需求。2015年，中心城80%居住区出行500米即可到达公共绿地。

二、让绿色遍布乡村

形成连接城乡、覆盖平原的绿色生态网络。大力推进10条沟通市区与郊区的楔形绿地建设。实现大中河道、主干交通线、铁路线两侧全部绿化，高标准建设林水相依、林路相嵌的景观绿化带。改造提升农田林网和村镇片林20万亩，完善平原防护林网，提高平原地区防风固沙能力。

提高山区森林质量，增加森林蓄积量。完成房山、门头沟等7个山区县剩余40万亩宜林荒山绿化，稳步推进岩石裸露地区植被恢复，完成5.5万亩已关停废弃矿山生态修复。完成150万亩低质生态公益林升级改造和300万亩中幼林抚育。

提高科学育林水平。积极培育、引进适合本地气候条件的树种，实现树种多样化，努力提高常绿和彩色树种比重，提升景观功能，注重树木的长期培育和生长，增加森林生态效益和碳汇功能。

三、让河流风貌再现

古都北京依水建城，因水发展，历史上河湖纵横、清泉四溢。随着水资源日益紧缺，河湖水系风貌优美渐失。“十二五”时期，要统筹河道治理、水源保障和污染防治，按照生态治理理念，建设河网湿地、河道绿带交相辉映的水景观，逐步恢复河道生态景观风貌，打造休闲滨水空间。

恢复河湖水系风貌。利用再生水，改善重点河湖水系断流干涸、水质不达标的状况，因地制宜重建河流生态景观。建设西部永定河绿色生态走廊，实现湖泊溪流相连自然景观。实施跨流域调水，补充潮白河生态水源，再现湖泊水面和芦苇丛生的优美环境。完成北运河流域水系治理，实现水质还清，重现古老漕运河道水景。加快推进温榆河治理。突出保护与休闲并重，扩大汉石桥和翠湖湿地公园规模，改造提升野鸭湖湿地，扩展城市湿地系统。

营造绿色滨水空间。在夯实河道防洪功能的基础上，按照“宜弯则弯、宜宽则宽、宜岛则岛、宜滩则滩”的原则，生态治理城市河湖水系，合理规划河岸土地空间，解放滨水资源，建设观水、亲水、近水的休闲滨水空间，沿通惠河、凉水河、亮马河、坝河、清河等中心城河湖水系打造10大滨水绿线，形成“水秀而可近，岸绿且可亲”的绿色滨水景观。挖掘古都历史水文化，重现长河观柳、卢沟晓月等特色历史水景。

第三章 共建宜居绿色家园

建设绿色宜居家园，需要政府、企业、市民共同肩负起责任，全社会协调行动。未来五年，要发挥政府示范作用，带动企业和市民各方力量，推行绿色低碳的生产生活方式和消费模式，积极应对气候变化，形成自觉自律、尊重生态环境的社会风尚，让我们的家园回归绿色。

一、深入推进节能降耗

能源节约利用水平体现了城市的文明程度和发展质量。面对资源环境约束强化、应对气候变化的新要求，需要我们下更大力气推进节能降耗。“十二五”时期，要更加注重制度建设，以建筑节能和管理节能为重点，依靠科技进步、标准带动、价格和利益机制引导，加快向“内涵促降”转变，下更大的力气把节能降耗提升到一个更高水平。

大幅度提高建筑节能水平。抓住城市化加快发展、建筑规模较大的关键时期，着眼于长远，大力推广绿色建筑，突出抓好建筑标准制定、新材料和新技术应用以及结构、设计等关键环节，大幅度提高建筑节能水平。提高建筑节能标准，新建居住建筑实施75%节能设计标准。推进建筑门窗、供热系统等为重点的节能改造，改造完成既有建筑6000万平方米。新建建筑全部实行供热计量收费，50%以上节能设计标准的既有民用建筑和全部公共建筑基本完成供热计量改造，并实行按用热量收费。积极推行能效标识制度，推广能效二级以上家用电器。推广高效照明产品，基本淘汰白炽灯。

深度推进工业节能降耗。强化产业退出标准和产品设备淘汰目录约束作用。强化企业节能管理，鼓励企业建立健全全流程绿色管理体系，深入实施清洁生产。加快实施节能改造，系统提升工业能源利用效率。

全面推进公共机构节能降耗。实行公共机构定额用能管理制度，实施办公建筑节能、公务车节油、空调和数据中心节电等关键环节节能措施。完成2000家公共机构节能改造，政府机构率先全部完成。

着力提高节能降耗管理水平。强化目标责任考核，增加对重点行业进行节能减排目标责任分解。健全能源统计计量体系，建成市、区、重点用能单位三级节能监测管理综合平台。实施能评全过程管理机制。推广合同能源管理机制。继续完善节能减排鼓励政策，大力推进节能减排新技术新产品应用。推进重大用能企业技术改造。继续发布节能节水减排技术（产品）推荐目录，推进热计量改革，全面实施阶梯电价。

二、倡导绿色生产生活

推广绿色政务，培育绿色商务环境，鼓励市民绿色消费，在全社会推进节约环保行动，逐步创建产品供给、市场流通、消费行为全过程的绿色低碳方式。

践行绿色办公。建立政府机构能耗水耗统计体系，加强定额考核管理。研究出台本市政府绿色采购实施细则，优先采购自主创新的节能环保产品和设备，以及可再生、可循环利用、通过环境标志认证的产品。大力发展电子政务，降低行政物耗。

引领绿色商务。鼓励企业在产品宣传、营销模式推广、售后服务融入绿色理念。鼓励发展网上交易、虚拟购物中心等新兴服务业态。引导发展第三方物流，实施一批共同配送示范项目。支持企业开展环境标志认证和绿色产品认证。鼓励酒店、餐饮企业等减少使用一次性餐具和日用品。

鼓励市民绿色消费。颁布北京市生态文明公约，编制市民绿色消费手册。提高大众节能环保意识，把节能、节水、节材、资源回收利用逐步变成市民的自觉行动。引导选购绿色建材、绿色家具等生活消费产品。鼓励绿色出行和简约生活，反对生活浪费。全面推进党政机关、学校、大型商场、宾馆饭店等机构或场所生活垃圾“零废弃”管理试点。

三、积极应对气候变化

减缓温室气体排放。提高低碳能源在一次能源消费结构中比重，大力推进低碳技术研发、应用和相关服务业发展，有效降低重点领域碳排放。因地制宜开展低碳试点建设。积极开展国际间低碳技术交流与项目合作。

主动适应气候变化。建立健全气象灾害预警系统，制定重点领域、重要地区和敏感单位抗御气象灾害的应急预案，建立多部门参与的应对气候变化的信息共享、会商联动和决策协调机制。鼓励企事业单位、市民通过认养植树、购买碳汇等多种方式，主动承担更多的碳减排义务。

第七篇　改革激发活力

进入新阶段，改革面临着更加复杂的形势和任务。“十二五”时期，要围绕加快转变经济发展方式，着眼重点领域和关键环节，大力推进制度和机制创新，不断完善社会主义市场经济体制，加快构建有利于科学发展的体制机制。

第一章　创新政府服务管理

适应经济社会发展新变化、新要求和特大城市运行管理特点，继续深入转变政府职能，加强服务管理创新，提高行政效能和服务水平，更好地履行政府职责，建设现代服务型政府和法治政府。

一、深化行政管理体制改革

加快政府职能转变，强化社会管理和公共服务职责，提高经济调节和市场监管水平。进一步优化政府组织结构，规范机构设置，明确和强化责任，积极探索完善职能有机统一的大部门体制，完善行政运行机制，提高行政效能。推动城市管理重心下移，扩大区县政府和乡镇政府的管理权限。进一步理顺重点产业功能区和所在行政区的关系。

深化行政审批制度改革。进一步精简审批事项，下放审批权限，优化审批流程，规范审批行为，提高审批效率，加快建立市级行政服务中心，为社会提供方便快捷的行政服务。通过政府确定服务标准、购买服务等方式，创新政府公共服务供给机制，提高服务效率。

完善科学民主决策机制。建立健全重大行政决策听取意见、听证、合法性审查、集体决定、实施情况后评价等制度，建立行政决策责任追究制度。建立促进科学发展的政府绩效评估指标体系和评估机制，全面推行政府绩效管理。加强行政问责制，健全责任追究制度，提高政府执行力和公信力。严格依法行政。加强对行政权力运用的监督和制约。深入反腐倡廉，加强国家公务人员作风建设，强化责任意识、廉政意识和创新意识。

二、建设规范透明公共财政

按照财力与事权相一致的原则，进一步理顺市和区县政府间财政关系，完善转移支付制度，健全区县财政支出激励和约束机制，促进区域协调发展。完善由公共财政预算、政府性基金预算、国有资本经营预算和社会保险基金预算组成的有机衔接的政府预算体系，实行全口径预算管理。建立预算编制、执行、监督相对分离、相互制衡的机制，完善部门预算、国库集中收付、政府采购、绩效考评等管理制度，提高预算编制的科学性。

强化支出约束和预算执行监督审计，完善预算公开制度和预算执行审计结果公告机制，提高预算管理规范性，增强预算透明度。健全政府债务预警机制，强化政府债务管理，防范和化解财政风险。

三、推进投资融资体制改革

制定本市政府投资条例，合理界定政府投资范围，进一步规范政府投资行为。健全政府投资决策机制和项目法人约束机制，完善政府投资项目公示制度、投资信息发布制度和投资监管体系。完善社会投资项目管理制度，修订核准目录，缩减核准范围，规范备案管理，进一步落实企业投资自主权。规范市、区县两级融资平台，加强债务管理，增强融资和风险控制能力。分类推进基础设施、产业、社会事业领域投融资改革。积极推动融资方式创新，扩大直接融资规模，有效利用存量资产拓展融资渠道。

四、分类推进事业单位改革

研究制定本市事业单位改革的实施意见，积极稳妥地推进事业单位分类改革。对主要承担行政职能的事业单位，逐步转为行政机构或将行政职能划归行政机构，对主要从事生产经营活动的事业单位将其转为企业，“十二五”期末要基本完成这两类事业单位的改革。对主要从事公益服务的事业单位，强化公益属性，整合资源，完善法人治理结构，加强政府监管。在人事管理、收入分配、社会保障、绩效激励和法人治理结构等改革方面取得明显进展。

第二章　增强市场主体活力

坚持和完善基本经济制度，努力营造多种所有制经济依法平等使用生产要素、公平参与市场竞争、同等受到法律保护的体制环境，进一步激发增强市场主体活力。

一、加快非公有制经济发展

营造更有利于非公经济发展的环境。积极支持民间资本进入基础设施、市政公用事业、金融服务、社会事业、保障性住房建设、文化、旅游、现代物流等领域，拓宽民营企业的投资渠道。鼓励和引导民营企业通过多种形式参与国有企业改制重组。

促进中小企业加快发展。全面改善中小企业发展环境。积极发展为中小企业服务的金融和非金融机构，支持中小企业利用集合债券和集合票据等融资工具，完善多层次、多元化的中小企业贷款担保服务体系，增强中小企业融资能力。大力支持有条件的中小企业上市发展。

二、推进国有经济战略调整

积极吸引中央企业、民营企业、外资企业参与本市国有企业重组，培育和发展形成一批拥有自主知识产权和知名品牌、具有国际竞争力、资产过千亿的大型企业集团。

深化国有企业改革，通过股权有序进退、鼓励民营进入等形式，加快国有资本从一般竞争性领域退出。大力推进有条件的企业集团整体上市或核心资产上市，加快经营性国有资产证券化，推动地方国有企业成为规范发展的上市公司。适应城市快速发展的需求，利用组织结构、利益机制、价格调整等手段，加快市政公用国有企业改革，增强发展动力和活力，提高城市运行保障能力、效率和服务水平。继续完善公司法人治理结构。进一步加大国有企业高级经营管理人才市场化选聘力度，建立健全职业经理人制度。

三、完善国有资产管理体制

探索实行公益性和竞争性国有企业分类管理，建立差别化的业绩考核制度和激励约束机制。完善不同类型国有资产管理体系，加强对企业国有资产、国有金融资产、非经营性资产和资源性资产等的监管。加强对国有企业战略规划、重大投融资事项的专项监管。完善国有资本经营预算和收益分享制度，合理分配和使用国有资本收益。

第三章 完善现代市场体系

着眼于提升城市服务功能，着力培育和发展高端要素市场，完善资源产品价格形成机制，健全社会信用体系，加快完善现代市场体系。

一、加快推进要素市场建设

重点培育和发展高端要素市场，提升价格形成和交易服务功能。做大做强北京产权交易所。建立文化产权、艺术品、存量房等交易所。推进中国技术交易所、中国林业产权交易所、北京环境交易所、北京金融资产交易所，扩大市场交易规模，提升影响力和辐射力。发展债券交易和结算市场。构建煤炭、石油、天然气、钢铁、棉花等大宗商品交易平台，逐步成为重要商品价格形成中心。建立主体平等、产权清晰、竞争有序、城乡衔接的土地市场。完善城乡统一的人力资源市场。

二、推进资源环境价格改革

积极稳妥推进资源环境领域的价格改革，提高资源配置效率和利用水平，促进科学发展。对属于国家权限的电力、天然气、成品油等价格改革，结合本市实际做好实施工作。对属于本市权限的水、供热等公用事业的价格改革，加强成本约束和监管，积极研究差别化价格政策，发挥价格引导和调控作用。完善城市垃圾及医疗废物等处理收费制度，促进垃圾资源化、减量化。完善价格调整与财政补贴、低收入群体利益保障等相关政策的联动机制。

三、优化社会信用环境

加快推进社会信用体系建设，创造有利于企业信用评级和个人征信的基础条件和社会氛围。完善信用信息系统，以信贷、纳税、合同履约、产品质量等信用记录为重点，推动建设统一的信息共享平台，规范信用信息的采集、使用和管理。培育和发展社会信用服务机构，加强社会诚信教育和宣传，建立失信惩戒和守信激励机制，营造诚实守信的社会信用环境。

第四章 深化社会领域改革

社会领域改革事关首都经济社会协调发展、社会公平正义、社会和谐稳定的大局。“十二五”时期，要加快推进收入分配制度改革和医药卫生、教育体制改革，创新基本和非基本公共服务提供方式，为保障和改善民生提供有效的制度安排。

一、合理调整收入分配关系

深入落实国家收入分配制度改革的各项政策，处理好经济发展与收入分配的关系，形成合理有序的收入分配格局，努力提高居民收入在国民收入分配中的比重，提高劳动报酬在初次分配中的比重，努力实现居民收入增长和经济发展同步、劳动报酬增长和劳动生产率提高同步。按照市场机制调节、企业自主分配、平等协商确定、政府监督指导的原则，形成反映劳动力市场供求关系和企业经济效益的工资决定机制和增长机制。完善最低工资和工资指导线制度，积极稳妥扩大工资集体协商覆盖范围。逐步提高最低工资标准，促进中低收入职工收入增加。完善企业职工工资正常增长机制和支付保障机制，维护职工合法权益。完善企业退休人员基本养老金、城乡最低生活保障等社会保障待遇标准正常增长机制。创造条件，多渠道增加城乡居民收入。规范收入分配秩序。

二、深化医药卫生体制改革

完善首都医药卫生管理协调机制，优化区域医疗卫生资源配置。健全卫生投入机制、医药价格形成机制、科技创新和人才培养机制、医药卫生监管机制。完善公立医院管理体制，推进政事分开、管办分开，建立协调统一高效的公立医院管理制度和补偿机制、运行机制。探索建立公立医院法人治理结构，形成多方参与的监管机制。鼓励和引导社会资本举办医疗卫生机构，参与公立医疗卫生机构重组改制，形成投资主体多元化、投资方式多样化的办医格局。推进社区首诊、医师多点执业、按病种付费、医疗救助基金、商业保险参与基本医疗保险服务等改革。

三、大力推进教育体制改革

转变政府教育管理职能，创新管理方式，逐步形成政事分开、权责明确、统筹协调、规范有序的教育管理体制。深化办学体制改革，初步形成政府主导、社会参与、办学主体多元、办学形式多样、充满生机活力的办学体制。开展推进基础教育改革实验、职业教育办学模式、现代大学制度等改革试点。

第五章　推进农村体制改革

按照统筹城乡发展要求，加快农村发展体制机制创新，着重深化农村土地管理制度和集体经济产权制度改革，增强农村内生发展动力，加快城乡经济社会发展一体化步伐。

一、完善农村土地经营管理制度

加强耕地和基本农田保护与建设，遏制违法占地。加快完成农村集体土地所有权、集体建设用地使用权和宅基地使用权确权、登记和颁证，完善土地承包经营权流转市场，推进农业适度规模经营。完善农村集体经营性建设用地流转和宅基地管理机制。

二、加快集体经济产权制度改革

建立现代农村产权制度。全面完成农村集体经济产权制度改革。深化集体林权制度改革。加强对新型农村集体经济组织的内部管理和外部监管。理顺收益分配关系，建立健全激励与约束机制，确保资产增值、股东增收。创新农业经营体制，大力发展农民专业合作经济组织。

三、增强乡镇政府管理服务职能

完成全市乡镇机构改革，加强乡镇政府为农村经济发展创造环境、为农民提供公共服务、为农村社会和谐提供支撑的职能，强化乡镇政府对乡村集体经济组织的监督管理。积极推进乡镇事业站所改革，探索创新事业站所的设置方式和服务模式，提高乡镇社会管理和公共服务的能力。

四、完善农村金融和市场服务体系

创新农村金融体制机制，引导更多信贷资金和社会资金投向农村。鼓励发展村镇银行等多种形式的新型农村金融机构。建立政府扶持、多方参与、市场运作的农村信贷担保机制。扩大农业政策性保险的业务范围，建立农业再保险和巨灾风险分散机制。健全公益性农业技术推广服务体系。建立与首都多元化消费需求相适应的农产品物流体系和农产品市场信息体系。

第八篇　开放实现共赢

全球化的深入发展催生着城市形态和竞争格局的变化，以特大城市为核心的城市群在发展中扮演着日益重要的角色。这客观要求我们必须主动适应变化，以更宽阔的视角审视城市自身发展和区域发展，更加注重区域协同和整体竞争力的提升。“十二五”时期，要认真落实国家开放和区域发展总体战略，从首都功能定位出发，统筹对外开放与区域合作，着力增强辐射带动作用，在更大空间内推动城市的布局和形态完善；着力提升城市竞争力和影响力，在更高层次上参与全球经济分工；着力构筑互利共赢的开放新格局，更好地为国家战略实施和区域共同发展服务。

第一章　推动区域共同发展

未来一个时期是我国大城市群形成的关键时期，以首都为核心的城市群及其广大区域正在成为国内发展最具活力的区域之一。新的发展阶段，北京需要立足于国家首都的职能定位，在更大区域发挥功能、配置资源和拓展服务，从注重功能集聚为主向集聚、疏解与辐射并重转变，从注重单方保障为主向双向服务共赢发展转变，更积极地发挥好辐射带动作用，推动区域合作向纵深发展。“十二五”时期，要更深入广泛地开展与津冀晋蒙及环渤海地区合作，充分发挥首都优势，显著增强服务区域、服务全国的功能，共同推动区域一体化进程和首都经济圈形成，实现整体发展水平的跃升。

一、加快区域一体化发展进程

要围绕快速交通网络构建、资源环境保障、产业分工合作、区域合作机制创新等关键领域，积极推进区域资源合理配置和共同市场形成。

加快一体化交通网络建设。加快京沈、京张、京包、京唐等城际高速铁路建设，实现与津冀晋蒙等省市的快速交通联络。优先安排重要跨区域干道建设，完善区域一体化、网络化的公路干道网。加强区域机场间的分工协作、联合调度，逐步形成合理布局、运行高效的航线网络和机场群。深化与天津港、唐山港的合作，促进贸易便利化。

深化资源能源和环境领域合作。北京能源需求主要依靠外地调入，要充分利用山西、内蒙古能源优势，加强能源战略合作，积极支持首都企业到山西、内蒙古等周边地区开展能源合作，全面推进电力、煤炭、天然气、新能源和可再生能源的合作开发与清洁高效利用。针对水资源和生态环境等区域发展面对的共同挑战，增强可持续发展战略合作。继续实施《21世纪初期首都水资源可持续利用规划》，推动水源地合作区域向更大范围扩展，支持水库上游小流域治理、环境治理建设。共同推进风沙源治理工程，继续支持周边地区生态保护林营造、森林防火基础设施建设及林木有害生物防治。协商推动建立统一的区域大气环境保护和水环境保护监测与监管体系。

推动区域产业分工与合作发展。坚持优势互补、合作共赢，着重增强首都科技服务、文化服务、金融服务、信息服务、商务服务等产业发展优势，推动一般制造业向市外转移，促进经济合理分工。鼓励区域内高端产业功能区和产业园区设立合作投资区、共建产业园。支持区域内企业共同设立产业基金、产业和技术联盟，促进区域内企业并购重组。加强区域旅游资源及旅游产品、旅游路线的共同开发，鼓励旅游企业跨地区连锁经营，统一区域旅游服务标准，树立区域旅游品牌。按照区域开发和空间布局优化需要，加快城市东南部和南部地区的开发建设，积极引导产业沿京津塘、京保石、京唐秦等发展轴向外辐射发展。

加强城市运行保障和管理对接。完善生活必需品保障合作机制，鼓励发展面向首都市场的农副产品，支持本市农贸企业在周边地区建设农副产品基地，按照“农超对接”模式，打造企业为主体、市场为纽带的区域农业产业链。加强地区间劳务合作，引导区域务工人员有序流动。加强地区间疾病防控、公共卫生和公共安全等方面联防联控和协调处置，构筑区域安全网。

创新区域合作机制。推进区域发展规划的制定，加强区域共同政策的研究与衔接。加强交通基础设施一体化的投入和管理机制、合作产业园的税收与核算机制等方面政策研究，加快区域一体化利益共创共享机制的建设。加强区域市场监管和准入标准等方面的对接。

二、辐射带动区域共同发展

扩大生产性服务业的辐射带动。着重提升首都生产性服务业的辐射服务能力，发展面向区域的金融、信息、商贸流通等服务以及技术、产权等要素市场，增强对区域生产组织和要素配置能力。

增强首都科技创新的辐射能力。推动中关村国家自主创新示范区对周边产业园区的辐射，促进科技成果到周边转化，共同打造环首都高技术产业带。鼓励在京企业、高校、科研院所与周边省市联合兴办研发机构，积极开展技术合作研究，提升区域整体创新能力。

发挥首都市场和总部经济的引领带动功能。持续扩大总部企业的影响，支持总部企业到周边建设生产基地和配套服务基地。充分利用首都市场的优势，带动区域内产业结构升级。进一步发挥首都丰富信息资源优势，促进区域内政务、商务及公共信息的有效共享，为企业寻求商机、加快要素流动、降低交易成本创造良好条件。

带动区域公共服务水平提升。充分发挥首都公共服务资源优势，积极开展区域社会事业领域交流合作，带动周边地区社会发展水平提升。积极发展联合办学、跨地区远程医疗、远程教育，积极开展文化、体育等方面的交流合作。

支持周边地区加快发展。继续支持周边欠发达地区及赤峰、乌兰察布等地区加快发展。通过技术和项目输出，扶持周边地区发展特色产业和优势产业，推动当地产业结构升级。积极支持周边地区开发人力资源，加强劳动力基地建设，鼓励职业学校开展交流与合作，帮助周边地区搞好职业技术培训。动员和引导社会力量，积极开展扶贫济困活动。

三、扩大国内经济合作与交流

进一步提升对口支援水平。积极做好对西藏拉萨、新疆和田、青海玉树、湖北巴东等地区的对口支援工作，形成科技、经济、干部、人才、教育、市场全方位对口支援格局。落实与四川什邡的合作框架协议。加大与国内各省市的交流合作力度。加强与中西部资源优势地区的合作发展。扩大与长三角、珠三角及港澳台地区的经济联系。加强与港澳台地区的经贸合作，拓展合作领域，创新合作模式，重点推进在高端服务业、文化创意产业、城市精细化管理等领域的深层次合作。办好京港洽谈会、京台洽谈会，建立京澳经贸合作机制，促进互利互惠和共同发展。

第二章　积极参与全球经济分工

适应深化对外开放和建设中国特色世界城市的战略要求，着力优化投资环境，增强服务功能，吸引高端企业总部聚集，更好地把“引进来”与“走出去”结合起来，创造竞争新优势，提升在全球市场中资源配置能力和参与产业分工能力。

一、聚集高端企业总部

积极吸引高端企业总部聚集。完善高端产业功能区商务配套环境，高水平建设总部企业聚集区。继续吸引跨国公司、世界500强企业入驻北京，增强跨国运营中心、采购中心、研发中心和结算中心功能，五年新认定跨国公司地区总部超过100家。建设“世界华商中心”和“侨资企业总部集聚区”，吸引全球华侨华人高端企业入驻。积极引进国内大企业、大集团来京设立总部和职能机构，依托高端企业增强国际竞争力。

为在京企业全球化战略服务。将在京企业的全球化战略作为首都国际化战略的组成部分，积极支持企业跨国布局和发展，维护企业海外正当权益，更好地服务于企业提升国际竞争力。

二、建设国际商贸中心

增强国际商贸服务功能。推进商贸流通服务的规范化、现代化、特色化和国际化，巩固和提升本市作为国家国际贸易重要枢纽的地位。积极吸引国际商贸企业，集聚跨国贸易主体，积极培育本土和引进民营大型商贸企业，显著提升商贸资源配置能力。大力发展电子商务，规划建设专业集聚区，鼓励有实力的企业开展国际化经营。引导特色产品和服务聚集，培育提升王府井、前门、西单等一批具有北京特色、享誉国内外的知名商业街区。

提升国际贸易分工地位。大力发展高端商品贸易和服务贸易。大力支持具有自主知识产权和自主品牌的产品出口，到2015年，使“双自主”产品出口占全市出口比重达到10%以上。大力发展高端服务贸易，搭建国际服务贸易促进平台，加快新兴服务贸易发展，以服务外包示范园区为载体，积极承接国际服务业转移，营造国际一流的服务贸易产业环境。

建设国际一流的口岸体系。打造国际枢纽空港口岸，加快完善和提升天竺综合保税区功能，推进北京西站铁路口岸和平谷国际陆港口岸建设。引进跨国公司设立国际分拨中心，发展离岸贸易。建设电子口岸，营造高效通关环境。

三、拓展利用外资和境外投资

转变利用外资方式。积极吸引能够带来高端要素和产业价值链高端环节的外资，从引进资金、引进产能向更加注重引进先进技术、管理、人才、经营模式和优秀团队转变，实现“引资”与“引智”的有机结合。鼓励和引导外资投向高技术产业、现代服务业以及新能源、生物医药、新材料等战略性新兴产业。大力引进产业关联度大、技术含量高、辐射带动能力强的高端项目，促进产业链引资，扩大产业集群效应。合理有效利用国外优惠贷款，引进国际先进经验，充分利用国际智力资源。

支持企业境外投资。加快实施“走出去”战略，鼓励和引导企业从单纯产品输出向资本输出、技术输出、标准输出和品牌营销并重转变。支持具有国际竞争力的企业通过跨国上市、并购、投资等方式“走出去”，参与国际市场分工，培育具有国际影响力的本土跨国企业。鼓励和支持企业对外工程承包，扩大业务范围。积极培育熟悉国际市场的会计、法律、咨询等中介机构和行业组织，为企业“走出去”提供专业服务。加大对境外投资的金融支持力度，建立企业境外投资风险预警管理和领事保护机制。

第三章　提升城市国际影响力

致力于营造国际一流的服务环境和条件，进一步强化首都国际交往中心功能，不断扩大国际交流与合作，大力开展公共外交，在服务中提升城市的国际地位和国际影响。

一、增强国际交往服务能力

服务国家外交全局。全面提升服务于国际交往的软硬件水平，精心服务好在京举行的重要外交、外事活动。高标准服务好中非合作论坛等重要国际活动。完善现有使馆区及相关区域服务设施，为外国驻华使领馆、国际组织驻华代表机构、外国驻京新闻媒体等国际机构与组织提供优质服务。高质量完成雁栖湖生态发展示范区建设，基本建成青龙湖国际文化会都。

吸引国际组织聚集。适时规划建设国际组织机构集聚区。积极争取中央政策支持，吸引联合国及其专门机构在京设立办事处，有针对性地吸引国际经济、金融组织等经济类国际组织入驻北京，鼓励科技、文化、体育等专业类国际组织在京设立分支机构，使北京成为国际组织的重要集聚地。

承办重大国际会议。将举办国际会议作为增强城市国际影响力和提高国际知名度的重要渠道。积极申办联合国及附属机构、专门机构和其他重要国际组织的年度大会，争取重大国际会议在京举办。积极筹办有国际影响力的经济、科技、文化等高端论坛。

二、打造高水准国际交流平台

承办和培育重大国际体育赛事和文化活动。延伸奥运效应，积极吸引国际大型体育赛事来京举行。扩大中国国际网球公开赛、北京国际马拉松赛、北京国际斯诺克赛等赛事的国际影响力，推进北京国际体育中心城市建设。进一步办好大学生电影节、国际旅游节等文化交流活动。培育和打造有国际影响力的影视、时装等时尚文化品牌活动。

举办具有国际影响力的重大展览活动。加强与国际展览局、国际展览业联盟的协作，大力吸引国内外会议展览组织和会展落户北京。启动新国展二期工程建设，规划建设具有国际水准的大型综合会展设施。举办国际园林博览会、世界草莓大会、世界葡萄大会、国际种子联合会年会等农业领域大型国际会议，提升科博会、文博会、节能环保展、国际汽车展、国际机床展和服装服饰博览会等会展的国际影响，增强国际采购交易功能。

三、扩展城市间的国际合作

将发展友好城市作为北京走向世界的重要途径。深化国际友城交往。制定友好城市发展战略，不断扩大友好城市的范围，扩展合作领域。完善高层互访和对话机制，推进城市间经济、科技、文化、教育、体育、环境、城市管理等全方位交流合作。广泛开展文化周、城市发展论坛、工商业洽谈会等活动。加强人员交流与民间交往，开展多种形式的公共外交活动，夯实对外友好的民意基础。拓展与友城所在国家和地区的交流合作。积极开展与世界各国首都城市的交往交流。

四、营造国际化的服务环境

加强城市软环境建设，为广大国际人士提供便利的工作和生活环境。积极争取签证便利化政策，为来京参加重要国际赛事和国际会议人员提供出入境便利。建立在京外籍人员管理服务综合信息平台，设立外国人信息服务中心，为外籍人员在京工作生活提供一站式服务。改善国际信用卡支付环境。实施城市外语环境提升工程，开设外语广播和电视频道，设立多语种电话志愿者服务热线，规范城市交通道路、旅游景区的多语种标识。积极发展国际教育和国际医疗服务。

第九篇　未来五年的行动路径

实现未来五年的发展目标，需要不断完善规划实施机制，充分发挥市场在资源配置中的基础性作用，进一步提高政府的统筹调控能力，动员和引导全社会力量共同推进规划落实。

第一章　充实完善调控机制

要紧紧围绕“十二五”规划确定的发展目标和任务，科学合理地配置公共资源，有效调控引导社会资源，切实增强经济调节的适应性、针对性、灵活性，进一步改进市场监管、公共服务和社会管理，保障规划目标的如期实现和各项任务圆满完成。

一、加强财政资金保障

编制实施好年度财政预算，为规划实施和目标任务完成提供有力的财政资金保障。加强税收征收管理，增强财政保障和支付能力。完善公共财政体制，加强存量整合，优化增量安排，健全财政支出优先满足社会公共需求的保障机制，重点加大对义务教育、公共卫生和基本医疗、社会保障和福利、公共文化服务、公共安全、生态环境等领域的财政投入。合理安排基本建设预算，保障城市建设和发展需要。强化对财政资金使用的审计监督，坚持厉行勤俭节约，严格控制行政成本。

二、健全综合发展政策

围绕发展的重点领域，密切联系发展实际和宏观环境变化，加强政策储备、研究制定和协调落实，为各项发展目标实现提供有力支撑。重点围绕促进高端产业功能区和战略性新兴产业发展、推进基本公共服务均等化、改善收入分配关系、提高民生保障水平、加快薄弱地区发展、促进城乡一体化、加强人口调控管理、推进资源节约与环境保护、促进文化软实力提升等重点领域和关键环节，搞好政策、法规制定和实施，给市场主体以正确导向与合理预期。

三、强化战略资源管理

切实加强人才、土地、能源、重要商品物资等战略资源管理，为实现经济持续平稳发展、城市安全运行、社会和谐稳定奠定基础。

高度重视人才管理。坚持党管人才，统

筹推进党政、企业经营管理、专业技术、高级技能、农村实用、社会工作等各类人才队伍建设和管理，为首都发展提供人才支撑和保障。

科学调控土地供应。坚持控制总量、优化增量、调整存量，加强土地资源管理，提高土地集约利用水平，到2015年全市建设用地总量要控制在3650平方公里以内。不断优化土地供应结构，优先保证保障性住房、重点功能区开发、公共服务改善、重大基础设施和高端产业项目建设等方面的土地需求。

完善能源和重要商品管理。注重需求侧管理和供给保障能力建设，按照实物储备与生产能力储备并重，政府储备与商业储备并举的原则，进一步完善储备制度，增强煤炭、成品油、天然气等能源和生活必需品、救灾物品等重要物资的储备，提高国民经济动员和应急组织调控能力。

四、实施重大项目带动

坚持以规划确定项目、以项目落实规划，着眼于集中力量分阶段解决一批重大问题，在经济结构调整、空间布局优化、资源承载能力提升、生态文明发展、和谐社会建设、文化软实力提升等方面，组织实施好一批关系全局和长远发展的重大项目，通过重大项目实施促进规划落实。健全项目实施机制，深化前期研究论证，规范手续办理，提高审批效率，加强协调调度，切实做到规划一批、储备一批、实施一批。

第二章　加强规划实施管理

本规划纲要经市人民代表大会批准后，由市人民政府组织实施。要按照统筹协调、分工负责原则，加强规划实施管理，举全市之力，共同努力实现未来五年的发展蓝图。

一、分解落实规划目标任务

本规划提出的预期性目标和产业发展、结构调整等任务的完成，主要依靠发挥市场机制的作用实现。各级政府要通过改进经济调节、加强市场监管、健全利益导向机制和创造良好发展环境，引导市场主体行为与城市发展战略意图相一致。

本规划确定的约束性指标和公共服务、社会管理等领域的任务，要纳入各区县、各部门经济社会发展综合评价和绩效考核体系。约束性指标要分解落实到区县和有关部门。

市政府有关部门要组织编制市级专项规划，细化本规划提出的主要任务，形成落实本规划的重要支撑和抓手。各区县要切实贯彻落实国家和本市的战略意图，结合自身实际，突出区域特色，编制实施好区县发展规划，并做好与本规划的协调衔接，特别是加强约束性指标和重大任务的衔接，确保落到实处。

二、分阶段有步骤实施规划

加强年度计划制订实施。年度计划要依据本规划的总体安排部署，逐年落实规划提出的发展目标和重点任务，对约束性指标设置年度目标。年度计划报告要分析本规划实施进展情况，特别是约束性指标的完成情况。

完善监测评估制度。加强对规划实施情况跟踪分析，自觉接受市人民代表大会及其常务委员会的监督检查。市政府有关部门要对重点领域的发展情况适时开展专题评估。在规划实施的中期阶段，由市政府组织开展全面评估，并将中期评估报告提交市人民代表大会常务委员会审议。根据中期评估情况以及国内外形势变化需要进行修订时，由市政府提出意见，报市人民代表大会常务委员会批准。完善统计制度，加强对节能减排、劳动就业、公共服务、收入分配、房地产等统计工作，为监测评估和政策制定提供基础。

三、动员全社会共同实现规划

本规划是全市人民集体智慧的结晶，规划的落实也需要群策群力。各级政府要面向社会、面向市民，广泛采取多种形式，加强对规划的宣传，增强公众对规划的认识和了解，有效组织引导公众参与规划的实施和监督，集全市之力、集各方之智共同落实好规划，共同把首都北京、我们共同的家园建设得更加美好。

北京市第十三届人民代表大会财政经济委员会关于北京市国民经济和社会发展第十二个五年规划纲要草案的审查结果报告

（2011年1月18日北京市第十三届人民代表大会第四次会议主席团第三次会议通过）

北京市人大财政经济委员会主任委员 王 火

大会主席团：

北京市第十三届人民代表大会财政经济委员会在对《北京市国民经济和社会发展第十二个五年规划纲要（草案）》（以下简称《纲要（草案）》）主要内容初步审查的基础上，根据本次大会代表的审议意见，审查了《纲要（草案）》。现将审查结果报告如下。

财政经济委员会认为，《纲要（草案）》贯彻了中共十七届五中全会精神，全面体现了《中共北京市委关于制定北京市国民经济和社会发展第十二个五年规划的建议》精神，紧紧围绕实施人文北京、科技北京、绿色北京战略和建设中国特色世界城市，按照经济平稳较快发展、居民收入较快增加、城乡环境更加宜居、社会发展和谐稳定、文化大发展大繁荣和改革开放深入推进的发展目标，提出了今后五年经济社会发展的战略重点和主要任务。《纲要（草案）》广泛听取意见，集中各方智慧，符合首都城市功能定位和发展实际，顺应新时期首都科学发展新要求，突出规划的战略性，把握经济社会发展的规律性，强化各项措施的可操作性，目标明确，思路清晰，重点突出，文风朴实，具有鲜明的首都特点和时代特色，是“十二五”时期全面建设和谐社会首善之区，引领科学发展的行动纲领。财政经济委员会认为，《纲要（草案）》是积极可行的，经过努力是能够实现的，建议本次大会批准市人民政府提出的《纲要（草案）》。

“十一五”时期，在党中央、国务院的坚强领导下，在全国人民的大力支持下，全市上下深入学习实践科学发展观，成功举办北京奥运会、残奥会，圆满完成新中国成立60周年庆祝活动。五年来，我市加大经济结构调整力度，优化城市空间布局，着力加强以民生为重点的社会建设，积极应对国际金融危机的挑战，保持经济平稳较快发展，地方财政收入大幅度增长，城乡区域发展趋向协调，人民生活明显改善，各项社会事业取得新进步，北京作为全国政治中心、文化中心和国际交往中心的城市功能进一步增强，首都发展进入了一个新的历史阶段。

财政经济委员会指出，“十二五”时期是推动首都科学发展的关键时期。要认真贯彻落实中共十七届五中全会和中共北京市委十届八次全会精神，牢牢把握科学发展这个主题和加快转变经济发展方式这条主线，弘扬北京奥运精神，奋力拼搏，攻坚克难，开拓进取，以更高标准推动首都的科学发展。率先形成创新驱动的发展格局，加快中关村国家自主创新示范区建设，搭建首都创新资源平台，健全有利于推动自主创新的体制机制和制度。加快构建战略发展高地，加大对产业发展的规划引导和分类扶持力度，建立以高新技术为核心，服务和辐射全国为特征，一、二、三产业融合发展的现代产业体系。着力保障和改善民生，千方百计扩大就业，建立城乡一体化的社会保障体系，加快保障性安居工程建设。立足北京文化的历史积淀和独特优势，发挥引领和服务全国的功能，加快发展科技、教育、文化、卫生、体育事业及相关产业，使国家文化中心建设成为推动首都科学发展的战略重点和强大动力。全面提高城市建设管理服务水平，合理调控人口规模，着力解决城市交通问题，加大节能减排力度，提高生态环境建设水平，建设宜居健康城市。增强农村经济的发展活力，坚持以产业发展带动农村城镇化，率先形成城乡经济社会发展一体化新格局。继续深化改革，转变政府职能，发挥市场在资源配置中的基础性作用，加快现代市场体系建设。

“十二五”时期的任务艰巨而光荣。要进一步解放思想、开拓创新，求真务实、扎实工作，在新的起点上实施人文北京、科技北京、绿色北京战略，为圆满完成“十二五”规划各项任务而努力奋斗！

以上报告，请予审议。

北京市第十三届人民代表大会第四次会议关于北京市 2010 年国民经济和社会发展计划执行情况与 2011 年国民经济和社会发展计划的决议

（2011 年 1 月 21 日北京市第十三届人民代表大会第四次会议通过）

北京市第十三届人民代表大会第四次会议审查了市人民政府提出的《关于北京市 2010 年国民经济和社会发展计划执行情况与 2011 年国民经济和社会发展计划草案的报告》及北京市 2011 年国民经济和社会发展计划草案，同意市人民代表大会财政经济委员会的审查结果报告。会议决定，批准《关于北京市 2010 年国民经济和社会发展计划执行情况与 2011 年国民经济和社会发展计划草案的报告》，批准北京市 2011 年国民经济和社会发展计划。

关于北京市2010年国民经济和社会发展计划执行情况与2011年国民经济和社会发展计划草案的报告

——2011年1月16日在北京市第十三届人民代表大会第四次会议上

北京市发展和改革委员会

各位代表：

受市人民政府委托，现将北京市2010年国民经济和社会发展计划执行情况与2011年国民经济和社会发展计划草案的报告提请市第十三届人大第四次会议审议，并请市政协各位委员提出意见。

一、2010年国民经济和社会发展计划执行情况

2010年是外部环境极其复杂的一年。在党中央、国务院和中共北京市委的坚强领导下，全市上下继续深入实践科学发展观，坚决贯彻落实中央各项宏观调控政策和市第十三届人大第三次会议各项决议，扎实推进人文北京、科技北京、绿色北京战略实施，着力稳增长、调结构、促创新、抓改革、惠民生，国民经济继续朝着宏观调控预期方向发展，各项社会事业加快发展，年度重点任务和主要目标执行有力，为“十一五”规划划上了圆满句号。

（一）经济实现平稳较快发展

经济发展回稳向好。在外部环境急剧变化、经济增速逐季放缓、稳增长任务十分繁重的形势下，着力加强经济综合调控和调度，多措并举，努力增强经济内生增长动力，推动经济由波动下行向稳定增长转变。预计地区生产总值增长10%以上，地方财政一般预算收入增长16.1%，城镇居民人均可支配收入和农村居民人均纯收入分别增长8.5%以上和10.5%以上，扣除价格因素后分别实际增长6%以上和8%以上。节能减排取得显著成效，万元地区生产总值能耗在提前一年超额完成“十一五”目标的基础上，又取得了积极进展，经济发展速度、质量和效益的协调性进一步增强。

需求拉动更趋协调。扩大内需取得明显成效，社会消费品零售额超过6200亿元，增长17%以上；全社会固定资产投资规模接近5500亿元，增长13%以上，超额完成年初计划和应对国际金融危机两年1万亿调控目标，投资结构继续优化，民间投资和产业投资比重提升。外部需求加快恢复，地区进出口总额增长40.3%，其中出口总额达到554.7亿美元，增长14.7%，规模接近国际金融危机前的水平。

市场秩序总体稳定。在保持经济平稳健康运行的同时，针对生活必需品价格上涨较快的新情况，坚决落实国家抑制物价上涨的一系列政策，出台了加强生产、保障流通、规范经营、发放补贴等一揽子稳物价、保供应措施，生活必需品市场保持稳定，低收入群体生活得到保障。居民消费价格指数控制在103%以内。

（二）产业结构进一步调整优化

现代服务业优势不断增强。预计全市服务业增加值增长9%以上，其中租赁商务、信息服务等生产性服务业保持较快增长，新兴金融业态成长良好。软件及服务、动漫网游、文艺演出等文化创意产业发展迅速，成为本市最具活力的支柱产业。北京金融资产交易所、特许经营权交易所、保险交易所、贵金属交易所相继开业，中国国际电子商务示范基地、国家地理信息产业园等一批高端服务项目落地，生产性服务业发展后劲进一步增强。第十届世界旅游旅行大会、首届世界武搏会等一批有影响的品牌活动相继举办，旅游会展业加快发展。

制造业高端化、集约化趋向明显。全市第二产业增加值预计增长13%左右，其中规模以上工业增加值增长15%左右，汽车、电子、生物医药等现代制造业增长较快。长安汽车、绿色印刷、曙光超级计算机等一批为长远发展积累势能的高端项目顺利落地，京东方8.5代线、现代第三工厂、中芯国际扩产等重大产业项目开工建设。首钢石景山厂区冶炼、热轧生产能力年内全部停产，43家“三高”企业关闭退出，西部地区区属及以下煤矿全部关停。

农业产业化、规模化、资本化水平不断提高。农业不断向二三产业延伸融合，设施农业、观光休闲农业和沟域经济加快发展，富农效果进一步显现。大北农、碧生源等涉农企业成功上市，农民专业合作社组织化程度继续提升。

（三）自主创新取得明显进展

示范区创新活力进一步释放。集合部委和地方力量统筹编制发布中关村国家自主创新示范区建设三年行动计划和十年规划纲要，国务院同意实行“1＋6”系列政策。成立中关村发展集团，研究搭建首都创新资源平台。加强资本与技术对接，推进科技金融创新，成功设立电子信息、生物医药、新能源和环保、高技术服务业4支创投基金，21家中关村企业在创业板上市。深入推动先行先试，股权激励、重大科技专项经费列支间接费用试点范围不断扩大，全年政府采购自主创新产品规模达到51.5亿元。高度重视领军人才队伍建设，实施“千人计划”和“海外人才聚集工程”，建立留学人员创业工作体系。示范区创新活动更加活跃，企业研发支出、专利授权量、新产品销售收入、技术合同成交额增长较快。

重大创新和产业化项目加快实施。加大创新型产业项目引进力度，加快推进创新成果产业化，增强创新驱动力。未来科技城开工建设，中关村科学城建设稳步推进，吸引了41项高端产业项目入驻。蛋白质设施等国家重大科技基础设施和科技重大专项加快建设。中科院、军工集团、大型央企等一大批重大科技成果落地转化，百万亿次超级工业云计算平台建成，本市成为国家高技术服务业、云计算、三网融合试点城市。

（四）区域协调发展加快推进

城市薄弱地区发展提速。城南行动计划实现良好开局，集中力量启动了一批解决长期制约城南发展瓶颈的项目，轨道交通亦庄线等一批基础设施建成运营，国家金融信息大厦等一批高端产业项目陆续入驻，城南地区整体吸引力不断增强，全社会投资增长18%以上。研究制定促进西部地区转型发展的实施意见，积极争取石景山区成为国家服务业综合改革试点，加紧制定首钢搬迁腾退区域发展规划，加快永定河绿色生态发展带建设和西部替代产业发展，西部地区投资增长20%以上。城乡结合部城市化工程加紧推进，50个重点村中的24个村拆迁任务完成。

新城、重点镇和新农村建设进展加快。着眼于提升新城功能，集中力量全面启动新城滨河森林公园、区域医疗中心、文化中心、体育中心等建设，一批轨道交通、内外路网、再生水厂、垃圾处理、集中供热设施加快推进，新城综合服务功能不断提升。制定《推进小城镇改革发展试点意见》，创新设立北京市小城镇发展基金。42个重点镇建设规划全面完成，重点镇道路、污水处理、供水等基础设施条件进一步改善。新农村五项基础设施全面完工。

（五）城市服务功能和生态功能显著提升

交通承载能力得到加强。轨道交通线新增运营里程108公里，总里程达到336公里，比2005年增长近2倍。蒲黄榆路、阜石路二期、西外大街西延、温榆河大道等城市快速路和主干道建成通车，国道111一期等浅山区路网建成，交通枢纽、智能交通加快建设，公共交通出行比例达到40.1%。继六环路、京承高速全线通车之后，京开高速全线贯通，高速公路通车总里程达到920公里，超额实现"十一五"目标。京沪高铁全线铺轨贯通，京石客运专线加快建设。

资源保障能力不断提升。第九水厂应急改造工程建成，南干渠、大宁调蓄水库等南水北调配套工程全面启动。新城再生水厂累计建成14座，实现每座新城至少建设一座高品质再生水厂目标。市区和郊区污水处理率分别达到95%和53%，全市再生水利用率达到60%。天然气输配体系继续完善，陕京三线一期工程全线贯通，六环路管网二期工程基本建成。东南和西南热电中心开工建设，城区大型燃煤锅炉房清洁能源改造工程全面启动。

生态环境建设成效明显。落实第十六阶段控制大气污染措施，淘汰黄标车5万辆，各项污染物减排目标超额完成，市区二级和好于二级天数比重达到78.4%。第一道绿化隔离地区4万亩郊野公园建成。南海子郊野公园一期、通州滨河森林公园南区以及6处城市休闲森林公园建成开放。全市林木绿化率达到53%。京津风沙源治理、重点通道绿化、废弃矿山植被恢复、重要地表水源区生态建设继续推进。永定河"四湖"实现成功蓄水，马草河水系、北运河支流河道治理工程加紧实施。开展600处垃圾分类试点，鲁家山垃圾分类处理焚烧发电项目开工建设，危险废物处置中心、大屯垃圾转运站投入运营。

（六）社会民生持续改善

就业形势保持稳定。城镇登记失业率控制在1.37%，城镇新增就业44.6万人。建立纯农就业家庭转移就业援助制度，拓展高校毕业生就业渠道，北京生源高校毕业生就业率达97.6%。开发社区就业岗位16.8万个，农村劳动力转移就业9.6万人。

社会保障水平明显提高。城镇职工和城乡居民养老保险制度继续完善，待遇水平进一步提高，城乡结合部养老保险制度城乡统筹试点顺利推进。城镇职工医疗保险、"一老一小"和城乡无业居民医疗保险报销比例大幅提高，群众负担进一步减轻。社保卡工程取得明显成效，825万张社保卡顺利发放，1779家定点医疗机构实现了门诊持卡就医、即时结算。全面开展区县公费医疗改革，实现区县公费医疗和职工基本医疗保险制度并轨。将低收入家庭纳入社会救助范围，部分区县实现城乡低保标准并轨，社会保险覆盖面指标全面完成。

各项社会事业扎实推进。着力缓解"入园难"问题，启动3年118所公办幼儿园扩建工程，完成了幼儿园扩班300个，新增1.2万名幼儿接收能力；农村中小学和城区基础教育薄弱校办学条件继续改善；40余万外来务工人员随迁子女接受义务教育权利得到进一步保障；良乡和沙河高教园区、亦庄职教园区建设进展顺利。区域医疗中心加快建设，城乡社区医疗服务站全面建成，双向转诊制度顺利实施，天坛医院迁建、宣武医院改扩建等工程加快推进。实施"九养政策"，惠及全市老年人和残疾人；提高社会办养老机构运营补贴标准并给予建设资金支持，新增养老床位 1.6 万张。

便民惠民工程加快实施。230 个老旧小区老旧热网改造、6 万户老楼通气、1.3 万户平房“煤改电”、16 个老旧小区电网改造试点工程基本完成，高清交互数字电视用户超过 130 万，居民生活条件进一步改善。政策性住房建设和供应任务超额完成，新建和收购 22.5 万套，竣工 5 万套，落实公共租赁房源 2.6 万套，“三区三片”棚户区搬迁居民 1.6 万户。坚决落实国家房地产调控政策，房价过快上涨势头得到初步遏制。

（七）改革开放迈出新步伐

顺利实施核心区行政区划调整，推动大兴区和北京经济技术开发区行政资源整合。成立市级固定资产投资审批综合服务大厅。出台并落实深化医药卫生体制改革实施方案，成立首都医药卫生协调委员会，一系列医改惠民举措获得市民普遍欢迎，在部分领域为全国创造了改革经验。成功实施汽车、商业等领域的 9 个重组项目。完成出版集团、文化艺术音像出版社转企改制，组建北京广播电视台。农村集体资产改制、林权制度改革稳步推进。提高开放型经济发展水平，天竺综合保税区与首都机场货运口岸实现了大通关，推进跨境贸易人民币结算，引导企业开拓海外市场，新增跨国公司地区总部 24 家，核准境外投资企业 266 家。推进京津冀晋蒙合作，与周边地区在能源、生态、产业、商贸等领域合作向纵深推进。援建什邡任务圆满完成。

在完成年度计划的同时，围绕“十二五”规划编制，各区县、各部门深入研究新阶段新特征新需求，广集民智，广聚民力，圆满完成了市区两级“十二五”规划纲要和专项规划编制工作，为未来五年首都科学发展描绘了宏伟蓝图。

总体上讲，2010 年全市实现了经济高开稳走、结构不断优化、价格基本稳定、民生不断改善的良好局面，但经济发展中仍然存在一些风险和矛盾需要高度警惕。一是经济增长的稳定性还需进一步增强。二是价格总水平上涨压力增大，管理通胀预期任务繁重。三是人口、交通等城市管理问题日益凸显。四是节能减排面临新的挑战和压力。

二、2011 年经济社会发展计划初步安排

2011 年是“十二五”开局之年，是本市加快转变经济发展方式、以更高的标准实施人文北京、科技北京、绿色北京战略，建设中国特色世界城市的重要之年，并将迎来中国共产党成立 90 周年，安排好全年国民经济和社会发展计划至关重要。

（一）发展环境及对本市发展的影响

2011 年本市保持经济平稳较快发展具有不少有利条件，也面临不少困难和挑战。综合判断，机遇大于挑战，本市仍处于可以大有作为的战略机遇期。

一方面，要珍惜和抓住难得机遇。一是国家综合国力和首都城市影响力进一步提升，为本市寻求多方面、多层次合作、推动产业结构深度调整提供了重要机遇。二是全国和本市在城市化、工业化、信息化以及绿色发展理念日益深入、整体消费不断升级过程中，释放出巨大内部需求，有利于推动供给环节升级，促进发展方式转变。三是把握好世界经济结构进入调整期、科技创新进入孕育期和产业进入转型期的重大机遇，大力度推动中关村国家自主创新示范区建设，有利于在竞争格局中变压力为动力，培育创新优势。四是薄弱地区承载能力不断提高，新的产业格局加速形成，为本市拓展了战略发展空间。五是“十二五”规划的编制和发布，统一了思想，明确了未来发展的目标和路径，有利

于凝聚力量，推动首都科学发展。

另一方面，要适应新变化，积极应对。国内外宏观经济形势仍然极其复杂。一是国家宏观调控将实施稳健的货币政策，把稳定价格总水平放在更加突出的位置，给本市投资和项目融资带来一定压力。二是国家汽车消费政策调整给消费带来一定影响，寻找新兴消费热点替代的需求更加迫切。三是加强房地产调控将是宏观调控的长期任务，对调整优化支撑特大型城市发展的投资消费结构、稳定服务业增长提出了更高要求。四是国家新增对二氧化碳排放强度和氮氧化物、氨氮排放总量的考核，本市节能减排面临新的形势和压力。五是全球及国内地区间、园区间围绕市场、资源、人才、技术和制度安排等多层面的竞争更加激烈，进一步培育和巩固本市在高端领域的竞争优势需要付出更大努力。

（二）发展计划安排的总体思路

2011年本市国民经济和社会发展计划安排的总体思路是：以科学发展为主题，以加快转变经济发展方式为主线，全面实施人文北京、科技北京、绿色北京战略，坚持高端引领、创新驱动、绿色发展，着力保持经济平稳较快发展，着力推进自主创新和结构调整，着力完善城市功能，着力保障和改善民生，进一步巩固和扩大应对国际金融危机冲击成果，为“十二五”时期发展开好局、起好步。

在计划安排上重点把握了四个更加注重：

一是更加注重发展动力优化和质量提升。在保持经济平稳较快发展的同时，坚持高端带动、消费拉动、创新驱动，努力培育内生增长动力，努力打造“北京服务”和“北京创造”核心品牌，为经济可持续发展提供强劲支撑。

二是更加注重发展成果共享和民生改善。围绕人民群众最关心、最直接、最现实的利益问题，保障市场供应，稳定价格水平，调整收入分配，改善公共服务，推动成果共享，为转型发展提供坚实保障。

三是更加注重城市功能完善和管理提升。把握特大型城市运行规律，加强制度安排、推动建管并重、强化科技支撑，多措并举，着力解决城市建设运行管理中的突出矛盾和问题，促进城市功能完善和管理服务水平提升，促进城市逐步走向成熟。

四是更加注重城市品牌塑造和软实力提升。在加强硬实力建设的同时，着眼于培育和提升城市软实力，大幅提升城市服务与管理，彰显人文魅力，培育城市精神，扩大城市国际竞争力和影响力。

（三）2011年经济社会发展主要目标

——地区生产总值增长8%；社会消费品零售额增长10%左右；固定资产投资增长10%以上；地区进出口总额持平略增。

——城镇居民人均可支配收入和农民人均纯收入实际增长7%。

——居民消费价格指数控制在104%左右。

——城镇登记失业率控制在2.5%以内。

——地方财政一般预算收入增长9%，财政一般预算支出增长9.1%。

——单位地区生产总值能耗和二氧化碳排放量下降3.5%，水耗下降4%。

——市区空气质量二级和好于二级天数占全年天数的比重力争达到75%；中心城公共交通出行比例达到42%；全市林木绿化覆盖率达到54%。

三、实现2011年经济社会发展计划的主要措施

紧紧围绕加快转变经济发展方式，把应对外部环境复杂变化与完善长效机制紧密结合起来，在保持经济平稳较快发展的前提下，逐步解决长期存在的结构性问题，为“十二

五”时期开好局、起好步。具体采取以下七方面措施。

（一）坚持调整优化需求结构，保持经济平稳较快发展

以扩大内需为重点，努力扩大消费需求，保持投资适度增长，着力把握好投资、消费在支撑经济发展上相互补充、相互促进、相互协调的作用，进一步增强经济发展的稳定性、协调性。

积极调整消费结构，培育新的消费热点。积极应对汽车消费政策调整和住房结构变化对本市消费市场的影响，更加注重引导消费需求和培育消费替代，推动消费结构优化升级。（1）构建扩大消费的长效机制。按照国家统一部署，稳妥推进收入分配制度改革，继续提高社会保障水平，完善社会救助政策，增强居民消费能力，改善消费预期。（2）注重投资和消费联动。发挥政策性住房消费带动作用，加快配售、配租步伐，弥补商品住房市场调整的影响。（3）巩固传统消费，培育新兴消费。发挥特大型消费城市引领作用，巩固既有消费热点，加大对家电以旧换新的支持力度，鼓励保障性住房、城市化工程改造、中心城对接安置和棚户区改造居民扩大消费。进一步扩大文化消费、老龄消费、健康消费、网络消费等时尚消费和新兴消费。引导产品和服务个性化、定制化细分发展，满足多样化、多层次消费需求。（4）打造消费热点区域。加快特色街区改造，弘扬“京味”品牌，推动商业、旅游服务与文化元素的深度融合，提升特色消费。鼓励连锁经营企业加快向社区发展，完善社区商业综合服务体系。引导大型零售企业、物流企业向郊区连锁发展，扩大新城和农村消费。加快推进重点旅游会展项目建设，增加旅游消费和外来消费。（5）继续优化消费环境。完善商业配套设施，提升信息基础设施，推广刷卡无障碍工程，扩大消费金融规模，积极促进相关信用消费，推进国际商贸中心建设。

优化投资结构，提高投资质量。针对信贷、融资环境等变化，更加注重创新融资模式，更加注重扩大直接融资，更加注重创造投资落地条件，进一步提高投资对推动结构和布局调整、增强消费能力、改善民生状况的引导和支撑作用。（1）科学安排政府投资。保持政府投资必要合理增长，满足重大项目的资金需求。在领域上要坚持集中力量分阶段解决一批重大问题，处理好政府和市场的关系，重点把政府投资配置到对经济社会发展具有决定作用的领域和环节，优先支持结构调整、自主创新、城市功能完善、民生保障和重点改革，加大对新城、地铁、保障房等领域的投入力度。在时序上要坚持保续保竣优化增量，对新开工项目要量力而行、有序有度。进一步做好重大项目的前期论证，加强政府投资绩效管理，重视项目审批建设与后续运营、养护环节的衔接配套，提高科学决策水平和政府投资使用效益。（2）努力扩大社会投资。发挥政府投资引导带动作用，出台并落实鼓励和引导民间投资健康发展的意见，完善配套政策，引导民间投资为优化产业结构和增加就业多做贡献。安排好全市重点工程计划，加强项目前期准备，创新拆迁推进模式，推动投资尽快落地。发挥好审批服务大厅的作用，进一步精简下放审批权限，优化投资环境。同时还要继续落实工程建设领域突出问题专项治理的各项整改工作，推进规范投资管理、提高资金效益的长效机制建设。（3）调整优化房地产结构。推动房地产建设向政策性住房、承载生产性服务业的商务楼宇、疏解中心城功能用房、新城和城乡结合部城市化建设转移，注重制度设计，租售并重，促进保障性住房体系和商品房体系健康发展。（4）拓宽融资渠道。加强银企、银政对接，将本市金融总部优势转化为扩大融资优势，对符合国家要求的平台通过资本

金注入、重组合并等方式优化资本结构，提升融资能力。努力扩大地方债、企业债、集合债发行规模。深化与非银行金融机构的战略合作。引导推动央企、外资、民企、地方资源与区县深度合作，吸引多方资金参与开发建设。继续采用BT、BOT、融资租赁等模式吸引社会资金进入市政基础设施建设领域。对有稳定现金流的市政公用事业，加快探索利用收益权质押、股权质押、资产证券化等模式解决发展资金问题。完善企业上市联动机制，扩大资本市场直接融资。

稳定出口需求，优化外贸结构。利用国际资源、掌控先进技术和管理，努力拓宽国际经济合作途径。（1）鼓励企业增加自主品牌、附加值率和科技含量高的产品出口，扩大高科技产品、先进技术和关键零部件进口。推进服务外包示范区建设和跨境贸易人民币结算试点，加快服务贸易发展。支持北京经济技术开发区、天竺综合保税区、平谷陆港口岸建设，优化外贸环境。（2）进一步优化利用外资结构，更加注重引进外资向引进技术、管理和人才转变。完善支持企业“走出去”的各项政策，为企业提供法律、商务、谈判等高端服务，健全境外风险防控机制，积极扩大对外投资。

（二）坚持创新驱动和结构调整，提升发展核心竞争力

推动体制机制创新和科技成果转化，进一步强化首都服务经济、总部经济、知识经济和绿色经济特征，塑造“北京服务”和“北京创造”品牌，增强核心竞争力和可持续发展能力。

加快中关村国家自主创新示范区建设。（1）强化政策措施的引导和落实。实施中关村国家自主创新示范区条例和发展纲要，落实高新技术企业认定、研发经费加计扣除、教育经费列支、缓征股权激励个人所得税等优惠政策。（2）加快先行先试改革。逐步扩大科技重大专项经费列支间接费用试点范围。探索在中关村示范区开展科技成果处置权和收益权改革、科研经费分配管理体制改革。扩展政府采购自主创新产品的适用领域和规模，全年完成采购总量60亿元。（3）加快建设中关村人才特区。集成高端人才政策资源，制订人才引进目录，营造优良人才环境。（4）鼓励创新型企业做大做强。实施“十百千工程”，选择行业骨干企业重点扶持。推进百家创新型企业试点及“专、特、精、新”小巨人企业培育。（5）完善科技金融服务体系。采取资本金注入、跟进投资等形式支持企业技术改造、自主研发及产业化。高水平运作电子信息、生物医药、新能源和环保、高技术服务业创投基金，积极争取软件和信息服务业、新材料两只创投基金落地，研究建立战略性新兴产业创业投资引导基金。深化中关村代办股份转让试点，为企业连通资本市场搭建平台。引导企业用好募集资金，规范管理，加速成长，增强企业创新活力和竞争发展潜能。

加快创新成果产业化步伐。（1）加快创新资源集聚。完善首都创新资源平台各项机制，推动重大科技成果转化和产业化。吸引国外大型企业、知名实验室设立研发机构，支持民营企业、新型产业组织参与国家创新计划。（2）加快关键核心技术突破。有针对性地引导科技创新资源向有利于提升城市运行管理、发挥现实作用的领域加快配置，支持购买有市场基础的药品等专利技术，加快引进、吸收、再创新步伐，丰富技术储备，开展对后3G移动通信、超级计算、新能源汽车等领域核心技术的集中攻关。（3）加快一批创新成果转化。安排100亿元重大科技成果转化和产业项目统筹资金，实施20个以上示范应用项目和20项重大科技成果产业化工程。重点推进绿色印刷、龙芯产业园、中低速磁悬浮S1线、CBTC研发中心、航空遥感

等重大项目建设。

加快调整优化产业结构。（1）加快服务业转型升级。推进市级文化创意产业集聚区的资源整合和功能提升，提高产业规模化、集约化、专业化水平。实施重大项目带动战略，重点推进通州文化主题公园、中国音乐产业基地等重大项目建设。加强文化交流和要素市场建设，积极引导各类设计元素集聚，加快“设计之都”建设，推进文化产权交易所的有关工作，办好首届北京国际电影季等重大活动，扩大文化影响力。把旅游业作为支柱产业加快发展，吸引国内外大型企业参与本市旅游资源开发，建设园博园、古北水镇、房山世界地质公园等重点项目，办好亚太旅游协会成立60周年庆典暨年会活动。在加快发展生产性服务业的同时，鼓励发展医疗保健、养老等新兴生活服务业。推进国家和市级服务业综合改革试点区建设。（2）推动制造业高端化、融合化发展。把加快改造提升传统制造业作为重点，通过引进先进技术、嫁接创新成果，促进工业化和信息化融合，提高科技含量和附加值率。继续巩固和发挥现代制造业的支撑地位和作用，加快产业链向研发设计和市场销售服务双向延伸，提高核心控制力和竞争力。研究出台本市加快培育和发展战略性新兴产业的意见，重点推进中核科技园、极大规模集成电路、云计算产业基地等战略性新兴产业项目建设。（3）推动都市型现代农业发展。在发挥首都农业的生态休闲、科技示范作用基础上，强化生活必需品应急保障功能。促进农业与二三产业融合，推动国家现代农业科技城、农业生态谷等现代化农业项目的落实，大力发展乡村旅游和沟域经济，推动涉农龙头企业专业化、规模化、集约化、资本化发展。

加快构筑“两城两带六高四新”产业新格局。推进中关村科学城和未来科技城规划编制，加强基础配套，支持重点项目建设。加快北部研发服务和高新技术产业带以及南部高技术制造业和战略性新兴产业发展带的业态聚集和要素流入。提升六大高端产业功能区综合服务功能和管理水平，加快金融街、CBD、北京经济技术开发区拓展步伐，提高产业承载力。培育通州高端商务服务区、新首钢高端产业综合服务区、丽泽金融商务区、怀柔文化科技高端产业新区等产业功能新区。

（三）坚持完善城市功能，提升城市服务管理水平

着眼于完善城市功能，提高服务和管理水平，集中力量逐步解决城市发展中的突出矛盾和问题，不断增强城市服务生活、承载发展的能力和水平。

加强交通综合整治和能力建设。（1）积极稳妥实施缓解交通拥堵工作方案，争取社会配合，务求取得实效。优先发展中心城区轨道交通，加快6号线、S1线、8号线二期等轨道交通建设，争取中心城两条新线分段开通。研究建设中心城地下交通干道，开工东西二环地下隧道。加快微循环建设，加密中心城路网，逐步消除断头路。加强换乘和停车设施建设，提高地面交通和地下轨道交通的换乘效率。建成智能交通管理系统三期，提高智能调度水平。更加重视运用信息技术和价格引导手段，加强机动车需求侧管理，缓解中心城交通压力。（2）继续完善高速公路网。建成通车京包高速（五环—六环），加快建设京石二通道，开工建设京台高速。（3）加快城际铁路建设。推进京沪、京石高铁加快建设，开工建设京沈、京张等城际铁路。

提高能源资源供给保障能力。加快建设大宁水库、南干渠工程，启动东干渠、东水西调改造、团城湖调节池等工程，开工建设第十水厂、郭公庄、石景山、大兴黄村、通州等水厂工程，加大对水资源的保护和补偿力度，实施水源保护区工程。加快重点新城、重点区域输变电工程建设，提高电网可靠性。

加快推进陕京四线及大唐煤制气管线建设，提高外部气源保障能力。建成东南热电中心，启动东北、西北热电中心建设，试点推进重点镇集中供热工程。加强能源经济运行调节，确保城市能源安全。

提升城市服务和管理水平。（1）完善人口综合调控机制。认真落实中央关于特大城市加强和改进人口管理的要求，以加快转变经济发展方式和完善人口管理服务制度为着力点，综合运用经济、法律、行政等手段，提升流动人口服务与管理水平，努力遏制人口总量过快无序增长，积极引导人口合理分布，疏解中心城功能。积极借鉴国内外成功经验，加强人口资源环境协调发展研究，探索特大型城市发展规律，推动首都可持续发展。（2）消除城市安全隐患。新建改造城市供水管线800公里、排水管线200公里，改造老旧供热管线400公里。积极推进电力架空线入地工程，加快老旧小区电网配电设施改造。加强地下空间管理，消除安全隐患。完善突发性地质灾害预警预报体系，提高城市抗灾能力。（3）促进城市管理效能整体提升。加大城市管理信息化建设投入，强化科技支撑，促进城市管理数字化，探索物联网在城市管理领域的应用，推动城市深度管理和精细化管理。（4）加强和创新社会服务管理。推广村庄社区化管理经验，推进社区规范化建设试点，试行社区基本公共服务指导目录。推进枢纽型社会组织和社会工作者队伍建设。健全重大工程和重大决策社会稳定风险评估机制，营造安定、有序、健康的社会秩序。

（四）坚持优化城市布局，释放区域发展活力

加强城市薄弱地区、新城和重点镇建设，优化城市布局和形态，增强区域发展的协调性。

振兴城市发展薄弱地区。（1）加强中心城区薄弱领域建设。重视旧城区交通、垃圾处理、电力、供暖、上下水等关系民生的基础设施建设，改善人民生活生产条件。加强文物院落的腾退和保护，落实对接房源，加快疏解中心城区人口。高度重视核心区古都风貌和历史文化遗产保护，加强非物质文化遗产抢救和传承。（2）深入推进“城南行动计划”。提速城南各项基础设施、生态环境、公共服务和重大产业项目建设。做好前期工作，为北京新机场开工创造条件。加快建设马家堡西路南延、京良路、万寿路南延、梅市口路西延等通道，开工建设长兴路等主干路以及南中轴森林公园、南海子郊野公园二期等环境项目。（3）促进西部地区发展转型。出台并落实促进西部转型发展实施意见，打造“一核两区三带”发展格局，加快一批基础设施、生态环境和重大产业项目建设，提升产业承载功能。（4）扎实推进城乡结合部城市化工程。基本完成50个重点村拆迁任务，加快公共设施和服务管理延伸覆盖。

加强新城、重点镇和新农村建设。（1）分类推进新城建设。聚焦通州，高起点谋划建设北京通州现代化国际新城。重点提升顺义、亦庄—大兴、昌平、房山等发展新区新城人口和产业承载能力。加快改善门头沟、延庆、怀柔、密云、平谷等生态涵养区新城基础设施和公共服务条件。重点实施密云西统路、怀柔111国道二期等高速公路联络线和浅山区路网外部通道建设，加快建设通州潞苑南大街、大兴兴华大街、房山东环路、昌平南环南路等新城路网，抓好滨河森林公园、高品质再生水厂、集中供热、区域医疗中心等项目建设。建成天然气怀密线，实现除延庆外全部新城接通管道天然气。（2）积极推进小城镇和新农村建设。坚持分类发展和特色发展，用好小城镇发展基金，支持小城镇特色产业、基础设施、公共服务和生态环境建

设，提高小城镇发展水平。推动新型农村社区试点，在“5＋3 工程”基础上，完善新农村基础设施建设长效运行机制。

（五）坚持绿色发展理念，提高首都生态文明水平

全面实施“绿色北京”战略，健全约束激励机制，提高排放处理能力，构建绿色生产方式和消费模式，增强可持续发展能力。

提升城市污染物排放处理能力。（1）持续改善空气质量。落实清洁空气行动五年计划，加快能源结构清洁低碳转型，推进中心城区大型燃煤热电厂、大型燃煤锅炉天然气替代，加强中心城餐饮油烟等低空面源污染治理，综合防控各类大气污染物。（2）科学处理垃圾。坚持源头减量与末端治理并举，年末生活垃圾资源化率达到 44％；加快推动鲁家山垃圾分类处理焚烧发电项目、高安屯焚烧厂二期建设；完善垃圾处理区县责任制度，建设一批区县垃圾处理设施；推动建筑垃圾的减量化和综合利用。（3）提高污水资源化处理能力。完成卢沟桥、吴家村、北小河等一批污水处理厂升级改造，加快清河、酒仙桥、高碑店、小红门等污水处理厂升级改造步伐。建成大兴黄村、房山城关再生水厂，启动丰台河西、怀柔雁栖湖等再生水厂工程。

提升城市生态休闲功能。（1）进一步完善城市森林格局。继续推进“森林进城”和“公园下乡”，新建成 3—4 处新城滨河森林公园，推动中心城城市休闲森林公园建设，大力实施立体绿化，试点推动露天停车场绿化。启动第二道绿化隔离地区提质增效工程。大力推进京津风沙源治理、关停废弃矿山植被恢复、野鸭湖和汉石桥湿地等重点生态工程建设。（2）统筹实施永定河、北运河、潮白河三大流域水系综合治理，开工建设园博湖工程，提升美化水环境。

完善节能减排长效机制。（1）严格落实国家各项节能减排指标。把二氧化碳、氮氧化物、氨氮减排作为约束性指标，细化落实措施，确保各项指标达到国家要求。（2）健全绿色发展体制机制。按照可计量、可分解、可考核的原则，积极推进建筑等重点领域能耗统计和循环经济统计试点。加快研究制定重点行业能耗定额和单位产品能耗标准，健全节能环保产品推广激励机制和落后产能退出机制，修订本市产业指导目录，提高准入标准。完善落实能源利用状况报告、能源审计和合同能源管理制度，强化重大项目节能评估和环境影响评价。健全节能减排考核机制，增强区县、行业和重点单位节能减排的自主性。推动节能量交易试点，力争完成首单交易。（3）深入推进节能工程。加大投入力度，推进建筑、交通、工业、商业和公共机构节能改造，加快推进供热计量改造。开展重点领域、重点行业的企业清洁生产审核，制定服务业清洁生产审核标准。继续扩大阶梯水价和阶梯电价的试点规模，强化电力需求侧管理。引导循环经济做大做强规模，支持一批示范项目。加快以太阳能为重点的新能源和可再生能源开发利用。积极推进新城和重点功能区低碳试点建设，申报国家绿色消费试点城市。（4）积极应对气候变化。编制温室气体排放清单，完善统计和监测体系。规范应对气候变化领域国际合作管理，加强重点领域适应气候变化能力建设。

（六）坚持保障和改善民生，提高人民生活水平

紧紧贴近社会和市民新需求，提升民生保障、社会服务和管理水平。

确保攸关民生的生活必需品市场稳定。把稳定价格总水平放在更加突出的位置，提高对价格形势变化的敏感性，在加强市场价格监测的同时，做好与城乡居民收入实际增速、生活必需品保障、低收入群体生活、企业经营、城市运行等方面的关联分析，及时

启动相关补贴联动机制，保障困难群体生活，研究制定价格突发事件应对预案，维护社会和谐稳定。启动新一轮菜篮子工程建设，新增基本菜田5万亩。加快流通体系建设，强化货源供应，完善鲜活农产品绿色通道和城市配送体系，畅通运输分流渠道。推进农副产品批发市场升级改造，提升批发市场资源掌控和配置能力。提倡“农超对接”、“农餐对接”，合理布局社区菜市场，推动批发市场与社区菜市场“场店对接”，降低中间成本。做好监测预警，完善政府储备，打击价格违法行为，保障市场总体稳定，保障群众基本生活。

努力帮扶困难群体就业。加强城镇失业人员、农转非人员就业培训。开发社区公益和生态管护岗位，安置城镇化和城中村改造中的农民就业。做好矿山关闭地区和首钢搬迁地区人员、高校毕业生、纯农就业家庭就业促进工作。

加快社保制度城乡统筹。完善城乡居民与职工养老保险的衔接政策。初步完成新型农村合作医疗、无业居民医疗保险、“一老一小”医疗保险制度的整合，完善城镇居民基本医疗保险办法。落实已经出台的提高社会保障待遇标准的各项工作，启动城乡无保障老年人福利养老金调整机制，不断完善社会救助体系，健全与经济发展和物价水平相适应的救助标准动态调整机制。

提高公共服务能力。加大学前教育统筹规划和投入。完成中小学校舍安全工程三年建设任务。加快亦庄职教园区、18个职教实训基地、沙河和良乡高教园区建设进度。积极推进天坛医院迁建、区域医疗中心建设。加快重大公共文化设施、基层文化体育设施、惠民工程建设，推动单位内部文化体育资源向社会开放。深入开展全民健身行动，大力发展健康产业，倡导文明健康生活方式，建设健康城市。继续推进实施能源安居工程，改善提升城乡居民生活品质。营造全社会关心关爱老年人和残疾人的氛围，系统谋划和推动养老及无障碍设施建设，改善服务环境。

加快政策性住房建设。强化政府责任，加强土地、财税、金融等政策协调，多渠道增加资金投入，加快政策性住房建设步伐，确保新建和收购20万套，争取竣工10万套。完善政策性住房回购、退出、监管、物业管理等配套政策。加快三区三片棚户区改造，改善当地人民群众的生活条件。

（七）坚持改革攻坚，为科学发展提供有力保障

着眼重点领域和关键环节，积极推动符合科学发展要求的体制机制改革。（1）创新政府服务管理。继续深化行政审批制度改革，推动管理重心下移，创新重点区域管理体制和运行机制，继续大力推动投融资体制改革。（2）促进非公经济健康发展，继续优化中小企业发展环境，落实促进中小企业发展若干意见的本市实施意见。加快国有经济战略性调整，推动国有资产市场化重组和深层次整合，加快经营性国有资产证券化。（3）继续理顺资源价格形成机制，研究环保收费制度和差别化价格政策。（4）加快民生领域改革。按照国家确定的改革目标、步骤、方法，研究制定本市收入分配改革方案。继续完善增加农民转移性收入的制度安排，同时积极探索使农民从财产性收入中获得稳定收益的渠道和方式，进一步缩小城乡居民收入差距。落实好医药卫生体制改革年度任务，力争在强化基层医疗卫生机构能力建设、公立医院改革试点，健全联动补偿机制方面取得突破性进展。加快公共服务领域改革，实现提供主体和提供方式多元化。（5）完善城乡一体化发展的体制机制。继续深化城乡结合部综合配套改革，推动农村金融、集体建设用地流转改革，完成集体林权主体改革任务，新

完成1230个农村集体经济产权制度改革任务，力争使村级集体经济组织改革累计完成90%。

各位代表，在“十二五”开局之年，我们要全面贯彻党的十七届五中全会和中央经济工作会议精神，坚决贯彻中央的决策部署，在中共北京市委领导下，在市人大的监督支持下，在新的历史起点上，紧抓机遇，求真务实，努力促进首都经济社会又好又快发展，开创“十二五”时期新的篇章。

北京市第十三届人民代表大会财政经济委员会关于北京市2010年国民经济和社会发展计划执行情况与2011年国民经济和社会发展计划草案的审查结果报告

（2011年1月18日北京市第十三届人民代表大会第四次会议主席团第三次会议通过）

北京市人大财政经济委员会主任委员　王　火

大会主席团：

北京市第十三届人民代表大会财政经济委员会在对北京市2011年国民经济和社会发展计划草案主要内容初步审查的基础上，根据本次大会代表的审议意见，审查了北京市2011年国民经济和社会发展计划草案及《关于北京市2010年国民经济和社会发展计划执行情况与2011年国民经济和社会发展计划草案的报告》。现将审查结果报告如下。

一、2010年，市人民政府及其发展改革部门深入贯彻科学发展观，坚决落实中央各项宏观调控政策，积极应对复杂经济形势，加快转变经济发展方式，强化综合调控和经济调度，大力加强自主创新，着力保障和改善民生，深化体制机制改革，巩固和扩大应对国际金融危机成果，保持经济平稳较快发展，扎实推进人文北京、科技北京、绿色北京建设，完成了市十三届人大三次会议批准的2010年国民经济和社会发展计划。财政经济委员会认为，我市2010年国民经济和社会发展计划执行情况总体是好的。

财政经济委员会指出，我市在2010年经济运行和社会发展中仍然存在一些矛盾和问题：首都经济的总体实力、竞争力和可持续发展能力需要进一步提高，加快转变经济发展方式更加紧迫；科技创新能力还不够强，对首都经济带动能力有待提高；关系群众切身利益的物价、住房、医疗等方面还存在不少问题，保障和改善民生需要加大力度；城市建设管理面临着人口、交通等问题，加强城市精细化管理任务仍然繁重。对此，市人民政府要切实采取措施，认真加以解决。

二、财政经济委员会认为，北京市2011年国民经济和社会发展计划草案贯彻了中共十七届五中全会、中央经济工作会议和中共北京市委十届八次全会精神，以科学发展为主题，以加快转变经济发展方式为主线，系统谋划自主创新、结构调整、布局优化、功能完善、改革开放等重点任务，统筹兼顾、突出重点，与“十二五”规划充分衔接，符合我市实际情况，是积极可行的。

财政经济委员会建议本次大会批准北京市2011年国民经济和社会发展计划草案及《关于北京市2010年国民经济和社会发展计划执行情况与2011年国民经济和社会发展计划草案的报告》。

三、2011年是“十二五”时期的开局之年，也是加快转变经济发展方式，以更高标准实施人文北京、科技北京、绿色北京战略的重要之年，做好2011年国民经济和社会发展工作意义重大。为保证国民经济和社会发展计划的顺利实现，财政经济委员会着重提出以下意见和建议。

（一）扎实推进经济发展方式转变，保持经济社会平稳较快发展

落实国家宏观调控政策措施，更加积极稳妥地处理好保持经济平稳较快发展、调整经济结构、管理通胀预期的关系。发挥首都优势，切实走创新驱动发展之路，加强政府统筹协调，建立、完善自主创新的组织模式、制度安排和激励机制，加快中关村国家自主创新示范区发展，发挥龙头带动作用，推进国家创新中心建设。扎实发展战略性新兴产业，抢占经济发展的制高点，提升首都经济的综合竞争力。完善政策措施，加强分类指导，优化发展环境，促进中小企业健康发展。着力促进消费稳定增长，培育新的消费增长点，提升居民消费能力，改善居民消费条件，发挥好消费对经济的拉动作用。科学安排政府投资，引导带动社会投资，拓宽民营企业的投资渠道，优化投资结构，提高投资效益。着力实施重大产业项目带动战略，大力发展文化创意产业，不断提升首都文化软实力，加快国家文化中心建设。

（二）完善基本公共服务，加大保障和改善民生力度

合理调整收入分配关系，努力增加城乡居民收入。强化价格监测预警，保持物价水平基本稳定，特别是与人民群众密切相关的生活必需品价格基本稳定，继续完善补贴机制，保障低收入群体基本生活。完善城乡公共就业服务体系，加大对就业困难人员的就业援助力度。加快社会保障城乡一体化建设，推进社会保障人群全覆盖。扎实推进医药卫生体制改革，为群众提供更好的基本卫生医疗服务。重视并积极发展学前教育，努力满足适龄儿童入园需求。统筹优化中小学教育资源配置，推进区县之间基本教育资源的均等化。加大保障性安居工程建设力度，大力发展公共租赁住房，建立健全基本住房保障制度。

（三）加强城市建设和管理，增强城市综合承载能力和可持续发展水平

立足首都的城市性质和功能定位，做好“四个服务”。加强政府绩效管理，提高科学管理能力和城市建设水平。高度关注并认真解决电力、燃气等能源、资源供需矛盾，提升城市安全有序运行保障能力。加强水利基础设施建设，加大对水资源的保护和补偿力度，推进污水治理由无害化向资源化转变。重视城市垃圾处理问题，加强统筹协调，全面加快垃圾处理设施建设进度。认真落实治理交通拥堵的方案，坚持公共交通优先发展，总结有效治理交通的经验，完善综合措施。加强和改进人口管理，切实抓好相关规划落实工作，合理调控人口结构和规模。

以上报告，请予审议。

北京市第十三届人民代表大会第四次会议关于北京市 2010 年预算执行情况和 2011 年预算的决议

（2011 年 1 月 21 日北京市第十三届人民代表大会第四次会议通过）

北京市第十三届人民代表大会第四次会议审查了市人民政府提出的《关于北京市 2010 年预算执行情况和 2011 年预算草案的报告》及 2011 年市级预算草案，同意市人民代表大会财政经济委员会的审查结果报告。会议决定，批准《关于北京市 2010 年预算执行情况和 2011 年预算草案的报告》，批准北京市 2011 年市级预算。

关于北京市 2010 年预算执行情况和 2011 年预算草案的报告

——2011 年 1 月 16 日在北京市第十三届人民代表大会第四次会议上

北京市财政局

各位代表：

受市人民政府委托，现将北京市 2010 年预算执行情况和 2011 年预算草案的报告提请市第十三届人大第四次会议审议，并请市政协各位委员提出意见。

一、2010 年预算执行情况

2010 年，面对极为复杂的国内外环境，在党中央、国务院及中共北京市委的正确领导下，本市深入贯彻落实科学发展观，紧紧围绕人文北京、科技北京、绿色北京的战略任务，认真执行中央各项宏观调控政策和市第十三届人大第三次会议的各项决议，充分发挥财政职能作用，支持加快经济发展方式转变，着力保障和改善民生，深入推进财政科学化精细化管理，圆满完成了全年预算任务。

（一）全市财政收支完成情况

2010 年全市地方财政一般预算收入完成 2353.9 亿元，完成预算的 106.6%，增长 16.1%；全市地方财政一般预算支出完成 2446.2 亿元，完成预算的 106.3%，增长 14.6%。全市政府性基金收入完成 1457.0 亿元，增长 123.5%，完成预算的 294.6%；全市政府性基金支出完成 1298.0 亿元，增长 173.6%，完成预算的 202.9%。

2010 年，全市属地内财政收入（含中央级）完成 7853.5 亿元，增长 13.4%。其中，中央级完成 3996.3 亿元，下降 5.2%；地方级完成3857.2亿元，增长42.2%。

根据《中华人民共和国预算法》和《北京市预算监督条例》的规定，重点报告市级预算执行情况。

（二）市级一般预算收支完成情况

市级一般预算收入完成1304.2亿元，增长16.1%，完成预算1226.0亿元的106.4%，加中央返还及补助192.1亿元、区县上解180.9亿元、上年专项政策性结转使用1.5亿元、上年结余34.3亿元、财政部代理发行本市地方债券54.0亿元，收入合计1767.0亿元。市级一般预算支出完成1135.0亿元，增长14.0%，完成预算1060.0亿元的107.1%，加上解中央支出79.1亿元、区县税收返还和转移支付440.3亿元、专项政策性结转下年使用8.9亿元、地方债券支出54.0亿元、划转水利建设基金13.6亿元、转入预算稳定调节基金36.1亿元，支出合计1767.0亿元。市级预算收支平衡。

市级主要收入项目完成情况是：增值税115.9亿元，增长17.3%，完成预算的105.1%，超额完成预算主要是得益于消费品市场活跃、汽车产销两旺、工业生产稳步回升，带动增值税保持良好增势。营业税438.0亿元，增长13.4%，完成预算的100.8%。企业所得税289.2亿元，增长17.5%，完成预算的104.6%，超额完成预算主要是实体经济逐步回暖，企业利润率提高，带动企业所得税增长。个人所得税215.3亿元，增长21.1%，完成预算的111.3%，超额完成预算主要是企业用工增加，带动工资薪金、股息、红利个人所得税增长。契税134.3亿元，增长30.2%，完成预算的119.4%，超额完成预算主要是房屋、土地交易活跃，带动契税增长较多。土地增值税43.2亿元，增长58.6%，完成预算的141.8%，超额完成预算主要是税务部门加大清算力度，增加土地增值税收入。非税收入42.5亿元，完成预算的97.8%。

市级主要支出项目完成情况是：

1. 教育支出188.1亿元，增长18.8%，完成预算的106.2%，其中：教育法定支出168.7亿元，完成预算的107.0%，超额完成预算主要是加大对学前教育的投入，以及增加海外高层次人才来京创业市政府奖励经费等。具体是：投入93.3亿元，重点保障市属高校教育改革“三大工程”建设，优化教学环境，引导民办高校特色办学，支持高职国家级示范校建设，全面提高高等教育质量。投入21.9亿元，重点加快中等职业院校实训基地建设，加强教师队伍培训等。投入49.7亿元，重点用于落实义务教育减免政策，支持改扩建30所幼儿园，加快中小学校舍安全工程改造，促进办学标准达标等。进一步完善国家助学体系，扩大教育资助范围，提高高等学校国家助学金标准，免除中等职业学校城乡低收入家庭和涉农专业学生学费，保障困难学生就学。

2. 科学技术支出114.5亿元，增长14.4%，完成预算的102.8%，其中：科学技术法定支出49.6亿元，完成预算的106.8%。投入31.4亿元，加快国家重大科技专项落地对接，落实高新技术企业认定、科学技术奖励等政策，推进生物医药、节能环保与新能源汽车等战略性新兴产业发展，整合首都科技条件平台，落实科普益民、惠农兴村计划等。投入63.6亿元，加快中关村国家自主创新示范区建设，完善中关村公共服务体系，推进科技研发、金融创新、高端领军人才聚集工程建设。

3. 文化体育与传媒支出42.3亿元，与上年持平，完成预算的102.4%，其中：文化法定支出17.4亿元，完成预算的106.5%，超额完成预算主要是增加高清交互数字电视应用工程补助资金等。投入8.8亿元，完善基层公共文化服务体系，支持1020个农家书屋、“百姓周末大舞台”等群众文化活动，加大非物质文化遗产保护力度，促进文化资源共享。投入1.0亿元，支持上海世博会北京活动周等重大品牌文化活动，提升首都文化中心地位。投入5.0亿元，推动文化创意产业发展，鼓励艺术生产创作，支持转制文化企业发展，激发文化发展创新活力。投入8.6亿元，丰富群众体育活动，加强竞技体育后备人才培养，引导体育产业发展。投入4.6亿元，支持文物保护修缮和精品征集，推动博物馆、纪念馆免费开放，提升社会人文素质。

4. 社会保障和就业支出75.3亿元，增长33.0%，完成预算的114.7%。投入29.2亿元，用于行政事业单位、困难企业等离退休人员及军休人员生活补助。投入1.5亿元，落实促进就业优惠政策，加大“纯农就业家庭”转移就业援助力度，选聘高校毕业生到社区工作，延长就业岗位补贴、社会保险补贴和培训补贴政策实施期限，增强就业能力。投入0.6亿元，用于社区网络信息化运行、社会保险系统升级改造。投入0.4亿元，支持社区残障人士康复基地建设，推进2.1万户残疾人家庭无障碍设施改造。拨付供热、液化气补贴25.8亿元，保证居民安全过冬、正常用气。

5. 医疗卫生支出58.0亿元，增长19.3%，完成预算的109.9%，其中：卫生法定支出41.5亿元，完成预算的107.9%，超额完成预算主要是加大医药卫生体制改革经费投入等。投入12.3亿元，完善公共卫生服务体系，落实国家免疫规划，保障市民及时、广泛接种疫苗，增强群众身体素质。拨付12.0亿元，保障大专院校教职工、中央及市属行政事业单位人员公费医疗支出。补助区县基本公共卫生服务经费1.6亿元，缓解区县政府医改资金压力。投入19.8亿元，用于市属公立医院设备购置修缮，改善就医条件。拨付3.5亿元，支持远郊区县非营利性区域医疗中心建设，提高基层医护水平。投入2.9亿元，落实国家基本药物制度，加强药品监管体系建设，保证群众用药安全。投入1.8亿元，加强中医重点学科建设，支持开展中医药特色社区卫生服务。加强医护人员卫生技术培训，支持免费发放《青少年急救手册》，培训初级急救员10万余人，增强百姓自救互救知识。

6. 环境保护支出25.7亿元，增长14.7%，完成预算的106.2%，超额完成预算主要是增加延长居民采暖季燃料补助等。投入节能减排资金3.9亿元，奖励新能源车示范运营、节能产品推广和技术改造等。投入大气污染治理及环境保护专项资金17.0亿元，确保完成城区平房1.3万户煤改电任务，支持淘汰黄标车5万辆，加快实施城区20蒸吨以上燃煤锅炉改造，持续改善首都空气质量。投入1.8亿元，重点用于城市排水管网维护养护。

7. 城乡社区事务支出36.6亿元，与上年持平，完成预算的101.0%，超额完成预算主要是增加本市老旧房屋抗震加固经费等。拨付8.5亿元，支持城市道路桥梁日常养护、大修疏堵工程，提高道路通行能力。拨付3.5亿元，支持600个居住小区、30%的党政机关和学校开展垃圾分类示范引导活动，加快106座密闭式垃圾分类清洁站升级改造等。拨付环境综合整治资金10.0亿元，继续推进城中村建设、城市边角地和架空线入地整治、非正规垃圾堆治理等项目顺利实施。

8. 农林水事务支出60.1亿元，增长16.8%，完成预算的103.6%，其中：农业法定支出48.7亿元，完成预算的106.9%，超额完成预算主要是加大设施农业规模化支持力度、增加农民艺术节活动经费等。投入7.8亿元，支持全市新建设施农业4万亩。投入3.8亿元，支持政策性农业保险与再保险，参保农户达到26.9万户次，增强农业生产防灾抗灾能力。投入3.6亿元，推进集体林权制度改革，促进森林健康经营，确保首都生态安全。

投入2.2亿元，支持优势农产品种质资源保护、动物防疫体系建设。投入2.0亿元，加快新农村建设。投入6.1亿元，支持全国水利普查，保障农田水利建设，提高水资源利用水平。拨付从河北调水资金4.6亿元，满足本市应急用水需要。

9. 交通运输支出90.2亿元，增长1.1%，完成预算的100.7%。拨付6.3亿元，落实石油价格改革财政补贴政策，对城市公交、出租车、农村客运给予燃油补贴。落实百姓公交政策，投入公共交通票价折扣、运营补贴78.0亿元（此外通过其他科目等方式投入57.3亿元，地面公交、轨道交通补贴共计135.3亿元）。

10. 资源勘探电力信息等事务支出59.9亿元，增长43.3%，完成预算的150.5%，超额完成预算主要是加大国有企业结构调整扶持力度，支持产业发展，完善中小企业服务体系等。投入20.0亿元支持国有企业调整退出、改制重组，以及现代服务业和都市型产业中的重点科技创新项目。投入7.0亿元，推进重大项目技术研发和产业化，促进高端制造业发展。拨付电价补贴8.0亿元，确保企业正常供电。投入5.0亿元，引导中小企业健康发展等。投入1.5亿元，支持企业开拓国际市场，扩大外部需求。

11. 商业服务业等事务支出11.4亿元，增长30.1%，完成预算的153.7%，超额完成预算主要是加大旅游产业发展支持力度。投入4.6亿元，支持旅游景点服务设施改造，免费发放“北京请您来”旅游活动门票60万张，打造北京旅游城市形象，提升旅游产业化水平。投入商业流通发展资金2.0亿元，落实扩大内需政策，支持全国各省土特商品进京大集、老字号产品巡展等31项促进消费活动，补助特色街、集贸市场等商业设施升级改造，繁荣消费市场。

12. 公共安全及国防支出83.0亿元，增长13.1%，完成预算的110.3%，超额完成预算主要是增加首都维稳经费等。支出重点保障政法机关正常运转和政权建设需要，支持公安部门装备配置、交通设施改造，提升执法办案水平。保障消防队站建设、高空灭火设备及特种消防车配备等，增强抢险救援能力。支持民兵、预备役训练，推进民防事业发展。

13. 一般公共服务支出72.9亿元，增长14.1%，完成预算的113.0%，超额完成预算主要是增加本市对口支援工作经费等。支出重点保障党政机关、民主党派和人民团体履职，开展参政议政、对外交流、市场监管、知识产权保护、第六次全国人口普查等工作。其中：人口与计划生育法定支出2.4亿元，完成预算的106.8%。落实计划生育利益导向机制，支持开展计划生育政策宣传服务，扶持农村计划生育低收入家庭增收致富，提高人口素质。

根据目前中央对本市及市对区县财政体制，2010年超收增加财力84.1亿元。按照《北京市预算监督条例》中关于“市级预算超收收入应当优先用于农业、教育、科技、社会保障等重点项目和其他必要支出”的规定和建立预算稳定调节基金的要求，市级财政超收增加的财力主要用于：一是增加法定支出21.5亿元，其中：教育支出11.0亿元，农业支出3.1亿元，卫生支出3.0亿元，文化支出1.1亿元，计划生育支出0.1亿元，科技支出3.2亿元；二是增加重点项目支出26.5亿元，其中：旅游发展专项资金4.0亿元，注入国有资本经营预算10.0亿元，交通疏堵工程1.7亿元，智能交通建设经费5.0亿元，交通安全管理设施重点建设专项1.5亿元，合同能源管理地方配套资金0.3亿元，注入首创集团农投公司注册资本金4.0亿元；三是转入预算稳定调节基金36.1亿元，在以后年度经过预算安排使用，接受市人大及其常委会的监督。

（三）市级政府性基金预算收支完成情况

市级政府性基金收入完成 684.7 亿元，增长 56.5%，完成预算的 314.6%，超额完成预算主要是国有土地使用权出让金收入超收较多。具体情况是：文化体育与传媒 10.2 亿元，完成预算的 121.7%，主要是文化事业建设费收入；社会保障和就业 7.4 亿元，完成预算的 127.7%，主要是残疾人就业保障金收入；城乡社区事务 644.8 亿元，完成预算的 336.6%，其中：国有土地使用权出让金收入 557.7 亿元，完成预算的 460.5%；农林水事务 7.6 亿元，完成预算的 257.5%，主要是水利建设基金收入；交通运输 1.7 亿元，主要是自 2010 年起将车辆通行费纳入政府性基金预算，属于新增项目；资源勘探电力信息等事务 3.0 亿元，完成预算的 285.6%；其他收入 10.0 亿元，完成预算的 126.0%，主要是彩票公益金收入。

市级政府性基金支出完成 609.2 亿元，增长 126.6%，完成预算的 196.2%，超额完成预算主要是国有土地使用权出让金、新增建设用地有偿使用费等支出增加较多。具体情况是：文化体育与传媒 8.6 亿元，完成预算的 102.9%；社会保障和就业 7.2 亿元，完成预算的 121.5%；城乡社区事务 560.2 亿元，完成预算的 209.3%，其中：国有土地使用权出让金支出 492.8 亿元，完成预算的 239.4%，主要用于城市重点基础设施项目建设，以及返还土地开发成本等；农林水事务 19.8 亿元，完成预算的 122.3%；交通运输 1.5 亿元；资源勘探电力信息等事务 0.6 亿元，完成预算的 41.6%；其他支出 11.3 亿元，完成预算的 103.3%。

政府性基金按规定专款专用。当年收入与支出不完全相等，主要是根据有关管理办法，部分收入结转下年使用。

以上有关预算执行的具体情况详见《北京市 2010 年预算执行情况和 2011 年预算（草案）》。需要说明的是，上述数字是按照预算执行情况初步汇总的，在地方财政决算编制工作完成后，还会有所变化。

（四）落实市人大预算决议情况及 2010 年预算执行效果

按照市十三届人大三次会议有关决议，以及市十三届人大财政经济委员会审查结果报告的要求，财政及有关部门依法组织财政收入，优化支出结构，完善预算管理，确保完成年度预算目标任务。

1. 充分发挥财政职能作用，促进首都经济社会协调发展

突出发展方式转变，提升经济增长内在动力。扎实落实积极财政政策，拨付油、电、气、运、粮等各项惠民补贴资金 183.0 亿元，增加居民收入，切实扩大消费需求。继续推进家电、汽车下乡及以旧换新工作，销售家电下乡产品 28.1 万台，汽车摩托车下乡 13,751 辆，家电“以旧换新”产品 176.2 万台，黄标车以旧换新 12,252 辆。促进产业结构优化升级，支持高端装备制造业、新能源等战略性新兴产业发展，大力发展生产性服务业、文化创意产业等，集中力量打造新的经济增长极。增加中小企业信用再担保资金 2.0 亿元和创业投资引导基金 1.2 亿元，缓解中小企业融资难问题，促进中小企业健康发展。加强财政资金与金融手段的配合运用，累计投入财政资金 262.2 亿元，吸引社会资金 2014.7 亿元，总体放大效益 7.7 倍。

突出科技创新，推动中关村国家自主创新示范区建设。发挥示范区先行先试的政策优势，实施高端领军人才引进政策，继续开展股权激励试点，完善重大科技专项经费列支间接费用管理办法，政府采购中关村自主创新产品 51.5 亿元，积极探索建立首台（套）、首购、订购风险补偿机制，争取示范区税收优惠政策取得积极进展，促进了中关

村国家自主创新示范区体制机制创新。

突出以人为本，着力保障和改善民生。统筹市政府为民办实事资金237.0亿元，切实解决关系群众切身利益问题。落实促进就业优惠政策和再就业援助制度以及居家养老(助残)“九养政策”，提高养老、失业、低保等社会保障待遇标准，增强社会保障水平。实施提高医保待遇的一揽子惠民措施，健全公共卫生服务体系，推进医药卫生体制改革。推动教育全面协调发展，健全覆盖城乡的公共文化、体育服务体系。多渠道筹集资金90.0亿元，支持功能核心区人口对接安置。筹集资金17.3亿元，加快推进三区三片棚户区改造。促进节能减排，加快道路建设，构建绿色生产生活方式，推进首都生态文明建设。多渠道筹集资金累计70.0亿元，保障对口支援什邡灾后恢复重建任务圆满完成。

突出协调共享，加快城乡一体化发展。完善支农投入机制，落实政策性农业保险再保险资金，增强农业减灾抗灾能力。及时拨付粮食直补和农资综合补贴等涉农补贴，大力发展都市型现代农业、设施农业。加快落实新农村五项基础设施和“三起来”工程项目资金，推进城乡结合部50个重点村建设，加快农村社会事业发展，促进城乡基本公共服务均等化。

2. 推进财政科学化精细化管理，不断提高财政管理效能

突出绩效，构建科学合理的财政资金分配、评价机制。健全联合评审机制，评审各类项目7002个，审减资金43.1亿元，提高项目评审实效。不断提高绩效管理水平，对涉及教育、科技、农业等重点领域的196个项目实施绩效评价，涉及资金124.8亿元。积极探索开展市级项目支出事前评估试点工作，邀请人大代表、政协委员、专业机构等社会力量参与，提高预算资金决策的科学性、公开性。将绩效评价结果纳入政府行政问责体系，强化预算单位的主体责任。

突出统筹，构建高效的财政资金调控机制。建立本市重大科技成果转化和产业项目资金统筹机制，集中力量支持重大项目建设和重点行业发展。完善项目支出管理，按照资金保障优先次序和投向调整项目支出分类，进一步提高重点事项的保障能力。完善财政性结余资金管理，将沉淀闲置的结余资金收回财政统筹使用，集中用于全市重点事项。

突出长效，构建可持续的增收节支管理机制。充分发挥体制、政策、资金引导作用，培植优质财源，增强财政收入增长的可持续性。依法加强税收征管，规范非税收入管理，监督各项收入及时足额入库。严格控制一般性支出，在连续三年压缩行政事业单位一般性支出的基础上，2010年又压缩5%，共计3.69亿元，集中用于全市重点事项支出。继续完善和夯实预算编报基础工作，健全基本支出公用经费定额标准体系，促进实物定额与费用定额相结合，提高了定额标准的公平性。

突出创新，构建财政运行良性发展的管理体制。研究建立区县落实支出责任与市对区县转移支付挂钩的奖励机制，完善市与首都功能核心区分税制财政管理体制，促进区县共享协调发展。强化行政事业单位国有资产监管，进一步完善行政事业单位资产动态管理，分类推进市级事业单位资产清查、资源整合和转制工作，促进资产管理与预算管理相结合。

突出透明，构建相互制约的监督管理机制。创新政府采购模式，引入议价、信息公开、淘汰和退出机制等，改进服务，强化监督。推进基本建设资金纳入国库集中支付改革工作，增强资金支付的安全性和资金核算的规范性。深入开展“小金库”、假发票专项治理，以及强农惠农资金专项清理和检查工作，保障专项治理工作取得实效。推进预算

信息公开，2010年上报市人代会审议的45个部门预算，除涉密部门外，全部在其门户网站上公开。2011年将上报市人代会审议的部门增加到58个政府组成部门和直属机构；进一步细化完善提请市人代会审议的政府预算报表，其内容基本编列到款级科目，部分重点支出编列到项级科目，自觉接受人大、政协和社会各界监督。

2010年，财政收入经历了“高开低走”的过程，总体保持较好增长态势；财政支出结构不断优化，重点事项得到有力保障；财政改革不断推进，体制机制不断健全，全市财政工作取得新的进展。但也应清醒地认识到，财政工作中仍存在一些薄弱环节：一是财政收入增长结构不够协调，需要大力推动经济发展方式转变和产业结构调整，为财政可持续发展提供更加坚实的基础；二是预算编制机制与工作决策机制衔接不够，预算编制的科学性、准确性有待增强，一些财政资金投入方向分散、支出结构固化、资金使用效益不高等问题仍十分突出，对民生的保障能力还需提高；三是财政投入模式比较单一，撬动社会资本的杠杆效应需进一步增强；四是财政管理的基础工作较为薄弱，部门支出责任需进一步落实，新的市与区县财政管理体制效能还有待提高。这些问题迫切需要相关部门和区县政府高度重视、共同努力，采取有效措施加快解决。

各位代表，2010年是“十一五”时期的最后一年。过去的五年是北京发展史上极不平凡的五年。财政工作深入贯彻落实科学发展观，积极发挥财政职能作用，较好地完成了各项工作任务。全市地方财政一般预算收入规模不断扩大，突破了2000亿元大关，2010年完成2353.9亿元，“十一五”时期财政收入总量实现8827.8亿元，比“十五”时期的3244.4亿元，增长了1.7倍；全市地方财政一般预算支出2010年完成2446.2亿元，“十一五”时期支出总量达到9248.8亿元，比“十五”时期的3675.0亿元，增长了1.5倍。财政支出结构不断优化，公共财政保障能力明显提升。“十一五”时期教育支出总量达到1467.1亿元，比“十五”时期的521.2亿元，增长了1.8倍；科学技术支出总量达到460.7亿元，比“十五”时期的78.6亿元，增长了4.9倍；社会保障和就业支出总量达到878.8亿元，比“十五”时期的333.2亿元，增长了1.6倍；医疗卫生支出总量达到528.1亿元，比“十五”时期的199.2亿元，增长了1.7倍；农林水支出总量达到535.2亿元，比“十五”时期的139.8亿元，增长了2.8倍。同时，进一步完善市与区县财政管理体制，促进了区域协调共享发展；不断创新财政管理模式，健全了有利于科学发展的财税体制机制，为实现“新北京、新奥运”战略构想，推动首都经济社会又好又快发展发挥了积极的作用。

“十二五”时期，财政工作将继续围绕首都发展目标，坚持“促调整、强统筹、增效益”，完善财税政策，健全体制机制，不断提高财政科学统筹能力和财政资金配置使用效益，为圆满完成“十二五”规划各项任务提供坚实的财力保障。

二、2011年预算草案

2011年是中国共产党成立90周年和“十二五”时期的开局之年，也是加快转变经济发展方式，以更高的标准实施人文北京、科技北京、绿色北京战略的重要一年。2011年预算任务光荣而艰巨，要为“十二五”时期的发展打下良好基础，推进中国特色世界城市建设。

（一）当前财政面临的形势

2011年的财政工作有很多有利条件，但不确定因素仍然很多，财政收支矛盾非常突出。

从财政收入看，由于首都具有服务主导型经济特征及科技智力密集、高端资源聚集等可持续发展的优势，加之政府实施宏观调控和应对复杂局面的能力不断增强，落实积极的财政政策和稳健的货币政策将强化首都经济增长的稳定性和可持续性，推进自主创新和产业结构深度调整将从深层次上激发企业的内生动力、发展活力和核心竞争力，预计 2011 年首都经济将进一步朝着宏观调控的预期方向发展，经济平稳较快发展的势头将进一步巩固，从而为财政收入增长奠定基础。此外，2011 年统一内外资企业和个人城市维护建设税、教育费附加，将按预算外资金管理的收入纳入预算管理等政策性增收因素也将促使财政收入增长。与此同时，应当看到当前国内外环境仍然错综复杂，经济发展存在较多不确定性，2011 年存在一些可能影响财政收入减少的因素，主要是：产业结构和国民收入分配格局的深度调整将对财源结构产生重要影响，房地产业及传统产业等对财政收入的贡献度预计将会减退，新兴产业短期内难以形成对经济增长和财政增收的支撑力，实施结构性减税政策和税制调整将加大财政增收难度，完成 2011 年度财政收入任务面临巨大压力。

从支出安排看，一是产业结构深度调整要求财政部门切实加大对科技创新、文化创意、节能减排、生产性服务业等新兴产业的扶持投入，大力促进产业结构优化升级。二是国民收入分配格局深度调整要求充分发挥公共财政对国民收入再分配的调节作用，在相应调减有关税收的同时，更大幅度地增加保障和改善民生的投入，主要是继续保持对交通、能源等基础设施建设的投入，依法增加对教育、卫生、科技、文化、农业等事业的投入，加大对就业、社会保障、住房保障、交通治理、人口调控、公共安全、生态环境、保护古都风貌等方面的投入，通过完善公共服务体系、健全社会保障制度、破解城市发展难题等组合手段，提高居民收入和生活水平。“两个深度调整”使财政支出保障的领域更广、重点更多，特别是涉及民生支出的规模大、刚性强，而政府可调控的资金十分有限，平衡财政收支的压力较大。

面对日益尖锐的收支矛盾，主要依靠财政收入增量提供保障已经难以满足需要，必须从调整财政支出存量结构、统筹财政政策、完善财政管理体制机制等方面挖掘潜力和提升效益。

（二）2011 年预算安排的指导思想及总体安排

《国务院关于编制 2011 年中央预算和地方预算的通知》要求：“收入预算要坚持实事求是、积极稳妥、留有余地，与 2011 年国内生产总值等经济社会发展指标相适应。支出预算要统筹兼顾、突出重点、有保有压，进一步优化支出结构，重点向保障和改善民生等领域倾斜，严格控制公用经费等一般性支出”。据此，2011 年预算编制和财政工作的指导思想是：以党的十七大和十七届五中全会精神为统领，按照中央经济工作会及市委十届八次全会的决策部署，紧紧围绕科学发展的主题和加快转变经济发展方式的主线，全力推动人文北京、科技北京、绿色北京战略，认真落实积极的财政政策，加快推进经济结构调整，继续加大民生保障力度，着力提高基本公共服务均等化水平，扎实推进财政科学化精细化管理，依法理财，强化统筹，积极构建有利于首都科学发展的财税体制机制，发挥财政政策资金在稳定增长、改善结构、调节分配、促进和谐等方面的作用，为“十二五”发展开好局、起好步，迎接建党 90 周年。

1. 坚持创新驱动和经济结构战略性调整，促进经济发展方式加快转变加大对国家科技重大专项和重大科技成果转化及产业化项目的支持力度，充分发挥中关村国家自主创新示范区先行先试的优势，推进中关村科学城、未来科技城等加快建设，搭建科技创新平台，为推动自主创新营造更好的发展环境。发挥政府采购支持自主创新的政策功能作用，拓展政府采购的领域和范围，全年完成政府采购任务60亿元。整合现有人才奖励资金、政策，激发科技创新的动力和活力。积极发挥各项财政政策资金引导作用，完善扩大消费需求政策，落实国家扩大内需战略。坚持优化一产、做强二产、做大三产，优化产业布局，促进都市型现代农业发展，提升现代制造业发展水平，加快循环经济发展，推动服务外包示范区建设，支持服务业转型升级，推动生活性服务业加快发展，加大对高端领域中小企业的扶持力度，巩固和提高实体经济对首都经济的支撑作用。

2. 坚持国民收入分配格局调整，着力保障和改善民生

进一步加大对民生的投入力度，健全基本公共服务体系。充分发挥公共财政对国民收入再分配的调节作用，促进国民收入分配格局调整。贯彻中央及本市稳定消费价格总水平、保障群众基本生活的各项政策措施，完善生活必需品政府储备制度，加大农机购置补贴、良种补贴力度，增强终端销售网点供给能力，落实减免政策，从生产、流通、储备等多方面，保障货源供应。提高城乡低保困难对象、特困学生补助水平，降低城乡居民特别是中低收入群体生活成本。坚持更加积极的就业政策，完善城乡就业公共服务体系，千方百计扩大就业。支持教育事业优先发展，促进教育公平。完善养老支持政策体系，推进养老机构标准化建设，支持发展社会化养老服务。继续提高社会保障待遇标准，支持完善覆盖全体居民的社会保障体系。落实全民健身计划，深化医药卫生体制改革，加快公共卫生服务体系建设，打造健康城市。大力发展公共租赁住房，推进保障性安居工程建设。推进文化产品创新，增强公共文化服务能力，加快首都文化软实力建设。

3. 坚持提高城市服务管理水平，加快宜居城市建设

根据首都发展的阶段性要求，继续支持优先发展公共交通，加大交通疏堵工程和交通基础设施建设投入力度，着力解决城市交通问题。加快城市环境整治和生态建设，提高综合应急和防灾减灾能力，改善社会管理薄弱环节。研究推进供热计量收费政策，完善困难群体采暖保障措施。完善财政扶持政策，推广节能技术，提高垃圾处理减量化、资源化、无害化水平，落实“绿色北京”行动计划，增强可持续发展能力。

4. 坚持统筹城乡区域协调发展，推进一体化新格局率先形成

继续加大财政对“三农”的投入力度，推动都市型现代农业和沟域经济发展，健全农产品安全保障体系，加快生态涵养发展区建设，增强郊区农村发展活力。全面落实各项惠农补贴政策，增加农民收入。支持农村基础设施和公共服务设施建设，提高郊区基本公共服务水平。加快城乡结合部城市化建设，促进南城、西部等地区的发展，推进城乡区域协调共享发展。

根据经济发展预期和以上工作方向，2011年预算主要指标安排如下。

2011年全市地方财政一般预算收入2565.8亿元，增长9.0%；全市地方财政一般预算支出2670.0亿元，增长9.1%。全市政府性基金收入1706.7亿元，增长17.1%；全市政府性基金支出1745.6亿元，增长34.5%。根据《中华人民共和国预算法》和《北京市预算监督条例》的规定，重点报告2011年市级预算草案的编制情况。

2011年市级一般预算收入1422.3亿元，增长9.1%，加中央返还及补助194.6亿元、区县上解192.1亿元、上年专项政策性结转使用8.9亿元等，收入合计1824.4亿元。市级一般预算支出1254.5亿元，增长10.5%，加上解中央支出76.1亿元、区县税收返还和转移支付469.1亿元、专项政策性结转下年使用1.6亿元、划转水利建设基金16.6亿元等，支出合计1824.4亿元。市级预算安排收支平衡。

（三）2011年市级一般预算收入主要项目安排情况

市级财政收入预算按照保持与经济增长相适应、积极稳妥的原则安排。主要收入项目安排如下。

增值税126.6亿元，增长9.2%，主要考虑消费市场活跃、二产规模壮大等增收因素，以及工业品出厂及购进价格增速持续"倒挂"等减收因素进行测算。营业税480.8亿元，增长9.8%，主要考虑第三产业不断优化升级等增收因素，以及房地产市场调控效果显现、资本市场收紧等减收因素进行测算。企业所得税316.7亿元，增长9.5%，主要考虑经济运行继续趋稳、实体经济步入实质性上升期、企业效益不断提升等增收因素，以及落实支持自主创新等税收优惠政策等减收因素进行测算。个人所得税233.6亿元，增长8.5%，主要考虑企业经营状况好转、增加就业等一系列政策措施促进居民收入稳步增长，以及征管效率提高等因素进行测算。

（四）2011年市级一般预算支出主要项目安排情况

2011年市级支出预算遵循依法理财、统筹兼顾的原则，结合各部门资金需求情况，在保障法定支出依法增长的前提下，本着"量力而行、精打细算"的方针，按照"五保一促"，即"保基本"、"保运转"、"保民生"、"保稳定"、"保重点"、"促发展"的资金保障顺序安排。主要支出项目安排如下。

1. 教育支出206.2亿元，增长9.6%。推动教育事业科学发展，保障公民依法享受教育的权利。主要是：安排98.0亿元，继续实施市属高校"三大工程"，加快学术人才引进培养，进一步提高高等教育质量。安排20.1亿元，全面提高职业学校实训基地装备水平，推进职业学校教师素质提高和教学综合改革。安排49.0亿元，落实基础教育各项减免政策，保障中小学校舍抗震加固顺利实施，加大学前教育投入，促进义务教育均衡发展。

2. 科学技术支出123.8亿元，增长8.1%。大力提高科技创新能力，加快建设创新型城市。安排中关村发展资金68.6亿元，加快推进中关村国家自主创新示范区建设，支持科技金融、创新服务体系、人才特区建设，推进北京经济技术开发区发展，增强科技支撑力。安排52.0亿元，落实国家重大科技专项，培育重大科技成果转化落地；加快战略性新兴产业发展，支持生物医药、新能源汽车研发，推动低碳技术应用；促进科技型中小企业发展；支持科研院所发展，推进科学技术普及，提升公众科学素质。

3. 文化体育与传媒支出47.5亿元，增长12.1%。安排19.4亿元，加大文化惠民力度，支持剧院等重点公共文化设施改造，开展首届"北京国际电影季"等标志性文化品牌活动，推动公益性文化事业发展。安排文化创意产业发展资金5.0亿元，培育新型文化业态，提升文化产业化水平。推进文化体制改革，引导社会资本以多种方式参与文化发展。安排5.4亿元，继续实施中长期文物保护规划，补助博物馆、纪念馆免费开放，提高文物保护水平。安排9.0亿元，鼓励全民健身，支持举办世界群众体育大会等国际品牌赛事活动，推动公共体育事业、体育产业发展。安排5.0亿元，支持广播、电影、电视事业发展，丰富群众文化生活。

4. 社会保障和就业支出79.6亿元，增长5.7%。坚持广覆盖、保基本、多层次、可持续的方针，加快推进覆盖城乡居民的社会保障体系建设。鼓励多渠道开发就业岗位，加大职业技能培训补助力度，安排小额担保贷款贴息，促进充分就业。安排29.7亿元，保障行政事业单位、困难企业离退休人员生活经费等。安排1.5亿元，进一步提高医保网、社区网运行维护水平。安排21.7亿元，对燃煤锅炉供热、液化气等进行补贴。安排老年人免费乘坐公交车补贴1.8亿元，方便老年人出行。继续对供热清洁能源使用给予补贴，控制煤烟型污染。

5. 医疗卫生支出63.3亿元，增长9.2%。加快医疗卫生事业改革发展，健全覆盖城乡居民的基本医疗保障体系。安排16.3亿元，用于城镇居民医保补助、医疗救助、行政事业单位公费医疗保障等，加快完善基本医疗保障制度。安排13.4亿元，保障公共卫生应急资金、全民健康促进十年行动规划、疫苗管理及安全接种监测、专业公共卫生机构运行机制改革等，进一步推进公共卫生服务体系建设。安排20.0亿元，支持医用设备更新购置，完善财政补偿机制，全额保障公立医院离退休人员经费，推进公立医院改革。安排3.5亿元，加快药品供应保障体系建设，提高药品监督、检测检验能力。安排远郊区县区域医疗中心补助2.5亿元，着力提高区县医疗卫生水平。安排1.9亿元，加强中医药服务能力建设，传承发展中医药事业。

6. 节能环保支出26.6亿元，增长3.5%。加大环境保护力度，努力改善环境质量。安排大气污染及环境保护资金17.0亿元，继续支持城市货运保障“绿色车队”建设及节能环保公交车更新，对改善各区县污染减排和空气质量实行“以奖代补”政策，降低污染排放，改善大气质量。推进交通噪声高污染路段整治，加强市级自然保护区生态建设，打造宜居环境。安排节能减排专项资金4.0亿元，用于新能源车示范运营补贴、供热系统节能技术改造和减排奖励，支持合同能源管理促进项目、电子废弃物处理等。

7. 城乡社区事务支出39.9亿元，增长8.9%。抓好环境整治，着力解决交通拥堵问题，提高首都城市建设与管理工作的精细化水平。安排城市环境综合整治资金10.0亿元，用于城市主干路两侧整治、非正规垃圾填埋场治理等项目。安排6.6亿元，加大处理生活垃圾、改造环卫设施工作力度等。安排交通治理资金7.8亿元，支持中心城区路口疏堵改造、城市道路桥梁养护，完善道路微循环系统等。

8. 农林水事务支出63.6亿元，增长5.9%。加大惠民强农力度，提高农业现代化水平。安排10.5亿元，支持农业产业化、都市型现代农业基础建设及综合开发。安排9.1亿元，支持设施农业、新一轮“菜篮子”工程建设及沟域经济发展。安排4.4亿元，支持现代农业服务体系建设、种质资源保护、动物防疫体系建设等。安排4.0亿元，支持政策性农业保险与再保险。安排3.6亿元，进一步推进集体林权制度改革，支持森林生态安全建设和林业产业化发展。安排2.0亿元，继续推进社会主义新农村建设。安排从河北调水资金4.2亿元。安排5.6亿元，加大城市水环境治理力度，排查修缮隐患水利工程，保障城市供排水安全。

9. 交通运输支出92.9亿元，增长3.0%。支持优先发展公共交通，使百姓出行更便捷、更畅通。安排公交补贴82.1亿元（另外通过其他科目等方式安排补贴51.8亿元，地面公交和轨道交通补贴共计133.9亿元），完善公交补贴机制，加快轨道交通网络化格局建设，引导公众出行方式。安排燃油补贴4.8亿元，应对因石油价格调整造成的各行业成本增加，其中，安排出租车补贴4.0

亿元，为全市6.66万辆出租车每月发放补贴；安排农村客运油价补贴0.8亿元，落实农村道路客运油补机制。加强公路桥梁等设施大修及日常维护支持力度，确保安全运行。

10. 资源勘探电力信息等事务支出62.1亿元，增长3.7%。支持产业结构调整，促进经济平稳较快发展。安排20.0亿元支持国有企业结构调整、产业转型。安排7.0亿元，重点支持高端项目引入、企业技术改造，培育发展战略性新兴产业、支持淘汰落后产业、发展替代产业。安排5.0亿元，支持中小企业服务体系建设，推动应用创新型融资产品，鼓励中小商贸企业特色经营，促进连锁经营和电子商务等现代流通业发展，支持再生资源回收体系建设等。安排安全隐患治理资金0.8亿元。安排燃气电力价格补贴5.4亿元。

11. 商业服务业等事务支出13.7亿元，增长19.6%。安排旅游发展专项资金9.0亿元（另外通过其他科目安排1.0亿元，旅游发展专项资金共计10.0亿元），落实本市旅游发展总体规划，全力推动旅游业跨越式发展，促进打造国际一流旅游城市。安排商业流通发展专项资金2.0亿元，促进农产品流通、现代物流体系建设，优化商业服务环境。安排外经贸发展专项资金1.7亿元，促进服务外包业健康发展。

12. 公共安全及国防支出86.0亿元，增长3.6%。增强公共安全和社会治安保障能力，保障首都安全稳定。在保障政法机关正常运转和政权建设需要的基础上，重点推进科技强警、消防事业、民防工程建设，维护良好社会秩序。

13. 一般公共服务支出76.0亿元，增长4.2%。保障党政机关及事业单位正常运转、依法履职。支持开展食品安全监管、加快食品安全自检体系建设等。落实人口与计划生育政策，开展流动人口服务管理，支持社会治安综合治理工作。

14. 安排防范财政风险资金58.6亿元。其中，预备费37.6亿元，占市级财政支出的3.0%；公共突发事件应急专项资金3.0亿元，增强应急能力。偿债和处理历史遗留问题资金18.0亿元，防范财政风险。

（五）2011年市级政府性基金预算收支安排情况

市级政府性基金收入713.0亿元，增长4.1%，具体情况是：文化体育与传媒10.2亿元；社会保障和就业7.4亿元；城乡社区事务673.7亿元，其中：国有土地使用权出让金收入581.1亿元；农林水事务6.9亿元；交通运输1.6亿元；资源勘探电力信息等事务2.0亿元；其他收入11.2亿元，主要是彩票公益金收入。

市级政府性基金支出626.4亿元，增长2.8%。具体情况是：文化体育与传媒8.8亿元；社会保障和就业7.7亿元；城乡社区事务573.8亿元，其中：国有土地使用权出让金支出472.5亿元；农林水事务20.8亿元；交通运输1.6亿元；资源勘探电力信息等事务0.9亿元；其他支出12.8亿元。

三、依法理财，科学管理，确保圆满完成2011年预算任务

（一）优化财源结构，进一步增强财政保障能力

提升财政收入综合管理水平。抓住产业结构调整、经济发展方式转变的有利时机，发挥政策资金的集成效应，着力巩固主体财源，培育新兴财源，优化财源结构，强化财政增收的稳定性、可持续性，确保财政收入与经济发展协调提升。强化对经济运行情况和财政收入形势的监测分析，丰富财政收入监控手段，提高数据分析质量，为科学决策奠定坚实基础。完善“横纵结合”的组收工作机制，规范非税收入管理，加大收入征管

力度，全面提升组织收入水平。加强区县间税源户迁移管理，健全沟通协调机制，合理调整区县财税利益，维护税收秩序，稳定基本收入格局。

（二）加大资金统筹力度，优化财政支出结构

进一步优化支出结构，创新支持方式。坚持统筹存量与增量相结合，重点通过优化存量结构，强化政策和资金集成，挖掘潜力、提升效益，加大对全市重点工作和民生领域的保障力度。优化教育、医疗卫生、科技等领域的经费支出结构和支持方式，由一般保障性支持逐步向激励引导性支持转变，使依法增长与科学保障有机结合，体现预算管理的创新性和示范性。贯彻中央及市委厉行节约的要求，强化过紧日子的思想，坚决制止各种铺张浪费行为，坚决压缩一般性支出，2011 年因公出国（境）费用、公务用车购置及运行费、公务接待费等三项经费支出预算原则上实行零增长。继续从严控制党政机关办公楼等楼堂馆所建设，严禁超标准装修办公用房，切实控制和降低行政运行成本。对现有各类大额专项资金进行清理，建立大额专项资金设立、管理、评价、退出等调控机制。继续强化结余资金管理，提高存量资金统筹力度。从深化运营机制、强化管理、理顺价格等方面综合考虑，进一步完善市政公用事业补贴机制，提高财政补贴资金效益。在清理规范政府融资平台公司的基础上，充分发挥市场机制在资源配置中的基础性作用，以管理规范、运行高效为目标，逐步构建“政府引导、社会参与、市场运作的投融资格局”，加大对重点领域的投入力度。

（三）强化财政体制运行效能，促进基本公共服务均等化

继续完善市与区县财政体制。改变过去主要依靠财力转移，促进基本公共服务均等化的方式，积极探索新的运行机制，促进事权与财力相统一，着力解决市级资金下划后部门管理弱化、区县支出管理责任不到位、资金使用“错位”、“缺位”等问题。进一步理清市与区县事权范围和支出责任，建立转移支付奖惩机制，根据区县完成工作任务和落实支出责任情况，调整市对区县一般性转移支付的测算因素及办法，通过调节数量规模提升质量效益。积极完善区县与乡街财政体制，使新的财政管理体制形成不断延伸、拓展和放大的效应。

（四）推进财政科学化精细化管理，进一步提升预算管理水平

健全政府预算体系。强化公共财政预算、政府性基金预算、国有资本经营预算、社会保险基金预算的统筹和衔接。加强政府性基金管理，细化预算编制。做大国有资本经营预算收入规模，完善国有资本投入机制。加强社会保险基金监督管理，确保社会保险基金运行的安全性。进一步加强政府性债务管理，积极防范财政风险。

强化预算管理。健全预算绩效管理制度，加强绩效目标管理，500 万元以上的项目在编制预算时填报绩效目标，扩大项目支出事前评估试点范围，完善再评价制度，运用评价结果优化预算编制和资金分配，提高绩效评价水平，促进政府绩效管理。强化政府采购管理，规范政府采购行为，健全政府采购风险管理体系。加强行政事业单位资产管理，完善资产配置标准，加大推行资产处置进厂交易及电子废弃物集中无害化处理力度，加强资产管理与预算管理的有机结合。完善预算编制，提高预算编制的科学性、准确性，有效发挥预算编制优化资源配置、保障重点支出的作用。健全预算支出责任制度，提高预算支出执行效率。加强决算工作，完善编制指标体系，提升对改进预算编制、执行和财政财务管理的促进作用。

推进预算信息公开。将市人代会审议批

准的政府预算和部门预算全部向社会公开，健全与人大、政协的日常沟通机制，及时、全面反映财政工作进展情况。进一步完善监督机制，理顺财政监督机构与其他监督部门的关系，不断提升财政监督综合效能。继续开展"小金库"专项治理工作，积极探索建立防治"小金库"的长效机制。

各位代表，2011年全市财政工作将全面贯彻党的十七届五中全会、《中共中央关于制定国民经济和社会发展第十二个五年规划的建议》以及市委十届八次全会等有关精神，深入落实科学发展观，紧紧围绕市委的决策部署，自觉接受市人大的指导和监督，认真汲取市政协的意见和建议，进一步增强责任感、紧迫感和使命感，团结一致，扎实工作，确保圆满完成全年预算任务，为在新的起点上推动实施人文北京、科技北京、绿色北京战略，开启"十二五"时期新篇章作出积极贡献！

北京市第十三届人民代表大会财政经济委员会关于北京市2010年预算执行情况和2011年预算草案的审查结果报告

（2011年1月18日北京市第十三届人民代表大会第四次会议主席团第三次会议通过）

北京市人大财政经济委员会副主任委员　陈　婷

大会主席团：

北京市第十三届人民代表大会财政经济委员会在对北京市2011年市级预算草案主要内容初步审查的基础上，根据本次大会代表的审议意见，审查了北京市2011年总预算和市级预算草案及《关于北京市2010年预算执行情况和2011年预算草案的报告》。现将审查结果报告如下。

一、市人民政府提出的2010年预算执行情况

全市地方财政一般预算收入2353.9亿元，完成预算的106.6%，比上年增长16.1%。市级一般预算收入1304.2亿元，完成预算的106.4%，比上年增长16.1%。加中央返还及补助、区县上解、专项政策性结转、上年结余、财政部代理发行我市地方债券等462.8亿元，收入总计1767.0亿元。全市地方财政一般预算支出2446.2亿元，完成预算的106.3%，比上年增长14.6%。市级一般预算支出1135.0亿元，完成预算的107.1%，比上年增长14.0%。加上解中央支出、区县税收返还和转移支付、专项政策性结转、地方债券支出、划转水利建设基金、转入预算稳定调节基金等632.0亿元，支出总计1767.0亿元。市级预算收支平衡。

财政经济委员会认为，2010年预算执行情况总体是好的。市人民政府及其财政部门认真执行市十三届人大三次会议批准通过的2010年市级预算及决议，深入贯彻科学发展观，努力发挥公共财政职能作用，着力加强财政科学化精细化管理，财政收入保持平稳较快增长，财政支出结构进一步优化，各项财政管理改革继续深化，依法理财水平不断提高，圆满完成了全年预算任务，为首都经济社会实现平稳较快发展提供了有力保障。

财政经济委员会指出，在2010年市级预

算执行中也存在一些值得注意的问题：财政持续增收的基础需要进一步巩固，收支矛盾仍很突出；预算编制的科学性、准确性和完整性尚需增强，一些部门预算编制不够细化；财政资金分配管理机制有待完善，部分资金使用效益仍需提高；一些部门违反财经法纪和财务制度的现象时有发生，财政管理监督体系需要进一步健全。对此，市人民政府要高度重视，切实采取措施，认真加以解决。

二、市人民政府提出的 2011 年市级预算草案

全市地方财政一般预算收入安排 2565.8 亿元，比上年增长 9.0%。市级一般预算收入安排 1422.3 亿元，比上年增长 9.1%。加中央返还及补助、区县上解、专项政策性结转等 402.1 亿元，收入总计 1824.4 亿元。全市地方财政一般预算支出安排 2670.0 亿元，比上年增长 9.1%。市级一般预算支出安排 1254.5 亿元，比上年增长 10.5%。加上解中央支出、区县税收返还和转移支付、专项政策性结转、划转水利建设基金等 569.9 亿元，支出总计 1824.4 亿元。市级预算安排收支平衡。

财政经济委员会认为，2011 年市级预算草案贯彻了中共十七届五中全会、中央经济工作会议和中共北京市委十届八次全会精神，围绕加快实施人文北京、科技北京、绿色北京战略和建设中国特色世界城市，认真落实积极的财政政策，财政收入的增幅与地区生产总值的增幅相适应，组织收入措施切实可行。预算支出安排坚持统筹兼顾、突出重点、有保有压，进一步增加了保障和改善民生、自主创新、结构调整以及区域协调和城乡统筹发展等方面的资金支出，保证了法定支出依法增长。总的来看，市级预算的安排符合有关法律、法规的规定和本市实际情况，是稳妥可行的。

财政经济委员会建议本次大会批准北京市 2011 年市级预算草案及《关于北京市 2010 年预算执行情况和 2011 年预算草案的报告》。

三、2011 年是“十二五”时期的开局之年，首都经济社会发展任务繁重，面临的形势较为复杂，财政收支矛盾仍很突出。为圆满完成 2011 年预算，做好财政工作，财政经济委员会提出以下意见和建议

（一）充分发挥财政职能作用，构建持续稳定的财政增收机制

科学运用财税政策手段，把支持转变经济发展方式、调整产业结构与培植壮大财源结合起来，进一步优化财源结构，增强消费对经济增长的拉动作用，夯实财政收入增长基础，促进财政收入持续稳定增长。着力提升财政收入综合管理水平，研究当前经济发展中的不确定因素和国家财税政策调整对我市财政收入带来的影响，加强对经济形势和财政收入的分析监控。完善组收工作机制，坚持依法治税，规范非税收入管理，确保财政收入任务顺利完成，增强财政保障能力。

（二）健全财政资金分配管理机制，着力保障重点支出

注重财政资源存量的统筹和调整，加大整合优化力度，统筹财政资金。研究建立大额专项资金设立、管理、评价、退出等调控机制，集中财力支持重大项目和重点行业发展。认真落实市级行政事业单位财政性结余资金管理办法，加强结余资金的统筹使用。深入分析研究财政补贴政策，改进和完善公共财政补贴机制和办法。严格控制一般性支出，坚决制止各种铺张浪费行为。在保证法定支出依法增长的前提下，加强对民生和社会事业的投入，合理调整收入分配格局，着力提高城乡居民收入。运用财税杠杆，做好市场保障和物价稳定的工作，保障低收入群体、困难群体的基本生活。

（三）改进和完善预算编制工作，提高预算的科学性和完整性

进一步规范和细化预算编制，减少代编

预算数额，促进预算编制和年度工作计划的有机结合，提高预算编制的科学性和准确性。继续细化和完善政府性基金预算的编制，全面反映国有土地使用权出让等各项基金收支情况，提高基金预算的规范性和透明度。推进市级项目支出事前评估试点工作，逐步扩大事前评估试点范围。合理界定市和区县的事权及支出责任，健全统一规范透明的转移支付制度，继续做好对区县转移支付的提前告知工作，提高区县预算编制的完整性。按照国家要求，依法做好市级国有资本经营预算的试编工作，扩大市级国有资本经营预算覆盖范围，2012 年，向市人民代表大会提交市级国有资本经营预算。

（四）深化预算监督管理，促进预算公开透明

进一步加大推进预算绩效管理的力度，完善绩效管理制度，深化绩效审计工作，强化部门和单位在预算执行中的绩效理念和主体责任，逐步建立健全绩效目标设定、绩效跟踪、绩效评价及结果运用有机结合的预算管理机制，推进全过程预算绩效管理，提高财政资金使用效益。严格预算执行管理，提高预算支出执行的均衡性和效率。继续深化政府采购和国库集中支付改革工作。强化地方政府债务管理，健全政府债务管理的长效体制和风险预警机制，切实防范财政风险。进一步完善和规范预决算公开制度，扩大预算公开范围，细化预算公开内容，适时向市人大常委会提交部门决算汇总表，推进部门决算向社会公开。积极推进审计地方立法工作，为审计部门依法开展审计监督工作提供法律保障。

以上报告，请予审议。

北京市第十三届人民代表大会第四次会议关于北京市人民代表大会常务委员会工作报告的决议

（2011 年 1 月 21 日北京市第十三届人民代表大会第四次会议通过）

北京市第十三届人民代表大会第四次会议听取和审议了杜德印主任所作的市人大常委会工作报告。会议充分肯定了市人大常委会 2010 年的工作，同意报告提出的 2011 年的工作任务，决定批准这个报告。

会议要求，面对首都发展新的形势和任务，市人大及其常委会要在中共北京市委领导下，坚持党的领导、人民当家作主、依法治国有机统一，充分发挥人民代表大会制度优势，认真贯彻党的十七届五中全会、中央经济工作会议和市委十届八次全会、第三次人大工作会议精神，以科学发展为主题，以加快转变经济发展方式为主线，紧紧围绕推动市委决策部署和“十二五”规划纲要的贯彻落实，依法有效履行职能，为实施人文北京、科技北京、绿色北京战略提供民主法制保障。

会议强调，2011 年，市人大及其常委会要继续加强和改进立法工作，进一步突出首都特点和地方立法特色，着力提高立法质量；要切实增强监督实效，加强对国家权力运行的监督；要保障代表依法履职，密切代表与

人民群众的联系；要继续完善工作方式，改进创新工作制度、工作机制和工作方法，开拓创新、锐意进取、求真务实、扎实工作，为实现“十二五”时期经济社会发展的良好开局作出应有贡献，以优异成绩迎接中国共产党成立90周年！

北京市人民代表大会常务委员会工作报告

——2011年1月18日在北京市第十三届人民代表大会第四次会议上

北京市人大常委会主任　杜德印

各位代表：

我受北京市第十三届人民代表大会常务委员会委托，向大会报告工作，请予审议。

2010年的主要工作

2010年，市人大常委会在中共北京市委的领导下，深入贯彻市委第三次人大工作会议精神，认真执行市十三届人大三次会议决议。全年共召开常委会会议7次，审议了59项议题。其中，审议法规7项，通过5项，一审2项；听取和审议“一府两院”专项工作报告9个、议案办理情况报告3个；听取和审议了本市2010年国民经济和社会发展计划、预算上半年执行情况及2009年预算执行和其他财政收支的审计工作报告，审查和批准了2009年决算，对2个方面法律、法规执行情况进行了检查并听取和审议了相关报告；围绕制定本市国民经济和社会发展第十二个五年规划纲要开展专题调研；依法作出了《关于东城区和崇文区、西城区和宣武区行政区划调整有关问题的决定》、《关于批准本市2010年地方政府债券收支安排专项预算调整方案的决议》等5项决议决定；任免国家机关工作人员290人次。全面完成了市十三届人大三次会议确定的工作任务。

一、在制定“十二五”规划中发挥人民代表大会制度优势，有序表达人民群众意愿

制定好“十二五”规划关系到未来一个时期首都科学发展的大局。常委会坚持发挥人民代表大会制度优势，着眼于保证人民当家作主的权力，组织常委会委员、人大代表深入学习科学发展观，学习中央关于首都工作的一系列重要指示和市委的决策部署，通过开展专题调研、审议有关议题、代表集中视察等方式，对制定“十二五”规划提出意见和建议。把扩大规划编制的民主参与和为市人民代表大会审查批准规划做好准备贯穿到全年工作中。

一是开展专题调研。去年5—7月，常委会抓住人民群众普遍关心和首都经济社会发展迫切需要解决的推进科技创新、基本住房保障、生活垃圾处理、城乡统筹发展、商务服务业发展、人口规模调控6个问题，成立6个调研组，组织100多位常委会组成人员、专委会委员和人大代表，深入实际、深入群众，广泛听取各方面意见，总结基层干部群众创造的经验，形成了富有针对性和建设性的6个专题报告和1个综合报告。

二是听取和审议市政府关于《北京城市总体规划（2004—2020年）》实施情况评估工作的报告。常委会组成人员认真学习国务院关于总体规划的批复，进一步明确了首都城市的性质、功能、发展目标和发展任务，充分肯定了市政府5年来实施总体规划取得的重要进展和明显成效，指出了规划实施过程中存在的突出问题，强调要维护总体规划的权威性和严肃性，把总体规划作为科学编制“十二五”规划的重要依据，把实施好城市总体规划和“十二五”规划有机统一起来。

三是组织代表集中视察。去年11月中旬，在常委会统一组织下，近400名市人大代表和全国人大北京团代表围绕制定“十二五”规划，分选区和分专题进行视察。代表们通过实地考察、专题调研、走访群众、召开座谈会等多种形式，听取群众意见，了解实际情况，充分表达人民群众的意志和愿望，提出了2500多条建议。

通过这些工作和活动，常委会广泛汇集了人民群众的意见和智慧，分别形成了《市人大常委会关于制定北京市“十二五”规划几个重要问题的建议》、《市人大常委会关于市政府实施城市总体规划情况评估工作报告的审议意见书》和人大代表意见和建议汇总报告。对编制“十二五”规划提出的建议主要包括：一是坚持首都城市的性质和功能。走服务全国、发展自己的路子，使经济社会发展与城市的性质和功能相协调，与人口资源环境的承载能力相适应。二是坚持发展首都经济。通过科技创新推动经济发展方式转变和产业结构调整，建立以高新技术为核心，服务和辐射全国为特征，一、二、三产业相融合的首都经济现代产业体系。通过制度创新，健全首都资源整合的体制机制。三是加快国家文化中心建设。立足北京文化的历史积淀和独特优势，面向引领和服务全国的功能，加快发展科技、教育、文化、卫生、体育事业及其相关产业，使国家文化中心建设成为推动首都科学发展的战略重点和强大动力。四是加强宜居城市建设。发挥城市总体规划对城市建设、经济社会发展的统领、规范、约束作用，使经济社会发展与城市建设协调一致，从根本上解决发展中面临的突出矛盾。着力抓好治理交通拥堵、生活垃圾处理、污水防治和资源化、健全基本住房保障制度等涉及民生的重点问题，努力改善全体市民的生存和发展环境，提高生活质量。五是完善统筹城乡发展、推进农村城镇化的制度和政策。坚持农村基本经济制度，切实保障农民土地、资产的合法权益；坚持以产业发展带动农村城镇化；统筹城乡社会保障制度和公共服务体系；在城镇化过程中实现农民的“一变三有三进”，即土地变为城镇建设用地后，农民有产业、有资产、有就业，进入新型经济组织、城乡统一的社会保障体系和公共服务体系。六是高度重视和合理调控人口规模。着力从转变发展方式、优化城市功能、调整产业结构、提高传统产业的组织化程度和现代化水平、严格企业市场准入、加强对劳动力市场的管理和服务等方面，提高劳动生产率，降低劳动力需求，遏制人口的无序过快增长，缓解人口资源环境的矛盾。同时加强对流动人口合法权益的保护，完善人口综合管理体制。

市委、市政府高度重视常委会和人大代表提出的意见和建议。市委书记刘淇同志和市长郭金龙同志分别作出批示，要求市委、市政府有关部门在编制“十二五”规划中认真研究吸纳人大提出的建议。市委规划建议起草组和市规划编制领导小组专门到人大听取意见。市政府及部门负责同志还与参加集中视察的人大代表座谈，当面听取意见。在市委关于制定“十二五”规划的建议和市政府提请本次会议审查批准的“十二五”规划纲要中，充分吸收了市人大常委会和人大代表提出的意见和建议，从而使人民群众的意志和愿望通过人民代表大会制度有序进入市委关于制定“十二五”规划的建议和提交这次会议审查批准的“十二五”规划纲要中，也使“十二五”规划的编制有了更加广泛的民意基础。

二、突出首都特点，增强立法的针对性和实效性

常委会坚持和完善立法工作格局和机制，围绕关系首都科学发展的重大问题，注重把握地方立法特色，继续在提高立法质量上下功夫。

制定中关村国家自主创新示范区条例。这是一项关系到加快中关村国家自主创新示范区建设，推动首都实现创新驱动发展的重要法规。常委会紧紧依靠市委的领导，协同市政府及相关部门，用创新的精神开展这项立法工作。一是创新工作机制，成立了由一名市委常委为组长，两名市人大常委会副主任、一名副市长为副组长，市人大、市政府相关部门负责人参加的领导小组。领导小组先后召开 8 次会议，就法规起草、修改中的重要问题进行研究。二是坚持把推进自主创新的制度创新，增强创新活力，提高创新能力作为立法的主要任务。根据国务院关于支持中关村建设国家自主创新示范区的批复，针对科技人员激励机制不健全，科技资源部门分割，产、学、研、用脱节，创新服务体系不完善以及创新成本提高等问题，法规着重在完善科技人员权益保障和利益分享机制，建立以项目为统领、企业为主体或以企业化组织模式整合资源的创新机制，健全首都自主创新管理体制和工作机制，搭建政府自主创新服务平台，改进政府土地、资金配置方式，发展科技金融等方面作出了创新性的制度安排。经过常委会两次审议和反复修改，这项法规于去年年底的常委会第 22 次会议上通过，并于通过之日起实施。

继续审议并通过水污染防治条例。针对首都水资源、水环境和水生态的实际状况，常委会把实施国家水污染防治法和水法统一起来，将防治水污染与开发利用污水资源相结合，在严格控制污水排放，统筹城乡水污染防治工作，开展按流域综合治污，实现污水资源化，改善水环境质量、恢复水生态功能等方面作出了制度安排。法规还就明确污泥处置责任主体和提高污泥安全处置水平，加大对违法排污行为的处罚力度，加强对水污染受害人合法权益的保护等问题作出了明确具体的规定。条例的实施将为统筹推进我市水污染防治和水资源利用工作提供有力的法制保障。

常委会修订了实施节能法办法，将合同能源管理项目纳入专项资金支持范围，加大了在民用建筑领域和新农村建设中对太阳能的推广利用力度；修订了大型群众性活动安全管理条例，进一步明确了相关主体的责任，强化了政府监管职能，健全了符合首都特点的安全管理工作机制；制定了农业机械化促进条例，明确了农业机械化发展目标和政府的扶持责任；一审了安全生产条例和消防条例。

按照全国人大常委会的统一部署，常委会对本市现行有效的 137 件法规进行了全面清理，分别作出了废止 1 件法规和简易修改 21 件法规的决定，解决了法规规定中存在的与上位法和首都经济社会发展不一致、不适应、不协调的问题。

一年来，常委会围绕提高立法质量，进一步加强对立法工作的统筹协调，推进立法工作机制的完善。一是改进常委会法规审议工作。实行“二审三通过”的审议程序，将原来由全体会议进行二审，审议后在当次会议上表决通过，改为二审分组审议，会后进行修改，再提交下一次常委会全体会议通过，以便于常委会组成人员充分发表意见和法规

的进一步完善。如水污染防治条例，在二审分组审议时，共有16位常委会组成人员和3位列席代表提出了40多条意见，其中有20多条意见被采纳。实践证明，这种方式有利于集思广益和深入研究解决重点问题，有利于提高法规质量。二是开展和深化法规立项论证工作。制定了立法论证工作规程，开展了6项法规的立项论证。通过法规立项工作，增强了人大常委会在立法工作中的主导作用，密切衔接了法规起草和法规审议的各个环节，保证了立法工作的质量。三是抓好立法后法规宣传和实施的监督检查工作。法规颁布后，协同市政府及有关部门通过召开学习贯彻座谈会、开辟媒体专版专栏、举办法规培训班、组织法规宣传月、开展对法规实施情况的视察和检查等多种活动，促进法规的普及，推动法规的实施。四是继续开展立法后评估工作。对北京历史文化名城保护条例进行了评估，为进一步完善条例和促进历史文化名城保护工作提供了重要依据。五是进一步推进立法的民主参与和公开工作。每项法规草案均向区县人大常委会和市人大代表征求意见，并邀请代表参加立法调研。利用门户网站平台，公开征求群众意见，做好对社会公开工作。

三、持续开展跟踪监督，切实推动重点问题解决

常委会紧紧围绕全市工作大局开展监督工作，注重监督工作的保证性、建设性和实效性。对于一些关系首都科学发展的重点问题和人民群众普遍关注的突出问题，运用各种监督形式，连续不断进行监督，推动“一府两院”的相关工作不断取得新的成效。

（一）抓住重点问题不放，推动工作持续进展

为进一步推动北运河流域水系的综合治理，常委会在2008年重点督办代表建议、2009年办理代表议案的基础上，去年又听取和审议了市政府关于北运河流域水系综合治理情况的报告，进一步检查督促市政府的工作，并提出了将北运河流域水系综合治理纳入“十二五”规划的建议。去年，市政府落实投资50多亿元，完成治理项目30多个。流域内污水处理厂和再生水厂建设加快，农业种养殖污染防控和非正规垃圾场治理扎实推进，重点工业污染源监管和水资源循环利用力度加大。全流域监控和分区负责、分断面考核机制初步建立。通过生态治河等手段，整个流域水环境正在得到逐步改善，2008年以来每年都顺利通过国家COD审核。

为推动建立本市保障性住房制度，维护广大市民特别是中低收入群体的基本住房权益，常委会连续三年第三次列入议题，听取和审议了市政府关于推进保障性住房建设、完善住房保障制度的报告，提出要将住房保障作为社会保障制度的重要组成部分，加大保障性住房建设力度，逐步健全公民基本住房保障制度，推进住房保障工作健康可持续发展。市政府高度重视保障性住房建设，保障性住房体系初步形成，保障性住房配置更加规范透明。去年，建设计划超额完成，新开工建设和收购政策性住房13.6万套，占全市住宅开工套数的比例以及政策性住房用地比例“两个50%”的目标如期完成。

为推动生活垃圾处理工作，常委会在2009年听取和审议市政府议案办理情况报告的基础上，去年又听取和审议了市政府关于生活垃圾处理工作进展情况的报告，就创新垃圾处理方式、加快垃圾处理设施建设、推进生活垃圾分类等方面提出新的意见和建议。市政府加大工作力度，垃圾处理工作取得突破性进展。垃圾分类顺利推进，垃圾产生量出现下降趋势，垃圾焚烧处理设施建设进程加快。采用国际一流技术、日处理3000吨垃圾的门头沟鲁家山焚烧发电厂已经开工。一

批餐厨垃圾处理设施建成使用。

为促进城南行动计划的实施，常委会听取和审议了市政府关于推进城市南部地区发展情况的报告。市政府积极推动城市南部地区的建设和发展，加大了统筹协调力度和财政资金投入。经过各级政府的共同努力，南部地区行动计划取得了重要进展，一批配套支持的政策出台实施，一批基础设施项目开工或竣工，一批产业聚集区加快建设，一批重大产业项目落地，一批重点民生工程在建或完工，区域投资环境明显改善，地区生产总值及财政收入同比均有较快增长，呈现出加快发展的良好态势。

常委会还听取和审议了市政府关于本市少数民族乡村经济发展情况的报告，提出要加强对民族乡村经济发展的统筹领导和政策集成，加大资金投入，积极培育民族乡村经济专业合作组织等意见和建议，切实推进少数民族乡村经济发展，促进各民族共同团结奋斗和共同繁荣发展。

常委会对中小企业促进法实施情况进行了检查，就进一步优化中小企业发展环境，完善中小企业扶持政策，健全相关地方性法规等问题提出了意见；在对北京市征兵工作条例进行执法检查中，常委会成立了以驻京部队人大代表为主体的执法检查组，深入调研、摸清情况，就改进征兵工作机制、完善优待安置政策、加强国防教育和法规宣传提出建议。通过执法检查，促进了法律、法规的贯彻实施，并为有关法规的修订做了必要准备。

常委会委托各人大专门委员会对 2009 年 9 项监督议题审议意见落实情况进行了跟踪检查。首次向区县人大常委会、市人大代表和市民公开征集 2011 年监督议题建议，增强了人大监督工作的公开性和民主性。

（二）抓住提高财政资金的使用绩效不放，稳步推进预算监督工作

常委会进一步深化预算监督工作。一是继续开展对预算资金使用绩效的监督。推动政府加强财政资金绩效考评工作和绩效审计，逐步健全绩效管理制度。二是推进预算管理的制度化、规范化、公开化。督促政府进一步规范和细化预算编制，加强项目库建设和结余资金管理，改进和完善预决算报告，扩大部门预算提交市人代会和向社会公开的范围。除涉密部门外，本次大会上经批准的政府预算和部门预算将全部向社会公开。三是支持政府审计部门扩大部门预算执行情况的审计范围，建立和完善审计分析工作机制。在去年的审计工作报告中，审计局向常委会提供了对 11 个政府部门的审计情况。通过审计，既发现了预算执行中的一些具体问题，又找出了一些共性问题，为改进预算管理和编制工作提供了重要依据。

（三）抓住促进公正司法的目标不放，不断深化对诉讼活动的监督

常委会自 2008 年作出《关于加强人民检察院对诉讼活动的法律监督工作的决议》后，紧紧围绕促进公正司法的主题，抓住监督权力正确行使的核心，连续三年开展对诉讼工作的监督。去年，常委会听取和审议了市高级人民法院关于加强制度建设、强化内部监督、确保司法公正工作情况的报告，市人民检察院关于深化诉讼监督工作、促进执法司法公正情况的报告。常委会组成人员和人大代表在深入调研的基础上，着眼于发挥中国特色社会主义司法制度内在优势，着重从加强审判管理、严格审判监督、规范审判行为以及健全诉讼监督制度等方面，对“两院”的报告及工作提出了意见和建议。市高法和全市各级法院认真贯彻人大常委会的审议意见，进一步加强核心价值观建设，强化审判管理和审判监督，建立审判督导、案例指导、案例比对和案件质量检查等内部管理和监督制约机制。开展“万件重点案件检查”活动，对发现的问题及时整改、公开讲评，促进了

审判质量的提高。市人民检察院继续抓好对市人大常委会决议的贯彻落实，进一步明确了诉讼监督工作长远目标以及健全完善工作机制的重点，强化对诉讼活动各环节和执法过程的监督。在常委会的支持下，开展了“百案评查”活动，集中进行了一次较大规模的诉讼监督实践，进一步增强了搞好诉讼监督的自觉性，探索了诉讼监督工作机制，提高了诉讼监督能力。目前，全市行政执法与刑事司法相衔接的工作机制已经启动，检察长列席同级法院审判委员会的制度普遍实行。人大代表和人民群众对“两院”工作的满意度逐年提升。

四、做好代表议案办理工作，保证代表职权落到实处

常委会坚持把办理代表议案作为保障人大代表职权和人民民主权利的一项重要任务，充分发挥主导作用，与市政府共同调查研究，密切沟通协作，形成办理合力，有效推动相关问题的解决。

办理“推进老龄事业发展，完善养老服务和保障体系”议案，常委会创新调研方式，邀请150位市人大代表就近对514位老人进行访谈，委托市统计局对2264位老人进行入户调查，了解掌握“老年餐桌”供需情况、“养老服务券”发放和使用情况以及养老服务实际需求。提出了编制“十二五”老龄事业发展规划，协调推进老年人权益保障制度和老年人服务保障体系建设的建议。市政府把办理议案与推动工作结合起来，在多年来采取一系列措施的基础上，进一步完善养老服务和保障制度，普遍提高了养老保障金水平；在全国率先实施城镇无医疗保障老年人的大病医疗保险制度，提高老年医疗保障水平；居家养老服务“九养政策”和老年人优待办法进一步完善，城乡社区老年餐桌和托老所建设取得新的进展；养老机构建设加快，去年新增1.5万张养老床位；老龄事业发展规划首次纳入本市五年发展规划，为老龄事业的发展奠定了坚实基础。

办理“首钢搬迁、矿山关停后开发替代产业，促进西部地区经济发展”议案，常委会成立了由主任和分管副主任牵头的议案督办组，协同市政府及主管部门，多次深入西部地区调研，针对西部地区功能定位和转型发展的特点，共同提出了按照“民生为本、生态优先、文化为主、科技支撑、制度创新、宜居宜业”的原则，建设西部绿色发展新区的思路和目标。市政府提出了“六个一”的议案办理举措，通过创建综合服务改革试点区、可持续发展实验区，设立股权投资基金，举办西部地区发展论坛等方式，将议案办理过程作为推进西部转型发展的过程，并制定了关于西部地区转型发展的意见。经过各方共同努力，议案办理成效初步显现：炼钢、采矿等资源型产业退出基本完成；关停废弃矿山植被恢复、永定河流域综合治理等多项生态工程相继上马，在全国率先建立山区集体生态公益林补偿机制；采空棚户区和煤矿关闭地区的人口搬迁安置工作加快，通过转岗就业、托底安置等手段，首钢和矿山关停地区富余人员再就业进展顺利；项目推介工作取得可喜进展，吸引项目资金总额超过2000亿元。常委会在审议市政府办理工作情况报告时，对市政府所做的工作充分肯定，就高度重视转型过程中的民生安排、建立统筹协调的领导机制和利益机制、推进科技创新和制度创新等问题提出了建议。

办理“推动城乡结合部建设，促进城乡统筹发展”议案，常委会着眼于保障农民的合法权益，提出要逐步破除制度障碍，坚持以政府为主导、农民为主体，通过多种模式推进城乡结合部的改造和建设，抓紧完善农村拆迁涉及的农民土地、房屋、财产补偿制

度等建议。市政府将议案办理与推动工作相结合，最大限度地维护和保障农民的实际利益，在规划编制、资金筹措、立项审批、集体土地使用与管理、农民就业与社会保障等方面采取了一系列惠民政策，城乡结合部地区建设取得了重要进展。

五、加强和改进代表工作，保障代表依法履行职责

常委会坚持已经形成的代表工作格局和代表工作制度，加强对代表履职的服务保障工作，保证代表执行职务与人民代表大会及其常委会行使职权密切衔接，保持代表与人民群众的密切联系。

（一）围绕人大及其常委会议题，按制度组织代表闭会期间的活动

一是坚持专门委员会按常委会议题相对固定联系代表制度。市人大代表围绕常委会议题加强与人民群众的联系沟通，积极参与常委会和专门委员会的审议，有效表达了群众意愿，支持了常委会和专门委员会的工作。全年共有近3000人次参与常委会的立法和监督工作。二是发挥专业代表小组的作用。支持体育、妇女、农村、科技、少数民族等专业代表小组充分发挥专业优势。科技代表小组召开16次座谈会，进行8次实地调研，为常委会中关村自主创新示范区立法和听取审议科技方面专项工作报告提出大量建设性的意见和建议。三是组织好代表年中活动和会前集中视察。区县人大常委会认真做好组织服务工作，442位代表参加了年中活动，388位代表参加了会前集中视察。常委会还组织代表就市政府2011年拟办实事项目提出9个方面154条意见。

（二）抓好代表建议督办工作，增强办理实效

在市十三届人大三次会议上，代表共提出建议1437件。常委会进一步完善“主任、副主任牵头重点督办、专委会分类督办、代表联络室统筹督办”的建议督办方式，办理实效进一步增强。一是加强对建议的综合分析。对建议的提出、内容以及交办情况进行归纳整理，找准建议中反映的热点难点问题，为建议的督办奠定基础。二是加强分类综合督办工作。各专委会召开建议督办工作会，密切与承办单位的联系，及时掌握办理工作进度，协调解决办理中遇到的困难和问题。三是督促“一府两院”建立健全内部督办工作机制，要求承办单位就代表对办理结果不同意的进行自查。经过各方面努力，代表提出的建议被有关方面采纳、问题得到解决或基本解决的190件，有些建议的办理取得了明显成效；难度较大、需要逐步解决，工作已有进展的907件。另外，闭会期间代表提出建议118件，已办复80件。

常委会认真做好代表履职的服务保障工作。举办了两期代表培训班，围绕贯彻市委第三次人大工作会议精神、编制好“十二五”规划等内容进行学习讨论，帮助代表进一步提高履职能力和水平；利用网络优势，扩大常委会门户网站代表园地的信息量，发挥代表活动管理软件的支撑作用，开发手机短信平台，为代表知情知政、履行职责创造了更好的条件。

六、加强常委会及机关自身建设，提高履行职务的素质能力

常委会深入贯彻落实市委第三次人大工作会议精神，坚持正确方向，完善工作方式，努力提高履职能力和水平。一是坚持正确的政治方向。坚定不移地坚持党的领导、人民当家作主、依法治国的有机统一，坚持用党的理论路线方针政策武装头脑、统一思想、指导工作，不断增强对国家和人民事业的责

任感，增强对坚持和完善人民代表大会制度的自觉性。二是坚持密切联系群众、深入调查研究。把通过人民代表大会制度有序表达人民群众的意愿作为重要职责和任务，使常委会各项工作都建立在深入调查研究、广泛汇集民意的基础上。三是进一步健全工作机制，注重发挥专门委员会的职能作用，加强与“一府两院”的沟通协调，设立常委会预算工作委员会。四是健全机关工作绩效管理制度，加强信息化建设，提高机关工作质量和服务保障水平。在机关党组织中开展“创先争优”活动，加大干部培训、交流、基层锻炼等工作力度。

常委会积极做好信访工作，在推动具体问题解决的同时，开展信访综合分析，将一些普遍性问题纳入常委会议题加以解决。加强新闻宣传和信息公开工作，扩大人民群众对常委会工作的参与。发挥市人大理论研究会的作用，为常委会工作提供理论和对策支持。认真完成全国人大常委会委托或交办的工作任务，为全国人大常委会在京调研、视察、执法检查工作提供服务和保障。对区县人大常委会、乡镇人大发挥职能作用情况进行调研，加强与区县人大常委会的联系和工作联动，密切各级人大代表之间的联系。密切与兄弟省市人大常委会的联系，学习借鉴兄弟省市做好人大工作的经验和做法。开展与外国地方议会的交往，扩展人大代表与外国议会议员的交流。

各位代表：一年来，常委会顺利完成了十三届人大三次会议批准确定的各项任务，工作取得了新的进展和成效。这是在市委正确领导下，全体常委会组成人员和人大代表坚持不懈、辛勤工作的结果，是“一府两院”、区县人大常委会密切配合的结果，也是广大市民关心、支持和帮助的结果。在此，我代表市人大常委会，向各位代表和全市人民，向市“一府两院”和各级国家机关，向所有关心、支持人大工作的同志们、朋友们，表示崇高的敬意和衷心的感谢！

面对新的形势和任务，我们清醒地认识到，常委会的工作还有不少差距。一些涉及推进首都科学发展、保障公民合法权益、维护社会公平正义方面的地方性法规不健全，有的法规实效性不强；对权力运行的监督工作比较薄弱，对有些问题的审议意见针对性、可操作性不强；代表密切联系人民群众、表达人民群众意见的机制还不完善，代表履职的服务保障工作有待改进；常委会组成人员的履职能力和机关干部的素质能力还需要提高等。对于这些问题，我们将在新一年的工作中继续探索改进。

2011年的工作任务

2011年，中国特色社会主义法律体系将如期形成，本市“十二五”规划将全面实施，区县、乡镇人大代表将同步进行换届选举，首都还将隆重纪念建党90周年。面对新的形势和任务，市人大常委会要在中共北京市委领导下，坚持党的领导、人民当家作主和依法治国的有机统一，充分发挥人民代表大会制度的优势，认真贯彻党的十七届五中全会、中央经济工作会议和市委十届八次全会、三次人大工作会议精神，以科学发展为主题，以加快转变经济发展方式为主线，紧紧围绕推动市委决策部署和“十二五”规划纲要的贯彻落实，依法有效履行职能，推进民主法制建设，为实施“人文北京、科技北京、绿色北京”战略，实现“十二五”时期良好开局，推动北京向中国特色世界城市迈出坚实步伐，作出应有贡献。

一、立法工作方面

适应中国特色社会主义法律体系形成后

法治建设的新要求，围绕首都加快转变经济发展方式、加强城市管理、保障公民合法权益和改善民生方面迫切需要解决的问题，及时启动相关立法工作。要进一步突出首都特点和地方立法特色，增强法规的针对性和实效性，提高法规立项论证工作的质量，开展法规预案研究等，推进科学立法、民主立法。

拟安排审议 8 项法规草案。为提高城市安全管理水平，切实保障人民群众生命财产安全，继续审议并通过消防条例和安全生产条例；为使生活垃圾处理纳入法制化轨道，制定生活垃圾管理条例；为实施就业促进法，促进和保障困难群体就业，制定就业援助规定；为实施审计法，加强政府审计职能，保证预算资金依法安全有效使用，制定审计条例；为进一步推动本市残疾人权益保障工作，修订实施残疾人保障法办法；为统筹城乡河湖水系管理，推进河湖流域综合治理，改善首都生态环境，修订河湖保护管理条例；适应选举法修订和区县、乡镇人大代表换届选举工作的需要，修订区县、乡镇人大代表选举实施细则。

拟对 9 个法规项目进行立项论证。包括：制定人力资源市场管理条例、湿地保护条例、规范性文件备案审查条例；修订实施村委会组织法办法、村民委员会选举办法、食品安全条例、实施大气污染防治法办法、实施防震减灾法办法、实施代表法办法等。

拟结合听取和审议市政府关于动物防疫工作情况的报告，对动物防疫法实施办法进行立法后评估。

二、监督工作方面

立足人大监督的性质和特点，坚持围绕中心、服务大局，切实加强对国家权力运行的监督，同时持续开展跟踪监督，推动重点问题的解决。

拟安排听取和审议“一府两院”9 个专项工作报告。为支持和推动交通疏堵工作，听取和审议市政府关于缓解交通拥堵工作情况的报告；为促进本市科技创新，听取和审议市政府关于科技创新平台建设情况的报告；为推动西部地区转型发展议案办理结果取得实效，听取和审议市政府关于促进西部地区经济发展情况的报告；为增强北京全国文化中心功能，听取和审议市政府关于推进国家文化中心建设进展情况的报告；为进一步推动动物疫病防治，听取和审议市政府关于动物防疫工作情况的报告；为推动解决入园难、入园贵问题，促进本市学前教育健康发展，听取和审议市政府关于学前教育工作情况的报告；为推进全市法治建设，实施法制宣传教育第六个五年规划，听取和审议市政府关于开展“五五”普法工作情况的报告；为继续推进对司法工作的监督，促进公正司法，听取和审议市高级人民法院关于全市法院加强刑事审判工作的报告，听取和审议市人民检察院关于加强刑事诉讼监督工作的报告。

推进国家文化中心建设，是中央和全国人民赋予北京的重要功能和责任，也是北京加快转变经济发展方式，实现科学发展的战略任务和重要途径。常委会拟围绕这个问题组织开展专题调研，并听取和审议市政府专项工作报告。

听取和审议本市 2011 年国民经济和社会发展计划上半年执行情况、预算上半年执行情况的报告，2010 年预算执行和其他财政收支的审计工作报告，2010 年决算草案的报告，审查批准 2010 年市级决算。听取和审议市政府关于地方政府债券收支安排专项预算调整方案的报告并作出决议。在听取审议这些报告中，要高度关注转变经济发展方式、缓解人口资源环境矛盾和保障改善民生问题，加大对预算资金运行情况和使用绩效监督的力度，推动市政府在完善预算绩效管理制度方面取得明显进展。

拟安排2个方面的执法检查。为推动相关法律、法规的贯彻落实，增强本市防震减灾能力，开展对防震减灾法及本市实施办法的执法检查。为保护台胞投资合法权益，促进京台经济合作繁荣发展，开展对台胞投资保护法的执法检查。

三、代表工作方面

按照新修订的代表法的要求，继续完善代表工作格局，提高保障服务工作水平，更好地支持、规范和保障代表依法履行职责和行使权力，密切与人民群众的联系。

进一步提高代表闭会期间活动的质量和实效。举办好代表培训班，开展好年中分团活动，改进并组织好会前集中视察。继续组织代表参与常委会议题的准备和审议工作，完善专委会相对固定联系代表制度，提高代表参与常委会和专委会活动的广度和深度。密切人大代表与人民群众的联系，发挥代表开展群众工作的优势和作用。

进一步完善代表议案办理工作机制。要根据本次大会主席团确定的议案，加强对议案本身的综合分析，加大调研和沟通协调力度，形成工作合力，提高办理的质量和实效。

进一步加强和改进代表建议办理工作。继续完善市人大常委会主任、副主任牵头重点督办、人大专门委员会和常委会工作机构结合部门工作分类督办和代表联络室统筹督办的工作方式，做好对建议办理整体情况检查和复查补办等工作，提高办理实效。

四、自身建设方面

加强思想政治建设，坚持中国特色社会主义政治发展道路，坚持党的领导、人民当家作主、依法治国的有机统一，把坚持正确的政治方向贯穿于人大依法履职的全过程。加强素质能力建设，开好立法工作、预算监督工作研讨会，提高立法、监督等方面工作的能力和水平；加强制度建设，继续完善人大工作方式，改进创新工作制度、工作机制和工作方法。加强机关干部队伍建设，建设学习型机关，完善工作项目绩效管理，加强实践锻炼，提高服务保障工作的质量。

今年下半年，本市区县、乡镇人大代表将同步进行换届选举，做好这项工作对于坚持人民代表大会制度、加强基层政权建设和发展基层民主政治具有重要意义。常委会要在市委的领导下，抓紧修订区县、乡镇人大代表选举实施细则，提前启动相关工作，成立工作班子，制定工作方案，深入研究选举中的新情况新问题，及时提出指导意见，建立协调机制，确保代表换届工作依法有序顺利完成。

各位代表，“十一五”期间首都的发展取得了辉煌的成就，我们由衷地感到振奋和自豪。“十二五”期间首都发展的目标宏伟、任务艰巨，我们肩负的责任重大。让我们在市委领导下，紧密团结在以胡锦涛同志为总书记的党中央周围，开拓创新、锐意进取，求真务实、扎实工作，为坚持和完善人民代表大会制度，推进民主法制建设，把北京建设成为繁荣、文明、和谐、宜居的首善之区而努力奋斗！

北京市第十三届人民代表大会第四次会议关于北京市高级人民法院工作报告的决议

（2011 年 1 月 21 日北京市第十三届人民代表大会第四次会议通过）

北京市第十三届人民代表大会第四次会议听取和审议了北京市高级人民法院院长池强所作的《北京市高级人民法院工作报告》，决定批准这个报告。

北京市高级人民法院工作报告

——2011 年 1 月 19 日在北京市第十三届人民代表大会第四次会议上

北京市高级人民法院院长　池　强

各位代表：

现在，我代表北京市高级人民法院向大会报告工作，请予审议，并请各位政协委员提出意见。

2010 年的主要工作

在市委的领导、市人大及其常委会的监督和最高法院的指导下，全市法院贯彻落实科学发展观，坚持公正高效司法，坚持公开透明办案，坚持依法独立行使审判权，切实履行宪法和法律赋予的职责。

一、发挥审判职能，化解社会矛盾，维护社会公平正义

全年立案 433,862 件，同比上升 2.2%。市高级法院制定《关于加强案件审限管理的实施细则》，严格落实审限制度，全市法院审结案件 441,424 件，同比上升 4.8%，法定审限内结案率达 96.4%。同时，加大立案前化解矛盾的力度，全市法院在立案前化解纠纷 37,150 件，使矛盾在初始阶段得到解决，减轻了当事人的诉累，促进了社会和谐稳定，立案数量增长速度也低于近 10 年平均 8.7%的增幅。

（一）依法严惩严重刑事犯罪，维护首都社会稳定

全年审结刑事案件 22,696 件，判处罪犯 24,158 人。严格执行《关于办理刑事案件排除非法证据若干问题的规定》，没有证据的事实不予认定，存有疑问的证据不予采信，非法证据予以排除，切实做到程序公正、定罪准确、量刑适当。依法严惩严重危害社会治安的暴力犯罪、多发性侵财犯罪，对 3450 名罪犯判处 5 年以上有期徒刑、无期徒刑、死刑。依法严惩集资诈骗、非法吸收公众存款等涉众型经济犯罪，市高级法院制定了《关于审理涉众型经济犯罪案件的意见》。依法严惩贪污贿赂犯罪，审结了国家开发银行原副行长王益受贿案、中国核工业集团原总经理

康日新受贿案。依法对醉酒驾车致人伤亡、擅自制作网游外挂销售牟利等新类型犯罪行为予以定罪处罚，发挥了刑事审判对社会行为的规范指引作用。贯彻宽严相济的刑事政策，对情节较轻、社会危害性较小的犯罪，依法从宽处罚，对未成年人犯罪，坚持“教育、感化、挽救”方针，对345名未成年被告人适用缓刑。加强刑事审判中的人权保障，充分尊重辩护律师的执业权利，确保无罪的公民不受刑事追究，依法宣告7名被告人无罪。

（二）依法审理各类民事纠纷，保护当事人的合法权益

全年审结民事案件302,963件，占审结案件总数的68.6%。

以保障民生为重点，审结婚姻、赡养、继承等案件40,402件，注重保护妇女、儿童、老年人、残疾人的合法权益；审结邻里纠纷、物业服务纠纷17,204件，促进社区安定；审结土地承包经营权流转、农村房屋买卖等涉农案件8996件，保护农民合法权益，维护农村稳定；审结劳动争议案件33,903件，保护劳动者权益和企业用工权益；认真审理涉军案件，依法维护国防利益和军人、军属权益；加强环境司法保护，审结环境保护类案件471件，有的法院还成立了专门的环境保护审判庭。

以规范市场秩序、保障交易安全为重点，审结借贷、证券、票据等金融类案件28,467件，规范不良债权处置，维护金融安全，保护投资者公平享有经济增长成果；审结买卖、房地产开发等合同类案件150,349件，维护交易稳定，营造诚实守信的市场环境；审结股东权益、解散清算等公司类案件3095件，保护公司、股东、债权人合法权益；审结涉外、涉港澳台案件3059件，坚持平等保护原则，优化投资环境。

以鼓励自主创新为重点，审结专利、商标、著作权等知识产权案件10,547件，同比上升30.7%。我市法院知识产权案件在全国数量最大、类型最多，许多典型案例被确立为全国知识产权保护标准。世界知识产权组织授予市高级法院知识产权保护金奖，是全国法院唯一获奖单位。

贯彻调解优先、调判结合原则，全年以调解撤诉方式结案150,498件，一审案件调解撤诉率达54.3%。在358人与某公司因企业改制引发的劳动争议案件中，为防止发生群体性事件，避免刚刚恢复经营的企业重新陷入混乱，影响几千名在岗职工的生计，法院组织了21名审判人员，召集当事人集中调解16次，找当事人单独谈话1000余人次，院长、庭长亲自做工作，经过5个多月的艰苦努力，促使达成调解协议，双方都送来锦旗表达对法院的感谢。

坚持司法为民，不断完善便民举措。在落实下乡巡回办案、节假日预约开庭、远程立案、远程电子盖章等便民措施的基础上，新建了“二审远程视频庭审”系统，远郊区县的当事人，在当地法院或派出法庭就可参加二审。怀柔汤河口镇的当事人反映，通过在当地派出法庭参加二审视频庭审，不用往返市区240公里，省时方便。当地群众也可以就地旁听二审，接受法制宣传教育，受到广泛好评。

（三）监督和维护行政机关依法行政，保护行政相对人的合法权益

全年审结行政案件9116件。在涉及南水北调、京沪高铁、轨道交通、城乡一体化建设等重点项目的征地拆迁案件中，法院通过依法审查和司法建议，促进行政机关完善行政行为，同时多做矛盾化解工作，保障重点工程建设，保障当事人合法权益。根据诉讼管辖的规定，以国家部委为被告的行政案件均由我市法院审理，针对此类案件政策性强、社会影响大的特点，坚持进行合法性审查，注意在国家经济社会发展大局中考虑个案处

理，取得社会效果和法律效果的统一，全年审结相关案件 2430 件。

二、坚持从严治院，加强审判管理，确保公正廉洁司法

公正司法必须靠严格公开的审判管理制度来保障。全市法院加强对审判权的监督制约，增强审判工作的透明度，切实做到依法公正审判，维护法律的严肃性，维护司法的公信力。

（一）严格审判质量管理，严肃追究责任

从 3 月初至 9 月底全市法院开展了万件重点案件检查工作，着重检查当事人信访投诉的案件、上级法院改判发回重审的案件、人大代表和政协委员提出意见的案件，并邀请人大代表、政协委员、特邀监督员和律师共同参与。在检查的 10,053 件案件中，发现引用法条不准确 17 处、程序瑕疵 24 处、文书错别字 103 处。各法院召开全院大会，点名通报，公开讲评；对 19 件案件依法提起再审，对 3 名责任人予以纪律处分，在全体审判人员中产生很大震动；针对法律适用认识不统一的问题，市高级法院确定了 22 个重点调研课题，制定了审理医疗损害赔偿案件、审理房屋买卖合同案件等指导性文件 12 件；针对监督管理不到位的问题，建立了司法公开、责任倒查等方面的制度 11 项，做到了庭审活动全程录像、过问案件全程留痕、审判工作全程公开。我市一中院、二中院、朝阳法院、海淀法院被确定为全国司法公开示范法院。同时，着力加强审级监督，发挥二审、再审的纠错、补救功能，审判质量进一步提高。全市法院一审服判息诉率达 83.4%，申诉、申请再审案件同比下降了 47%，信访投诉同比下降了 42.1%。

（二）严格监控审判流程，切实提高审判效率

市高级法院明确规定了审判工作各个环节的工作标准和时限要求。针对当事人反映上诉移转用时较长的问题，制定专门的流程规范，每月通报各法院所有上诉案件移转用时，全市法院上诉移转平均用时由上年的 39 天减少为 23 天。进一步推进繁简分流，科学配置审判资源，对小标的买卖合同、民间借贷等简易案件，由速裁庭 1 个月内快审快结；对破产、保险、证券等案件，实行专业化审判，办出具有指导意义的精品判例，全年有 116 个案件被最高法院用作指导案例。基层法院 80%的民事案件通过简易程序解决，全市法院案件平均审理天数由 76.5 天减少为 50.5 天。坚持科技强院，将所有案件的全部工作环节纳入信息化管理，实现了信息化建设与审判管理的深度融合。国家工信部在市高级法院召开了全国电子政务建设经验交流现场会，各部委、各省市 150 多人参加会议，对北京法院信息化建设和审判管理给予了高度评价。

（三）严格规范执行行为，强化执行管理

一年来，全市法院积极探索执行工作新机制。市高级法院在有关部门支持下，建立了全国首家执行信息查询中心，经过严格审批后，对拒不履行法律义务的被执行人的房产、账户、车辆等 20 多项信息进行集中查询，并采取相应的查封冻结措施。全面推行分段集约执行工作机制，改变一名执行法官“一包到底”的传统执行模式，通过分权制约加强了内部监督，通过集中办理提高了执行效率。为解决执行人员经常外出办案，当事人联系执行人员不便的问题，全市法院将每月第一个、第三个周五作为统一的接待日，三级法院全体执行人员集中接待、现场办公，迅速解决当事人请求事项 1 万余件，涉执行信访明显下降，在最高法院“涉执行信访排位通报”中，北京法院的涉执行信访最少。同时，加大强制执行力度，在媒体上对 355 名拒不执行人予以曝光，司法拘留 530

人，限制出境341人，追究刑事责任23人，震慑了拒不履行法院判决的被执行人，维护了法律的严肃性。全年执结案件106,606件，执结标的额426.1亿元，在全国法院审判执行绩效通报中，北京法院执行到位率名列前茅。

三、强化队伍管理，提升司法能力，培养高素质审判队伍

审判人员的素质是实现司法公正的决定性因素，全市法院注重队伍建设，培养了一批审判专业人才和先进典型，宋鱼水等被评选为全国审判业务专家，厉莉被授予“百姓爱心明星奖”，在2010年五一表彰的全国劳模中，北京法院有4名法官获此殊荣，另有17名审判人员荣获北京市先进工作者称号。

（一）坚持从严管理，确保队伍公正廉洁

明确规定法院各级领导不得违反工作程序越级过问案件，所有审判人员不得打听非自己承办案件的案情，不得为当事人转递材料，对违反规定的严肃追究责任。在审判执行业务部门设立廉政监察员516名，随时监督执行廉政制度的情况。为所有审判人员建立了业绩档案、廉政档案，对每名审判人员的工作量、服判息诉率、审限内结案率、投诉情况，每月进行一次考核公示，工作绩效一目了然，形成了创先争优、公正廉洁办案的良好氛围。最高法院司法巡查组对北京三级法院开展巡查后认为，北京法院制度严格，审判管理到位，审判质效高，专业人才和先进典型不断涌现。

（二）加强教育培训，提高审判专业水平

对《中华人民共和国侵权责任法》、《中华人民共和国国家赔偿法》等新实施的法律、法规、司法解释进行系统培训，市高级法院全年举办各类培训班50期、培训9688人次，每名审判人员都至少接受100学时的脱产培训。通过比庭审、比裁判文书、比法庭记录、比法律知识，在各个审判业务领域评选了117名业务尖子。全市法院审判人员中研究生以上学历的占57%，全年有242名法官走上高校讲台，为在校学生讲授审判实践知识。

（三）增强群众感情，提高化解社会矛盾的能力

各法院组织审判人员进农村、进社区，开展“听呼声、走百家、送服务”活动，了解群众的司法需求，提供司法服务，化解社会矛盾，开展法制宣传。市高级法院组织8名先进典型，在各法院巡回报告服务群众、化解矛盾的做法，如民事法官李红星设身处地为当事人着想，在实践中总结出高效的纠纷化解方法，5年审结案件4537件，未出现一例差错，调解率达81.2%，在全市法院发挥了典型示范作用。

四、主动接受人大和社会各界监督，在监督下不断改进工作

全市法院把接受监督作为公正廉洁司法、不断改进工作的保障和动力，完善和落实接受监督的各项工作机制。

（一）认真落实市人大及其常委会的有关决议

向市人大常委会专项报告了关于加强制度建设、强化内部监督、确保司法公正的情况。根据市人大常委会2009年对市高级法院商事审判专项报告的审议意见，制定了整改措施，报告了整改情况。落实市人大常委会《关于加强人民检察院对诉讼活动的法律监督工作的决议》（以下简称《决议》），市高级法院与市检察院联合签署《关于建立沟通机制的若干规定》，定期通报、反馈、研究诉讼监督工作，共同促进司法公正。2010年，全市

法院审结检察机关抗诉案件 109 件，依法改判、发回重审 30 件，市高、中两级法院邀请检察长列席审判委员会 65 次。

（二）加强与代表的联络沟通

在北京法院网开通人大代表、政协委员监督平台，通过网上办公便利代表和委员履行职务。开通“法情专报”手机短信平台，保证代表及时了解法院工作。开展“请代表进法院”活动，全市法院邀请人大代表旁听庭审、视察法院、参加座谈、检查案件共 1554 人次。市高级法院成立了督促检查办公室，加强代表建议的督办工作，主办的 17 件建议已办理完毕，均得到了代表满意或同意的评价。

（三）自觉接受社会各界监督

聘请 50 名人大代表、政协委员和社会各界人士担任市高级法院特邀民意咨询员，对全市法院开展明查暗访，反馈社情民意，提出意见和建议。人民陪审员全年参审案件 25，231 件，同比提高 12.8％，邀请人民陪审员见证执行、参与调解，扩大了监督范围。认真接受政协委员、律师、新闻媒体的监督，加强司法宣传工作，建立新闻发言人制度，主动向社会通报法院工作情况。

各位代表，一年来，全市法院能够完成繁重的审判任务、化解大量矛盾纠纷，离不开各级党委、人大、政府、政协以及社会各界的领导、监督和支持。市人大常委会的领导多次深入法院指导工作，各位代表就加强审判管理、提高队伍素质、加强法官职业保障等方面提出了许多诚恳的意见和建议，促进了法院工作。在此，我代表全市法院，向各位代表表示衷心的感谢和崇高的敬意！

我们感到全市法院审判工作仍存在以下主要问题：一是社会矛盾化解能力有待提高。法院的法定职责主要是查清事实、判明是非、确保法律的正确适用，在社会主义初级阶段社会矛盾凸显的情况下，法院还要强调案结事了、息诉服判。诉讼调解机制有待完善，审判人员化解矛盾的能力有待提高，向当事人释法说理的工作有待加强。二是法律的严肃性和司法的公信力有待增强。在法院的生效判决中，当事人不服提出申诉信访的案件占 0.83％，法院的生效判决总体上受到社会和当事人的尊重，但目前还存在着拒不履行法院判决，甚至暴力抗法的现象。一方面，需要法院提高公正司法的水平，另一方面，维护法制的权威、提高司法的公信力，还需要整个社会作出不懈努力。三是审级监督有待加强。目前我市两个中院负责审理 16 个区县法院的上诉案件，全年审结案件 56，530 件，比 1995 年原市中级法院分为两个中级法院时增长了 485％，过大的审判压力影响了审级监督职能的发挥。四是激励机制有待完善。我市法院法官人均结案连续多年居全国法院之首，审判人员长期超负荷工作。我们通过公正、廉洁、为民司法核心价值观教育、通过科学的绩效考评、通过法院文化建设等措施，增强队伍凝聚力，提高干警积极性。但是，审判管理机制还有待完善，激励机制不健全的问题仍然存在，法官职业保障有待加强。

2011 年的工作任务

各位代表，2011 年全市法院工作的总体思路是，围绕科学发展主题和加快转变经济发展方式主线，强化审判职能、强化审判管理、强化队伍建设，深入推进社会矛盾化解、社会管理创新、公正廉洁执法三项重点工作，进一步保障当事人在首都法院打一个公正、明白、便捷、受尊重的官司，为“十二五”规划顺利实施和中国特色世界城市建设营造和谐稳定的社会环境和公正高效的司法环境。重点做好以下工作。

一、充分发挥审判职能，为首都经济社会发展提供有力司法保障

围绕经济结构战略性调整，依法审理因企业转型、改制、重组引发的纠纷，注重保障和促进产业优化升级。围绕自主创新，加强知识产权司法保护，推进知识产权专业审判庭建设。围绕城乡一体化建设，依法妥善化解征地拆迁引发的纠纷，保护当事人的合法权益，促进行政机关依法行政。围绕首都社会和谐稳定，依法严惩严重刑事犯罪，贯彻宽严相济刑事政策，加强对新类型犯罪案件的研究；在民商事审判中坚持调解优先、调判结合原则，加强立案前化解工作，完善诉讼调解与人民调解、行政调解、行业调解的衔接机制，根据新实施的人民调解法，做好诉讼外调解协议的司法确认工作；积极参与社会治安综合治理，加强司法建议、法制宣传工作。

二、坚持司法为民，依法保障民生

树立服务群众的观念，完善诉讼服务中心、民意沟通表达、巡回审判、远程视频庭审等司法为民举措，让人民群众感受到公正高效的司法服务。深入开展无执行积案法院创建活动，切实做到在法定期限内有财产可供执行的案件全部执结，维护法律严肃性和司法公信力，实现当事人的胜诉权益。依法审理劳动、教育、医疗、房屋买卖等涉及人民群众切身利益的各类案件，研究解决侵权责任法、社会保险法实施后的法律适用问题，认真执行新修订的国家赔偿法，保护当事人的合法权益。

三、创新和加强审判管理，提高审判质量和效率

在全市法院建立公正高效的审判管理体系，对审判质量进行评查，对司法行为进行规范，对审判流程进行监控，对审判绩效进行考评通报。全面落实审判公开制度，力争全市法院都达到最高法院规定的司法公开示范院的标准，切实做到审判工作全程公开透明。扩大人民陪审员参审案件的范围和数量，力争做到所有合议庭审理案件都有人民陪审员参审，切实推进司法民主。加强审判管理的信息化建设，实现对所有案件、所有审判人员全部司法行为的全程监控。严格落实廉政制度，对违反审判工作纪律的，对滥用职权侵犯当事人合法权益的，一律依法依纪严肃处理，确保队伍公正廉洁。

四、坚持人才兴院，进一步提高审判队伍素质

围绕建党 90 周年，深入开展创先争优活动和“发扬传统、坚定信念、执法为民”主题教育实践活动。加强教育培训，注重对新颁布的法律、法规、司法解释的系统学习，切实增强审判人员驾驭庭审、适用法律、辨法析理、化解矛盾的能力，提高审判专业化水平。针对审判实践中的疑难问题，深入开展调研，制定法律适用的指导意见。加强案例指导工作，促进司法尺度统一。

五、完善接受监督的工作机制，更加主动地接受人大和社会各界的监督

按照 2010 年市人大常委会审议法院制度建设专项报告的意见，进一步改进工作，发挥好内部监督机制的作用。向市人大常委会专项报告刑事审判工作情况，在人大监督下切实发挥好刑事审判职能。进一步完善与人大代表、政协委员的联系机制，定期通报重点工作情况，提高建议、提案的办理质

量。依法接受检察机关的法律监督，完善沟通机制。保障律师执业权利，共同维护司法公正。

各位代表，全市法院将在市委的领导、市人大及其常委会的监督和最高法院的指导下，忠实履行宪法和法律赋予的职责，扎实工作，奋发有为，为首都经济社会发展提供更加有力的司法保障。

北京市第十三届人民代表大会第四次会议关于北京市人民检察院工作报告的决议

（2011 年 1 月 21 日北京市第十三届人民代表大会第四次会议通过）

北京市第十三届人民代表大会第四次会议听取和审议了北京市人民检察院检察长慕平所作的《北京市人民检察院工作报告》，决定批准这个报告。

北京市人民检察院工作报告

——2011 年 1 月 19 日在北京市第十三届人民代表大会第四次会议上

北京市人民检察院检察长　慕　平

各位代表：

现在，我代表北京市人民检察院向大会报告工作，请予审议，并请市政协各位委员提出意见。

2010 年的主要工作

2010 年，北京市检察机关在市委和最高人民检察院的领导、市人大及其常委会的监督下，认真落实中央部署的深入推进社会矛盾化解、社会管理创新、公正廉洁执法三项重点工作任务，不断加大执法办案力度，全面履行法律监督职能。全年共审查批捕各类刑事犯罪 20,894 人，审查起诉 26,485 人；立案侦查贪污贿赂犯罪 356 件 418 人，查办渎职侵权犯罪 57 件 60 人，为国家挽回经济损失 1.5 亿余元；受理群众举报、控告、申诉案件 10,243 件，受理民事行政申诉案件 1640 件，各项检察工作扎实推进。

一、紧紧围绕首都中心工作，着力保障经济社会平稳较快发展

结合北京市委关于推动首都科学发展、加快转变经济发展方式、实施人文北京、科技北京、绿色北京战略、建设中国特色世界城市的总体部署，全市检察机关自觉把检察工作融入首都中心工作，综合运用打击、监督、教育、预防、保护等措施，积极为经济社会发展提供有力的司法保障和法律服务。

努力维护社会主义市场经济秩序。针对当前诱发经济犯罪因素不断增多、案件形态复杂多样、危害日益严重的形势，突出打击

危害国家经济安全和市场经济秩序的犯罪，依法批准逮捕破坏市场经济秩序类犯罪1175件1582人、提起公诉1425件1989人。重点打击非法吸收公众存款、集资诈骗、非法传销、电信诈骗等涉众型经济犯罪，加大惩治发票犯罪、信用卡诈骗等破坏经济管理秩序犯罪的力度，认真开展打击侵犯知识产权和制售假冒伪劣商品犯罪专项活动，依法惩处涉及证券等新型犯罪案件，成功办理了黄光裕等人非法买卖外汇、内幕交易、单位行贿涉案金额22亿元等社会影响重大的案件。

加大查办贪污贿赂、渎职侵权等职务犯罪力度。针对职务犯罪在一些重点领域易发多发、商业贿赂滋生行业"潜规则"的新趋向，深入分析发案特点，认真研究犯罪规律，不断提高发现犯罪和深挖犯罪的能力，集中查办了一批人民群众关注度高、社会影响大的职务犯罪案件。切实加大查办大案要案、窝案串案的力度，立案侦查县处级以上要案108人，其中部级1人，局级31人，处级76人，占查办案件总数的22.6%；立案侦查百万元以上大案57件，同比上升42.5%。依法查办了辽宁省人大常委会原副主任宋勇（副部级）涉嫌受贿1025万元、昌平区财政局工作人员杨立强涉嫌挪用、贪污公款5100余万元等案件。严肃查办涉及民生、群众关注的重点领域职务犯罪案件，查办了北京市社会保险基金管理中心工作人员赵君滥用职权致使70余人非法获得社会保障金、养老金案。深入推进治理商业贿赂、治理工程建设领域突出问题专项行动，立案侦查商业贿赂犯罪115件121人、工程建设领域职务犯罪80件97人。

认真开展服务城乡结合部建设专项活动。城乡结合部建设关系到经济社会发展全局和群众切身利益。按照市委的部署，市检察院制定了《充分发挥检察职能积极服务保障城乡结合部建设的实施意见》，及时打击破坏拆迁的刑事犯罪，严肃查办城乡建设拆迁整治中的职务犯罪，依法批准逮捕和决定逮捕47件93人。同时，积极配合相关部门深入重点地区开展法制宣传、矛盾化解等工作，加强拆迁领域职务犯罪预防，形成了风险防控对策，积极向各级党委、政府提出预防建议，规范拆迁秩序，维护被拆迁人合法权益，努力促进城乡结合部建设顺利推进。

积极服务农村改革发展稳定大局。一是认真开展服务农村"两委"换届选举专项工作。农村"两委"换届涉及基层组织建设和广大农村群众利益，影响面较大。市检察院作为全市农村"两委"换届领导小组成员单位，积极配合党委、政府做好举报信访、法制宣传等工作，促进了"两委"换届的顺利推进。换届期间，13个区县检察院开展法律咨询、教育培训195次，受理信访举报402件。二是依法查办和预防危害农业和农村发展的各类犯罪。针对农村经济社会发展的新特点，深化涉农案件快速办理、专业化办案组等工作举措，依法立案侦查涉农职务犯罪37件54人；结合查办案件中发现的农村社会治安、支农惠农政策落实、村务公开等方面存在的问题，积极向基层组织、上级党委提出对策建议。三是探索向基层延伸法律监督触角的新举措。深化"法制村长"、"检察官联络室"工作机制，先后在乡镇设立联络室37个，积极开展受理举报、化解涉检信访、法制宣传等工作，努力为农村改革发展稳定服务。

不断改进执法办案方式。一是注重查办与预防相结合。深化侦查和预防一体化工作机制，坚持查办和预防工作同步开展，加强职务犯罪预警预测研究，形成了北京地区职务犯罪趋势预测等多个专题预防报告，努力从源头上、制度上预防和减少职务犯罪的发生；健全检察机关参与社会大预防网络建设，形成了与国资委、教育、农业、医疗卫生等部门共同预防职务犯罪的制度平台；积极开展行贿档案查询，为各类企业、单位招投标等活动提供行贿档案查询 2850 次；大力开展法制宣传，深入高校、大型国有企业开展预防工作，增强职务犯罪预防的实效。二是注重保护当事人的合法权益。特别是在查办涉众型经济犯罪的过程中，采取提前介入侦查等措施，积极做好追缴赃款和挽回被害人损失工作，最大限度地修复被犯罪侵害的社会关系。出台《北京市检察机关开展刑事被害人救助工作实施办法》，积极开展救助工作，切实体现司法人文关怀。三是注重坚持理性、平和、文明、规范执法。认真落实检察官职业行为基本规范、检察机关文明用语规则，慎重使用查封、扣押、冻结等强制性侦查措施，认真执行讯问职务犯罪嫌疑人全程同步录音录像制度，努力提升执法规范化水平。

二、紧紧围绕推进三项重点工作，着力保障社会和谐稳定

深入推进三项重点工作，是党中央为解决影响社会和谐稳定的源头性、根本性、基础性问题作出的一项重大战略部署。全市检察机关认真贯彻中央、市委、高检院的要求，扎实推进三项重点工作任务的落实，努力维护社会和谐稳定。

全力化解社会矛盾。一是认真开展排查化解涉检信访积案和案件评查专项工作。排查出涉检信访案件 106 件，已办结 104 件，其中，化解涉检信访积案 31 件。根据市人大常委会和市委政法委的要求，部署开展涉法涉诉案件评查工作，对 364 起案件逐案剖析，分析上访原因，提出改进对策。二是建立和完善矛盾化解工作机制。出台了进一步加强释法说理工作的规定，把释法说理作为贯穿执法办案全过程的必经程序。不断探索检调对接工作机制，加强与法院、司法局、劳动仲裁等部门的协作，努力把刑事和解、民事申诉和解、息诉罢访纳入社会大调解工作格局。积极推动执法办案风险评估预警工作，重点排查重大敏感案件和执法办案关键环节的风险，不断提高化解矛盾的能力和水平。三是深入落实宽严相济刑事政策。依法对轻微犯罪从宽处理，对没有逮捕必要的不予批准逮捕 1791 人，对情节轻微的决定不起诉 456 人；积极推进轻微刑事案件快速审理办案机制，切实提高司法效率。四是努力搭建便民服务平台。成立检务接待中心，推广“一站式”检务接待模式，整合电话举报、网上举报、来信、来访形成“四访合一”窗口，进一步方便群众反映诉求。

积极参与社会管理创新。一是扎实推进平安北京建设。充分发挥检察机关在参与社会治安综合治理中的作用，结合市委政法委部署的 50 个挂账重点村、重点地区的集中整治工作，加强与综治、维稳部门的配合，针对执法办案中发现的社会管理漏洞，发出检察建议 1206 件，收到整改回复 997 件，有效督促发案单位堵塞漏洞、建章立制，促进社会治安防控体系建设。二是积极推动重点人群的服务和管理工作。针对流动人口犯罪高发的现象，积极配合公安机关依法打击犯罪的同时，认真研究犯罪特点，举办专题论坛，提出减少犯罪的对策。进一步深化未成年人犯罪案件办理工作，积极参与对学校、幼儿园及其周边地区的专项整治，加强对违法犯罪青少年的教育挽救，探索成立少年检察处，引入社会专业力量开展涉案未成年人品行调查、心理疏导等工作。切实维护被监管人合法权益，在监狱、看守所建立检察官信箱、约谈检察官等制度，加强刑罚执行监督，依法对监管场所发生的死亡事件、重大事故开展独立调查，促进监管场所依

法、严格、文明、科学管理。加强对监外执行罪犯、刑满释放人员的帮教管理，探索建立社区矫正检察官办公室、巡回检察工作站等机制，加强对社区矫正的法律监督，积极帮助被矫正人员解决实际困难。三是积极参与“网络社会”建设管理。坚决打击利用网络实施的危害国家安全、诈骗、传播淫秽色情信息等各类犯罪，依法批捕和起诉“太阳城”网络赌博系列案，努力净化网络环境。

强化诉讼监督促进公正廉洁执法。深入贯彻市人大常委会决议，把强化诉讼监督作为推进公正廉洁执法的重要抓手。一是切实加大诉讼监督力度。不断加强对刑事立案、侦查活动的监督，依法监督有案不立、违法侦查等情形，要求侦查机关说明不立案理由218人、监督立案161人，纠正漏捕218人、纠正漏诉251人，纠正侦查活动违法80件。强化对审判活动的监督，提出刑事抗诉80件，提出民事行政抗诉62件，发出再审检察建议41件。加强对刑罚执行和监管活动的监督，全面开展看守所安全管理大检查专项活动，依法监督减刑、假释、保外就医等刑罚变更执行，纠正刑罚执行和监管活动中违法情形796次。二是不断完善诉讼监督工作机制。在市政府的支持协调下，积极推进行政执法与刑事司法“两法衔接”工作机制，建立了市公安局、监察局等22家成员单位参加的联席会议制度，启动“两法衔接”网络平台建设。健全完善与其他执法司法机关工作联系机制，市检察院与市高级法院、市公安局分别签订了加强沟通协调的相关文件，进一步推进检察长列席审判委员会等制度，为加强诉讼活动监督提供制度保障。三是重视诉讼监督效果。积极做好息诉服判工作，对1752件不支持抗诉的民事行政申诉案件耐心细致地开展息诉罢访工作，积极促成当事人达成和解，努力维护司法权威和当事人权益。加大司法腐败行为的查处力度，立案侦查司法机关工作人员职务犯罪案件23人，努力维护司法的公正廉洁。全面开展诉讼监督精品案评选活动，举办了首个全国性诉讼监督论坛，形成了一批有较大影响的诉讼监督研究成果。

三、紧紧围绕提高执法水平和公信力，着力加强检察机关自身建设

坚持以队伍建设为根本、检察改革为动力、基层院建设为基础，不断强化监督制约机制，努力推动检察工作科学发展。

大力加强队伍建设，切实提升队伍整体素质和专业化水平。一是强化职业道德教育。集中开展“恪守检察职业道德、促进公正廉洁执法”主题实践活动，大力宣传全国模范检察官彭燕等先进典型，引导全体干警努力践行“忠诚、公正、清廉、文明”的检察职业道德。二是积极推进队伍专业化建设。开展大规模教育培训，采取专项业务培训、自主选学等模式，坚持岗位练兵、技能比武，不断提升队伍的整体素质，涌现出一批高层次检察人才，有5人被评为全国检察业务专家、24人被评为全国检察理论研究人才、2人荣获全国“十佳公诉人”称号、1人荣获全国“侦查监督十佳检察官”称号。三是坚持从严治检。广泛开展“反特权思想、反霸道作风”专项教育，举办检察机关自身反腐倡廉教育展，严肃查处检察人员违纪案件4件5人，集中开展警示教育，努力促进队伍公正廉洁。

坚持检力资源向基层下沉，夯实检察工作全面发展的根基。加大对基层检察院的指导和帮扶力度，启动为基层院办实事折子工程，健全完善科学考评机制，解决制约基层检察工作发展的突出问题。市检察院将2009年以来新增中央政法专项编制的80%充实到了基层检察院。积极推进基层科技装备建设，

努力改善办案环境。坚持从基层选拔和培养人才，市、分院从基层院选拔局级、处级领导干部 22 人，遴选优秀检察官 23 名，选派上级院检察人员到基层任职 15 人，逐步做到重心向基层下沉、资源向基层倾斜、人才在基层培养。

强化内外部监督制约，切实提升执法水平。一是健全执法监督制约机制。严格落实自行侦查案件审查逮捕由上级院决定的制度，建立检察工作廉政风险防控管理网络，完善了重点案件、敏感案件备案复查、请示汇报制度，落实检务督察、执法档案、执法过错责任追究等制度，健全完善执法监督管理体系。二是深入推进执法办案信息化管理。实行执法办案信息网上录入、流程网上管理、活动网上监督、质量网上考核，实现了执法管理监督全程化、实时化。三是进一步深化检务公开。制定了实施意见，落实当事人权利义务告知，推行办案流程公开，完善答疑说理、公开听证制度，努力把“阳光检务”提高到一个新水平。四是完善接受人大监督、政协民主监督和社会各界监督的机制。认真贯彻落实第十三届人大三次会议决议，探索建立向人大及其常委会报告工作、重大监督事项报备制度，认真办理代表议案和建议，广泛征求代表对检察工作的意见。积极推行人民监督员制度，人民监督员参与监督职务犯罪“三类案件”29 件。不断完善特约监督员和专家咨询监督员制度，主动向政协委员、民主党派和社会各界通报工作，自觉接受各界群众和社会监督，切实以监督促公正、保廉洁、赢公信。

各位代表，2010 年以及“十一五”期间，全市检察工作取得的成效，得益于各级党委的正确领导，得益于人大及其常委会的有力监督，得益于政府、政协和人民群众的大力支持。在此，我代表全市检察机关向各级党委、人大、政府、政协和社会各界致以崇高的敬意和衷心的感谢！

在总结工作的同时，我们也清醒地看到，北京检察工作与当前经济社会发展的新形势和人民群众的新要求相比，还存在一些问题：一是服务大局的意识需要进一步增强。一些检察人员对科学发展给检察工作提出的新要求认识不够清醒，服务经济社会发展大局的自觉性和主动性有待进一步提高，综合发挥打击、监督、教育、预防、保护等作用还不够。二是法律监督能力需要进一步提升。法律监督职能发挥得还不够充分，诉讼监督工作仍然相对薄弱，不善监督、监督不到位的现象还在一定程度上存在。检察机关的内部管理还存在一些制约因素，外部执法监督还需要其他司法机关和社会各界的进一步支持和配合，共同维护司法公正和法制统一。三是三项重点工作需要进一步扎实推进。对三项重点工作重要性的认识需要进一步深化，有些单位和检察人员没有把三项重点工作与检察职能很好地结合起来，需要在总结经验、把握规律上下功夫，形成科学有效的机制。四是队伍的专业素质、群众工作能力需要进一步增强。高层次人才培养、队伍专业化建设的机制有待创新，新形势下群众工作能力有待增强，检察机关联系群众、服务群众的途径还不够通畅，队伍的纪律作风仍需常抓不懈。对这些问题，我们将高度重视，以求真务实、开拓创新的精神，切实加以解决。

2011 年的主要任务

各位代表，2011 年是实施“十二五”规划的开局之年，也是全面推进三项重点工作的关键之年，检察机关服务经济社会发展、维护社会和谐稳定、维护人民群众权益的任务更加繁重。我们的总体工作思路是：以党的十七届五中全会精神为指导，紧紧围绕加快转变经济发展方式的主线，科学谋划“十二五”时期首都检察工作，全面履行法律监督职能，在服务首都科学发展和推动自身科学发展上迈出新的步伐，努力为建设人文北京、科技北京、绿色北京和中国特色世界城市提供更加有力的司法保障。

一、充分行使检察职能，积极服务首都科学发展

切实服务和保障经济发展方式转变，制定检察机关服务经济发展方式转变的指导意见。依法维护市场经济秩序，积极参与打击涉众型经济犯罪专项行动，继续推进治理商业贿赂、工程建设领域突出问题专项活动。积极服务城乡一体化建设，依法惩治拆迁领域各类犯罪，深入开展查办涉农职务犯罪工作。积极保障创新型城市建设，切实加强对创新驱动、知识产权的保护，深入开展打击侵犯知识产权和制售假冒伪劣商品专项行动。

二、更加注重群众工作，切实维护人民群众权益

抓住关系民生的突出问题加大法律监督力度，突出打击严重侵害群众利益、影响群众安全感的刑事犯罪，严肃查办教育、就业、社会保障、医药卫生等民生领域的职务犯罪，努力通过执法办案让人民群众切实感受到社会的公平正义。不断探索新形势下专群结合的新途径，深化检务公开，建立健全民意收集、研究和转化机制。加强群众工作方法培训，努力提升群众工作能力。自觉接受人大监督，坚持重要工作向人大报告，结合市人大常委会听取刑事诉讼监督专项工作汇报，加强调研，找准问题，强化对刑事诉讼活动的监督。全面推行人民监督员制度，加强与人大代表、政协委员及各界群众的联系，认真听取意见和建议，努力实践执法为民的检察工作宗旨。

三、扎实推进三项重点工作，全力维护社会和谐稳定

切实把社会矛盾化解贯穿执法办案的全过程，深化释法说理、检调对接、风险评估预警等机制建设。积极参与社会管理创新，重点配合相关部门做好城乡结合部建设、流动人口管理、治安案件高发区的集中整治等工作。结合执法办案，充分运用检察建议等方式，努力推进社会管理创新。扎实促进公正廉洁执法，全面贯彻高检院、市人大常委会加强诉讼监督工作的意见和决议，制定深化诉讼监督工作的意见，强化对立案、侦查、审判、执行等环节的监督，健全完善自身监督制约机制，努力创造公正廉洁的执法环境。

四、大力加强自身建设，不断提升检察机关执法水平

深化社会主义法治理念教育，认真开展“发扬传统、坚定信念、执法为民”主题教育实践活动，始终保持忠于党、忠于国家、忠于人民、忠于法律的政治本色。切实加强队伍专业化建设，制定检察人才十年发展规划，开展大规模教育培训，大力培养检察业务专家、业务尖子和办案能手，全面提升队伍的整体素质。认真落实中央、高检院关于检察体制和工作机制改革的部署，深化侦查一体化、侦防一体化等执法办案机制，不断完善行政执法与刑事司法衔接、民事行政审判监督等工作机制。全面加强管理工作，建立健全检察机关政务管理、执法管理、后勤管理、队伍管理机制，全面推动首都检察工作科学发展。

各位代表，2011 年，全市检察机关将在市委和最高人民检察院的领导下，在市人大

及其常委会的监督下，认真贯彻本次会议精神，锐意进取，扎实工作，不断开创首都检察事业新局面，努力在建设中国特色世界城市的进程中创造新业绩、谱写新篇章！

北京市第十三届人民代表大会第四次会议议案审查委员会关于代表议案的审查报告

（2011 年 1 月 21 日北京市第十三届人民代表大会第四次会议主席团第五次会议通过）

议案审查委员会主任委员　刘晓晨

大会主席团：

到大会主席团第一次会议决定的代表提出议案截止时间，共收到议案 223 件（其中代表团提出的议案 31 件，十名以上代表联名提出的议案 192 件）。按照议案内容分类，属于财政经济方面的 49 件，农业、农村和农民方面的 28 件，城乡建设和环境保护方面的 66 件，教育科技文化卫生体育方面的 58 件，内务司法方面的 20 件，其他方面的 2 件。

代表们认真学习贯彻党的十七大和十七届三中、四中、五中全会、市委十届八次全会、市委第三次人大工作会议精神，以科学发展为主题，以加快转变经济发展方式为主线，紧紧围绕实施“人文北京、科技北京、绿色北京”战略，结合“十二五”规划制定，认真履行宪法和法律赋予的职责，对关系首都经济社会发展的全局性问题和关系民生的热点、难点问题，从多方面积极提出议案。

议案审查委员会按照《北京市人民代表大会议事规则》的有关规定，本着围绕中心，突出重点，社会关注的原则，对议案进行了审查。

议案审查委员会认为，建设国家文化中心是中央和全国人民赋予北京的重要功能和责任，也是北京加快转变经济发展方式，实现科学发展的战略任务和重要途径，推进国家文化中心建设，促进文化大发展大繁荣，关系首都经济社会发展的全局；本市是水资源严重匮乏的特大型城市，潮白河流域是我市五大水系之一，推进潮白河流域综合治理，对实现流域水源安全、防洪安全，改善首都生态环境和加强水资源利用具有极其重要的作用；绿化隔离地区建设为改善首都生态环境、建设绿色北京作出了重要贡献，但是也存在一些尚待解决的问题，进一步完善和落实有关政策，妥善解决农民转居转工和社会保障等问题，加快绿化隔离地区建设，事关促进城乡一体化进程，维护农民合法权益，促进社会和谐稳定；近年来，“入园难”是党中央和国务院高度重视、人民群众反映强烈、社会普遍关注的民生问题，推动市政府制定规划，加快学前教育有关意见的实施，有利于进一步促进学前教育事业的发展。为此，上述 4 个方面可作为议案，交市人民政府办理，由市人大常委会审议。

代表在议案中，高度关注首都人口调控问题。议案审查委员会认为，科学调控人口规模，对于缓解本市人口与资源环境矛盾，实现首都可持续发展，具有重要意义。鉴于调控人口规模涉及经济发展方式转变、产业结构调整、城市功能布局、流动人口管理和服务、人口管理体制完善诸多方面，情况复杂，任务繁重，社会影响大，需要在深入调研，统筹协调，提出总体思路、对策的基础上逐步加以解决。本着既要积极又要稳妥的原则，建议将调控人口规模问题先作为重要建议、批评和意见，由市政府办理，市人大常委会重点督办。

代表在议案中，相对集中提出了关于缓解交通拥堵问题。鉴于去年年底，市政府出台了6个方面、28条综合措施，基本涵盖了议案提出的内容，市人大常委会拟在今年安排听取和审议市政府关于进一步缓解交通拥堵工作情况的专项工作报告，能够更加全面充分反映代表的意见和建议，有利于推动缓堵措施的落实，可以不再作为议案办理；关于加大保障性住房建设和管理力度、提高垃圾收集和处理水平、提升科技自主创新能力、促进南部和西部地区发展、完善养老服务体系等问题，去年，市人大常委会已经组织开展了相关监督工作，有的今年还要进行跟踪检查，可以不再作为议案办理。

此外，代表在议案中，还对调整经济结构、加强新能源利用、完善市区财政体制、促进城乡经济社会协调发展、加强乡镇集体资产管理、促进义务教育均衡发展、推进卫生体制改革、关注精神健康、加强物业管理和社区建设、制定相关法规等方面，提出了具体的意见，可以转为建议、批评和意见，交市有关部门研究办理并负责答复提议案代表。

综合以上情况，议案审查委员会对本次大会代表提出议案的审查结果如下。

一、交市人民政府办理，由市人大常委会审议的32件，合并为四项议案（见议案目录）

（一）加强国家文化中心建设（共9件：第15、43、48、59、104、141、198、205、213号）；

（二）推进潮白河流域综合治理（共7件：第74、76、79、80、105、110、223号）；

（三）进一步完善政策，推进绿化隔离地区建设（共3件：第144、191、192号）；

（四）发展学前教育（共13件：第16、35、44、50、51、52、57、78、96、122、142、189、210号）。

二、作为建议、批评和意见的191件，交市有关部门研究办理并负责答复提议案代表（见议案目录）

以上审查意见，建议大会主席团予以批准。

附件：北京市第十三届人民代表大会第四次会议议案目录

附件：

北京市第十三届人民代表大会
第四次会议议案目录

本次会议共收到代表提出的议案223件。其中代表团提出的议案31件，十名以上代表联名提出的议案192件。按照议案内容分类，属于财政经济方面的49件，农业、农村和农民方面的28件，城乡建设和环境保护方面的66件，教育、科技、文化、卫生和体育方面的58件，内务司法方面的20件，其他方面的2件。

经议案审查委员会审查，大会主席团决定，交市人民政府办理，由市人大常委会审议的32件，作为建议、批评和意见，交市有关部门研究办理的191件。具体目录如下。

一、交市人民政府办理，由市人大常委会审议（共32件，合并为四项议案）

（一）加强国家文化中心建设（共9件）

序号	案　由	提议案人	议案号
1	发展繁荣首都文化，推进国家文化中心建设	吕　清等18人	15
2	提升公共文化设施服务水平，努力打造人文北京	安丽娟等36人	43
3	将北京文化生态城项目（怀柔）列入我市文化创意产业“十二五”规划重点项目	王维平等12人	48
4	拟建“商周大遗址保护公园”	王　媛等14人	59
5	加强区域文化活动中心建设，发挥文化软实力作用	郭先英等11人	104
6	进一步促进我市文化大繁荣、大发展，尊重市民文化权益，满足市民文化需求，全面提升首都文化中心创造力、影响力	卫爱民等26人	141
7	加大对历史文化名城保护工作协调支持力度	东城区代表团	198
8	推动北京旧城传统民居在利用中保护、在创新中传承	张锦东等11人	205
9	整合北京中医药文化资源，启动“北京中医药文化保护工程”	梅　群等14人	213

（二）推进潮白河流域综合治理（共7件）

序号	案　由	提议案人	议案号
1	进一步加强潮白河水系综合治理	密云县代表团	74
2	潮白河亟须综合治理	怀柔区代表团	76
3	水源地水资源综合开发利用和生态恢复	顺义区代表团	79
4	潮白河流域顺义段综合治理	顺义区代表团	80
5	潮白河通州段综合治理	通州区代表团	105
6	潮白河流域水系综合治理	焦守田等10人	110
7	进一步加大密云水库及周边环境保护力度	密云县代表团	223

（三）进一步完善政策，推进绿化隔离地区建设（共3件）

序号	案　由	提议案人	议案号
1	加快绿隔地区农民转居转工	周来升等12人	144
2	加快解决绿隔地区农民转居转工问题	丰台区代表团	191
3	加快城乡结合部地区农民转居转工	赵增华等62人	192

（四）发展学前教育（共13件）

序号	案　由	提议案人	议案号
1	加强政府统筹，健全服务体系，确保北京学前教育健康持续发展	吕　清等18人	16
2	认真落实“学前教育发展”计划，必须先落实学前教育场所	沈梦培等12人	35
3	政府要重视学前教育，应加大公办园比例	安丽娟等37人	44
4	幼儿园特殊岗位职工准入及待遇问题	柳　茹等16人	50
5	0—3岁婴幼儿教育	柳　茹等16人	51

续表

序号	案　　由	提议案人	议案号
6	增加幼儿园教师编制	柳　茹等 16 人	52
7	加快解决幼儿入园难问题，大力加强学前教育	贺士榕等 13 人	57
8	加强幼儿教师培养	怀柔区代表团	78
9	规范我市幼儿园管理	王　媛等 12 人	96
10	幼儿园实行成本分担机制，促进学前教育事业健康发展	柳　茹等 10 人	122
11	加快推进全市幼儿园建设	卫爱民等 19 人	142
12	加快公办幼儿园建设，解决幼儿师资短缺问题，促进学前教育又好又快发展	刘春苹等 12 人	189
13	规范幼儿园办学行为，纠正幼儿教育小学化倾向	毛铮铮等 34 人	210

二、作为建议、批评和意见，交市有关部门研究办理（共 191 件）

（一）财政经济方面（共 47 件）

序号	案　　由	提议案人	议案号
1	加快发展南城基础设施建设	仉锁忠等 12 人	3
2	加强对农村老旧高压线路的改造，排除隐患，确保人民群众生命、财产安全	仉锁忠等 12 人	4
3	坚决打击买卖假发票的违法行为	沈梦培等 12 人	6
4	公务车改革是北京市治理拥堵的关键之一	沈梦培等 10 人	12
5	实现首都科学发展，必须有效控制北京人口规模过快增长	吴守伦等 18 人	17
6	科学调控人口规模，确保首都可持续发展	王纪表等 16 人	19
7	大力发展电动汽车，加快电动汽车产业化	焦文俊等 16 人	20
8	抑制物价过快上涨是百姓安居的前提	王爱平等 11 人	21
9	北京市人口必须合理控制	孙玉芝等 20 人	24
10	加快推进通州东方乙烯搬迁及燕化甲醇制乙烯工作	房山区代表团	27
11	加大北京人口调控力度	张玉玲等 18 人	28
12	发展林业生物质能源	穆希凤等 11 人	29
13	严禁农贸市场监管人员打着“限塑令”旗号强买强卖塑料包装袋	毛铮铮等 21 人	39
14	整合热线资源，实现咨询、投诉、举报“一号通”	毛铮铮等 21 人	40
15	制定合理有效的人口政策，促进首都人口与资源环境协调发展	安丽娟等 35 人	42
16	切实加强非公有制经济发展	田　汉等 14 人	45
17	加快城市化进程，减少固定资产投资项目行政审批环节	田　汉等 14 人	46
18	推广成功经验，加强首都人口调控	李维平等 11 人	49
19	促进首都经济结构谁整，建设“中国食品生物工程研发总部基地”	元晓梅等 13 人	58
20	加快门头沟门城地区高压线迁改整合，促进和保证新城发展需求	门头沟区代表团	61
21	将农村路灯照明电费纳入城市公用事业附加费中列支	郭光磊等 13 人	70
22	提高低收入职工群体收入水平	张建民等 14 人	73

续表

序号	案　　由	提议案人	议案号
23	完善食品安全统一监测评估体系	怀柔区代表团	75
24	改善京郊农村金融服务环境政策	怀柔区代表团	77
25	有效控制人口增长，解决北京市人口、资源矛盾	刘学锋等 10 人	83
26	成立首钢新区开发建设管理委员会	安丽娟等 12 人	87
27	提高市财政对新农合资金补助比例标准	平谷区代表团	90
28	加大对京西南资源型企业关闭地区劳动力转移就业扶持力度	仉锁忠等 11 人	97
29	加大京西南浅山区建设发展力度，打造（涉农）高端制造业聚集、承载疏散人口功能生态休闲示范区	房山区代表团	98
30	东方化工厂搬迁	通州区代表团	107
31	建立退出机制，加大对“三高企业”和低端落后产业淘汰力度	金文岭等 12 人	109
32	加快延庆县智能电网建设，推动新能源发电项目尽早建成并发挥效益	延庆县代表团	111
33	加强碳补偿的区域立法，推动林业碳汇稳步发展	张志毅等 19 人	121
34	控制人口过速增长，提高生活水平，创建宜居城市	高　静等 21 人	148
35	加快香山高端休闲旅游区建设	蔡少青等 12 人	150
36	依靠科技创新驱动经济增长，优化产业结构提升发展质量	郑晓东等 12 人	151
37	加强和改进人口管理应主要采取疏导方式	王玉梅等 15 人	163
38	用系统的方法统筹解决北京市的突出问题	廖晓钟等 13 人	174
39	进一步支持首都“两个中小”发展	严晓燕等 12 人	178
40	加快建立京西南资源型企业关闭配套政策机制	房山区代表团	188
41	调整市区财政体制，促进区县基本公共服务均等化	闫学锋等 63 人	193
42	“煤改电”工程应办扎实快收尾	曾　芳等 12 人	199
43	帮助、扶植中小型企业创业	邱淦清等 15 人	201
44	建立社区蔬菜水果直营区	邱淦清等 15 人	202
45	杜绝就餐浪费	邱淦清等 16 人	203
46	限制商场柜台装修次数过多、过频	邱淦清等 15 人	204
47	从政治高度重视民生问题，妥善调控北京人口	毛铮铮等 33 人	209

（二）农业、农村和农民方面（共 20 件）

序号	案　　由	提议案人	议案号
1	发展籽种产业，促进现代农业发展	仉锁忠等 11 人	2
2	北京市在推进城乡一体化进程中，要积极关注解决事关百姓切身利益的遗留问题，避免形成新的群体访	孙玉芝等 20 人	23
3	建议首农集团能够直接享受到市政府相关农业扶持政策	张福平等 11 人	30
4	加强对农民上楼后农村产业发展的规划与指导	宛金章等 16 人	37
5	加快解决重点工程征地遗留的农民搬迁安置问题，促进城乡结合部地区经济发展和社会稳定	张富生等 16 人	56

续表

序号	案　　由	提议案人	议案号
6	生态涵养发展区生态效益补偿资金	赵爱娟等 13 人	67
7	将《北京市乡村集体经济组织条例》列入立法计划	郭光磊等 13 人	68
8	加大对农民专业合作社示范社财政资金支持力度	郭光磊等 13 人	69
9	加强乡镇集体资产管理，切实保障农民群众合法权益	郭光磊等 13 人	71
10	加快城乡结合部建设，促进城乡经济协调发展	张国栋等 11 人	85
11	将平谷新城水系治理纳入全市水系治理计划	平谷区代表团	91
12	将平谷区城中村改造纳入全市计划	平谷区代表团	92
13	城乡结合部地区非重点村与重点村政策协调一致，加快推进城市化进程	丰台区代表团	118
14	加强湿地保护管理，促进首都生态恢复，保障北京更加宜居	张志毅等 20 人	120
15	肖家河城中村环境污染整治	胡　敏等 11 人	145
16	加强北京市都市型现代农业建设	汤维建等 14 人	154
17	提高农民退休费或发放生活补贴	汤维建等 14 人	157
18	进一步加强北京水资源保护	严晓燕等 12 人	176
19	以现代法制理念为指导，建立我市农副产品生产基地，向市民提供安全、优质、价低的农副产品，应对物价上涨	卫爱民等 35 人	183
20	加快我市排水设施能力建设	刘贵堂等 20 人	220

（三）城乡建设和环境保护方面（共 64 件）

序号	案　　由	提议案人	议案号
1	“北京交通”就是要把人“安全”“迅速地”运送到目的地	沈梦培等 11 人	5
2	加强地源热泵推广应用和监督管理工作	沈梦培等 11 人	7
3	解决北京停车问题，理顺收费制度，缓解交通拥堵	沈梦培等 12 人	10
4	“疏”“限”结合，以人为本，解决北京交通问题	沈梦培等 11 人	11
5	“中关村东区房屋改造”应该从 2011 年启动	沈梦培等 11 人	14
6	标本兼治科学谋划，建设北京现代化智能交通体系	王纪表等 16 人	18
7	采取有利措施推进城市垃圾的无害化处理	王爱平等 12 人	22
8	轨道交通修建过程中和建成后，市政府要关注事关百姓公益活动的基础设施建设问题	孙玉芝等 20 人	25
9	提升环境空气质量监测评价标准满足人文、科技、绿色北京建设和世界城市建设需求	贾淑宁等 12 人	32
10	垃圾焚烧发电是解决北京垃圾围城问题最有效的方法	沈梦培等 13 人	34
11	“拆迁补偿”必须透明、公开、公正	沈梦培等 12 人	36
12	取消公交低票价制，变暗补为明补，为市民发放交通补贴	毛铮铮等 20 人	41
13	市人大继续将我市垃圾管理工作作为重点督办工作	王维平等 15 人	47
14	治理随意倾倒建筑垃圾	张　耘等 17 人	55

续表

序号	案由	提议案人	议案号
15	将门头沟区109国道规划调整为高速公路	门头沟区代表团	62
16	双大路二期加快建设	李慷云等13人	63
17	加快门头沟区与市区联系道路建设	李信勇等13人	64
18	军温路改线扩宽	宋书丽等13人	65
19	尽快接通门头沟区天然气	邓秀琴等13人	66
20	调整永定河滨水生态商务区规划	宋世媛等12人	84
21	土地利用、开发建设中的遗留问题	宋世媛等12人	86
22	加快京平轨道交通建设，科学确定路由	平谷区代表团	89
23	修改《北京市出租汽车管理条例》	平谷区代表团	93
24	将老年人交通补贴暗补变明补	平谷区代表团	94
25	京沈高铁在平谷段设置车站	平谷区代表团	95
26	疏禁结合，统筹解决北京市建设用砂石，改善生态环境	周　军等12人	99
27	901、917路公共汽车在燕山地区上下班高峰时段发区间车	叶晓明等11人	100
28	京港澳高速收费站闫村站和良乡路口站收费标准统一，以缓解良乡地区交通拥堵压力	叶晓明等11人	101
29	抓紧启动轨道交通R1线（朝阳CBD—通州新城段）和S6工程	通州区代表团	106
30	将通燕高速（原京哈高速）改为城市主干道，取消丁各庄收费站	韩克非等11人	108
31	加强京藏高速交通管理的治理	延庆县代表团	112
32	建设延庆县市区通道项目	延庆县代表团	113
33	将市郊铁路S2线纳入北京市城市轨道交通体系管理	延庆县代表团	114
34	城市治堵要软件硬件一起抓	张　静等12人	115
35	撤销杜家坎收费站	佟丽华等68人	117
36	加快推进南中轴地区城市建设	丰台区代表团	119
37	大型建筑工地设置医务室	马　辛等17人	124
38	迁走月坛电视塔	吴元增等12人	126
39	建设北京市天然气安全应急气源	杨永慧等21人	129
40	配合京石客专、地铁9号线一期开通，加快完成北京西站南广场交通枢纽及地下站厅改造	刘小平等15人	132
41	重新整合北京西站南广场、丽泽商务区、新丰台站道路规划	刘小平等16人	133
42	进一步落实公交优先相关政策	李素丽等57人	134
43	继续加大公交信息化建设力度	李素丽等37人	135
44	扩大公交专用道覆盖，提高公交运行速度，为实现公交快速通勤网络创造条件	李素丽等57人	136
45	进一步完善BRT线路基础设施	李素丽等57人	137
46	督促落实去年2061号建议的办理，进一步加快公交场站建设	李素丽等59人	138
47	加快朝阳区和平街十二区、十三区危房改造	臧美华等12人	139

续表

序号	案　由	提议案人	议案号
48	海淀区花园村工运社区和花园社区道路再整治	李德齐等 10 人	147
49	以功能区模式建设低碳城市，减少交通拥堵	郑晓东等 12 人	152
50	调整保障性住房结构，建设教科文卫专业人员专项保障住房	刘　林等 13 人	153
51	北京治理交通拥堵还要做多方面工作	陈立群等 13 人	159
52	奖励绿色出行，实施汽车拥有者的退出机制	郑新蓉等 17 人	160
53	端正认识，优化并加强城市管理	史际春等 15 人	161
54	公交便利化，从小处做起	史际春等 15 人	162
55	恢复和促进单位班车制度，改善北京交通拥堵状况	江泽平等 16 人	164
56	建设北京市自行车公共服务系统	王建民等 15 人	175
57	进一步加强城市生活垃圾处理	严晓燕等 12 人	177
58	创新思路优化北京公交路线，有效治理交通拥堵	吴　双等 11 人	181
59	建设完善北京市城市智能交通体系	王丽梅等 14 人	187
60	落实精细化管理，从路标等十个方面入手，切实缓解北京交通拥堵问题	姜培华等 13 人	194
61	进一步加大力度推进垃圾处理工作	姜培华等 11 人	195
62	建立和完善保障性住房管理机制	刘红宇等 31 人	206
63	有关部门形成合力，加强对建筑脚手架扣件的有效监管，杜绝重大安全事故隐患	毛铮铮等 34 人	211
64	尽快将《北京市建筑市场管理条例》列入 2011 年立法计划	臧美华等 13 人	221

（四）教育、科技、文化、卫生和体育方面（共 38 件）

序号	案　由	提议案人	议案号
1	北京要为禁烟控烟立法，切实保障人民身体健康	沈梦培等 11 人	8
2	2009 年对退休教师未落实《中华人民共和国教师法》	田　媛等 12 人	26
3	门诊医疗费报销封顶线上调有效缓解患者的就医压力	贾淑宁等 12 人	31
4	对重性精神疾病患者实行免费服药治疗	马　辛等 22 人	53
5	以人员经费改革为突破，完善科研经费管理	张　耘等 18 人	54
6	促进我市义务教育均衡化	王　媛等 12 人	60
7	制定《北京市实施〈中华人民共和国职业病防治法〉办法》	张建民等 14 人	72
8	禁止在本市公共场所吸烟	刘学锋等 10 人	82
9	关注精神健康，注重健康服务，创建健康城市	郭艳红等 12 人	103
10	北京市心理健康促进体系建设	马　辛等 16 人	123
11	合理解决非北京户籍居民的子女参加北京地区中考和高考	朱丽俐等 13 人	127
12	进一步加强本市精神疾病患者社会保障和公共服务	吕争鸣等 17 人	128
13	北京市应实行高考完全平行志愿填报方式	杨永慧等 13 人	130
14	深化医改加强住院医师培养，加速解决基层医院人才短缺	李坤成等 13 人	131
15	坚决反对用“奥数”选拔学生	沈梦培等 53 人	143

续表

序号	案　　由	提议案人	议案号
16	政府加大对中小学图书馆投资	刘彭芝等 17 人	146
17	建立家庭教育和咨询中心	刘彭芝等 22 人	166
18	对弱势群体进行乳腺癌、宫颈癌普查	刘彭芝等 22 人	167
19	充分利用“国家基础教育资源共建共享联盟”	刘彭芝等 23 人	168
20	北京市中小学校设校车	刘彭芝等 23 人	169
21	北京市制定统一措施抑制学生近视和肥胖	刘彭芝等 23 人	170
22	北京市统一建立中小学垃圾分类回收机制	刘彭芝等 23 人	171
23	将中小学安全教育制度化、规范化	刘彭芝等 23 人	172
24	建立中小学生创新能力培养实践基地	刘彭芝等 23 人	173
25	进一步发挥政府引导作用，激励企业加大自身研发投入，形成创新驱动的科学发展模式	吴　双等 16 人	179
26	加大对国际科技交流合作的支持和奖励，促进“十二五”初步建成具有全球影响力科技创新中心的目标实现	吴　双等 15 人	180
27	加强统筹能力，切实建立北京市义务教育均衡发展保障机制	臧铁军等 13 人	182
28	着眼于北京世界城市建设，推动首都高校留学教育发展	张维佳等 12 人	184
29	加大科技转移力度，加速科技北京进程	田　捷等 15 人	186
30	加快形成以知识产权为基础的高增值新型服务产业	何平山等 13 人	196
31	重视和防范知识产权恶意诉讼	范承玲等 14 人	197
32	把“孝道”写进中小学课本	邱淦清等 15 人	200
33	进一步完善对非公立医院的政策，继续扶持非公立医院的发展	梅　群等 13 人	212
34	建立中药材与中成药价格联动机制	梅　群等 14 人	214
35	缓解医院政策性亏损	韩德民等 18 人	216
36	合理公立医院医务人员劳务报酬	韩德民等 16 人	217
37	加快北京同仁医院经济技术开发区院区扩建项目进程	韩德民等 15 人	218
38	首都医科大学附属北京同仁医院停车综合楼建设	韩德民等 16 人	219

（五）内务司法方面（共 20 件）

序号	案　　由	提议案人	议案号
1	发展社会资本参与农村养老问题	仉锁忠等 11 人	1
2	以人为本，提高外来人口管理工作整体水平	沈梦培等 11 人	9
3	我们要求修订《北京市烟花爆竹安全管理规定》	沈梦培等 11 人	13
4	建立快捷的低保金与物价相应的调整机制，更好地保障低保对象基本生活	贾淑宁等 13 人	33
5	加强老年人的居家养老软环境的建设	宛金章等 16 人	38
6	着眼世界城市建设，提高消防安全水平	刘学锋等 10 人	81
7	理顺规范社区管理体制，促进社会建设	安丽娟等 11 人	88

续表

序号	案　　由	提议案人	议案号
8	北京市应建设老年公寓	叶晓明等11人	102
9	解决支援三线建设人员户口等问题	王春兰等18人	116
10	调整北京市西城区行政区域	王敏荣等55人	125
11	加强发展与医疗服务结合的居家养老模式	黄慧贤等18人	140
12	加强对流动人口中未成年人的违法犯罪社会管理	高　静等28人	149
13	北京市高级人民法院制定庭审同步录音录像规则	汤维建等12人	155
14	北京市人民检察院加强实施人民监督员制度	汤维建等14人	156
15	把老年照料作为政府的一项重要事业	李友元等15人	165
16	完善北京市养老（助残）餐桌规范化管理及可持续发展	张立方等12人	190
17	尽快制定《北京市法律援助补贴办法》，提高法律援助补贴标准，建立法律援助宣传和鼓励机制	刘红宇等33人	207
18	制定流动人口管理法规，提升人口有序管理水平，改善管理模式	刘红宇等32人	208
19	社区工作者待遇问题	曹建军等27人	215
20	如何解决经法院拍卖后的不动产权属变更问题	臧美华等13人	222

（六）其他（共2件）

序号	案　　由	提议案人	议案号
1	北京市法治政府建设	汤维建等14人	158
2	北京市人大常委会应加快政府绩效管理立法	李保仁等41人	185

法制委员会关于北京市第十三届人民代表大会第四次会议法规案审议意见的报告

（2011年1月21日北京市第十三届人民代表大会第四次会议主席团第五次会议通过）

法制委员会副主任委员　张　引

大会主席团：

本次会议期间，法制委员会共收到代表联名提出的法规案3件，分别是：制定《北京市急救医疗服务条例》、制定《北京市控制吸烟条例》、制定《北京市组织机构代码管理条例》。根据《北京市制定地方性法规条例》第十条规定，对代表团或者代表联名提出的法规案，由法制委员会进行审议，提出是否列入大会会议议程的意见，由主席团决定是否列入会议议程。为了做好法规案的审议工作，法制委员会对这些法规案进行了认真研究，并征求了有关部门的意见。1月20日上午，法制委员会举行会议，对法规案进行了审议，现将审议意见报告如下。

一、潘迎等21位代表提出制定《北京市急救医疗服务条例》的法规案

该法规案说明中提出：急救医疗服务是城市安全保障体系的重要组成部分。本市急救医疗资源主要包括120系统资源、999系统资源和部分医院拥有的院前急救资源。当前存在以下问题：急救医疗管理体系复杂、资金没有保障、急救医疗资源尚未整合、急救从业人员匮乏、急救行业标准缺乏、院前院内治疗衔接机制尚未建立、社会急救员缺乏、法律责任不清。为了加强对急救机构和从业人员的规范管理，切实履行政府公共责任，保证公民得到及时有效的急救医疗服务，建议制定北京市急救医疗服务条例。

法规草案共18条，主要规定：急救医疗服务的功能定位和服务模式、急救医疗指挥系统、急救医疗体系构成、急救车辆配备、急救医疗机构和从业人员、社会急救员培训、院前院内急救医疗衔接。

法制委员会经过审议认为，该法规案拟规范的事项不属于《北京市制定地方性法规条例》第六条规定的应当由市人民代表大会制定法规的事项，建议不列入本次会议议程。

法制委员会认为，急救医疗服务是民生保障的重要内容，也是提升医疗卫生服务水平的重要方面。该项法规已列入本届市人大常委会五年立法规划，法制委员会建议将该法规案交市人民政府研究，提出是否制定地方性法规的意见，由市人大常委会进行立项论证。

二、应松年等19位代表提出制定《北京市控制吸烟条例》的法规案

该法规案说明中提出：我国于2003年签署了世界卫生组织《烟草控制框架公约》，全国人大常委会于2005年8月批准了公约，并于2006年1月生效。目前，北京已经颁布《北京市公共场所禁止吸烟的规定》和《北京市公共场所禁止吸烟范围若干规定》。但是这些法规规章与本市建设三个北京、世界城市的要求还有差距。为了保护市民的健康和安全，尤其是避免非吸烟者受到二手烟危害，建议以实现公约为目标，立足北京实际，借鉴一些国家和地区的控烟经验，对上述法规规章进行整合提升，制定北京市控制吸烟条例。

法规草案共26条，主要规定：控制吸烟工作的原则和管理体制，禁止吸烟和限制吸烟的区域，公民和社会组织参与控制吸烟工作的权利和途径，政府、管理者、经营者、公民在控制吸烟工作中的责任。

法制委员会经过审议认为，该法规案拟规范的事项不属于《北京市制定地方性法规条例》第六条规定的应当由市人民代表大会制定法规的事项，建议不列入本次会议议程。

法制委员会认为，控制和减少吸烟造成的危害是保障公众身体健康，提高城市文明水平的重要方面。1995年市十届人大常委会制定《北京市公共场所禁止吸烟的规定》；2008年按照无烟奥运的承诺，市政府制定《北京市公共场所禁止吸烟范围若干规定》，进一步扩大了禁止吸烟的范围，完善了公共场所禁止吸烟的管理措施。这些法规规章为保障市民身体健康发挥了较好的作用。随着社会文明程度的提升和公众健康意识的不断增强，有必要对上述法规规章进行修订或者整合后制定控制吸烟条例。考虑到这些工作，需要考虑国家有关立法工作的进程，还需要在制度设计的可行性、措施的可操作性、执法的实效性等方面进一步研究论证，因此，法制委员会建议将该法规案交市人大常委会组织有关方面进行法规预案研究。

三、毛铮铮等33位代表提出制定《北京市组织机构代码管理条例》的法规案

该法规案说明中提出：对法人单位实行组织机构代码管理是国家对经济和社会实施现代化管理的一项重要制度。1999年市人民政府制定了《北京市组织机构代码管理办法》，实施10年来，在推进我市组织机构代码管理方面发挥了重要作用。目前，全市已有集数据采集、业务处理和数据动态更新的组织机构代码信息管理系统和电子档案制作查询系统，并建成包含我市130万家已赋码的组织单位的基础信息数据库和电子档案图像库。组织机构代码的核心是组织机构的“实名制”，已相继在银行、税务、统计、海关、公安等十几个部委的业务管理中不同程度地使用。随着我市经济的快速发展和组织机构代码工作的不断突破，现有《办法》已不能适应现阶段的管理需求，当前存在的主要问题是：代码登记范围有待明确、代码信息的登记管理有待加强、对违规行为的惩戒缺乏可操作性、社会和各部门对代码工作重视程度不够。因此，建议制定北京市组织机构代码管理条例，以立法形式对代码的登记范围、代码信息的登记管理、违规行为惩戒的可操作性等作出符合实际的刚性的规定。

法规草案共5章24条，包括总则、申请与受理、管理与使用、法律责任和附则。草案以组织机构代码登记、管理和应用为基本内容，规定了质量技术监督部门负责统一组织协调全市组织机构代码管理工作，组织机构代码应用部门应协助做好组织机构代码信息的动态维护，各有关单位查验组织机构代码证书的适用情形，以及组织机构代码的登记、变更、注销和换证、验证等具体程序。

法制委员会经过审议认为，该法规案拟规范的事项不属于《北京市制定地方性法规条例》第六条规定的应当由市人民代表大会制定法规的事项，建议不列入本次会议议程。鉴于政府已有规章规范该立法事项，法制委员会建议将该法规案交市人民政府研究并提出研究意见。法制委员会听取市人民政府的研究意见后，向市人大常委会报告。

附件：北京市第十三届人民代表大会第四次会议法规案目录

附件：

北京市第十三届人民代表大会第四次会议法规案目录

编号	法规案名称	提案人
1	制定《北京市急救医疗服务条例》	潘迎等21位代表（朝阳）
2	制定《北京市控制吸烟条例》	应松年等19位代表（海淀）
3	制定《北京市组织机构代码管理条例》	毛铮铮等33位代表（东城）

北京市第十三届人民代表大会教育科技文化卫生体育委员会主任委员名单

（2011 年 1 月 21 日北京市第十三届人民代表大会第四次会议通过）

北京市第十三届人民代表大会教育科技文化卫生体育委员会主任委员

孙世超

北京市第十三届人民代表大会第四次会议补选北京市第十三届人民代表大会常务委员会委员当选名单

（4 名）

（2011 年 1 月 21 日北京市第十三届人民代表大会第四次会议选出）

北京市第十三届人民代表大会常务委员会委员

（按姓名笔画排列）

孙世超　夏　强　崔君乐　魏　哲

北京市第十三届人民代表大会第四次会议表决议案办法

（2011 年 1 月 15 日北京市第十三届人民代表大会第四次会议主席团第一次会议通过）

根据《中华人民共和国地方各级人民代表大会和地方各级人民政府组织法》和有关法律、法规的规定，主席团决定：

北京市第十三届人民代表大会第四次会议表决各项议案，采用无记名按表决器方式，以全体代表的过半数通过。表决时，代表可以按赞成键，可以按反对键，也可以按弃权键。未按表决器的不计入表决票数。如表决器在使用中发生故障，改用举手方式表决。

北京市第十三届人民代表大会第四次会议选举办法

（2011年1月18日北京市第十三届人民代表大会第四次会议通过）

第一条 根据《中华人民共和国地方各级人民代表大会和地方各级人民政府组织法》，结合本市实际情况，制定本办法。

第二条 北京市第十三届人民代表大会第四次会议补选北京市第十三届人民代表大会常务委员会委员4人，实行等额选举。

第三条 北京市第十三届人民代表大会常务委员会委员候选人为4人，由大会主席团或者代表30人以上书面联名提名。

北京市第十三届人民代表大会常务委员会委员候选人，必须从北京市第十三届人民代表大会代表中提名。

如果提名的候选人人数符合前款规定的候选人人数，由大会主席团提交全体代表酝酿、讨论后，直接进行投票选举。如果提名的候选人人数超过前款规定的候选人人数，由大会主席团将候选人的全部名单提交各代表团酝酿、讨论后，采取分代表团投票、统一计票的办法进行预选，根据在预选中得票多少的顺序，按照前款规定的人数确定正式候选人名单，提请大会选举。

预选的具体方式由大会主席团确定。

第四条 选举采用无记名投票方式。代表须亲自参加投票。

第五条 代表对于选票上所列的候选人，可以投赞成票，可以投反对票，可以另选他人，也可以弃权。表示反对的，可以另选他人；表示弃权的，不能另选他人。

第六条 代表对选票上所列的候选人，赞成的在其姓名左边的空格里画一个“○”；反对的在其姓名左边的空格里画一个“×”；在候选人左边的空格里既不画“○”又不画“×”的为弃权。

代表如果另选他人，在反对的候选人姓名左边的空格里画一个“×”，在其姓名右边的空格里写上另选人的姓名。

每张选票所选的人数等于或者少于应选人数的有效，多于应选人数的无效。

第七条 填写选票应当用钢笔或者签字笔，符号要准确，字迹要清楚，书写模糊无法辨认的部分无效。

第八条 大会选举前，由大会主席团提名总监票人2人，每个代表团推荐监票人1人，经大会主席团提交大会通过后，在大会主席团领导下，对发票、投票和计票进行监督。

候选人不得担任监票人。

选举工作人员由大会秘书处指定。

第九条 投票结束后，由总监票人向大会报告清点选票结果。收回的选票张数等于或者少于发出的选票张数，选举有效；多于发出的选票张数，选举无效，应重新进行选举。

第十条 候选人获得全体代表过半数的赞成票，始得当选。

第十一条 计票完毕，由总监票人向大会主席团报告选举结果，由大会主席团依法确认选举结果是否有效，并由大会执行主席在大会上宣布。

第十二条 本办法由北京市第十三届人民代表大会第四次会议通过后施行。

北京市第十三届人民代表大会第四次会议通过教育科技文化卫生体育委员会主任委员人选办法

（2011 年 1 月 18 日北京市第十三届人民代表大会第四次会议通过）

根据《中华人民共和国地方各级人民代表大会和地方各级人民政府组织法》的有关规定，北京市第十三届人民代表大会教育科技文化卫生体育委员会主任委员人选，由主席团在北京市第十三届人民代表大会代表中提名，大会通过。

本次会议通过北京市第十三届人民代表大会教育科技文化卫生体育委员会主任委员人选，采用按表决器的方式，由全体代表的过半数通过。如表决器在使用中发生故障，改用举手表决的方式。

北京市第十三届人民代表大会第四次会议主席团和秘书长名单

（2011 年 1 月 15 日北京市第十三届人民代表大会第四次会议预备会议通过）

主席团：（75 人，按姓名笔画排列）

马庚良	马振川	王力军（女）	王文京	王安顺
王苣生（女）	王振林	王敏荣（女）	王　琳（女）	牛有成
仉锁忠（回族）	尹玲珍（女）	邓洪波	石来福	叶青纯
史全富	冯乐平（女）	冯　熙	吕争鸣	吕　清（女）
吕锡文（女）	任月征（女）	任恩尚	刘晓晨	刘　淇
刘新成	齐　清（女，蒙古族）	汤维建	孙维林	阳安江
严晓燕（女）	杜瑞琴（女）	杜德印	李士祥	李怀方
李坤成	李其军	李国平	李和平	李昭玲（女）
李炳华	李福成	李福忠	李慷云	杨凤一（女）
吴世雄（满族）	吴德增	何平山	张大中	张文山
张书领	张永贺	张建民	陈吉宁	陈　军（女，高山族）
周来升	郑传福	赵凤山	赵凤桐	赵玉民
赵　郁	赵淑君（女）	郝如玉	柳纪纲	钮小桦（满族）
姜泽廷	夏　强	钱　渊（女）	唐　龙	曹育民

梁　伟　董双良　韩　扬　薛天利（回族）　魏　哲

秘书长： 赵凤山

北京市第十三届人民代表大会第四次会议主席团常务主席名单

（10人）

（2011年1月15日北京市第十三届人民代表大会第四次会议主席团第一次会议推定）

刘　淇	杜德印	王安顺	赵凤山	马振川
刘晓晨	吴世雄（满族）	柳纪纲	刘新成	李昭玲（女）

北京市第十三届人民代表大会第四次会议议案审查委员会主任委员、副主任委员、委员名单

（33人）

（2011年1月15日北京市第十三届人民代表大会第四次会议预备会议通过）

主任委员： 刘晓晨

副主任委员： 张　清　梁　平　陈　军（女，高山族）

委　　员：（按姓名笔画排列）

于海春	王小兰（女）	王　火	王江渝	王纪表
仉锁忠（回族）	尹玲珍（女）	冯乐平（女）	安丽娟（女）	许再华
孙其信	李小娟（女）	李立琴（女）	李　伟	肖亚平（女）
张　引	张建民	张朝起	周淑伶（女）	郑树森
赵　义	钮小桦（满族）	姜泽廷	高岩辉	高海英（女）
席文启	韩　扬	雷德才	魏　玫（女）	

北京市第十三届人民代表大会第四次会议副秘书长名单

（10人）

（2011年1月15日北京市第十三届人民代表大会第四次会议主席团第一次会议决定）

唐　龙	王力丁	崔述强	史绍洁	严力强
赵传民	刘维林	刘　志	周立云	丁世伟

北京市第十三届人民代表大会第四次会议新闻发言人名单

（2011年1月15日北京市第十三届人民代表大会第四次会议主席团第一次会议决定）

刘维林

北京市第十三届人民代表大会

第五次会议

在北京市第十三届人民代表大会第五次会议闭幕时的讲话

（2012 年 1 月 17 日）

中共中央政治局委员、北京市委书记　刘　淇

各位代表、同志们：

北京市第十三届人民代表大会第五次会议，在全体代表的共同努力下，圆满完成了预定的各项任务。会议期间，代表们以高度的政治责任感和认真负责的态度，审议并通过了政府工作报告、国民经济和社会发展计划报告、财政预算报告，以及市人大常委会、市高级人民法院、市人民检察院的工作报告，完成了选举任务，并对今后的工作提出了许多好的意见和建议。这次会议开得很好，达到了统一思想、明确目标、鼓舞士气的目的，是一次民主团结、求真务实、催人奋进的大会。我代表中共北京市委对大会的圆满成功表示热烈的祝贺，向为开好会议付出心血和智慧的全体代表和所有同志表示衷心的感谢！

近年来，市人大及其常委会围绕中心、服务大局，充分发挥人民代表大会的制度优势，不断完善人大及其常委会的履职方式，依法有效履行地方国家权力机关的职能，为推动首都科学发展作出了重大贡献。一是创新人大常委会履职方式。紧紧围绕着首都经济社会发展的重大问题，深入开展调查研究，提出对策建议，为党委、政府的科学决策奠定了坚实的民意基础。特别是，去年开展的全国文化中心建设专题调研以及所提出的九条建议，发挥了统一思想、凝聚共识的重要作用，为市委的决策提供了重要的参考和有力的支撑。二是创新地方立法工作。不断完善坚持党委领导、增强人大常委会的主导、发挥政府部门的基础作用、加强各方面统筹协调的立法工作格局，探索建立了立项论证、立法后评估、法规预案研究以及人大代表和广大市民全程参与立法等机制，使地方立法更好地保障和促进了科学发展，更好地配置公共资源，更好地维护社会公平。三是创新监督工作。充分发挥人大制度的监督优势，聚焦财政预算监督和司法监督，督促政府提高预算资金使用绩效，督促司法机关维护司法公正，提高了“一府两院”的工作效率，促进了资源的合理配置，推动了首都经济社会的科学发展。四是创新代表工作。建立为代表服务的工作格局和保障体系，畅通“三情两声”，加强代表培训，健全代表参与机制和活动机制，提高了代表的履职能力。围绕着做好代表议案办理工作，发挥人大常委会主导作用，与市政府同步调研，充分沟通协调，形成办理合力，增强了办理实效。与此同时，改进代表建议办理机制，加强闭会期间代表活动组织工作，指导区县乡镇人大开展换届选举工作，首次实行城乡按相同人口比例选举区县、乡镇人大代表工作圆满完成。五是创新自身建设。坚持以提高工作质量和实效为核心的工作方法，加强人民代表大会会议、常委会会议的准备和审议意见的跟踪落实工作，完善了立法、监督、

选举、人事任免以及代表工作的制度规范。加强机构建设，健全了人大常委会的工作机构和办事机构，完善履职服务机构设置，推进干部人事制度改革，人大机关干部队伍的活力进一步增强。人大及其常委会近几年的创新探索，创造了宝贵经验，应当认真加以总结。

今年我们将迎来党的十八大，市委也将换届。前不久召开的市委十届十次全会对今年的工作进行了全面部署，明确提出要大力践行“北京精神”，牢牢把握“稳中求进”的总基调，加快转变经济发展方式，全力推进科技创新和文化创新“双轮驱动”，稳增长、调结构、控物价，切实保障和改善民生，以首都科学发展、社会和谐稳定的优异成绩迎接党的十八大的胜利召开。在这次人代会上，这些目标和任务得到了代表们的高度认同。完成这些任务，需要全市人民的共同努力。希望全市各级人大及其常委会切实增强推动首都科学发展的责任感、使命感和紧迫感，以积极求进、奋发有为的精神状态，全面做好人大各项工作，为首都科学发展、社会和谐稳定作出新的更大的贡献。

第一，要充分发挥人民代表大会制度的优势和作用。人民代表大会制度作为我国的根本政治制度，是建设中国特色社会主义的重要制度优势。各级人大要切实履行好自身职责，努力使人民代表大会制度在首都现代化建设中发挥出更大的作用。一方面，要紧紧围绕着科学发展这一主题和加快转变经济发展方式这一主线，充分发挥人民代表大会制度在动员、组织群众方面的特殊优势，调动一切可以调动的积极因素，凝聚一切可以凝聚的智慧和力量，形成群策群力干事业、同心同德谋发展、齐心协力调结构、聚精会神促转变的强大合力。要抓住影响首都科学发展的一些基础性、长远性问题和人民群众反映强烈、社会关注度高的问题，特别是践行“北京精神”、构建科技创新和文化创新“双轮驱动”发展格局、培育经济新的增长点、促进改革开放以及推进城乡一体化等问题，继续开展专题调研，提出意见与建议，为推动首都科学发展提供智力支持、作出更大贡献。另一方面，要紧紧围绕着促进社会和谐、维护安全稳定，充分发挥各级人大直接联系广大人民群众的优势，通过强化基层人大工作，着力构建听民声、察民情、排民忧、解民难的工作机制，使人民群众的意愿和利益诉求得到充分表达，使党委和政府的决策与主张能够更好地体现人民群众的意志和愿望。要通过发挥人大的职能作用，推动公共服务体系建设，解决好广大人民群众高度关注的民生问题，使公共权力更好地服务于人民群众，增进广大市民的福祉。要大力发挥人大整合各方面利益关系的作用，建立和完善人民群众利益协调机制，维护社会公平正义，化解矛盾纠纷，最大限度地增加和谐因素。

第二，要进一步加强立法工作。地方性法规是中国特色社会主义法律体系的重要组成部分。要进一步加强和改进地方立法工作，特别是要在推动自主创新、加强知识产权保护、加强生态环境建设、推进城乡统筹、实现人口资源环境协调发展、加强审计工作等方面进一步加大立法工作力度。要加强民生方面的立法工作，依法解决好群众反映强烈的食品安全、公共安全、就业、就医、就学、社会保障等方面的问题，维护人民群众的权益。要继续完善地方立法工作格局，抓好法规立项论证、预案研究、法规审议和立法后评估等各个环节的工作，提高地方立法工作的针对性、质量和效率。

第三，要进一步加强监督工作。要紧紧围绕着首都改革发展的重点、难点、热点问题，充分发挥人大监督的特点和优势，完善监督方式，加大监督力度，增强监督实效，促进首都发展改革各项任务的落实。要切实加强对资源配置和权力运行的监督，继续推动预算监督和对司法工作的监督，把人大的监督与“一府两院”的内部监督以及体制改革结合起来。通过加强监督，完善行政管理体制，推动资源整合，督促公共权力更好地服务发展、服务群众。随着经济社会的发展，重大工程项目多、资金支出数量大，加强监督更为紧迫。要通过人大的监督，督促各个部门为人民用好权、管好钱，各项工作依法、廉洁、高效。

第四，要充分发挥代表作用。进一步创新代表活动方式，健全代表学习培训制度，组织好代表在闭会期间的学习、交流、视察、执法检查、工作评议等活动，支持和鼓励代表广泛接触实际，及时地发现工作中的矛盾和问题，使人大及其常委会的各项工作和决策能够更好地反映民意、集中民智、凝聚民力，更好地代表广大群众的利益。广大代表要积极践行“北京精神”，认真履行代表职责，提出高质量的意见、建议，努力成为推动科学发展、促进社会和谐的表率和模范。

第五，要在提高人大及其常委会工作质量和实效上取得新进展。全市各级人大及其常委会要始终坚持正确的政治方向，全面加强人大机关的思想建设、组织建设、作风建设和反腐倡廉建设，围绕中心、服务大局，创新工作制度、工作机制和工作方法，使人大工作更富活力、更有实效。全市各级党委都要进一步深化对人民代表大会制度重要性的认识，加强和改进对人大工作的领导，积极关心、支持人大工作，提高运用人民代表大会制度推动科学发展的能力。“一府两院”要把听取人大意见、接受人大监督作为提升工作水平的重要途径，主动接受同级人大的监督，积极支持配合人大做好工作，为充分发挥人大及其常委会的作用创造更加有利的条件。

各位代表、同志们，今年是本届人大任期的最后一年，是全面实施“十二五”规划任务的关键一年。我们要紧密地团结在以胡锦涛同志为总书记的党中央周围，深入贯彻落实科学发展观，大力弘扬“北京精神”，开拓进取、扎实工作，全面完成今年的各项任务，以优异成绩迎接党的十八大胜利召开！

新春佳节就要到了。借此机会，向各位代表、同志们致以新春的祝福，祝大家身体健康、阖家欢乐、万事如意！

北京市第十三届人民代表大会第五次会议议程

（2012年1月12日至17日）

（2012年1月11日北京市第十三届人民代表大会第五次会议预备会议通过）

一、听取和审议北京市人民政府工作报告

二、审议北京市2011年国民经济和社会发展计划执行情况与2012年国民经济和社会发展计划草案的书面报告

审查和批准北京市2011年国民经济和社会发展计划执行情况的报告与2012年国民经济和社会发展计划

三、审议北京市2011年预算执行情况和2012年预算草案的书面报告

审查和批准北京市2011年预算执行情况的报告和2012年预算

四、听取和审议北京市人民代表大会常

务委员会工作报告

五、听取和审议北京市高级人民法院工作报告

六、听取和审议北京市人民检察院工作报告

七、选举事项

北京市第十三届人民代表大会第五次会议关于政府工作报告的决议

（2012 年 1 月 17 日北京市第十三届人民代表大会第五次会议通过）

北京市第十三届人民代表大会第五次会议听取和审议了郭金龙市长所作的《政府工作报告》。会议充分肯定市人民政府一年来的工作，同意报告提出的 2012 年经济社会发展目标任务和工作部署，决定批准这个报告。

会议指出，2012 年是实施“十二五”规划承上启下的重要一年。做好今年全市各项工作，对于巩固经济社会发展良好势头，为党的十八大召开创造良好环境，具有十分重要的意义。市人民政府要全面贯彻落实党的十七大和十七届三中、四中、五中、六中全会以及中央经济工作会议精神，以邓小平理论和“三个代表”重要思想为指导，深入贯彻落实科学发展观，全面实施“人文北京、科技北京、绿色北京”战略，牢牢把握“稳中求进”的总基调，稳增长、调结构、控物价、惠民生、抓改革、促和谐，奋力夺取首都改革开放和现代化建设的新胜利。

会议强调，加快推进经济发展方式转变和经济结构调整，既是重大的战略任务，又是一场严峻考验。要坚决贯彻落实中央的决策部署，坚定信心，深化改革，扩大开放，全力实施科技创新和文化创新“双轮驱动”战略，大力发展实体经济，不断增强发展的包容性，促进经济社会发展与城市功能完善相协调，努力推动首都转型发展走在全国前列。

会议号召，全市各族人民紧密团结在以胡锦涛同志为总书记的党中央周围，高举中国特色社会主义伟大旗帜，在中共北京市委坚强领导下，大力践行“北京精神”，团结奋斗，开拓创新，全面完成 2012 年各项工作任务，以首都科学发展、社会和谐稳定的优异成绩迎接党的十八大胜利召开！

政府工作报告

——2012 年 1 月 12 日在北京市第十三届人民代表大会第五次会议上

北京市市长　郭金龙

各位代表：

现在，我代表北京市人民政府，向大会报告政府工作，请予审议，请市政协各位委员提出意见。

一、2011 年工作回顾

过去一年，在党中央、国务院和中共北京市委的坚强领导下，全市人民隆重纪念中国共产党成立 90 周年，深入贯彻落实科学发展观，坚决贯彻中央大政方针和对北京市工作的重要指示精神，加快实施“人文北京、科技北京、绿色北京”战略，坚定信心，团结奋斗，克服困难，推动首都科学发展取得新的成就，实现了“十二五”时期的良好开局。

预计全市地区生产总值达到 1.6 万亿元左右，比上年增长 8%以上；地方公共财政预算收入达到 3006.3 亿元，增长 27.7%；城镇登记失业率为 1.39%，城镇居民人均可支配收入超过 3.29 万元，农村居民人均纯收入超过 1.47 万元，分别实际增长 7%以上和 7.5%以上。

一年来，我们坚持以科学发展为主题，以加快转变经济发展方式为主线，认真落实市十三届人大四次会议决议，重点做了以下几方面工作。

（一）坚决贯彻中央宏观调控政策，保持经济平稳较快发展

坚持落实扩大内需的战略方针，努力挖掘内需增长潜力。进一步完善政策、优化环境，建立促进消费责任制，推动消费增长向多点支撑转变。在机动车销售量下降 44.3%、商品住宅销售面积下降 14%左右的情况下，预计社会消费品零售额增长 10.8%左右。发挥政府投资引导放大作用，拓宽投融资渠道，保证了重点工程、重大项目的资金需求，投资结构进一步优化。预计全社会固定资产投资增长 13%以上，其中，政策性住房投资增长近 1 倍，民间投资增长 15%左右，高技术行业投资增长 70%以上。

坚持房地产调控，制定实施 15 条具体措施，率先作出新建普通住房价格“稳中有降”的承诺，促进房地产结构调整和平稳健康发展。新建普通住房成交均价同比下降 11.3%，居民首购比重接近 90%，投机投资性购房得到有效遏制。加大住房保障力度，注入 100 亿元财政资金成立了市保障性住房建设投资中心，优先保障用地需求，新建收购各类保障房 23 万套、竣工 10 万套，超额完成年度任务。完善公共租赁住房政策，将城市低收入家庭、新就业职工和外地来京工作一定年限人员纳入保障范围，全年配租公租房 1 万套。

坚持扶生产、保供应，多次出台具体调控措施，安排价格调节资金 5 亿元，切实控制物价过快上涨。全力抓好“菜篮子”工程，划定基本菜田 57.9 万亩，新增基本菜田 5.5 万亩，新建外埠蔬菜生产基地 4 万亩，加强与供应地合作，积极推动产销对接，减免大型批发市场、农贸市场进场费和摊位费，降低零售环节经营成本，农副产品供应保持稳定。开展专项整治和重点稽查，规范房屋租赁价格。严厉查处价格违法违规行为，有效维护了市场和价格秩序，居民消费价格月度涨幅已连续 4 个月回落，预计全年同比上涨 5.6%。

（二）深入推进经济结构调整，加快转变经济发展方式

中关村国家自主创新示范区建设取得新成效。认真落实“1＋6”系列政策，创新平台开始运行，481 家单位实施了股权和分红激励，261 个项目开展了科技成果处置权、收益权改革。建立部市会商机制，实现重大事项联合审批。制定实施优化产业布局、促进科技成果转化和产业化等指导意见，统筹政府资金 100 亿元支持了 300 余个重大科技成果产业化项目。发布中关村科学城发展规划，启动建设了航天科技创新园等 37 个项目。加快未来科技城建设，15 家中央企业项目全部开工。建立军民融合的创新发展机制，推动

军转民技术、军民两用技术产业化。加强人才特区建设，实施 10 项具体扶持政策，开辟吸引高端人才的绿色通道，引进国内外高层次人才 1962 名。示范区规模以上企业总收入预计超过 1.9 万亿元、增长 20%以上，收入过亿元企业达到 1500 家左右，新一代移动通信、软件、集成电路、生物医药等产业集群效应初步显现。推进实施“科技北京”行动计划，合作建立了超级云计算中心、国家技术转移中心，新增科技条件平台 130 个，认定高新技术企业 1285 家。发布实施首都标准化战略纲要，深入推进知识产权先导工程，预计全市技术合同成交额、发明专利授权量分别增长 19.7%和 30%，科技创新呈现强劲势头。

产业结构调整迈出新步伐。加快发展生产性服务业，金融中心城市功能进一步增强，信息服务、商务服务、科技服务带动作用更加突出。加快文化创意产业集聚区建设，支持文化企业重组、改造和上市，预计文化创意产业总收入超过 9000 亿元，增长 20%以上。切实做好旅游促进工作，推动旅游与文化、体育等产业融合，国内外旅游人数突破 2 亿人次，旅游总收入突破 3000 亿元。第三产业比重保持在 75%以上。制定加快培育和发展战略性新兴产业的实施意见，确定首批 160 个新兴产业重大项目，与 15 家中央单位签订战略合作协议，一批重点项目建成投产，预计规模以上高技术制造业、现代制造业增加值均增长 10%以上。认真做好节能减排工作，率先实行能耗强度和能源消费总量双控机制，关闭高耗能、高耗水、高污染企业 45 家，完成 4.7 万户农民住宅抗震节能改造，更新淘汰老旧机动车 22.4 万辆，新增纯电动车 1100 辆，单位地区生产总值能耗、水耗和主要污染物排放量继续全面下降。

农村改革发展稳步推进。继续深化农村各项改革，集体林权制度主体改革任务基本完成，83.5%的集体经济组织完成产权制度改革。开展集体土地确权登记颁证、新型农村社区建设和“一事一议、财政奖补”试点，初步建立起农村基础设施运行管护机制。有序推进现代农业示范创建，籽种农业、观光休闲农业增速均超过 20%，农业功能不断拓展。加强农田水利建设，完成 30 万亩农业基础建设及综合开发，新增和改善节水灌溉面积 15 万亩。制定实施推进农业现代化和郊区工业化、城镇化的意见，加快新农村建设步伐，设立小城镇发展基金，加快培育特色产业。积极促进农民增收，继续实施共同致富行动计划，农民收入增速连续三年快于城镇居民。

区域协调发展进一步加强。全面抓好城乡结合部城市化工程，制定促进集体产业发展、整建制农转居的意见，完善一道绿隔政策，50 个重点村拆迁任务基本完成，回迁安置房建设加快推进。全力实施聚焦通州战略，进一步完善新城建设领导体制，重大市政基础设施建设进展顺利，重点产业项目加快落地。深入实施城南行动计划，三年建设任务完成了 70%。制定加快西部地区转型发展的实施意见，永定河“四湖一线”生态景观带建成开放。生态涵养发展区环境友好型产业加快培育，沟域经济项目全面启动，5000 名山区农民实现搬迁。“六高四新”功能区、南北两大产业带建设加快推进，聚集优质要素、承载产业发展的功能进一步增强。

（三）加大城乡建设管理力度，夯实可持续发展基础

交通治堵取得一定成效。加快轨道交通建设，3 条线路顺利开通，新增运营里程 36 公里，总里程达到 372 公里。加大城市次干道、支路建设力度，完成 15 项微循环、90 项疏堵工程建设。在确保安全的前提下，进一步缩短地铁发车间隔，平均运力提高 10%。启用京通快速路公交通勤走廊，实现市郊铁

路公交化示范运营，开通一批“袖珍公交”和社区通勤快车。实行机动车限购，机动车保有量同比少增61.7万辆。加强交通秩序管理，调整中心城区非住宅区停车收费价格，开展停车服务季活动。高峰时段路网平均运行速度提高12%左右，公交出行比例达到42%，小汽车出行比例首次下降。

生态环境质量继续提升。加快鲁家山等生活垃圾处理设施建设，在2454个城乡社区开展分类达标试点，生活垃圾产生量连续两年下降，焚烧、生化处理比例均提高到15%，再生资源回收量增长8%。加大污水处理设施建设改造力度，全市污水处理率达到82%，再生水利用量7亿吨。建成5个新城滨河森林公园、10个郊野公园、10个城市休闲公园，新增造林绿化面积25万亩，全市林木绿化率达到54%。实施清洁空气行动计划，空气质量二级和好于二级天数达到78.4%，一级天数达到74天、增长39.6%，实现了连续13年持续改善。制定进一步加强水务改革发展的意见，落实水务投资各项政策，成立南水北调工程投资中心，水务基础设施建设明显提速。

城市精细化管理水平不断提高。开展“精细管理、美化市容”工作，实施环境秩序“三个百日整治”，加强市容环境卫生综合考评，解决了一批群众反映强烈的突出问题。启动95个老旧小区电网改造，完成260公里架空线入地，初步实现重点区域无线局域网全覆盖。做好水电气热供应，东南热电中心、怀密天然气干线等工程建成投入使用，资源能源保障能力进一步增强。积极应对局地暴雨等极端天气影响，提高了道路排水设施设计标准，加大雨水系统改造和雨洪利用力度，城市运行平稳有序。

（四）全面加强社会建设，促进经济社会协调发展

在应对国内外复杂经济形势，特别是物价高位运行的困难情况下，我们更加注重保障和改善民生，切实解决人民群众最关心、最直接、最现实的利益问题。

就业和社会保障工作不断加强。市级财政投入293.2亿元，为群众办的30件重要实事全面落实。积极做好就业困难地区和困难群体帮扶工作，基本完成首钢停产职工分流安置任务，把城市化地区农村劳动力纳入城镇失业登记范围，加强职业技能培训，城镇新增就业44.7万人。推动制度整合衔接，把失业人员纳入职工基本医疗保险，开展转移就业农村劳动力参加职工社会保险试点，实现市级公费医疗制度与职工医保制度并轨、在职职工养老和医疗保险跨地区转移接续、工伤和生育保险制度全覆盖。健全社会保障相关待遇标准与物价上涨挂钩联动机制，年内两次提高标准，最低工资提高20.8%，农村低保最低标准提高61.9%，企业退休人员月平均养老金提高10%以上，向退休人员、征地超转人员和困难群众发放一次性生活补贴，累计投入财政和社保资金60多亿元、惠及310多万城乡居民。加快适度普惠型社会福利体系建设，统筹5.2亿元支持养老服务事业发展，养老机构床位总量达到8.2万余张。

教育、卫生改革发展成效显著。市级财政相关投入316.4亿元，增长28.6%。编制中长期教育改革和发展规划纲要，启动教育发展重大项目和改革试验，推进义务教育均衡发展改革试点。基本完成中小学校舍安全工程。制定实施学前教育三年行动计划，提高公用经费定额标准，投入6亿元支持改善办园条件，新增入园名额3.3万个。深化医药卫生体制改革，分类开展公立医院改革及医保付费制度改革试点，五项重点改革任务顺利完成。推广家庭医生式服务、双休日门诊、优质护理等服务模式，预约挂号平台覆盖了全部66家三级医院。全面实施基本公共

卫生服务项目，积极应对医疗需求增长，群众看病就医条件进一步改善。

文化改革创新取得新进展。精心组织纪念中国共产党成立90周年宣传教育工作，提炼了“北京精神”，成为新时期践行社会主义核心价值体系的创新之举。开展“做文明有礼的北京人”等系列文明创建活动，思想道德和精神文明建设取得新成效。加强文化改革发展顶层设计，研究制定了相关政策体系。成立五大文化联盟，文艺院团和非时政类报刊出版单位转企改制扎实推进，都市报管理体制进一步理顺。开展网络实名制试点，开通了“北京微博发布厅”，制定实施了微博客发展管理规定。积极推进文化惠民工作，丰富基层群众文化生活，“一街一品”特色渐次形成。编制历史文化名城保护建设规划，历史文化建筑修缮工程稳步推进。发布全民健身实施计划，完善公共体育服务体系，群众体育活动广泛开展，首都国际体育影响力进一步提升。

社会管理创新深入推进。制定加强和创新社会管理、全面推进社会建设的意见，编制社会建设规划纲要。开展社区规范化建设及和谐社区创建活动，启动“六型社区”建设，推动社区基本公共服务全覆盖试点。新建“一刻钟社区服务圈”243个，累计达到409个，惠及620万居民。城市网格化管理深入推进，村庄社区化管理试点成效显著。基本完成城市社区服务站建设，建成1700个农村社区服务站。推动组织机构代码实名制管理，全面实现市级“枢纽型”社会组织分类管理，四类社会组织实行直接登记，全市1249座商务楼宇基本实现社会服务管理全覆盖。统筹做好人口与计划生育工作，总结推广人口服务管理成功经验，制定了支持产业优化升级、加强业态调整的工作意见，积极探索人口规模有序调控新途径，推进中心城区功能和人口疏解，人口基层基础工作进一步加强。

（五）着力推进改革开放，为首都转型发展注入新的动力和活力

重点领域和关键环节改革不断深化。行政管理体制改革继续推进，成立了市旅游委、市医院管理局、市预防腐败局，调整市城管执法局隶属关系，基本完成乡镇机构改革。完善全口径政府预算体系，加大财政预决算、“三公经费”和审计结果公开力度。制定分类推进事业单位改革实施意见，全面开展事业单位清理规范工作。加快国有企业调整重组，完成市区两级粮食企业、北控与京仪集团重组，实现骨干企业委派外部董事全覆盖，市属企业利润增长28.9%。出台促进中小企业发展的实施意见，推进中小企业公共服务平台建设，非公有制经济健康发展。加大金融创新力度，推动保障房私募债、保险资金支持土地储备等融资模式创新，促进政府融资平台规范发展，直接融资比重超过70%，上市公司数量跃居全国第二位。

对外开放水平不断提升。成功争取中国国际服务贸易交易会永久落户北京，制定实施建设国际商贸中心意见。预计地区出口增长6%左右，“双自主”企业出口比重进一步提高，服务外包增长59.3%，跨境贸易人民币结算额居全国首位。坚持市区联动、引资引智相结合，做好重大项目、总部企业投资促进工作，实际利用外资增长10.9%，新增外国企业驻京代表机构320家。建立健全境外劳务事件防范和应急处置机制，加快推动企业“走出去”，对外投资稳定增长。加强对台工作，巩固京港、京澳合作，对外经济、科技、文化交流深入推进。

对口支援和经济合作不断加强。投入25.2亿元，先后派出干部和专业技术人员366名，认真抓好援藏项目建设，全方位开展援疆工作，完成玉树灾后恢复重建任务的92%，对巴东、什邡的支援合作工作稳步实

施，帮扶内蒙古取得新进展。首都经济圈发展研究工作全面启动，与周边省区市合作交流向纵深推进。

（六）加强民主法制建设，全力维护首都和谐稳定

认真执行市人大及其常委会的决议和决定，坚持重大事项报告制度，自觉接受人大法律监督、工作监督和人民政协民主监督，积极听取各民主党派、各人民团体和各界人士意见。办理全国和市人大代表议案、建议1442件，政协建议案、提案1385件。特别是通过办理国家文化中心建设、学前教育发展、潮白河流域综合治理、绿化隔离地区建设等4项重大议案，进一步明确了工作思路，完善了政策措施，推进了任务落实。扩大基层民主，出台全面加强城乡社区居民委员会建设意见。制定加强法治政府建设的实施意见，坚持做好政府立法工作，提请市人大常委会审议通过地方性法规6项，制定、修改、废止了11项政府规章。加强和改善行政执法，建立行政执法与刑事司法衔接的工作机制，推进行政复议、应诉和调解工作，有效化解行政争议。深入开展法律服务“三进”活动，首都“六五”普法顺利启动。依法保障妇女儿童权益，出台加强孤儿保障工作意见，残疾人服务体系建设进一步加快。民族、宗教、侨务工作取得新成效。双拥共建工作深入开展，统筹城乡优抚安置保障政策，为驻京部队办好各项实事，军政军民团结进一步加强，驻京部队在首都现代化建设中发挥了重要作用。

确保首都安全稳定。深刻汲取安全事故教训，制定实施加强首都安全生产工作意见，全面排查治理地下空间、地下管网、地铁、特种设备的安全隐患，强化重点行业安全监管，全市安全生产形势持续稳定好转，事故起数和死亡人数分别下降10.4%和9%。针对违法建设以及非法违法生产经营，深入开展专项整治行动，维护了良好的安全生产形势和社会秩序。进一步完善食品监管体系，开展打击非法添加专项行动，重点整治城乡结合部食品安全问题，加强食品生产、加工、流通、消费全过程监管，食品抽检合格率达到97.4%。坚持用群众工作统揽信访工作，大力推动领导干部接访和信访积案化解，信访总量、联名信、集体访实现三下降。加强应急协调联动，妥善处理各类突发事件。加快打造首都创新型警务，完善社会治安打防管控一体化运行机制，保持了首都安定祥和的良好局面。

各位代表，过去一年，我们积极应对复杂严峻的国内外经济环境，加大主动调控力度，在首钢主流程全面停产、实施房地产调控和机动车限购政策影响经济增速2个百分点的情况下，实现了平稳较快发展，取得了物价趋稳、结构优化、效益提升、民生改善的新成绩。这是党中央、国务院和中共北京市委坚强领导的结果，是全市人民齐心协力、团结奋斗的结果。在这里，我代表北京市人民政府，向全市各族人民，向人大代表、政协委员，向各民主党派、各人民团体和各界人士，向中央各部门、各兄弟省区市，向驻京解放军和武警部队官兵，向所有关心支持首都建设的港澳台同胞、海外侨胞和国际友人，表示崇高的敬意和衷心的感谢！

一年来，我们深入贯彻落实科学发展观，全力做好政府工作，深刻体会到，转变经济发展方式、调整经济结构，既是重大的战略任务，又是一场严峻考验，必须付出极大的努力。我们认准了方向，就要坚定信心，做好打硬仗的充分准备，坚决按照中央的部署和要求，坚持不懈地抓紧抓实抓好，努力推动首都转型发展走在全国前列。我们也清醒地认识到，首都经济社会发展仍存在不少矛盾和问题。自主创新能力还不强，培育新的经济增长点，推动产业结构优化升级任务繁

重；增强发展的包容性，加强和创新社会管理，使发展成果更好地惠及广大人民群众还需加大力度；提高生态环境质量，解决好交通、人口等问题更加紧迫；生产安全、食品安全、互联网安全隐患还较多。我们要高度重视，深入分析原因，发扬敢于担当、敢于碰硬、敢于创新的精神，不断推进解决，决不辜负党和人民的期望。

二、2012年主要任务

今年，是实施“十二五”规划承上启下的重要一年。做好今年全市各项工作，对于巩固经济社会发展的良好势头，为党的十八大召开创造良好环境，具有十分重要的意义。

当前，首都仍处于大有可为的重要战略机遇期。经过多年努力，转变发展方式、调整经济结构取得明显成效，服务主导、高端引领的内生动力进一步增强，科技创新、文化创新的资源优势和政策效应持续显现，各方面推动科学发展、促进社会和谐的积极性不断提高。这为做好今年的工作打下了良好基础。但是，国内外经济形势更为复杂严峻。国际金融危机的影响短期内很难消除，世界经济下行风险明显加大，复苏的长期性、艰巨性和复杂性更加凸显，外部环境对首都经济发展的不利影响仍在增加。国内经济增速放缓与物价上涨交织，一些中小企业受多重因素影响，经营困难增大，经济运行的不确定性、不稳定性明显上升，保持首都经济平稳较快发展面临新的考验。我们必须全面、正确地判断形势，进一步增强机遇意识、忧患意识，充分利用有利条件和积极因素，做好应对各种困难和挑战的思想和工作准备，奋力夺取首都改革开放和现代化建设的新胜利。

做好今年的政府工作，要全面贯彻落实党的十七大和十七届三中、四中、五中、六中全会以及中央经济工作会议精神，以邓小平理论和“三个代表”重要思想为指导，深入贯彻落实科学发展观，大力践行“北京精神”，牢牢把握“稳中求进”的总基调，加快转变经济发展方式，全力推进科技创新和文化创新“双轮驱动”，稳增长、调结构、控物价、惠民生、抓改革、促和谐，以首都科学发展、社会和谐稳定的优异成绩迎接党的十八大胜利召开。

今年全市经济社会发展的主要预期目标是：地区生产总值增长8%左右；城镇登记失业率控制在2%左右；城乡居民收入实际增长7%左右；居民消费价格涨幅控制在4%左右；地方公共财政预算收入增长10%；单位地区生产总值能耗和二氧化碳排放量分别下降2.5%和3%，水耗下降3%；二氧化硫、氮氧化物、化学需氧量、氨氮排放量分别削减2%、3%、2%和2%。提出地区生产总值增长8%左右，主要是考虑了国内外复杂经济形势的影响，保持与“十二五”规划目标相衔接，引导各方面继续把工作重点放到转变发展方式、调整经济结构上来。提出城乡居民收入实际增长7%左右，主要是考虑现阶段收入增长的实际，以及物价高位运行的影响。提出居民消费价格涨幅控制在4%左右，虽然与去年的预期目标一致，但比去年的实际涨幅要低，有利于引导社会预期，体现稳定物价的决心。

今年要重点抓好以下九个方面的工作。

（一）着力扩大内需特别是消费需求

越是在国际经济环境趋紧的时候，越是要立足于发挥首都优势，巩固扩大内需、稳定增长的良好局面。

充分发挥消费的主导作用。适应消费结构升级和变化趋势，重点围绕改善民生促消费，大力营造良好的消费环境，实现社会消费品零售额增长12%左右。一是完善便民消费体系。推动连锁企业与社区合作，提高新建社区和郊区零售网点覆盖率，丰富完善“一刻钟社区服务圈”。加快南城和新城商业设施建设，继续抓好农村消费提升改造工程。启动基本金融服务“村村通”工程，完善城乡消费金融服务，扩大消费信贷。二是加快培育新的消费热点。积极开发特色消费和品牌消费，促进“老字号”、优秀品牌振兴发展，大力发展文化、信息、健身、培训、养老、家政等服务消费，拓展网上商城、品牌直销购物中心等新兴消费业态，推动电子商务创新发展。三是充分发挥旅游对消费的带动作用。深化旅游综合改革试点，加快十大重点功能区和一批郊区旅游度假项目建设，拓展和创新旅游产品，加强旅游区域合作与国际交流。实施“五大提升工程”，大力开发休闲度假等高端旅游市场，加快推进会展业发展，深度挖掘旅游消费潜力。扩大消费的关键是增加城乡居民收入，增强居民消费能力。要落实国家收入分配改革和结构性减税政策，完善工资指导线和最低工资制度，推进工资集体协商，不断提高城乡居民特别是中低收入者的收入水平。

进一步优化投资结构。保持政府投资适度增长，优先安排民生保障、城市交通、资源环境、自主创新等方面投资，突出保重点、保续建、保竣工。落实鼓励引导民间投资健康发展的意见，支持社会资本进入社会事业、战略性新兴产业、市政基础设施等领域，促进民间投资稳定增长。加强投融资统筹协调，积极开展与各类金融机构对接合作，支持股权投资基金发展，做好企业上市辅导，努力提供多元化融资服务。有序安排土地开发供应，加快项目审批和开工建设。全面加强重大项目特别是政府和国有企业投资项目监管，完善工程检查、验收等机制，提高全社会投资质量和效益，实现固定资产投资增长 9% 左右。

坚定不移地抓好房地产调控。继续严格实施抑制投机投资性需求的政策措施，促进房价合理回归。完善城镇个人住房信息系统，探索促进房地产市场健康发展的长效机制。充分发挥市场力量，增加中低价位、中小套型普通商品住房供给，满足群众自住性、改善性住房需求。大力推进各类保障房建设，发挥市保障性住房建设投资中心作用，引导社会资金投入，确保新建收购 16 万套、竣工 7 万套，同步完成配套设施建设。加强公租房配租管理，做好租金测定和补贴发放工作，鼓励轮候家庭承租公租房。强化保障房后期管理服务，完善退出机制。全面完成三区三片棚户区改造任务，积极推进五片棚户区改造工作。加强房屋建设质量管理，严格责任追究，确保建成优质、放心工程。

继续做好稳定物价工作。以稳定食品价格、房屋租金价格为重点，深入落实物价调控的各项措施，实行市与区县两级价格监控责任制，用好价格调节资金，完善市场调控预案，全面推进保供应、抓流通、重监管、稳预期等各项工作，保持物价总水平基本稳定。着力保障农副产品供应，新建 3 万亩基本菜田和 2.5 万亩设施农业，升级改造 80 个规模养殖场，抓好外埠生产基地建设。积极推广农副产品产销对接新模式，努力降低流通成本。完善政府储备和商业储备体系，增强市场调控能力。加强房屋租金价格指导，进一步规范房屋租赁市场。严格市场监测和价格监管，严厉查处发布虚假信息、囤积居奇、操纵价格、恶意炒作等违法行为，维护市场秩序，保护消费者利益。认真落实价格补贴政策，加强社会救助，决不能让物价上涨影响低收入群众基本生活。

（二）推进产业结构深度调整

着力培育新的经济增长点，大力发展实体经济，加快推动首都经济走上高端引领、创新驱动、绿色发展的轨道。

增强科技创新支撑引领作用。加大中关

村示范区“1＋6”政策及相关配套措施落实力度，集聚整合创新要素，着力推进科技创新和成果产业化。促进出台建设国家科技金融创新中心意见，配合建立统一监管下的全国场外交易市场。加快建设中关村科学城新兴产业技术研究院、特色产业园区，完成未来科技城主要市政基础设施和部分配套服务设施建设，推动海淀北部科技新区加快发展，促进中关村西区业态调整、环境提升。深入实施人才特区行动计划，构建机制新、活力强的人才政策体系。加强央地科研与产业资源对接，深化军民融合创新发展。完善财政资金统筹机制，重点支持对接国家科技重大专项、重大科技基础设施、重大科技成果转化和产业化项目，加快推进科技振兴产业和科技支撑民生工程。强化企业创新主体地位，建设技术创新服务平台，发挥高校院所、产业技术联盟作用，推动政产学研协同创新。深入实施知识产权和标准化战略，加强知识产权保护，认真做好专利商用化试点工作，大力发展知识产权服务业。

加快推动产业高端化发展。全面实施促进战略性新兴产业发展的政策措施，加大核心技术研发力度，抓好一批科技创新工程和重点项目建设，加强示范应用和市场开拓，尽快培育形成新的支柱产业。支持新一代移动通信技术研发、应用和产业化，促进物联网创新发展，加快建设中国云产业园、国际信息港、国家地理信息科技产业园、轨道交通产业园，推进三网融合试点城市建设。大力支持新能源汽车研发和产业化，加快电动汽车充换电服务网络建设，推动示范应用。深入实施生物医药产业跨越发展工程，扎实推进燕房石化新材料科技产业基地、北京通用航空产业基地、延庆新能源产业园、数字电视产业园、三一产业园等基地建设，加快培育新兴产业集群。抓好自主品牌乘用车基地、中航工业北京产业园、高端制造业房山基地等重大项目建设，促进现代制造业高端化、集约化发展。深化与中央单位战略合作，抓好已签约项目的落实，积极筛选新的后备项目，研究制定推动重大项目建设的相关政策。

不断提高服务业发展水平。举全市之力办好首届中国国际服务贸易交易会，着力打造“北京服务”品牌。制定实施服务业综合改革试点意见，继续抓好石景山、中关村国家服务业综合改革试点，积极准备、抓紧推进营业税改征增值税试点工作。推动新兴服务行业加快发展，做大做强信息服务业、科技服务业、商务服务业。充实完善政策，推动生活服务业转型升级。完善金融支持政策，促进要素市场规范创新发展，提高金融业发展水平。推进国际陆港等物流聚集区建设，规划建设东南农产品物流园，实施城市物流共同配送工程，促进快递、冷链物流等行业发展，增强城市物流服务保障能力。强化金融街、商务中心区、临空经济区、奥林匹克中心区的特色和功能，加快建设丽泽金融商务区、通州高端商务服务区、怀柔文化科技高端产业新区和北京科技商务区，推动形成产业发展新格局。

进一步推进节能减排降耗。认真落实国家下达的“十二五”时期目标任务，以内涵促降为重点，健全激励约束机制，加强考核问责，切实抓好工业、交通、建筑和居民生活等重点领域节能减排，确保完成年度任务。继续退出“三高”企业，强化对耗能耗水和污染排放重点单位的管理，全面推进清洁生产，努力实现源头和全过程控制。探索推广循环经济典型模式，抓好国家生态工业示范园区建设，大力发展新能源及节能服务业，加快资源再生利用产业化。推进住宅产业化和建筑节能改造，大力推广绿色建筑。加强对 $PM_{2.5}$ 和臭氧等重点污染物的防治，抓紧建立完善监测网络，实时发布监测信息，以更大决心、更有力措施、更高标准，实现空气质量继续改善。完成1200蒸吨燃煤锅炉清洁能源改造任务，力争淘汰15万辆老旧机动车，做好核心区非文保区1万户煤改清洁能源工作，加强工地扬尘监管，确保主要污染物浓度均下降2%。实施节能减排全民行动计划，推广应用节能节水新技术、新产品，广泛动员全社会参与节能减排。

（三）大力推动文化大发展大繁荣

充分发挥全国文化中心示范作用，以高度的文化自觉和文化自信，加快建设社会主义先进文化之都。

着力发展公益性文化事业。加强社会主义核心价值体系建设，大力弘扬践行“北京精神”，夯实全市人民团结奋斗的共同思想基础。扎实推进首都精神文明建设，深入开展“做文明有礼的北京人”活动，全面推进公共文明引导行动，加强改进未成年人思想道德建设和大学生思想政治教育，提高市民文明素质和城市文明程度。实施文化精品工程，设立文化艺术发展基金和首都文化贡献奖，加大文化创作支持力度。繁荣发展哲学社会科学。办好全国少数民族文艺汇演等品牌文化活动。加强文化设施规划，抓好首都核心演艺区建设，实施10项文化惠民工程，进一步完善公共文化服务体系。规范互联网信息传播秩序，发展健康向上的网络文化。

加快发展文化创意产业。巩固壮大传统文化产业，培育发展设计创意、动漫游戏、新媒体等新兴文化产业，协调推动文化与科技、教育、体育、旅游互动融合。加快国家广告产业园、音乐产业基地、新媒体产业园、出版创意产业园、动漫游戏城等重大项目建设，提升产业集聚发展水平。扶持优秀民营文化企业和中小文化企业加快发展，着力打造骨干文化企业。完善财税、融资等产业扶持政策，促进文化与资本深度对接。

加大文化体制改革力度。加快推进文化理念创新、管理创新、政策创新，促进首都文化资源整合，进一步解放和发展文化生产力。组建国有文化资产监督管理机构，设立文化创新发展专项资金，每年统筹100亿元支持文化发展。完成3家文艺院团和首批非时政类报刊出版单位转企改制。研究制定首都高端文化人才引进、培养和使用的优惠政策，完善文化人才激励机制。积极探索文化“走出去”的新途径、新形式，提高首都文化的国际影响力。

加强历史文化名城保护。积极推动旧城整体保护，系统规划实施“一轴一线”保护整治，推进中轴线、大运河申遗工作。创新旧城街区整体保护利用机制，深入挖掘历史文化遗产的文化内涵和文化价值。完善文物保护机制，加大文物建筑腾退力度，推进文物保护由单体展示向综合保护转变。加强重大文化遗产的保护利用，推进文物保护修缮和遗址公园规划建设，抓好优秀近现代建筑和重要工业遗产的保护利用。加强对京剧、昆曲等非物质文化遗产的保护、挖掘、传承和利用。

（四）加大统筹城乡区域发展力度

坚持把做好新形势下的“三农”工作放在重中之重，进一步加大强农惠农富农政策力度，凝聚多方力量推动重点区域建设，促进城乡一体化和区域协调发展取得新突破。

切实提高农村经济发展水平。坚持和完善农村基本经营制度，加大耕地和基本农田保护力度，推进集体土地确权登记颁证。探索农村集体建设用地利用和管理新模式，加快区县开发区、农民就业基地建设，积极承接高端产业项目。严格落实集体土地征收制度，切实维护农民土地权益。促进新型集体经济发展，基本完成集体经济产权制度改革任务，完善集体林权制度改革配套政策，鼓励支持农民专业合作社规范发展。健全“九农”金融服务体系，提升农村金融服务水平。大力开展农田水利建设，全面完成农业基础建设及综合开发一期任务。加快国家现代农业科技城以及农业生态谷等项目建设，大幅提高农业科技投入强度，拓展都市型现代农业实现形式，加快发展高端高效农业。全面完成新农村“三起来”工程四年规划任务，做好新一轮农村电网改造和10万户农宅抗震节能改造。认真落实中央扶贫工作会议精神，对低收入农户相对集中地区给予重点扶持，加快推进农民增收致富。全力办好世界草莓大会、国际食用菌大会。

扎实推进重点新城和新型城镇体系建设。继续坚持聚焦通州战略，加快基础设施建设和功能区开发，推动高端商务、文化创意、医疗健康等产业发展取得新突破。积极推动顺义、亦庄—大兴、昌平和房山等其他新城建设。着力强化新城的产业功能，引导布局优质教育、卫生、文化等公共服务资源，努力提升宜居宜业水平。切实发挥小城镇发展基金引导作用，加快旅游休闲特色镇、科技和设施农业示范镇、园区经济特色镇建设，促进农村人口和产业有序聚集。完善投资机制与政策，加快郊区产业基地、园区基础设施建设。抓好新型农村社区建设试点，推动城市服务管理向农村延伸。

加快重点地区发展步伐。统筹做好城乡结合部重点村改制转居、就业社保等各方面工作，加快推进50个重点村建设，打造城乡一体化示范区。特别是要加强规划引导，培育发展适宜产业，抓好整体改造试点，推进工业大院“腾笼换鸟”，进一步提升产业层次。加强市级统筹协调，加快北京新机场、园博园、南中轴森林公园等重大项目建设，完成城南行动计划三年建设任务。继续推进新首钢高端产业综合服务区建设，推动永定河绿色生态发展带规划建设向南延伸，积极支持废弃矿山生态修复和替代产业发展，加快西部地区转型升级。创新沟域经济发展和经营管理模式，加强区县联合开发，促进生态型产业项目落地，打造新型山区经济带。支持密云生态商务区、门头沟旅游文化度假区建设，组织搬迁山区农民5000人，深入推进生态清洁小流域治理，提升生态涵养发展区建设水平。

（五）进一步加强城市服务管理

坚持寓管理于服务之中，加强规划引导和实施管理，促进经济社会发展与城市功能完善相协调，不断破解发展难题，提升城市承载能力。

加大缓解交通拥堵力度。以轨道交通建设和道路微循环改造为重点，以公交线网调整和换乘条件改善为突破口，以科技支撑和精细化管理为依托，着力提升交通服务保障能力，力争中心城区交通拥堵指数控制在6以下，公交出行比例提高到44%。加快轨道交通在建线路建设，力争分段开通4条线路。完成80项疏堵工程，打通道路微循环45公里，抓好京昆高速、京包高速、国道110二期等干道建设。推进地面公交分级建设管理，开通阜石路大容量公交，建成宋家庄、四惠等综合交通枢纽，改善公交、地铁接驳换乘条件，优化调整公交线路，提升公共交通吸引力。加强停车管理和设施建设，深入挖掘停车资源，规范整顿出租车运营秩序。建成2万辆规模的公共自行车服务系统，逐步完善步行、自行车道路系统，引导鼓励绿色出行。

持续改善生态环境质量。认真实施生活垃圾管理条例，加强生活垃圾全过程综合管理，加快处理设施建设，焚烧、生化处理比例分别提高到20%和30%，分类达标居住小区超过50%。提高建筑垃圾循环利用、医疗垃圾管理水平。统筹林业发展和耕地保护，通过存量建设用地腾退、废弃砂石坑绿化、二道绿隔调整种植结构、争取政策支持等措施，力争新增造林绿化面积20万亩。继续抓好城市立体绿化、宜林荒山绿化、森林健康经营、中幼林抚育等重点工作。

不断提高资源能源保障水平。坚持量水发展理念，实行最严格的水资源管理，建立完善用水总量、用水效率、水功能区限制纳污“三条红线”制度，开展区域、行业绩效考核。深入推进节水型社会建设，重点做好服务业和生活领域节水。加快建设南水北调市内配套工程，抓好第十水厂、郭公庄水厂等工程建设，加强水源区水资源保护，切实保障城市供水安全。推进三大水系及中小河道综合治理，加快污水处理、雨洪利用等设施建设改造，全市污水处理率达到83%，再生水利用量达到7.5亿吨。积极推进清洁能源工程，加快四大燃气热电联产项目及配套工程建设。加强能源储备和运行调控，做好高峰时段能源保障，确保供应安全可靠。

加强和改进城市管理。全面开展“精细管理、服务群众”活动，实施环境秩序分级分类管理，提升重点大街、重点区域、进京通道的环境景观，抓好街巷胡同和校园周边环境整治。坚持政府主导，广泛宣传发动，集中力量推进，启动全市现有882栋简易楼改造，实施1500万平方米老旧小区房屋改造工程，统筹解决好抗震节能、设施配套、停车管理等问题，力争到2015年全面完成1582个老旧小区综合改造任务。实施地下管线消隐改造，加强安全防护和动态管理。完善各类应急预案，提升监测预警指挥调度水平，提高城市抗灾应急能力。完成信息化基础设施提升计划任务，建立组织机构代码和身份证号码等为基础的实名制信息共享平台，加快建设“智慧北京”。

（六）着力加强以保障和改善民生为重点的社会建设

深入实施社会建设规划纲要，坚持积极而为，注重从各方面利益结合点上完善政策、推进改革，切实办好惠民实事，提高发展的包容性。

实施更加积极的就业政策。坚持就业优先战略，完善城乡统一的就业促进政策体系，加强职业培训和创业扶持，提升公共就业服务水平，实现城镇新增就业36万人，帮扶城乡8.8万名就业困难群众实现就业。进一步拓宽高校毕业生就业渠道，为就业困难群体提供精细化援助，促进农村转移劳动力稳定就业，研究制定残疾人等特殊群体就业服务政策，加大对产业转型地区稳定就业的政策支持。健全劳动关系协调合作机制，大力推行劳动合同制度，促进劳动关系和谐稳定。

进一步提高社会保障水平。坚持公平和适度普惠，推进社会保障由制度全覆盖迈向人群全覆盖。做好城乡结合部50个重点村农转居劳动力参保工作，统一城镇居民医疗保险报销有关政策。继续实行社会保障相关待遇标准与物价上涨挂钩联动，稳步提高社保待遇标准。加强特困人员重大疾病救助，出台慈善事业促进办法。深入落实“九养”政策，加大养老机构建设运营补贴和居家养老助残服务扶持力度，不断提升为老服务水平。

加快发展教育、卫生事业。优先安排教育投入，市级财政安排资金291.2亿元、增长20.7%。制定中小学建设三年行动计划，实施农村学校建设等七项工程，促进义务教育均衡发展。继续推进学前教育三年行动计划，加强幼教师资培养培训，新建改扩建50所公办幼儿园，多种形式扩大学前教育资源，新增入园名额2.4万个。深化教育教学改革，抓好名师授课数字化资源建设，加强体育、艺术、科技和实践教育，提高中小学生综合素质。严格管理、规范发展校车服务，保障学生出行安全。深入推进职业教育改革试验，启动实施高等教育质量工程和创新工程第二期项目。加强对民办教育的政策引导和规范管理。落实首都教育人才中长期发展规划纲要，加快建设高素质教育人才队伍。安排市级医疗卫生支出 94.4 亿元，增长 25.6%。制定实施 2012—2015 年深化医药卫生体制改革规划，推进试点公立医院管办分开、医药分开。完善区域医疗发展规划，支持开展区域医疗合作，推动卫生信息共享，出台鼓励社会办医政策。深化家庭医生式服务，完善双向转诊机制，强化社区慢病综合管理，增强基层医疗机构服务能力。加快推进基本医疗保险付费方式改革，健全医药费用控制机制，继续减轻群众基本医疗卫生服务的经济负担。加强中医药工作，开展中医重点专科基层巡诊医疗，推进国家中医药发展综合改革试验区建设。积极开展健康促进和群众体育活动，提高市民健康水平。

切实加强和创新社会管理。坚持以需求为导向、服务为重点，完成 500 个“六型社区”示范单位和 500 个农村社区服务站标准化建设，在 1300 多个社区开展基本公共服务全覆盖试点，全面推广网格化、村庄社区化服务管理。积极推进城乡结合部、新建小区和流动人口聚居区的社区居委会组建工作。健全市、区、街三级“枢纽型”社会组织体系，创新社会组织管理方式，建立第三方评估机制，完善政府购买社会组织服务机制，引导支持社会组织开展服务民生行动。健全商务楼宇“五站合一”工作机制。加快推进社会工作者队伍专业化职业化，完善志愿服务体系。推广社区居民会议常务会、“市民劝导队”等成功经验，提高社区自治水平。加强和改进人口服务管理，深化“以业控人、以房管人、以证管人”模式，制定促进产业业态调整的专项行动计划，总结推广新居民互助服务站等经验，做好实行居住证制度的相关工作，推进实有人口服务管理全覆盖系统建设。加强人口和计划生育工作，稳定低生育水平，提高人口素质。

（七）坚定不移地推进改革开放

坚持以改革增活力、强动力，以开放促改革、促发展，不断完善有利于科学发展的体制机制。

积极稳妥地推进重点领域改革。深化行政审批制度改革，加快市级政务服务中心建设，推动审批权限归并、下放和流程再造，扩大实行一站式审批服务。完善政府资金统筹机制，继续扩大财政预算、决算公开的范围和内容，提高预算绩效管理水平。推进绩效审计，强化审计监督。完成事业单位清理规范，推进重点领域事业单位改革先行先试。加大国有企业“调整、改革、合作、创新”力度，加快国有经济的进退调整，深化企业股份制改革，积极推进经营性国有资产证券化，加强央地、市区企业合作，增强国有企业自主创新能力，培育具有核心竞争力的大企业集团。落实促进中小企业发展的各项政策措施，构建多位一体的融资服务体系，加大创新型企业支持力度，为中小企业特别是小微企业发展营造良好环境，提升非公有制经济发展水平。加强企业信用体系建设，实现行政执法机关相关信息的统一归集、发布和运用，优化社会信用环境。认真制定方案，推进天然气价格、非居民生活垃圾收费、阶梯水价等改革。

加快推动外经贸转型升级。深入落实各项外贸政策，抓好口岸体系和外贸转型升级示范基地、外贸公共服务平台建设，推动天竺综合保税区、亦庄保税物流中心等外贸功能区发展，支持具有自主品牌和技术的产品出口，促进出口规模稳定增长、结构不断优化。坚持出口和进口并重，强化首都外贸枢纽功能。加强服务贸易国际国内合作，大力发展软件、生物医药等研发服务外包。健全投资促进体系，加大招商选资力度，积极吸引跨国公司地区总部，推动研发中心、采购中心等功能性机构落地。支持优势企业开展技术合作、商业服务等境外投资。积极吸引国际组织落户，争取更多有影响力的国际活动在京举办，深化对外务实交流合作。进一步拓展京台、京港、京澳合作领域，做好侨务工作。

进一步做好对口支援和经济合作。认真落实对口支援和对口帮扶各项规划，坚持首善标准，全面完成年度各项援建任务。深入推进援藏、援疆工作，扎实做好内蒙古对口帮扶，完成玉树灾后恢复重建任务。建立首都经济圈协调发展机制，落实与兄弟省区市合作协议，加强生态建设、污染治理、交通规划、城镇化发展、产业布局等方面的统筹协调，推动区域合作取得新成效。

（八）巩固发展首都和谐稳定的良好局面

不断加强民主法制建设。继续推进村务公开、厂务公开，推动村务监督委员会规范化建设，保障群众民主管理、民主监督的权利。研究制订村民委员会组织法实施办法和村民委员会选举办法，依法组织第八届社区居委会选举。加快法治政府建设，完善重大行政决策程序，重点做好经济发展方式转变、国家文化中心建设、社会管理创新、保障改善民生、资源和生态保护等方面的立法工作，完善行政执法与刑事司法衔接工作机制。做好“六五”普法工作，加强公益法律服务。实施妇女儿童发展规划。加强民族、宗教政策宣传，健全民族特色服务体系，依法管理宗教事务。认真落实保障残疾人合法权益的政策、法规，继续推进残疾人服务体系建设，完成100个住宅小区无障碍改造任务，丰富残疾人精神文化生活。积极拓展双拥共建工作内涵，加强全民国防教育和国防后备力量建设，提升优抚安置保障水平，巩固和发展军政军民团结。

深入推进“平安北京”建设。健全重大事项社会稳定风险评估机制，推广用群众工作统揽信访工作试点经验，深入开展矛盾纠纷排查调处活动，完善大调解工作体系，千方百计化解信访积案，千方百计减少新的矛盾，努力把矛盾纠纷解决在基层和萌芽状态，坚决防止发生影响社会稳定的重大信访问题和群体性事件。完善安全监管长效机制，建立安全生产责任可追溯制度和责任保险制度，全面推行安全生产标准化，大力开展企业职工安全培训，加强特种设备安全监察管理，严厉打击非法违法生产经营建设行为，切实维护人民群众生命财产安全。建立健全食品、药品市场准入和退出的强制性标准体系，持续开展专项整治行动，加强监管能力建设，落实监管责任，促进行业自律，确保群众吃得放心、用药安全。深化社会治安防控体系建设，严厉打击各类违法犯罪活动，不断完善区域警务合作和群防群治机制，全面强化专项安保工作，切实营造和谐稳定的社会环境。

（九）全面加强政府自身建设

过去一年，我们深入开展创先争优活动，深化行政管理体制改革，精简行政审批事项，强化政府绩效管理和行政监察，加大源头反腐工作力度，政府自身建设进一步加强。但是，我们也清醒地看到，政府工作与广大人民群众的期望还存在差距，必须进一步转变政府职能，加快服务管理创新，切实提高行政效能，不断增强公务员的责任意识、服务意识，更好地适应新阶段、新形势、新任务的要求，全面、正确、高效地履行政府职能。

在新的一年里，我们将坚决执行市人大及其常委会的决议和决定，自觉接受人大法律监督和工作监督，自觉接受人民政协的民主监督，认真听取各民主党派、各人民团体和各界人士的意见与建议，带头践行“北京精神”，深入推进科学民主决策和依法行政，把“十二五”规划的主题主线、目标任务、战略举措充分体现到工作中去。

我们将着力转变政府职能，更加重视社会管理和公共服务，加快健全覆盖城乡的公共服务体系，全面增强基本公共服务能力。继续深化行政管理体制改革，大力推进服务型政府建设，努力为各类市场主体创造公平的发展环境，为人民群众提供良好的公共服务，维护社会公平正义。

我们将切实加强政府作风建设，深入推进政务公开，加强绩效管理、效能监察和行政问责。大兴求真务实之风、艰苦奋斗之风，继续精简会议和文件，集中精力把定下来的事情一抓到底，坚持勤俭节约办一切事情。加强公务员教育和管理，规范行政执法，努力提供更加规范有序、高效便民、公开透明的政府服务。

我们将深入开展廉政建设和反腐败斗争，加强廉政文化建设，推进廉政风险防控管理，健全行政权力运行制约和监督机制，严格执行廉政建设责任制，坚决纠正损害群众利益的不正之风，严肃查处各类违纪违法案件，加快建设廉洁政府。

各位代表，首都北京正迈步在科学发展的康庄大道上，任何艰难险阻都挡不住我们前进的步伐。让我们更加紧密地团结在以胡锦涛同志为总书记的党中央周围，高举中国特色社会主义伟大旗帜，在中共北京市委坚强领导下，紧紧依靠全市各族人民，坚定信心，砥砺奋进，全面实施“人文北京、科技北京、绿色北京”战略，把中国特色世界城市建设奋力推向前进！

北京市第十三届人民代表大会第五次会议关于北京市 2011 年国民经济和社会发展计划执行情况与 2012 年国民经济和社会发展计划的决议

（2012 年 1 月 17 日北京市第十三届人民代表大会第五次会议通过）

北京市第十三届人民代表大会第五次会议审查了市人民政府提出的《关于北京市 2011 年国民经济和社会发展计划执行情况与 2012 年国民经济和社会发展计划草案的报告》及北京市 2012 年国民经济和社会发展计划草案，同意市人民代表大会财政经济委员会的审查结果报告。会议决定，批准《关于北京市 2011 年国民经济和社会发展计划执行情况与 2012 年国民经济和社会发展计划草案的报告》，批准北京市 2012 年国民经济和社会发展计划。

关于北京市2011年国民经济和社会发展计划执行情况与2012年国民经济和社会发展计划草案的报告

——2012年1月12日在北京市第十三届人民代表大会第五次会议上

北京市发展和改革委员会

各位代表：

受市人民政府委托，现将北京市2011年国民经济和社会发展计划执行情况与2012年国民经济和社会发展计划草案的报告提请市第十三届人大第五次会议审议，并请市政协各位委员提出意见。

一、2011年国民经济和社会发展计划执行情况

在党中央、国务院和中共北京市委的坚强领导下，全市上下紧紧围绕主题主线要求，坚决贯彻落实中央决策部署和市第十三届人大第四次会议各项决议精神，坚定不移地实施主动调控，着力调结构、促创新、控物价、惠民生，全市经济社会发展经受住了国内外复杂形势和本市主动调控的严峻考验，经济结构调整迈出坚实步伐，发展质量与效益不断提升，社会事业加快发展，惠民政策成效明显，年度重点任务和主要目标圆满完成，实现了“十二五”时期发展的良好开局。

（一）国民经济实现平稳协调发展

全面加强经济综合调控和调度，努力推动经济向内涵增长有序转变。经济运行的稳定性逐步增强。按照调结构、转方式的战略取向，主动加大产业结构调整和房市、车市调控，首钢主流程实现停产，住房市场向居住属性回归，新建普通住房成交均价同比下降11.3%，机动车保有量同比少增61.7万辆。在主动调控影响2个百分点的情况下，预计地区生产总值增长8%以上，实现了平稳协调发展。内需拉动更趋协调，预计实现社会消费品零售额和全社会固定资产投资分别增长10.8%左右和13%以上。制定实施本市价格调控方案，健全市区和部门价格联动机制，全面加强价格监督检查，居民消费价格涨幅收窄，价格过快上涨势头得到初步遏制。经济效益与质量不断提升。预计城镇居民人均可支配收入和农村居民人均纯收入实际分别增长7%以上和7.5%以上，地方公共财政预算收入增长27.7%。工业和服务业企业利润稳步增长。城镇登记失业率保持在1.39%的较低水平。在全国率先实行能耗强度和消费总量双控机制，单位地区生产总值能耗和四项主要污染物排放全面下降，空气质量二级和好于二级天数比重达到78.4%。

（二）经济结构调整迈出坚实步伐

需求结构持续改善。消费升级趋势明显，扣除汽车因素，社会消费品零售额增长20%以上，文化娱乐、健康休闲及网络购物等热点涌现，一批特色街区和品牌消费区域加快形成。投资对改善民生、延伸消费、承载业态的带动作用增强，投向产业和实体领域的投资加快增长，政策性住房和写字楼投资快

于商品住宅，民间投资增长15%左右。出口结构不断优化，“双自主”企业出口比重进一步提高。产业结构加快升级。设施农业、籽种农业、观光农业等都市型现代农业较快发展。制造业高端化、轻型化趋势明显，轻工业增长快于重工业，高技术制造业和现代制造业增长快于工业平均水平。生产性服务业发展势头良好，流通服务、信息服务、科技服务、商务服务实现较快增长，金融业稳定发展，动漫网游、影视制作、艺术品交易等文化创意产业表现活跃，数字出版、移动互联等新兴服务业加快成长。积极争取营业税改征增值税试点。中关村、金融街、CBD等六大高端产业功能区集聚优势明显，四个高端产业功能新区建设稳步推进。

（三）科技创新和文化创新扎实推进

科技创新活力不断释放。中关村国家自主创新示范区建设全面推进，“1+6”先行先试政策加快落地，《加快培育和发展战略性新兴产业实施意见》等一批政策意见加快实施，首批160个战略性新兴产业重大项目集中确定，50家市级工程研究中心和工程实验室通过认定。统筹100亿元政府资金支持科技创新、政府采购推广应用新技术新产品61.7亿元，效果明显，涌现了一批创新成果，实现了一批重大项目就地转化，启动了应急管理物联网等重大科技应用示范工程，全市技术合同成交额1890亿元，其中技术交易额1268.3亿元，增长18.9%。重点区域加快培育，中关村科学城优质资源协同发展加速，未来科技城15家央企项目全面开工，南北产业带加快发展。首都文化大发展迎来新机遇。深入落实六中全会精神，研究制定《关于发挥文化中心作用加快建设中国特色社会主义先进文化之都的意见》。大山子艺术区、CBD国际传媒产业集聚区等重点文化功能区加快建设，中国评剧院等转企改制工作启动。国际创意产业博览会、世界漫画大会等一批重大文化活动成功举办。

（四）城市运行保障能力不断提升

基础设施供给和运行效率不断提高。交通拥堵治理取得阶段性成效，中心城交通拥堵状况有所缓解，公交出行比例提高2个百分点，达到42%。轨道交通建设全面提速，8号线2期等3条（段）线路顺利开通，运营里程达到372公里，9条在建线路加快推进。京沪高铁开通运营。47条中心城微循环工程启动实施。供水安全得到保障，出台进一步加强水务改革发展的意见，成立南水北调工程投资中心，全面启动实施南水北调市内配套工程，卢沟桥、昌平百善等再生水厂及引温入潮二期工程基本建成，全市再生水利用率达到60%，建设改造供排水管网440公里。东南热电中心竣工投产，三河一期热力管线建成输热，新城30个集中供热中心基本建成。怀密天然气干线全线贯通。生态建设和环境治理取得新成效。大尺度城市绿色空间建设有序进行，继南海子公园（一期）、通州新城滨河森林公园建成后，大兴、延庆、昌平、密云等新城3万多亩滨河森林公园相继开放，京津风沙源治理、重点通道绿化、废弃矿山植被恢复加快推进，完成人工造林12.5万亩、封山育林40万亩，全市林木绿化率达到54%。永定河、北运河、潮白河流域综合治理全面展开，永定河四湖建成开放，启动实施野鸭湖、汉石桥、长沟等湿地恢复工程300公顷以上。首钢主流程全面停产，淘汰更新老旧机动车22.4万辆。垃圾分类和资源化取得成效，生活垃圾保持负增长，鲁家山垃圾焚烧发电项目主体厂房完工，高安屯餐厨垃圾处理厂二期建成。能源与生活必需品两条城市生命线运行平稳。在全国能源运行紧平衡情况下，首都能源运行安全得到保障。出台促进生猪生产工作方案，新增基本菜田5.5万亩，增加4万亩外埠蔬菜供应基地，实施大型农产品批发市场和部分农贸市场蔬菜进场费减免政策，推进农超、农餐、农校、场店对接，增加成品粮油储备，多措并举保障生活必需品市场供应和价格基本平稳。

（五）城乡区域一体化发展步伐加快

四类功能区差异化、特色化发展趋势明显。首都功能核心区南北融合互补效应显现，文化、金融、商贸等特色产业和总部集聚功能明显。城市功能拓展区吸引国际资源、承载高端要素的能力进一步提高。城市发展新区基础设施及公共服务设施加快建设，服务功能不断改善，产业要素加快流入。生态涵养发展区生态功能和绿色产业发展优势显现。薄弱地区发展基础得到加强。城南行动按计划加快推进，社会投资开始跟进，基础设施、公共服务、生态环境和产业发展基础不断改善。西部地区转型发展扎实起步，新首钢高端产业综合服务区开发加快启动，石景山国家服务业综合改革试点稳步推进，北京服务·新首钢股权投资基金开始发挥作用。城乡结合部50个重点村整治任务扎实推进，两年拆迁任务基本完成，就业转移、农民安置房和社区化建设稳步推进。重点新城、小城镇和新农村加快发展。《加快推进通州现代化国际新城建设行动计划》发布实施。郊区新城基础设施和公共服务设施建设全面加快，生态涵养发展区新城主力水厂建设优先启动。设立小城镇发展基金，推进小城镇特色化发展。探索城镇化新模式，吸引央企参与小城镇开发，密云古北水镇和华润希望小镇加快推进。启动新型农村社区建设，继续实施“三起来”工程，大力发展沟域经济，四季花海、白河湾等重点沟域发展初见成效。村级集体经济产权制度改革完成83.5%，林地确权率达到97.7%。同时，区域合作向纵深推进，推动首都经济圈发展研究工作全面启动，对口援建和田、拉萨、玉树取得新成绩。

（六）社会发展和惠民政策效果明显

就业形势保持稳定。实施城乡统一就业登记制度，帮助12.2万名就业困难人员实现就业，8.2万农村劳动力实现转移就业，基本完成首钢停产职工分流安置。社会保障扩面提标稳步推进。将农村户籍职工、在京就业外国人纳入职工基本养老保险范围，将领取失业保险金人员纳入基本医疗保险，工伤保险覆盖全部职业人群，各项社会保险参保人数平均增长9.5%。两次调整城乡低保、城乡居民基础养老金等保障标准，提高企业退休人员基本养老金水平并发放一次性生活补贴，惠及310多万人。公共服务显著加强。深入落实医改方案，推进公立医院改革试点。实行双休日门诊和预约挂号，推进家庭医生式服务。提高高龄老年人医疗福利保障待遇，出台医疗保险转移接续办法。支持重大公共医疗设施和区域医疗中心建设，推动医疗卫生资源均衡配置。落实中长期教育改革规划，基本完成中小学校舍安全工程，实施学前教育三年行动计划。出台加强和创新社会管理全面推进社会建设意见和全国首个省级社会建设五年规划，社区基本公共服务全覆盖试点工作成效明显，枢纽型社会组织服务管理体系基本形成。惠民政策取得实效。出台促进居民收入增长意见。提高最低工资标准，扩大企业工资集体协商范围，引导普通职工工资收入稳定增长。健全低收入群体生活保障与价格上涨联动机制，两次发放一次性临时生活补贴，惠及21万多人。加快保障性住房建设，开工23万套，竣工10万套，配租配售步伐加快。推进老旧热网和配电设施改造及送气下乡等能源安居工程，惠及80万户城乡居民。开展重点地区环境整治，严厉打击非法违法生产经营建设行为，加强食品药品和生产安全管理，维护社会和谐稳定。

总体上讲，在外需不振与内需走弱相互交织、国家宏观调控与本市主动调控效应叠加、经济增速放缓与价格高位运行并存的情况下，全市经济社会保持平稳健康发展，成绩来之不易。但同时，一些潜在风险和矛盾应引起高度重视。一是价格持续高位运行。二是支撑可持续发展的新战略增长点亟待扎实培育。三是企业特别是小微企业经营环境趋紧。此外，城市人口资源环境矛盾日益突出，特大型城市运行管理压力不断加大，房地产市场稳定健康运行等问题也需高度关注。

二、2012 年经济社会发展计划初步安排

2012 年是党的十八大召开之年，是“十二五”规划全面实施之年，也是本市结构调整、科技创新和文化创新持续深化之年，安排好全市经济社会发展计划至关重要。

（一）发展环境更加复杂

2012 年经济运行的不确定性和不稳定性值得高度关注。

一方面，要牢牢把握调整机遇，提升发展层级。（1）国家实施积极的财政政策和稳健的货币政策，加大结构性减税和信贷的定向支持力度，以及营业税改征增值税试点，有利于本市企业发挥总部服务、技术研发和高端制造优势，促进服务型经济和创新型企业发展，增强市场活力。（2）科技创新深入实施，文化大发展迎来新的重大机遇，政策和资金统筹力度不断加大，首都资源优势加速释放，为发展注入新的动力。（3）两城两带、六高四新等高端产业功能区集聚优势不断显现，城南、西部及重点新城发展势能不断积累，一批重大产业项目陆续投产，成为带动首都发展的新引擎。（4）本市主动调控减速影响有所消化，结构优化的积极效应不断积累，有助于增强发展的稳定性。

另一方面，要高度关注可能出现的困难和挑战。（1）拉动经济增长的内外部需求动力同时有所放缓，对经济稳定增长的影响值得关注。（2）国外与国内、上游与下游、生产与服务、分支与总部、房地产与土地市场、结构调整与经济回调、成本推动与价格总水平等领域间的传导及交互影响不断加深，对本市经济发展的当期影响和滞后效应值得关注。（3）在运行条件总体偏紧、外部约束仍在强化、资源约束刚性增强的情况下，企业生产经营面临较大压力，既要支撑当期稳定增长、又要立足长远培育战略增长点、提升持续竞争力，需要付出更加艰苦的努力。（4）重大活动举办对城市运行管理和社会维稳提出了更高要求，对各项工作节奏、力度的把握值得关注。

（二）发展计划安排的总体思路

2012 年经济社会发展计划安排的总体思路是：更加突出科学发展和加快转变发展方式的引领作用，坚定不移地实施“三个北京”发展战略，弘扬“北京精神”，突出把握好“稳中求进”的工作总基调，着力调整结构和培育新增长点，着力强化科技和文化创新“双轮驱动”，着力塑造城市品牌和提升城市服务功能，着力保障和改善民生，确保首都经济社会平稳健康发展，以科学发展的新成绩迎接党的十八大胜利召开。

在计划安排上要突出把握好“稳中求进”的工作总基调。“稳”是基础，“进”是提升方向，“转”是根本途径和重要抓手。要在“稳”的基础上，多层次、全方位统筹求“进”。一要在产业结构调整升级上求“进”。聚焦高端产业和产业高端环节，将政策、资金、人才向优势领域倾斜，大力促进实体经济发展，打造一批优势产业板块，形成一批新的战略增长点。二要在创新和改革开放上求“进”。围绕重点领域和关键环节，加快政策、体制、机制等制度安排，努力在科技和文化创新双轮驱动上求实效，扩大对内对外开放，增强发展活力。三要在重点区域发展上求“进”。着眼于城乡区域一体化发展，突出抓好新城、高端产业功能区和薄弱地区建设和提升，引进高端要素资源，强化人才、技术支撑，持续推进重大项目和政策落地，

早见成效。四要在城市功能提升和服务管理上求“进”。把握特大型城市发展演进规律，立足新阶段、新特征、新需求，把经济发展与城市功能更好地协调起来，把当期目标与长远目标更好地结合起来，不断增强服务功能，提升城市发展水平。五要在保障和改善民生上求“进”。以便民亲民惠民为宗旨，全面提升基本公共服务供给，加强和创新社会管理，集中解决紧迫性问题，切实办成一些让人民群众看得见、得实惠的好事实事。

（三）2012年经济社会发展主要目标初步安排

——地区生产总值增长8%左右；

——城镇居民人均可支配收入、农村居民人均纯收入实际增长7%左右；

——居民消费价格指数控制在104%左右；

——城镇登记失业率控制在2%左右；

——地方公共财政预算收入增长10%，预算支出增长14.1%；

——单位地区生产总值能耗下降2.5%，单位地区生产总值二氧化碳排放量下降3%，单位地区生产总值水耗下降3%；

——市区空气质量二级和好于二级天数占比达到76%以上，空气主要污染物浓度均下降2%。

三、实现2012年经济社会发展计划的主要措施

针对复杂严峻的外部形势，突出把握好支撑当期平稳发展和推动长远可持续发展的关系，围绕全年目标任务，坚持早预判、早安排、早落实，突出工作重点和工作实效，有序实施“十二五”规划，切实将调结构转方式的长远目标落实到年度任务中。

（一）更加注重调结构转方式，培育新的战略增长点

突出各类优质资源的统筹利用，聚焦重点，稳中求进，更加注重在调结构、转方式中培育战略增长点和持久竞争力。

充分发挥优质要素资源在培育新增长点中的战略作用。从对接需求和发挥功能入手，制定有针对性的政策，统筹吸引和服务，调动好各类优质要素资源。（1）更加重视发挥好央企对首都经济发展和城市发展的关联带动作用，坚持加强服务和主动引导相结合，促进央企在更宽领域参与城市建设、区域开发和产业发展，在支持和服务其发展中实现自身更高水平的发展。（2）更加重视引进和利用境外资源，把积极有效地吸引外资深度参与本市产业升级、业态创新、管理提升作为调结构转方式的有效途径，消化吸收国际先进技术和管理经验，提升发展能力。（3）更加重视对民企民资的开放，在竞争性和非公益性领域树立民资优先理念，在准公益性和纯公益性领域通过特许经营、购买服务等多种方式积极引入民间资本，为优势产业培育增添活力。（4）更加重视用好市属国有企业资源，大力推进国有资本的有序进退，加大上市力度和经营性资产证券化步伐，加大与社会优势资源的重组力度。

把科技创新作为培育新增长点的重要动力。全力抓好中关村国家自主创新示范区建设，着力提升原始创新能力，增强集成创新和引进消化吸引再创新能力，以科技进步和创新促进经济内涵发展。（1）切实增强政府创新政策效果。深化细化中关村各项先行先试政策，用好100亿元产业统筹资金和60亿元政府采购资金，切实聚焦重点产业和重点项目，强化知识产权保护，促进重大创新成果就地转化。继续推动建立统一监管下的全国场外交易市场。（2）落实企业创新主体地位。坚持政府性科技经费向企业倾斜，创新要素向企业集聚，创新服务平台和重大科技专项向企业开放。抓好国家重大科技基础设施和国家科技重大专项建设，加快推进一批以企业为主体的工程中心和实验室。完善和

落实促进小微企业发展的财税金融扶持政策，针对中小企业现实需求，切实优化发展环境，重点支持科技型中小企业、非公经济发展壮大。（3）培育壮大战略性新兴产业。以重大项目建设带动产业链上下游完善，推动形成上下游相互促进的发展格局。重点支持企业在物联网、云计算、4G 等战略性新兴产业集中研发，推出一批关键技术和成果，培育一批有核心技术、有竞争力的高技术企业。

把文化创新作为培育新增长点的重要抓手。扎实落实发挥文化中心作用，加快建设社会主义先进文化之都的意见，系统推进九项重点工程，促进文化繁荣发展。（1）搭建文化创新服务平台。统筹政府资金 100 亿元，支持文化创新和重大文化项目。组建国有文化资产监督管理机构。促进军地科技、文化融合发展。（2）繁荣活跃文化创意产业。研究制定进一步促进文化创意产业发展的政策，吸引社会力量进入文化创作、制作和交易等领域，推进文化与科技、旅游等融合发展。整合资源，集中支持多种所有制文化企业发展，打造上市公司北京文化板块。加快发展数字出版、网络电视、移动多媒体、设计创意、艺术品交易等新兴文化产业。（3）提升文化集聚区和功能区水平。研究制定文化创意产业集聚区发展促进政策，在突出特色、抓好现有产业集聚区规模化发展的同时，集中力量打造首都核心演艺区、CBD 国际现代传媒、国家广告产业园、国家音乐产业基地等文化功能区。（4）大力发展文化金融。支持社会资本设立各类文化创意产业投资基金、担保公司、小额贷款公司。积极推进中国文化产权交易所等要素市场建设。（5）扩大文化产品和服务输出。重点办好北京音乐节、中国广告节、“相约北京”等重大品牌文化活动，培育具有国际影响力的文化企业和品牌。

更加注重在结构调整中培育新的增长点。（1）突出增强结构调整的实效。充分发挥民营资本对结构调整的促进作用，抓住技术改造和兼并重组两个重要环节，坚持存量支撑与增量引领并重，进一步做大金融、批发零售、信息服务、科技服务、商务服务、旅游等支柱产业，做强电子信息、装备制造、汽车等优势制造业。适应新阶段新需求，促进教育培训、健康医疗、电子商务、养老等新兴服务业发展。高水平办好中国国际服务贸易交易会。（2）立足长远和自身优势，加快形成一批产业链上下游协同发展的优势产业板块。研究整合地铁车辆、中低速磁悬浮、地铁通信信号系统等优势资源，整体打造地铁产业板块；以离子注入机、离子刻蚀机、气相沉淀等为核心，完善集成电路装备板块；加快新华 08 工程建设，努力打造具有全国影响力的金融资讯产业板块；以现代三工厂、奔驰发动机、长安汽车、新能源汽车、汽车零部件等项目为增量，做强汽车产业板块；以生物医药产业基地、中关村生命科学园和创新药物孵化基地为重点，打造生物医药产业板块；完善空港保税物流园功能，加快中航产业园、北京通用航空产业基地、中关村航天科技园建设，培育航空航天产业板块；整合旅游资源，提升旅游产品和服务供给，促进旅游与文化、商务等融合发展，推动设立世界旅游城市联合会，打造提升旅游产业板块。（3）打造一批优势区域板块。扎实推进中关村扩区、金融街扩区、CBD 核心区开发、奥林匹克中心区博物馆群等建设，不断增强六大高端产业功能区的引领和支撑作用。抓好通州高端商务服务、新首钢高端产业综合服务、丽泽金融商务、怀柔文化科技四大高端产业新区规划发展，加强项目引进和落地，积蓄发展潜力。加快推进中关村科学城、未来科技城重大项目落地，促进南北产业带协同发展，推进昌平 TBD、中科院科教产业园、数字电视产业园、中国云产业园、软件园二期、高端制造业窦店基地、石化新材料基地等一批特色园区建设。

（二）强化消费与投资需求协调拉动，增强经济发展动力

把扩大内需作为稳中求进的战略基点，把优化需求结构与支持自主创新、推动结构升级、完善城市功能结合起来，促进投资与消费联动，增强发展的持久动力。

着力扩大消费需求。坚持扩大消费规模与升级消费结构并重，着力构建多层次、多热点支撑的消费格局。（1）增强消费支撑。研究制定促进消费持续增长的长期政策。合理增加城乡居民特别是中低收入群众收入，努力提高居民消费能力。鼓励连锁企业和品牌企业进社区进郊区，举办形式多样的促销活动，扩大便民消费。加大对网上购物、网络娱乐等新兴消费的政策支持，扩大网络消费。加快推进国际旅游中心城市建设，优化旅游市场环境，丰富旅游产品和服务供给，扩大外来消费。鼓励老旧机动车更新淘汰，推广新能源汽车使用，升级汽车消费。加快保障房入市步伐，带动家居、家电、装饰等相关消费。办好世界零售业大会以及其他大型国际活动，培育会展消费。（2）升级消费结构。充分发挥本市市场容量大、消费示范作用强、供给资源丰富的独特优势，坚持供给和需求双向优化，促进消费方式转变。大力引进和培育消费品牌、商业元素和新兴业态等优势资源，扩大旅游休闲、医疗康体、养老教育等领域向民间资本开放，鼓励多种所有制消费供给主体发展，提升消费供给水平。积极培育与市民追求高品质生活相适应的旅游休闲、文化娱乐、教育培训、健康医疗等服务型消费和发展型消费，研究实施促进节能、节水、环保产品消费的政策，不断壮大时尚、品牌消费和绿色消费。（3）优化消费布局。鼓励探索优质社会资源系统参与特色消费街区建设和改造升级，构建集旅游文化商业于一体的特色消费区域。积极支持品牌企业和优质资源向新城和城南布局，打造新兴消费区域。推进电子商务示范城市建设，培育电子商务集聚区。（4）改善消费环境。加强城乡流通体系建设，畅通渠道、提高效率、降低成本。推广刷卡无障碍工程，扩大消费信贷。强化市场监管和服务，促进居民放心消费、安全消费。

不断优化投资支撑。坚持优化结构与提高质量效益并重，坚持稳定投资与创新融资并重，坚持保重点、保续建、保竣工，优化投资支撑。（1）着力优化投资结构。加强政府投资管理，积极引导社会资金投向，进一步聚焦发展重点，优先保障高端产业功能区、城南、西部、新城、重点镇等重点区域以及科技文化、高端制造、现代服务等产业领域的投资需求，优先保障重大产业项目、重大民生项目、重点区域开发的竣工收尾，优先保障能够带动消费、保障民生、关系长远战略、解决城市主要矛盾等领域的投资需求。（2）积极扩大社会投资。全面落实鼓励引导民间投资健康发展实施意见，在轨道交通、路网建设、养老、医疗等基础设施和公共服务领域，研究具体政策，全面鼓励和吸引民间资本进入，引导社会资本参与投资重大项目和重点在建项目。坚定不移地抓好房地产调控，增加保障性住房和普通商品住房供给，推进综合商务楼宇建设。强化土地源头管理，严控土地储备开发规模和成本，重点抓好在施储备项目收尾。（3）高度重视融资创新。加强投资项目融资模式和资金平衡方案的研究储备。用好用活平台资金，促进符合国家规范要求的市区两级平台规范发展，在基础设施、公用事业领域积极探索现有平台整合，推动区县平台整合提升。发挥基金引导放大作用，支持设立新城建设、文化创新、北京服务、北京创造等系列基金。积极探索和推动保险资金、社保资金在城市重大基础设施建设上的应用。争取地方政府债试点，支持

发行企业债。发挥好担保、再担保资金功能，支持金融机构对中小企业扩大融资。搭建上市公司与本市中小微企业的对接平台，更好地利用资本市场加快发展。（4）努力提高投资质量和效益。强化政府资金约束和成本控制，努力控制政府投资成本。积极扩大实物量投资，促进已开工项目的竣工投产，推动投资早出成效。

（三）坚持城市建设与管理并重，提升完善城市服务功能

适应新发展阶段要求，把破解难题和提升功能作为城市发展的主要着力点，在城市建设管理和服务上取得新提升。

持续推进中心城交通拥堵治理。统筹供给与需求、建设与管理，系统谋划和治理交通拥堵问题。全面落实缓解市区交通拥堵第九阶段工作方案。实施80项疏堵工程，打通道路微循环45公里。重点加快中心城区轨道交通线网建设，力争分段开通4条线，新增通车里程76公里。继续实施既有轨道交通线路扩能提升工程。优化地面公交线网，扩大施划公交专用道范围，开通阜石路快速公交，建成四惠综合交通枢纽，开工建设苹果园综合交通枢纽，推进公交场站建设。推进京良路、广渠路、万寿路南延等骨干道路建设。系统研究停车设施建设运营管理等体制机制，鼓励民间资本投资停车设施建设。提升交通运行指挥和管理信息系统。积极推进北京新机场一期项目，建成京包高速北段，加快建设国道110二期。

提升水资源和能源供给保障能力。加快南水北调配套工程建设，建成南干渠和大宁调蓄水库，全面开工建设东干渠、团城湖调节池和郭公庄水厂。加快污水处理厂升级改造，建成清河扩建、北小河、吴家村再生水厂，开工建设高碑店、小红门再生水厂，中心城区新增高品质再生水生产能力55万立方米/日。围绕立交桥积水治理，建成一批雨洪利用工程。完成500公里供排水管网改造。坚持“量水发展”理念，实行最严格的水资源管理制度，提高全社会节水意识和水资源利用效率。全面开工四大热电中心及配套管线建设，建成西南热电中心。力争开工天然气陕京四线，启动大唐煤制气北京段建设，推进唐山LNG（液化天然气）工程，完成西六环路南、北段等城市主干燃气管线工程。统筹推进重点产业功能区能源系统建设。全面加强能源需求侧管理，提升能源运行调节水平。

切实加强城市服务管理。针对城市运行管理中出现的新矛盾新问题，系统研究长效机制建设，着力通过政策优化和创新，推动矛盾解决。全面开展城乡环境整治专项行动，加大违法建设查处力度，做好进京通道、主要大街、街巷胡同、校园周边等重点地区环境整治，提升首都城市环境品质。健全重大项目建设和重大政策制定的社会稳定风险评估机制。完善人口综合调控机制，落实已出台的各项人口服务管理政策，研究推进居住证制度的相关准备工作。积极应对老龄化挑战。加强物联网、云计算等现代信息技术在城市运行管理领域的应用，着眼于解决关系市民日常生活的停车、环境、社区服务等问题，从细节入手，提升精细化管理水平。切实贯彻加强和创新社会管理全面推进社会建设的意见，推进城市管理重心下移，完善基层社会管理和服务体系，培育基层社区组织，有效调动社会力量参与城市管理的积极性。加快“一刻钟社区服务圈”建设，推进村庄社区化管理。

（四）加大城乡与区域统筹力度，促进城乡一体化发展

坚持区域差异化发展，推进形成整体功能优化、主体功能突出、人口资源环境相协调的区域发展新格局。

持续推进城市形态和功能完善。深化区域功能定位，突出主体功能，促进四类功能区差异化、特色化发展。重点疏解中心城功

能和人口，充分挖掘古都文化内涵，坚持“文”、“物”并重，提升历史文化名城整体保护水平，加快对接安置房建设，严格控制旧城内大型公建、住宅开发等项目，将更多的医疗、教育等优质公共服务资源向新城转移。全面提升新城基础设施、公共服务和产业发展水平。落实通州新城行动计划，启动通州新城核心区基础设施建设。合理配置新城公共服务资源，完善基础设施条件，加快新城医疗、文化、体育中心等建设，建成一批高速公路联络线，启动一批发展新区新城供水厂建设。研究制定加快重点小城镇发展意见，发挥小城镇基金的带动作用，推进古北水镇、长沟和潭柘寺旅游休闲镇等特色小城镇建设。制定促进央企与重点小城镇合作意见，吸引社会资源参与小城镇开发。扎实推进新农村建设，引导社会力量参与新型农村社区建设。继续推进“三起来”工程，落实城乡统筹的农村基础设施管护机制。大力发展观光农业、设施农业，加快国家现代农业科技城、农业生态谷建设，办好世界草莓大会和国际食用菌大会。高质量推进四季花海、雾灵香谷、白河湾等特色沟域发展。

推动薄弱地区转型发展。全面完成城南行动三年计划，建成一批基础设施和公共服务项目，打造一批有活力、有潜力的产业功能区。加紧研究编制后续行动计划。制定落实西部地区转型发展年度计划，加快“一核两区三带”建设，加紧培育替代产业，实施动漫游戏城、中国绿能港等重大产业项目，推进S1线、长安街西延、京昆高速（京石二高速）等重大交通建设，建成园博湖和园博园湿地，全面治理永定河城市核心段，推进关停矿山生态修复等重点生态工程，确保采空棚户区三年任务目标按计划完成。创新建设、融资和管理模式，更加注重延伸城市管理和服务，加快推进50个重点村建设，打造城乡一体化示范区。

（五）狠抓生态建设与节能减排，提升绿色发展水平

坚持生态惠民理念，以生态环境和节能减排为抓手，落实绿色北京行动计划，提升资源节约型和环境友好型社会发展水平。

全面提升城市生态水平。（1）集中力量推进大尺度森林绿地建设。力争新增造林绿化面积20万亩，基本建成11座新城滨河森林公园，改造提升西部浅山区和山前现状森林公园，启动南中轴等森林公园建设，推动主要道路生态绿廊建设。继续实施荒山造林和封山育林，全面完成京津风沙源一期工程。新建10处城市休闲绿地，利用二道绿隔启动百公里环城健康绿带建设，为市民提供更多高品质的绿色活动空间。加快延庆绿色北京示范区建设。（2）深入推进大气污染防治。落实好清洁空气行动计划，加强对$PM_{2.5}$和臭氧等重点污染物的防治。加快推进五环路内供热清洁能源改造工程。淘汰老旧机动车15万辆，力争推行机动车新车国Ⅴ排放标准及配套油品标准，严格除尘、脱硫、脱硝等监督管理，抓好扬尘污染治理，积极争取国家建立首都圈周边的生态联动机制，确保大气质量持续改善。（3）加大水环境治理力度。继续治理永定河、北运河、潮白河，加快马草河、丰草河等中小河道治理。（4）提高科学处理垃圾能力。有效推进垃圾分类及资源化，基本实现餐厨垃圾分类收集和资源化处理，实现全市50%以上的小区垃圾分类达标。新建300个规范化再生资源回收点。加快推进一批生活垃圾、餐厨垃圾处理设施和建筑垃圾资源化集中处置项目建设，建成鲁家山垃圾焚烧发电项目。

大力推进内涵促降。坚决将节能减排工作重心从“以退促降”转向“内涵促降”。（1）充分利用新技术推动节能。发挥节能低碳创新服务平台作用，积极推广清洁煤等成熟减排技术。积极有序发展新能源，推进太阳能、地热能等可再生能源建筑一体化工程，推

广阳光校园、沼气联供、垃圾填埋气发电应用。支持电动汽车在公交、环卫、物流等领域的应用。推广二级及以上能效产品，实施淘汰白炽灯行动计划。（2）充分发挥市场机制作用。全面推广合同能源管理，推动节能权、排污权、碳排放权交易试点。研究完善污水、污泥处理，生活垃圾、建筑垃圾处理市场化机制，在新建建筑全面推广热计量器具。（3）突出抓好重点领域节能减排。大力发展绿色建筑，抓好既有建筑节能改造，新建居住建筑严格实行75%的节能设计标准。实施百家企业节能低碳行动，继续推进“三高”企业退出，实施一批工业、交通场站、重点用能大户节能改造工程。落实节能减排全民行动计划，引导全社会参与节能减排。（4）加强市区两级能耗强度和能源消费总量双目标考核，能源消费总量力争控制在7400万吨标准煤左右。提高产业准入门槛，完善能评、环评和能源审计机制，加强计量、统计、标准、监测、监察“五位一体”节能基础能力建设。

（六）加强社会建设与民生保障，确保政策惠民取得新成效

按照总量保需求、结构促均衡、整体上水平的思路，优化公共服务配置，统筹社会政策，加快社会建设，切实增强惠民实效。

积极做好就业和社会保障工作。进一步完善城乡统一的就业失业管理制度。加大城乡就业培训和公益性就业岗位开发，促进登记失业人员实现再就业，帮助农村劳动力转移就业，城镇登记失业率控制在2%左右。完善城乡居民养老保险制度，提高统筹层次。深化基本医疗保险制度改革，提高城镇居民医疗保险待遇，建立个人负担过重群体医疗费用二次报销机制。研究建立公务员工伤保险制度。完善社保标准与价格联动机制，合理提高最低工资、低保、养老、失业等社会救助和保障待遇标准。

切实提升公共服务水平。（1）保障基本公共服务需求。落实学前教育三年行动计划，新建和改扩建50所公办幼儿园，积极推进中小学建设三年行动计划和市属高校三年建设规划，实施职业教育改革试点和高等教育质量工程和创新工程，利用校园网、数字多媒体等现代信息技术，推进优质教育资源均等化。提高疾病预防控制和应急救援能力，积极发展精神卫生防治和心理咨询辅导服务，全面改善医疗服务。加快建设一批公立养老机构，继续支持民办养老机构发展。（2）优化公共资源布局。创新名校办分校模式，试点推进一校多园，充分利用信息化技术，加快优质教育资源共享。加快中心城优质医疗资源疏解，实施天坛医院迁建、同仁医院经济技术开发区院区扩建和北大第一医院南区建设。提升新城、大型居住区公共服务水平，十个区域医疗中心主体全部建成。城南养老院、市老年社区二期等市级大型公益性养老设施开工建设。加快提升社区公共服务资源综合利用水平，进一步推进学校体育设施对公众开放。（3）推进公共服务供给多元化。研究破除社会资本进入公共服务领域的体制障碍，鼓励其提供学前教育、基本养老、医疗康体等公共服务，建立健全政府购买服务机制，满足多层次的公共服务需求。

扎实做好各项惠民工作。（1）建立健全增加城乡居民收入的长效机制，推广工资集体协商，建立企业职工特别是一线职工工资的正常增长机制。完善机关事业单位工资制度。继续研究促进农民增收的政策意见。贯彻落实中央扶贫开发工作会议精神，结合首都实际，做好相关低收入群体帮扶开发工作。（2）深入实施文化惠民工程。按照便民亲民的原则，系统规划、分步实施42个重点小城镇亲民性文体设施和城区市民文化休闲中心建设。继续实施数字高清和信息基础设施提升工程。支持文化内容创新，鼓励创作群众喜闻乐见的文化产品。（3）全力保障生活必

需品市场供应和价格稳定。继续实施“菜篮子”工程，新增基本菜田3万亩，发展设施农业2.5万亩，新增外埠蔬菜基地4万亩。发挥大型骨干企业的市场供应保障作用，提升资源调配能力，加快启动东南农产品物流园规划建设，加强零售终端改造，保障市场供应，控制流通成本。（4）全面加强价格调控。切实强化区县属地管理责任，加大市场监管力度，用好价格调节资金，突出抓好农产品和房租等重点领域价格调控，保持价格总水平基本稳定。（5）继续推进保障性住房建设。本着摸清底数、分类指导、分配公平、完善机制的要求，建设收购保障性住房16万套、竣工7万套，完善建设、分配、管理、退出等制度和办法。启动全市现有882栋简易楼改造，实施1500万平米老旧小区房屋综合改造。继续推进10万户农宅抗震节能改造等一批惠民工程。同时，狠抓标准制定和市场监管等关键环节，加快完善食品和药品供给和保障体系，强化安全管理。

（七）扎实推进重点领域改革与对外开放，释放发展活力

抓住重点领域和关键环节，在体制机制创新上取得新突破，扩大对内对外开放，以改革开放加快发展方式转变。

抓好重点领域改革。（1）加快医疗卫生体制改革。制定实施本市2012—2015年深化医药卫生体制改革规划。推进市级公立医院试点，建立现代管理制度。完善医疗机构层级管理体系，逐步实现预防、治疗、康复、护理一体化。完善转诊预约制度，推进社区首诊、医师多点执业、按病种付费等改革，完善基本药物采购和财政补偿机制。出台鼓励引导社会资本举办医疗机构的指导意见，加快形成多元办医格局。（2）深化产业领域重点改革。加强政策宣传，积极争取并组织实施好营业税改征增值税试点。落实好石景山国家服务业改革及中关村现代服务业改革试点。深入推进市属国有企业战略重组和经营性资产证券化。积极贯彻落实好国家一系列财税体制改革措施。（3）深化行政管理体制改革。精简优化政府投资审批流程，清理、减少和调整社会事业领域审批事项，积极探索大兴区市级行政审批权限下放试点工作。加快政务服务中心建设。（4）稳妥推进资源环境价格改革。对国家可能出台的能源价格调整项目，扎实做好本市配套落实方案。适时推进垃圾收费等资源环境价格改革。（5）深化农村改革。基本完成村级集体产权制度改革，完善林权制度改革配套政策。推进城乡社会保障、运行管理对接。研究探索农村集体建设用地集约使用的制度创新。（6）加快事业单位改革，落实分类推进事业单位改革指导意见及配套政策。

积极扩大对内对外开放。积极推动国家层面深化研究制订新时期促进首都经济圈建设的政策意见。充分发挥首都金融、产业、技术、管理等资源优势，增强对周边区域的辐射带动能力。高标准做好拉萨、和田等地区对口支援工作，持续扩大与港、澳及国内其他省市的深度合作。有针对性完善各项招商引资政策，更加注重吸引跨国公司、地区总部、民营总部等高端要素资源，进一步提高本市利用外资和内资的规模和水平。积极推进“走出去”战略，在资本、技术、产品和服务等方面积极参与全球竞争，开拓国际市场。发挥首都货物和服务集散功能，进一步优化贸易结构，扩大贸易规模。

各位代表：2012年任务艰巨而繁重，我们要坚决贯彻落实中央的各项决策部署，在中共北京市委领导下，在市人大的监督支持下，深入贯彻落实科学发展观，开拓进取，狠抓落实，为实现新时期首都经济社会又好又快发展作出新的贡献！

附件：北京市2012年国民经济和社会发展计划（草案）主要指标

附件：

北京市 2012 年国民经济和社会发展计划（草案）主要指标

指标名称		计量单位	2010 年		2011 年				2012 年	
			实际	实际增长%	计划	计划增长%	预计	预计增长%	计划	计划增长%
一、经济发展										
地区生产总值		亿元	14113.6	10.3		8		8 以上		8 左右
全社会固定资产投资		亿元	5493.5	13.1		10 以上		13 以上		9 左右
社会消费品零售额		亿元	6229.3	17.3		10 左右		10.8 左右		12 左右
地区进出口总额		亿美元	3014.1	40.3		持平略增		20 以上		持平略增
地方公共财政预算收入		亿元	2353.9	16.1	2565.8	9	3006.3	27.7	3307	10
地方公共财政预算支出		亿元	2446.2	14.6	2670	9.1	2963.7	21.1	3382.6	14.1
居民消费价格指数		%	102.4		104 左右		105.6		104 左右	
实际利用外商直接投资		亿美元	63.6	4	50 以上		70.5		65	
旅游总收入		亿元	2768	13.3	3169	14.5	3180	15	3630	14
二、社会发展										
城镇登记失业率		%	1.37		2.5 以内		1.39		2 左右	
城乡居民保险参保率	养老保险	%	92		93		93		94	
	医疗保险	%	90		91		91		92	
城镇职工保险参保率	基本养老	%	96		97		97		97.4	
	基本医疗	%	95.6		96.6		96.6		97	
	失业保险	%	95.6		96.6		96.6		97	
	工伤保险	%	92.85		93.85		93.85		94.85	
	生育保险	%	93.8		94.8		94.8		95.6	
安全事故死亡率	亿元地区生产总值生产安全事故死亡率	人/亿元	0.083		0.1		0.07		0.085	
	工矿商贸企业从业人员生产安全事故死亡率	人/10 万人	1.45		1.67		1.21		1.67	
	道路交通万车死亡率	人/万车	2.03		2		2		1.9	
重点食品安全监测抽查合格率		%	98		97 以上		97.4		98 以上	

续表

指标名称		计量单位	2010 年		2011 年				2012 年	
			实际	实际增长%	计划	计划增长%	预计	预计增长%	计划	计划增长%
药品抽验合格率		%	99.04		97.5 以上		97.5 以上		98	
城乡居民收入	城镇居民人均可支配收入	元	29073	6.2		7		7 以上		7 左右
	农村居民人均纯收入	元	13262	8.1		7		7.5 以上		7 左右
三、创新发展										
研究与试验发展经费支出占地区生产总值比重		%	5.82		5.5 以上		5.7		5.5 以上	
每万人发明专利授权量		件	5.72		5.72		6.2		6.4	
年技术交易额		亿元	1066.7		1200		1268.3		1430	
四、绿色发展										
单位地区生产总值能耗降幅		%	4.04		3.5		6 左右		2.5	
单位地区生产总值水耗降幅		%	10.14		4		4 左右		3	
单位地区生产总值二氧化碳排放降幅		%			3.5		7 左右		3	
主要污染物排放量降幅	二氧化硫排放量降幅	%	1		1		1		2	
	化学需氧量排放量降幅	%	2		1		1		2	
	氨氮排放量降幅	%			2		2		2	
	氮氧化物排放量降幅	%			2		2		3	
水处理	再生水利用率	%	60		60		60		61	
	市区污水处理率	%	95		95.5		95.5		96	
	郊区污水处理率	%	53		55		55		57	
生活垃圾资源化率		%	42		44		44		45	
全市林木绿化率		%	53		54		54		55	
城市空气质量二级和好于二级天数占全年总天数的比重		%	78.4		力争 75		78.4		76 以上	
空气主要污染物浓度均下降		%							2	
中心城公共交通出行比例		%	40.1		42		42		44	

附件说明：

1. 地区生产总值为现价，增长速度按可比价格计算。

2. 根据财政部预算科目调整方案，从 2012 年起，地方财政一般预算收入和地方财政一般预算支出指标名称分别调整为地方公共财政预算收入和地方公共财政预算支出。

3. 旅游业总收入是指在北京从事旅游活动的所有入境人员、外省市人员和本市常住人口因旅游活动而产生的花费总和，包括住宿、交通、餐饮、购物、游览、通讯等若干方面的花费。

4. 亿元地区生产总值生产安全事故死亡率、工矿商贸从业人员生产安全事故死亡率、道路交通万车死亡率为国家下达指标。

5. 重点食品安全监测抽查合格率指重点食品安全项目的监测监督抽查的综合合格率。从 2011 年开始，重点食品监测范围由原来的六类监测食品扩大到蔬菜、猪肉、大米、小麦粉、食用油、豆制品、乳品、蛋类八类。

6. 城镇居民人均可支配收入和农村居民人均纯收入增长均为扣除物价因素后实际增长。

7. 年技术交易额为从技术合同成交总额中扣除购置设备、仪器、零部件、原材料等非技术性费用后的剩余金额。

8. 单位地区生产总值能耗、二氧化碳排放、水耗降幅按不变价格计算。

9. 生活垃圾资源化率是指生活垃圾用来发电、堆肥、再循环等方式而非简单填埋和焚烧等方式处理的比率。

10. 城市空气质量二级和好于二级天数达标率主要按照国家现行监测标准。

11. 在 2012 年计划中，增加空气主要污染物浓度指标，主要包括二氧化硫、二氧化氮、可吸入颗粒物等三项污染物。

北京市第十三届人民代表大会财政经济委员会关于北京市 2011 年国民经济和社会发展计划执行情况与 2012 年国民经济和社会发展计划草案的审查结果报告

（2012 年 1 月 14 日北京市第十三届人民代表大会第五次会议主席团第四次会议通过）

北京市人大财政经济委员会主任委员　王　火

大会主席团：

北京市第十三届人民代表大会财政经济委员会在对北京市 2012 年国民经济和社会发展计划草案主要内容初步审查的基础上，根据本次大会代表的审议意见，审查了北京市 2012 年国民经济和社会发展计划草案及《关于北京市 2011 年国民经济和社会发展计划执行情况与 2012 年国民经济和社会发展计划草案的报告》。现将审查结果报告如下。

一、财政经济委员会认为，2011 年，面对复杂多变的国内外形势，市人民政府及其发展改革部门认真执行市十三届人大四次会议批准的计划，坚持以科学发展为主题，以加快转变经济发展方式为主线，认真贯彻落实中央决策部署，坚定不移地实施主动调控，调整优化经济结构，不断提高经济发展的质量效益，稳步推进城乡、区域统筹发展，着力保障和改善民生，扎实推进人文北京、科技北京、绿色北京建设，实现了“十二五”开局之年经济平稳发展、社会和谐稳定的良好局面，我市 2011 年国民经济和社会发展计划执行情况总体是好的，成绩来之不易。

财政经济委员会指出，我市在 2011 年经济运行和社会发展中还存在一些矛盾和问题：影响首都经济社会长期健康发展的体制性、结构性矛盾仍较突出；自主创新对经济发展的引领作用还未充分发挥，中小企业发展环境还有待优化；涉及群众切身利益的收入、住房、教育、医疗等方面的一些问题还亟待解决，交通出行、食品安全、空气质量等方面还需有效改善；经济社会发展与城市管理还需更好地协调统一。对此，市人民政府要切实采取措施，认真加以解决。

二、财政经济委员会认为，北京市 2012 年国民经济和社会发展计划草案贯彻了中共十七届五中、六中全会、中央经济工作会议和中共北京市委十届九次、十次全会精神，符合首都科学发展的总体要求和北京市的实际情况，是积极可行的。

财政经济委员会建议本次大会批准北京市2012年国民经济和社会发展计划草案及《关于北京市2011年国民经济和社会发展计划执行情况与2012年国民经济和社会发展计划草案的报告》。

三、为更好地实现2012年国民经济和社会发展计划各项目标，财政经济委员会着重提出以下意见和建议

（一）坚持首都的城市性质和功能定位，促进经济发展与城市功能完善更加协调

要紧紧围绕使首都功能更加完善、居民生活更加美好、为中央和全国的服务更加充分的发展目标，加快经济发展方式转变，推进城市发展模式转型。要把年度发展与阶段性发展统筹起来，既要考虑当前效果，又要兼顾阶段性发展目标；要把经济增长与社会建设统筹起来，全面协调地考虑发展问题，增强发展的包容性，努力使人民群众生活得更幸福；要把经济社会发展与城市的规划、建设、管理、服务统筹起来，坚持首都的城市性质和功能定位，推进国内国际创新中心和服务中心建设，努力实现履行首都四个服务功能与促进北京经济社会发展的有机融合，在发展中促转型，在转型中谋发展。

（二）坚持科技创新文化创新“双轮驱动”，加快首都经济发展方式转变

要认真贯彻落实中央和市委稳中求进的工作要求，增强加快转变经济发展方式的紧迫感和自觉性，坚持把经济发展的质量和效益放在首位，加快经济结构调整步伐，实现稳中求进。要发挥科技创新对转变经济发展方式的支撑引领作用，充分利用首都在科技、教育、人才等方面的优势资源，大力发展高技术服务业。加快中关村国家自主创新示范区建设，加大对中小企业科技创新的扶持力度，推动我市优势行业的技术创新与产业化升级。要积极推进全国文化中心建设，充分发挥首都全国文化中心示范作用，发挥其在推动首都科学发展中的巨大优势，坚持把社会效益放在首位，增强首都文化的代表展示、向心凝聚、首善辐射、示范带动和服务保障等基本功能，走创新驱动之路。利用首都的文化资源优势，加快文化与旅游、会展、商贸、体育、休闲等行业的融合，大力推动文化创意产业发展。深化文化体制机制改革，探索文化走出去的新途径、新形式，提高首都文化的国内国际影响力，进一步解放和发展文化生产力。

（三）加大保障和改善民生力度，着力提升城乡公共服务水平

要落实好提高城乡居民收入的各项政策措施，切实提高中低收入群体的收入水平，扩大中等收入群体比重，加快形成合理有序的收入分配格局。继续加强物价调控，保持物价水平特别是生活必需品价格的基本稳定，完善社会救助和保障标准与物价的联动机制，保障低收入群体的基本生活。建立健全基本住房保障制度，抓好保障性住房的建设和管理工作，逐步解决中低收入家庭住房困难。加快建立和完善安全食品的供给体系和食品安全的保障体系，努力为城乡居民提供安全、放心的食品。加强环境治理和生态建设，深化大气、水污染综合防治，优化城市宜居环境。大力推动就业、教育、社保、医疗等社会事业的发展，切实把惠民利民政策落到实处，全面提升城乡居民的公共服务水平，使广大城乡居民更好地享受经济社会发展成果。

以上报告，请予审议。

北京市第十三届人民代表大会第五次会议关于北京市 2011 年预算执行情况和 2012 年预算的决议

（2012 年 1 月 17 日北京市第十三届人民代表大会第五次会议通过）

北京市第十三届人民代表大会第五次会议审查了市人民政府提出的《关于北京市 2011 年预算执行情况和 2012 年预算草案的报告》及 2012 年市级预算草案，同意市人民代表大会财政经济委员会的审查结果报告。会议决定，批准《关于北京市 2011 年预算执行情况和 2012 年预算草案的报告》，批准北京市 2012 年市级预算。

关于北京市 2011 年预算执行情况和 2012 年预算草案的报告

——2012 年 1 月 12 日在北京市第十三届人民代表大会第五次会议上

北京市财政局

各位代表：

受市人民政府委托，现将北京市 2011 年预算执行情况和 2012 年预算草案的报告提请市第十三届人大第五次会议审议，并请市政协各位委员提出意见。

一、2011 年预算执行情况

2011 年，面对复杂多变的国内外形势，在党中央、国务院和中共北京市委的正确领导下，全市坚决执行中央各项决策部署和市第十三届人大第四次会议的各项决议，认真落实积极的财政政策，坚持以科学发展为主题，以加快转变经济发展方式为主线，全力做好保障和改善民生的各项工作，进一步推进财政科学化精细化管理，全市财政预算执行情况总体良好，圆满完成了全年预算任务，实现了“十二五”时期的良好开局。

（一）全市财政预算执行情况

2011 年全市地方公共财政预算收入完成 3006.3 亿元，增长 27.7%，完成预算的 117.2%。在经济平稳较快发展、政策性增收明显、物价上涨以及一次性税收收入集中入库等因素的带动下，全年地方公共财政预算收入保持了较高的增幅。地方公共财政预算支出完成 2963.7 亿元，增长 21.1%，完成预算的 111.0%。

2011 年全市政府性基金预算收入完成 1352.8 亿元，下降 7.1%，完成预算的 79.3%，未完成预算主要是其中的土地收入受成交溢价大幅降低等因素的影响，造成基金收入短收。政府性基金预算支出完成1295.7亿元，下降0.2%，完成预算的74.2%。

根据《中华人民共和国预算法》和《北京市预算监督条例》的规定，下面重点报告市级财政预算执行情况。

（二）市级公共财政预算执行情况

2011年市级公共财政预算收入完成1644.4亿元，增长26.1%，完成预算1422.3亿元的115.6%，加中央返还及补助195.3亿元、区县上解220.0亿元、上年专项政策性结转使用9.0亿元、上年结余26.3亿元、财政部代理发行本市地方政府债券收入54.0亿元等，收入合计2155.4亿元。市级公共财政预算支出完成1422.9亿元（含市追加区县支出），增长25.4%，完成预算1254.5亿元的113.4%，加上解中央94.2亿元、区县税收返还和转移支付497.4亿元、专项政策性结转下年使用15.0亿元、划转水利建设基金23.6亿元、财政部代理发行本市地方政府债券支出54.0亿元、转入预算稳定调节基金41.9亿元（截至2011年年底，预算稳定调节基金累计余额89.5亿元）等，支出合计2155.4亿元。市级公共财政预算收支平衡。

1. 收入预算主要科目执行情况

（1）增值税127.7亿元，增长10.2%，完成预算的100.9%。超额完成预算主要是全市经济平稳较快发展以及价格上涨等因素，带动增值税保持良好增势。

（2）营业税548.0亿元，增长25.1%，完成预算的114.0%。超额完成预算主要是金融业税收贡献突出，信息传输、租赁与商务服务等新兴行业发展较快等因素影响。

（3）企业所得税388.6亿元，增长34.4%，完成预算的122.7%。超额完成预算主要是经济发展的质量效益提升，企业利润增加，带动企业所得税较快增长。

（4）个人所得税272.9亿元，增长26.7%，完成预算的116.8%。超额完成预算主要是就业形势稳定，城乡居民收入增加，带动工资薪金、股息等个人所得税相应增长。

（5）契税136.2亿元，增长1.4%，完成预算的101.4%。

（6）非税收入69.1亿元，增长62.4%，完成预算的129.4%。超额完成预算主要是规范预算外收入管理，从2011年起将按预算外资金管理的收入（不含高中以上教育收费）全部纳入预算管理等，促使非税收入较大幅度增长。

2. 支出预算主要科目执行情况

（1）教育支出241.2亿元，增长28.2%，完成预算的117.0%；其中：教育法定支出211.6亿元，增长25.4%，完成预算的113.4%。超额完成预算主要是加大促进学前教育和义务教育均衡发展、国家高等职业院校骨干校建设、市属高校基本建设贷款债务化解等投入。具体情况是：投入基础教育经费49.0亿元，支持幼儿园改扩建，基本完成中小学校舍安全工程，促进基础教育办学条件达标；投入中等职业教育经费18.1亿元，重点用于建设职业院校实训基地、改善学校办学条件等，不断提升中等职业教育质量；投入高等教育经费100.0亿元，保障市属高等教育继续推进“三大工程”和实施基本建设三年规划项目，化解市属高校债务，增强高等学校整体发展实力。

（2）科学技术支出140.0亿元，增长22.2%，完成预算的113.1%；其中：科学技术法定支出62.0亿元，增长25.0%，完成预算的115.1%。超额完成预算主要是落实中关村示范区各项支持产业、企业发展政策等。具体情况是：投入中关村科技园区发展资金76.6亿元，主要用于支持产学研相结合的技术创新体系建设、搭建科技型中小企业投融资促进平台以及引进高端领军人才等，推动园区建设取得更大成效；投入 28.1 亿元，支持生物医药、信息等新兴产业领域关键技术研发及应用，增强科技创新驱动力；投入 3.7 亿元，加强公益性科研院所创新能力建设，实施科普益民计划和科普惠农兴村计划等，提升全民科学素质。

（3）文化体育与传媒支出 50.2 亿元，增长 18.7%，完成预算的 105.8%。其中：文化法定支出 21.8 亿元，增长 25.3%，完成预算的 114.7%。超额完成预算主要是加大对基层和农村地区公共文化事业支持力度，繁荣艺术创作生产等。具体情况是：投入文化创意产业发展资金 5.0 亿元，支持具有发展前景和导向意义的创意项目，激发文化创新活力；投入 18.5 亿元，用于推进公共文化服务体系建设，加快文化事业发展，促进文化产业资源整合；投入 8.4 亿元，支持宣传文化企业发展、三网融合试点、出版市场监管等，推动广播影视、新闻出版等行业健康发展；投入 4.6 亿元，推动文化功能街区建设，保障现代化博物馆运行经费，支持实施中长期文物保护规划等；投入 9.0 亿元，推动实施体育特色村试点工程，支持体育场馆和设施建设，促进体育产业、事业发展。

（4）社会保障和就业支出 102.4 亿元，增长 36.0%，完成预算的 128.6%。超额完成预算主要是增加区域锅炉及管网供热补贴、城乡困难群众一次性临时生活补贴、社会建设专项资金等。具体情况是：投入养老服务事业发展资金 1.2 亿元（此外通过彩票公益金、残疾人就业保障金投入 4.0 亿元，养老服务事业发展资金共计安排 5.2 亿元），重点用于落实养老（助残）政策，支持养老服务机构改造和运营等，提高社会养老服务水平；投入 31.5 亿元，用于行政事业单位和困难企业离退休人员生活补助、军队离退休干部及无军籍职工保障安置等，不断提高民生保障水平；投入 0.8 亿元，加大对就业困难地区扶持力度，落实职业培训补贴等资金，增强劳动力就业能力；投入 0.6 亿元，用于残疾人无障碍设施建设，支持残疾儿童少年及贫困残疾人康复等，提高社会救助水平；投入社会建设资金 2.5 亿元，推进社区规范化管理和社区“一刻钟服务圈”建设等，创新社会管理和服务方式；投入 1.0 亿元，重点用于社会保险信息系统网络建设及运行维护，提高社保服务效率；投入 36.3 亿元，用于锅炉供热、管网供热、液化气、天然气自采暖补贴，保障居民正常用气、安全过冬。

（5）医疗卫生支出 75.2 亿元，增长 29.7%，完成预算的 118.8%。其中：卫生法定支出 53.7 亿元，增长 29.4%，完成预算的 115.0%。超额完成预算主要是深化医药卫生体制改革，加大城乡居民基本医疗保障制度建设投入等。具体情况是：投入 32.4 亿元，支持公立医院改革，保障医疗机构设备购置、病房楼改造等，不断改善百姓就医环境；投入 22.5 亿元，用于公费医疗、城镇医保及新型农村合作医疗补助等，加快基本医疗保障制度建设；投入 9.1 亿元，完善公共卫生服务体系，落实国家免疫规划，提高全民身体健康水平；投入 3.0 亿元，推进药品供应保障体系及监督检验能力建设等，保障群众用药安全；投入 1.2 亿元，支持国家中医药发展综合改革试验区建设等，促进首都中医药事业发展。

（6）节能环保支出 49.4 亿元，增长 91.9%，完成预算的 185.4%。超额完成预算主要是增加既有建筑节能改造、新能源汽车推广及排水企业政策性补贴等项目经费。具体情况是：投入大气污染治理及环境保护资金 17.0 亿元，支持老旧公交车和机动车淘汰、燃煤锅炉清洁能源改造、区域锅炉房冬季供热燃料补贴等，改善首都空气质量；投入 10.0 亿元，重点用于既有建筑节能改造、新能源汽车及高效照明产品推广等，支持合同能源财政政策综合示范促进项目，推进节能减排工作；投入17.6亿元，给予排水企业政策性亏损补贴，保障城市排水设施运行维护。

(7) 城乡社区事务支出48.5亿元，增长32.6%，完成预算的122.7%。超额完成预算主要是增加垃圾处理、五环路路面维护改造等项目。具体情况是：投入城市环境综合整治资金10.0亿元，支持长安街延长线、前三门大街等重点环境建设项目，推进“城中村”和“边角地”环境整治，美化城市环境；投入7.1亿元，支持生活垃圾处理设施运行、城市道路清理保洁服务等市容环境卫生项目，加大污染治理力度；投入交通治理资金8.8亿元，保障30项平交路口改造、22项城市道路大修等基础设施项目实施，提高道路通行能力。

(8) 农林水事务支出69.6亿元，增长15.8%，完成预算的109.3%。其中：农业法定支出60.8亿元，增长25.0%，完成预算的115.1%。超额完成预算主要是增加购置城市主干道防汛应急抢险设备、改造团城湖防护网等项目的投入。具体情况是：投入38.6亿元，支持实施“菜篮子”工程、现代农业基础建设和综合开发工程，推进沟域经济发展，落实政策性农业保险和农机购置补贴政策，提升都市型现代农业生产水平；投入9.5亿元，重点推进山区生态公益林促进发展机制建设，支持做好森林防火、病虫害防控等工作，提升首都生态质量；投入8.5亿元，支持全市重点水利工程的建设维护、城市防汛、污水资源化利用等，促进水务改革发展。

(9) 交通运输支出101.0亿元，增长11.9%，完成预算的108.7%。超额完成预算主要是增加公共轨道交通亏损补贴、地面公交补贴等。具体情况是：投入公共交通补贴90.7亿元（此外通过其他科目等投入66.2亿元，地面公交和轨道交通补贴共计156.9亿元），支持优先发展公共交通；投入4.9亿元，落实油价补贴政策，减轻部分困难群体和公益行业应对油价上涨的压力；投入资金重点用于铁路道口安全监护、公路新改建、归还公路建设贷款等，加快道路基础设施建设。

(10) 资源勘探电力信息等事务支出70.5亿元，增长17.8%，完成预算的113.6%。超额完成预算主要是增加担保再担保资本金、燃气电力补贴等。具体情况是：投入工业发展资金7.0亿元，用于支持战略性新兴产业重大科技成果转化和产业项目，推进工业结构调整；投入中小企业发展资金5.0亿元，支持中小企业服务体系建设以及落实担保代偿补偿资金，引导中小企业健康发展；投入30.5亿元，支持国有企业改制、重组和自主创新，提高企业核心竞争力；投入5.2亿元，主要用于燃气电价补贴，确保企业和居民正常用气用电；投入5.0亿元，用于增加中关村科技担保公司、北京中小企业信用再担保公司资本金，缓解政策性担保机构资本金不足等问题；投入1.5亿元，主要用于北京市电子政务网络和政务信息资源共享交换体系建设和运维，提高电子政务水平。

(11) 商业服务业等事务支出23.9亿元，增长108.8%，完成预算的174.6%。超额完成预算主要是增加促消费经费、中关村国家自主创新示范区发展现代服务业地方配套资金等。具体情况是：投入9.0亿元，加大旅游服务便民设施投入，完善旅游产业发展投融资体系等，打造具有北京特色的全新“大旅游”格局；投入价格调节资金0.2亿元，促进首都物价水平稳定；投入3.0亿元，用于中关村国家自主创新示范区发展现代服务业地方配套，提升首都现代服务业水平；投入商业流通资金7.3亿元，积极落实“促消费、保增长”的各项措施，支持商务领域新兴产业发展。

（12）公共安全及国防支出 99.9 亿元，增长 20.3%，完成预算的 116.2%。超额完成预算主要是增加交通标志、标线、信号灯等交通设施投入。具体情况是：推进政法经费保障体制改革，加大政法部门科技装备和执法装备投入；购置消防队（站）“高层建筑、地下空间”救援车辆和器材装备配备等，增强抢险救援能力。

（13）一般公共服务支出 79.8 亿元，增长 9.4%，完成预算的 105.0%。超额完成预算主要是确保数字世界亚洲博览会顺利举办等。具体情况是：保障党政机关正常履职、民主党派和人民团体参政议政，加快便民电话中心非紧急救助服务系统建设等。其中：人口与计划生育法定支出 3.0 亿元，增长 25.5%，完成预算的 115.6%，主要用于落实农村计划生育家庭奖励扶助和全市独生子女家庭特别扶助制度，推进“北京市全员人口管理信息系统”工程建设等。

根据目前中央对本市以及市对区县财政体制，2011 年超收增加财力 183.9 亿元。按照《北京市预算监督条例》中关于“市级预算超收收入应当优先用于农业、教育、科技、社会保障等重点项目和其他必要支出”的规定，以及建立预算稳定调节基金的要求，2011 年市级预算超收增加的财力主要用于以下几方面：一是增加法定支出 51.2 亿元，其中：教育 25.0 亿元、科学 8.1 亿元、文化 2.8 亿元、计划生育 0.4 亿元、农业 7.9 亿元、卫生 7.0 亿元；二是政策性返还及专款资金安排 18.0 亿元。其中：北京经济技术开发区收入返还 8.0 亿元、教育费附加支出 10.0 亿元；三是结合全市提出的加快社会建设、支持中小企业发展、缓解交通拥堵、推进公安司法系统社会管理创新建设等要求，安排重点事项 72.8 亿元，其中：社会建设专项资金 1.0 亿元、既有非节能建筑节能改造资金 4.0 亿元、担保再担保增加资本金 5.0 亿元、中关村国家自主创新示范区发展现代服务业地方配套 3.0 亿元、新能源车补助资金 2.3 亿元、交通设施及信号灯建设经费 8.0 亿元、轨道交通专项资金 35.0 亿元、公安司法系统社会管理创新和安全维稳建设资金 5.0 亿元、农业投资有限公司增加资本金 5.0 亿元、价格调节资金 0.2 亿元、住房补贴资金 4.3 亿元；四是转入预算稳定调节基金 41.9 亿元。

2011 年，市级支出中部分科目执行数与预算数相比存在差异，主要原因：一是根据需要，年初安排的预备费在执行中按照实际用途转列相关科目；二是一些科目年初按预计数安排预算，执行中据实结算拨付资金；三是按照相关法律规定，市级财政超收收入增加了教育等法定支出和部分重点项目支出。

（三）市级政府性基金预算执行情况

1. 收入预算执行情况

2011 年市级政府性基金预算收入完成 862.4 亿元，增长 26.0%，完成预算的 121.0%。具体情况是：

（1）文化体育与传媒 13.7 亿元，完成预算的 133.7%，超预算主要是按营业收入计征的文化事业建设费收入增加。

（2）社会保障和就业 8.5 亿元，完成预算的 115.7%，超预算主要是残疾人就业保障金因缴费基数增长带动收入增加。

（3）城乡社区事务 814.5 亿元，完成预算的 120.9%，其中：国有土地使用权出让金 741.9 亿元，完成预算的 127.7%，超预算主要是受商务中心区土地出让收入规模较大等因素影响；政府住房基金 5.5 亿元，完成预算的 46.2%，未完成预算主要是受银行存款利率上调影响，住房公积金增值收益减少。

（4）农林水事务 5.1 亿元，完成预算的 73.5%，其中：地方水利建设基金 4.3 亿元，完成预算的 67.4%，未完成预算主要是受土地市场影响，防洪费收入减少。

（5）交通运输2.5亿元，完成预算的153.2%，超预算主要是高速公路车流量增加，带动车辆通行费收入增长。

（6）资源勘探电力信息等事务3.3亿元，完成预算的165.2%，超预算主要是预缴的散装水泥专项资金和新型墙体材料专项基金收入增加。

（7）其他收入14.8亿元，完成预算的132.0%，其中彩票公益金12.9亿元。

2. 支出预算执行情况

2011年，市级政府性基金预算支出完成569.7亿元（含市追加区县支出），下降6.5%，完成预算的90.9%，未完成预算主要是住房公积金增值收益下降，导致用于廉租住房的支出减少。具体情况是：

（1）文化体育与传媒9.9亿元，完成预算的112.9%，超预算主要是增加了高清交互机顶盒补助支出。

（2）社会保障和就业7.8亿元，完成预算的101.0%。

（3）城乡社区事务508.1亿元，完成预算的88.6%，其中：国有土地使用权出让金447.5亿元，完成预算的94.7%，未完成预算主要是增加了返还城六区土地收入，导致市本级支出相应减少。

（4）农林水事务30.0亿元，完成预算的144.0%，超预算主要是地方水利工程建设支出增加。

（5）交通运输1.9亿元，完成预算的118.8%，超预算主要是增加高速公路建设贷款利息支出。

（6）资源勘探电力信息等事务0.9亿元，完成预算的100.0%。

（7）其他支出11.1亿元，完成预算的86.6%，主要是彩票事务支出。

政府性基金按规定专款专用。当年收入与支出不完全相等，主要是根据有关管理办法，部分收入结转下年使用。

（四）市级国有资本经营预算执行情况

为贯彻全国人大提出“2011年地方试编国有资本经营预算”和“2012年汇总编制全国国有资本经营预算”的要求，按照“在内容上与财政部同口径、在时间上与公共财政预算同步、在推进上稳妥不超前”的原则，报告国有资本经营预算情况。

1. 收入预算执行情况

2011年市级国有资本经营预算收入完成52.7亿元，完成预算的121.2%，加上年结转使用22.9亿元，收入合计75.6亿元。其中：

（1）监管企业上缴利润18.3亿元，完成预算的142.0%。2011年市国资委监管的46户企业中，除5户企业亏损以及7户盈利企业由于弥补以前年度亏损无法上缴利润以外，其余34户企业上缴税后利润18.3亿元。

（2）股利股息收入0.3亿元，完成预算的55.2%。

（3）其他国有资本经营预算收入34.1亿元，完成预算的113.6%。主要是公共财政预算转入国有资本经营预算资金。

2. 支出预算执行情况

2011年国有资本经营预算支出完成67.4亿元，完成预算的155.1%，结转下年使用8.2亿元。其中：

（1）资本性支出53.9亿元，完成预算的143.0%。主要用于全市重大项目建设，包括：京东方8.5代线建设21.3亿元、北汽集团资本金注入5.2亿元、首钢主厂区改造建设3.3亿元等。

（2）费用性支出13.5亿元，完成预算的242.6%。主要用于劣势企业调整退出5.7亿元、企业贴息3.6亿元、农租房腾退项目0.7亿元等。

以上有关预算执行的具体情况详见《北京市2011年预算执行情况和2012年预算（草案）》。需要说明的是，上述数字是根据预算执行情况进行的初步汇总，在地方财政决算编成后，还会有所变化。

（五）落实市人大预算决议情况及 2011 年预算执行效果

按照市第十三届人大第四次会议的有关决议，以及市十三届人大财政经济委员会审查结果报告的要求，财政及有关部门依法组织财政收入，不断优化支出结构，进一步完善预算管理，充分发挥财税政策在调整经济结构和国民收入分配结构中的积极作用，为促进首都经济社会健康发展提供了坚实的财力保障。

1. 以调整优化经济结构为着力点，促进首都经济继续朝着宏观调控预期方向发展

认真落实积极的财政政策，运用财政贴息、股权投资等支持方式，促进经济发展方式转变。积极促进现代服务业发展，培育高端制造业和战略性新兴产业，提升农业现代化水平，增强中小企业竞争力，鼓励“三高”企业退出，推动产业结构优化升级。落实中关村国家自主创新示范区系列政策，统筹 100.0 亿元支持了 300 余个重大科技成果产业化项目，推动关键技术研发与项目落地，提升首都创新能力。将扩大内需作为促进经济增长的重要抓手，支持实施消费便民工程，落实家电下乡及以旧换新补贴政策，推进消费升级；充分发挥政府投资的引导放大作用，投入市政府固定资产投资 360.8 亿元，增强投资支撑。

2. 以改善民生为重点，不断提高财政保障能力

一是健全财政政策体系，促进“稳物价”、“增收入”。投入交通、油、电、气、粮等各项惠民补贴 213.6 亿元，支持“菜篮子”工程、生猪产业化建设、“农超对接”等，建立价格调节资金，切实增强市场供应能力，稳定物价水平，降低企业及居民的生产生活成本。健全社会救助和保障标准与物价上涨挂钩的联动机制，提高社会保障相关标准，支持落实农民增收行动计划，缓解物价上涨给低收入群体带来的生活压力。

二是加大社会建设投入，支持社会管理创新。投入政府为民办实事资金 293.2 亿元，着力解决关系百姓切身利益的问题。继续加大学前教育支出，坚持教育投入向农村地区倾斜，提高各级各类学校办学质量。支持医疗卫生体制改革，增强基层医疗机构服务能力，进一步改善群众看病就医条件。完善社会保障体系，提高困难群体救助标准，推进社会保障体系从制度全覆盖向人群全覆盖迈进。全面落实促进就业政策，完善职业培训补贴机制，加大对就业困难地区的资金扶持力度。拨付 100.0 亿元资本金成立市保障性住房建设投资中心，加快保障性安居工程建设，努力解决群众住房困难。推进文化惠民工程和历史文化名城保护及文物建筑修缮工程建设，完善公共体育服务体系，丰富群众文体生活。支持推进社区规范化管理，落实交通治理综合措施和“绿色北京”行动计划，提高城市精细化管理水平。支持 50 个重点村建设，落实一道绿隔等政策，加快农村公共服务体系建设和农村各项改革，统筹推进城乡区域协调发展。投入 25.2 亿元用于援疆、援藏等对口支援项目，健全与周边省区市多边合作机制，以首善标准推动支援合作。

3. 以提升效益为导向，创新财政管理体制机制

一是财政收入综合管理水平进一步提高。将财源建设与产业结构深度调整有机结合，积极促进符合首都功能定位的优势产业、特色产业和新兴产业发展，支持做大做强中小企业，强化财政收入增长的可持续性。继续深化“横纵结合”的财税组收协作机制，加快财政收入综合管理系统建设，不断提升非税收入规范化管理水平。密切关注经济形势

和政策调整对财政收入走势的影响，努力提高研判水平。

二是财政资金统筹力度明显增强。进一步推进全口径政府预算体系建设，首次向市人民代表大会提交国有资本经营预算 2011 年执行和 2012 年预算安排情况。出台《北京市市级大额专项资金管理办法》，建立了市级大额专项资金设立、使用、调整、退出机制，进一步发挥财政资金的集成效应。提升聚集资源要素的能力，加大重大科技成果转化和产业项目资金统筹力度，2011—2015 年统筹资金从 300 亿元增加到 500 亿元，加快推进全市重大项目建设。继续坚持厉行节约，建立市级行政事业单位结余资金统筹管理机制，提高资金使用效益。

三是资金分配更加科学民主。扩大项目支出事前评估试点范围，对拟纳入 2012 年部门预算的 33 个项目进行事前评估，涉及资金 48.7 亿元，邀请 38 位人大代表和政协委员全程参与评估。经过评估，核减项目经费 8.9 亿元，进一步提高了财政资金分配的科学性，有效推进了民主决策。重点做好市政府折子工程、为民办实事等大额资金项目的评审工作，推进联合评审制度建设，增强经费保障的科学性。加大对基本公共服务保障能力相对薄弱区县的支持力度，推进市对区县转移支付资金的提前告知工作，强化市级补助资金的监督管理。

四是全过程预算绩效管理框架初步搭建。召开北京市推进预算绩效管理制度建设研讨会，进一步明确了财政资金绩效管理的总体思路。出台北京市《关于推进本市预算绩效管理的意见》及《北京市预算绩效管理办法》、《北京市预算绩效管理问责办法》两个配套办法，预算绩效管理制度建设取得重大进展。选取市科委、市卫生局、市医管局三个试点部门实施全过程预算绩效管理，逐步建立“预算编制有目标、预算执行有监控、预算完成有评价、评价结果有反馈、反馈结果有应用”的预算绩效管理机制。不断完善绩效评价指标体系，健全评价结果公开和应用机制，提高绩效管理工作水平。

五是财政监管水平日益提高。优化国库集中支付、政府采购等业务流程，完善预算执行动态监控体系，健全财政资金安全管理长效机制。继续推进市与区县融资平台公司清理规范工作，构建地方政府性债务规模控制机制，防范财政风险。推进资产处置进场交易工作，严格资产购置审核，实施实物库资产调拨调剂。进一步加大财政内部监督力度，深化“小金库”专项治理等工作，强化财政资金监控。

六是财政预决算公开步伐领先全国。加快政府和部门预决算信息公开步伐，将 2010 年政府决算细化至款级科目；公开了市级公务用车数量；在全国率先公开了市级“三公经费”预决算；指导 44 家市级部门公开了 2010 年部门决算及“三公经费”预决算；进一步扩大报送市人代会审议部门预算的范围，从 58 家增加至 80 家，主动接受社会监督。

2011 年，财政收入经历了“高开、低走、回稳”的过程，总体保持在较高的增长区间；财政支出结构不断优化，全市重点事项得到有力保障；财政改革不断推进，体制机制不断健全，财政工作取得新的进展。但目前财政工作中还存在一些薄弱环节，一是在经济发展方式转变过程中，财政资金的保障范围需要进一步合理界定，财政扶持政策需要进一步梳理和整合，财政投入方式需要进一步完善；二是支出结构固化、投入分散、资金浪费等问题仍然存在，财政统筹机制不够完善，事业发展规划与年度预算安排的衔接不够顺畅，资金使用效益有待进一步提高；三是财力与事权相匹配的财政体制尚需完善，推进地区、城乡之间的基本公共服务均等化任务仍很艰巨。这些问题迫切需要引起高度重视，采取有效措施尽快加以解决。

二、2012 年预算草案

（一）财政收支面临的形势

2012 年，全市财政工作面临许多有利条件，但也存在诸多不确定因素，收支矛盾仍然非常突出。

从收入形势看，全市实施主动调控已初见成效，经济发展的内生动力进一步增强，科技创新、文化创新的资源优势和政策效应持续显现，为财政收入增长奠定了基础。但也应看到 2012 年仍面临着诸多不确定性因素，主要是：世界经济形势更为严峻复杂，国内经济增速放缓与物价上涨交织，经济运行的不确定性、不稳定性明显上升，产业结构和国民收入分配格局处于进一步深度调整的关键时期，保持首都经济平稳较快发展面临新的考验，这些都将对财政收入的增长产生重要影响。同时与 2011 年相比，财政政策性增收因素的带动作用明显减弱，个人所得税、营业税、增值税等结构性减税政策密集实施，都将带来较大的减收影响，保持全市财政收入在高基数基础上的较快增长，任务十分艰巨。

从支出安排看，一是教育、医疗、住房等民生领域还存在不少需要解决的问题，破解人口、交通、环境等城市服务管理难题的压力较大，需要财政部门进一步优化支出结构，加大投入力度，不断提高保障能力；二是深层次结构调整稳步推进，要求财政部门进一步完善机制，支持科技创新，加快推动文化大发展大繁荣，促进经济发展方式转变和战略性新兴产业发展；三是国民收入分配格局调整，要求财政部门进一步发挥调节作用，落实好各项财政惠民补贴政策。可以说，当前经济发展与社会建设领域的大事很多，资金需求很大，再加上财政补贴等刚性支出不断增加，支出结构日益固化，进一步加剧了财政收支矛盾，增加了统筹安排的难度，如何切实做到量入为出，保持财政收支的可持续性面临严峻考验。

（二）2012 年预算安排的指导思想及总体安排

《国务院关于编制 2012 年中央预算和地方预算的通知》要求：“收入预算编制要坚持实事求是、积极稳妥、留有余地，与 2012 年国内生产总值等经济社会发展指标相适应，并考虑税收政策调整因素，分税种、分项目测算税基和收入的增减情况；支出预算编制要统筹兼顾、突出重点、有保有压，进一步优化支出结构，重点向保障和改善民生等领域倾斜，严格控制行政经费等一般性支出。”

据此，2012 年本市预算编制和财政工作的指导思想是：全面贯彻党的十七大、十七届六中全会以及中央经济工作会议精神，按照市委十届十次全会部署，坚持“服务大局”，牢牢把握“稳中求进”的总基调，围绕全市中心工作，继续实施积极的财政政策，充分发挥财政职能作用，更加突出民生优先，为促进首都经济社会全面、协调、可持续发展提供坚实的财力保障；坚持“深化改革”，构建有利于促进经济结构调整和产业优化升级的财税体制机制；坚持“突出绩效”，积极完善以绩效为导向的财政预算管理体系，提升财政资金投入使用的合力和效益。

1. 坚持以科技创新、文化创新为驱动力，着力促进经济发展方式转变。认真落实各项扩大内需政策，增强消费、投资对经济的拉动作用。完善财税政策体系，推动战略性新兴产业、现代服务业及高技术制造业发展，缓解中小企业特别是小微企业发展的资金瓶颈问题，促进产业结构调整升级。统筹用好重大科技成果转化及产业化项目资金，完善人才政策体系，支持用好创新平台和各项先行先试政策，充分发挥科技创新对首都经济和社会发展的引领作用。统筹资金支持文化创新发展，着力发展公益性文化事业和文化创意产业，推进文化体制改革，加强历史文化名城保护，大力促进文化大发展大繁荣。

2. 坚持以保障和改善民生为立足点，着力解决社会建设中的突出问题。完善生活必需品政府储备制度，保障“菜篮子”工程建设，用好价格调节资金，支持加大生产、流通等环节的市场调控力度，促进物价总体平稳。完善社会保障相关标准与物价上涨联动机制，健全社会救助政策体系，充分发挥社会保障的稳定器作用。整合城乡促进就业政策体系，完善职业培训补贴机制，促进就业困难群体、高校毕业生和农村转移劳动力就业。进一步落实“九养”政策，支持养老机构建设，加快养老服务和福利事业发展。深化医药卫生体制改革，增强基层医疗机构服务能力，促进市民健康水平提高。完善教育经费保障机制，确保完成中央分解下达北京市的教育投入任务指标，进一步优化各级各类教育经费投入结构，推动教育事业均衡发展。大力发展公共租赁住房，加强建设资金管理，稳步推进保障性安居工程建设。

3. 坚持以建设宜居城市为目标，着力提升城市服务功能。加大交通疏堵工程和交通基础设施建设投入力度，提高道路通行能力，着力缓解城市交通拥堵。落实节能降耗和环境综合治理政策，推进老旧小区综合改造，促进全市机动车污染防治，支持 $PM_{2.5}$ 监测以及大气污染治理相关工作，保障 20 万亩造林绿化工作，改善居民生活环境。合理安排各类城市公用事业补贴资金，重点保障城市交通、供热、供气、供电等公共服务，增强城市运行保障能力。健全公共突发事件应急管理体系，努力消除安全隐患，提高城市运营管理水平。支持社区规范化管理及和谐社区建设，完善政府购买服务方式，促进社会管理创新。

4. 坚持以强农惠农为出发点，着力统筹城乡协调发展。继续加大对“三农”的投入力度，推进都市型现代农业和沟域经济发展，增强郊区发展活力，落实各项强农惠农补贴政策，多渠道促进农民增收。积极促进教育、文化、卫生等公共资源向农村延伸，加快城乡结合部建设，着力构建城乡一体的公共服务体系。支持森林生态安全建设和林业产业化发展，加大水资源保护和利用力度，提高首都生态的综合承载能力。

根据《国务院关于编制 2012 年中央预算和地方预算的通知》的要求，以及本市确定的经济发展预期指标和经济社会政策，2012 年全市财政收支指标拟安排如下：地方公共财政预算收入 3307.0 亿元，增长 10.0%；地方公共财政预算支出 3382.6 亿元，增长 14.1%；政府性基金预算收入 1060.6 亿元，下降 21.6%；政府性基金预算支出 1112.6 亿元，下降 14.1%。

根据《中华人民共和国预算法》和《北京市预算监督条例》的规定，下面重点报告市级财政预算草案编制情况。

（三）市级公共财政预算安排情况

2012 年市级公共财政预算收入 1798.0 亿元，增长 9.3%，加中央返还及补助 197.4 亿元、区县上解 229.7 亿元、上年专项政策性结转使用 15.0 亿元、调入预算稳定调节基金 55.0 亿元，收入合计 2295.1 亿元。市级公共财政预算支出 1652.9 亿元（含市追加区县支出），增长 16.2%，加上解中央 91.2 亿元、区县税收返还和转移支付 524.4 亿元、专项政策性结转下年使用 1.3 亿元、划转水利建设基金 25.3 亿元，支出合计 2295.1 亿元。市级公共财政预算安排收支平衡。

1. 收入预算主要科目安排情况。收入预算按照保持与经济增长相适应、积极稳妥的原则安排。

（1）增值税 136.0 亿元，增长 6.5%。主要考虑消费市场活跃、工业结构逐步优化等增收因素，以及提高增值税起征点等减收因素进行测算。

（2）营业税 606.3 亿元，增长 10.6%。主要考虑第三产业不断优化升级等增收因素，以及提高营业税起征点等减收因素进行测算。

（3）企业所得税 433.5 亿元，增长 11.6%。主要考虑随着经济运行继续趋稳、实体经济步入实质性上升期、企业生产经营状况呈不断好转趋势等增收因素，以及落实支持自主创新等税收优惠政策的减收因素进行测算。

（4）个人所得税 293.7 亿元，增长 7.6%。主要考虑全市实施一系列提高居民收入政策、企业经营效益总体向好等增收因素，以及提高个人所得税免税扣除额等减收因素进行测算。

2. 支出预算主要科目安排情况。支出预算遵循“依法理财、统筹兼顾”的原则，围绕全市重点工作，在保障财政资金投入依法增长的前提下，结合各部门资金需求情况，本着“量力而行、精打细算”的方针安排预算，优先增加对文化、医疗卫生、环境保护等领域的投入。

（1）教育支出 291.2 亿元，增长 20.7%。其中：教育法定支出 246.1 亿元，增长 16.3%。落实国家和北京市中长期教育改革规划，推动教育事业健康有序发展。安排 65.0 亿元，进一步缓解“入园难”问题，重点保障优质教育资源扩建与共享工程等项目，积极促进基础教育均衡发展；安排 20.6 亿元，支持启动新一轮职业教育教师素质提高工程，推进职业教育分级制改革和示范校建设等，提升职业院校教育教学水平；安排 118.3 亿元，支持建立在京中央高校与市属高校共建新模式，推动提升高校科研能力和科技成果转化与产业化能力，加快学术人才引进培养，引导高校特色发展。

（2）科学技术支出 153.0 亿元，增长 9.3%。其中：科学技术法定支出 68.0 亿元，增长 9.6%。提高科技创新发展能力，推进产业结构优化升级。安排中关村科技园区发展资金 83.6 亿元，加快促进中关村“一区十园”发展，推进重大科技成果攻关以及高技术成果产业化，提高科技创新水平；安排 23.1 亿元，落实国家重大科技专项资金，培育重大科技成果转化落地，加快战略性新兴产业培育发展，增强科技创新支撑力；安排 4.0 亿元，推进科学技术普及，支持科研院所发展，提升公益性科技服务能力。

（3）文化体育与传媒支出 94.2 亿元，增长 87.6%。其中：文化法定支出 23.9 亿元，增长 9.6%。支出增幅较高主要是为推动文化大发展大繁荣，进一步加大文化领域投入。增加投入 40.8 亿元（建立 100.0 亿元文化创新发展专项资金，其中：统筹存量资金 50.7 亿元、转移支付资金 8.5 亿元、增加投入 40.8 亿元），推动文化体制改革，巩固和提升北京的文化中心地位；安排 4.8 亿元，支持博物馆运维发展，加强历史文化保护区管理；安排文化创意产业发展资金 5.0 亿元，培育新型文化业态，支持文化创意企业发展；安排 8.3 亿元，加大对基层文化事业投入力度，保障广播电视监测系统、媒资共享平台系统经费等，支持文化设施和文化服务网络建设；安排 9.1 亿元，重点推行全民健身计划，支持举办国际品牌赛事活动，促进体育事业和体育产业发展。

（4）社会保障和就业支出 112.5 亿元，增长 10.0%。坚持公平和适度普惠的原则，加快覆盖城乡居民的社会保障体系建设。安排 0.8 亿元，继续落实就业促进政策，鼓励多渠道开发就业岗位，提高公共就业服务水平；安排养老服务事业发展资金1.2亿元（此外，通过彩票公益金、残疾人就业保障金安排4.0亿元，养老服务事业发展资金共计5.2亿元），进一步推进养老服务机构建设，加强老年人精神关怀，提高养老保障水平；安排34.6亿元，落实行政事业单位和困难企业离退休人员生活经费，保障军队离退休干部及无军籍职工安置等支出，确保资金足额发放；安排30.7亿元，用于燃煤、燃油、天然气、液化气、供热管网等补贴，保障企业、居民正常生产生活；安排社会建设资金2.5亿元，重点保障政府购买社会组织服务和社区建设项目，支持社会服务管理创新等工作，提高社会服务水平；安排1.9亿元，用于医疗保险信息系统外包服务及“社区网”系统运行保障等，提高管理效能。

（5）医疗卫生支出94.4亿元，增长25.6%。其中：卫生法定支出74.5亿元，增长38.8%。继续推进医疗卫生事业发展，健全覆盖城乡居民的基本医疗保障体系。安排43.6亿元，推进公立医院改革，加快康复医疗服务体系建设，完善财政补偿机制，不断提高医疗机构服务水平；安排22.4亿元，用于城镇居民医保补助、新农合补助、医疗救助、行政事业单位医疗保障等，加快完善基本医疗保障制度；安排13.4亿元，保障国家免疫规划、卫生防病等公共卫生服务项目，完善专业公共卫生机构保障机制，进一步推进公共卫生服务体系建设；安排3.8亿元，加快药品供应保障体系建设，提高药品监督检测检验能力；安排1.5亿元，支持中医医疗机构建设，传承发展中医药事业；安排1.0亿元，支持社会资本办医，引导符合条件的各类资源提供社会服务。

（6）节能环保支出63.3亿元，增长28.2%。增幅较高主要是增加既有建筑节能改造及抗震加固节能改造等项目投入。安排大气污染及环境保护资金17.0亿元，继续支持城市货运保障“绿色车队”建设，加大对区县污染减排工作的“以奖代补”力度，改善大气环境质量；安排34.4亿元，用于供热系统节能技术改造、既有建筑节能改造及抗震加固等项目，支持污染源、废水、废气等治理工程，深入落实“绿色北京”行动计划。

（7）城乡社区事务支出54.4亿元，增长12.0%。进一步加快环境建设，提升城市服务功能。安排城市环境综合整治资金10.0亿元，重点用于架空线入地整治、非正规垃圾填埋场治理、归还“城中村”和“边角地”项目贷款本金及利息等，继续加强环境建设；安排8.3亿元，加大城市道路清扫保洁服务、生活垃圾分类处理力度等，建设清洁城市；安排交通治理资金7.8亿元，支持中心城区路口疏堵改造、完善道路微循环系统等，努力缓解交通拥堵。

（8）农林水事务支出77.6亿元，增长11.5%。其中：农业法定支出66.7亿元，增长9.6%。提高农业现代化水平，促进城乡区域协调发展。安排12.2亿元，支持农业产业化发展、落实政策性农业保险与再保险等政策，提高农业综合生产能力；安排7.9亿元，支持设施农业及沟域经济发展，促进农村生产水平提高；安排新农村建设专项资金2.0亿元，继续推进社会主义新农村建设；安排8.0亿元，进一步推进集体林权制度改革，支持北京园博会园博馆建设等；安排9.0亿元，重点用于应急水源地维护、南水北调工程，保障城市用水需要。

（9）交通运输支出106.2亿元，增长5.2%。安排公共交通补贴96.2亿元（此外，通过其他科目等投入71.1亿元，地面公交和轨道交通补贴共计167.3亿元），保障公交企业正常运营；安排出租车燃油补贴4.0亿元、农村客运油价补贴1.9亿元，缓解企业由于石油价格调整增加的成本压力；投入资金加强公路桥梁、铁道路口监护等设施建设支持力度，保障市民出行安全。

（10）资源勘探电力信息等事务支出 75.6 亿元，增长 7.2%。支持产业结构优化升级，促进经济平稳较快发展。安排工业发展资金 10.0 亿元，重点用于引入高端项目、培育战略性新兴产业、支持企业技术改造、淘汰落后产业等，促进工业发展“调结构、扩规模、上水平”；安排中小企业发展资金 5.0 亿元，健全中小企业服务体系，鼓励中小企业发展等，支持企业创新型融资产品、节能改造和产业升级项目建设；安排燃气电力价格补贴 10.7 亿元，保障能源供应；投入 20.0 亿元，加大国有企业结构调整扶持力度，支持企业健康发展。

（11）商业服务业等事务支出 27.0 亿元，增长 12.7%。安排 9.0 亿元，打造多样化旅游宣传模式，加速旅游与文化等产业的融合。安排商业流通发展资金 5.0 亿元，发展新型消费模式，提升商业服务环境水平；安排外经贸发展资金 1.7 亿元，促进服务外包业健康发展，帮扶企业开拓国际市场；安排中关村现代服务业试点地方配套资金 6.0 亿元，重点支持信息技术领域的新兴服务业、科技服务业、电子商务和现代物流业、节能环保产业等发展，确保试点工作有序推进。

（12）公共安全及国防支出 103.4 亿元，增长 3.5%。在保障政法机关正常运转和政权建设需要的基础上，重点推进科技强警、消防安全、法律援助建设，增强公共安全和社会治安保障能力，保障首都安全稳定。

（13）一般公共服务支出 80.7 亿元，增长 1.1%。保障党政机关及事业单位正常运转、依法履职；支持开展食品安全监管、深化食品安全自检体系建设等；加强互联网宣传管理，支持社会治安综合治理工作。其中：人口与计划生育法定支出 3.3 亿元，增长 9.6%，主要是落实人口与计划生育政策，开展流动人口服务管理等。

（14）安排防范财政风险资金 70.6 亿元。其中：预备费 49.6 亿元，占市级公共财政预算支出的 3.0%；公共突发事件应急专项资金 3.0 亿元，增强应急能力；偿债和处理历史遗留问题资金 18.0 亿元，防范财政风险。

2012 年，市级党政机关、全额拨款事业单位的“三公经费”财政拨款支出预算安排 11.2 亿元，与 2011 年预算 11.4 亿元相比，降低了 1.8%，主要是本市贯彻落实中央要求，控制和降低政府行政成本，严格控制“三公经费”规模。其中：因公出国（境）费用 1.8 亿元，较 2011 年预算增加 0.2 亿元；公务接待费 0.9 亿元，与 2011 年预算持平；公务用车购置及运行维护费 8.5 亿元（其中：购置费 2.0 亿元、运行维护费 6.5 亿元），较 2011 年预算减少 0.4 亿元。

（四）市级政府性基金预算安排情况

1. 收入预算安排情况。2012 年市级政府性基金预算收入 493.6 亿元，下降 42.8%，主要是受房地产市场影响，预计土地收入下降幅度较大。其中：地方教育附加 46.9 亿元；文化体育与传媒 13.7 亿元；社会保障和就业 8.5 亿元；城乡社区事务 400.4 亿元，其中国有土地使用权出让金 330.1 亿元；农林水事务 4.9 亿元；交通运输 2.5 亿元；资源勘、探电力信息等事务 2.7 亿元；其他收入 14.0 亿元，主要是彩票公益金收入。

2. 支出预算安排情况。2012 年市级政府性基金预算支出 556.1 亿元（含市追加区县支出），下降 2.4%，主要是受土地出让金收入规模的影响，安排的支出相应减少。其中：地方教育附加 46.9 亿元；文化体育与传媒 10.0 亿元；社会保障和就业 8.3 亿元；城乡社区事务 438.3 亿元，其中，国有土地使用权出让金 359.0 亿元；农林水事务 29.4 亿元；交通运输 1.9 亿元；资源勘探电力信息等事务 1.2 亿元；其他支出 20.1 亿元，主要是彩票事务支出。

（五）市级国有资本经营预算安排情况

2012年国有资本经营预算资金安排原则为：以收定支，收支平衡；统筹兼顾，保证重点；支持发展，效益优先；公开透明，跟踪问效。

1. 收入预算安排情况。市级国有资本经营预算收入40.0亿元，加上年结转使用8.2亿元，收入合计48.2亿元。其中：利润收入19.9亿元，比上年增长9.0%；股利股息收入0.1亿元；其他国有资本经营预算收入20.0亿元。

2. 支出预算安排情况。市级国有资本经营预算支出48.2亿元。其中：资本性支出38.8亿元，主要用于国有企业结构调整和发展方式转变，包括：重大科技成果转化和产业项目14亿元、构筑战略产业发展平台4亿元、北汽集团奔驰生产能力扩充及研发中心建设2亿元等；费用性支出8.2亿元，主要用于劣势企业调整退出4.1亿元、农租房腾退项目2.3亿元等；其他支出1.2亿元。

三、推进财政科学化精细化管理，提高服务保障水平，确保圆满完成2012年预算任务

（一）强化财力增长的可持续性，确保财政收入平稳增长

以产业结构调整和经济发展方式转变为契机，研究经济社会发展与财政收入的内在关系，准确把握财政支持经济发展的着力点和作用方式。加强财税政策与产业政策的协调配合，继续向中央争取并落实好促进首都经济发展的财税政策，积极做好营业税改征增值税试点的相关准备工作，科学涵养财源。坚持加强收入依法征管与优化服务并重，健全非税收入管理体系，促进财政收入应收尽收、应缴尽缴。密切关注宏观经济形势以及财税政策调整动态，增强财政收入预算编制的科学性，加强预算超收收入管理。

（二）强化统筹机制的创新性，集中财力保障重点事项

进一步界定公共财政的支出范围，充分发挥市场机制的资源配置作用，发挥财政资金的引导和乘数效应。加快构建多层次、多渠道的资金统筹体系，加强财政投入政策的梳理和整合，创新财政投入方式，缓解日益突出的财政收支矛盾。强化大额专项资金统筹使用，完善制度办法，严格执行管理，探索通过市场化竞争机制择优安排大额专项资金项目。在继续完善重大科技成果转化和产业项目资金统筹机制的基础上，建立文化创新发展专项资金，支持首都科技创新和文化大发展大繁荣。完善财政补贴政策，合理控制财政补贴规模，切实提高补贴资金使用效益。

（三）强化预算资金使用的绩效性，不断优化公共资源配置

认真落实预算绩效管理的实施意见和制度办法，扩大全过程预算绩效管理试点范围，强化部门和单位在绩效管理中的主体责任。继续推进项目支出事前评估试点工作，加强制度建设，提高规范化水平，积极吸引社会力量参与项目支出预算分配决策，增强预算编制的公开性、科学性。进一步完善绩效评价指标体系和评价方式方法，着力加强对大额专项资金的绩效评价，强化项目执行过程中的绩效管理。研究制定评价结果应用管理办法，加大绩效评价结果问责力度，加强绩效评价与预算编制、执行和监督的衔接。

（四）强化财政管理的科学性，进一步提升管理水平

一是健全政府预算体系。进一步强化公共财政预算、政府性基金预算、国有资本经营预算以及社会保险基金预算的统筹和衔接。细化公共财政预算编制，完善基本支出

定员定额标准，研究项目支出定额标准，进一步完善项目库建设，严格控制“三公经费”等一般性支出，加强行政事业单位资产配置管理，有效降低行政运行成本。加强政府性基金预算管理，提高预算编制的科学性和准确性。稳步推进国有资本经营预算改革，完善国有资本投入机制，进一步规范国有资本支出管理。加强社会保险基金的监督，规范资金运行管理，确保社会保险基金安全。

二是提升财政体制运行效能。按照市与区县事权范围，指导区县落实支出责任，提升财政体制运行质量。完善转移支付制度体系，增强区县基本公共服务的保障能力，促进全市基本公共服务均等化。积极推动完善区县与乡街财政体制，鼓励区县进一步落实功能定位，加速重点区域发展。

三是加强预算执行管理。继续完善国库集中支付制度，逐步将市本级公共财政预算、政府性基金预算和国有资本经营预算资金全部纳入国库集中支付范围，建立国库现金管理风险控制体系。进一步完善部门集中采购模式，扩大部门协议采购范围，完善政府采购监管体系。继续加强地方政府性债务制度建设，促进地方政府融资平台公司规范发展，防范和化解财政风险。

四是稳步推进财政预决算信息公开，强化财政监督。坚持公开与管理同步，推进政府及各部门、单位预决算信息公开工作的制度化、规范化，继续扩大预决算信息公开的范围和内容，加强对区县信息公开工作的指导。健全与人大、政协的日常沟通机制，积极回应公众关心的热点问题。继续开展“小金库”专项治理工作，加大对大额专项资金、市对区县转移支付资金的监督检查力度，进一步加强财政监督。

各位代表，2012 年是实施“十二五”规划承上启下的重要一年，全市财政工作将全面贯彻党和国家的各项方针政策，坚持执行市人大及其常委会的决议和决定，紧紧围绕市委的决策部署，自觉接受市人大的法律监督和工作监督，认真汲取市政协的监督意见和建议，积极应对国内外发展环境的变化，大力践行“北京精神”，加快实施“人文北京、科技北京、绿色北京”战略，坚定信心、团结奋斗，把各项财政工作做实、做深、做细，圆满完成全年预算任务，更好地服务于首都改革、发展、稳定大局，以优异的成绩迎接中国共产党第十八次全国代表大会的胜利召开！

附表一：北京市 2012 年市级公共财政预算收入计划情况表

附表二：北京市 2012 年市级公共财政预算支出计划情况表

附表三：北京市 2012 年市级公共财政预算支出计划情况明细表

附表四：北京市 2012 年市级公共财政预算收支计划情况总表

附表五：北京市 2012 年市级政府性基金预算收入计划情况表

附表六：北京市 2012 年市级政府性基金预算支出计划情况表

附表七：北京市 2012 年市级国有资本经营预算收入计划情况表

附表八：北京市 2012 年市级国有资本经营预算支出计划情况表

附表一：

北京市2012年市级公共财政预算收入计划情况表

单位：万元

项　　目	2011年预计执行数	2012年计划数	计划数为执行%
一、税收收入	15,753,402	17,256,488	109.5
个人所得税	2,728,954	2,936,900	107.6
契税	1,361,717	1,408,000	103.4
固定资产投资方向调节税			
增值税	1,277,352	1,360,467	106.5
营业税	5,480,401	6,063,400	110.6
城市维护建设税	276,392	302,603	109.5
城镇土地使用税	82,353	84,600	102.7
土地增值税	612,147	716,700	117.1
企业所得税	3,885,666	4,335,318	111.6
其他税收收入	48,420	48,500	100.2
二、非税收入	690,549	723,512	104.8
专项收入	434,936	487,850	112.2
其中：排污费收入	935	935	100.0
水资源费收入	38,909	58,910	151.4
教育费附加收入	350,138	383,040	109.4
矿产资源专项收入	8,412	8,415	100.0
广告收入	36,542	36,550	100.0
行政事业性收费收入	251,467	251,500	100.0
罚没收入	231,922	231,927	100.0
国有企业计划亏损补贴	－320,000	－320,000	100.0
其他收入	92,224	72,235	78.3
收入合计	16,443,951	17,980,000	109.3

附表二：

北京市2012年市级公共财政预算支出计划情况表

单位：万元

项目	2011年预计执行数			2012年计划数			中央追加	经费支出计划为执行%
	小计	经费支出	基本建设	小计	经费支出	基本建设		
一、一般公共服务	950,420	797,972	152,448	1,006,766	806,766	200,000	45,016	101.1
其中：人口与计划生育法定支出	29,682	29,682		32,531	32,531			109.6
二、公共安全及国防	1,101,601	998,698	102,903	1,173,731	1,033,731	140,000	53,233	103.5
三、教育	2,466,812	2,412,075	54,737	3,056,741	2,911,741	145,000	41,512	120.7
其中：教育法定支出	2,116,492	2,116,492		2,461,141	2,461,141			116.3
四、科学技术	1,434,688	1,400,029	34,659	1,679,800	1,529,800	150,000	254	109.3
其中：科学技术法定支出	620,082	620,082		679,609	679,609			109.6
中关村科技园区发展专项资金	765,535	765,535		835,535	835,535			109.1
五、文化体育与传媒	550,412	502,310	48,102	1,062,089	942,089	120,000	5,516	187.6
其中：文化法定支出	217,899	217,899		238,817	238,817			109.6
文物及历史文化保护区专项资金	15,000	15,000		15,000	15,000			100.0
体育产业发展引导资金	34,417	34,417		50,000	50,000			145.3
文化创意产业专项资金	50,000	50,000		50,000	50,000			100.0
六、社会保障和就业	1,129,984	1,023,514	106,470	1,185,443	1,125,443	60,000	404,865	110.0
七、医疗卫生	819,414	752,081	67,333	1,084,445	944,445	140,000	250,796	125.6
其中：卫生法定支出	536,525	536,525		744,903	744,903			138.8
行政事业单位医疗	186,100	186,100		183,000	183,000			98.3
八、节能环保	516,300	493,512	22,788	817,595	632,595	185,000	151,426	128.2
其中：大气污染治理及环境保护专项资金	170,000	170,000		170,000	170,000			100.0
节能减排专项资金	40,000	40,000		130,000	130,000			325.0
九、城乡社区事务	759,535	485,386	274,149	593,333	543,833	49,500		112.0
其中：城市环境综合整治专项资金	100,000	100,000		100,000	100,000			100.0
十、农林水事务	705,298	695,808	9,490	925,773	775,773	150,000	52,027	111.5
其中：农业法定支出	608,185	608,185		666,570	666,570			109.6

续表

项　目	2011年预计执行数			2012年计划数			中央追加	经费支出计划为执行%
	小　计	经费支出	基本建设	小　计	经费支出	基本建设		
社会主义新农村建设专项资金	19,999	19,999		20,000	20,000			100.0
十一、交通运输	1,055,837	1,009,601	46,236	1,062,145	1,062,145		1,075,561	105.2
十二、资源勘探电力信息等事务	730,336	704,925	25,411	755,842	755,842		45,831	107.2
其中：工业发展资金	70,000	70,000		100,000	100,000			142.9
中小企业发展专项	50,000	50,000		50,000	50,000			100.0
十三、商业服务业等事务	241,117	239,075	2,042	319,538	269,538	50,000	86,693	112.7
其中：商业流通发展资金	19,996	19,996		50,000	50,000			250.1
旅游发展专项资金	91,996	91,996		89,500	89,500			97.3
十四、金融监管等事务支出	4,327	3,827	500	5,081	5,081		308	132.8
十五、国土资源气象等事务	66,643	63,769	2,874	71,536	71,036	500	16,612	111.4
十六、住房保障支出	154,109	154,109		3,750	3,750		105,289	
十七、粮油物资储备事务	28,072	27,373	699	34,384	34,384		3,702	125.6
十八、其他支出	1,513,606	1,513,606		1,194,962	1,194,962		34,386	78.9
其中：轨道交通专项资金	1,190,907	1,190,907		559,093	559,093			46.9
公共突发事件应急专项资金	14	14		30,000	30,000			
偿债和处理历史遗留问题资金	180,000	180,000		180,000	180,000			100.0
十九、预备费				495,864	495,864			
支出合计	14,228,511	13,277,670	950,841	16,528,818	15,138,818	1,390,000	2,373,027	

注：①2012年计划数16,528,818万元为2011年预计执行数14,228,511万元的116.2%；②经费支出中含市追加区县支出。

附表三：

北京市2012年市级公共财政预算支出计划情况明细表

单位：万元

项　目	2011年预计执行数			2012年计划数			中央追加
	小　计	经费支出	基本建设	小　计	经费支出	基本建设	
一、一般公共服务	950,420	797,972	152,448	1,006,766	806,766	200,000	45,016
人大事务	11,335	11,263	72	11,263	11,263		
政协事务	8,886	8,886		8,886	8,886		
政府办公厅（室）及相关机构事务	112,222	75,380	36,842	68,639	68,639		78

续表

项　　目	2011年预计执行数			2012年计划数			中央追加
	小　计	经费支出	基本建设	小　计	经费支出	基本建设	
发展与改革事务	51,638	22,346	29,292	23,049	23,049		25
统计信息事务	20,293	20,244	49	20,244	20,244		
财政事务	30,900	30,600	300	33,401	33,401		
税收事务	179,286	174,286	5,000	174,286	174,286		18
审计事务	12,531	12,531		12,531	12,531		
人力资源事务	39,942	39,942		40,022	40,022		39,669
纪检监察事务	22,912	11,878	11,034	11,878	11,878		
人口与计划生育事务	32,708	31,406	1,302	34,549	34,549		1,988
其中：人口与计划生育法定支出	29,682	29,682		32,531	32,531		
商贸事务	18,204	18,204		18,204	18,204		
知识产权事务	11,189	11,189		11,189	11,189		92
工商行政管理事务	121,621	121,241	380	128,946	128,946		74
质量技术监督与检验检疫事务	55,773	41,173	14,600	42,342	42,342		1,503
港澳台侨事务	7,742	7,742		7,742	7,742		
档案事务	9,576	6,576	3,000	6,576	6,576		100
民主党派及工商联事务	7,171	7,171		7,184	7,184		
群众团体事务	35,441	15,931	19,510	15,931	15,931		
统战事务	3,171	2,255	916	2,255	2,255		
其他一般公共服务支出	157,879	127,728	30,151	327,649	127,649	200,000	1,469
二、公共安全及国防	1,101,601	998,698	102,903	1,173,731	1,033,731	140,000	53,233
三、教育	2,466,812	2,412,075	54,737	3,056,741	2,911,741	145,000	41,512
教育法定支出	2,116,492	2,116,492		2,461,141	2,461,141		
普通教育	1,239,723	1,239,723		1,510,232	1,510,232		
职业教育	380,900	380,900		443,188	443,188		
成人教育	14,237	14,237		16,073	16,073		
广播电视教育	7,581	7,581		6,945	6,945		
特殊教育	4,338	4,338		5,000	5,000		
教师进修及干部继续教育	35,332	35,332		42,231	42,231		
其他教育法定支出	434,381	434,381		437,472	437,472		
教育费附加安排的支出	290,000	290,000		444,120	444,120		
教育管理事务等其他支出	60,320	5,583	54,737	151,480	6,480	145,000	41,512
四、科学技术	1,434,688	1,400,029	34,659	1,679,800	1,529,800	150,000	254
科学技术法定支出	620,082	620,082		679,609	679,609		

续表

项 目	2011年预计执行数			2012年计划数			中央追加
	小 计	经费支出	基本建设	小 计	经费支出	基本建设	
基础研究	19,423	19,423		31,978	31,978		
应用研究	74,355	74,355		121,827	121,827		
技术研究与开发	12,814	12,814		109,173	109,173		
科技条件与服务	5,559	5,559		18,112	18,112		
社会科学	13,610	13,610		15,802	15,802		
科学技术普及	25,157	25,157		36,763	36,763		
科技交流与合作				1,400	1,400		
其他科学技术法定支出	469,164	469,164		344,554	344,554		
科技重大专项	10,000	10,000		10,000	10,000		
中关村科技园区发展专项资金	765,535	765,535		835,535	835,535		
科学技术管理事务等其他支出	39,071	4,412	34,659	154,656	4,656	150,000	254
五、文化体育与传媒	550,412	502,310	48,102	1,062,089	942,089	120,000	5,516
文化	257,740	222,437	35,303	243,217	243,217		1,790
其中：文化法定支出	217,899	217,899		238,817	238,817		
文物	65,893	64,893	1,000	63,210	63,210		3,648
其中：文物及历史文化保护区专项资金	15,000	15,000		15,000	15,000		
体育	83,909	77,189	6,720	92,078	92,078		
其中：体育产业发展引导资金	34,417	34,417		50,000	50,000		
广播影视	55,471	50,392	5,079	47,958	47,958		78
新闻出版	6,619	6,619		5,000	5,000		
其他文化体育与传媒支出	80,780	80,780		610,626	490,626	120,000	
其中：文化创意产业专项资金	50,000	50,000		50,000	50,000		
六、社会保障和就业	1,129,984	1,023,514	106,470	1,185,443	1,125,443	60,000	404,865
人力资源和社会保障管理事务	48,160	40,810	7,350	56,360	56,360		
民政管理事务	97,697	58,546	39,151	59,361	59,361		
财政对社会保险基金的补助							333
行政事业单位离退休	218,024	218,024		229,331	229,331		
就业补助	11,998	11,998		6,610	6,610		6,995
抚恤	5,547	5,547		3,000	3,000		12,547
退役安置	103,476	103,476		98,138	98,138		367,050
社会福利	43,363	25,128	18,235	39,219	39,219		1,985
残疾人事业	9,961	8,727	1,234	8,935	8,935		537
城市居民最低生活保障	2,338	2,338					

续表

项　　目	2011年预计执行数			2012年计划数			中央追加
	小　计	经费支出	基本建设	小　计	经费支出	基本建设	
其他城市生活救助	15,253	4,753	10,500	1,697	1,697		14,021
自然灾害生活救助	1,648	1,648		1,500	1,500		
红十字事业	2,130	2,130		2,074	2,074		
农村最低生活保障	1,393	1,393					
其他农村生活救助	83	83					
其他社会保障和就业支出	568,913	538,913	30,000	679,218	619,218	60,000	1,397
七、医疗卫生	819,414	752,081	67,333	1,084,445	944,445	140,000	250,796
卫生法定支出	536,525	536,525		744,903	744,903		
公立医院	326,455	326,455		428,594	428,594		
基层医疗卫生机构	2,308	2,308		7,501	7,501		
公共卫生	90,952	90,952		135,371	135,371		
医疗保障	41,618	41,618		42,000	42,000		
中医药	14,913	14,913		12,297	12,297		
食品和药品监督管理事务	22,427	22,427		27,424	27,424		
其他卫生法定支出	37,852	37,852		91,716	91,716		
行政事业单位医疗	186,100	186,100		183,000	183,000		
医疗卫生管理事务等其他支出	96,789	29,456	67,333	156,542	16,542	140,000	250,796
八、节能环保	516,300	493,512	22,788	817,595	632,595	185,000	151,426
环境保护管理事务	11,405	9,405	2,000	9,814	9,814		20
环境监测与监察	1,679	1,679		1,719	1,719		
污染防治	367,466	367,303	163	271,264	271,264		
其中：大气污染治理及环境保护专项资金	170,000	170,000		170,000	170,000		
自然生态保护							400
退耕还林	2,553		2,553				6,020
风沙荒漠治理	190		190				4,061
节能减排专项资金	40,000	40,000		130,000	130,000		
能源节约利用	76,547	69,047	7,500	214,050	214,050		101,305
污染减排	7,917	6,078	1,839	5,748	5,748		9,000
可再生能源	331		331				27,352
资源综合利用							3,268
其他节能环保支出	8,212		8,212	185,000		185,000	
九、城乡社区事务	759,535	485,386	274,149	593,333	543,833	49,500	
城乡社区管理事务	85,889	79,429	6,460	61,465	61,465		

续表

项　　目	2011年预计执行数			2012年计划数			中央追加
	小　计	经费支出	基本建设	小　计	经费支出	基本建设	
城乡社区规划与管理	11,937	11,360	577	21,505	21,505		
城乡社区公共设施	326,902	189,489	137,413	222,609	222,609		
城乡社区环境卫生	107,566	96,954	10,612	125,106	125,106		
建设市场管理与监督	1，700	1，700		1，762	1，762		
城市环境综合整治专项资金	100，000	100，000		100，000	100，000		
其他城乡社区事务支出	125，541	6，454	119，087	60，886	11，386	49，500	
十、农林水事务	705,298	695,808	9,490	925,773	775,773	150,000	52,027
农业法定支出	608,185	608,185		666,570	666,570		
农业	282,229	282,229		337,094	337,094		
林业	92,402	92,402		92,425	92,425		
水利	93,533	93,533		93,957	93,957		
南水北调	13,917	13,917		13,944	13,944		
农业综合开发	114,594	114,594		115,550	115,550		
农村综合改革	4,070	4,070		6,100	6,100		
其他农业法定支出	7,440	7,440		7,500	7,500		
社会主义新农村建设专项资金	19,999	19,999		20,000	20,000		
农林水管理事务等其他支出	77,114	67,624	9,490	239,203	89,203	150,000	52,027
十一、交通运输	1,055,837	1,009,601	46,236	1,062,145	1,062,145		1,075,561
公路水路运输	94,224	60,050	34,174	59,609	59,609		727,689
石油价格改革对交通运输的补贴	48,597	48,597		59,800	59,800		245,641
邮政业支出	580		580				
车辆购置税支出							102,231
其他交通运输支出	912,436	900,954	11,482	942,736	942,736		
十二、资源勘探电力信息等事务	730,336	704,925	25,411	755,842	755,842		45,831
资源勘探开发和服务支出	1,599	1,599		2,204	2,204		
制造业	7,786	6,010	1,776	4,535	4,535		1,424
建筑业	100		100				
电力监管支出	93,574	93,574		107,000	107,000		
工业和信息产业监管支出	129,569	126,202	3,367	156,511	156,511		15,574
其中：工业发展资金	70,000	70,000		100,000	100,000		
安全生产监管	13,368	9,215	4,153	13,758	13,758		
国有资产监管	12,375	12,375		12,992	12,992		
支持中小企业发展和管理支出	100,505	100,505		100,000	100,000		28,493
其中：中小企业发展专项	50,000	50,000		50,000	50,000		

续表

项　　　目	2011年预计执行数			2012年计划数			中央追加
	小　计	经费支出	基本建设	小　计	经费支出	基本建设	
其他资源勘探电力信息等事务支出	371,460	355,445	16,015	358,842	358,842		340
十三、商业服务业等事务	241,117	239,075	2,042	319,538	269,538	50,000	86,693
商业流通事务	120,029	120,029		50,000	50,000		61,876
其中：商业流通发展资金	19,996	19,996		50,000	50,000		
旅游业管理与服务支出	97,089	95,047	2,042	92,230	92,230		
其中：旅游发展专项资金	91,996	91,996		89,500	89,500		
涉外发展服务支出	16,999	16,999		17,000	17,000		24,817
其他商业服务业等事务支出	7,000	7,000		160,308	110,308	50,000	
十四、金融监管等事务支出	4,327	3,827	500	5,081	5,081		308
金融部门行政支出	1,404	904	500	1,642	1,642		
农村金融发展支出							308
其他金融监管等事务支出	2,923	2,923		3,439	3,439		
十五、国土资源气象等事务	66,643	63,769	2,874	71,536	71,036	500	16,612
国土资源事务	54,583	51,995	2,588	56,769	56,269	500	16,612
测绘事务	5,930	5,930		7,624	7,624		
地震事务	2,638	2,638		3,093	3,093		
气象事务	3,492	3,206	286	4,050	4,050		
十六、住房保障支出	154,109	154,109		3,750	3,750		105,289
保障性安居工程支出	353	353		353	353		43,693
住房改革支出	150,359	150,359					61,596
城乡社区住宅	3,397	3,397		3,397	3,397		
十七、粮油物资储备事务	28,072	27,373	699	34,384	34,384		3,702
粮油事务	28,003	27,373	630	27,384	27,384		3,702
物资事务	69		69				
能源储备				7,000	7,000		
粮油储备							
重要商品储备							
十八、其他支出	1,513,606	1,513,606		1,194,962	1,194,962		34,386
轨道交通专项资金	1,190,907	1,190,907		559,093	559,093		
公共突发事件应急专项资金	14	14		30,000	30,000		
偿债和处理历史遗留问题资金	180,000	180,000		180,000	180,000		
其他支出	142,685	142,685		425,869	425,869		34,386
十九、预备费				495,864	495,864		
支出合计	14,228,511	13,277,670	950,841	16,528,818	15,138,818	1,390,000	2,373,027

注：①2012年计划数16,528,818万元，为2011年预计执行数14,228,511万元的116.2%；②经费支出中含市追加区县支出。

附表四：

北京市2012年市级公共财政预算收支计划情况总表

单位：万元

收入		支出	
项目	2012年计划数	项目	2012年计划数
公共财政预算收入合计	17,980,000	公共财政预算支出合计	16，528，818
中央返还及补助	1,974,373	上解中央支出	911,638
区县上解	2,296,679	区县税收返还和转移支付	5,244,027
上年专项政策性结转使用	150,064	专项政策性结转下年使用	13,576
		划转水利建设基金	253,057
调入预算稳定调节基金	550,000		
上年结余收入		本年结余	
收入合计	22,951,116	**支出合计**	22,951,116
中央追加收入	1,571,163	中央追加支出	2,373,027
中央追加上年结转使用	801,864	中央追加结转下年使用	
收入总计	25,324,143	**支出总计**	25,324,143

附表五：

北京市2012年市级政府性基金预算收入计划情况表

单位：万元

项目	2011年预计执行数	2012年计划数	计划数为执行%
一、教育		468,700	
地方教育附加收入		468,700	
二、文化体育与传媒	136,686	136,680	100.0
文化事业建设费收入	136,686	136,680	100.0
三、社会保障和就业	85,124	85,100	100.0
残疾人就业保障金收入	85,124	85,100	100.0
四、城乡社区事务	8,145,385	4,004,500	49.2
城市基础设施配套费收入	112,791	112,800	100.0

续表

项　　目	2011年预计执行数	2012年计划数	计划数为执行%
政府住房基金收入	55,415	85,000	153.4
国有土地使用权出让金收入	7,419,109	3,301,200	44.5
城市公用事业附加收入	186,728	186,700	100.0
国有土地收益基金收入	225,800	173,800	77.0
农业土地开发资金收入	10,890	5,000	45.9
新增建设用地土地有偿使用费收入	134,652	140,000	104.0
五、农林水事务	50,859	49,000	96.3
森林植被恢复费	7,605	5,500	72.3
地方水利建设基金收入	43,254	43,500	100.6
六、交通运输	24,514	24,510	100.0
车辆通行费	24,514	24,510	100.0
七、资源勘探电力信息等事务	33,047	27,348	82.8
无线电频率占用费	672	672	100.0
散装水泥专项资金收入	3,586	2,936	81.9
新型墙体材料专项基金收入	28,789	23,740	82.5
八、其他	148,407	140,000	94.3
彩票公益金收入	128,528	140,000	108.9
其他政府性基金收入	19,879		
收入合计	8,624,022	4,935,838	57.2
上年专项政策性结转使用	1,526,952	1,946,486	
划转水利建设基金	235,635	253,057	
收入总计	10,386,609	7,135,381	

附表六：

北京市2012年市级政府性基金预算支出计划情况表

单位：万元

项　　目	2011年预计执行数			2012年计划数	计划数为执行%
	小计	市本级	追加区县		
一、教育				468,700	
地方教育附加安排的支出				468,700	
二、文化体育与传媒	99,317	95,317	4,000	100,000	100.7
文化事业建设费支出	99,317	95,317	4,000	100,000	100.7

续表

项　　目	2011年预计执行数			2012年计划数	计划数为执行%
	小计	市本级	追加区县		
三、社会保障和就业	77,807	44,883	32,924	83,000	106.7
残疾人就业保障金支出	77,807	44,883	32,924	83,000	106.7
四、城乡社区事务	5,080,965	4,224,047	856,918	4,382,792	86.3
城市基础设施配套费支出	100,000	57,445	42,555	100,000	100.0
政府住房基金支出	41,858	41,858		85,000	203.1
国有土地使用权出让金支出	4,475,000	3,750,851	724,149	3,590,425	80.2
城市公用事业附加支出	125,670	125,670		195,567	155.6
国有土地收益基金支出	225,800	225,800		173,800	77.0
农业土地开发资金支出	8,000		8,000	8,000	100.0
新增建设用地土地有偿使用费支出	104,637	22,423	82,214	230,000	219.8
五、农林水事务	300,087	171,061	129,026	294,700	98.2
森林植被恢复费支出	13,378	3,211	10,167	8,000	59.8
地方水利建设基金支出	286,709	167,850	118,859	286,700	100.0
六、交通运输	19,000	19,000		19,000	100.0
车辆通行费安排的支出	19,000	19,000		19,000	100.0
七、资源勘探电力信息等事务	9,100	9,100		12,340	135.6
无线电频率占用费安排的支出				1,340	
散装水泥专项资金支出	1,100	1,100		1,500	136.4
新型墙体材料专项基金支出	8,000	8,000		9,500	118.8
八、其他支出	110,818	40,114	70,704	200,781	181.2
彩票事务	101,713	31,009	70,704	140,000	137.6
其他	9,105	9,105		60,781	667.6
支出合计	5,697,094	4,603,522	1,093,572	5,561,313	97.6
区县返还	2,743,029		2,743,029		
专项政策性结转下年使用	1,946,486	1,946,486		1,574,068	
支出总计	10,386,609	6,550,008	3,836,601	7,135,381	

附表七：

北京市2012年市级国有资本经营预算收入计划情况表

单位：万元

项　　目	2011年预计执行数	2012年计划数	计划数为执行%
一、利润收入	183,219	199,736	109.0
电力企业利润收入	25,883	15,113	58.4
煤炭企业利润收入	613	5,639	919.9
钢铁企业利润收入	29,021	25,470	87.8
化工企业利润收入	628	239	38.1
电子企业利润收入	2,027		
机械企业利润收入	24,525	40,554	165.4
投资服务企业利润收入	27,184	31,369	115.4
纺织轻工企业利润收入	7,892	7,249	91.9
贸易企业利润收入	9,651	14,919	154.6
建筑施工企业利润收入	9,387	6,695	71.3
房地产企业利润收入	5,114	13,757	269.0
建材企业利润收入	24,154	19,772	81.9
医药企业利润收入	9,052	6,728	74.3
农林牧渔企业利润收入		4,237	
其他国有资本经营预算企业利润收入	8,088	7,995	98.9
二、股利、股息收入	3,313	964	29.1
国有控股公司股利、股息收入	3,313	964	29.1
国有参股公司股利、股息收入			
其他国有资本经营预算企业股利、股息收入			
三、其他国有资本经营预算收入	340,914	200,000	58.7
收入合计	527,446	400,700	76.0
上年结转收入	228,650	81,534	
收入总计	756,096	482,234	63.8

附表八：

北京市2012年市级国有资本经营预算支出计划情况表

单位：万元

项目	2011年预计执行数				2012年计划数				计划数为执行%
	小计	资本性支出	费用性支出	其他支出	小计	资本性支出	费用性支出	其他支出	
一、农林水事务	3,800	3,800			4,991	3,000	1,991		131.3
农业企业国有资本经营预算支出	3,800	3,800			4,991	3,000	1,991		131.3
二、资源勘探电力信息等事务	117,710	111,500	6,210		125,255	75,000	50,255		106.4
资源勘探业企业国有资本经营预算支出	2,800	2,800							
制造业企业国有资本经营预算支出	40,110	37,900	2,210		54,955	26,000	28,955		137.0
建筑业企业国有资本经营预算支出	7,800	3,800	4,000		16,769	10,000	6,769		215.0
电力企业国有资本经营预算支出	6,000	6,000			10,000	10,000			166.7
工业和信息产业企业国有资本经营预算支出	61,000	61,000			43,531	29,000	14,531		71.4
三、商业服务业等事务	553,052	423,363	129,383	306	339,688	309,799	29,889		61.4
商业流通企业国有资本经营预算支出	3,000	3,000			27,170	23,000	4,170		905.7
旅游业企业国有资本经营预算支出	18,000	18,000			12,033	12,000	33		66.9
其他企业国有资本经营预算支出	532,052	402,363	129,383	306	300,485	274,799	25,686		56.5
四、其他支出					12,300			12,300	
其他国有资本经营预算支出					12,300			12,300	
支出合计	674,562	538,663	135,593	306	482,234	387,799	82,135	12,300	71.5
结转下年使用	81,534			81,534					
支出总计	756,096	538,663	135,593	81,840	482,234	387,799	82,135	12,300	63.8

北京市第十三届人民代表大会财政经济委员会关于北京市 2011 年预算执行情况和 2012 年预算草案的审查结果报告

（2012 年 1 月 14 日北京市第十三届人民代表大会第五次会议主席团第四次会议通过）

北京市人大财政经济委员会副主任委员　赵巨鹏

大会主席团：

北京市第十三届人民代表大会财政经济委员会在对北京市 2012 年市级预算草案主要内容初步审查的基础上，根据本次大会代表的审议意见，审查了北京市 2012 年总预算和市级预算草案及《关于北京市 2011 年预算执行情况和 2012 年预算草案的报告》。现将审查结果报告如下。

一、市人民政府提出的 2011 年预算执行情况

全市地方公共财政预算收入 3006.3 亿元，完成预算的 117.2%，比上年增长 27.7%。市级公共财政预算收入 1644.4 亿元，完成预算的 115.6%，比上年增长 26.1%。加中央返还及补助、区县上解、专项政策性结转、上年结余、财政部代理发行本市地方政府债券等 511.0 亿元，收入总计 2155.4 亿元。全市地方公共财政预算支出 2963.7 亿元，完成预算的 111.0%，比上年增长 21.1%。市级公共财政预算支出 1422.9 亿元，完成预算的 113.4%，比上年增长 25.4%。加上解中央支出、区县税收返还和转移支付、专项政策性结转、划转水利建设基金、地方政府债券支出、转入预算稳定调节基金等 732.5 亿元，支出总计 2155.4 亿元。市级公共财政预算收支平衡。

财政经济委员会认为，2011 年我市预算执行情况总体是好的。市人民政府及其财政部门认真执行市十三届人民代表大会第四次会议批准的预算，坚持科学发展观，深入贯彻中央和市委的各项决策部署，加快实施“人文北京、科技北京、绿色北京”战略，努力发挥公共财政职能作用，依法、科学理财水平不断提高，财政收入保持较快增长，支出结构进一步优化，资金统筹、绩效管理和预算公开工作取得了新进展，各项财政改革继续深化，较好地完成了全年预算任务，为促进首都经济社会协调健康发展发挥了重要作用。

财政经济委员会指出，在 2011 年市级预算执行中也存在一些值得注意的问题：财政资源配置需要继续优化，财政资金科学统筹机制不够完善，部分资金使用绩效有待提高；预算编制的完整性、科学性和准确性尚需增强；财政管理监督需要进一步加强等。对此，市人民政府要高度重视，切实采取措施，认真加以解决。

二、市人民政府提出的 2012 年市级预算草案

全市地方公共财政预算收入安排 3307.0 亿元，比上年增长 10.0%。市级公共财政预算收入安排 1798.0 亿元，比上年增长 9.3%。加中央返还及补助、区县上解、专项政策性结转、调入预算稳定调节基金等 497.1 亿元，收入总计 2295.1 亿元。全市地方公共财政预

算支出安排3382.6亿元，比上年增长14.1%。市级公共财政预算支出安排1652.9亿元，比上年增长16.2%。加上解中央支出、区县税收返还和转移支付、专项政策性结转、划转水利建设基金等642.2亿元，支出总计2295.1亿元。市级公共财政预算安排收支平衡。

财政经济委员会认为，2012年市级预算草案贯彻了中共十七届五中、六中全会、中央经济工作会议和中共北京市委十届九次、十次全会精神，围绕科学发展主题和加快转变经济发展方式主线，认真落实积极的财政政策，财政收入的增幅与地区生产总值的增幅相适应，组织收入措施可行。财政支出注重保障和改善民生，重点支持和促进创新驱动、结构调整、社会建设、城乡统筹和城市管理与安全运行，保证了法定支出依法增长，体现了统筹兼顾、突出重点、有保有压。总的来看，市级预算的安排符合有关法律、法规的规定和本市实际情况，是稳妥可行的。

财政经济委员会建议本次大会批准北京市2012年市级预算草案及《关于北京市2011年预算执行情况和2012年预算草案的报告》。

三、为保证2012年预算的顺利实现，做好财政工作，财政经济委员会提出以下意见和建议

（一）完善财税政策体系，充分发挥财政职能作用

认真贯彻落实积极的财政政策，深入研究、及时完善我市相关政策措施，把握政策实施的力度和节奏，确保各项政策落到实处、取得实效。合理界定公共财政保障范围，强化财政的资源配置职能，提高财政资金配置效率，加强财政资金统筹力度。充分发挥财政资金的引导作用，促进经济结构调整和发展方式转变，推动构建科技创新和文化创新“双轮驱动”的发展模式，提升经济发展内在动力，努力形成经济发展和财源建设良性互动的长效机制。继续完善财政补贴政策，进一步提高财政补贴资金使用的绩效。加强对宏观经济形势和国家税收政策调整的分析研究，做好营业税改征增值税改革试点的相关准备工作。进一步完善各项组收工作机制，提高对财政收入预测分析的能力，强化对财政收入的动态监控，确保全年财政收入任务顺利完成。

（二）深化预算绩效管理工作，提高财政资金使用效益

认真贯彻落实本市推进预算绩效管理的实施意见和制度办法。做好预算绩效管理试点工作，加强对试点部门的指导和监督。试点部门的部门预算和绩效目标批复后要报送市人大常委会备案，并及时向市人大常委会报告试点部门预算绩效管理进展情况。2012年，要进一步扩大预算绩效管理试点范围，加大预算绩效信息的公开力度。严格按照《北京市预算绩效管理问责办法》的规定，加大预算绩效问责力度。继续推进绩效审计，扩大范围，突出重点，促进绩效审计制度化、常态化。严格执行《北京市市级大额专项资金管理办法》，进一步改进市级大额专项资金的管理，强化大额专项资金的统筹使用，探索通过市场化竞争机制择优安排大额专项资金项目，提高资金的使用效益。

（三）推进依法理财、科学理财，提升预算管理水平

继续完善全口径政府预算体系，进一步扩大国有资本经营预算覆盖范围，推进区县国有资本经营预算改革。改进预算编制工作，提高预算编制的完整性、科学性和准确性。推进市级项目支出事前评估工作，继续扩大事前评估试点范围和项目资金数额，逐步完善事前评估相关制度。健全统一规范透明的转移支付制度，加强对转移支付资金的管理和监督，提高转移支付资金的使用效益。加强对政府性债务的动态监控，巩固地方政府

融资平台公司清理和规范的成果，切实防范和化解财政风险。严格控制一般性支出，坚决制止各种铺张浪费行为。继续推进预决算公开工作，进一步扩大预算公开范围，细化预算公开内容。2012 年，将全市决算报市人大常委会备案。强化国库单一账户体系管理，做好财政专户清理整顿工作，按照国家要求，2012 年年底前将所有预算单位的财政性资金全部纳入国库集中支付范围。

以上报告，请予审议。

北京市第十三届人民代表大会第五次会议关于北京市人民代表大会常务委员会工作报告的决议

（2012 年 1 月 17 日北京市第十三届人民代表大会第五次会议通过）

北京市第十三届人民代表大会第五次会议听取和审议了杜德印主任所作的市人大常委会工作报告。会议充分肯定了市人大常委会 2011 年的工作，同意报告提出的 2012 年的工作任务，决定批准这个报告。

会议要求，面对首都发展的新形势、新任务，市人大及其常委会要在中共北京市委的领导下，坚持党的领导、人民当家作主、依法治国有机统一，充分发挥人民代表大会制度优势，认真贯彻党的十七届六中全会、中央经济工作会议和市委十届十次全会精神，坚持以科学发展为主题，以加快转变经济发展方式为主线，以推动民主法制建设为根本任务，努力践行“北京精神”，依法履行各项职能，继续推动本届人大关注的重点问题取得新进展，为建设“人文北京、科技北京、绿色北京”和中国特色世界城市提供民主法制保障。

会议强调，2012 年是本届市人大及其常委会任期的最后一年。市人大常委会要继续保持良好的精神状态，把人大工作继续推向前进。要进一步坚持和完善立法工作格局，深入推进民主立法和科学立法，着力提高立法质量；要立足人大监督的性质和特点，切实加强对国家权力运行的监督，拓展监督形式，增强监督实效；要进一步提高保障服务代表依法履职的工作水平，密切常委会与代表的联系，密切代表与人民群众的联系；要不断完善工作方式，继续创新工作制度、工作机制和工作方法，开拓进取、扎实工作，圆满完成本届人大的各项任务，用实际行动迎接党的十八大和北京市第十一次党代会的胜利召开！

北京市人民代表大会常务委员会工作报告

——2012 年 1 月 14 日在北京市第十三届人民代表大会第五次会议上

北京市人大常委会主任 杜德印

各位代表：

我受北京市第十三届人民代表大会常务委员会委托，向大会报告工作，请予审议。

2011 年的主要工作

2011 年，市人大常委会在中共北京市委领导下，认真执行市十三届人大四次会议决议和大会批准的各项任务，紧紧围绕首都科学发展大局，坚持以民主法制建设为根本任务，依法履行各项职能，积极改进工作中的薄弱环节，使人大工作有了新的发展。一年来，常委会共召开 8 次会议，审议了 55 项议题。其中，审议法规 8 项，通过 6 项，一审 2 项；听取和审议“一府两院”专项工作报告 9 个，议案办理情况报告 4 个，计划、预算、决算、审计、专项预算调整等报告 5 个，对 2 个方面法律、法规执行情况进行了检查并听取和审议了相关报告；依法作出 5 项决议、决定；任免国家机关工作人员 553 人次。

一、着眼推动首都科学发展，开展“推进全国文化中心建设”专题调研

推进全国文化中心建设、实现首都经济发展方式转变和城市发展转型，是市人大代表和人民群众普遍关注的一个重大问题。常委会把专题调研、办理人大代表议案和听取审议市政府专项工作报告结合起来，从去年 4 月开始，组织 200 多位人大代表分成 11 个专题调研组，并委托 16 个区县人大常委会和部分科研单位协同，用半年的时间，广泛听取人民群众、社会各界和专家学者的意见，深入进行专题研讨和综合论证，提出了一个综合建议和 10 个专项调研报告。11 月，常委会第 28 次会议认真学习党的十七届六中全会精神，经过审议和修改，形成了《市人大常委会关于推进全国文化中心建设的建议》。

这次调研根据中央关于北京工作的一系列重要指示和市委的决策部署，坚持首都城市的性质和功能以及全国文化中心的定位，紧紧围绕建设一个什么样的城市、如何通过推进全国文化中心建设实现首都经济发展方式转变和城市发展转型，着重就推进全国文化中心建设的一些基础性、战略性、全局性问题，进行了初步探索，提出了应用性对策和思路性建议。主要成果集中体现在：

第一，关于全国文化中心的功能定位和全国文化中心建设在首都发展中的战略地位。北京作为全国文化中心的功能是首都功能的重要组成部分。北京的文化建设要立足于首都城市的性质和功能，在国家文化发展和文明建设的全局中，承担起和发挥好代表展示、向心凝聚、首善辐射、示范带动、服务保障等基本功能。建设好全国的文化中心，既是首都肩负的历史使命和重大责任，又是首都城市的独特品质和发展方向，也是首都发展的巨大优势和强大动力。当前，首都经济经过持续多年的快速增长后，经济发展与城市

规划、建设不协调的矛盾逐步显现，人口、资源、环境、交通等方面的问题日益突出。在这样的情况下，充分发挥全国文化中心的功能和优势，加快推进全国文化中心建设，成为统筹协调经济发展与城市建设、统筹推进经济发展方式转变和城市发展模式转型、实现首都科学发展的现实选择。因此，必须切实贯彻市委提出的“人文北京、科技北京、绿色北京”的发展理念和科技创新、文化创新“双轮驱动”的发展战略，推动包括科技、教育、文化、卫生、体育在内的广义文化的全面发展，使思想、价值、知识、信息、技术、创意、艺术等文化要素成为推动城市发展的重要资源、资本和动力。进一步走好文化立市、创新驱动、服务全国、发展自己的路子，进一步走上劳动力需求较少、自然资源消耗较少、污染排放较少，经济发展效益较高、服务中央和全国的水平较高、居民生活质量较高的科学发展轨道。

第二，关于推进全国文化中心建设的总体目标和工作布局。在新的历史时期，应当把建成当代中华文化的中心和中国特色社会主义文化的中心作为目标。要从三个方面全面推进全国文化中心建设：一是充分保护、挖掘、传承、利用历史文化名城积淀的中华民族优秀文化遗产和优秀文化传统。使之成为推动首都文化创新发展的重要基础和凝聚全国人民的智慧资源。二是推进首都文化创新发展。以精神文化建设为先导，以建设中国特色社会主义核心价值体系为统领，抓好深化文化体制改革、发展文化创意产业、完善首都公共文化服务体系、建设首都公共文明、培育城市创新文化等方面的工作。三是用文化创新发展带动城市文明的整体进步。以精神文化发展和知识创新带动物质文化、制度文化、行为文化和艺术文化的发展，把文化创新、科技创新的成果转化成为物质文明、政治文明、精神文明和生态文明建设的实际成效，充分展示中华文明的强大力量和独特魅力。

第三，关于首都文化建设的前进方向和首要任务。要增强对建设中国特色社会主义文化的自觉和自信，坚持中国特色社会主义文化发展道路，把中国特色社会主义核心价值作为文化创新发展的灵魂，渗透到文化建设的各个方面。要把广大人民群众已经高度认同、强烈期盼的以人为本、实事求是、共同富裕、公平正义、民主法治等价值追求，在改革开放和现代化建设中倡导好、坚持好、实践好，做到“认之以同”、“赋之以形”、“付诸于行”和旗帜鲜明，认真践行“北京精神”。

第四，关于首都文化科学发展和转变文化发展方式。文化发展必须深入贯彻落实科学发展观，坚持以人为本，保障人民群众文化权益，满足人民群众文化需求，发挥人民群众主体作用，促进人的全面发展。要大力发展体现首都功能和具有首都特点的文化，加强对历史文化的保护、研究和利用，加强思想理论、学术文化、艺术文化建设，抓好文化创意产业前端的内容创作和创意生产，抓好在国内外有重大影响的文化品牌培育和艺术产品生产，培育城市创新文化和全民创新精神。要不断深化文化体制机制改革，明确文化遗产保护、公共文化服务、文化创意产业发展、公共文明建设的不同属性，探索其规律特点，合理确定政府、市场、社会和公众的角色定位，建立协同发挥作用的连接机制。

第五，关于推进全国文化中心建设的领导体制和组织形式。建立并不断完善与建设全国文化中心相适应的首都体制。借鉴整合首都科技创新资源的经验，建立首都文化设施、信息、人才、资金等文化资源的整合平台，打破不同所有制、不同隶属关系的界限，贯通创意、创作、生产、传播等各个环节。

协调中央有关部门与北京市的相关政策措施，完善文化发展政策和利益协调机制。加强文化保护与发展方面的法制建设，为全国文化中心建设提供坚实的制度基础。

专题调研是一次人民群众意愿的广泛汇集和集中表达。调研工作和调研成果有利于深化对首都城市性质和功能、首都城市建设和经济社会发展规律的认识，有利于增强建设全国文化中心的自觉，有利于推动首都文化繁荣和首都的科学发展。市委高度重视这次专题调研工作，市委书记刘淇同志先后听取了这次调研工作安排和成果的汇报，市委十届十次全会通过的《关于发挥文化中心作用，加快建设中国特色社会主义先进文化之都的意见》充分吸纳了专题调研的成果。市政府认真办理代表议案，密切协同专题调研工作，及时吸收调研成果，提出了推进全国文化中心建设七个方面的任务。可以预见，这次专题调研将对首都今后的建设与发展产生积极而深远的影响。

二、适应新的形势任务，改进和创新立法工作

常委会认真分析在中国特色社会主义法律体系形成和“十二五”规划实施情况下，首都地方立法工作面临的形势，进一步明确立法工作任务，完善立法工作格局，创新立法工作机制，着力提高立法质量，并注重普法宣传和推动法规实施，为首都科学发展提供法制保障。

（一）适应立法任务变化，创新立法工作机制

去年6月，经市委批准，常委会与市政府共同召开了立法工作研讨会，确定把保证首都科学发展、保障公民基本权利、规范国家权力运行、维护社会公平正义等方面的立法作为今后一个阶段的主要任务。同时强调进一步坚持和完善立法工作格局，重点围绕切实保障人民群众参与国家立法的权利和充分发挥人民代表大会制度在立法工作中的作用，创新民主立法和科学立法相结合的工作机制。

根据立法工作研讨会精神，在市委领导下，常委会会同市政府开展了法规预案研究工作。法规预案研究选择的项目一般具有三个特点：一是属于关系首都科学发展和人民群众根本利益的重要问题，迫切需要通过立法解决；二是涉及的矛盾比较复杂或涉及国家法律、法规的调整，很快进入立法程序条件尚不充分；三是具备近期进入地方立法程序的可能性，或是能够通过法定程序使法规预案为国家法律、法规的制定提供依据和服务。法规预案研究的具体方法是：市人大常委会根据本市工作大局的需要、人民群众的意愿和市人大代表的议案，提出法规项目报市委常委会批准；市人大常委会和市政府主管领导、主管部门负责人组成项目工作组，依托高等院校、研究机构组建项目课题组，课题组在工作组的指导下进行具体的研究工作。去年，共开展了3项法规预案研究。其中，控制吸烟条例的研究工作已经完成。这项研究是根据去年市人代会上代表提出的法规议案确定的。研究中紧紧围绕保障公民免受二手烟侵害问题，在认真总结奥运会期间全市控烟工作经验的基础上，按照从严控制并循序渐进的原则提出了制度设计，为下一步做好相关立法工作打下了坚实基础。基本住房保障条例、农村宅基地和农民住宅条例两项法规预案研究，分别把保障公民基本居住权益和农民宅基地使用权及房屋财产权作为重点问题，现已形成法规预案研究报告。常委会坚持法规立项论证制度，对11个立法项目进行了立项论证。其中食品安全条例等6项法规立法条件基本成熟，拟列入今年常委会审议项目；大气污染防治条例等5项法规

列为起草项目。在听取和审议市政府关于开展动物防疫专项工作报告的同时，对实施动物防疫法办法进行了立法后评估，并根据评估建议启动了法规的修订工作。

（二）坚持不懈地提高立法质量

去年，常委会审议通过了安全生产条例、消防条例、生活垃圾管理条例、就业援助规定、实施残疾人保障法办法、区县乡镇人民代表大会代表选举实施细则修正案，一审了审计条例和河湖保护管理条例。审议中，常委会坚持“保证首都科学发展、保障公民合法权益、规范国家权力运行、维护社会公平正义”的立法价值取向，敢于解决并妥善处理法规涉及的责任、权力、利益、义务关系问题，增强法规的针对性和有效性。

一是明晰政府职责，规范国家机关的权力运行。在审议消防条例过程中，针对消防管理工作机制不顺、基层防火管理薄弱的问题，专门增设“消防安全责任”一章，明确了政府和各类主体的责任，特别是明晰了政府公安部门与消防部门在消防管理中的责权关系，作出了公安部门负总责的制度安排。生活垃圾管理条例进一步突出了政府在社会公益事业中的主导作用和在生活垃圾处理设施建设方面的先行责任。就业援助规定明确和细化了政府在促进困难群体就业方面的职责，对政府援助的范围、援助的方式、援助的程序、援助的保障等问题作出了具体规定。

二是坚持公平正义，维护公民合法权益。实施残疾人保障法办法以保障残疾人平等、充分参与社会生活为核心，根据本市实际对国家相关法律规定的 8 项制度进行了细化，在残疾人康复、教育、就业、文化、社会权益保障和无障碍环境建设等方面作出了 26 项补充规定。特别是针对一些单位安排残疾人就业未达到规定比例的问题，作出了“招录工作人员时应当单列一定数量的岗位，按照公开、平等、竞争、择优的原则和程序定向招录符合岗位要求的残疾人”的规定，在促进残疾人实质性就业方面取得了突破。安全生产条例把坚持以人为本，保证劳动者从业过程中的安全与健康作为立法宗旨，增加了保障从业人员安全健康的内容，规定了生产经营单位要根据本单位特点，制定应急救援预案、建立或配备应急救援组织和人员、设置救生舱等紧急避险救生设施。

（三）积极推动普法和法律实施工作

常委会把普法宣传和推动法律、法规实施作为推进首都法治建设的重要环节来抓。去年，听取和审议了市政府关于本市实施“五五”普法规划和制定“六五”普法规划情况的报告，并作出《关于进一步加强法制宣传教育、推进法治建设的决议》，批准了市政府提出的“六五”普法规划，强调在全市进一步弘扬社会主义法制精神，深入推进法治实践，各级国家权力机关、行政机关、司法机关要带头学法、守法、执法，在全社会形成敬畏法律、遵守法律的环境。

常委会重视法律、法规的实施。在制定安全生产条例、生活垃圾管理条例、就业援助规定等各项法规时，推动政府同时制定配套的规范性文件，以利于法规的实施。去年，中关村国家自主创新示范区条例颁布后，市人大和市政府开展了多种形式的宣传培训，编制了条例释义，相关部门修订和制定了 32 项配套政策文件，有效推动了条例的贯彻落实。

三、以加强对国家权力运行的监督为重点，提高监督工作实效

常委会围绕首都科学发展需要解决的重要问题和人民群众普遍关注的重点问题，发挥人大监督的特点和优势，深化对国家权力运行的监督，保证、支持和督促“一府两院”依法行政、公正司法。

（一）深化预算绩效监督，推进预算绩效管理制度建设

去年6月，为进一步推进预算监督工作“一个目标、三个结合”思路的落实，常委会和市政府共同召开研讨会，把深化人大预算监督工作和市政府建立预算绩效管理制度工作统一协调起来，推动本市预算绩效监督和管理工作从部门扩大到整体、从工作层面上升到制度层面。一是推进绩效审计和信息公开。市审计局的绩效审计从11个部门扩大到31个，审计报告除涉密单位外全部向社会公开。市政府首次向常委会报告了政府债务和“三公”经费情况，提交了45个部门决算报告，并向社会公开。二是推进问效问责。常委会首次将听取和审议预算执行报告和决算报告分开，决算报告更侧重对预算执行效果的分析。对涉及农村、教育、科技等方面的30多个政府财政支出项目，常委会组织部分委员和代表参加了事前评估工作，并提出调整建议。为督促审计中发现问题的解决，常委会组织开展对一些专项资金的跟踪监督，促进整改方案的落实。三是推进财政体制改革和预算绩效管理制度建设。常委会支持市政府从改革财政资源配置方式入手，建立健全以结果为导向，决策、执行、监督既相互协调又相互制约的公共财政体制，着重解决财政资金配置方面一定程度上存在的“重要钱轻管理、重权力轻责任、重花钱轻绩效”问题。市政府及时出台了推进预算绩效管理制度建设的意见、预算绩效管理问责相关配套办法和大额专项资金管理办法，全过程预算绩效管理试点工作已在市科委和市卫生局启动。

（二）抓住重点问题不放，推动工作取得新的进展

常委会听取和审议了市政府关于缓解交通拥堵工作情况的报告，指出了缓堵工作的长期性和复杂性，提出了完善缓堵措施、提高交通管理水平、调整空间布局等六个方面的意见和建议。市政府高度重视，进一步完善政策、细化方案，出台了实行差别化停车收费、开辟人口聚集区快速公交通道、提高交通信息化水平等措施，取得了一定成效。

听取和审议市政府关于动物防疫工作情况的报告，提出要转变监管思路，强化动物疫病源头防控，在加强食品安全监管体系建设的同时，重视安全食品生产、供给体系的建设。去年，本市制定了禽类生物安全隔离区建设方案，加强了兽药经营质量管理，强化了对违规使用兽药和饲料添加剂的监管。市动物疫病预防与控制中心即将投入使用，市级动物留检及收容中心、动物无害化处理厂已完成选址，动物防疫的基础工作及动物疫病防控工作进一步巩固和加强。

在2010年议案办理的基础上，常委会持续听取和审议了市政府关于加快西部地区转型发展情况的报告，提出加快西部地区发展要把握“民生为本、生态优先、文化为主、科技支撑、制度创新、宜居宜业”的原则，客观冷静地分析发展环境，坚持科技创新、文化创新“双轮驱动”，加强政府统筹协调，鼓励支持民营企业创业发展，脚踏实地推动转型发展等方面的意见。市政府建立了由主管副市长牵头，市政府33个部门、西部4区及重点企业负责人参加的联席会议制度；出台了关于加快西部地区转型发展的实施意见和2011年实施计划。完成了一批生态建设项目，生态屏障和生态服务功能显著提升；建设了一批重点基础设施，基础设施框架体系日趋完善；实施了一批重点民生工程，居民就业、住房状况得到改善。

常委会在连续两年听取相关报告的基础上，去年又听取和审议了市政府关于科技创新平台建设进展情况的报告，提出了进一步完善建设格局、推进机制创新、整合科技资源、突出重点项目等意见。市政府制定了

“十二五”时期科技北京建设规划，搭建了科技创新的5类平台，形成了比较完整的政策支持体系。特别是由中央部委和本市有关单位共同组建的中关村创新平台，实现了上下联动、部门协同，有效地整合了多层次政府创新管理资源，为首都科技创新提供了重要基础和有力支撑。

常委会对防震减灾法及本市实施办法执行情况进行了检查，针对我市农村地区民居、城镇地区部分老旧房屋等建筑设施存在的安全隐患提出整改建议，并根据法规执行中存在的主要问题，就尽快修订我市实施办法提出意见。对台湾同胞投资保护法在本市的执行情况进行了检查，并将市高级人民法院和市人民检察院的涉台纠纷调解纳入检查范围，总结法律实施的经验和做法，就制定相关政策措施、完善有关工作机制等提出了意见。

常委会还委托各专门委员会对2010年14项监督议题审议意见落实情况进行了跟踪检查。各专门委员会深入实际了解情况，提出改进工作建议，加强与“一府两院”沟通协调，推动相关工作取得新的进展。

（三）以促进公正司法为目标，深化对司法工作的监督

常委会2008年作出关于加强诉讼监督工作的决议以来，连续不断地推进对司法工作的监督，初步建立起诉讼监督制度体系。去年，听取和审议了市高级人民法院关于加强刑事审判工作情况的报告、市人民检察院关于加强刑事诉讼监督工作情况的报告。常委会充分肯定了“两院”贯彻决议、依法履行职责取得的进展和成效，并提出深化司法体制改革、创新工作机制、提高工作水平的意见。全市法院围绕提高刑事审判工作质量，继续加强审判管理，深化审判机制改革；严格执行审限制度，法定时限内的结案率明显提升；强化审级监督和指导，落实抗诉案件检察长列席审判委员会制度，审判质量和效率进一步提高。全市检察机关不断增强依法监督、规范监督意识，加强对刑事立案、侦查、审判、刑罚执行和监管活动的监督工作，创新监督方式方法，完善刑事诉讼监督工作机制，诉讼监督能力进一步增强。

四、落实十三届人大四次会议主席团的决定，认真办理代表议案

市十三届人大四次会议确定的“加强国家文化中心建设”等4项议案，都是关系首都科学发展、涉及人民群众切身利益、社会普遍关注的重点问题。其中，关于“加强国家文化中心建设”的议案与常委会关于推进全国文化中心建设的专题调研和听取审议市政府专项工作报告合并办理。在另外3项议案办理工作中，常委会发挥主导作用，与市政府同步调查研究，充分沟通协调，形成办理合力，增强办理实效。

为办理好“发展学前教育”议案，常委会在深入调研的基础上，提出学前教育是政府主导的社会公益性事业，要探索完善学前教育发展模式，扩大资源供给，加强学前教育管理。市政府将议案办理与推动学前教育发展有机结合，制定了学前教育三年行动计划，安排20亿基本建设资金和18亿财政专项经费，新建、改扩建370所公办幼儿园，增加学位7.5万个。去年，市级学前教育专项经费由2010年的5亿元提高到7亿元，公办园生均公用经费标准由每年200元提高到1200元，增加入园名额2.8万个。市政府有关部门已着手研究制定本市学前教育督导评估办法，启动修订本市学前教育条例的前期工作。

为办理好“推进潮白河流域综合治理”议案，常委会成立议案督办小组，深入实地调研，并委托相关区县人大同步督办，提出

了完善并实施潮白河治理规划、切实保障水源地安全、完善流域治理体制机制等五项建议。市政府建立由市水务局牵头、市发展改革委等10个政府部门及5个区县政府统筹推进的工作机制，编制了潮白河流域水系综合治理和绿色生态发展带综合规划，变分段分区治理为整流域统筹推进。去年完成重点治理项目15个，总投资近20亿元，流域综合治理初见成效。

为办理好“推进绿化隔离地区建设”议案，常委会与市政府共同开展摸底调研，就一些政策措施反复协商研究，确定了“保障农民权益、保护绿化成果、推进创新发展、促进社会进步”的思路，提出稳定地权林权、完善绿化补偿机制、优先健全绿化隔离地区社会保障制度和公共服务体系、探索建立绿化补偿资金共担机制等意见。市政府建立由市发展改革委主办，12个市级责任单位和6个相关区县政府统筹协调、分工合作的议案办理工作机制，提出规划编制、基础设施建设、公共服务、就业促进、社会保障和社会管理“六个一体化”的办理目标，并提高了绿化补偿标准。绿化隔离地区建设取得新的进展。

五、以改进代表建议办理方式为重点，加强和改进代表工作

常委会按照保障代表依法行使职权，密切代表同人民群众联系的总要求，继续探索代表工作的改进。

（一）改进代表建议办理方式

常委会把改进代表建议办理工作作为重点研究课题。在充分调查研究，并总结市交通委经验的基础上，召开了代表工作座谈会，提出了“认真分类研究、积极恰当处理、诚恳明确答复、加强统筹协调”的代表建议办理思路。会后，市政府办公厅下发通知，要求各承办单位相互交流借鉴建议办理工作经验，加强与代表的沟通，强化协调配合，发挥好代表建议的作用。市高级人民法院、市人民检察院也专门召开会议，学习和贯彻会议精神，深化代表建议办理工作。

常委会积极探索分类分层办理和督办的方式，加强市人大各专门委员会之间、市人大与“一府两院”之间、代表与建议承办单位之间的沟通协调，将人大督办与承办单位系统内部督查相结合，完善了代表建议办理机制。各专门委员会加强对督办代表建议的分析梳理和整合统筹，加强与承办单位、提建议代表沟通，推动有关政府部门建立代表建议办理领导机制和答复代表建议的会议机制，提高了建议办理质量和实效。在各方面的共同努力下，代表在市十三届人大四次会议上提出的1302件建议，被有关方面采纳、问题得到解决或基本解决的172件；工作已有进展并取得一定成效的829件；已列入工作计划，明确完成时限的55件；受政策、法规以及财力等条件限制，目前难以解决，向代表作出解释说明的215件；留作参考的31件。闭会期间代表提出的建议115件，已办复79件。

（二）加强闭会期间代表活动组织工作

认真开展代表年中活动，400余位市人大代表和部分全国人大北京团代表积极参加，共提出9个方面70多条意见和建议。改进会前集中视察的组织方式，按照丰富专题内容、关注具体问题、减少分组人数、延长视察时段、提高视察实效的工作思路，把视察内容分为7个方面13个专题，由代表自主选择。在1个月时间内，共有297位代表参加视察，并与市政府领导进行了座谈。常委会还组织代表就市政府2012年拟办实事项目提出9个方面139条意见，并就上一年实事落实情况进行了专题视察。

坚持专门委员会联系相关代表制度。各专门委员会都高度重视扩大代表参与，充分发挥代表作用，按照常委会议题将代表工作与专门委员会工作有机结合。据不完全统计，市人大代表近3000人次参加了各专门委员会组织的立法、监督、调研等工作。

进一步发挥好专业代表小组的作用。各专业代表小组围绕常委会和专委会的重点工作发挥专业优势，积极开展活动。科技、体育、农村、少数民族代表小组分别就科技创新平台建设、全民健身活动开展、农产品流通、少数民族村经济社会发展等专题，深入实地调研，提出很多建设性意见和建议。

一年来，市人大代表在代表大会召开期间，认真审议各项报告，表决各项决议，积极提出议案，提出建议、批评和意见。在代表大会闭会期间，以各种方式密切联系人民群众，广泛听取和征求市民的意见，积极参加代表培训班、年中集中活动和会前视察，并提出大量富有针对性和建设性的意见和建议；一批人大代表多次参加常委会、专委会和代表小组开展的活动，参加常委会的议题审议。事实生动说明，在人民代表大会制度内，人大代表源源不断、依法有序地把人民群众的各种意见、各种诉求、各种心愿汇集起来、表达出来，又源源不断、依法有序地进入到党和国家机关的决策和工作中，切实有效地保障了人民当家作主的权利。实践充分证明，人民选出的人大代表能够充分反映广大人民群众的意志和愿望，能够切实担当起宪法和法律赋予的神圣职责，没有辜负人民群众的信任与重托。

六、加强指导，保证区县乡镇人大换届选举工作顺利进行

去年下半年，本市进行了区县、乡镇两级人大换届选举。这是我市根据新修改的选举法首次实行城乡按相同人口比例选举基层人大代表，是全市人民政治生活中的一件大事。为贯彻落实好选举法，保障换届选举工作顺利进行，常委会及时修改选举实施细则，并作出相应决定。法规明确了区县、乡镇人大代表名额分配原则，完善了选举委员会的产生、回避和职责、代表候选人的推荐和介绍、投票选举程序的组织、选民选举权保障等内容，为换届选举工作提供了有力的法制保障。

针对这次换届选举面临的人户分离增加、中心城区区划调整、部分村庄整体拆迁等新情况，在市委统一领导下，常委会以高度的政治责任感，把坚持党的领导、充分发扬民主、严格依法办事有机统一起来，依法履行指导换届选举的职责。成立工作机构，深入调查研究，加强新闻宣传，强化统筹协调，形成工作合力。各区县人大常委会和各级选举工作机构结合实际、精心组织，创新工作方式，依法保障选民的民主权利，做了大量艰苦细致、富有成效的工作，保证了换届选举工作依法、有序、圆满完成。在两级人大代表的选举中，选民参选率均在97%以上，比上届有所提高。共选出区县人大代表4349名，乡镇人大代表9931名。代表素质进一步提高，代表结构得到优化。在代表选举基础上，各区县、乡镇依法召开了新一届人民代表大会第一次会议，顺利完成了区县、乡镇国家机关的换届工作。

七、围绕提高履职水平，加强常委会自身建设

常委会注重加强自身建设和机关干部队伍建设，在坚持正确政治方向的同时，进一步形成了共同的理想追求、共同的价值基础、共同的思想方法和工作方法。

（一）坚持正确政治方向

常委会坚持学习制度，采取多种形式，

深入学习中国特色社会主义理论、中央和市委一系列决策和部署，学习胡锦涛总书记“七·一”讲话和党的十七届六中全会精神，学习宪法及相关法律知识。在学习和工作实践中，不断深化对坚持党的领导、人民当家作主、依法治国有机统一的认识和信念，增强坚持和完善人民代表大会制度的自觉性和坚定性。常委会组成人员坚持以民主法制建设为己任，紧紧围绕中心、服务大局，坚持不懈地推进首都社会主义民主法制建设，以积极向上的精神状态依法履行职能和开展工作。

（二）切实加强调查研究

常委会把调查研究作为开展各项工作的基础环节和必经程序。通过调研广泛听取群众意见，有序表达人民意愿，使常委会各项工作都建立在深入群众、深入实际的基础上；通过调研使组成人员和代表积极参与到常委会各项工作中。常委会继续完善四个层次的调研工作格局，规范课题管理，全年常委会和市人大理论研究会共完成调研课题 80 多项。这些调研成果为全市的重要决策提供了参考，为常委会改进工作提供了依据。

（三）继续完善工作机制

常委会不断增强工作的主动性、计划性，进一步加强内外统筹，加强与“一府两院”的沟通协调。继续完善立法、监督、代表等工作格局和机制，综合运用各种职能和形式，增强工作实效。进一步完善机关工作项目责任制和绩效管理制度，扩大质量实效评价的数量和范围，增强工作的保障性、建设性和实效性。规范工作程序，提高组织工作精细化水平，切实做好重要会议和活动的保障工作。积极发挥首都智力资源丰富优势，加强与相关科研院所联系，通过委托或联合研究，提升整体工作水平。

（四）进一步加强机关建设

常委会把加强机关建设作为一项基础工作放在重要位置。积极推进干部人事制度改革，面向社会公选公务员和处级干部，开展处级干部竞争上岗。加大干部培养力度，围绕加强干部专业素质和职业能力建设开展学习培训，选派干部到中央单位、国有企业和基层挂职锻炼。严格年度考核工作、完善干部激励约束机制。增设相关处室，加强规范性文件备案审查等工作。全面推进信息化建设，提高机关工作质量和服务保障水平。积极开展庆祝建党 90 周年纪念活动、创先争优和“三进两促”活动，进一步加强机关党建工作。

常委会认真做好信访工作，创新工作方式，加强信访综合分析的针对性和实效性，为常委会审议相关议题提供参考；将涉及人民群众利益的共性问题作为常委会议题来源，加以推动解决。继续做好公民旁听工作，办理好旁听公民提出的意见和建议。加强新闻宣传工作，办好《北京人大》刊物，提高《人大信息》质量，强化信息服务，增强人大工作的公开性和透明度，为常委会和代表履职服务。注重发挥法制建设顾问、预算监督顾问和市人大理论研究会的智力支持作用。积极协助全国人大常委会做好相关工作，为全国人大常委会及其工作部门和全国人大代表开展调研、视察、执法检查等活动提供服务和保障。加强与区县人大常委会工作联动，密切各级人大代表之间的联系，增强人大工作的整体效应。加强与兄弟省市人大常委会的联系，认真学习借鉴各地人大工作的好经验、好做法。增进与外国地方议会的交往，扩大人大代表与外国议会议员的交流。

各位代表：一年来，常委会顺利完成了十三届人大四次会议确定的各项任务，各方面工作取得了新的进展和成效。这是在市委正确领导下，常委会组成人员和人大代表坚持不懈、辛勤工作的结果，是“一府两院”、区县人大常委会密切配合、共同努力的结果，也是广大市民关心、支持和帮助的结果。在此，我代表市人大常委会，向各位代表和全市人民，向市“一府两院”和各级国家机关，向所有关心、支持人大工作的同志们、朋友们，表示崇高的敬意和衷心的感谢！

面对新形势、新任务，我们也清醒地认识到，常委会的工作还存在一些不足：立法项目储备和法规起草机制需要继续完善，法规的可操作性需要切实加强；对权力运行的监督需要继续深化，有些监督形式和方式需要拓展和探索；代表履职的服务保障工作需要继续改进；常委会组成人员的履职能力和机关干部的素质水平也需要进一步提高。对于这些问题，我们将在新一年的工作中加强研究、继续改进。

2012 年的工作任务

2012 年，是全市继续推进首都科学发展和加快经济发展方式转变的重要一年，党的十八大和市十一次党代会将在北京召开，市级国家机关面临换届，本届市人大及其常委会进入任期的最后一年。市人大常委会要在市委领导下，认真贯彻党的十七届六中全会、中央经济工作会议精神和市委十届十次全会精神，坚持以首都科学发展为主题，以加快经济发展方式转变和城市发展转型为主线，以推动民主法制建设为根本任务，努力践行“北京精神”，依法履行各项职能，继续推动本届人大关注的重点问题取得新的进展，并努力把市人大工作推向前进。

一、立法工作方面

认真贯彻去年召开的立法工作研讨会精神，适应首都科学发展的需要和人民群众的期待，及时启动相关立法工作，在提高法规审议质量的同时，提高立法后评估和预案研究工作质量，推进民主立法、科学立法。

拟安排审议 11 项法规草案。继续审议审计条例和河湖保护管理条例。为进一步做好食品安全工作，保障人民群众的健康，修订食品安全条例。为切实提升抗震设防能力和应急救援处置能力，制定实施防震减灾法的规定。为促进专利发明保护和推进科技创新，修订专利保护与促进条例。为建立规范统一、协调有效的湿地管理体制机制，改善生态环境，制定湿地保护条例。为贯彻落实新修订的村委会组织法，推进农村基层民主自治，修订实施村委会组织法若干规定和村委会选举办法。为贯彻落实新修订的代表法，保障人大代表依法行使职权，修订实施代表法办法和代表批评意见和建议办理条例。为进一步发挥常委会规范性文件备案审查职能，制定规范性文件备案审查条例。

拟对学前教育条例进行立法后评估；完成对基本住房保障条例、农村宅基地和农民住宅条例的法规预案研究；启动修订养犬管理规定的预案研究。

认真总结本届人大五年立法规划完成情况，做好今后五年立法需求的调研，为编制和实施好新的五年立法规划奠定基础。

二、监督工作方面

立足人大监督的性质和特点，坚持围绕中心、服务大局，切实加强对国家权力运行的监督，持续开展跟踪监督，拓展监督形式，推动重点问题的解决。

拟安排听取和审议“一府两院”9 个专项工作报告。为提升首都食品安全总体水平，结合食品安全立法工作，听取和审议市政府关于食品安全工作情况的报告。为推动本市加强对建筑工程质量的监管，听取和审议市政府关于建筑工程质量监管体系建设情况的报告。为推动基层民主政治建设和社会管理创新，听取和审议市政府关于推进城乡居民自治工作情况的报告。为推动人大代表有关议案办理工作取得新的进展，分别听取和审议市政府关于推进全国文化中心建设、北运河流域水系综合治理、城市南部地区建设发展、潮白河流域水系综合治理等专项工作报告。为继续推进对司法工作的监督，促进公正司法，听取和审议市高级人民法院关于加强审判管理、确保依法公正履行审判职责工作情况的报告，市人民检察院关于加强民事行政检察监督工作情况的报告。

探索专题询问的监督形式，借鉴全国人大常委会和兄弟省市人大常委会的经验，从本市实际需要出发，拟对市政府关于市级大额专项资金使用和管理工作开展专题询问。

听取和审议 2011 年预算执行和其他财政收支的审计工作报告，2011 年决算草案的报告，审查批准 2011 年市级决算；听取和审议本市 2012 年国民经济和社会发展计划上半年执行情况、预算上半年执行情况的报告；听取和审议市政府关于地方政府债券收支安排专项预算调整方案的报告并作出决议。

拟安排 2 个方面的执法检查，包括对少数民族权益保障条例、中关村国家自主创新示范区条例的实施情况进行检查。

抓好去年 7 项专项工作报告、2 项执法检查报告、1 项议案办理报告审议意见和“六五”普法决议落实情况的跟踪检查工作。

三、代表工作方面

继续完善代表工作格局，提高保障服务代表履职工作水平，密切常委会与代表的联系，密切代表与人民群众的联系。

进一步提高代表闭会期间活动的质量和实效。开展好代表年中活动。组织好代表对常委会五年工作的总结研讨。继续完善专门委员会相对固定联系代表制度，拓展代表参与常委会和专门委员会活动的广度和深度。

进一步完善代表议案办理工作机制。要根据本次大会主席团确定的议案，认真做好对议案本身的综合分析，加大调研和沟通协调力度，形成工作合力，提高办理的质量和实效。

进一步加强和改进代表建议办理工作。认真落实去年代表工作座谈会精神，完善代表建议分类分层督办的工作机制，做好对建议办理整体情况的检查和复查补办等工作，提高办理实效。

四、自身建设方面

加强思想政治建设，高举中国特色社会主义伟大旗帜，坚持中国特色社会主义政治发展道路，坚持党的领导、人民当家作主、依法治国有机统一，把坚持正确的政治方向贯穿于本届人大及其常委会依法履职的始终。要认真总结本届人大及其常委会五年的工作，深化对人民代表大会制度的认识，增强坚持和完善人民代表大会制度的自觉性和坚定性，增强做好人大工作的责任感和使命感。继续创新工作制度、工作机制和工作方法，充分发挥常委会组成人员和人大各专门委员会的作用。加强机关干部队伍建设，完善工作项目绩效管理，加强选拔任用、培训交流和基层锻炼，推进创先争优活动和党风廉政建设，提高机关服务保障工作的质量和水平。

今年下半年，常委会要在市委的领导下，认真做好市人大代表的换届选举工作，优化代表结构，提高代表素质。要认真筹备好新一届人大的换届工作，确保依法有序顺利进行。

继续做好对区县、乡镇人大工作的指导，组织好新一届区县人大常委会主任交流研讨活动，指导区县人大常委会对乡镇人大专职主席、副主席进行培训。

各位代表，在本届人大任期最后一年，我们要在中共北京市委领导下，紧密团结在以胡锦涛同志为总书记的党中央周围，始终牢记坚持和完善人民代表大会制度、推进民主法制建设的光荣使命，始终牢记全市人民的信任和嘱托，继续保持良好的精神状态，圆满完成本届人大各项任务，为建设“人文北京、科技北京、绿色北京”和中国特色世界城市作出新的贡献，用实际行动迎接党的十八大和北京市第十一次党代会的胜利召开！

北京市第十三届人民代表大会第五次会议关于北京市高级人民法院工作报告的决议

（2012 年 1 月 17 日北京市第十三届人民代表大会第五次会议通过）

北京市第十三届人民代表大会第五次会议听取和审议了北京市高级人民法院院长池强所作的《北京市高级人民法院工作报告》，决定批准这个报告。

北京市高级人民法院工作报告

——2012 年 1 月 14 日在北京市第十三届人民代表大会第五次会议上

北京市高级人民法院院长　池　强

各位代表：

现在，我代表北京市高级人民法院向大会报告工作，请予审议，并请各位政协委员提出意见。

2011 年的主要工作

在市委的领导、市人大及其常委会的监督和最高法院的指导下，在市政府、市政协和人民群众的大力支持下，全市法院深入贯彻落实科学发展观，紧紧围绕首都科学发展大局，认真履行宪法和法律赋予的职责，切实保障当事人打一个公正、明白、便捷、受尊重的官司，努力维护首都安全稳定、维护社会公平正义、维护社会主义法制，服务保障北京“十二五”规划顺利实施。

一、依法履行审判职责，为首都经济、社会和文化发展提供有力司法保障

全年受理各类案件 419,983 件，审结 420,373件，为营造安全稳定的社会环境和公正高效的法治环境作出了重要贡献。

落实宽严相济的刑事政策，全力维护首都社会稳定。一是依法严厉打击严重刑事犯罪。审结杀人、绑架、抢劫等严重危害社会治安的案件 5987 件，提高了人民群众的安全感。严格执行《中华人民共和国刑法修正案（八）》，

对起诉至法院的369件醉酒驾车案件全部依法定罪处罚，教育引导公民杜绝酒后驾车，我市酒驾行为得到有效遏制，中央电视台对北京法院审理的多起醉驾案件进行了庭审现场直播。依法严惩危害食品药品安全犯罪，审结此类案件87件，维护了群众生命健康安全。依法严惩贪污、贿赂犯罪，审结此类案件259件，促进了反腐倡廉建设。全年判处五年以上有期徒刑至死刑2540人。二是对未成年人犯罪、轻微刑事犯罪以及具有自首、立功等情节的被告人依法从宽处理，发挥刑罚的教育感化功能，减少了社会对抗因素。三是确保依法准确定罪量刑。推进量刑规范化改革，制定量刑标准，完善量刑程序，促进了量刑结果公正、程序透明。针对有的故意犯罪致人死亡案件起诉到基层法院后，基层法院无权判处无期徒刑以上刑罚，可能导致重罪轻判问题，市高级法院与市检察院、市公安局共同规定，故意犯罪致人死亡案件，一律由中级法院管辖第一审审判，从制度上防止命案轻判。严格执行刑事证据规则，市高级法院制定《关于司法鉴定人出庭作证的规定》、《关于死刑第二审案件证人出庭作证的意见》，提高证人出庭作证率，对侦查、公诉机关移送的证据材料，坚持独立审查，严格把关，对9名因证据不足不能认定有罪的被告人依法宣告无罪，报最高法院复核的死刑案件没有一件因事实证据问题不核准。

保证法律准确统一适用，发挥民商事审判保障民生、维护经济秩序、促进社会管理的作用。全市法院着力促进司法尺度统一，着力提高民商事审判专业水平，着力解决影响审判职能发挥的具体问题。全年审结民商事案件285,230件。一是针对民事、商事审判庭管辖分工不明确，同类案件在不同审判庭审理可能出现同案不同判的问题，市高级法院通过调研，查找出15类管辖分工不明确的案件，规定买卖、借款等9类案件由商事审判庭管辖，借用、租赁等6类案件由民事审判庭管辖，在全国法院率先明确界定了民商事案件管辖分工，有效统一了同类案件的审判思路和法律适用。二是通过设立专门审判庭，提高审判工作专业化水平。针对劳动争议案件增多的情况，设立劳动争议审判庭，加强对劳动者权益和企业用工权益的保护，全年审结劳动争议案件35,900件；为维护金融安全和金融市场秩序，设立金融审判庭，全年审结借款、保险、证券、信托、委托理财、融资租赁等金融案件25,195件；设立环境保护审判庭，加强生态环境保护，更好地服务“绿色北京”建设；设立婚姻家庭案件合议庭，加强对老年人、妇女、儿童合法权益的保护；设立涉外、涉港澳台案件合议庭，加强对港澳台同胞、海外侨胞合法权益的保护，优化首都投资环境；设立涉军案件合议庭，加强对军人、军属合法权益的保护。三是对当事人约定违约金过高时法院如何调整、无效借款合同中利息损失如何确定等7个民商事审判中法律规定不明确的问题，制定法律适用的具体标准，规范法官裁量权行使，避免司法随意性，也为市场主体订立和履行合同、协商处理纠纷提供了指引，规范了市场秩序，有利于从源头上减少此类案件发生。

提高知识产权司法保护水平，服务首都率先形成创新驱动的发展格局。我市法院知识产权案件总量和新类型案件数量居全国法院之首，专利、商标授权确权行政案件全部由我市法院管辖。市高级法院制定《关于审理网络著作权案件的指导意见》、《关于审理商业特许经营合同案件的指导意见》，不仅指导了我市知识产权审判，也成为最高法院制定相关司法解释的基础，受到国际知识产权界的重视。全年审结知识产权案件12,269件，同比上升16.3%，占全国知识产权案件的22.3%，营造了鼓励自主创新的市场环境，有力地促进了首都创新型城市建设和文化创意产业发展，在国际上树立了北京知识产权保护的良好形象。海淀法院获最高法院授权审理专利民事案件，是全国获此授权的三个基层法院之一，促进了中关村国家自主创新示范区建设。在全国知识产权人物评选中，市高级法院知识产权庭庭长被评为知识产权保护最具影响力人物，是全国法院系统唯一获此称号的个人；朝阳法院被评为“中国知识产权司法保护基层示范法院”。

监督行政机关依法行政，保护行政相对人合法权益。在行政审判中，依法审查行政行为的合法性。推动行政机关负责人出庭应诉，行政机关对行政审判更加重视，行政机关负责人出庭应诉案件同比增加了3.5倍。2011年1月国务院《国有土地上房屋征收与补偿条例》施行，同时我市新城建设、旧城改造、重点村整治、轨道交通建设力度不断加大，征收类行政案件增多，并引发补偿安置、分家析产、土地承包、房屋买卖、涉被拆迁企业的经济纠纷和劳动争议等大量民事案件。市高级法院制定了《〈条例〉施行前已取得拆迁许可证项目所涉案件审判执行工作的意见》，明确新旧条例衔接中司法审查的法规依据，在审判工作中坚持先补偿先安置再拆迁，促使补偿安置合法、合理、到位，有的法院在此类案件多发地区设立巡回法庭，深入基层做矛盾化解工作。全年审结房屋征收行政案件952件，同比上升1.8倍，审结相关民事案件7000余件，保障了当事人合法权益，保障了重点工程建设，维护了社会和谐稳定。

二、严格依法依程序办案，认真执行法定审判制度，保证公正高效司法

按照有法必依、执法必严的要求，全市法院严格执行各项审判制度，切实做到公正高效司法，保证中国特色社会主义法律体系的贯彻实施。

落实诉权保障制度，保证符合起诉条件的纠纷及时立案。一是充分保护当事人的诉权。市高级法院根据法律关于起诉条件的规定，修订完善立案指引，对361种案件，逐一明确当事人需要提交的起诉材料和证据，对符合条件的及时立案，畅通当事人寻求司法保护的渠道。二是为当事人起诉提供便捷服务。各法院都设立诉讼服务专门机构，为当事人提供诉讼引导、案件查询、材料收转等服务。对行动不便的老年人、残疾人，主动上门立案；对农民工追索劳动报酬、伤残人员追索损害赔偿款等案件，坚持快立快审；对经济确有困难的当事人，依法进行司法救助，全年缓、减、免交诉讼费1779.6万元。三是在立案过程中及时化解纠纷。对家庭纠纷、邻里纠纷、小标的经济纠纷，在立案审查中，及时开展纠纷调处工作，完善诉讼程序与人民调解、行政调解等矛盾化解渠道的衔接机制，全年在立案审查中解决纠纷58,820件，将矛盾化解在初始阶段，减少了当事人的诉累。

严格履行庭审程序，保证审判程序公开透明。一是充分发挥庭审作用。所有证据都在庭审中出示和质证，未经法庭质证的证据一律不作为认定案件事实的依据；所有诉辩理由都在庭审中发表，让是非曲直在庭审中充分展示；所有庭审活动全程录音录像、刻盘存档，规范庭审行为。二是落实审判公开制度。市高级法院制定司法公开28条具体措施，案件办理进度及时告知当事人，庭审活动依法接受公民旁听，裁判所依据的证据、法律和理由一律在裁判文书中公开，裁判文书一律向社会公开，案件档案一律接受公众查阅，审判权行使全程置于当事人和公众监督之下。通过电视、网络直播庭审1176场，占全国法院的58%。三是落实合议制度。对

一审普通程序案件、二审案件和再审案件，一律依法组成合议庭审理，发挥合议庭内部监督制约作用。对人民陪审员依法可以参与审理的一审普通程序案件，均邀请陪审员参加合议庭，开庭前向陪审员介绍案情和争议焦点，合议时听取陪审员独立发表意见并记录在案，保障陪审员与法官平等行使审判权，通过法律程序落实司法民主，接受人民群众的监督。全市1541名人民陪审员全年参审案件27,778件，陪审率同比提高12.1个百分点。

加强审级监督，保证案件在法定程序内得到依法公正处理。一是发挥一审、二审、再审相互制约的作用。着力提高一审质量，一审服判息诉率达84.1%。强化二审保证审判质量、促进司法尺度统一的作用，审结二审案件43,258件，改判、发回2833件。发挥再审纠错作用，审结再审案件1013件，改判、发回574件。二是强化审判监督庭对其他审判庭的监督制约。建立上下级审监庭业务对口机制，上级法院审监庭发回重审的案件，由下级法院审监庭审理，改变过去由原审判庭审理的做法，完善了监督纠错机制。三是对改判发回重审的案件逐案评查，促进审判质量提高。坚持开展万件案件评查工作，各法院建立审判质量评查机制，全年评查案件37,231件，对发现的问题公开讲评，纠正差错，落实责任。

加大对生效裁判的执行力度，保证有执行条件的案件依法得到执行。全年执结案件98,390件。一是依法采取强制措施，维护法律的严肃性。对817名拒不履行债务的被执行人实施司法拘留，对15人追究刑事责任，对417人限制高消费，对414人限制出境，对330人在媒体上公布名单，有力维护了法律权威，当事人自动履行率逐步提高，强制执行案件下降6.1%。二是创新执行机制，提高执行效率。市高级法院在公安、工商、银行等部门的支持下，建立全国首家执行信息查询中心，各法院向市高级法院上报需要查询的案件，市高级法院集中查询被执行人车辆、房产、土地、工商登记、银行账户等信息，改变了各法院执行人员分散、重复查询的状况，提高了执行效率，同时，查询中心对全部执行案件统一监控，解决拖延执行等问题，强化了执行管理。全年对75,123名被执行人的信息进行查询。三是提高办案标准，最大限度实现胜诉当事人的合法权益。市高级法院制定《关于执行案件结案的规定》，明确终结执行必须完成查存款、查房产、查股权、查车辆、查收入等全部工作，穷尽财产查找措施。同时建立执行进展反馈机制和执行接待日制度，及时向申请执行人告知法院采取的执行措施和结果，听取申请执行人反映的执行线索和工作建议，最大限度维护当事人合法权益。在最高法院涉执行信访排位中，北京法院涉执行信访化解率排名全国第一，获最高法院通报表扬。

三、坚持从严治院，强化审判管理，提高依法履行审判职责的素质能力

开展天平工程建设，将所有案件纳入审判质量评估考核，对审判权运行加强监督管理，对审判人员加强教育培训，切实加强基层基础工作。

坚持严格管理，保证司法公正廉洁。一是建立包含31个三级指标、3个二级指标、1个一级指标的审判质量评估体系，通过信息化平台，对全市法院、所有审判人员的审判绩效科学评估、准确统计、自动排名。市高级法院对当庭裁判率、一审服判息诉率、实际执行率等7项指标重点考核，公开通报，7项指标均同比提高。二是加强审限监控，对延长审限的案件统一登记，统一管理，定期

督办，对每名审判人员延审情况进行通报，法定审限内结案率达 98.7%。三是加强内部监督，规范审判执行权运行。完善分权制约机制，落实审判质量评查、司法巡查、信访责任倒查等制度。加强廉政风险防范，严肃查处违纪违法行为，全年查处 4 案 4 人。最高法院在北京法院召开廉政风险防控现场会，推广北京法院廉政建设经验。

加强业务能力培养，提高审判质量。在全市法院举办司法业务能力比赛，100 名审判人员被评为业务标兵。开展审判质量效率“双优法官”评选活动，年结案超过 500 件、无信访投诉的 50 名民事法官被评为“双优法官”。开展“百案百庭示范”活动，发挥优秀法官和典型案例的示范作用。组织审判人员深入农村、社区巡回审判，就地审理、就地调解、就地开展法制宣传，不仅便利群众，也增强了审判人员的群众意识和依法化解社会矛盾的能力。由于审判质量的提高，在最高法院信访通报中，北京法院信访量下降 33.3%。

加强社会主义法治理念教育，发挥先进典型的引领示范作用。结合庆祝建党 90 周年，深入开展创先争优活动和“发扬传统、坚定信念、执法为民”教育实践活动，确保正确的政治方向，牢固树立公正、廉洁、为民意识。发挥身边典型的教育引导作用，开展向张勇、厉莉学习的活动，推动了审判队伍整体素质的提高。张勇法官坚持“把案件判公、把人心判暖”，癌症手术后的三年内审结刑事案件 1500 余件，刑事附带民事诉讼调解率达到 80%以上，没有一起差错案件，没有一起超审限案件，没有一起涉诉信访案件，获“全国五一劳动奖章”，被最高法院授予全国模范法官称号。厉莉法官两次捐献骨髓的事迹感动社会，经群众投票和全国公示，被中宣部、中央文明办等六部门评为全国道德模范，是全国法院系统唯一当选的全国道德模范。

四、主动接受人大监督，认真落实社会各界的意见和建议

把接受人大和社会各界监督作为公正廉洁司法的保障，落实接受监督的各项工作机制。

认真落实市人大及其常委会的有关决议。向市人大常委会专项报告了关于加强刑事审判的情况，推进了刑事证据制度落实、量刑规范化改革等工作。根据市人大常委会 2010 年对市高级法院制度建设专项报告的审议意见，着力强化审判管理和内部监督，报告了落实审议意见的情况。进一步落实市人大常委会《关于加强人民检察院对诉讼活动的法律监督工作的决议》，支持检察机关依法开展诉讼监督，市高、中两级法院审结检察院抗诉案件 147 件，改判、发回 51 件，按照决议要求，全市法院所有抗诉案件都邀请检察长列席审判委员会。

加强与代表的联络沟通。邀请代表就未成年人案件审判、人民法庭建设等工作进行视察调研，邀请代表参加“法院开放日”活动，开展“请代表进法院”活动，全年邀请代表视察、座谈、旁听庭审 530 人次。每周向代表发送一期“法情专报”手机短信，召开重点工作情况通报会，方便代表了解法院工作。加大代表建议的督办力度，主办的 17 件建议已办理完毕，代表均表示满意或同意。

自觉接受社会各界监督。接受政协的民主监督，邀请政协委员参加审判质量评查等工作，促进了法院工作的发展。与民主党派就人民陪审员工作、诉讼调解与社会调解衔接机制等共同开展调研，完善了审判工作机制。尊重和依法保障律师执业权利，共同维护司法公正。主动向媒体和社会公众通报法院工作情况，为社会了解和监督法院工作提供便利。

各位代表，一年来，全市法院能够完成繁重的审判任务，离不开各级党委的领导，人大的监督，政府、政协以及社会各界的支持。各位人大代表、政协委员和广大群众就加强审判管理、提高队伍素质、加强基层基础建设等方面提出了许多诚恳的意见和建议。在各有关方面的关心支持下，案多人少的矛盾逐步缓解，近三年，全市法院录用 1595 人，晋升法官 588 人，2011 年法官人均结案 157.3 件，同比减少 28.4 件。在此，我代表全市法院，向各级党委、人大、政府、政协和各位代表、委员表示衷心的感谢和崇高的敬意！

在审判质量不断提高的同时，审判工作中还存在一些问题。一是随着中国特色社会主义法律体系的形成，法院保证法律正确实施的责任凸显，但一些案件法律适用不准确、司法尺度不统一的问题仍然存在。审判人员准确把握法律精神和司法尺度、深刻理解国情和社情民意、确保法律正确适用的能力需要进一步提高。二是少数案件审判质量和效率不高。有的案件在审判程序的执行上存在疏漏，有的判决书说理不充分，有的案件审理期限过长。2011 年，全市法院对超期未结案进行专项清理，1 年以上未结案共 1238 件，虽然大多数未结案因鉴定评估中止审理，但也反映出有的法院对中止审理案件监管不严、少数审判人员责任心不强等问题。三是在社会转型期，面对多样化的价值观念和利益诉求，有的审判人员严格自律意识不牢固，廉政风险的考验长期存在，廉政建设必须始终作为法院工作的重中之重。

2012 年的工作任务

各位代表，2012 年是推进首都科学发展的关键一年。维护司法公正、维护人民群众合法权益、服务保障首都经济社会发展、为党的十八大胜利召开营造和谐稳定的社会环境，是全市法院的重大责任。全市法院将深入贯彻落实科学发展观，围绕保障首都加快转变经济发展方式和加快建设中国特色社会主义先进文化之都，强化审判职能、强化审判管理、强化队伍建设，进一步保障当事人在首都法院打一个公正、明白、便捷、受尊重的官司。重点做好以下工作。

一、充分发挥审判职能作用，服务保障首都经济社会科学发展

切实承担维护首都社会稳定的重大责任，依法严厉打击严重刑事犯罪，依法妥善化解矛盾纠纷。服务首都文化中心建设，充分发挥知识产权审判对文化建设的规范、引导、促进和保障作用，促进科技创新和文化创新。认真研究和妥善应对经济增长下行压力给审判工作带来的新问题，依法妥善审理因企业经营困难引发的各类案件，保护企业合法权益，保障企业发展生产。依法处理企业破产、重组改制等案件，促进首都产业结构转型升级。围绕保障民生，依法惩治涉及食品药品安全的违法犯罪行为，依法妥善审理劳动争议、房屋买卖、损害赔偿、征收补偿等案件，加大调解力度，保护当事人合法权益。监督和支持行政机关依法行政，完善行政纠纷实质解决机制，依法妥善化解行政争议。

二、强化审判管理，维护司法公正，提高司法公信力

更加注重以司法公正促公信，完善审判质量管理体系，促进法律适用统一、审判过程透明、审判程序规范。更加注重以司法效率促公信，完善审判效率控制体系，加强对审判工作各个环节的审限监管，落实延长审

限告知当事人的工作要求，针对有些案件鉴定期限过长问题，研究制定委托司法鉴定工作规范。更加注重以监督制约促公信，探索建立审判委员会评议审判执行工作制度，要求审判质量效率存在问题较多的审判业务部门接受审委会的评议，在审委会的监督指导下提高审判工作水平。更加注重以廉政建设促公信，严格落实各项廉政制度，坚决查处违纪违法行为，绝不姑息迁就；运用信息化手段，对廉政风险较大的办案环节全程监控，强化廉政风险防范。

三、坚持不懈加强队伍建设，提高审判队伍公正高效司法的能力

加强法院文化建设，牢固树立“忠诚、为民、公正、廉洁”的政法干警核心价值观，积极践行“爱国、创新、包容、厚德”的北京精神。加强教育培训，注重对新颁布的法律、法规、司法解释的系统学习，增强审判人员主持庭审、适用法律、辨法析理、化解矛盾的能力，提高审判专业化水平。针对审判实践中的疑难问题，深入开展调查研究。加强案例指导工作，保证司法尺度统一。

四、完善接受监督工作机制，自觉接受人大和社会各界监督

按照2011年市人大常委会审议法院刑事审判专项报告的意见，进一步加强刑事审判工作。向市人大常委会专项报告关于加强审判管理、确保依法公正履行审判职责、提高民事行政审判工作水平的情况。创新和完善与人大代表、政协委员的联络机制，进一步落实人民陪审员制度，不断拓宽民意沟通渠道，以定期通报重点工作等形式，积极回应社会关切。注重提高建议、提案的办理质量，不断改进法院工作。

各位代表，全市法院将在市委的领导、市人大及其常委会的监督和最高法院的指导下，在市政协和社会各界的监督支持下，以强烈的使命意识、忧患意识和责任意识，忠实履行宪法和法律赋予的职责，扎实工作，奋发进取，为首都科学发展提供更加有力的司法保障，以优异成绩迎接党的十八大和市第十一次党代会胜利召开。

北京市第十三届人民代表大会第五次会议关于北京市人民检察院工作报告的决议

（2012年1月17日北京市第十三届人民代表大会第五次会议通过）

北京市第十三届人民代表大会第五次会议听取和审议了北京市人民检察院检察长慕平所作的《北京市人民检察院工作报告》，决定批准这个报告。

北京市人民检察院工作报告

——2012年1月14日在北京市第十三届人民代表大会第五次会议上

北京市人民检察院检察长　慕　平

各位代表：

现在，我代表北京市人民检察院向大会报告工作，请予审议，并请市政协各位委员提出意见。

2011年，在市委和最高人民检察院的领导下，在市人大及其常委会的监督下，全市检察机关紧紧围绕首都经济社会发展大局，忠实履行宪法和法律赋予的职责。全年共批准逮捕各类犯罪嫌疑人20,145人，提起公诉26,058人；立案侦查贪污贿赂犯罪343件425人，查办渎职侵权犯罪55件66人，为国家挽回经济损失3.65亿元；受理群众举报、控告、刑事申诉10,264件，受理民事行政申诉案件1655件，各项检察工作取得了新进展。

一、充分发挥检察职能，努力为“十二五”规划顺利实施提供有力司法保障

紧紧围绕“十二五”开局之年市委市政府的工作部署，自觉把检察工作融入首都加快转变经济发展方式、实现“两个率先”的科学发展大局中，主动调研了解北京“十二五”规划对检察机关的新需求和社会各界的新期待，制定了《北京市人民检察院关于服务和保障“十二五”规划实施的意见》，充分发挥打击、预防、监督、教育、保护等职能，努力为经济社会又好又快发展创造良好环境。

依法惩治侵犯知识产权等犯罪，积极服务率先形成科技创新和文化创新“双轮驱动”发展格局。开展打击侵犯知识产权和制售假冒伪劣商品犯罪专项行动，共批准逮捕此类犯罪200件481人，提起公诉195件423人。积极服务中关村国家自主创新示范区建设，在海淀区检察院成立知识产权检察处，与中关村管委会、行政执法等部门建立联动平台。部分区县检察院主动出台服务区域文化科技产业发展的意见，采取在经济技术开发区设立检察处等措施，努力营造保护创新、公平竞争的法治环境。

重点打击和预防涉拆、涉农犯罪，积极服务率先形成城乡经济社会发展一体化新格局。制定《关于办理涉及征地拆迁整治案件的意见》，积极参与重点挂账村、重点工程建设拆迁专项整治，依法批准逮捕妨害拆迁的犯罪35件61人，立案侦查利用职权侵吞、骗取拆迁补偿款等犯罪22件33人。继续加大查办涉农职务犯罪力度，立案侦查贪污征地款、生态林管护资金等犯罪42件59人；部署开展“预防职务犯罪、服务农村改革”专项工作，14个区县检察院配合有关单位开展农村集体资产清查核实工作，制定廉政风险预警和防控措施，努力保障农村集体经济改革顺利推进。

突出打击破坏市场经济秩序犯罪，积极服务经济平稳较快发展。依法批准逮捕破坏市场经济秩序犯罪1130件1778人，提起公诉1511件2074人，严厉惩治非法吸收公众存款、虚开增值税发票、金融诈骗等严重经济犯罪，完善办理涉众型经济犯罪新机制。

深入推进治理商业贿赂专项工作，立案侦查职务犯罪106件115人，切实维护市场经济秩序和诚信体系建设。

更加注重保障和改善民生，积极服务基层人民群众。严厉惩治严重侵害群众利益犯罪，依法审查批捕、起诉制售“地沟油”、“黑心烤鸭”等危害食品安全犯罪案件，办理了涉案89人的制售假药、涉案226人的跨国电信诈骗等重大案件。积极推进群众来信、来访、来电、网上举报“四访合一”的检务接待模式，高效便捷地受理群众诉求。截至目前，14个检察院被最高人民检察院评为“全国文明接待示范窗口”、“全国文明接待室”。探索完善联系基层群众工作机制，在乡镇、街道、重点行业设立检察联络室83个，努力把受理举报线索、化解涉检信访、开展法制宣传等工作延伸到基层群众身边。

二、积极推进矛盾化解和社会管理创新，努力维护首都和谐稳定

始终把维护稳定作为第一责任，认真贯彻中央、市委加强和创新社会管理的重大部署，制定《关于深化社会矛盾化解、社会管理创新、公正廉洁执法的意见》，努力解决影响稳定的源头性、根本性、基础性问题。

深入贯彻宽严相济的刑事政策。坚持当严则严，突出打击危害国家安全犯罪，严重暴力犯罪和抢劫、抢夺、盗窃等多发性侵财犯罪，深入开展打黑除恶专项斗争，切实维护首都稳定，增强群众安全感。坚持当宽则宽，对轻微犯罪积极适用宽缓措施，依法对无逮捕必要的，决定不批准逮捕2428人；对犯罪情节轻微的，决定不起诉645人。高度重视未成年人检察工作，市检察院制定下发办理未成年人刑事犯罪工作意见和办案细则，7个区县检察院设立办理未成年人案件专门机构，不断深化法制副校长、青少年维权岗等工作，切实保护未成年人合法权益。

不断健全化解矛盾工作机制。完善执法办案风险评估预警机制，全面评估每一起案件可能引发矛盾的风险，积极做好预警处置、教育稳控等工作。深化涉检信访工作机制，集中力量化解、终结上级挂账督办案件58件。健全检调对接工作机制，努力把检察环节民事申诉案件和解、轻微刑事案件和解、涉检信访息诉融入到社会矛盾大调解工作格局中。

积极参与加强和创新社会管理。主动融入“党委领导、政府负责、社会协同、公众参与”的社会管理格局，积极参与社会治安综合治理和重点地区整治，促进“平安北京”建设；积极参与重点人群服务管理，开展监外执行罪犯脱漏管专项检察，加强社区矫正工作检察监督，落实刑事被害人救助制度；充分发挥检察建议的作用，督促相关单位和部门解决社会管理中的突出问题；依托执法办案，形成普通刑事犯罪、职务犯罪、司法公正专项报告，向党委、人大、政府及相关部门提出惩防对策建议，更好地发挥检察机关在加强和创新社会管理中的作用。

三、深入查办和预防职务犯罪，努力促进反腐倡廉建设

坚决贯彻中央惩治和预防腐败的总体部署，更加注重查办职务犯罪与预防职务犯罪相结合，积极服务党风廉政建设和反腐败大局。

加大查办贪污贿赂犯罪力度。面对职务犯罪举报线索下降、犯罪手段更加隐蔽等趋向，转变侦查理念、改进侦查方式、提升侦查水平，突出查办重点行业领域和关键岗位职务犯罪案件，加大打击行贿犯罪力度，始终保持惩治贪污贿赂犯罪的强大声势。深入开展治理工程建设领域突出问题专项工作，立案侦查项目审批、招投标等环节职务犯罪

76件85人。集中优势力量突破大案要案、窝案串案，查办百万元以上大案77件，县处级以上要案107人，其中厅局级以上要案33人。积极会同有关部门开展追捕在逃职务犯罪嫌疑人专项行动，自行抓捕、协助外省市抓捕43人。

加强和改进反渎职侵权工作。认真贯彻落实中央关于加大惩治和预防渎职侵权违法犯罪工作力度的意见，积极向党委、人大汇报反渎职侵权工作，切实加强与纪委、行政执法部门的沟通协调，在查办涉及城市建设、专项资金管理等领域国家机关工作人员滥用职权、失职渎职犯罪上取得新成效。其中，立案侦查重、特大案件32件，县处级以上要案11人，成功侦破了国家统计局办公室原副处长孙振等人泄露国家宏观经济数据案等一批重大案件。深入开展严肃查办危害民生民利渎职侵权犯罪专项工作，立案侦查29件31人。依法介入重大事故调查74起，严肃查办事故背后国家机关工作人员失职渎职犯罪4件4人。

深化职务犯罪预防工作。认真落实市委关于推进廉政风险防控工作的部署，充分发挥检察机关的优势，结合查办案件深入查找重点行业、关键岗位廉政风险点500余个，提出防范建议和对策400余条，协助纪委完善各单位及重要岗位廉政风险防控工作。部署开展工程建设领域质量安全管理职务犯罪专项预防工作，推进行贿犯罪档案查询纳入工程建设及政府采购，确保政府投资项目和重点工程安全廉洁运行。建立职务犯罪侦查和预防年度报告、专项预防、重点领域职务犯罪问题跟踪研究等制度，全面分析发案原因、特点和规律，并提出防控建议对策。充分发挥预防职务犯罪网络、共建机制的作用，开展警示教育8933次，提供行贿犯罪档案查询9608次，制发检察建议681件，不断深化预防效果。

四、切实加强诉讼监督，努力维护司法公正和权威

针对人民群众和社会各界对严格执法、公正司法的要求和期待，全市检察机关深入落实市人大常委会《关于加强人民检察院对诉讼活动的法律监督工作的决议》，以专题报告刑事诉讼监督工作为契机，全面推进诉讼监督工作开展。

不断强化刑事侦查和审判活动监督。进一步加大刑事立案和侦查活动监督力度，与市公安局建立刑事案件信息通报、调查核实等制度，监督侦查机关立案278人、撤销案件104件，监督纠正漏捕495人、漏诉312人，纠正侦查活动违法98件。积极推进行政执法与刑事司法衔接工作，深入开展行政执法机关移送涉嫌犯罪案件专项监督活动，共审查备案349件，监督移送立案150件，努力解决有案不立、有案难移、以罚代刑等问题。进一步加大刑事审判监督力度，积极推行检察长列席法院审判委员会等改革举措，对认为法院判决裁定确有错误的，依法提出刑事抗诉62件。

不断强化刑罚执行和监管活动监督。依法监督减刑、假释、保外就医等活动，与市公安局共同下发《关于进一步加强人民检察院对看守所实施法律监督的意见》，联合开展看守所械具和禁闭使用情况专项检查活动；纠正刑罚执行和监管活动中违法情形351次，发出检察建议121件。健全监管场所重大事故独立调查、检察官信箱受理投诉等机制，34个派驻检察室与监管场所实现信息、监控联网，积极维护监管活动依法开展。

不断强化民事审判和行政诉讼监督。着力构建以抗诉为中心的多元化监督格局，探索对民事执行活动、生效民事调解的监督，提出民事、行政抗诉68件，再审检察建议40件。坚

持抗诉与息诉并重，促成民事申诉当事人达成和解 49 件，认真细致做好 1004 件不予立案、不予抗诉案件的息诉罢访工作。成立民事、行政检察专家咨询委员会，着力提升民事审判和行政诉讼活动监督专业化水平。

不断完善诉讼监督方式。积极探索诉讼监督工作组、向党委人大备案重大监督事项、综合监督等工作模式。与市公安局建立了立案、侦查监督工作情况通报和监督文书备案制度，监督效果明显增强。加强检、法沟通交流，市检察院、分院向同级人民法院通报民事行政诉讼监督工作，有针对性地提出改进审判工作的意见和建议，共同维护司法公正和权威。积极稳妥推进案件评查工作，评查政法委交办案件 590 件，提出评查整改建议 25 条，促成息诉罢访 211 件。加大对诉讼活动中司法人员职务犯罪的查处力度，严肃查处职务犯罪 24 人。

五、切实加强自身建设，努力推动检察工作科学发展

认真贯彻第十三次全国检察工作会议部署，制定《“十二五”时期首都检察工作发展规划纲要》，打牢自身科学发展的根基。

切实加强思想政治建设。以建党 90 周年为契机，深入开展创先争优和“发扬传统、坚定信念、执法为民”主题教育实践活动，引导检察人员坚定理想信念和职业道德，10 个党组织、22 名党员受到中央政法委和市委表彰。深入开展“学习型党组织、学习型检察院”创建活动，“检察技能比武”和“名家讲堂系列专家讲座”被评为全市品牌活动，石景山区检察院被评为市级示范点。大力加强检察文化建设，制定加强检察文化建设的实施意见，积极宣传先进典型，努力营造昂扬向上的工作氛围。

切实加强队伍专业化建设。制定中长期检察人才发展规划，切实加大检察业务专家、业务尖子和办案能手的培养力度。扎实推进大规模教育培训，开展群众工作能力、公诉庭审实务能力、侦查业务等大规模专题培训，选派 156 名干警到基层一线锻炼，增强队伍执法能力和群众工作本领。组织全市检察技能大比武、检察业务专家评审活动，一批优秀人才脱颖而出，160 名干警在技能比武中获“十佳”称号，18 人被评选为全市检察业务专家，北京市公诉代表队在首届全国公诉人与律师电视论辩大赛中获得第一名。

切实加强领导班子建设。抓住区县换届和铁路运输检察体制改革的契机，积极配合党委做好干部调整和交流工作，调整交流市、分院局级干部和区县检察长 16 名，进一步优化了领导班子的年龄、知识、专业和工作经历结构。完善领导干部廉洁自律、监督制约机制，开展区县院检察长向市检察院述职述廉工作，努力提升领导班子水平。

切实加强基层检察工作。全面推进基层检察院执法规范化、队伍专业化、管理科学化和保障现代化建设，海淀、昌平区检察院获得“全国先进基层检察院”、“全国文明单位”荣誉称号。完善基层检察院建设考评体系，积极落实市检察院领导联系基层制度，全面提升基层检察工作水平。加强检务保障建设，出台基层检察院业务装备配备标准，基层检察院经费保障水平进一步提高。

六、自觉接受人大及社会监督，确保检察权依法正确行使

切实把接受人大监督作为正确履行法律监督职能的重要保障，完善内外部监督制约机制，不断加强和改进检察工作。

主动接受人大及其常委会监督。认真贯彻第十三届人民代表大会第四次会议精神，向市人大常委会报告重大事项 20 项，切实抓

好人大代表审议检察工作报告意见的落实，对提出的10件建议，逐项研究解决，及时进行反馈。同时，注重研究、解决人大代表意见和建议中反映的全局性、普遍性问题。积极拓宽人大代表参与、监督检察工作的途径，针对服务经济社会发展重点、人民群众的关注点及执法办案难点举行专项工作通报会，广泛听取人大代表与政府、行业主管部门和专家学者的意见和建议，更好地加强和改进检察工作。

完善接受民主监督及社会监督机制。专题向政协委员、民主党派、工商联及社会各界通报检察工作，认真听取意见和建议。政协委员提出的5件提案全部办结。全面推行人民监督员制度，人民监督员共监督职务犯罪侦查案件40件52人。加大检务公开力度，开展反渎职侵权举报宣传周、“人民利益高于一切”检察开放日等活动，完善新闻发布等制度，切实增强检察工作的透明度。

不断加强自身监督制约。健全执法办案监督和管理机制，逮捕职务犯罪嫌疑人一律报上一级检察院审查决定，探索统一受案、全程管理、动态监督、综合考评的案件管理机制，提升执法规范化水平。组织开展“维护人民群众合法权益，解决反映强烈突出问题”专项检查活动，提高检察机关执法公信力。完善惩治和预防腐败体系、廉政风险防控等机制，严肃查处违纪检察人员，提升公正廉洁执法水平。

各位代表，2011年全市检察工作取得的成绩，是各级党委正确领导，人大及其常委会有力监督，政府、政协及社会各界大力支持的结果。人大代表、政协委员对检察机关强化法律监督、加强职能宣传等方面工作提出了很好的意见和建议，呼吁、帮助检察机关解决实际困难，使我们备受鼓舞和鞭策。在此，我代表全市检察机关向各级党委、人大、政府、政协和各位代表、委员致以崇高的敬意和衷心的感谢！

同时，我们也清醒地认识到，检察工作仍然存在着一些不足和困难：一是服务经济社会发展的意识和能力需要进一步增强，方式方法需要创新，参与加强和创新社会管理的思路不开阔、办法措施不多，联系和服务群众的机制还不健全，群众工作能力有待进一步提升。二是法律监督职能发挥得还不够充分，执法办案水平仍需不断提高，有的干警不能很好地把握执法办案法律效果、政治效果、社会效果的有机统一，查办和预防职务犯罪的成效与人民群众的期待还有差距，诉讼监督工作与维护司法公正的目标还不完全适应。三是队伍建设还存在薄弱环节，高层次、骨干型人才规模还不够大、发展还不均衡，有的基层检察院队伍流动过大、人才紧缺等问题突出，队伍纪律作风、执法形象仍需要加强和改进。对这些困难和问题，我们将在各方面的关心支持下，切实采取有力措施，努力加以解决。

2012年是实施“十二五”规划承上启下的重要一年，党的十八大将在北京召开。检察机关维护社会和谐稳定、服务经济发展、推进依法治国方略、维护公平正义的任务十分艰巨。我们的总体工作思路是：以邓小平理论和“三个代表”重要思想为指导，深入落实科学发展观，全面贯彻党的十七届五中、六中全会及市委十届十次全会精神，紧紧围绕“十二五”时期首都经济社会发展大局，积极服务科技创新、文化创新“双轮驱动”，以深化三项重点工作为着力点，以开展政法干警核心价值观教育实践活动和践行“北京精神”为根本保障，强化法律监督、强化自身监督、强化队伍建设，全面提升检察工作科学发展水平，努力为党的十八大胜利召开营造和谐稳定的社会环境。

一是紧紧围绕首都经济社会发展大局，努力营造良好的法治环境。积极服务和保障经济平稳较快发展，突出打击集资诈骗、非法吸收公众存款、侵犯知识产权和制假售假等严重破坏经济秩序犯罪，严肃查办、积极预防经济建设重点领域和环节的职务犯罪。积极服务和保障民生，配合相关部门开展食品药品安全专项整治，深入查办和预防教育、医疗卫生、安全生产、保障房建设等民生领域的职务犯罪。积极服务和保障城乡经济社会一体化建设，开展查办“惠民涉农”领域贪污贿赂犯罪案件专项工作，依法打击危害农村改革发展稳定、国土资源管理和破坏生态环境的犯罪。积极服务和保障首都文化大发展大繁荣，依法惩治破坏文化市场秩序、危害文化产业发展的犯罪，依法查办、积极预防国有文化资产管理、文化专项资金使用、文化领域基础设施建设中的职务犯罪；充分发挥执法办案的保护、规范和引导作用，深入开展廉政教育和法制宣传进社区、进企业、进农村等活动，促进社会诚信体系、廉政文化和法治文化建设，努力为北京建设国家文化中心创造良好环境。

二是全力维护首都和谐稳定，积极参与加强和创新社会管理。依法打击和防范危害国家安全、社会治安、公共安全的犯罪，切实维护良好社会秩序。扎实开展涉检信访排查化解工作，健全检察长接访、释法说理、检调对接、执法办案风险评估预警、刑事被害人救助等机制，积极化解社会矛盾纠纷。加大查办和预防社会管理领域职务犯罪的力度，推进行政执法与刑事司法衔接工作，综合运用监督纠正违法、检察建议、执法办案综合报告等手段，促进提升社会管理规范化、法治化水平。积极参与城乡结合部等重点地区、流动人口等重点人群、“两新组织”和信息网络等重点领域管理服务。高度重视、着力做好新时期群众工作，健全群众意见收集、研判、转化机制，扎实稳妥推进派驻基层检察室建设，积极拓宽联系群众的途径和载体，不断提升群众工作水平。

三是坚持以执法办案为中心，切实提升法律监督能力和执法公信力。着力解决执法办案中的突出问题，努力实现执法办案数量、质量、效率、效果和安全的有机统一。切实加强批捕、起诉工作，提升准确适用法律政策的能力，确保有力打击犯罪、有效保障合法权益。切实加强查办和预防职务犯罪工作，不断提升发现和突破犯罪的能力，健全完善侦查一体化、信息引导侦查等机制，深入推进职务犯罪预防与廉政风险防控相结合。切实加强诉讼监督工作，着力纠正刑事侦查、审判、刑罚执行和监管活动、民事审判和行政诉讼中群众反映强烈的问题，认真做好向市人大常委会专题报告民事、行政检察工作，坚决维护司法公正和权威。

四是全面推进自身建设，不断提升检察工作科学化水平。深入开展“忠诚、为民、公正、廉洁”的政法干警核心价值观教育实践活动，自觉践行“爱国、创新、包容、厚德”的北京精神，深入推进检察文化建设。扎实推进检察人才建设，毫不松懈抓好队伍廉洁自律，提升队伍公正廉洁执法水平。深入推进改革创新，不断完善执法办案、队伍管理、检务保障机制。进一步激发基层检察院创先争优活力，推动基层检察工作全面均衡发展。

各位代表，置身首都科学发展的新进程，面对人民群众的新期待，检察机关迎来了重大发展机遇和新的挑战。我们将认真贯彻本次会议精神，开拓进取，扎实工作，努力为首都经济社会发展作出新的贡献，以优异的成绩迎接党的十八大和市第十一次党代会胜利召开！

北京市第十三届人民代表大会第五次会议
补选北京市第十三届人民代表大会
常务委员会副主任当选名单

（2 名）

（北京市第十三届人民代表大会第五次会议 2012 年 1 月 17 日选出）

北京市第十三届人民代表大会常务委员会副主任

梁　伟　唐　龙

北京市第十三届人民代表大会第五次会议
补选北京市第十三届人民代表大会
常务委员会委员当选名单

（北京市第十三届人民代表大会第五次会议 2012 年 1 月 17 日选出）

北京市第十三届人民代表大会常务委员会委员

荣　华（女）

北京市第十三届人民代表大会
第五次会议表决议案办法

（2012 年 1 月 11 日北京市第十三届人民代表大会第五次会议主席团第一次会议通过）

根据《中华人民共和国地方各级人民代表大会和地方各级人民政府组织法》和有关法律、法规的规定，主席团决定：

北京市第十三届人民代表大会第五次会议表决各项议案，采用无记名按表决器方式，以全体代表的过半数通过。表决时，代表可以按赞成键，可以按反对键，也可以按弃权键。未按表决器的不计入表决票数。如表决器在使用中发生故障，改用举手方式表决。

北京市第十三届人民代表大会第五次会议选举办法

（2012 年 1 月 14 日北京市第十三届人民代表大会第五次会议通过）

第一条　根据《中华人民共和国地方各级人民代表大会和地方各级人民政府组织法》，结合本市实际情况，制定本办法。

第二条　北京市第十三届人民代表大会第五次会议补选北京市第十三届人民代表大会常务委员会副主任 2 人、委员 1 人。

本次会议补选北京市第十三届人民代表大会常务委员会副主任、委员，实行等额选举。

第三条　北京市第十三届人民代表大会常务委员会副主任候选人为 2 人、委员候选人为 1 人，由大会主席团或者代表 30 人以上书面联名提名。

北京市第十三届人民代表大会常务委员会副主任、委员候选人，必须从北京市第十三届人民代表大会代表中提名。

如果提名的候选人人数符合前款规定的候选人人数，由大会主席团提交全体代表酝酿、讨论后，直接进行投票选举。如果某项提名的候选人人数超过前款规定的候选人人数，由大会主席团将该项候选人的全部名单提交各代表团酝酿、讨论后，采取分代表团投票、统一计票的办法进行预选，根据在预选中得票多少的顺序，按照前款规定的人数确定正式候选人名单，提请大会选举。

预选的具体方式由大会主席团确定。

第四条　选举采用无记名投票方式。代表须亲自参加投票。

第五条　代表对于选票上所列的候选人，可以投赞成票，可以投反对票，可以另选他人，也可以弃权。表示反对的，可以另选他人；表示弃权的，不能另选他人。

第六条　代表对选票上所列的候选人，赞成的在其姓名左边的空格里画一个“○”；反对的在其姓名左边的空格里画一个“×”；在候选人左边的空格里既不画“○”又不画“×”的为弃权。

代表如果另选他人，在反对的候选人姓名左边的空格里画一个“×”，在其姓名右边的空格里写上另选人的姓名。

每张选票每项选举所选的人数，等于或者少于规定应选人数的有效，多于规定应选人数的无效。

第七条　填写选票应当用钢笔或者签字笔，符号要准确，字迹要清楚，书写模糊无法辨认的部分无效。

第八条　大会选举前，由大会主席团提名总监票人 2 人，每个代表团推荐监票人 1 人，经大会主席团提交大会通过后，在大会主席团领导下，对发票、投票和计票进行监督。

候选人不得担任监票人。

选举工作人员由大会秘书处指定。

第九条　投票结束后，由总监票人向大会报告清点选票结果。收回的选票张数等于或者少于发出的选票张数，选举有效；多于发出的选票张数，选举无效，应重新进行选举。

第十条　候选人获得全体代表过半数的赞成票，始得当选。

第十一条　计票完毕，由总监票人向大会主席团报告选举结果，由大会主席团依法确认选举结果是否有效，并由大会执行主席在大会上宣布。

第十二条 本办法由北京市第十三届人民代表大会第五次会议通过后施行。

北京市第十三届人民代表大会第五次会议议案审查委员会关于代表议案的审查报告

（2012年1月16日北京市第十三届人民代表大会第五次会议主席团第六次会议通过）

议案审查委员会主任委员 刘晓晨

大会主席团：

到大会主席团第一次会议决定的代表提出议案截止时间，共收到议案166件（其中代表团提出的议案28件，十名以上代表联名提出的议案138件）。按照议案内容分类，属于城乡建设和环境保护方面的63件，占38%；财政经济方面的35件，占21%；教育科技文化卫生体育方面的31件，占19%；内务司法方面的20件，占12%；农业、农村和农民方面的17件，占10%。

代表们认真学习贯彻党的十七大和十七届三中、四中、五中、六中全会、市委十届十次全会、市委第三次人大工作会议精神，以科学发展为主题，以加快转变经济发展方式为主线，紧紧围绕建设“人文北京、科技北京、绿色北京”和中国特色世界城市的战略任务，认真履行宪法和法律赋予的职责，对关系首都经济社会发展的全局性问题和关系民生的热点、难点问题，从多方面积极提出议案。

议案审查委员会按照《北京市人民代表大会议事规则》的有关规定，本着围绕中心、突出重点、社会关注的原则，对议案进行了审查。

议案审查委员会认为，从收到的166件议案综合分析，意见比较集中且具有针对性、前瞻性、全局性的3个方面问题要给予高度关注：一是大气治理问题。长期以来，经过全市人民的共同努力，我市大气治理取得了积极进展，但空气质量与首都科学发展和人民群众的新期待相比还存在差距，继续加强大气污染治理，提升空气质量，对于建设生态文明、绿色宜居城市具有重要意义。二是食品安全问题。这是党中央和国务院高度重视、人民群众反映强烈、社会普遍关注的民生问题，北京作为首都，应当进一步加强对食品的监管，不断完善食品生产、加工、流通、保障等供给体系和监管体系，全面提高食品安全水平，让百姓吃上放心的食品。三是建筑质量问题。随着首都经济社会和城市建设的快速发展，我市工程建设规模不断扩大，建筑工程质量问题日益为人民群众所关注，加强建筑工程质量监管体系建设，对于提高城市建设和管理精细化水平，维护人民群众生命财产安全具有重要意义。为此，上述3个方面提出的问题可归纳合并成为三项议案，交市人民政府办理，由市人大常委会审议。

另外，有四个代表团提出了潮白河流域的绿道建设问题。议案审查委员会认为，在潮白河流域建设和发展绿道，逐步打造绿色路网，改善市民生活质量，对于把首都建设成为资源节约型、环境友好型城市具有示范作用。可先行试点，不断总结完善，这次不列为议案。建议将潮白河流域的绿道建设问题作为重点督办的建议、批评和意见，由市政府办理，市人大常委会重点督办。

此外，代表们就交通问题、人口调控问题、文化建设问题、养老问题、物业管理问题、自主创新问题等所提议案，可结合政府工作实际转为建议、批评和意见，交市政府办理并负责答复提议案代表。

综合以上情况，议案审查委员会对本次大会代表提出议案的审查结果如下。

一、交市人民政府办理，由市人大常委会审议的19件，合并为三项议案（见议案目录）

（一）进一步治理大气污染，提升首都空气质量（共9件：第1、2、22、29、40、47、71、117、154号）；

（二）健全安全食品体系，提升首都食品安全总体水平（共6件：第12、72、85、126、127、156号）；

（三）加强建筑工程质量监管体系建设（共4件：第3、21、30、46号）。

二、作为建议、批评和意见的147件，交市有关部门研究办理并负责答复提议案代表（见议案目录）

以上审查意见，建议大会主席团予以批准。

附件：北京市第十三届人民代表大会第五次会议议案目录

附件：

北京市第十三届人民代表大会第五次会议议案目录

本次会议共收到代表提出的议案166件，其中代表团提出的议案28件，十名以上代表联名提出的议案138件。按照议案内容分类，属于城乡建设和环境保护方面的63件，财政经济方面的35件，教育、科技、文化、卫生和体育方面的31件，内务司法方面的20件，农业、农村和农民方面的17件。

经议案审查委员会审查，大会主席团决定，交市人民政府办理，由市人大常委会审议的19件；作为建议、批评和意见交市有关部门研究办理的147件。具体目录如下。

一、交市人民政府办理，由市人大常委会审议（共19件，合并为三项议案）

（一）进一步治理大气污染，提升首都空气质量（共9件）

序号	案　由	提议案人	议案号
1	北京必须立即把 $PM_{2.5}$ 纳入空气质量监测标准，下决心抓紧治理，造福于所有要吸北京空气的人	吴守伦等17人	1
2	以降低 $PM_{2.5}$ 为重点，进一步提升首都空气质量	吕　清等17人	2
3	北京市应控制 $PM_{2.5}$ 主要源头排放，让北京市民呼吸更加安全	高　静等19人	22
4	切实加大对 $PM_{2.5}$ 等污染物的监测和治理力度	安丽娟等37人	29
5	在我市公共服务领域开展传统燃油汽车节油减排技术的示范应用，以有效控制和减少 $PM_{2.5}$ 污染	王小兰等11人	40
6	大力优化我市空气质量	卫爱民等38人	47
7	加强空气质量监测与控制，进一步改善首都空气环境	刘学锋等11人	71

续表

序号	案　　由	提议案人	议案号
8	北京市发展天然气汽车，降低 $PM_{2.5}$ 排放，实现汽车燃料多元化	杨永慧等 16 人	117
9	提升空气质量，让市民知情，接受市民监督	毛铮铮等 31 人	154

（二）健全安全食品体系，提升首都食品安全总体水平（共 6 件）

序号	案　　由	提议案人	议案号
1	加强食品安全监管	郭艳红等 15 人	12
2	进一步健全和完善首都食品安全体系	刘学锋等 11 人	72
3	强化食品安全监管，保障市民身体健康	郭先英等 23 人	85
4	提高食品安全保障水平	元晓梅等 13 人	126
5	进一步加强食品安全保障管理	姜培华等 12 人	127
6	解决地沟油问题	邱淦清等 14 人	156

（三）加强建筑二程质量监管体系建设（共 4 件）

序号	案　　由	提议案人	议案号
1	加强北京市建筑工程质量监管体系建设，确保工程优质安全	吕　清等 17 人	3
2	规范北京市房屋建筑质量监督体系建设，确保房屋建筑施工质量的安全	高　静等 19 人	21
3	建设国际性城市要加强建筑工程施工和工程质量	安丽娟等 35 人	30
4	加强建设质量管理，确保首都安全	卫爱民等 14 人	46

二、作为建议、批评和意见交市有关部门研究办理（共 147 件）

（一）城乡建设和环境保护方面（共 50 件）

序号	案　　由	提议案人	议案号
1	规范北京市实施农用地管理	仉锁忠等 15 人	5
2	加快轨道交通燕房线建设	线长安等 16 人	11
3	规划解决酒仙桥地区交通拥堵情况	吕　莹等 19 人	14
4	建议在北京市建设城市综合交通信息平台	宁　滨等 18 人	20
5	利用高科技手段和现代管理手段，构建北京市新一代智能交通综合系统	廖晓钟等 16 人	32
6	加快市郊铁路 S6 号线建设	怀柔区代表团	36
7	改进停车场管理系统，缓解交通拥堵	王小兰等 11 人	41
8	制定《物业管理条例》	王玉梅等 16 人	43
9	创新社会管理机制，推进业主大会建设	王玉梅等 16 人	44
10	加强停车行业管理	孙维林等 19 人	50
11	建设停车泊位管理信息平台，缓解首都出行停车难题	李怀方等 11 人	51
12	加快推进丰台站综合交通枢纽建设	刘小平等 11 人	56

续表

序号	案　　由	提议案人	议案号
13	加快推进公交专用道路网	全连生等 24 人	57
14	优化全市长途客运站布局	佟丽华等 12 人	58
15	提高北京市道路设施养护定额水平	郝志兰等 14 人	59
16	开展建筑垃圾资源化利用	郝志兰等 13 人	60
17	北京市旧机动车交易市场搬迁	全连生等 25 人	62
18	公交优先战略方面政策保障	李素丽等 24 人	65
19	公交场站建设	李素丽等 24 人	66
20	加强保障房管理体系建设	刘学锋等 11 人	70
21	狠抓垃圾减量，从源头控制开始解决北京垃圾问题	沈梦培等 23 人	74
22	应将“预售制”引入保障房销售机制	沈梦培等 13 人	75
23	“公交优先”应该做到“公交车准时”	沈梦培等 24 人	77
24	建议北京市政府解决交通问题	沈梦培等 24 人	78
25	建设智能交通体系	王丽梅等 11 人	82
26	加快 S1 线工程建设	门头沟区代表团	91
27	加快长安街西延工程建设	门头沟区代表团	92
28	加快双大路二期道路工程建设	门头沟区代表团	93
29	加快 109 国道高速路建设	门头沟区代表团	94
30	增加门头沟区城乡建设用地指标	门头沟区代表团	96
31	启动实施轨道交通 L1 线北延	顺义区代表团	100
32	修建延庆县进出北京市区通道	延庆县代表团	103
33	加快轨道交通平谷线建设	平谷区代表团	104
34	实施京平高速路东高村联络线改线工程	平谷区代表团	106
35	进一步加强区县地震系统建设	陈丽娟等 11 人	109
36	公交场站建设	吕争鸣等 10 人	113
37	加快推进公交专用道路网	吕争鸣等 10 人	114
38	公交线路长线改短线	吕争鸣等 10 人	115
39	公交优先战略方面政策保障	吕争鸣等 10 人	116
40	建议北京市尽快取消汽车尾号限行政策	王毓明等 19 人	120
41	启动实施轨道交通 L1 线北延	密云县代表团	121
42	完善新建居住区教育配套设施建设机制	南海涛等 10 人	123
43	出台《北京市公用移动通信设施设置与保护管理办法》	姜培华等 12 人	128
44	解决出租车“打车难”问题刻不容缓	史际春等 20 人	138
45	调整地铁海淀山后线（16 号线）规划	胡　敏等 10 人	139
46	在中关村地区高校周边建设公共停车场	胡　敏等 11 人	142
47	海淀区花园村老虎庙工运社区和花园社区环境整治	李德齐等 11 人	150

续表

序号	案　　由	提议案人	议案号
48	建立保障性住房的社会监督机制	刘红宇等14人	163
49	进一步提升城市服务管理水平，科学完善轨道交通配套服务	刘红宇等18人	165
50	清河污染及治理	李象群等11人	166

（二）财政经济方面（共29件）

序号	案　　由	提议案人	议案号
1	扶植发展清真食品产业，方便广大穆斯林群众	仉锁忠等14人	6
2	解决失地农民社会保障问题	仉锁忠等16人	8
3	建立北京市妇女文化中心（北京妇女之家）	尹玲珍等16人	15
4	有效利用可资源化废物	王建民等12人	16
5	加强北京城市形象管理	王建民等12人	17
6	加快推进西北热电中心项目建设，关停燃煤机组，谋划发展替代产业	宋世媛等10人	18
7	加快推进永定河生态带周边旧村改造	宋世媛等10人	19
8	设立“五一”小长假	郑晓东等28人	23
9	着力改善民生，建设幸福北京	郑晓东等33人	24
10	促进科技文化融合，提升北京发展质量	郑晓东等33人	25
11	北京市人口必须合理调控	孙玉芝等15人	26
12	促进住房公积金健康发展	王小兰等11人	39
13	搞好财政预算，推进财政绩效评价	卫爱民等38人	49
14	加强南中轴地区规划统筹管理，加快推进建设	任光明等19人	63
15	加快推进永定河绿色生态发展带建设发展	李　杜等34人	64
16	提高生育保险中女职工产前检查支付标准	李素丽等24人	67
17	应该给公务员增加收入	沈梦培等16人	79
18	继续加大对山区关闭煤矿地区替代产业培育、民生等政策支持	房山区代表团	86
19	建立远郊区县人才发展扶持基金	门头沟区代表团	88
20	对生态涵养发展区农户进行能源补贴	门头沟区代表团	89
21	加快门城地区高压线迁改整合，促进和保证新城发展	门头沟区代表团	95
22	建设北京国际航空中心核心功能区	顺义区代表团	99
23	支持规划建设北京通航产业基地	平谷区代表团	105
24	延长女性高级职称医疗人员退休年龄	马　辛等20人	110
25	加快昌平区回龙观地区电力及交通设施建设	王功伟等12人	111
26	推进我市军民融合式发展，成立专门工作机构	杨燕秋等11人	125
27	从“精细化、动态化、信息化、智能化”四化方面入手，以信息化推动北京城市管理和社会管理水平走在全国前列	姜培华等12人	129
28	对公务员尽快进行工资上调	姜培华等14人	132
29	加强节能减排	邝溯琳等11人	143

（三）教育、科技、文化、卫生和体育方面（共31件）

序号	案　　由	提议案人	议案号
1	提升北京郊区文化基础设施建设水平，加快推进城乡文化统筹发展	王　媛等14人	9
2	加快云居寺申报世界文化遗产工作	郝文书等12人	13
3	创新农村集体土地管理政策，推进中关村国家自主创新示范区建设	刘　林等12人	31
4	北京建设全国文化中心和先进文化之都，尽快修复延庆榆林古驿站	胡仲元等24人	33
5	在中关村大力发展天使投资	王小兰等11人	42
6	以推广知识产权普及和教育促进文化大发展、大繁荣	王玉梅等15人	45
7	进一步推进我市科技自主创新能力建设	卫爱民等38人	48
8	进一步加强学前教育师资培养	柳　茹等11人	52
9	加强学前教育机构质量评估	柳　茹等11人	53
10	成立历史文化名城保护审批办公室	刘小平等11人	55
11	新农村建设对接中关村政策，利用旧村改造置换土地建设租赁房，解决中关村人才住房难问题	刘学锋等11人	73
12	提高我国公众科学素养	沈梦培等24人	81
13	合理解决长期在京接受教育的非京户籍学生参加北京高考问题	朱崇君等13人	84
14	加强对西周燕都遗址的保护与开发力度，扩大房山区是北京城建城之源的影响力，加快西周大遗址公园筹建	王　媛等14人	87
15	建立乡村医生补偿新机制，缓解山区居民看病难	门头沟区代表团	98
16	充分利用首都公共文化设施资源，建设城乡均衡的公共文化服务体系	宋慰祖等25人	119
17	加大科技与文化的植入与融合，推动北京市文化产业大发展	姜培华等12人	130
18	大力弘扬中国社会主义传统文化，推广魔术文化产业	李　宁等11人	131
19	研学先贤事迹，彰显北京精神，推动社会主义文化发展与繁荣	吴　双等14人	133
20	建设北京教育博物馆	臧铁军等14人	134
21	由政府主导设立模范校车（运营）公司	史际春等20人	137
22	拓展北京大学发展用地	胡　敏等11人	140
23	北京市与北京大学共建首都文化建设研究院	胡　敏等11人	141
24	在中小学生中加强爱国主义和世界观、人生观、价值观教育	刘彭芝等34人	145
25	在中小学生中加强传统文化教育	刘彭芝等33人	146
26	加强拔尖创新人才培养工作	刘彭芝等30人	147
27	加强幼儿阶段养成教育	刘彭芝等32人	148
28	培养足球后备人才	刘彭芝等33人	149
29	如何对待民间医生	邱淦清等12人	157
30	尽快采取有效措施推动北京历史文化名城保护	张锦东等21人	160
31	解决前门地区历史文化名城保护资金问题	田　耘等11人	161

（四）内务司法方面（共20件）

序号	案　　由	提议案人	议案号
1	发展社会资本参与农村养老问题	仉锁忠等15人	4
2	依法保护公民个人信息安全，严厉打击违法犯罪活动	刘　林等12人	27
3	扶植新社会组织发展，推进社会管理创新	刘　林等11人	28
4	制定相关法规保护见义勇为行为，弘扬助人为乐的社会公德	王纪表等28人	37
5	保障校园门前交通安全	柳　茹等11人	54
6	加强交通安全管理	全连生等24人	61
7	普及家庭火灾报警系统，提升首都城市安全管理水平	刘学锋等11人	69
8	积极应对人口老龄化	沈梦培等23人	76
9	加强公民道德建设	沈梦培等24人	80
10	加强交通安全管理	吕争鸣等10人	112
11	必须依法加强民事诉讼监督强制执行	艾立群等18人	118
12	严厉打击医院“号贩子”，制止非法牟取暴利，维护患者的正常就医权利	李保仁等25人	136
13	健全北京养老机构	刘彭芝等33人	144
14	北京市应尽快协调各有关部门依法严格限制、管理“电动自行车”	毛铮铮等24人	152
15	构建法官与律师正常沟通、交往机制	毛铮铮等31人	153
16	建立居家养老平台，不断提升养老服务水平	铁　伟等29人	155
17	打造和谐北京、法制北京	邱淦清等12人	158
18	尽快出台医院治安管理条例	韩德民等13人	159
19	进一步推进街道乡镇司法所建设，加强基层法治建设	刘红宇等17人	162
20	支持律师业发展，先完善财务会计制度，再行全面查账征收	刘红宇等16人	164

（五）农业、农村和农民方面（共17件）

序号	案　　由	提议案人	议案号
1	加大现代农业的投入力度，促进京郊农业健康发展	仉锁忠等16人	7
2	尽快对永定河房山段进行彻底整治	宋文月等13人	10
3	潮白河流域建设绿道和郊野公园	怀柔区代表团	34
4	建立怀柔水库一、二级以及应急备用水源保护区扶持机制	怀柔区代表团	35
5	高度重视北京水资源的紧缺问题，促进水资源的合理、高效使用	王纪表等29人	38
6	在潮白河流域适当地点建立绿道	通州区代表团	68
7	大力推进首都平原地区百万亩森林建设，加快绿色北京的进程	江泽平等27人	83
8	提高山区集体生态林管护员补偿标准	门头沟区代表团	90
9	生态涵养发展区生态效益增长机制补偿资金	门头沟区代表团	97
10	尽快启动通怀路建设及配套绿道建设	顺义区代表团	101

续表

序号	案　　由	提议案人	议案号
11	在潮白河流域、京密路建设绿道	顺义区代表团	102
12	简化审批程序，盘活农村集体建设用地	平谷区代表团	107
13	加强蓟运河水系治理，发挥生态涵养功能	平谷区代表团	108
14	在潮白河流域适当地点和郊野公园建设绿道	姜泽廷等 10 人	122
15	在潮白河两侧适当区域建设绿道	密云县代表团	124
16	解决国有企业职工农租房群体腾退安置	王　岩等 19 人	135
17	海淀区西北旺镇冷泉村应该“城镇化”	沈梦培等 13 人	151

市人大法制委员会关于北京市第十三届人民代表大会第五次会议代表提出法规案情况的报告

（2012 年 1 月 16 日在北京市第十三届人民代表大会第五次会议主席团第六次会议上）

市人大法制委员会副主任委员　张　引

大会主席团：

到大会主席团第一次会议决定的代表提出议案截止时间，代表没有提出法规案，特此报告。

北京市第十三届人民代表大会第五次会议主席团和秘书长名单

（2012 年 1 月 11 日北京市第十三届人民代表大会第五次会议预备会议通过）

主席团：（73 人，按姓名笔画排列）

马振川	王文京	王仕龙	王安顺	王苏维
王莒生（女）	王　琳（女）	牛有成	仉锁忠（回族）	尹玲珍（女）
邓洪波	叶青纯	史全富	冯乐平（女）	冯　熙
吕争鸣	吕　清（女）	吕锡文（女）	任月征（女）	任恩尚
刘　军	刘晓晨	刘跃平	刘　淇	刘新成
齐　清（女，蒙古族）	关成启（满族）	汤维建	孙维林	严晓燕（女）
杜德印	李士祥	李怀方	李坤成	李其军
李国平	李和平	李昭玲（女）	李炳华	李福成

李福忠	杨凤一(女)	吴世雄(满族)	何平山	佟克克
张大中	张文山	张永贺	张建民	张晓林
陈吉宁	陈　军(女,高山族)	罗　斌	郑传福	赵凤山
赵凤桐	赵玉民	赵　郁	郝如玉	胡尚云
柳纪纲	钮小桦(满族)	姜泽廷	夏　强	钱　渊(女)
郭振清	唐　龙	曹育民	梁　伟	董双良
韩　扬	薛天利(回族)	魏　哲		

秘书长： 马振川

北京市第十三届人民代表大会第五次会议主席团常务主席名单

(9人)

(2012年1月11日北京市第十三届人民代表大会第五次会议主席团第一次会议推定)

刘　淇	杜德印	王安顺	马振川	刘晓晨
吴世雄(满族)	柳纪纲	刘新成	李昭玲(女)	

北京市第十三届人民代表大会第五次会议议案审查委员会主任委员、副主任委员、委员名单

(33人)

(2012年1月11日北京市第十三届人民代表大会第五次会议预备会议通过)

主任委员： 刘晓晨

副主任委员： 张　清　　孙世超　　陈　军(女,高山族)

委　　员：(按姓名笔画排列)

卜世成	于海春	王小兰(女)	王　火	王江渝
王纪表	仉锁忠(回族)	尹玲珍(女)	冯乐平(女)	安丽娟(女)
许再华	李小娟(女)	李立琴(女)	李　伟	肖亚平(女)
张　引	张建民	张朝起	陈吉宁	周淑伶(女)
赵　义	钮小桦(满族)	姜泽廷	高岩辉	高海英(女)
席文启	韩　扬	雷德才	魏　玫(女)	

北京市第十三届人民代表大会第五次会议副秘书长名单

（10人）

（2012年1月11日北京市第十三届人民代表大会第五次会议主席团第一次会议决定）

唐　龙	王力丁	崔述强	张志伟	严力强
赵传民	刘维林	朱　炎	周立云	丁世伟

北京市第十三届人民代表大会第五次会议新闻发言人名单

（2012年1月11日北京市第十三届人民代表大会第五次会议主席团第一次会议决定）

刘维林

文献资料分类索引

一、政府工作报告

二、国民经济和社会发展、财政预算情况报告

三、国民经济和社会发展、财政预算情况审查报告

四、市人大常委会工作报告

五、市高级人民法院、市人民检察院工作报告

六、代表议案审查报告

七、会议决议、决定

八、规划纲要

九、选举办法、说明、推荐书

十、北京市出席全国人大代表和市人大代表名单

十一、北京市人大常委会主任、副主任、秘书长、委员名单

十二、北京市市长、副市长、法院院长、检察院检察长名单

十三、大会各项名单

十四、闭幕词

十五、会议议程